GOTTFRIED ADAM / RAINER LACHMANN (Hg.)

GEMEINDEPÄDAGOGISCHES KOMPENDIUM

Zweite Auflage

VANDENHOECK & RUPRECHT
IN GÖTTINGEN

Die Deutsche Bibliothek – CIP-Einheitsaufnahme

Gemeindepädagogisches Kompendium:
Gottfried Adam / Rainer Lachmann (Hg.). – 2. Aufl. –
Göttingen: Vandenhoeck und Ruprecht, 1994
ISBN 3-525-60379-7

NE: Adam, Gottfried [Hrsg.]

2. Auflage 1994

Gesetzt aus der Baskerville 9/11 p
Satz: Gulde-Druck GmbH, Tübingen
Druck und Bindung: Hubert & Co., Göttingen

Inhaltsverzeichnis

Vorwort

Das Stichwort *Gemeindepädagogik* weckt eine Reihe von Assoziationen. Es hat seit einiger Zeit ›Konjunktur‹! Mit ihm wird eine wichtige Frage gemeindlichen Lebens angesprochen: Die pädagogische Dimension allen kirchlichen Handelns auf der einen Seite und die im dezidierten Sinne pädagogischen Handlungsfelder auf der anderen Seite. Freilich ist es noch keineswegs ausgemacht, was Gemeindepädagogik ist. Es gibt nicht *das* Konzept von Gemeindepädagogik. Aber es gibt sehr wohl eine Fragerichtung, die dieser Terminus signalisiert. Gegenwärtig findet sich eine Reihe konkreter Modelle und Projekte, die durch ihr Beispiel ansteckend und praxisanregend wirken. Das ist begrüßenswert, bedarf aber zugleich der kritisch begleitenden, nachgehenden wie auch stimulierenden Reflexion. In diesem Sinne möchte die vorliegende Veröffentlichung den Gesamtvorgang von Gemeindepädagogik abrißartig darstellen und so ein Stück Bestandsaufnahme und Zwischenbilanz leisten und Perspektiven eröffnen für die weitere Entwicklung der Gemeindepädagogik.

Inhaltlich ist der Band in zwei Hauptteile untergliedert. Im ersten Teil geht es um gemeindepädagogische Grundlagen. Der zweite Teil enthält – beginnend mit der religiösen Erziehung in der Familie und endend mit der Altenarbeit – Beiträge zu einzelnen gemeindepädagogischen Handlungsfeldern. Dabei konzentriert sich vorliegender Band, sieht man einmal von Kindergottesdienst und Altenarbeit ab, auf die ›klassischen‹ pädagogischen Handlungsfelder in Gemeinde und Kirche. Andernfalls wäre er zu umfänglich geworden. Das ist der Grund dafür, weshalb sich z. B. Beiträge zum Patenamt, zur Schülerbibelarbeit, zum Umgang mit Ausländern, zur Behindertenarbeit oder ähnlichen pädagogisch relevanten Bereichen nicht finden. Ebenso mußte auch darauf verzichtet werden, einen eigenen Artikel zur Frage des Lernortes Öffentlichkeit (Presse, Rundfunk, Fernsehen, neue Medien), dem in Zukunft eine wachsende Bedeutung zukommen dürfte, aufzunehmen.

Im übergreifenden Rahmen einer allgemeinen Religionspädagogik korrespondiert der vorliegende Band mit dem von uns herausgegebenen »Religionspädagogischen Kompendium« (Göttingen ²1986), das sich im Verständnis einer Religionspädagogik im engeren Sinne mit dem evangelischen Religionsunterricht am Lernort Schule befaßt.

Was die Adressaten betrifft, so ist vorrangig an Theologiestudenten, Studierende an Fachhochschulen, Pfarrer, pädagogische und theologische Mitarbeiter sowie engagierte Laien gedacht.

Zum Schluß bleibt uns noch ein zweifacher Dank abzustatten: Zum einen für Druckkostenzuschüsse von Seiten der Vereinigten Evangelisch-Lutherischen Kirche Deutschlands, der Evangelisch-Lutherischen Kirche in Bayern, der Evangelischen Kirche in Hessen und Nassau und der Evangelischen Kirche von Kurhessen-Waldeck.

Zum anderen danken wir allen, die zum Gelingen dieses Bandes beigetragen haben, insbesondere Frau U. Jobst-Meininger und Frau H. Pflaum.

Bamberg/Würzburg, im September 1987

Gottfried Adam / Rainer Lachmann

Die anhaltende Nachfrage macht eine 2. Auflage erforderlich. Bis auf die Aktualisierung des Autorenverzeichnisses und der Angaben unter »Bibliographische Hilfen« bleibt der Text unverändert.

Bamberg/Wien, im Mai 1994

Gottfried Adam / Rainer Lachmann

Erster Teil:

Gemeindepädagogische Grundlagen

I.
Was ist Gemeindepädagogik?

GOTTFRIED ADAM/RAINER LACHMANN

0. Einführung: Das Interesse an der Gemeindepädagogik

In den gängigen theologischen Lexika unseres Jahrhunderts bis hin zur gerade im Erscheinen begriffenen »Theologischen Realenzyklopädie« taucht das Stichwort »Gemeindepädagogik« (noch) nicht auf. Das deutet an, daß wir es hier weder mit einem Begriff traditionellen Formats noch mit einem Ausdruck zu tun haben, der sich in der gegenwärtigen Diskussion bereits allgemein durchgesetzt hat. Für gewöhnlich setzt man die Geburtsstunde der sog. »Gemeindepädagogik« mit *Enno Rosenbooms* mit diesem Begriff betitelten Aufsatz aus dem Jahre 1974 an.[1] Beeinflußt durch das »Arbeitspapier« der Gemeinsamen Synode der Bistümer in der BRD »Das katechetische Wirken der Kirche« (1973/74) nahm katholischerseits *Erich Feifel* diesen Begriff auf und thematisierte ihn unter der leitenden Sicht der »Funktion der Gemeinde für Bildung und Erziehung« im 3. Band des Handbuchs der Religionspädagogik.[2] Es folgten unter der Überschrift »Gemeindepädagogik« *Gottfried Adams* »Erwägungen zu einem Defizit Praktischer Theologie«[3] und aus der DDR-Sicht die gemeindepädagogischen Arbeiten von *Jürgen Henkys* (→ s.u. II).[4] *Karl Ernst Nipkow* machte sich nach umfangreichen Vorarbeiten in den beiden ersten Bänden seiner »Grundfragen der Religionspädagogik« (Gütersloh 1975) den Begriff »Gemeindepädagogik« erstmals

1 EvErz 26/1974, 25–40; außerdem *E. Rosenboom*, Gemeindepädagogik eine Herausforderung an die Kirche, in: *H. Kratzert (Red.)*, Leben und Erziehen durch Glauben, Gütersloh 1978, 55–71.

2 Gütersloh/Zürich 1975, 42–55.

3 WPKG 67/1978, 332–344; vgl. dazu *G. Adam*, Der Unterricht der Kirche (GTA Bd. 15), Göttingen ³1984, bes. 176–186.

4 Über Gemeindepädagogik und Ausbildungsreform, in: *E. Schwerin (Hrsg.)*, Christliche Unterweisung und Gemeinde, Berlin 1978, 33–47; außerdem *J. Henkys*, Was ist Gemeindepädagogik? in: ChL 33/1980, 285–293. Hier werden auch die Überlegungen von *Eva Heßler* referiert, die offensichtlich zur gleichen Zeit wie *E. Rosenboom*, aber unabhängig von ihm, in der DDR programmatisch von Gemeindepädagogik gesprochen hat (286f.).

1980 ausdrücklich zu eigen in seinem Birkacher Vortrag »Mit Kindern und Jugendlichen glauben lernen als Aufgabe der Gemeinde. Zu den Voraussetzungsproblemen der Gemeindepädagogik«. Diese Birkacher Ausführungen wurden unter dem Motto »Gemeinsam leben und glauben lernen«, wie Nipkow den 3. Band seiner »Grundfragen der Religionspädagogik« nannte, in sein religionspädagogisches Gesamtkonzept integriert.[5] Bereits seit 1979 existiert unter der Herausgeberschaft von *Gottfried Buttler* und *Wolf-Eckart Failing* eine als »Beiträge zur Gemeindepädagogik« firmierende Veröffentlichungsreihe, die selbstbewußt und programmatisch ihr Verständnis von Gemeindepädagogik auf der Innenseite des Umschlags präsentiert.[6] Anfang 1982 werden von der EKD-Kammer für Bildung und Erziehung die »Empfehlungen zur Gemeindepädagogik«[7] verabschiedet. 1984 erscheinen dann in einer neuen Zeitschrift »Lernort Gemeinde«[8] »Beiträge zur Gemeindepädagogik aus dem Evangelischen Zentrum Rissen« (bei Hamburg). Im Jahre 1985 gibt das Comenius-Institut in Münster den 1. Band seiner neuen Reihe »Gemeindepädagogik. Arbeitsmaterialien. Materialien. Studien« heraus.[9] Die genannten Veröffentlichungen könnten als Indiz dafür gelten, daß Ausdruck und Sache der »Gemeindepädagogik« inzwischen so viel Eigenprofil gewonnen haben, daß man relativ unmißverständlich davon reden und danach benennen kann.[10] Dafür spräche auch, daß der gegenüber dem Religionsunterricht abgesetzte Aufgabenbereich »Gemeindepädagogik« inzwischen auch in offizielle kirchliche Verordnungen zum Dienst der sog. Religionspädagogen[11] Eingang ge-

5 Gütersloh 1982, bes. 30ff.

6 »Gemeindepädagogik versteht Gemeinde als Lernort und Gemeindearbeit als Lernprozeß... Im weitesten Sinn ist Gemeindepädagogik Anleitung zum Christsein in der Gemeinde unter gegenwärtigen gesellschaftlichen Bedingungen. Solches Lernen wird durch pädagogisches Handeln motiviert und organisiert« (*G. Buttler/W.-E. Failing*, Didaktik der Mitarbeiterbildung, Gelnhausen u.a. 1979).

7 *EKD-Kirchenkanzlei (Hrsg.)*, Zusammenhang von Leben, Glauben und Lernen. Empfehlungen zur Gemeindepädagogik, Gütersloh 1982.

8 Hamburg 1984ff.

9 Konfirmandenzeit von 11 bis 15?, Gütersloh 1985. – Siehe auch zur diesbezüglichen Arbeit des Comenius-Institutes den Beitrag von *H. B. Kaufmann*, Studien und Projekte zur Gemeindepädagogik, in: Korrespondenzblatt Evangelischer Schulen und Heime 25/1984, Beiheft: 44–51.

10 Vgl. in diesem Sinne auch *K. Dienst*, Religionspädagogik und Gemeindepädagogik, in: DtPfrBl 80/1980, 637–640 und den ersten einschlägigen Literaturbericht von *K. Wegenast*, Gemeindepädagogik – ein Schwerpunkt religionspädagogischer Arbeit, in: ChL 34/1981, 294–304.

11 Vgl. z.B. die »Ordnung für den Vorbereitungsdienst der Religionspädagogen

funden hat. Gemeindepädagogik also an allen Fronten im Vormarsch? Man könnte es meinen, obwohl allenthalben Konsens darüber besteht, daß es noch keine hinreichend ausgearbeitete und tragfähige Theorie der Gemeindepädagogik gebe. Genaueres Hinsehen offenbart denn auch sehr schnell eine Kumulation an offenen Fragen und ungelösten Problemen, die auf den zukommt, der sich in wissenschaftlichem Interesse dem Gebiet der Gemeindepädagogik zuwenden möchte. Er wird zudem bald bemerken, daß mit der Rede von Gemeindepädagogik ein überaus hohes Maß an divergierenden Interessen, Erwartungen und Befürchtungen verbunden ist.

Da sind z. B. auf der einen Seite die *staatlichen Religionslehrer*, welche die zentrale kirchliche Aufmerksamkeit, die ihr Fach zwei Jahrzehnte lang auf sich konzentrieren konnte, mit dem neu erwachten gemeindepädagogischen Interesse schwinden sehen. Sie hegen die Befürchtung, daß die unbezweifelbaren Fortschritte, welche die Theorie des schulischen Religionsunterrichts mit der angemessenen Berücksichtigung des besonderen didaktischen Bedingungsfeldes Schule verzeichnen konnte, unter dem Anspruch und Ansturm einer offensiven Gemeindepädagogik insoweit wieder verloren gehen könnten, als der schulische Religionsunterricht unter dem Motto redivivum ›Gemeinde in der Schule‹ einer neuerlichen nivellierenden Verkirchlichung entgegengehe. Daneben stehen die *Diplom-Religionspädagogen (FH)*, die an die Kreation und Aufwertung der Gemeindepädagogik ausgesprochen hohe Erwartungen knüpfen. Gegenüber anderen kirchlichen Handlungsfeldern einschließlich des schulischen Religionsunterrichts möchten sie nämlich in der Gemeindepädagogik ihr ureigenstes Arbeitsgebiet anerkannt sehen, für das sie eigens ausgebildet sind und mit Recht auch besondere Sachkompetenz beanspruchen können. Die *Pfarrer* auf der anderen Seite fühlen sich durch den gemeindepädagogischen Aufbruch und seine unvermeidlichen theoretischen und praktischen Innovationen in ihrem gewohnten Tun angefragt und verunsichert. Sie fürchten, daß die angestammten Hoch- und Hofburgen pfarramtlicher Tätigkeit, Predigt und Gottesdienst, an Gewichtigkeit verlieren könnten, ja noch mehr: sie fürchten in ihren Diensten die »pädagogischen Nachstellungen« *(K. Foitzik)*, sie

i. K.« vom 17. 5. 82 der Evangelisch-Lutherischen Kirche in Bayern, wo es in § 5 Abs. 1 heißt »Der Einsatz in Religionsunterricht und Gemeindepädagogik soll zu gleichen Teilen erfolgen...“ Als Bereiche gemeindepädagogischer Arbeit werden in Abs. 3 genannt: Kindergottesdienst, Konfirmandenunterricht mit dazugehöriger Elternarbeit, Arbeit mit Jugend- und Erwachsenengruppen (*J. Heinzel (Red.)*, Rechtssammlung der Evangelisch-Lutherischen Kirche in Bayern, München Febr. 1985, Nr. 624).

befürchten in komplementär-gegensätzlichen Bedenken zu den Religionslehrern eine allgemeine Verpädagogisierung allen gemeindlichen Redens und Handelns. Von Seiten der *Kirchenleitungen* schließlich, deren Bildungsreferenten ein auffällig starkes Interesse an den gemeindepädagogischen Entwicklungen an den Tag legen, wird vor allem begrüßt, daß durch eine integrative Gemeindepädagogik der bis dahin zu beobachtende Trend zu einer isolierenden Versäulung der diversen Arbeitsfelder gestoppt wird. Was die Kirchen sich im einzelnen davon versprechen, ist kaum exakt auszumachen; zu vielfältig sind die kirchlichen Interessen: Sie können diakonisch motiviert sein im Sinne einer Kirche für andere, sie können bevorzugt Erziehung und Unterricht Getaufter durch die Kirche intendieren, können missionarisch von der Werbung und Mehrung neuer Gemeindeglieder bestimmt werden und können endlich am »zusammen Kirche sein« von Kindern, Jugendlichen und Erwachsenen ausgerichtet sein.[12] Die solchermaßen anzutreffenden Befürchtungen, Erwartungen und Interessen im Hinblick auf das Unterfangen Gemeindepädagogik enthalten viele der *Problempunkte und offenen Fragen*, denen sich gegenübersieht, wer wissenschaftlich schlüssig und praktisch realistisch die Frage »Was ist Gemeindepädagogik?« beantworten soll. Einige seien hier vorangestellt:

- In welchem Verhältnis stehen Religionspädagogik, Gemeindepädagogik und schulische Religionspädagogik zueinander?
- Handelt es sich bei Gemeindepädagogik und der Religionspädagogik als Theorie schulischen Religionsunterrichts nicht eigentlich um zwei inkompatible Größen?
- Welche Stellung und welcher Stellenwert kommen der Gemeindepädagogik im Zusammenhang mit den anderen kirchlichen Handlungsfeldern zu?
- Worin hat man im Blick auf die anderen Handlungsfelder den integrativen Gehalt, worin das profilierende Moment zu sehen?
- Wie können ungerechtfertigte gemeindepädagogische Vereinnahmungen, Übergriffe und Grenzüberschreitungen vermieden werden?
- Was meint die Rede von Gemeinde im Hinblick auf die hier gemeindepädagogisch anvisierten Bereiche religiöser Erziehung in der Familie, im Kindergarten oder der Altenarbeit?
- Was bedeutet im Zusammenhang mit Erwachsenenbildung oder Altenarbeit die Apostrophierung als (Gemeinde-)Pädagogik?

12 Vgl. *K.E. Nipkow*, Mit Kindern und Jugendlichen Glauben lernen als Aufgabe der Gemeinde, in: Birkacher Beiträge zu einer evangelischen Pädagogik, H. 1, Stuttgart 1981, 19–57, bes. 31–35.

1. Die Gemeindepädagogik im Spektrum kirchlicher Handlungsdimensionen und -felder

1.1 Religionspädagogik und Gemeindepädagogik. Infolge der durch die religionspädagogische Krise und Wende Ende der sechziger Jahre forcierten Fixierung auf den schulischen Religionsunterricht bürgerte sich verstärkt der Begriff Religionspädagogik als Bezeichnung für die Theorie schulischen Religionsunterrichts ein. Daneben blieb freilich stets das weitere Verständnis von Religionspädagogik als Theorie religiösen Erziehens und Unterrichtens, Bildens und Lernens erhalten. Nachdem sich der fruchtbare Nebel innovatorischer Euphorie auf dem Gebiet schulisch-religionsunterrichtlicher Theoriebildung bis Mitte der siebziger Jahre verzogen hatte, wurde der Blick wieder frei für die religionspädagogischen Tätigkeiten und Arbeitsfelder, die es neben dem Religionsunterricht an der Schule auch noch gab. Es stellte sich die Frage nach einer angemessenen Sammelbezeichnung für diesen außerschulisch-kirchlichen Arbeitsbereich, was schließlich – da der traditionelle Ausdruck Katechetik aus guten Gründen nicht mehr in Frage kam – mit dem terminologischen Vorschlag »Gemeindepädagogik« eine Beantwortung fand. So finden sich unter dem übergreifenden Dach einer *Religionspädagogik im weiteren Sinne* oder – wie wir künftighin sagen wollen – einer *Allgemeinen Religionspädagogik* Gemeindepädagogik und *Religionspädagogik i.e.S. (= im engeren Sinne)* versammelt, wobei die *Gemeindepädagogik* zunächst primär ausgrenzend dadurch definiert wurde, daß der schulische Religionsunterricht ihr als Gegenstand der Bearbeitung entzogen war und als *Theorie des schulischen Religionsunterrichts* den eigenständigen Bereich der *Religionspädagogik i.e.S.* ausmachte. Genaueres Hinsehen läßt sehr bald deutlich werden, daß es sich bei diesen beiden so benannten Teilbereichen einer Allgemeinen Religionspädagogik mindestens terminologisch eigentlich um zwei inkompatible Größen handelt. Auf der Seite der Religionspädagogik als Theorie des Religionsunterrichts ist die Pädagogik durch den Zusatz Religion inhaltlich qualifiziert, auf der Seite der Gemeindepädagogik – analog etwa dem Begriff der Schulpädagogik – durch den Ort oder Veranstalter. Terminologisch exakt müßte unter dem Oberbegriff der Allgemeinen Religionspädagogik einerseits von schulischer Religionspädagogik, andererseits von gemeindlicher Religionspädagogik gesprochen werden. Nur das kann gemeint sein, wenn neben der Rede von Religionspädagogik i.e.S. von Gemeindepädagogik gesprochen wird. Entsprechend gilt es zu beachten, daß es sich beim Gebrauch des inzwischen eingebürgerten Begriffs Gemeindepädagogik um eine abkürzende Redeweise handelt, in der das gegenüber der schulischen Religionspädagogik unterscheidende Merkmal der Gemeinde gewissermaßen den mit Religion begrifflich ausgewiesenen Inhalt in sich vereinnahmt und integriert hat. Abgesehen davon, daß damit ein reflektiertes Gemeindeverständnis verlangt ist, bedeutet das besonders angesichts der unterschiedlichen gemeindepädagogischen Handlungsfelder, die in vorliegendem Band behandelt werden, je neu danach zu fragen, in welchem Sinne Gemeinde jeweils fungiert: Bezeichnet sie das didaktische Feld, den sozialen Ort, ist sie Subjekt, Objekt oder Ziel religionspädagogischer Aktivität?

Funktional verbunden in dem übergreifenden Bereich einer Allgemeinen Religionspädagogik wird hier unterschieden nach dem Handlungsfeld schulischen Religionsunterrichts, mit dem sich die Religionspädagogik im engeren Sinne beschäftigt, und den diversen gemeindepädagogischen Handlungsfeldern, die Gegenstand der Gemeindepädagogik sind. Dabei ist die Gemeindepädagogik gegenüber der schulischen Religionspädagogik profiliert durch ihren dominanten Gemeindebezug, gegenüber den anderen kirchlichen Handlungsfeldern durch die sie integrierend bestimmende (religions-)pädagogische Aufgaben- und Handlungsdimension.

1.2 Die Handlungsfelder der Gemeindepädagogik. Betrachten wir zunächst die in vorliegendem Band unter der Sammelbezeichnung *Gemeinde*pädagogik subsumierten Handlungsfelder religiöser Erziehung in Familie und Kindergarten, Kindergottesdienst, Konfirmandenarbeit, Kirchlicher Jugendarbeit, Erwachsenenbildung und Altenarbeit, so dürfte bei aller Differenzierung im einzelnen für diese Handlungsfelder *Gemeinde als Subjekt* im breitgefächerten Sinne von Initiator, Organisator, Veranstalter und Träger ebenso wie als und im Vollzug gemeindlicher Subjektwerdung angesetzt werden können. Am problematischsten stellt sich diese subjekthafte Gemeindebezogenheit – sieht man einmal von den kirchlich initiierten Angeboten an Eltern und Erzieher ab – für den Bereich der religiösen Kindererziehung in der Familie dar. Um *Gemeinde als didaktischen Ort* bzw. Lernort für alle gemeindepädagogischen Handlungsfelder in Anschlag bringen zu wollen, bedarf es eines sehr weit gefaßten Didaktik- und Lernverständnisses, wobei die Gefahr besteht, daß profillos alles und jedes als gemeindliches Lernen ausgegeben wird. Hier ist besonders im Blick auf die kirchliche Altenarbeit, aber auch bezüglich Familie und Kindergarten genau zu fragen, inwieweit und wie gewichtet unter dem gemeindepädagogischen Doppelanspruch von gemeindlicher und didaktischer Komponente jeweils begründeterweise von Gemeinde als didaktischem Ort gesprochen werden kann. Schärfere *gemeinde*pädagogische Profilierung gegenüber der schulischen Religionspädagogik erfährt das Verständnis von Gemeinde als didaktischem Ort, wenn man es zusammennimmt und zusammenzieht mit der Sicht von *Gemeinde als sozialem Ort.*[13] Das besonders dann, wenn damit nicht nur auf die vorfindliche Sozialgestalt der Gemeinde abgehoben ist, sondern zugleich der mit christlicher Gemeinde normativ gesetzte kommunikative, soziale und sozialpädagogische Anspruch ins Spiel gebracht wird. In solch verschränkter Sicht kann sich ein schulfixiertes Didaktikverständnis gemeindepädagogisch spezifizieren und ausweiten in eine Richtung und Sichtweise, die das religionspädagogische Proprium der *Gemeinde*pädagogik konturierter zur Geltung bringen könnte. Wie weit dieser Aspekt zum Tragen kommen kann, wenn die Gemeinde nur als Träger von z. B. Kindergärten, Jugendstätten oder Altenheimen fungiert, muß im Einzelfall des jeweiligen Handlungsfeldes so realistisch wie anspruchsvoll bedacht und entschieden werden. Fragt man sich schließlich, ob Gemeindepädagogik ihr besonderes Gepräge vielleicht auch dadurch erhalte, daß sie sich selbst als *Gemeinde* zum *Gegenstand* ihrer Überlegungen und Aktivitäten mache, so muß man das zunächst wohl verneinen. Das geschieht genausogut im schulischen Religionsunterricht, ja hier sogar – weil curricular verordnet – noch zuverlässiger als in den gemeindepädagogischen Handlungsfeldern, die, einmal abgesehen vom Konfirmandenunterricht, keine unabdingbare Verpflichtung verspüren, Gemeinde als wesenhaften Lerngegenstand zu thematisieren. Anders sähe das freilich aus, wenn man in Bezug auf den gemeindlichen Lerngegenstand *Gemeinde als Lern-Ziel* ansteuern wollte und eben darin das eigentliche und ausschließliche Gemeindepädagogische sähe: Lernen, Gemeinde zu sein, zu leben, zu werden. Damit würde Gemeindewerdung so etwas wie das heimliche oder offene Curriculum *aller* gemeindepädagogischen Aktivitäten. Sicher darf und kann dort, wo Gemeinde als Subjekt, Ort oder Gegenstand der Gemeindepädagogik ernst genommen wird, solche ›Zielereignung‹ nie ausgeschlossen oder gar verhindert werden. Im Gegenteil: gemeindepädagogische Arbeit trägt in dieser Beziehung immer auch propädeutische Züge und hat »hinführenden, deutenden, einübenden Charakter«.[14] Genauso verbietet es sich aber auch, Gemeindewerdung zum unerläßlichen Wesenselement in *allen* gemeindepädagogischen Handlungsfeldern zu machen. Dagegen

13 Vgl. *K. E. Nipkow*, Mit Kindern und Jugendlichen glauben lernen als Aufgabe der Gemeinde, 21 f.

14 So *A. Exeler* in: Gemeindekatechese (Theologie im Fernkurs/Religionspädagogisch-Katechetischer Kurs Lehrbrief 8), Würzburg 1974, 21.

sperrt sich nicht nur die rein phänomenologische Beschreibung und Betrachtung bestimmter Handlungsfelder wie etwa (offene) Jugendarbeit, Erwachsenenbildung oder auch Altenarbeit, sondern dagegen spricht auch ein Gemeindeverständnis, für das die Dimension der »Kirche für andere« zum unverzichtbaren Wesensbestandteil gehört. Das aber bedeutet selbstlosen Dienst ohne Mitgliederwerbung und ohne Vereinnahmungsambitionen.

1.3 Die Handlungsdimensionen der Gemeindepädagogik. Das Verhältnis der Gemeindepädagogik zu den anderen kirchlichen Handlungsfeldern bestimmt sich nach dem *Grundsatz integrierender Zielsetzung bei differenzierender Profilierung.* Dabei ist das integrale Moment vorgegeben mit der Kirche und ihrer Grundaufgabe Kommunikation des Evangeliums, an der die einzelnen Handlungsfelder gemäß der sie je spezifisch prägenden Auftragsdimension partizipieren. Das religionspädagogische Handeln in Schule und Gemeinde erfährt dabei sein profilierendes Gepräge durch die *religionspädagogische Aufgaben- und Handlungsdimension*, die in den Tätigkeiten Erziehen, Unterrichten und Bilden bzw. im Lernen ihren besonderen Ausdruck findet. Gemeindepädagogische Betrachtungsweise befragt ihre verschiedenen Handlungsfelder auf die je in ihnen angelegte und ihnen aufgegebene religionspädagogische Handlungsdimension, wobei vorausgesetzt wird, daß im Unterschied zu den anderen kirchlichen Handlungsfeldern für die gemeindepädagogischen die religionspädagogische Dimension besonderes Gewicht besitzt. Das schließt nicht aus, daß an den verschiedenen gemeindepädagogischen Handlungsfeldern auch noch andere als nur die religionspädagogische Handlungsdimension beteiligt sind, wie umgekehrt auch die religionspädagogische Handlungsdimension in Handlungsfeldern auftauchen kann, die nicht religionsunterrichtlich oder gemeindepädagogisch orientiert sind. Das Mischungsverhältnis verschiedener kirchlicher Handlungs- und Aufgabendimensionen ergibt dabei jeweils das differenzierte Profil eines kirchlichen Handlungsfeldes, wobei Anteil und Gewichtigkeit der Handlungsdimensionen in den einzelnen kirchlichen Handlungsfeldern durchaus unterschiedlich gesehen werden können. Daraus lassen sich viele der Auffassungsunterschiede erklären, die in Bezug auf die Bestimmung und Beurteilung der kirchlichen Handlungsfelder in der Praktischen Theologie anzutreffen sind. So ist es durchaus nicht unbestritten, daß z.B. für den Kindergottesdienst die religionspädagogische Dimension dominieren müsse. Genauso wäre eine Auffassung denkbar, in der etwa die gottesdienstliche oder kerygmatische Handlungsdimension, die ohnehin das Handlungsfeld Kindergottesdienst immer mitbestimmen, als dominant angesehen wird.

Neben der religionspädagogischen Aufgaben- und Handlungsdimension lassen sich folgende *Dimensionen kirchlichen Handelns* unterscheiden: *die kerygmatische, gottesdienstliche, diakonische, seelsorgerliche und kybernetische.* Die *kerygmatische Aufgaben- und Handlungsdimension* kreist zentral um das Verkündigen und gibt den Ton an in den kirchlichen Handlungsfeldern Predigt, Evangelisation, Mission. Die *gottesdienstliche Handlungsdimension* äußert sich primär im feiernden Handeln an Fest- und Feiertagen, im Gottesdienst und in den verschiedensten Weisen und Gelegenheiten kirchlicher Andachten – zweifellos eine Handlungsdimension, die sich anteilig mehr oder weniger gewichtet in den meisten gemeindepädagogischen Handlungsfeldern ausmachen läßt. Die *diakonische Handlungsdimension* ist auf ihren verschiedenen Handlungsfeldern um dienendes Helfen in Situationen der Not und Bedürftigkeit bemüht, was ihr auf gemeindepädagogischem Gebiet besonders für Kindergarten, Jugendarbeit und Altenarbeit einen relativ hohen Stellenwert einräumt. Ohne auf besonders augenfällige Handlungsfelder verweisen zu können, gilt das gleichsam implizite Beteiligtsein an gemeindepädagogischen Aktivitäten auch für die *seelsorgerliche Dimension* kirchlichen Handelns. Bleibt schließlich noch die *kybernetische Handlungsdimension*, die primär dem kirchenleitenden Handeln in Pfarramt, Kirchenvorstand und Kirchenleitung gilt. Ihr Anteil an der Gemeindepädagogik ist bisher kaum wahrgenommen worden; er müßte gleichsam erst entdeckt werden, wobei der Ansatzpunkt im Blick auf die Gemeindepädagogik bei den sog. kirchlichen Trägerschaften genommen werden könnte.

Nach dieser Bestimmung der kirchlichen Handlungsdimensionen ergibt sich als vorrangige Aufgabe gemeindepädagogischer Reflexion, für jedes gemeindepädagogische Handlungsfeld je den Anteil und die Gewichtigkeit der verschiedenen Handlungsdimensionen an ihm herauszuarbeiten; denn daran bemißt sich das jeweilige Profil der verschiedenen Handlungsfelder gemeindlicher Religionspädagogik.

2. Der gemeinsame Horizont: Kommunikation des Evangeliums

Bevor das jeweilige Profil der verschiedenen gemeindepädagogischen Handlungsfelder ausgearbeitet wird, gilt es zunächst, auf die Frage einzugehen, ob es so etwas wie eine integrierende Zielsetzung für die verschiedenen Handlungsfelder gibt. Ein solcher gemeinsamer Horizont hebt nicht die spezifische Kontur und das besondere Profil des einzelnen Handlungsfeldes auf, er ist aber notwendig, wenn das, was in den einzelnen Handlungsfeldern geschieht, sich im Sinne einer gegenseitigen Ergänzung vollziehen soll. Dabei darf eine solche gemeinsame Perspektive nicht nur formaler Art sein, sondern muß eine inhaltliche Orientierung aufweisen und für die verschiedenen Handlungsfelder relevant sein. Nach einem Blick in die Geschichte wollen wir die oben bereits angesprochene Wendung »Kommunikation des Evangeliums« als einen solchen gemeinsamen Horizont entfalten.

Ein *Blick in die Geschichte* lehrt uns, daß die zu bedenkenden Fragen in den Modellen christlicher Erziehung recht unterschiedlich gelöst wurden:

Im Zusammenhang der Bemühungen um eine Neugestaltung des kirchlichen Lebens sind die Überlegungen zum Katechismus zu verstehen, die Martin Luther zu seinem Großen und Kleinen Katechismus sowie zu seinen Katechismuspredigten geführt haben. Dabei ist der Katechismus zunächst einmal nicht die Bezeichnung für ein Buch, sondern stellt die Bezeichnung für einen umfassenden Unterrichtsprozeß dar. Ziel ist es dabei, zu einem Verstehen der Predigt, zu einer verständigen Teilnahme am Gottesdienst, zu einer aktiven Lebensgestaltung aus Glauben zu verhelfen. In der Deutschen Messe (1526) findet sich jener klassische Passus über den Katechismus, der beginnt: »Ist aufs erste im deutschen Gottesdienst ein grober, schlichter, einfältiger, guter Katechismus vonnöten. Katechismus aber heißt ein Unterricht, damit man die Heiden, so Christen werden sollen, lehret und weiset, was sie glauben, tun, lassen und wissen sollen im Christentum.«[15]

Die Frage des Unterrichts wird so mit der grundlegenden Erkenntnis der Reformation in Zusammenhang gebracht, daß die Predigt, das Wort, entscheidenden Bezugspunkt und Grund christlicher Existenz darstellt. Luthers Interesse umgreift damit das Leben der Gemeinde, das Leben der Gesellschaft. Der Schluß »ein yeder lern sein lection, So wird es wohl ym hause ston« meint wirklich einen jeden im Hause, einen jeden im Volk. Man bleibt lebenslänglich ein Schüler des Katechismus. Auch Luther bezeichnet sich selbst als einen solchen. Dabei unterscheidet er einerseits Evangelium und Erziehung und verbindet sie andererseits zugleich neu. So war für ihn das Evangelium nicht von der Erziehung umgriffen, sondern die Erziehung dem Evangelium nachgeordnet. Die Unterscheidung von Erziehung und Evangelium hat nicht die Erziehungspraxis als solche verändert, sondern sie hat den Stellenwert und den Ort von Erziehung in seinem Gesamtsinn und in der Beziehung zu Gott verändert. Den Glauben schafft allein Gott, die Erziehung dient dazu, den äußeren Menschen fromm zu machen, wir würden sagen, moralisch zu erziehen. Aber hinter allen Gebots- und Gesetzesforderungen steht letztlich das Evangelium. »Wenn so in der Sicht des Glaubens Gottes *gute Gaben* die *Grundlage* für Erziehen und Erzogen-werden sind, folglich das *Evangelium* – es steht letztlich auch hinter den Gebots- und Gesetzesforderungen im weltlichen Regiment... –, können auch hinsichtlich des *Ziels*

15 WA XIX, 76, 1ff. = BoA III, 297, 26ff. (modernisierte Schreibweise).

beide Formen der einen Erziehungsaufgabe nur als *Dienst* der Eltern und Erzieher an den Kindern verstanden werden, damit diese ebenfalls ›Gott und der Welt dienen mögen‹ (WA 30/1, 156, 27f.): Christliche Unterweisung und Erziehung i.e.S. (»gezogen mit verbo dei«, WA 41, 408, 2f.) soll geschickt machen, das Evangelium weiterzusagen, die allgemeine ›Zucht‹ geschickt machen, dem Nächsten zu nützen. Hier wie dort dient Erziehung dazu, dem Kinde Gottes Nähe und schaffende Gegenwart bewußt zu machen und es anzuleiten, sich in seinem ganzen Leben von Gott bestimmen zu lassen.«[16]

Auf der einen Seite zeigt sich so in der Reformation die positive Aufnahme des humanistischen Bildungsdenkens und andererseits eine theologische Begrenzung der Reichweite von Pädagogik.

Friedrich Schleiermacher geht davon aus, daß primär die Familie für die religiöse Erziehung zuständig ist. Würde diese ihre Aufgabe hinreichend wahrnehmen, bedürfte es keiner weiteren Bemühungen um religiöse Erziehung und Unterricht in Kirche und Schule. Sein Verständnis von religiösem Lernen umschließt im wesentlichen drei Elemente: die religiöse Erregung, die Bekanntschaft und den selbständigen Umgang mit der Bibel und den Komplex der religiösen Vorstellungen (die christliche Glaubens- und Sittenlehre). Dabei sieht er es als unabdingbar an, daß die beiden letztgenannten Elemente nur in ständigem Zusammenhang mit dem religiösen Leben zum Zuge kommen. Schleiermacher geht davon aus, daß bei allen geistigen Vorgängen das religiöse Moment enthalten ist. »Wir müssen nur die Spur desselben recht suchen, in frühester Jugend uns ihrer schon versichern und sobald als möglich das religiöse entwikkeln. Wir dürfen auch nur dem Sprachgebrauch nachgehen in dem, was wir Frömmigkeit und die Römer Pietät nennen. Im ersten Bewußtsein des Kindes von seinem Verhältniß zu den Eltern liegt schon die Religion, es ist das geistige Abhängigkeitsgefühl und die Religion ist nur eine Steigerung davon. Wenn es sich so früh schon entwikkelt: so muß es von Anfang an im richtigen Fortschreiten sich herausbilden. Die religiösen Vorstellungen müssen dann freilich den Kindern erst in gewissem Alter gegeben werden; der religiösen Erregung sind sie aber vorher schon fähig, und wenn es zu früh sein kann ihnen religiöse positive Vorstellungen zu geben: so muß man es noch viel mehr zu früh sein ihr Gedächtniß mit Buchstaben und Terminologien anzufüllen. Geschieht das zu früh: so bleibt das erlernte todt und die religiöse Erregung geht ihren eigenen Weg... Wenn dies so häufig jezt bei uns geschieht: so liegt die größte Schuld im katechetischen Unterricht, wo man nur das Gedächtniß, nicht den religiösen Sinn in Anspruch genommen hat. Ein gesundes Leben entsteht nicht aus dieser späteren religiösen Entwikklung.«[17]

Der Marburger Praktische Theologe *Friedrich Niebergall* gab seiner »Praktischen Theologie«[18] den Untertitel: »Lehre von der kirchlichen Gemeindeerziehung auf religionswissenschaftlicher Grundlage.« Dadurch wurde sichtbar, daß die verschiedenen kirchlichen Tätigkeiten letztlich an einer pädagogischen Gesamtausrichtung partizipieren. Gottesdienst, Seelsorge, Religionsunterricht und Gemeindearbeit werden als Erziehungsarbeit aufgefaßt. Wesentliche Kriterien

16 *K.E. Nipkow*, Art. Erziehung, in: TRE, Bd. 10, 1982, 241.

17 *F. D. E. Schleiermacher*, Die praktische Theologie nach den Grundsäzen der evangelischen Kirche im Zusammenhange dargestellt (Sämmtliche Werke, Abt. I, Bd. 13), Berlin 1850, 412f.

18 Bd. I/II, Tübingen 1918/1919.

werden dabei das Leben der christlichen Persönlichkeit und das Leben der Gemeinde als ganzer. Dementsprechend wird z. B. für den Konfirmandenunterricht als Aufgabe formuliert: »Wir haben es also zu tun mit der Aufgabe, die Kinder in das christliche und kirchengemeindliche Leben einzuführen.«[19]

Die Frage nach der Lehrbarkeit des Glaubens wird in einen Zusammenhang beeinflussender Impulse und Reize hineingestellt, welche die individuelle Glaubensüberzeugung hervorrufen sollen. Das persönliche Leben der Lehrenden sowie die Umgebung erhalten von daher einen wichtigen Stellenwert. Das Hineinführen in das Leben der Gemeinde, die Beteiligung am konkreten Leben derselben und das Leben der christlichen Persönlichkeit werden im Rahmen der Vermittlung von Kultur und Religion miteinander verbunden. Der grundlegende pädagogische Ansatz dieses Konzeptes liegt auf der Hand. Eine Schwierigkeit liegt darin, daß die christliche Religion als eine geschichtliche Schöpfung des menschlichen Geistes erscheinen kann und als solches Bildungsgut dem heranwachsenden Menschen aus Gründen der Vollständigkeit seiner Persönlichkeitsbildung vermittelt werden soll.

Die *Dialektische Theologie* hat sich in ihrer Frühzeit gegen ein solches Bildungsverständnis gewandt, indem sie Religion nur als Kulturphänomen wahrnehmen konnte. Von der Wiederentdeckung des Offenbarungscharakters des christlichen Glaubens und von der Neuformulierung der Aufgabe der Predigt her wird Verkündigung zur neuen Integrationsformel. Die verschiedenen Tätigkeiten in Familie, Schule und Gemeinde werden von daher begriffen und die religionspädagogische Aufgabe entschwindet aus dem Blick. Die Formulierung von *Eduard Thurneysen* macht dies deutlich: »Unterricht ist grundsätzlich nichts anderes als Predigt.«[20] Bei beiden Tätigkeiten, der Predigt und dem Unterricht, geht es um die Konfrontation mit dem Heiligen Geist. Von daher ist es nicht verwunderlich, sondern sachgemäß, daß die dialektische Theologie unter dem Einfluß Karl Barths letztlich aufgrund ihres Ansatzes keine wirkliche Religionspädagogik ausarbeiten konnte. Darum war es sicher nicht zufällig, daß die Theoretiker der evangelischen Erziehung in den 20er und Anfang der 30er Jahre das Feld weitgehend beherrscht haben.[21]

Mit den Stichworten Katechismus, Frömmigkeit, Gemeindeerziehung, Verkündigung sind unterschiedliche Modelle christlicher Erziehung benannt, die in je spezifischer Weise im Blick auf die Kommunikation des Evangeliums Leben, Individuum, Glauben, Kirche, Predigt einander zuordnen.

2.1 Zum Verständnis von Kommunikation. Wort und Begriff der Kommunikation waren noch bis vor wenigen Jahrzehnten im Deutschen wenig gebräuchlich.[22] Kommunikation ist inzwischen zu einem Terminus ge-

19 *F. D. E. Schleiermacher,* aaO., Bd. II, 342.

20 Konfirmandenunterricht. Ein Kapitel aus der praktischen Theologie, in: *E. Thurneysen,* Das Wort Gottes und die Kirche, München 1927, 152.

21 Dazu vgl. die Studie »Theologische Bildungskritik« in: *R. Preul,* Religion – Bildung – Sozialisation, Gütersloh 1980, 16ff.

22 Vgl. *H. Saner,* Kommunikation – begriffsgeschichtlich, in: *W. C. Zimmerli*

worden, der aus dem wissenschaftlichen Bereich »herausgewandert« und fast zu einem alltagssprachlichen Schlagwort geworden ist. Von daher besteht die Gefahr, daß das Wort und die damit bezeichnete Sache undeutlich oder gar unverständlich werden könnten. Darum ist es notwendig, zunächst einige Hinweise zum Begriff der Kommunikation zu geben, bevor wir im nächsten Abschnitt auf die nähere Präzisierung durch die Hinzufügung des Wortes »Evangelium« eingehen.

Der Philosoph *Karl Jaspers* hatte dem Begriff eine wesentliche Bedeutung zugemessen, wenn er von Kommunikation als der universalen Bedingung des Menschseins[23] sprach. Entsprechend konnte er formulieren: »Alles was wir sind, sind wir in Kommunikation.«[24]

Watzlawick, *Beavin* und *Jackson* haben mittels der folgenden fünf Axiome die grundlegenden Eigenschaften der menschlichen Kommunikation beschrieben:

»– Man kann nicht nicht kommunizieren.
– Jede Kommunikation hat einen Inhalts- und einen Beziehungsaspekt, derart, daß letzterer den ersteren bestimmt und daher eine Metakommunikation ist.
– die Natur einer Beziehung ist durch die Interpunktion der Kommunikationsabläufe seitens der Partner bedingt.
– Menschliche Kommunikation bedient sich digitaler (d. h. sachlicher Aussagen im Blick auf die Inhalte) und analoger (d. h. mittelbarer Ausdrucksformen durch Körpersprache, Tonfall usw. im Blick auf den Beziehungsaspekt) Modalitäten.
– Zwischenmenschliche Kommunikationsabläufe sind entweder symmetrisch oder komplementär, je nachdem, ob die Beziehung zwischen den Partnern auf Gleichheit oder Unterschiedlichkeit beruht.«[25]

Auch wenn der Begriff der Kommunikation als solcher im allgemeinen deutschen Sprachgebrauch erst aus jüngster Zeit stammt, so ist die Sache selber nicht neu. In der Antike bezeichnete der Begriff »communicatio« ein weites Bedeutungsfeld »im Umkreis von Mitteilung, Gewährung, Verbindung, Austausch, Verkehr, Umgang, Gemeinschaft».[26] So

(Hrsg.), Kommunikation. Codewort für Zwischen-Menschlichkeit, Basel/Stuttgart 1978, 196–202.

23 *K. Jaspers*, Vernunft und Existenz, Bremen ³1949, 59.

24 *K. Jaspers*, Philosophische Logik, Bd. 1, Von der Wahrheit, München 1958, 378.

25 *P. Watzlawick / J. H. Beavin / D. D. Jackson*, Menschliche Kommunikation. Formen, Störungen, Paradoxien, Bern 1969, 53, 56, 61, 68, 70. Vgl. auch *N. Luhmann*: »Ohne Kommunikation gibt es keine menschlichen Beziehungen, ja kein menschliches Leben.« (Soziologische Aufklärung, Bd. 3, Soziales System, Gesellschaft, Organisation, Opladen 1981, 25).

26 *K. P. Sternschulte*, Art. Kommunikation, in: *J. Ritter (Hrsg.)*, Historisches Wörterbuch der Philosophie, Bd. IV, 1976, 893.

ist einerseits die Information, die Nachricht und andererseits der Vorgang des Anteilgebens umschlossen. *G. Sauter* macht ebenfalls darauf aufmerksam, daß das Verb »kommunizieren« in der Doppelbedeutung »vereinigen, teilen« und »mitteilen« zu sehen und in anderen indogermanischen Sprachen schon länger gebräuchlich ist. »Das Englische unterscheidet zwischen *communicate* = mitteilen, benachrichtigen, übertragen und *share* = teilen.«[27] Damit ist deutlich, daß Kommunikation sich sowohl auf den Vorgang der Mitteilung wie das wechselseitige Verhältnis der Menschen bezieht. Damit hat die Rede von der Kommunikation zugleich eine soziale Komponente, weil sich Kommunikation als ein Begriff erweist, der Gemeinschaft einschließt oder intendiert.

Der Vorgang der Kommunikation ist in der doppelten Zielrichtung von Verstehen und Verständigung zu sehen. Soweit es um den Akt des Verstehens geht, ist die Überlieferung im Blick, bei der es darum geht, sie sich in einem hermeneutisch orientierten Verstehensprozeß anzueignen, mit ihr in Verbindung und Auseinandersetzung zu treten, während der Vorgang der Verständigung sich auf die Kommunikation mit den heutigen Zeitgenossen bezieht, wobei das Ziel die Gewinnung von Gemeinschaft im Sinne von Kommunikationsgemeinschaft oder weitergehend Handlungsgemeinschaft darstellt. Der Zusammenhang Überlieferung – Verstehen – Verständigung konstituiert somit den Kommunikationsprozeß. In der intensiven Beschäftigung mit Fragen der Kommunikationsforschung in der Praktischen Theologie/Religionspädagogik in den letzten beiden Jahrzehnten wurden die weitergehenden Fragen nach Wirkung von Gruppenprozessen, Strukturen der Kommunikation reflektiert. Dabei zeigte sich die Vielfalt des Kommunikationsvorganges. Zugleich traten neben den sprachlichen Vorgang der Verständigung außer- und vorsprachliche Phänomene (Gesten, Blicke, Information durch Zeichen und Kommunikation durch Handeln) in das Gesichtsfeld. Nun wird kein ernstzunehmender Zeitgenosse die Frage nach der Kommunikation allein darauf beschränken wollen, ob es gelingende oder mißlingende Kommunikation gibt und daß von daher das letzte Kriterium zur Beurteilung von Kommunikation gewonnen würde. Dies führt natürlich zu der Frage, welche Wahrheit hier eigentlich transportiert wird. So ist es keineswegs zufällig, daß der lateinische Begriff »communicatio« in der christlichen Tradition einen wesentlichen Platz einnimmt, wenn z.B. im Blick auf Jesus Christus die Vereinigung von Gottheit und Menschheit als »communicatio idiomatum« bezeichnet wird.

27 *G. Sauter*, Art. Kommunikation, in: TRT, Bd. 3, [4]1983, 117.

Im übrigen sei noch auf einen interessanten anthropologischen Zusammenhang hingewiesen, den *Ernst Käsemann* herausgearbeitet hat. In Weiterführung der Überlegungen seines Lehrers R. Bultmann hat er den paulinischen Soma-Begriff in der Weise interpretiert, daß Soma die »Fähigkeit zur Kommunikation und die Realität seiner (sc. des Menschen) Zugehörigkeit zu einer ihn qualifizierenden Welt«[28] bezeichnet. Der Leib eröffnet die menschliche Möglichkeit der Kommunikation. Damit steht er in der Ausrichtung auf andere, in der Gebundenheit durch die Welt und den Anspruch des Schöpfers. Damit wird aber nachhaltig auf den im Leib gesetzten Weltbezug des Menschen hingewiesen. Leib ist »der Mensch in seiner Weltlichkeit, also in seiner Kommunikationsfähigkeit.«[29]

2.2 Kommunikation des Evangeliums. Wenn Kommunikation nun einen derart umgreifenden und gemeinsamen Horizont für die verschiedenen gemeindepädagogischen Handlungsfelder darstellt, so ist noch genauer zu fragen, was eigentlich kommuniziert werden soll. Wir schlagen als Integrationsformel für die verschiedenen Handlungsfelder vor: »Kommunikation des Evangeliums«. Dieser gemeinsame Zielhorizont hat einerseits seinen Ursprung im Evangelium selber und bezieht andererseits den Adressaten grundsätzlich mit ein, weil ein echter Kommunikationsvorgang immer eine zweiseitige Angelegenheit ist. Wenn wir von »Kommunikation des Evangeliums« sprechen, führt uns dies auf den Grundauftrag der Kirche. Mit dieser Formel beziehen wir uns positiv auf *Ernst Lange*, der dazu herausgestellt hat:

»Wir sprechen von Kommunikation des Evangeliums und nicht von ›Verkündigung‹ oder gar ›Predigt‹, weil der Begriff das prinzipiell Dialogische des gemeinten Vorgangs akzentuiert und außerdem alle Funktionen der Gemeinde, in der es um die Interpretation des biblischen Zeugnisses geht – von der Predigt bis zur Seelsorge und zum Konfirmandenunterricht als Phasen und Aspekte ein- und desselben Prozesses sichtbar machen.«[30] In dieser Aussage sind *vier wesentliche Gesichtspunkte* enthalten:

28 *E. Käsemann*, Exegetische Versuche und Besinnungen, Bd. 2, Göttingen [6]1975, 200. – Vgl. auch *ders.*, aaO., Bd. 1, Göttingen [6]1975, 32: »Der Leib als Möglichkeit der Kommunikation«.

29 *E. Käsemann*, aaO., Bd. 2, 129.

30 *E. Lange*, Aus der »Bilanz 65«, in: *ders.*, Kirche für die Welt, München/Gelnhausen 1981, 101. – Vgl. auch die Aufnahme der Langeschen Überlegungen bei *J. Hanselmann u. a. (Hrsg.)*, Was wird aus der Kirche?, Gütersloh 1984, 76ff.

1. Der Dialog wird als wesentlich, ja als prinzipiell unabdingbar für den Vorgang der Kommunikation des Evangeliums gesehen. E. Lange spricht explizit vom Kommunikations*auftrag*, der sich nicht nur auf die Interpretation innerhalb der Gemeinde bezieht, sondern auch auf die Interpretation gegenüber der Welt abzielt. Die Aussage vom Auftrag zur Kommunikation des Evangeliums macht darum die Herausforderung bewußt, diese Grundaufgabe im Blick auf den gesellschaftlichen Zusammenhang und das heißt im Blick auf die Fragen und Menschen der Gegenwart wahrzunehmen.

2. In dieser Formel von der Kommunikation des Evangeliums verbinden sich humanwissenschaftliche und theologische Anliegen. Wie im vorigen Abschnitt erkennbar wurde, ermöglicht der Begriff der Kommunikation den Brückenschlag und die Vermittlung zwischen theologischen und humanwissenschaftlichen Gesichtspunkten. Er stellt damit ein integrierendes Moment dar. Da der Kommunikationsbegriff in den letzten Jahren breites Interesse bei den unterschiedlichsten Wissenschaften gefunden hat, bietet er den Vorteil, daß das Nachdenken über gemeindepädagogisches Handeln nicht einer rein theologischen Betrachtung und Engführung anheimfällt.

3. Andererseits ermöglicht es die Formel von der ›Kommunikation des Evangeliums‹ sicherzustellen, daß die gemeindepädagogische Dimension nicht aus dem Gesamt der praktisch-theologischen Vermittlungsbemühungen herausfällt und für sich selber ein Sonderdasein führt, sondern bei aller Eigenständigkeit zugleich in einem Gesamthorizont steht, der die verschiedenen praktisch-theologischen Handlungsdimensionen umgreift und von Ernst Lange zutreffend mit Kommunikation des Evangeliums bezeichnet worden ist.

4. Die Interpretation des biblischen Zeugnisses wird hier als wesentlich und grundlegend festgehalten. Was zuvor hinsichtlich Verstehen und Verständigung im Kommunikationsprozeß formal beschrieben wurde, gilt es hier im Blick auf den Zusammenhang von biblischen Texten und dem in der Bibel bewahrten Evangelium auszuführen.

Damit werden die biblischen Texte im Kommunikationsprozeß als Gesprächspartner voll anerkannt. Dadurch wird einerseits ausgeschlossen, daß sie in reine Information über Bibelinhalte verobjektiviert werden und daß sie andererseits total funktionalisiert und medialisiert werden, um als Mittel zum Zweck der persönlichen Befähigung sowie gesellschaftlicher Machtinteressen zu dienen. Ihnen wird auf diese Weise vielmehr das ihnen zukommende Gewicht und ein Stück subjekthafter Eigenständigkeit gewahrt. Damit geht es nicht um einen biblischen Stoffmaterialismus, der einfach Bibel qua biblischem Dokument, qua gewordenes literarisches Buch, sondern Bibel in ihrer Qualität als Schrift, d.h. als Übermittler des Evangeliums, Bedeutung zumißt.

In diesem Sinne verstehen wir Evangelium als die Botschaft von der Menschenfreundlichkeit Gottes. Hatte die altkirchlich-griechische Theologie ihre Erlösungshoffnung dahingehend formuliert, daß Gott in Christus Mensch geworden ist, damit wir Menschen göttlicher werden, so hatte Luther herausgestellt, daß Christus Mensch geworden ist, damit der Mensch ein wirklicher Mensch werde. Die Menschwerdung Gottes (Joh 1,14) zielt nicht auf die Vergottung, sondern auf die Menschwerdung des Menschen. Damit ist aber zugleich deutlich, daß die Menschwerdung des Menschen nicht einfach ein naturgegebener, dem Menschen immanenter Prozeß des Wachsens ist, der sich von selber einstellt, sondern daß hier die Kommunikation des Evangeliums erforderlich ist. In der Bibel wird das Menschsein des Menschen so beschrieben, daß von seiner Freiheit geredet wird – angefangen vom Auszug aus Ägypten über das Exil bis hin zur Predigt Jesu und bis hin zu den Briefen des Apostel Paulus. Die Botschaft von der »herrlichen Freiheit der Kinder Gottes« (Röm 8,21) ist zentral. Sie hat ihren Ursprung in der Botschaft Jesu. Inhaltlich bedeutet sie: »Darin unterscheidet sich Christus von den anderen Herren, daß er Freiheit wirkt. Und er ruft nicht nur zu ihr, das wäre das Gesetz. Jesus gibt Freiheit. Das ist seine Unverwechselbarkeit.«[31] Von daher kann man auch Praktische Theologie als »Kommunikationstheorie von Rechtfertigungsglauben« begreifen, wie *W. Gräb/D. Korsch*[32] das kürzlich getan haben, wobei sie mit Recht auf die selbsttätige Aneignung des Kommunikationsinhaltes durch die beteiligten Menschen sowie die gegenseitige Verschränktheit von Inhalt der Mitteilung und situativ gegebener Tätigkeit des Mitteilens und Aneignens im Sinne eines wechselseitigen Verhältnisses hingewiesen haben.[33] Dabei gilt es, im Blick auf den Rechtfertigungsglauben die Dialektik von Freiheit und Liebe zu beachten.

2.3 Kommunikation in der Religionspädagogik. Wo und wie kommen Begriff und Sache der Kommunikation in der evangelischen Religionspädagogik in der Zeit nach 1945 vor?[34]

Verkündigung war das zentrale Stichwort der Evangelischen Unter-

31 *E. Käsemann*, Der Ruf der Freiheit, Tübingen ^{4}1968, 208.

32 *W. Gräb / D. Korsch*, Selbsttätiger Glaube. Die Einheit der Praktischen Theologie in der Rechtfertigungslehre, Neukirchen 1985, 86–96.

33 *W. Gräb / D. Korsch*, aaO., 95.

34 Zum folgenden vgl. die diesbezügliche ausführlichere Darstellung von *R. Lachmann*, Religionspädagogische Orientierung: Kommunikation im Reli-

weisung. Auslegung wurde zur entsprechenden Formel des hermeneutischen Religionsunterrichts. Für die Religionspädagogik nach der Neukonstituierung von 1968/69 gibt es keine entsprechend umfassende Integrationsformel, aber es läßt sich feststellen, daß Kommunikation ein Begriff ist, der relativ häufig begegnet. In Bayern ist er sogar seit Sept. 1970 zentraler Bestandteil der Globalzielsetzung für den evangelischen Religionsunterricht in allen Schulstufen und -arten. Dort heißt es: »Der evangelische Religionsunterricht hat die Aufgabe, der Kommunikation des Schülers mit dem christlichen Glauben in der gegenwärtigen Welt zu dienen.«

Für die Vertreter der *Evangelischen Unterweisung* war der unterrichtliche Kommunikationsprozeß nicht von besonderem Interesse. Gelungene Kommunikation zwischen dem verkündigenden Lehrer und den hörenden Schülern hat als Geistgewirkte Kommunikation zu gelten, die durch das Wort bei den Schülern Glauben schafft und so zwischen Lehrer und Schülern und zwischen den Schülern Verständigung und Gemeinschaft im Glauben wirkt.

Für die *hermeneutische Religionspädagogik* gilt zunächst in gleicher Weise, daß kein spezifisches Interesse an den Kommunikationsvorgängen besteht. *I. Baldermann* reflektiert freilich explizit auf die »Kommunikation zwischen dem Text und dem Interpreten«.[35] Der Grund für die Möglichkeit der Kommunikation ist nicht hinter oder jenseits der Sprache der Texte zu suchen, sondern die »Bedingung der Möglichkeit einer Kommunikation liegt nirgends anders als in der Sprache selbst. Die Sprache intendiert und begründet Kommunikation. Sie vermag sogar über grundlegende Gegensätze hinweg Verständigung zu schaffen.«[36] Kommunikation wird auf diese Weise auf die Selbstwirksamkeit der Sprache konzentriert, bzw. reduziert.

Es ist das Verdienst von *H.-D. Bastian*, im Zuge der empirischen Wendung die kommunikationstheoretischen Aspekte in die Religionspädagogik eingebracht zu haben. Er fordert die Ergänzung der Hermeneutik historischer Texte durch die Hermeneutik des pädagogischen Feldes. Allerdings bleibt offen, wie Bastian letztlich das empirische Defizit der Religionspädagogik sachgemäß bewältigen will.[37]

Sein Verständnis von Kommunikation ist primär kybernetisch sowie an den Machbarkeiten orientiert.

Ganz anders bei *D. Stoodt*, dessen Ansatz dem symbolischen Interaktionismus verpflichtet ist, wie er von der Chicagoer Schule, vor allem von G.H. Mead entwickelt wurde. In der »symbolischen Interaktion« bilden Kommunikationsakt und Interaktionsprozeß eine Einheit und sind verschränkt zum kommunikativen Handeln.[38]

Bei *K.E. Nipkow* erlangt Kommunikation einen wichtigen Stellenwert. Kom-

gionsunterricht, in: *B. Klaus (Hrsg.)*, Kommunikation in der Kirche, Gütersloh 1979, 145–179. Dort auch die weitere Literatur.

35 Biblische Didaktik, Hamburg 1963, 37.

36 *I. Baldermann*, aaO., 39f.

37 Vgl. *H.-D. Bastian*, Kommunikation, Stuttgart 1972.

38 Vgl. z.B. *D. Stoodt*, Religionsunterricht als Interaktion, Düsseldorf 1975.

munikation ist eine allgemeine Zielsetzung für die Schule wie ein religionsunterrichtliches Lernziel. »Humane Verständigung« lautet die Aufgabe, die Nipkow unter dieser pädagogischen Prämisse angesichts der Herausforderungen der Gegenwart mit ihren »verschiedenen zwischenmenschlichen sozialen, politischen, rassischen und religiösen Konflikte(n)« der Schule zur Lösung anweist. »Kooperative Arbeitsverfahren« werden als kommunikations-förderlich dem Unterricht anempfohlen.[39] Der Religionsunterricht leistet über die für ihn »spezifische Kommunikation über religiöse und weltanschauliche Positionen« seinen Beitrag zur »Einübung der Verständigungsprozesse und zur kommunikativen Bewältigung von Konflikten«.[40] Religionsunterricht ist danach in seiner Grundstruktur menschliches Miteinanderreden mit Hilfe von Texten. Getragen werden müßte solch unterrichtliches Miteinanderreden von einem »kommunikativ-dativen Denken..., das dem anderen als einzelnem und den anderen Gruppen zugewandt ist«.[41]

Fazit: Begriff und Sache der Kommunikation tauchen zwar häufig in der neueren religionspädagogischen Grundlagendiskussion auf, entbehren aber, abgesehen von der »interaktiven« Religionspädagogik, der religionspädagogisch orientierten kommunikationstheoretischen Vertiefung.

3. Das besondere Profil der Gemeindepädagogik

Im vorigen Abschnitt hatten wir als gemeinsamen Horizont gemeindepädagogischen Handelns wie aller praktisch-theologischen Vermittlungsbemühungen die Kommunikation des Evangeliums herausgearbeitet. Demgegenüber stellt sich jetzt die Frage nach dem besonderen Profil gemeindepädagogischen Handelns. Der Begriff »Gemeinde*pädagogik*« weckt mancherlei Assoziationen an Schule, Lehren und Lernen. Und in der Tat: Pädagogik hat es mit Erziehen, Lehren, Unterrichten, Bilden und dem dadurch bewirkten Lernen zu tun. Im Raum der evangelischen Kirche ist traditionell ein Lernverständnis beheimatet, welches Lernen primär als Auswendiglernen vorliegender Antworten versteht. Es sei an die Katechismus-Tradition erinnert. Auch die Assoziation, daß Lernen etwas für Kinder ist, während Erwachsene nicht

39 *K.E. Nipkow*, Schule und Religionsunterricht im Wandel, Düsseldorf 1971, 207f.

40 *K. E. Nipkow*, aaO., 177.

41 *K. E. Nipkow*, aaO., 174. – Mit dem Stichwort des »Gemeinsamen Lernens« ist jetzt der gleiche Sachverhalt angesprochen in *K.E. Nipkow*, Grundfragen der Religionspädagogik, Bd. 3, Gütersloh 1982.

mehr lernen müssen, liegt nicht fern. Demgegenüber geht es um ein umfassenderes Lernverständnis. Der Vorgang der *Kommunikation* ist ja als *ein Lernvorgang* begreifbar und beschreibbar: Jedes Lernen ist ein Kommunikationsvorgang und umgekehrt impliziert jeder Kommunikationsvorgang einen Lernprozeß. Dabei ist Kommunikation als zweiseitiger Prozeß zu sehen: Als Vorgang des Lehrens, Erziehens, Unterrichtens auf der »objektiven« Seite sowie als Lernen auf der »subjektiven« Seite. Bei solcher Kommunikation geht es zentral um das Verstehen und die Verständigung im Interaktionsgefüge von Evangelium, Lehrendem und Lernenden. Dabei wird im Blick auf die Kommunikation des Evangeliums geschichtlich-hermeneutisches Verstehen mit der gegenwärtig kommunikatorischen Komponente Verständigung verbunden und wird im Vollzug und in der Verschränkung von verstehen, verstanden werden und sich verständigen zu einem Verständigungsgeschehen, zum Vollzug gelingender Kommunikation.

Pädagogisch und theologisch umgreift diese Kommunikation Vergangenheit, Gegenwart und Zukunft und vermittelt zwischen den Glaubens- und Welterfahrungen von damals und heute – für ein Leben im Heute und Morgen.

Dabei signalisiert der Begriff der *Gemeinde*pädagogik, daß im Zusammenhang dieser Überlegungen der Gemeinde eine besondere Bedeutung zukommt. Für die Kommunikation des Evangeliums in unserer gegenwärtigen gesellschaftlichen Situation ist sie von eminenter Wichtigkeit und bedarf daher im Zusammenhang dieser Überlegungen besonderer Beachtung.

3.1 Zum Verständnis von Lernen. Wir hatten bereits zuvor darauf hingewiesen, daß der Vorgang der Kommunikation als ein Lernprozeß zu beschreiben ist. Es gehört zur Eigenart des Menschen, daß er ein Lernwesen ist. »Er muß vom ersten Tag seines Lebens an lernen, um sich in seiner komplizierten und ständig wechselnden Umwelt zu behaupten. Er ist ein *offenes System* und daher in besonderer Weise anpassungsfähig, nicht nur an die verschiedensten Bedingungen des Lebens, sondern auch an einen raschen Wechsel der Umstände.«[42] Zudem ist zu bedenken, daß der Mensch die Fähigkeit zum distanzierten Sehakt hat, d.h. daß er die Fähigkeit besitzt, sich zu sich selber zu verhalten, zu seinen eigenen Trieben und Impulsen Stellung zu beziehen, sie zu unterdrükken, zu regulieren usw. Deswegen lernt er nicht nur wie die Tiere vorwiegend durch Konditionierung und Nachahmung, sondern er lernt

42 *L. Schenk-Danzinger*, Entwicklungspsychologie, Wien [14]1980, 9.

auch durch Einsicht, durch Identifikation mit Vorbildern, durch Problemlösung.

Für ein Gesamtkonzept von Lernen ist es notwendig, den Zusammenhang von Entwicklung, Umwelt und Selbst zu bedenken. Im reifungstheoretisch orientierten Verständnis von Entwicklung und Lernen ging man von naturgegebenen Reifungsvorgängen aus, so daß vor allem die Vererbung von Bedeutung erschien. Das milieutheoretische Modell sah die Lernentwicklung des einzelnen Menschen vor allem von den soziokulturellen Faktoren (der Umwelt in Familie, Schule, Stadt, Dorf, Gesellschaft usw.) bestimmt. Demgegenüber integriert die interaktionstheoretische Sicht der Lernvorgänge die Wahrheitsmomente dieser beiden Ansätze. Sie erweitert dieselben um zwei Gesichtspunkte: (1) Lernen vollzieht sich notwendigerweise in Interaktionsprozessen und (2) der Lernende selbst ist beim Lernen aktiv beteiligt, er ist Subjekt und nicht einfach Objekt der Lernprozesse. Im Sinne der neueren pädagogischen Anthropologie bezeichnet Lernen somit die Wechselseitigkeit der pädagogischen Prozesse und schließt ausdrücklich das aktive Moment auf Seiten des Lernenden ein.

Die neuere Lernforschung hat uns beachtliche Erkenntnisse im Blick auf die Vorgänge des Lehrens und Lernens beschert. Dabei sind allerdings die Grundannahmen zum Teil sehr unterschiedlicher Art, so daß es nicht gelungen ist, eine Lerntheorie auszuarbeiten, die allseits anerkannt und konsensfähig wäre. Zum Teil überschneiden sich die Aspekte des Lernens, wie sie von unterschiedlichen Grundannahmen her herausgearbeitet worden sind. Im folgenden sollen einige *Gesichtspunkte* herausgestellt werden, die charakteristisch sind *für den Menschen als Lernwesen*, ohne daß damit Vollständigkeit angestrebt wird. Für unseren Zusammenhang dürfte der lebensgeschichtliche Aspekt besondere Aufmerksamkeit verdienen, weil er eine mögliche Integrationsbasis für die übrigen Gesichtspunkte abgeben könnte.

(1) Lernen: Wissenserwerb und Verstehen. Die offensichtlichste Art des Lernens ereignet sich dort, wo ein Mensch zu neuen Kenntnissen gelangt. Ein Kind hört z. B. zum ersten Mal etwas über Jesus oder Abraham. Der Wissensstand des Kindes wird dadurch erweitert. Wo solches Wissen ›gut‹ gelernt wird, ist es jederzeit wieder abrufbar und reproduzierbar. In der Regel wird neues Wissen zugleich auf vorhandene Kenntnisse stoßen, und insofern haben wir selbst bei dieser ›einfachsten‹ Lernart einen Vorgang kommunikativer Information.

Zudem spielt die Überlieferung eine wichige Rolle. Damit ist das Lernen qua kommunikativer Information zugleich vor die Aufgabe des *Verstehens* gestellt. Dies vollzieht sich in der doppelten Zielrichtung: als

Verstehen im Blick auf die Überlieferung sowie als Verständigung im Blick auf die Gegenwart. Diesem Vorgang von Wissenserwerb, Verstehen und Verständigung kann das Lernen durch Einsicht zugeordnet werden, das seitens der sog. kognitiven Lerntheorie herausgearbeitet wurde. Hierbei geht es des genaueren darum, daß eine Schwierigkeit auftaucht, die bearbeitet wird und am Ende zu einer neuen Einsicht führt, die bei der Lösung gleicher oder ähnlicher Probleme in künftigen Situationen hilfreich sein kann.

(2) Lernen von Haltungen. Neben dem Lernen als Erwerb von Kenntnissen und als Verstehens- und Verständigungsprozeß gibt es auch ein Lernen, das Haltungen, emotionale Stellungnahmen, Einstellungen, Verhaltensweisen sowie Motivationen des Handelns einschließt. Dies Lernen von Haltungen ist ein ausgesprochen komplexer Vorgang, weil Haltungen sich zusammensetzen aus emotionalen, kognitiven und pragmatischen Elementen. Sofern es um deren Veränderung geht, ist deshalb der Lernprozeß sehr subtil und schwierig. Am Beispiel: Jene grundlegenden Haltungen, die wir z.B. in der Kindheit im Blick auf Gott, Jesus und das Gebet gelernt haben, sind in aller Regel sehr stabil und durch ausschließlich rationale Verstehensbemühungen nur begrenzt beeinflußbar.

(3) Soziales Lernen. In unserem Zusammenhang verdient auch das soziale Lernen Aufmerksamkeit, auch wenn damit noch viele ungelöste Probleme verbunden sind. Mit sozialem Lernen wird ein Lernen bezeichnet, das auf andere Menschen bezogen ist, durch sie mitgeprägt wird und selbst auch wieder Wirkungen auf andere Menschen ausübt. Der Lernvorgang wird hier nicht individuell gesehen, sondern es geht um das Lernen in der Gemeinschaft oder für die Gemeinschaft. Die gemeindepädagogische Bedeutung dieses Lernens in Gemeinschaft wird deutlich, wenn wir bedenken, daß ›Glauben–Lernen‹ sich nicht abgesehen von der Gemeinde als sozialem Ort vollziehen kann.

(4) Lernen am Modell. Eine spezifische Form des sozialen Lernens stellt das Lernen am Modell dar. In den letzten Jahren ist erneut bewußt geworden, daß für das Erlernen der Handlungsmuster, d.h. für die Art und Weise, wie wir uns in typischen Situationen verhalten, das Lernen am Modell von erheblicher Bedeutung ist. Diese Lernart wird auch als Imitationslernen, Beobachtungslernen oder Nachahmungslernen bezeichnet. Dabei werden Verhaltensweisen anderer Personen in das eigene Verhalten übernommen. Besonders für die Frage des ethischen Lernens ist dieses Lernen am Modell von Bedeutung. Neben dem Prozeß der ethischen Urteilsbildung, den wir gemäß den Piaget-Kohlbergschen struktur-theoretischen Stufen durch Lernprozesse fördern können, sind

auch die am Modell gelernten Handlungsmuster von sehr weitreichender Bedeutung für das ethische Verhalten des einzelnen in konkreten Situationen.

(5) Lernen als Bildungsprozeß. Alles Lehren und Lernen darf die Freiheit des Lernenden nicht übersehen. In der Pädagogik wurde bei uns im Gefolge der Aufklärung jener Bildungsbegriff ausformuliert, dem es um den Maßstab der Personwerdung des Menschen geht. Daraus folgt als pädagogische Grundnorm: »Die Inhalte dürfen mit ihren Ansprüchen den Educandus nicht determinieren, sondern als bildende Lehre müssen sie so verwandt werden, daß sie zugleich kritische Vernunft entbinden, die sich, potentiell jedenfalls, auch gegen die Inhalte selbst richten können. Mit anderen Worten: Was die Jugend aus dem ihr von der Erwachsenengeneration angewiesenen und als Vorwegnahme der Zukunft gedachten Zielen der Bildung macht, bleibt dieser Jugend überlassen. Für dieses Recht der Jugend steht in der bildungstheoretischen Didaktik der Begriff der Bildung.«[43] Damit ist deutlich, daß nicht nur nach der effektivsten Art und Weise der Vermittlung gefragt werden darf, sondern daß auf die personale Integrität und Identität zu achten ist. Daß Bildung vorrangig Aufgabe und Werk eines jeden selbst ist, dafür steht der Bildungsbegriff. Damit ist deutlich: Wir fragen nicht nur nach dem Lernen in Gemeinschaft, sondern auch nach dem Lernen des *einzelnen* in Gemeinschaft.

(6) Lernen und Lebensgeschichte. Die verschiedenen Aspekte des Lernens, die wir aufgezählt haben, finden ihren letzten Bezugspunkt in der Lebensgeschichte des einzelnen. Der Pädagoge *F. Maurer* hat darauf hingewiesen, daß letztlich der Mensch ins Leben und ins Lernen nicht einwilligen könne, ohne eine Vorstellung zu haben, wozu er leben soll. Darum, so meint er, ist Lernen nicht ohne die Entfaltung eines Lebenssinns denkbar. Lebenssinn kann ich nur finden, »wenn ich sehe, daß ich gebraucht werde, daß ich für andere bedeutsam und verantwortlich bin, wenn ich die Erfahrung haben oder schaffen kann, für andere nicht überflüssig zu sein. So verweist eine lebensgeschichtliche Theorie des Lernens auf die Einbindung aller Lernaufgaben in reale und als sinnvoll gedachte soziale Situationen, auf andere Menschen, für die es lohnt, sich zu mühen, sich zu schinden: Für sie zu lernen.«[44] Damit bekommt vom Aspekt des Lernens her die Lebensgeschichte einen zentralen Stellenwert.

43 *H. Blankertz*, Theorien und Modelle der Didaktik, München [9]1975, 41 f.
44 *F. Maurer*, Lebensgeschichte und Lernen, in: *F. Maurer (Hrsg.)*, Lebensge-

Wir haben den Vorgang des Lernens in anthropologisch-pädagogischer Perspektive bedacht. Das Lernen steht im Zusammenhang der Kommunikation, die den umfassenderen Horizont abgibt, wobei Lernen und Lehren eng zusammen gesehen werden müssen. Wenn wir von der Kommunikation des Evangeliums reden, so ist damit der theologische Aspekt unserer Fragestellung im Blick. Dazu hatten wir oben herausgearbeitet, daß der Kommunikationsauftrag und das dadurch bedingte Lernen im Evangelium selber begründet liegen.

3.2 Lernen und Glaube. Es gilt nun, darüber nachzudenken, wie theologischer und anthropologisch-pädagogischer Aspekt sich zueinander verhalten, wobei der ekklesiologische Aspekt nicht ausgeblendet werden kann (s. u. 3.4 »Gemeinde als Lernort«). Der Zusammenhang von Glaube und Lernen wäre zu eng gefaßt, wenn hierbei Lernen nahezu ausschließlich im Sinne des Wissenserwerbs und intellektuellen Verstehens verstanden würde. In einer Situation, in der es so etwas wie ein ›selbstverständliches‹ christliches Milieu gegeben haben mag, mochte es noch angehen, Lernen im engeren Sinne von Wissenserwerb und theologischer Urteilsbildung zu begreifen, weil es einen einigermaßen funktionierenden Gesamtzusammenhang des informellen Lernens gab, durch den vieles ohne geplante Lernprozesse vermittelt wurde. Angesichts der enormen Veränderungsprozesse in unserer gegenwärtigen gesellschaftlichen Entwicklung sowie angesichts der gegenwärtigen Verfaßtheit unserer Volkskirchen muß insbesondere der Zusammenhang von Lernen und Glaube umfassender reflektiert werden.

Das sei an einem Beispiel im Blick auf das Handlungsfeld Konfirmandenarbeit verdeutlicht: In der Positionsbeschreibung »Das konfirmierende Handeln der Gemeinde« werden für die Begegnung der Konfirmanden mit dem christlichen Glauben im Sinne einer ganzheitlichen Kommunikation folgende sechs *Grundkategorien* formuliert:[45]

»1. Gemeinsames Leben in Gemeinschaft und Partnerschaft (Zusammenwachsen zu einer Gruppe)
durch Rüstzeiten, Fahrten, Fest- und Feiergestaltung, Arbeitsgemeinschaft, Andachten.

schichte und Identität. Beiträge zu einer biographischen Anthropologie, Frankfurt/M. 1981, 129.

45 Positionsbeschreibung des Facharbeitskreises Konfirmation beim Bund der Evangelischen Kirchen in der DDR »Das konfirmierende Handeln der Gemeinde«, in: ChL 26/1973, 166f. – In einer kürzeren Fassung finden sich diese Kriterien bei *H.B. Kaufmann*, Didaktische Überlegungen zur Theorie des Konfirmandenunterrichts, in: *K. Wegenast (Hrsg.)*, Theologie und Unterricht. Festgabe für Hans Stock, Gütersloh 1969, 245f.

2. Teilnahme an Lebensformen der Gemeinde und Begegnung mit erwachsenen Christen
   durch aktive Beteiligung am Gottesdienst, Gemeindebefragung; Gastreferenten; Mitwirkung von Eltern und anderen Mitarbeitern.
3. Exemplarische Einführung in das unterscheidende (kritische) Lesen der Bibel und das Verständnis der Bekenntnisse, Symbole und Gottesdienstformen
   durch Unterricht, durch gemeinsame Vorbereitung und Durchführung von Gottesdiensten.
4. Orientierung über Herkunft, Gestalt, Aufgaben und Funktionen der Kirche, über das Neben- und Miteinander der Konfessionen und Religionen
   durch unterrichtliche Auswertung von Beobachtungen und Erfahrungen bei Erkundungsgängen; Begegnung mit einzelnen Gruppen anderer Konfessionen; Führung eines Konfirmandenbuches.
5. Erkundung der Wirklichkeit der heutigen Welt mit dem Ziel, den jungen Menschen die Bewältigung dieser Wirklichkeit im Horizont des Glaubens zu ermöglichen
   durch thematischen, problemorientierten Unterricht, der an Erfahrungen, Dokumente und Zeugnisse anknüpft.
6. Wahrnehmung von Aufgaben und Diensten gemeindlicher und gesellschaftlicher Diakonie
   durch Konfirmandenpraktikum; gesellschaftliche Arbeitsvorhaben.«

Bei der Verhältnisbestimmung von Glaube und Lernen geht es nicht um eine Pädagogisierung des Evangeliums, sondern um die Ernstnahme des Menschen als eines lernenden und lernfähigen Wesens. In diesem Sinne geht es um ein Lernverständnis, das nicht mehr allein oder nahezu ausschließlich am Modell schulischen, curricular strukturierten Lernens orientiert ist.

Die Dialektik von Glaube und Lernen. Christlicher Glaube versteht menschliches Leben als ein von Gott angenommenes, von Gott geliebtes Leben. Er sieht einen jeden Menschen als unverwechselbare, besondere Person. Das Evangelium von der Menschenfreundlichkeit Gottes ist Ursprung und bleibender Grund des christlichen Glaubens. Seine Botschaft ist: Du bist geliebt; Du bist gefragt – in des Wortes doppelter Bedeutung. Du bist einmalig, die Gemeinde vermittelt Dir Gottes Interesse an Dir. Und: Du bist und wirst am Ort der Gemeinde gefragt. Es geht um jene identifizierende Rede, wie sie Nathan gegenüber David ausübt: »Du bist der Mann!« (2Sam 12,7).

So wahr es ist, daß der Glaube auf das Lernen angewiesen ist, so können Glaube und Lernen doch nicht einfach einander konvergierend in dem Sinne zugeordnet werden, daß mit Hilfe eines gut operationalisierten Lernprogramms der einzelne auf geradem Wege zum Glauben geführt werden kann. Das Verhältnis von Glaube und Lernen kann nur *dialektisch in einer Doppelthese* zureichend bestimmt werden:

Christlichen Glauben gibt es nicht ohne Lernprozesse, aber Lernprozesse bewirken für sich allein keinen christlichen Glauben (im Vollsinne des Wortes). Der christliche Glaube bleibt im letzten Geschenk, Wirkung des Heiligen Geistes. Die Rede von der Offenbarung hält das extra nos des Heilsgeschehens fest. Gleichwohl wird der Glaube nicht ohne Lernprozesse vom einzelnen aufgenommen, und die Verwirklichung des Glaubens in meinem Leben bedarf der kommunikativen Lernprozesse.

Das Profil der Gemeindepädagogik. Die Analyse des Lernens im Felde der Gemeindepädagogik legt eine lebensgeschichtlich orientierte Theorie des Lernens nahe, bzw. läßt diese zumindest als hilfreich erscheinen. Wenn man sich ansieht, was mit Gemeindepädagogik an Theorie und Praxis des pädagogischen Handelns in der Gemeinde bezeichnet wird, so wird die Vielgestaltigkeit deutlich. Es geht nicht nur um ein bestimmtes Lebensalter, sondern der gesamte Lebenslauf gerät in den Blick: vom Kleinkind über das Schul- und Jugendalter bis hin zum Erwachsenenalter mit seinen verschiedenen Entwicklungsphasen. Dabei greifen im Geschehen der Kommunikation des Evangeliums verschiedene Momente beim Lehren und Lernen ineinander (Momente der Einübung, der Erziehung, des Unterrichts, der Bildung).

Es seien einige Beispiele genannt:
- Das Bemühen, die Kinder und Heranwachsenden durch Teilnahme in die Gemeinschaft der Glaubenden einzugliedern;
- Das Gewöhnen an und die Befestigung von bestimmten Formen der Frömmigkeit (Beten in der Familie, gemeinsames Feiern von Festen);
- das Bemühen, den einzelnen für den Glauben zu gewinnen (durch Erzählen, Bekennen, Stellungnehmen zu Fragen des Glaubens und Lebens);
- der Versuch, dem einzelnen zu helfen, sich gedanklich Rechenschaft über den Glauben zu geben, sich kritisch der Herausforderung des Glaubens durch die Vernunft zu stellen;
- aus Glaubens- und Lebensgeschichten – auf dem Wege biographischer Vermittlung – Zugänge zu einem existentiellen Glauben verschaffen;
- durch Teilnahme an Aktionen (Brot für die Welt, Arbeit mit Randgruppen o.ä.) konkrete Herausforderungen der Gegenwart aufnehmen und in die Glaubenspraxis integrieren.

Solche in diesen wenigen Beispielen deutlich gewordene Vielgestaltigkeit gemeindlichen Lernens erlaubt es nicht, eine trennschärfere Eingrenzung und Profilierung gemeindepädagogischer Kommunikation vorzunehmen.

Der *Religionsunterricht* in der Schule ist in dieser Beziehung in einer anderen Situation. Hier sind die Rahmenbedingungen enger und klarer abgrenzbar. Deshalb ist eine sehr viel schärfere Eingrenzung und Präzisierung der religionsunterrichtlichen Aufgabenstellung möglich, als das im Blick auf die vielgestaltigen Prozesse des Lehrens und Lernens in der Gemeinde möglich ist.[46]

Freilich ist idealtypisch zu unterscheiden zwischen dem lebenslangen Prozeß der Kommunikation zwischen Evangelium und Gemeindeglied und der Kommunikation qua bestimmter spezifisch geplanter Lernprozesse. Jedoch greifen das geplante (intentionale) und das informelle (funktionale) Lernen ineinander. Der katholische Religionspädagoge *A. Exeler* hat im Blick auf ein weites Verständnis von Katechese, das unserem Verständnis von Gemeindepädagogik nicht fern ist, Katechese definiert als »Vertrautmachen mit den Möglichkeiten des Christseins«. Er führt dazu aus:

»1. Das Vertrautmachen geschieht nicht primär durch Unterricht, sondern primär dadurch, daß man Möglichkeiten der Erfahrung vermittelt und ein umfassendes Kommunikationsgeschehen anregt. Der Unterricht gehört wesentlich hinzu, ist aber nicht das Erste.
2. Das Vertrautmachen, um das es bei der Katechese geht, hat grundsätzlich mit allem zu tun, was zum Christen und kirchlichen Leben gehört. Dabei hat das, was in der Katechese geschieht, hinführenden, deutenden, einübenden Charakter. Der Vollzug selbst fällt nicht mehr unmittelbar in den Bereich des katechetischen Wirkens.
3. Die Grenzen des katechetischen Wirkens lassen sich nicht scharf umreißen. Obwohl sich spezielle katechetische Unternehmungen benennen lassen, muß doch vor einer scharfen Grenzziehung gewarnt werden. Denn die Fruchtbarkeit des katechetischen Wirkens hängt davon ab, in welchem Maße es in andere Vollzugsweisen christlicher und kirchlicher Existenz integriert wird.«[47]

3.3 Lernen und Religion. Wir haben zunächst bewußt von Glaube und Lernen gesprochen und nicht von Religion und Lernen. Das hat seinen tieferen Grund darin, daß recht unklar ist, was mit Religion und religiöser Erziehung genauer gemeint ist. Die Dialektische Theologie hatte im Gefolge *Karl Barths* Religion als Angelegtheit des gottlosen Menschen prinzipiell vom christlichen Glauben unterschieden. Sie wollte sich damit absetzen von einem Verständnis von Religion als dem Versuch des Menschen, sich sein Heil selber zu verschaffen. Wirkungsgeschichtlich gesehen wurde damit aber zugleich *jede* Rede von der Religion (auch von der christlichen Religion) diskreditiert. Eine Folge war, daß in Verbindung mit der existentialen Auslegung der Bibel, wie sie von *Rudolf Bultmann* vertreten wurde, der Glaube ausschließlich als Werk des

46 Vgl. dazu *G. Adam/R. Lachmann (Hrsg.)*, Religionspädagogisches Kompendium, Göttingen ^{2}1986.

47 So *A. Exeler*, in: Gemeindekatechese (Theologie im Fernkurs/Religionspädagogisch-Katechetischer Kurs Lehrbrief 8), Würzburg 1974, 21.

göttlichen Geistes interessierte, so daß er nur noch am Punkt der persönlichen Entscheidung des einzelnen aussagbar wurde und damit jeder Gedanke an seine Einbettung in einen familiären und gemeindlichen Lebenszusammenhang ausgeblendet war.

Die erneute Zuwendung zum Phänomen Religion verhalf dazu, Erfahrung wieder in einen positiven Zusammenhang mit dem christlichen Glauben zu bringen. Der Begriff Religion – wenn auch zumeist unpräzise gebraucht – erwies sich dabei als ein heuristisch brauchbarer Suchbegriff, der es ermöglichte, religiöse Phänomene zu identifizieren und dem Zusammenhang von christlichem Glauben und konkreter religiös-christlicher Lebenspraxis nachzugehen. Neuerlich begegnet man einer Tendenz, von religiöser Erziehung im Sinne eines Oberbegriffes zu sprechen, dem dann als Konkretion die christliche Erziehung, die islamische Erziehung usw. zugeordnet werden.

Gleichwohl wird man sagen müssen, daß in unserem allgemeinen Bewußtsein und Sprachgebrauch religiöse Erziehung in aller Regel immer noch konfessionell-christliche Erziehung meint.

In der religionspädagogischen Debatte findet sich, vor allem auf katholischer Seite, ein dreifach gestuftes Verständnis von Religion: Zum einen wird Religion anthropologisch verstanden, und damit die Tiefendimension des menschlichen Lebens überhaupt bezeichnet. Zum andern wird Religion im Sinne christlicher Religiosität begriffen – hier wird oft der Religionsunterricht der Schule und seine Aufgabe angesiedelt. Zum dritten spricht man von einer kirchlichen Religiosität, welche das Leben aus dem Glauben im katholischen Verständnis meint – dem wird die Katechese der Gemeinde in Erstkommunion, Sakramentenunterricht usw. zugeordnet. Auf evangelischer Seite ist dieses Modell nicht unbestritten, weil aus theologischen Gründen das Verhältnis von Religion und Glaube nicht wie das vom Allgemeinen zum Besonderen gefaßt werden kann. Gegen ein solches Mißverständnis ist die zuvor referierte Konzeption nicht gefeit. Die Frage nach einer Verhältnisbestimmung von Religion und Glaube ist trotz vielfacher Erörterung noch nicht abschließend gelöst. Es erscheint uns sinnvoll, diese Fragestellung im Sinne einer gegenseitigen Verschränkung offenzuhalten und die Verhältnisbestimmung nicht vorschnell einseitig aufzulösen. Die Wiedergewinnung der Religion ist auch für die Gemeindepädagogik, nicht nur für die schulische RP, wichtig. Bisweilen wird auch heute wieder die Alternative propagiert: Religiöse Erziehung oder Glaubensverkündigung. Diese Position übersieht, daß der christliche Glaube auch seine religiösen Lebensformen hat und daß die Kommunikation des Evangeliums der Vollzugsformen und Gestaltungsweisen christlicher Religion bedarf.

Es kann nicht angehen, den religiösen Bereich vom Bereich des Glaubens abzutrennen. Es ist richtig und ein wesentlicher Ertrag der Diskussion um die Frage der Religion, daß sich Religion und christlicher Glaube nicht zueinander verhalten wie das Allgemeine zum Besonderen, sondern daß sie dialektisch einander zuzuordnen sind. Solche Dialektik ist Ausdruck der spannungsreichen Bezogenheit beider Größen, nicht aber Ausdruck der Indifferenz.

Gerhard Ebeling hat diesen Sachverhalt in der Doppelthese zum Ausdruck gebracht:

»1. Der Glaube ist das Kriterium der Religion...

2. Religion ist jedoch die Lebensbedingung des Glaubens.«[48]

Er führt dazu aus, daß das Evangelium nicht ohne Religion verkündbar ist und daß das Christliche sich in seiner geschichtlichen Existenz nicht auf bloßes Evangelium reduzieren lasse. Deshalb kann das Evangelium gar nicht anders laut werden als in der Spannung zur Religion sowie in der Gestaltwerdung als Religion: »Das Evangelium hat... in der christlichen Religion seine Spuren hinterlassen und hier den rechten Gebrauch von Religion gewiesen.«[49] In diesem Sinne ist es legitim, von christlicher Religion zu reden und mit *Manfred Josuttis* zu sagen: »Das Christliche ist das Evangelium in der Form des Gesetzes, ist der Glaube in der Gestalt der Weltanschauung, ist die Kirche als Ort der Religion. Gottes Wort würde nicht durch den Mund von Menschen ergehen, Gottes Volk würde sich nicht als Gemeinschaft von Menschen versammeln, wenn sich aus dem Lautwerden dieses Wortes und aus der Versammlung dieser Gemeinschaft nicht auch immer wieder religiöse und weltanschauliche Haltungen, Meinungen und Institutionen entwickeln würden.«[50]

Was bedeuten diese Überlegungen im Blick auf den Zusammenhang von Religion und Lernen und damit die Frage einer *christlichen Erziehung*? Wir hatten oben auf die Schwierigkeit des Begriffes »religiöse Erziehung« hingewiesen und halten daher die Verwendung des Begriffes einer christlichen Erziehung für sinnvoller. Damit werden alle Lehr- und Lernvorgänge in den gemeindepädagogischen Handlungsfeldern in der zuvor beschriebenen Verschränkung von Religion und christlichem Glauben bezeichnet. Statt von christlicher Erziehung können wir auch von evangelischer Erziehung reden, insofern mit dem Adjektiv »evange-

48 *G. Ebeling*, Dogmatik des christlichen Glaubens, Bd. 1, Tübingen 1979, 138f.

49 *G. Ebeling*, aaO., 139.

50 *M. Josuttis*, Was ist christlich?, in: *H.B. Kaufmann (Hrsg.)*, Streit um die Christlichkeit der Schule, Gütersloh 1970, 64.

lisch« der entscheidende Bezugspunkt einer solchen Erziehung markiert ist. Wenn man diese Wendung gebraucht, kann dies nicht in dem Sinne geschehen, wie das zwischen den beiden Weltkriegen in den dreißiger Jahren die Theoretiker einer evangelischen Erziehung getan haben. Sie haben den Erziehungsbegriff vor allem im Hinblick auf seine formierenden Aspekte ausgelegt und evangelische Erziehung im Sinne von Gesetz, Zucht und Unterordnung entfaltet. Davon abgesehen haben sie unter pädagogischem Aspekt das Anliegen, das mit dem Bildungsbegriff angezeigt ist, nicht bedacht. Die Wendung evangelische Erziehung kann nur benutzt werden, wenn dabei das im Bildungsbegriff enthaltene Moment der Selbstbildung gewahrt bleibt, wonach sich Erziehung nie ohne das Subjekt-Sein des Erzogenen vollziehen kann.

Bei der Rede von der evangelischen Erziehung wird man sich vor dem weiteren Mißverständnis zu hüten haben, daß der Glaube als direktes Erziehungsziel verstanden wird. Darum hat man verschiedentlich von der »evangelischen Lehre von der Erziehung« gesprochen und die Wendung evangelische Erziehung verworfen. *O. Hammelsbeck* begründet das damit, daß die Bezeichnung evangelische Erziehung im Sinne einer Vorzeichenpädagogik mißverstanden werden könnte. Dagegen hielt er es für möglich, sich des Ausdrucks »evangelisch erziehen« zu bedienen.[51] Darin drückt sich freilich eine einseitig personale Betrachtungsweise pädagogischer Prozesse aus, die u. E. den institutionellen Aspekt von Erziehung übersieht. Wir stimmen aber Hammelsbeck darin zu, daß Erziehung sich vom Evangelium her und in Korrespondenz mit ihm vollzieht.

Wenn wir außerdem beachten, was wir zuvor zum Verhältnis von Religion, Glaube und Christlichem ausgeführt haben, können wir die Wendung evangelische Erziehung jetzt noch weiter präzisieren: Evangelische Erziehung ist »eine Erziehung, die das ›Evangelische‹ in Menschenbild und Norm- und Wertorientierung zum tragenden Grundverständnis ihres erzieherischen Handelns macht... In bewußter Unterscheidung von den beiden (nach wie vor unaufgebbar wichtigen!) lutherischen Kategorien von ›Gesetz und Evangelium‹ ist damit eine 3. Kategorie bezeichnet und gemeint: die Mischkategorie des ›Evangelischen‹ (oder, wie wir auch sagen können: des ›Christlichen‹). Darunter ist ›in einem‹ verstanden ›das Evangelium in der Form des Gesetzes‹ und ›der Glaube in der Gestalt der Weltanschauung‹« *(M. Josuttis)*. »Im

51 *O. Hammelsbeck*, Evangelische Lehre von der Erziehung, München 1950, 58. – Auf S. 49 räumt Hammelsbeck immerhin ein, daß er sich auch eine legitime Rede von christlicher oder evangelischer Erziehung vorstellen könnte.

›Evangelischen‹ begegnet das dynamische Evangelium, das am aktuellen persönlichen Glauben orientiert ist, im verfestigten Aggregatzustand eines kognitiv relativ verfügbaren Grundverständnisses, einer Weltanschauung, eines Deutesystems..."[52]

Das so verstandene Evangelische oder Christliche kann damit zum inhaltlichen Inbegriff des Norm- und Wertsystems werden, aus dem evangelische Erziehung für ihren Teil die Maßstäbe gewinnt, ohne die erzieherisches Handeln nicht gelingen kann.

In diesem »evangelischen« Sinne ist die Wendung christliche Erziehung gemeint: als Ausdruck dessen, daß christliche Erziehung eine an der Sache des Evangeliums orientierte Erziehung ist.

3.4 Gemeinde als Lernort. Der zahlenmäßige Rückgang an Kirchenmitgliedern, die Begrenzung der vorhandenen finanziellen Ressourcen, die Versäulung der pädagogisch zu verantwortenden Aktivitäten in der Gemeinde, die Verleugnung der Adressaten religiöser Erziehung in den Lernprozessen der Gemeinde sowie die mangelhafte religionspädagogische Ausbildung vieler Pfarrer und kirchlicher Mitarbeiter haben neben anderem dazu geführt, die christliche Gemeinde auch als ein pädagogisch zu verantwortendes Handlungsfeld zu entdecken. In diesem Zusammenhang gerät neben der ekklesiologischen Frage die Gemeinde als didaktischer und sozialer Ort sowie als Subjekt der Gemeindepädagogik in den Blick.

(1) Kirche als Gemeinde. Obwohl oder gerade weil die Dimension der globalen Verantwortung für alle Glaubenden unübersehbar geworden ist, gilt es die Bedeutung der konkreten *Gemeinde vor Ort* (als Orts- oder Personalgemeinde) wiederzuentdecken. Trotz anderer Formen christlicher Gemeinde bleibt die Gemeinde vor Ort der wesentlichste Platz für die Praxis christlichen Lebens und Glaubens. Kirche wird über die Gemeinde zugänglich und erfahrbar. Dies gilt es sowohl in theologischer wie pädagogischer Hinsicht festzuhalten. Christliche Gemeinde zeichnet sich dadurch aus, daß sie nicht ein Verein ist, der durch den Zusammenschluß seiner Mitglieder begründet wird, sondern daß es sich bei ihr um eine Gemeinschaft von Glaubenden handelt, die ihr Dasein der Kommunikation des Evangeliums verdankt. Diese Gemeinschaft ist

52 Vgl. dazu im Ganzen *R. Lachmann*, Religiöse Sozialisation oder evangelische Erziehung?, in: *K.D. Wolff (Hrsg.)*, Glaube und Gesellschaft, Festschrift f. W.F. Kasch, Bayreuth 1981, 221–229, bes. 227f. –
Ferner: *G. Adam*, Religion und Sache Jesu. Überlegungen zur Grundlegung einer Religionspädagogik, in: zB 12/1977, 175–182, bes. 179f.

»das auserwählte Geschlecht, das königliche Priestertum, das heilige Volk, das Volk des Eigentums« (1.Petr 2,9). Koinonia, d.h. Gemeinschaft, die vom Heiligen Geist geschaffen und erhalten wird, ist der entscheidende Schlüsselbegriff für diese Art der Gemeinschaft. Paulus spricht im Blick darauf vom Leib Christi, in dem alle Glieder auf Christus als das Haupt bezogen sind (Eph 4,1; 1.Kor 12,12ff.). Was christliche Gemeinde auszeichnet, ist nicht so sehr ihre Gestalt als ihr Grund und ihr Ursprung. Gleichwohl ist die Gemeinde eine konkrete Gemeinschaft. Sie stellt den Kontext der christlichen Erziehung dar, wobei es unterschiedliche Kommunikations- und Zugehörigkeitsformen zur Gemeinde gibt. Die beiden Begriffe »Volkskirche« und »Gemeindekirche« drücken das aus. Gemeindepädagogisches Handeln bewegt sich im Spannungsfeld von Volkskirche und Gemeindekirche.

(2) Gemeinde als didaktischer Ort. In Bezug auf gemeindepädagogisches Handeln gibt es *verschiedene Kommunikationsformen.*[53] Da sind zum einen die unmittelbar *unterrichtlichen Formen* im engeren Sinne (Unterricht im Rahmen der Konfirmandenarbeit, Seminare). Daneben gibt es *unterrichtsnahe* Formen (Familienbildung, theologische Laienbildung, Bibelwochen, Studienkreise). Darüber hinaus sind *freiere Formen* zu nennen (Kinderchor, Jungschar, offene Jugendarbeit, Freizeitarbeit). Schließlich gibt es sog. *komplexe Programme* (Familiensonntag, Gemeindefeste, Konfirmandenfreizeiten, Tagungswesen). Daneben sei auf die bereits erwähnten *pädagogischen Implikationen* der gemeindlichen Praxis insgesamt verwiesen (Gottesdienste, Beratungsarbeit). Die Auflistung zeigt, daß wir es hier mit einem mehrfach gestuften System der Kommunikation zu tun haben.

Die Reflexion der spezifischen Lernmöglichkeiten der christlichen Gemeinde macht deutlich, daß neben dem Bereich des Unterrichts im engeren Sinne die Begegnung mit glaubwürdigen Personen und die Teilnahme am Glaubensvollzug von erwachsenen Christen wesentlich sind. Konkret bedeutet dies, daß neben das Curriculum, wie es sich in gedruckten Lehrbüchern und Unterrichtsmaterialien (z.B. für KU) niederschlägt, die *Gemeinde als Curriculum* in den Blick kommt. Die Worte und Handlungen von Eltern und Erwachsenen in der Gemeinde *sind* Curriculum, ebenso die Lebensvollzüge und Lebensformen. In der pädagogischen Terminologie bezeichnet man diesen Zusammenhang als das »hidden curriculum«, d.h. das verborgene Curriculum. Darauf zu

53 *J. Henkys*, Die pädagogischen Dienste der Kirche im Rahmen ihres Gesamtauftrages, in: *H. Ammer u.a.*, Handbuch der Praktischen Theologie, Bd. 3, Berlin 1978, 12–65, bes. 48f.

achten, schärft den Blick für die Strukturen, die unser Verstehen beeinflussen und unser konkretes Verhalten formen. Lernen in Erziehung, Bildung und Unterricht, das im Dienste der Kommunikation des Evangeliums steht, wird so in seinem Kontext, in seiner Einbettung in den Lebens- und Erfahrungszusammenhang gesehen. In diesem Sinne spricht *H.-M. Schulz* von der Gemeinde Jesu als gelebter Katechese.[54] Der Versuch, Gemeinde als didaktischen Ort in seiner spezifischen Kontur zu beschreiben, zielt nicht auf exklusive Zuschreibungen noch auf die Abwertung irgendeines Lernortes; es geht vielmehr um eine Darstellung der schwerpunktmäßigen Wahrnehmung der Aufgaben. Nur in Zusammenarbeit und gegenseitiger Ergänzung, die ja zugleich auch Entlastung bedeutet, weil nicht an jedem Ort alles getan werden muß, kann die Kommunikation des Evangeliums möglichst angemessen wahrgenommen werden.

(3) Gemeinsam glauben lernen. Der dialogische Charakter im Kommunikationsgeschehen christlicher Erziehung führt konsequenterweise zur Perspektive generationsübergreifenden Lernens. *K.E. Nipkow* hat den hier anstehenden Perspektivenwechsel auf den Begriff gebracht, wenn er »christliche Erziehung« definiert als »›Gemeinsam leben und glauben lernen zwischen den Generationen‹. Die Reihenfolge will sagen: Das Glaubenlernen ist in das Lebenlernen eingebettet. Die andere Reihenfolge ›gemeinsam glauben und leben lernen‹ gilt ebenso: Im Glauben lernt man das rechte Leben.«[55] Dabei geht es um einen Kommunikationsprozeß, der sich als Verstehen im Blick auf die biblische Generation und als Verständigung im Blick auf die gegenwärtige Zeitgenossenschaft angesichts der zukünftigen Herausforderungen vollzieht. Wenn wir in dieser Weise Glaubenlernen als einen Verständigungsprozeß über »gemeinsam glauben und leben lernen« bezeichnen, dann öffnet sich die Einwegkommunikation in Richtung auf eine offene Kommunikation. In einem solchen Prozeß gemeinsamen Lernens kann nicht mehr einfach aufgeteilt werden zwischen den aktiven Vermittlern und den passiven Empfängern, sondern alle sind als aktive Subjekte beteiligt. Dem entspricht auch, daß Erwachsene auch noch im Erwachsenenalter weiter lernen, sich weiterbilden und zur Veränderung in der Lage sind. In dem Wort »gemeinsam« ist zugleich ein Ernstnehmen der Kinder, ihrer selbständigen Bemühungen um Verstehen und Lebensbewältigung und

54 *H.-M. Schulz*, Gemeinde Jesu – eine gelebte Katechese, in: KatBl 105/1980, 276–281.

55 *K.E. Nipkow*, Grundfragen der Religionspädagogik, Bd. 3, 33.

damit ein Ernstnehmen des Kindseins als vollem Modus des Menschseins enthalten.

(4) Gemeinde als Subjekt. Wo der Schritt zur Gemeindepädagogik vollzogen und solchermaßen Gemeinde als Lerngemeinschaft und christliche Erziehung als Lernen zwischen den Generationen begriffen werden, wird in dieser Doppelung von Lernen und Gemeinschaft etwas Wesentliches sichtbar:

Das Lernen, um das es hier geht, ist eine Aufgabe der Gemeinde als ganzer. Das bedeutet, daß nicht nur der Pfarrer und die kirchlichen Mitarbeiter für die Gemeinde als Lernort des Glaubens verantwortlich sind, sondern daß alle Glieder der Gemeinde zur Mitarbeit aufgerufen sind. Daraus folgt, daß gemeindepädagogische Fragen in den entsprechenden Gremien der Gemeinde beraten werden und es dabei zu gemeinsamen Entscheidungen und Diskussionsprozessen über Ziele und Prioritäten kommt. In bezug auf die Kinder und Jugendlichen wird die gemeinsame Verantwortung von Eltern und Gemeinde deutlich.

Unbeschadet dessen, daß es notwendig ist, haupt- und nebenamtliche Mitarbeiter für diese Bereiche einzusetzen und damit spezifische Verantwortlichkeiten zu dokumentieren, ist es wichtig, daß das Miteinander der ganzen Gemeinde im Blick bleibt. Die ehrenamtliche Mitarbeit ist deshalb kein Notbehelf in einer Situation, wo es an hauptamtlichen Mitarbeitern mangelt oder diese kräftemäßig überfordert sind. Vielmehr geht es darum, daß christliche Erziehung gemeinsam wahrgenommen wird und die Gemeinde sich auf den Weg von einer Versorgungs- zu einer Beteiligungskirche begibt. Dabei ist es sinnvoll, daß der Kreis der ehrenamtlichen Mitarbeiter offen gehalten und stärker auf ein Engagement auf Zeit gesetzt wird; denn das ist eher dazu angetan, Menschen auf den Weg zur Mitarbeit finden zu lassen.

(5) Gemeindeaufbau. Die bisherigen Ausführungen haben deutlich gemacht, daß Gemeindepädagogik und Gemeindeaufbau miteinander zu tun haben. Gemeindepädagogik kann zur Verlebendigung von Kirche und zur Förderung eines dialogfähigen Glaubens beitragen. Es wäre freilich eine überspitzte Erwartung, wollte man von der Gemeindepädagogik eine Totalreform der Kirche verlangen. Immerhin wird sie einen begrenzten Beitrag dazu leisten können, daß der Weg von einer »Betreuungskirche« zu einer »Beteiligungskirche« beschritten wird. Denn man wird *P. Cornehl* sicher zustimmen müssen, wenn er behauptet, daß es eine der Schlüsselfragen für den künftigen Weg der Volkskirche ist, »ob und wie wir einen Strukturwandel einleiten von einer Kirche pastoraler Betreuung und Versorgung zu einer Kirche lebendiger Beteiligung aller... In den volkskirchlichen Strukturen und Lebensformen... muß

alles gestärkt werden, was Selbsttätigkeit, Eigenverantwortung, Mitgestaltung und Mitbestimmung der Laien auf konkrete Weise fördert.«[56]

Einige gemeindepädagogische Handlungsfelder in der Ortsgemeinde bieten sich geradezu an, um in ihnen einen Beitrag zum Gemeindeaufbau durch die aktive Beteiligung von Gemeindegliedern zu leisten:

- In der *Konfirmandenarbeit* z. B. können ältere konfirmierte Jugendliche wie auch Eltern und andere Erwachsene aus der Gemeinde als ehrenamtliche Mitarbeiter beteiligt werden.
- In der *Kindergottesdienstarbeit* bedarf die Mitarbeiterfrage einer intensiven Beachtung. Hier sollte eher ausgebaut denn reduziert werden (→ s. u. IX, 2.2).
- In der *diakonischen Arbeit* gibt es vielfältige Möglichkeiten eigenverantwortlicher Mitarbeit: Besuchskreise, Behindertenclubs usw.
- In der *Altenarbeit* ist ebenso ein weites Feld für vielfältige Möglichkeiten zu selbständiger Mitarbeit vorhanden.

Damit wird eine evangelische Intention aufgenommen, wie sie sich in der paulinischen Charismenlehre oder bei Martin Luther in seinen Überlegungen zum Priestertum aller Gläubigen findet. Hier sind noch vielfältige Möglichkeiten der Entdeckung gegeben.

es fehlt ‚lehren lernen' (sic!)

4. Gemeindedidaktik

Wie es für die schulische Religionspädagogik in ihrem Kern die Religionsdidaktik oder – was dasselbe meint – die religionsunterrichtliche Fachdidaktik gibt, so macht auch für die Gemeindepädagogik die gemeindliche Religionsdidaktik bzw. Gemeindedidaktik einen wichtigen Aufgabenbereich aus. Und ebensowenig wie die religionsunterrichtliche Fachdidaktik ist dabei die Gemeindedidaktik davon suspendiert, sich mit den Ergebnissen und Theorien der Allgemeinen Didaktik auseinanderzusetzen. Sie muß dabei allerdings beachten, daß die Allgemeine Didaktik in der Schulpädagogik angesiedelt ist und ihre Überlegungen primär auf die Institution und das didaktische Bedingungsfeld Schule ausgerichtet sind. Hier sind vom didaktischen Horizont Gemeinde her ständige Transferleistungen und Modifikationen verlangt, was aber nicht von der Beschäftigung mit den Erkenntnissen der Allgemeinen Didaktik abhalten darf, sondern im Gegenteil zur befruchtenden Beschäftigung mit ihnen anregen sollte.[57]

56 *P. Cornehl*, Theorie und Praxis kirchlichen Handelns als Horizont einer praktisch-theologischen Zeitschrift, in: PTh 70/1981, 47.

57 Vgl. zur Allgemeinen Didaktik *G. Adam/R. Lachmann (Hrsg.)*, Religionspädagogisches Kompendium, Göttingen ²1986, bes. 19ff.

4.1 Gemeindedidaktik und Allgemeine Didaktik. Da noch nicht auf Schule verengt, legt es sich nahe, mit *J. Dolch* von einem weiten Didaktikverständnis auszugehen und Didaktik zu definieren »als Wissenschaft und Lehre vom Lehren und Lernen überhaupt in allen Formen und auf allen Stufen« und – so ergänzen wir – an allen Orten. Diese Definition würde unter dem oben dargelegten weiten Lernverständnis auch der Gemeindedidaktik genügen. Dies heißt notwendigerweise Abstand nehmen von einem Lehren und Lernen, für das das ausdrückliche Lehren und Lernen von etwas, von Inhalten, von christlichen Inhalten konstitutiv ist. Wollte man daran festhalten, so würde zumindest für die offene Jugendarbeit die gemeindedidaktische Dimension wegfallen. Die Entwicklung der Allgemeinen Didaktik kommt uns insofern entgegen, als z.B. *W. Klafki* mit seiner kritisch-konstruktiven Didaktik, die auch für eine Gemeindedidaktik besondere Aufmerksamkeit beanspruchen kann, vom Primat der Bildungsinhalte, das er in seinem ursprünglichen bildungstheoretischen Konzept mit Entschiedenheit vertreten hatte, inzwischen abgerückt ist und heute in Annäherung an die lerntheoretische Didaktik das »Primat der Zielentscheidungen im Verhältnis zu allen anderen Entscheidungsdimensionen des Unterrichts« vertritt.[58] Ersetzt man hier Unterricht durch die weite Formel vom gemeindlichen Lernen, so kann man diesem Primatwechsel religionsdidaktisch dann zustimmen, wenn bei Beachtung der Interdependenz aller gemeindedidaktisch konstitutiver Faktoren die Zielentscheidungen so begründet und beschaffen sind, daß sie theologische Sachgemäßheit garantieren, die Voraussetzungen und Erfordernisse der jeweiligen Adressaten berücksichtigen und den spezifischen gesellschaftlichen und gemeindlichen Bedingungen genügen.

So allgemeindidaktisch eingespannt und verpflichtend vernetzt, verweist daneben die Zielentscheidung Kommunikation des Evangeliums bereits terminologisch auf die sog. *kritisch-kommunikative Didaktik*, die sich als Ergänzung, Fortführung und Korrektur der beiden inzwischen bereits klassisch gewordenen Richtungen der bildungstheoretischen und lerntheoretischen Didaktik versteht. Diese als »Theorie des schulischen Lehrens und Lernens« definierte Didaktik richtet ihr besonderes Augenmerk auf den kommunikativen Aspekt, d.h. sie versteht Unterricht vorrangig und durchgängig als »kommunikativen

58 *W. Klafki*, Zur Unterrichtsplanung im Sinne kritisch-konstruktiver Didaktik, in: *E. König/N. Schier/U. Vohland (Hrsg.)*, Diskussion Unterrichtsvorbereitung, München 1980, 13–44, bes. 18.

Prozeß«. Dieser konstituiert sich durch verschiedene Merkmale, von denen für unsere gemeindedidaktische Intention besonders relevant sind:

»Die *Permanenz*: Man kann nicht nicht kommunizieren;
die *Beziehung*: jeder kommunizierte Inhalt stellt eine bestimmte Beziehung her; ...
die *Inhalte und Beziehungen*: jede Kommunikation will etwas auf bestimmte Weise mitteilen, und erst der situative Kontext läßt darauf schließen, ob ein bestimmter Inhalt oder eine bestimmte Beziehung zwischen Kommunikatoren die eigentliche ›Botschaft‹ ist; ...
die *Störung*: alle menschliche Kommunikation ist prinzipiell störanfällig, bis hin zum kommunikativ krankhaften Verhalten;
Mittel und Selbstzweck: Kommunikationen haben einen mehr instrumentalen oder einen mehr konsumatorischen Charakter, sind also letztlich eher Mittel zum Zweck (der Information, Belehrung z. B.) oder Selbstzweck.«[59]

Schulisch ›entkernt‹ liefert eine solchermaßen bestimmte Didaktik einer an der Kommunikation des Evangeliums orientierten Gemeindedidaktik kommunikationswissenschaftlich elementare Weisungen. Dies läßt sie für die didaktische Reflexion der je besonderen Kommunikationsprozesse in den unterschiedlichen gemeindepädagogischen Handlungsfeldern als höchst geeignet erscheinen. Das gilt besonders auch deshalb, weil gemeindepädagogisches Handeln *in seiner didaktisch relevanten Kommunikation* nicht nur nach deren Istzustand in den Blick genommen wird, sondern auch nach ihrem Sollwert und Kommunikationsziel, einem immer kommunikativer werdenden gemeindlichen Lehren und Lernen. Hier kommt ähnlich der kritisch-konstruktiven Didaktik das »kritische Potential« kommunikativer Didaktik in den Blick, »die ihre ›Normen‹, das Verbindliche, Autoritative des Lehrens und Lernens letztlich« von dem grundgesetzlichen Anspruch der »Demokratisierung und Humanisierung aller Lebensbereiche« her ableitet.[60] Diese für das Unterrichten und Erziehen in der staatlichen Institution Schule unserer demokratischen Gesellschaft zweifelsohne gültige Wertsetzung kann freilich bei all ihrer Plausibilität und ihrem unbestrittenen Konsensgehalt mit christlichen Werten keine unhinterfragte normativ-didaktische Dominanz für das *Lehren und Lernen* in den diversen gemeindepädagogischen Handlungsfeldern beanspruchen. In ihnen dürfte vielmehr als fundamental leitendes Kriterium im Prozeß gemeindedidaktisch reflektierter ›Kommunikation des Evangeliums‹ der Maßstab christlicher Liebe (Agape) dominieren, der in diesem Evangelium gründet und von

59 *R. Winkel*, Die kritisch-kommunikative Didaktik, in: Westermanns Pädagogische Beiträge 32/1980, 200–204, bes. 200.
60 Ebd.

daher seine Relevanz und motivierenden Impulse empfängt. Insofern erfährt das gemeindepädagogische Lernen in und mit der agapegemässen Kommunikation des Evangeliums seine Leitlinie und Maßgabe.[61] Diese ist unter den kritisch-kommunikativen Aspekten der Vermittlung, Inhaltlichkeit, Beziehungen und »Störfaktizität« je handlungsfeldspezifisch zu bedenken und gemeindedidaktisch zu ›operationalisieren‹.

Gemeindedidaktik, die gemeindepädagogisch verortetes Unterrichten, Erziehen und Bilden nach Grund, Maß und Ziel so verstandener Kommunikation zu bedenken hat, bedarf dazu wie die Vorbereitung schulischen Religionsunterrichts eines didaktischen Rasters, anhand dessen die jeweilige gemeindepädagogische ›Aktion‹ vorbereitet werden kann. Anders als bei der schulischen Religionspädagogik gilt es hier die Pluralität und Vielgestaltigkeit der verschiedenen gemeindepädagogischen Handlungsfelder und Lernerfordernisse zu beachten, die unter der normativen Prämisse agapegemäßer Kommunikation in Auseinandersetzung mit allgemeindidaktischen Vorstellungen in Anschlag gebracht werden müssen.

61 Für alle am maßgeblichen Aufgaben- und *Zielkriterium agapegemäßer Kommunikation* orientierten gemeindepädagogischen Lernprozesse sind folgende Elemente wichtig:

1. Agapegemäße Kommunikation muß von den Teilnehmern her und ihnen zugute mitmenschlich-dativ angelegt sein und jeden einzelnen ohne »Ansehen der Person« als lern- und kommunikationsfähiges Subjekt ernstnehmen und freigeben in Bewahrung vor jedweder Verzweckung als lerndienlichem Objekt(vgl. *R. Lachmann*, Ethische Kriterien im Religionsunterricht, Gütersloh 1980, 97–101).

2. Beim Lernen und Lehren in agapegemäßer Kommunikation geht es um Verstehen und Verständigung im Interdependenz- und Interaktionsgefüge von ›Botschaft‹, Lehrendem (Kommunikator) und Lernenden (Kommunikanden).

3. Kommunikation des Evangeliums verbindet das überlieferungsbezogene geschichtlich-hermeneutische Verstehen mit der gegenwärtig-kommunikatorischen Komponente Verständigung und wird in Vollzug und Verschränkung von verstehen, verstanden werden und sich verständigen zum Verständigungsgeschehen.

4. Solches Verständigungsgeschehen, das agapekritisch an der Wahrheit des Evangeliums orientiert ist, hat in didaktischer Intention dialogischen und argumentativen Charakter und zielt dialektisch auf befreiende Gemeinschaft.

5. Pädagogisch und theologisch umgreift diese Kommunikation Vergangenheit, Gegenwart und Zukunft und vermittelt zwischen den Glaubens- und Welterfahrungen von damals und heute für ein Leben im Heute und Morgen.

6. Das verlangte und angestrebte Verständigungsgeschehen erfordert in jedem Fall bewußte Aufmerksamkeit für die Situation mit ihren möglichen Störfaktoren sowie Sensibilität hinsichtlich der Beziehungsdimension und deren Symmetrie mit dem, was inhaltlich vermittelt werden will. –

4.2 Vorbereitungsaspekte gemeindepädagogischer Aktionen. Dringlicher als anderswo legt es sich hier nahe, die gemeindedidaktische Reflexion mit einer gründlichen *Bedingungsanalyse* zu eröffnen. Mit ihr muß das jeweilige gemeindepädagogische Handlungsfeld in seinen je spezifischen Voraussetzungen, situativen Umständen und konkreten Vorbedingungen als didaktisches Bedingungsfeld in den Blick genommen und analysiert werden. Vorab muß dazu jeweils das entsprechende *Handlungsfeld nach seinen konzeptionellen Konturen* und Zielsetzungen bedacht werden. Dann gilt es nach dem konkreten *Lernort* zu fragen: Findet die Veranstaltung in Räumen eines Gemeindezentrums, eines Jugendheims, einer Akademie oder eines Altersheims statt? Wie sind sie sitzmäßig und apparativ ausgestattet? Welche methodischen und organisatorischen Spielräume bieten die Räumlichkeiten? Welche möglichen Störfaktoren sind in ihnen angelegt?... Mit welchem *Teilnehmerkreis* ist zu rechnen? Wie ist seine Zusammensetzung nach Alter, Herkunft, Bildung und kirchlich-religiösen Voraussetzungen und Einstellungen? Welche Erwartungen bringen die Teilnehmer mit? Ist der Kreis der Teilnehmer nach Voraussetzungen und Erwartungen relativ homogen oder eher verschieden? Wie sieht der *Leiter* seine Einstellung und Aufgabe gegenüber Teilnehmern und Thema? Welche *Veranstaltungsart* liegt vor?

Von der Veranstaltungsart und ihrer jeweiligen Intention hängt es wesentlich ab, welche Bedeutung dem Aspekt der *»Inhaltlichkeit«* für die gemeindedidaktische Reflexion zukommt. Hier bestimmen die Daten und Vorgegebenheiten der Bedingungsanalyse die thematisch-inhaltliche Dimension in einem solchen Maße, daß von einer »vorpädagogischen Sachanalyse«, wie sie in der religionsunterrichtlichen Fachdidaktik gerade theologischerseits immer wieder diskutiert wird, in der Regel kein ›Gebrauch‹ gemacht werden dürfte. So gut wie ganz entfällt der Inhaltsaspekt natürlich für die gemeindepädagogischen Aktivitäten, die – wie etwa die offene Jugendarbeit – primär themenfrei und ohne inhaltliche Intention strukturiert sind. Sie entziehen sich genuin gemeindedidaktischer Reflexion im engeren Sinne, gewinnen aber gerade aus der Sicht kritisch-kommunikativer Didaktik insofern wiederum didaktische Relevanz und Dignität, als hier statt eines bestimmten Inhalts »eine bestimmte Beziehung zwischen Kommunikatoren die eigentliche ›Botschaft‹« sein kann. Daß sich Kommunikation des Evangeliums in einem gemeindlichen Handlungsfeld auch so vollziehen, ja bewußt intendiert sein kann, das dürfte außer Frage stehen und müßte deshalb auch für die themenfreien gemeindepädagogischen Veranstaltungen entsprechende gemeindedidaktische Reflexion auf den Plan rufen: Was heißt hier Kommunikation des Evangeliums, wie vollzieht sie sich im nichtchristlich thematisierten oder themafreien Geschehen offener Jugendarbeit oder Altenarbeit? Hier gilt es, sich christliche Motivation, Zielsetzung und normative Orientierung bewußt zu machen und deren impliziten Verbund mit den je besonderen gemeindepädagogischen Aktionen oder Aktivitäten zu bedenken.

Wo eine gemeindepädagogische Veranstaltung unter einer bestimmten Thematik steht und angekündigt ist, dürfte im Normalfall bereits die Themenstellung und -formulierung auf didaktische Überlegungen zurückgehen. Unter Bezug auf die Ergebnisse der gemeindedidaktischen Bedingungsanalyse müßte dazu das Thema begründet sein in bedachter Übereinkunft aus

(1.) den Anforderungen, Aufgaben und Intentionen, die mit dem jeweiligen kirchlichen Handlungsfeld in unserer heutigen Welt, Gesellschaft und volkskirchlichen Situation gegeben sind,

(2.) den Voraussetzungen, Bedürfnissen und Erfordernissen der je angesprochenen Teilnehmergruppen und

(3.) dem theologischen Gehalt und kirchlichen Bezug des Themas.

In solchem didaktisch abgezweckten Konventions-Rahmen, der mit dem Thema ›anspruchsvoll‹ gesetzt ist, hat dann in bezug auf den theologischen Gehalt auch die *theologische Sachreflexion* ihren Platz und ihre Berechtigung. Sie ist verlangt, einerlei ob es nun beim Elternseminar um das Thema »Beten mit Kindern«, im Kindergarten um »Ostern feiern«, im Konfirmandenunterricht um den »Heiligen Geist«, in der Gruppenstunde des CVP um das »Waldsterben«, in der Evangelischen Akademie um »Demokratie und Emanzipation« oder im Altenheim um das Thema »Krankheit« geht. Hier ist man vor allem auf die Arbeit und Arbeiten der Systematischen Theologie verwiesen und angewiesen, in denen man das jeweilige Thema unter dem verschränkten Doppelanspruch von Schrift- und Zeitgemäßheit aufgearbeitet finden sollte. Das würde die exegetisch-hermeneutische Auseinandersetzung mit der biblischen Überlieferung ebenso einschließen wie die Einbeziehung thematisch relevanter Beiträge und Perspektiven aus Theologiegeschichte und dem weiten Feld gegenwärtiger humanwissenschaftlicher Forschung und müßte nicht zuletzt dem Anspruch genügen, verständlich und vermittelbar zu sein. Differenziert nach theologischer und didaktischer Vorbildung der Benutzer gibt es in dieser Hinsicht inzwischen für die wichtigsten Themen ein breit gefächertes Angebot und Repertoire an dogmatischer und ethischer Literatur, das von der theologisch-fachwissenschaftlichen Spezialreflexion über Handbuchartikel und didaktisch abgezweckte Zusammenstellungen repräsentativer systematisch-theologischer Positionen bis hin zu den neueren Katechismen und Auswahlsammlungen in Reader-Art reicht. Noch stärker als für die schulische Fachdidaktik gilt dabei für die sachanalytische Vorbereitung des Gemeindepädagogen, daß die Beschäftigung mit dem theologischen Sachgegenstand nur vermittelt über das Thema und damit eigentlich permanent unter didaktischer Perspektivierung erfolgt. Insofern als sich solchermaßen die Sachvorbereitung von allem Anfang an über den thematischen Auswahlfilter vollzieht, sind ihr die Ansprüche und Erfordernisse des jeweiligen Handlungsfeldes und seiner potentiellen Interessen bereits inhärent.

Die genuin *gemeindedidaktische Reflexion* nimmt sich dieser in der Themenstellung angelegten Implikationen ausdrücklich an und bedenkt die für das Thema elementaren und exemplarischen Inhalte hin auf ihre Bedeutung im gegenwärtigen und zukünftigen Leben und Handeln der Teilnehmer. Je nach der spezifischen Aufgabenorientierung des jeweiligen gemeindepädagogischen Handlungsfeldes, den individuellen Voraussetzungen, Bedürfnissen und Erwartungen der gemeindepädagogisch Beteiligten und den gesellschaftlichen und kirchlichen Vorgegebenheiten werden die Antworten auf diese didaktische Fragestellung ausfallen und in sach-, teilnehmer- und handlungsfeldgemäße *Lernziele* überführt werden müssen. Unter den vorgenannten kommunikativen Maßgaben sollten sie neben anderem Auskunft darüber erteilen:

- welche Informationen für das Thema mitteilenswert sind,
- welche Erfahrungen angerührt, erweitert und neu gemacht werden können,
- welche neuen Einsichten und Haltungen eröffnet und angebahnt werden sollen,
- welche Möglichkeiten, Anstöße und Ermutigungen für das eigene Leben wie das Leben in Gemeinde und Gesellschaft geweckt und entdeckt werden sollten.

Solche gemeindepädagogisch spezifizierte Lernzielbestimmung markiert das Feld für die *methodischen Überlegungen*, die unter den institutionell-strukturellen Bedingungen des jeweiligen kirchlichen Handlungsfeldes gemeindedidaktisch angemessene und erfolgreiche Lernwege zu erkunden haben. Im Grundsätzlichen müssen diese sich samt und sonders daran messen lassen, ob sie dem Thema in seiner Verschränkung mit dem angestrebten agapegemäßen Verständigungsgeschehen förderlich sein können oder ob sie ihm im Wege oder entgegen-stehen und deshalb nicht beschritten und benutzt werden dürfen. In diesem Sinne kritisch-kommunikativ und -konstruktiv steht im übrigen der konkreten gemeindedidaktischen Planung das reiche Angebot an methodischen Möglichkeiten und Arbeitsformen frei zur Verfügung, um in den Grenzen des vorgegebenen gemeindepädagogischen Bedingungsrahmens die thematisch gesetzten und begründeten Ziele zu realisieren. Dazu muß über die strukturell möglichen und für das Thema und die Gruppe besonders geeigneten Organisations- und Kommunikationsformen – von unterrichtlichen und unterrichtsnahen Formen über freie Formen und komplexe Programme bis hin zu gottesdienstnahen oder gottesdienstlichen Formen – ebenso nachgedacht werden wie über den erforderlichen Zeitbedarf und die Wahl der Sozial- und Aktionsformen und deren Funktion für den einzelnen Teilnehmer und die Gruppe. Eine Planung nach Lernverlauf und Lernschritten mit Zeitangaben erlaubt schließlich die dementsprechende Zuordnung von Zielsetzungen, Inhalten, Medien und Methoden und kann zu guter Letzt zu einem *Planungsentwurf* als dem ausweisbaren Ergebnis gemeindedidaktischer Arbeit führen.

Literaturhinweise

E. Rosenboom, Gemeindepädagogik, in: Ev Erz 26/1974, 25–40.
K. E. Nipkow, Grundfragen der Religionspädagogik, Bd. 3, Gütersloh 1982.
EKD-Kirchenamt (Hrsg.), Bildung und Erziehung (Die Denkschriften der EKD. Bd. 4/1), Gütersloh 1987, bes. 170ff.

II.
Gemeindepädagogik in der DDR

JÜRGEN HENKYS

0. Vorausinformation

Die Idee einer Gemeindepädagogik ist in der Bundesrepublik Deutschland und in der Deutschen Demokratischen Republik nahezu gleichzeitig in das Gespräch der Fachleute eingetreten (→ s.o. I, 0). *Enno Rosenboom* hat seinen Tutzinger Vortrag »Gemeindepädagogik« 1973 gehalten und 1974 veröffentlicht.[1] *Eva Heßler* schlug den Begriff Gemeindepädagogik 1974 in einem Vortrag zum 25jährigen Bestehen des Katechetischen Oberseminars Naumburg vor[2] und arbeitete ihn Anfang 1975 in einem Berliner Vortrag weiter aus.[3] Die Kommission für Ausbildung und die Kommission für Zeugnis und Gestalt der Gemeinde des Bundes der Evangelischen Kirchen in der DDR erarbeiteten von 1973 bis 1975 eine Ausbildungskonzeption, in der der Beruf des Gemeindepädagogen zu den auffälligsten Neuheiten gehörte.[4]

1 In: EvErz 26/1974, 25–40.

2 Zeitgemäße Gedanken über das Verhältnis von Theologie und Pädagogik (Vervielfältigung), 3. »Gemeindepädagogik« soll die völlig zu Unrecht zur Didaktik des kirchlichen Unterrichts verengte Katechetik heißen, die in Wahrheit doch für den pädagogischen Auftrag der Kirche insgesamt zuständig ist. Im Frage- und Verantwortungsbereich der Katechetik qua Gemeindepädagogik kommt heraus, daß Theologie und Pädagogik wurzelhaft aufeinander bezogen sind. »Wenn ... die Theologie die Frage in Angriff nehmen muß, wie Gott zu denken ist, dann ... die Pädagogik ..., wie das Reich Gottes zu machen ist. Beides scheint gleich möglich bzw. unmöglich zu sein ... Die Theologie muß die Pädagogik als ihre Handlungswissenschaft begreifen lernen. Die Pädagogik muß sich der Theologie bedienen, sie beanspruchen. Das Verhältnis darf nicht additiv, es muß integrativ gedacht werden.« (2f.).

3 Die Gemeinde und ihre Erziehung (Vervielfältigung). Der Begriff Gemeindepädagogik erscheint in fünf der sieben Abschnittsüberschriften.

4 Arbeitspapier über die Konzeption für die Ausbildung kirchlicher Mitarbeiter im Gemeindedienst zur Vorbereitung der Synode des Bundes der Evangelischen Kirchen in der DDR im September 1975, in: *D. Aschenbrenner / K. Foitzik (Hrsg.)*, Plädoyer für theologisch-pädagogische Mitarbeiter in der Kirche, München 1981, 187–215. Kurzfassungen: ChL 28/1975, 270–280; *Sekretariat des*

Die Gleichzeitigkeit der von der Idee der Gemeindepädagogik ausgelösten theoretischen und konzeptionellen Arbeiten verweist natürlich auf Gemeinsamkeiten in der jeweiligen Ausgangssituation zurück. Andererseits differieren die Bedingungen, Formen und Ziele des kirchlichen Lebens in den beiden Teilen Deutschlands so stark, daß auch mit erheblichen Unterschieden in der Auffassung und Behandlung des gemeindepädagogischen Fragenkreises zu rechnen ist. Darüber hinaus gibt es Unterschiede auch innerhalb der jeweiligen Landes- und Kirchengrenzen. So ist die Weise von *Eva Heßler*, Theologie und Pädagogik im Bewährungsfeld Gemeinde aufeinander zu beziehen,[5] eine deutlich andere als die von *Enno Rosenboom* einerseits und die der DDR-Ausbildungskonzeption andererseits.

Die Literatur zur Begründung des Faches Gemeindepädagogik und zur Ausrichtung des Berufszweiges Gemeindepädagoge in der DDR läßt sich leicht überschauen. Die wichtigsten Titel seien vorweg genannt: Das westdeutsche Sammelwerk von *Dieter Aschenbrenner* und *Karl Foitzik* enthält neben dem »Arbeitspapier« für die DDR-Ausbildungssynode 1975 auch die dort beschlossenen »Gesichtspunkte zur Ausbildung hauptamtlicher Mitarbeiter im Verkündigungsdienst« (216–218) und einen Auszug aus dem »Rahmenplan für die Ausbildung von Gemeindepädagogen« (219–224), vor allem aber den Aufsatz von *Peter Schicketanz:* »Der Weg zur Ausbildung evangelischer Gemeindepädagogen in der Deutschen Demokratischen Republik« (147–182). Die Zeitschrift »Christenlehre« veröffentlichte die beiden Synodalvorträge zur Einbringung der Ausbildungskonzeption[6] und ein Bündel von Beiträgen über die Ausbildung der Gemeindepädagogen, das Profil ihres Berufs und das dadurch neu herausgeforderte Selbstverständnis des katechetischen Dienstes.[7] Eine Festschrift für *Herwig Hafa*[8] führt durch alle Felder der »kirchlichen Arbeit mit Kindern und Konfirmanden«. Unter den dort ebenfalls veröffentlichten Grundsatzartikeln fehlt leider die ursprünglich dafür vorgesehene überarbeitete Fassung des oben genannten Aufsatzes von *E. Heßler*. Vom *Verfasser* stammt der Beitrag »Über Gemeindepädagogik und Ausbildungsreform« (33–47). Die hier angebahnte Auffassung des Faches (40) setzt das im Berliner »Handbuch der Praktischen Theologie« begründete weite Katechetik-Verständnis voraus.[9]

Dieses Verständnis wird in der Vorlesung »Was ist Gemeindepädagogik?« präzisiert. Dort heißt es:

Bundes der Evangelischen Kirchen in der DDR (Hrsg.), Kirche als Lerngemeinschaft, Berlin 1981, 140–149.

5 Zur Intention von *E. Heßler* vgl. *J. Henkys*, Was ist Gemeindepädagogik?, in: Kirche im Sozialismus 5/1979, H. 5–6, 15–24 (= ChL 33/1980, 285–293).

6 *W. Krusche*, Die große Aufgabe der kleiner werdenden Gemeinde – Konsequenzen für die Ausbildung kirchlicher Mitarbeiter, in: ChL 29/1976, 9–16; *F. Ihmels*, Die Situation seminaristisch ausgebildeter Mitarbeiter und das neue Ausbildungskonzept, in: ChL 29/1976, 17–24.

7 *P. Schicketanz*, Zur gemeindepädagogischen Ausbildung / *A. Schönherr*, Der neue Beruf des Gemeindepädagogen / *A. Reiher*, Der katechetische Dienst und die gemeindepädagogische Dimension, in: ChL 32/1979, 98ff., 103ff., 107ff.

8 *E. Schwerin (Hrsg.)*, Christliche Unterweisung und Gemeinde, Berlin 1978.

9 *J. Henkys*, Die pädagogischen Dienste der Kirche im Rahmen ihres Gesamtauftrages, in: *H. Ammer u. a.*, Handbuch der Praktischen Theologie, Bd. III, Berlin 1978, 12–65.

»Gegenstand der Gemeindepädagogik ist die konkret erscheinende christliche Gemeinde, sofern sie im Vollzug des ihr eigentümlichen Lebens das soziale Medium personal wirksamer Einflüsse ist, von deren pädagogisch zu verantwortender Deutung und Klärung, Verdichtung und Steuerung nach menschlichem Ermessen abhängt, ob heranwachsende Christen selbständig und selbständige Menschen Christ werden.«[10]

Natürlich fließen in die Selbstverständigung über die pädagogische Dimension des kirchlichen Dienstes in der DDR auch zahlreiche westdeutsche Impulse ein. Ausdrücklich seien hier zwei Titel genannt: die »Leitlinien für das pädagogische Handeln der Kirche«,[11] ein Arbeitsergebnis der Religionspädagogischen Studiengruppe der Evangelischen Kirche der Union, deren Mitglieder aus beiden deutschen Staaten stammten; und der im Ostteil Berlins gehaltene Vortrag des Westberliner Religionspädagogen *Heinrich Frickel*: »Gemeindepädagogische Aufgaben in der missionarischen Gemeinde«[12], in dem der Autor die kirchliche Entwicklung in der Bundesrepublik und in der DDR vergleicht, um auf diesem Hintergrund seine Kritik an den »Empfehlungen zur Gemeindepädagogik« aus der EKD, besonders an deren Gemeindeverständnis, vorzutragen.[13]

1. Der Weg zur Gemeindepädagogik

1.1 Ausgangspunkt Katechumenat. Während in der Bundesrepublik die in der Ortsgemeinde verwurzelten Veranstaltungen für Kinder, Halbwüchsige und Jugendliche lange im Schatten des wissenschaftlichen Hauptinteresses am Religionsunterricht der Schule lagen, so daß die »Entdeckung« des gemeindepädagogischen Feldes einer Wende gleichkam,[14] ist in der DDR von den Nachkriegsanfängen an das Bewußtsein nie verlorengegangen, daß der Quellort für jegliche gemeinsame Bemühung um christliche Unterweisung und Erziehung eben das Leben der

10 In: Kirche im Sozialismus 5/1979, 21 (= ChL 33/1980, 290).

11 In: ChL 36/1983, 100–110 (= EvErz 35/1983, 169–181).

12 In: ChL 36/1983, 207–213. Vgl. außerdem *H. Frickel*, Unterwegs zur Lerngemeinschaft, in: *R. Henkys (Hrsg.)*, Die evangelischen Kirchen in der DDR, München 1982, 284–327.

13 *EKD-Kirchenkanzlei (Hrsg.)*, Zusammenhang von Leben, Glauben und Lernen. Empfehlungen zur Gemeindepädagogik, Gütersloh 1982.

14 *K. Wegenast*, Gemeindepädagogik – ein Schwerpunkt religionspädagogischer Arbeit, in: ChL 34/1981, 294.

Gemeinde und ihr von den kulturpolitischen Umbrüchen nicht widerrufbarer Auftrag ist.[15] Dabei schwankte das vorausgesetzte Gemeindebild zwar zwischen einer neutestamentlichen *Ekklesia*-Abstraktion und der vorfindlichen Ortsebene im Verwaltungs- und Verteilersystem der Landes- bzw. Provinzialkirche. Günstigenfalls konnte es sich an diejenige Erfahrung anlehnen, aus der heraus *Oskar Hammelsbeck* mitten im Kirchenkampf sein Gemeindeaufbau-Buch über Aufgabe, Umfang und Einheit des »kirchlichen Unterrichts« geschrieben hatte: »Die Gemeinde unterrichtet!«[16]

Aber die kirchliche Lage und die theologische Hauptströmung legten es nahe, Orientierung zuallererst im Zusammenhang von Taufe und Unterweisung zu suchen. Die alsbald fälligen Studien zur Katechumenatsidee und zu ihrer kritischen Vermittlung mit dem rapiden gesellschaftlichen Wandel[17] führten dazu, die an der (geschehenen oder künftigen) Taufe haftende Erziehungsverantwortung und die bei der säkularen Situation der Partner ansetzende Lebenshilfe zusammenzudenken. Die »Begegnung« mit dem Glauben zu ermöglichen und zur »Begleitung« der Heranwachsenden bereit zu sein, also in missionarischer und diakonischer Grundhaltung unter Kindern, Konfirmanden und Jugendlichen zu wirken, ist die Verpflichtung, die sich aus einem »offenen, dialogischen Katechumenatsdenken« ergibt.[18] Sie wiederum schließt die Bemühung ein, die jeweilige konkrete Gemeinde nicht nur zur geeigneten Basis solchen Wirkens zu machen, sondern möglichst viele einzelne, Eltern und Gruppen in ihr in dem Bewußtsein zu stärken, daß sie mit der Art, sich zu versammeln und sich zu leiten, sich zu artikulieren und sich zu engagieren, maßgeblich dazu beitragen, ob Hinzustoßende am Glaubensgespräch teilhaben und Nachwachsende auf dem Glaubensweg selbständig werden können. Denn ohne Partizipation und (zunächst gemeindlich verstandene) Emanzipation kann auch nicht von der Integration gesprochen werden, auf die das Handeln im Katechu-

15 *P. Lehtiö*, Religionsunterricht ohne Schule. Die Entwicklung der Lage und des Inhalts der evangelischen Christenlehre in der DDR, Münster 1983.

16 *O. Hammelsbeck*, Der kirchliche Unterricht, München 1939, 23.

17 Vgl. *J. Henkys*, Katechumenat und Gesellschaft, in: *G. Kulicke u.a. (Hrsg.)*, Bericht von der Theologie, Berlin 1971, 282–301; vgl. außerdem: *D. Reiher*, Die Einheit der kirchlichen Unterweisung, sowie *ders.*, Die Kirchlichkeit der evangelischen Unterweisung, in: ChL 24/1971, 7ff., 73ff.; *J. Henkys*, Zur Katechumenatsidee vor C. A. G. v. Zezschwitz, in: Theologische Versuche IV, Berlin 1972, 179–193. – Nachdruck dieser vier Beiträge, in: *P. C. Bloth (Hrsg.)*, Christenlehre und Katechumenat in der DDR, Gütersloh 1975, 43ff., 66–96.

18 *D. Reiher*, in: ChL 24/1971, 9.

menat der Kirche zielt. So betrachtet gab es auf dem Weg vom »Gesamtkatechumenat« zu einem gemeindepädagogischen Handlungsansatz keine grundsätzliche Hemmung. Es lassen sich aber Sachverhalte benennen, die in den DDR-Kirchen diesen Weg zur Gemeindepädagogik einerseits durchaus erschwert, andererseits besonders dringlich gemacht haben.

1.2 Verkirchlichung und Versäulung. Das Schlagwort *Versäulung* bezeichnet das nahezu beziehungslose Nebeneinander von wichtigen kirchlichen Arbeitsbereichen. Im Diagramm anschaulich gemacht, zeigt sich versäultes Gemeindeleben als eine scharf gegliederte Größe, innerhalb derer natur- und berufsständische Spezialverantwortlichkeiten viel stärker hervortreten als deren Verknüpfungen und Überbrückungen.

Unsere Bemühungen um die Heranwachsenden hängen, geschichtlich betrachtet, an drei Trägergrößen und deren Tradition: an der Parochie (KU), an der Schule (Religionsunterricht), an Vereinen und Verbänden (Jugendarbeit). Im Bereich der DDR führte die Nachkriegsentwicklung sowohl zur Übernahme des früheren Religionsunterrichts der Schule in die kirchliche Eigenverantwortung als auch zur engen (organisatorischen und rechtlichen) Anbindung der ehemals selbständigen evangelischen Jugendwerke an die Gesamtkirche.[19] Was immer evangelischerseits unter Kindern, Halbwüchsigen und Jugendlichen geschah, es war – auf die Trägerschaft gesehen – *kirchlich* geworden. Aber diese politisch bedingte Vereinheitlichung der Arbeit im Blick auf die Letztzuständigkeit bedeutete durchaus nicht, daß die je eigenen Traditionen abgehängt wurden. Und die wirkten nicht nur positiv fort, sondern auch negativ, nämlich in der Fortschreibung alter Vorurteile: der Vorurteile der Jugendleiter gegen die »Katechetik« und das mitgeschleppte Leitbild Schule, der Katecheten gegen die Jugendarbeit und deren Tendenz zum Allotria, der Pfarrer gegen die Christenlehre (sie müßten im KU völlig von vorn beginnen, bei den Kindern sei nichts da) und gegen die Jugendwerke (die zögen die Jugendlichen aus der Gemeinde heraus). Der Katechetiker *Oskar Ziegner* konnte sein Bild vom Katechumenat im theologischen Affront gegen die Bibelfrömmigkeit der Jugendwerke entwerfen.[20] Und Jugendmitarbeiter stellten immer wie-

19 Vgl. *I. Becker / S. Lange*, Anfänge der Jugendarbeit der Evangelischen Kirchen in der DDR nach 1945, in: ChL 37/1984, 257–268.

20 *O. Ziegner*, Christenlehre und unsere Aufgabe an den Jugendlichen, in: ChL 3/1950, 231–238; *ders.*, Lehrplanentwurf für das neunte bis zwölfte Christenlehrejahr, in: ChL 8/1955, 27–34.

der die Frage, ob die Katechetenfinanzierung auf dem Wege kirchlicher Umlagen nicht eine Benachteiligung der Jugendarbeit bedeute. Die Verkirchlichung aller Arbeitszweige ließ die Tendenz zur Versäulung umso auffälliger hervortreten.

1.3 Mitarbeitermangel – Zuständigkeitserweiterung – Ausbildungsdefizite. Um in der Nachfolge des Religionsunterrichts die schulbegleitende Christenlehre durchführen zu können, mußten die Kirchen im Gebiet der nachmaligen DDR Katecheten ausbilden und anstellen. Aber seit etwa 1960 ist die Zahl der hauptamtlichen katechetischen Mitarbeiter immer mehr zurückgegangen. So gab es etwa in der Kirchenprovinz Sachsen 1977 nur noch halb so viele Katecheten wie 1965. Gründe für diesen Rückgang waren »niedriges Gehaltsniveau ...; unklare Kompetenzen in der Gemeinde; Übergewicht des Pfarrers als Dienstvorgesetzten; Eingrenzung des Tätigkeitsfeldes auf Christenlehrestunden; Verunsicherung durch Veränderung der Gruppen- und Gemeindesituation«.[21] Die Sammlung und Unterweisung der Christenlehregruppen mußte zunehmend von den Pfarrern erwartet werden. Die aber waren für diese Aufgabe noch schlechter ausgebildet als für ihre angestammte Domäne, den KU.

Andererseits war (und ist) der Mangel an ausgebildeten Jugendleitern vielerorts noch größer als der Mangel an Katecheten. Viele Katecheten wuchsen in die Aufgabe hinein, die örtliche Junge Gemeinde zu leiten. Bei Pfarrvakanzen und in Außenstellen waren (und sind) sie die gemeindlichen »Bezugspersonen« und stehen für einen pastoralen Aufgabenkreis ein, der über das ihnen ursprünglich Zugewiesene weit hinausgeht. Umgekehrt sind Absolventen diakonischer Ausbildungsgänge, wenn sie altersmäßig aus der Jugendarbeit herausgewachsen waren, nicht selten Pfarrverwalter und schließlich ordinierte Pfarrer geworden.

Die Differenzen zwischen einmaliger Ausbildung und wachsender, auch wechselnder Zuständigkeit in einer Situation allgemeinen Mitarbeitermangels suchten ihren Ausgleich in der Einsicht, daß vergleichbare Dienste einen vergleichbaren Status begründen müssen und daß das Ausbildungswesen sich auf die »Gemeinschaft der Dienste« einzustellen habe.

21 *E. Schwerin*, Die kirchliche Arbeit mit Kindern und Konfirmanden seit 1970, in: *Sekretariat des Bundes der Evangelischen Kirchen in der DDR (Hrsg.)*, aaO., 72–82, bes. 80.

1.4 Überlagerung der Arbeitsfelder. Im Zuge gesellschaftlicher und kirchlicher Entwicklungen prägte sich das Selbstverständnis der Vertreter der drei großen Arbeitsfelder (Arbeit mit Kindern, mit Konfirmanden, mit Jugendlichen) deutlicher aus, u. a. mit der Folge, daß die Feldgrenzen zu fließen begannen und den Überlagerungszonen besondere Aufmerksamkeit gewidmet wurde. Bezeichnend für den katechetischen Dienst ist in dieser Hinsicht die Vorverlegung des Beginns der Unterweisung in das letzte Vorschuljahr und, noch wichtiger, die Einbeziehung auch der Konfirmandenzeit in ein neues, dem Situationsansatz verpflichtetes Rahmenplanwerk.[22] Institutionell entspricht dieser Ausweitung die »Kommission für kirchliche Arbeit mit Kindern und Konfirmanden«, zu der auch Facharbeitskreise für Vorschularbeit und Kindergottesdienst gehören, konzeptionell die Leitvorstellung vom »konfirmierenden Handeln der Gemeinde«, in dem der traditionelle KU nur eine Phase darstellt.[23] Gedrängt durch das letztlich unbewältigt gebliebene Problem des Verhältnisses von K und Jugendweihe[24] verlängerten die meisten Kirchen die Konfirmandenzeit von zwei auf drei Jahre, wobei das dritte Konfirmandenjahr dem Hinüberwachsen in die Junge Gemeinde dienen sollte.[25]

Die Jugendarbeit indessen hatte längst ihrerseits in die Altersstufe vor der Konfirmation hineingewirkt. Sie brauchte ja nur ihre eigenen Traditionen der Jungschar- oder Kindergruppenarbeit für die neue kirchliche und gesellschaftliche Situation in der DDR fruchtbar zu machen. Mit ihren Kinderrüstzeiten, Kindersonntagen und Arbeitshilfen hat sie den katechetischen Dienst herausgefordert und vor allem in methodischer Hinsicht bereichert. Zusammenarbeit überwand das Spartendenken und die darin eingeschlossenen Vorurteile. Zudem mußte das Zugeständnis aus der Kommission für kirchliche Jugendarbeit, daß in den Jungen Gemeinden, Jugendkonventen usw. ein empfindlicher Mangel

22 Rahmenplan für die kirchliche Arbeit mit Kindern und Jugendlichen (Konfirmanden) – Erstdruck in: ChL 30/1977, 5–93; außerdem: *Comenius-Institut (Hrsg.)*, Rahmenplan für die kirchliche Arbeit mit Kindern und Jugendlichen/Konfirmanden in der DDR als Beitrag zu einer ökumenischen Didaktik, Münster 1978.

23 Vgl. *C. Bäumler / H. Luther (Hrsg.)*, Konfirmandenunterricht und Konfirmation, München 1982, 325–342.

24 Vgl. *D. Urban / H. W. Weinzen*, Jugend ohne Bekenntnis? 30 Jahre Konfirmation und Jugendweihe, Berlin (West) 1984. Das wichtigste Dokument »Konfirmierendes Handeln in der christlichen Gemeinde innerhalb der sozialistischen Gesellschaft der DDR« in: *C. Bäumler / H. Luther (Hrsg.)*, aaO., 338–342.

25 Vgl. die jährlich erscheinende »Ausgabe B – für Jüngere« der »Bibelhilfe für die kirchliche Jugendarbeit«, *hrsg. vom Burckhardthaus* in der DDR.

an geplantem Lernen zu konstatieren sei, der überwunden werden müsse, im katechetischen Bereich als bestätigendes Signal wirken.[26]

1.5 Lerngemeinschaft Kirche. Daß die skizzierte Überlagerung der Arbeitsfelder nicht zu verstärkter Abwehrhaltung und zur Bestreitung fremder Übergriffe geführt hat, sondern zu einer Annäherung der Verantwortungsträger, ja zu einer allmählichen Integration der Gesamtaufgabe, läßt sich nicht ohne die Einwirkung äußerer Faktoren erklären. Drei seien hier ausdrücklich genannt:

- die gemeinsame Erfahrung, in der sozialistisch durchorganisierten und durch den Marxismus-Leninismus überformten Gesellschaft aus der Minderheitsposition heraus sprechen und entscheiden zu müssen;
- die Deutung dieser Situation unter Perspektiven, die aus Begegnungen mit anderen Kirchen und Vertretern der Weltchristenheit stammen;
- die Ausweitung des Lernbegriffs wie überhaupt das Eindringen humanwissenschaftlicher Fragestellungen in die Theorieentwürfe für die kirchliche Arbeit.

E. Schwerin, in mehreren Legislaturperioden Sekretär der Kommission für kirchliche Arbeit mit Kindern und Konfirmanden, unterstreicht den engen »Zusammenhang von Verantwortung für die Heranwachsenden der Gemeinde einerseits und gesamtkirchlichen Entwicklungen andererseits«.[27] Die Situation der jungen Christen angesichts der Ansprüche und Urteilsmuster aus der politischen Wirklichkeit der DDR-Gesellschaft ist die gleiche, der sich auch die Kirche als ganze gegenübersieht. Beide, die jungen Christen und die Gesamtkirche, sind in einen konflikthaft verlaufenden Lernprozeß eingefordert. »Wie Christen in der sozialistischen Gesellschaft verantwortlich vor Gott leben können«, ist nicht nur die Generalfrage für den »Rahmenplan«, sondern auch für das sich neu formierende Selbstverständnis der evangelischen Kirchen in der für sie höchst versuchlichen Situation zwischen Anpassung und Verweigerung.[28] Der gebotene Weg läßt sich nur in einer »Lerngemeinschaft« finden.

26 *U. Mönch*, Zwölf Thesen zur Konzeption kirchlicher Jugendarbeit, in: ChL 28/1975, 215–219; *ders.*, Bedingungen und Chancen des Lernens unter besonderer Berücksichtigung des Jugendalters, in: *Sekretariat des Bundes der Evangelischen Kirchen in der DDR (Hrsg.)*, aaO., 89–99.

27 *Sekretariat des Bundes der Evangelischen Kirchen in der DDR (Hrsg.)*, aaO., 74.

28 Die Globalzielformulierung des Rahmenplans, aus der die zitierte Wendung stammt, ist in ihrem Kernbestand aus einer früheren Bearbeitung des Kurses V (12–15jährige) übernommen worden. *E. Schwerin* schrieb schon 1974, »daß – und damit greife ich über den Kompentenzbereich der Kinder- und Konfir-

Ganz entsprechend führt der Weg von lauter kleinen Lerngemeinschaften zur umfassenden Lerngemeinschaft, wenn man den Ausgangspunkt bei der Situation der erwachsenen Gemeindeglieder nimmt. 1968 verabschiedete die Kirchenleitung Berlin-Brandenburg einen dreijährigen Arbeitsplan für Gemeindeseminare. Seine Anfänge lagen in einer Initiative von *Günter Jacob*. Schon drei Jahre danach trat ein zentraler Ausschuß zusammen, um eine Folge von Gemeindeseminaren für alle Gliedkirchen des 1969 gegründeten DDR-Kirchenbundes vorzubereiten. Gewiß waren es nur wenige Wellen, mit denen in den Jahren vor und nach 1970 die Gemeindeseminare als neuartige und anspruchsvolle Form kirchlicher Erwachsenenbildung durch die Kirchenkreise bzw. Gemeinden gingen.[29] Aber sie wirkten als Signal. Der Glaube muß angesichts von Desinteresse, Abneigung, Mißtrauen oder Widerspruch nicht einfach verstummen. Auch Erwachsene können lernen, sich im und über den Glauben zu verständigen. Die Gemeindeseminare 1973–75 über »Heil heute« zielten darauf, »daß alle Beteiligten in der Gemeinschaft der Suchenden selbst Heil erfahren und daß sie befähigt werden, für sich und andere verstehbar auszusagen, was für ein Heil sie als Christen zu bezeugen haben.«[30]

Das Thema der Bundessynode 1974 »Kirche als Gemeinschaft von Lernenden« lag auf der Fluchtlinie eben dieser Bemühungen und Erfahrungen. Es schloß aber noch einen weiteren Komplex ein: den Lernweg unterschiedlicher Kirchen, die durch die gleiche äußere Lage zusammengebunden sind, aufeinander zu; das Lernpensum, das im Unterschied von Strukturen und Traditionen eingeschlossen ist. *Albrecht Schönherr* hielt einen der Synodalvorträge. Auf der Basis der Zusammengehörigkeit von Glauben und Lernen thematisierte er die Bedeutung des Lernens 1. für den Christen (»auf allen Ebenen und in allen Altersstufen«), 2. für die Kirchen (im Sinne einer »Ethik des Miteinander«, speziell unter der Forderung, zu einer Zeugnis- und Dienstgemeinschaft zusammenzuwachsen).[31]

1.6 Ökumenische Verfremdung. Der Boden für gemeindepädagogisches Denken ist in den DDR-Kirchen auch dadurch aufgelockert worden, daß in den Jahren, die für den Prozeß ihrer rechtlichen Verselbständigung besonders wichtig waren, ökumenische Impulse eingingen, von denen her es problematisch erschien, die kircheigenen Erziehungs- und Bildungsaufgaben immer zusammen mit der Abwehr der Ansprüche des herrschenden allgemeinen Bildungssystems zu bedenken. Die Weltkir-

mandenarbeit hinaus – dieses Globalziel generell für alle kirchliche Arbeit zutreffend ist«! (ChL 27/1974, 337).

29 Vgl. *J. Henkys*, Gemeindeseminare, in: ZdZ 27/1973, 286–293; *G. Linn*, Erläuterungen zur Planung und Durchführung von Gemeindeseminaren, in: ChL 26/1973, 244–255.

30 *G. Linn*, Fragen und Probleme nach der Durchführung von Gemeindeseminaren über »Heil heute«, in: *Sekretariat des Bundes der Evangelischen Kirchen in der DDR (Hrsg.)*, aaO., bes. 113f.

31 *A. Schönherr*, Die Kirche als Lerngemeinschaft, in: *ders.*, Horizont und Mitte, Berlin/München 1979, 206–229.

chenkonferenz in Uppsala (1968) billigte den Bericht einer »Gemeinsamen Studienkommission für Erziehungsfragen« ebenso wie den Bericht des ÖRK-Jugendreferats »Die Jugend in Gottes Welt«.[32] Beide Dokumente empfahl sie dem Studium der Mitgliedskirchen. Für die Sicht der DDR-Kirchen durchaus befremdlich, wurde dort nicht die allgemeine Erziehung und Bildung vor das Forum der christlichen zitiert, sondern umgekehrt die Selbstgenügsamkeit von christlichen Aktivitäten angesichts der immensen allgemeinen Bildungsnotstände kritisiert. Die Appelle aus Uppsala und das, was ihnen aus der Genfer Zentrale folgte, veranlaßten dazu, von den mit der eigenen Situation gegebenen Problemen ein wenig Abstand zu nehmen und sie in einem weiteren Horizont neu zu bewerten. Die Affinität zwischen Erziehung und Diakonie trat deutlicher ins Bewußtsein. Im Fragenbereich »Katechumenat und Gesellschaft« ergaben sich neue Perspektiven.

1.7 Humanwissenschaften. Schließlich bleibt noch an die Pluralität der Lerntheorien und die differenzierende Erforschung von Lernvorgängen zu erinnern, die zur gleichen Zeit mit so bisher noch nicht gekannter Dringlichkeit zur Revision eines herkömmlich kognitiven Lernverständnisses in der Kirche aufforderten. Insbesondere als Echo auf den Synodalvortrag von *Horst Kasner* »Kirche als Gemeinschaft von Lernenden« hob die Bundessynode von 1974 zwei Grundfragen hervor: »Wie sollen wir die Erfahrungen und Erkenntnisse des Glaubens und die Einsichten der vielfältigen Wissenschaften vom Menschen (vor allem der Pädagogik, Psychologie und Soziologie) fruchtbar aufeinander beziehen? Wie gewinnen die Ergebnisse unseres Lernens Einfluß auf kirchliche Ordnungen und Einrichtungen, die effektive Gruppenbeziehungen noch hemmen?«[33]

Alles in allem: Das Stichwort Gemeindepädagogik lag 1974 nicht nur in der Luft. Sondern die Bedingungen, es als Programm zu akzeptieren, waren günstiger als je zuvor – wohl aber auch günstiger als jetzt, zwölf Jahre danach, da auf den Beteiligten die »Mühen der Ebenen« *(B. Brecht)* liegen.

32 Abdruck in: Arbeitsbuch für die Ausschüsse der Vollversammlung, Genf 1968, 295–341 und 241–270.

33 Siehe *Sekretariat des Bundes der Evangelischen Kirchen in der DDR (Hrsg.)*, aaO., 99–113.

2. Gemeindepädagogik als Beruf

Die gemeindepädagogische Verantwortung greift natürlich weit über das hinaus, was sich dem Berufsbild eines »Gemeindepädagogen« zuweisen läßt. Gleichwohl kommt man nicht ohne eine Professionalisierung der gemeindepädagogischen Handlungsdimension und eine ihr entsprechende Ausbildungskonzeption aus.

2.1 Die Ausbildungskonzeption. Die ab 1973 erarbeitete Ausbildungskonzeption des Bundes der Evangelischen Kirchen in der DDR will in der Situation fortschreitender Minorisierung

- der Kirche eine Mehrzahl von Verkündigungsberufen erhalten (Gemeindetheologe, Gemeindepädagoge, Gemeindefürsorger, Gemeindemusiker)
- jeden Berufsträger der vier Richtungen dazu befähigen, in doppelter Funktion Dienst zu tun: am Ort als kirchliche Bezugsperson (pastorale Grundverantwortlichkeiten), in der Region als spezialisierte Fachkraft (für Theologie, Pädagogik, Diakonie oder Musik, ggf. auch andere musische Bereiche)
- alle Berufsträger auf die Gemeinschaft der unterschiedlichen Gaben und Dienste, auf die wechselseitige Beratung und auf die Heranbildung ehrenamtlicher Mitarbeiter orientieren
- die Ansprüche, Ziele und Zeiten der Ausbildung so ordnen, daß alle Ausgebildeten, seien sie nun Absolventen eines akademischen oder eines seminaristischen Ausbildungszweiges, einen befriedigenden und miteinander vergleichbaren Status erlangen.[34]

Das Verhältnis von Gemeindetheologen und Gemeindepädagogen wird so bestimmt, daß beide beruflich unmittelbar durch die Verantwortung für die christliche »Botschaft« gefordert sind, die Theologen aber ihren Ausbildungs- und Spezialistenschwerpunkt bei den auf das Verstehen bezogenen Aufgaben haben (»kerygmatisch-hermeneutischer Dienst«), die Pädagogen dagegen mehr bei den auf das Verständlichmachen bezogenen Aufgaben (»kerygmatisch-pädagogischer Dienst«). Interpretation des Glaubens unter den geistigen, Interaktion des Glaubens unter den sozialen Bedingungen der Gegenwart – für beide Seiten der Verkündigungsaufgabe soll es eine berufliche Spezialisierung geben.

Bei der fälligen Detaillierung der Ausbildungskonzeption für die vier Berufsrichtungen und bei ihrer Rezeption durch die Gliedkirchen wie durch die Gremien der betroffenen Fachbereiche ergaben sich außerordentliche Schwierigkeiten. Sie waren begründet in bestimmten Schwächen der Konzeption, im überraschenden Anstieg der Bewerberzahlen (auch für die Katechetenausbildung), in Vorbehalten gegen ein auch

34 Dokumente bei *D. Aschenbrenner / K. Foitzik (Hrsg.)*, aaO., 187–218.

statusmäßig abgesichertes kooperatives Dienstmodell und in der Beharrungskraft von Ausbildungsstätten.

Indessen ging es auf dem gemeindepädagogischen Sektor doch voran. Es liefen nebeneinanderher Beratungen und Entscheidungen über gemeindepädagogische Ausbildungsstätten (Neugründung Potsdam, Neuausrichtung Eisenach/Hainstein), über einen Rahmenplan für die gemeindepädagogische Ausbildung und über die dienstrechtliche Stellung ausgebildeter Gemeindepädagogen. Ebenfalls mußten die Bedingungen festgelegt werden, unter denen schon lange im Beruf stehende Katechet(inn)en, Gemeindehelferinnen und Jugendleiter(innen) in einem System von Intervallkursen die gemeindepädagogische Berufsqualifikation erwerben können.

Der für Potsdam, Eisenach und die Qualifizierungskurse verbindliche *Rahmenlehrplan*[35] hebt unter den Ausbildungs*zielen* besonders die Arbeit mit Gruppen hervor. Bei den pastoralen Aufgaben wird unterschieden zwischen solchen, die sich aus der Arbeit in und mit den Gruppen ergeben (Seelsorge, Gottesdienste, Rüstzeitabendmahl), und solchen, die möglicherweise in der Wohngemeinde zu übernehmen sind. Die *Lehrgebiete* (der Ausdruck »Fach« wird konsequent vermieden) schließen sich zu drei Hauptgruppen (Evangelium und Kirche, Auftrag und Praxis, Mensch und Gesellschaft) und innerhalb jeder Hauptgruppe zu Lehrgebietsbereichen zusammen. So wird die Hauptgruppe »Auftrag und Praxis« durch den Lehrgebietsbereich »Gemeindepädagogik« eröffnet, innerhalb dessen die Lehrgebiete »Allgemeine Gemeindepädagogik« (Verkündigung und Erziehung, Gemeinde als pädagogisches Feld) und »Besondere Gemeindepädagogik« erscheinen (Vorschul-, Familien- und Elternarbeit, Kinderarbeit, Konfirmandenarbeit, Jugendarbeit, Kirchliche Erwachsenenbildung einschl. Gemeindegruppen der mittleren und älteren Generation). Größten Wert legt der Rahmenlehrplan auf interdisziplinäre, projektgebundene und mit Praxis verklammerte Vermittlung von Lehrgegenständen. Besonders bezeichnend ist, daß er auch ausführliche Festlegungen über die *Verfahren* in der Ausbildung enthält. Es soll dadurch gewährleistet werden, daß die häufig wechselnden, aber immer komplexen Aufgaben des späteren Dienstes durchschaut, angenommen und wo immer möglich auch kooperativ bewältigt werden. Schließlich gehört in den Rahmenlehrplan auch eine *Phasierung* der vier- plus zweijährigen Gesamtausbildung, ebenso die Zuweisung deutlich markierter Praktika zu den einzelnen Ausbildungsabschnitten und -zielen.

2.2 Die dienstrechtlichen Verhältnisse. Das »Kirchengesetz über die dienstrechtlichen Verhältnisse der Gemeindepädagogen«[36] wurde erst erlas-

35 Vgl. *D. Aschenbrenner / K. Foitzik (Hrsg.)*, aaO., 219–224, zur Diskussion über den Rahmenlehrplan ferner *M. Lenz*, Nur Wortspielereien?, in: ChL 39/1986, 292–295.

36 In: Mitteilungsblatt des Bundes der Evangelischen Kirchen in der DDR 1981, 56f.

sen, als die Potsdamer Ausbildung schon zwei Jahre lang lief. Unterschiedliche Leitvorstellungen über den Einsatz von hauptberuflichen Mitarbeitern im Verkündigungsdienst (wie wird verhindert, daß sie trotz ihrer Spezialausbildung vom Pfarramt aufgesogen werden?) und unterschiedliche Akzente in der Amtstheologie hatten eine Einigung über die rechtlichen Formen der im Berufsbild vorgesehenen Doppelfunktion und über die Ordination nicht zugelassen. So operiert das Kirchengesetz des Bundes an wichtigen Stellen mit Kann- und Wahlbestimmungen. Einig ist man sich in der Grundaussage: »Der Dienst des Gemeindepädagogen ist Verkündigungsdienst der Kirche. Er hat seinen besonderen Charakter in der vorrangigen Berücksichtigung der pädagogischen Aufgaben in der kirchlichen Verkündigung und schließt Lehrverantwortung des Gemeindepädagogen in seinem Dienstbereich ein.« (§ 1/1). Ob aber »der spezielle Dienst des Gemeindepädagogen den Dienst der öffentlichen Wortverkündigung und der Verwaltung von Taufe und Abendmahl umfaßt«, kann nur von der jeweiligen Gliedkirche bestimmt werden (§ 1/2). »Die Gliedkirchen bestimmen, ob der Gemeindepädagoge ordiniert oder eingesegnet wird« (§ 7/1), ob seine Anstellung »durch Berufung auf Lebenszeit oder auf arbeitsvertraglicher Grundlage« erfolgt (§ 8/1).

Die Unbestimmtheiten des Gesetzes zeigen an, daß die Gliedkirchen im Bund noch nicht so zusammengewachsen sind, wie es für die Kontur des neuen Berufs wünschenswert wäre. Die zitierten Formulierungen lassen sich aber auch als Indiz dafür lesen, daß dort, wo sich heute in den offenen Begegnungsräumen von Kirche und Welt, also u. U. weit abseits vom Gemeindegottesdienst, Gruppen bilden und halten, nicht nur die Lehre und die Seelsorge im Brennpunkt der Fragen stehen können, sondern auch die Taufentscheidung und die Mahlgemeinschaft. Die Gemeindepädagogen treten in eine Situation ein, in der es schwierig geworden ist, Gemeinde theologisch zu definieren, ohne die Möglichkeiten, an den Gaben und Aufgaben der Gemeinde zu partizipieren, unevangelisch einzuschränken.[37]

2.3 Vom Gemeindepädagogen zur Gemeindepädagogik. Berufserfahrungen von Absolventen der neuen gemeindepädagogischen Aus- und Fortbildungsgänge lassen sich noch nicht auswerten. Es gibt aber Anzeichen dafür, daß die Gemeindepädagogen in der kirchlichen Mitarbeiterschaft auf hemmende Vorbehalte stoßen werden. Sowohl Katecheten als auch

37 Vgl. *G. Doyè*, Geht hin… und lehrt, in: ChL 39/1986, 148–154; ebenso das Kommisisonsdokument »Kirche und Gruppen«, in: ChL 39/1986, 155–157.

Pfarrer scheinen sich häufiger gereizt als erwartungsvoll zu äußern, wenn von Gemeindepädagogen die Rede ist. Dafür lassen sich manche Gründe benennen. Am wichtigsten ist wohl der psychologische: Das neue Programm macht unsicher, die Unsicherheit tarnt sich als angriffsbereite Überlegenheit. So grotesk diese Haltung inmitten eines drückenden Mitarbeitermangels auch ist – sie läßt sich durch Argumentation kaum ändern. Am meisten bewirken gute Erfahrungen. Aber die Verpflichtung, im gemeinsamen Dienst für gute Erfahrungen zu sorgen, um so die für unerläßlich gehaltene Gemeinsamkeit erst zu ermöglichen, muß die Anfänger und Wegbereiter des Berufs natürlich belasten.

Umso mehr kommt es darauf an, bei allen Betroffenen das Interesse von den Gemeinde*pädagogen* auf die Gemeinde*pädagogik* überzuleiten, nämlich auf dasjenige Areal gemeinsamer Verantwortung, der die eigenen Überlegungen und Kräfte schon immer galten, dem man aber dennoch bisher nicht einmal mit einer zureichenden Gesamtschau gerecht werden konnte. Um diese Gesamtschau geht es in der Gemeindepädagogik zu allererst. Und je deutlicher jemand den Zusammenhang alles dessen erkennt, was hier zu verantworten wäre, umso eher wird er sich auch der Einsicht öffnen, daß es berufliche Exponenten des pädagogischen Auftrags der Gemeinde geben sollte, die ihre ausgebildete Empfänglichkeit für pädagogisch erhebliche Konstellationen in das Gespräch über den Gemeindeaufbau am Ort und in der Region einbringen, im übrigen aber wie alle anderen ihr(e) Teilgebiet(e) versorgen.

3. Gemeindepädagogische Handlungsfelder im Überblick

Über die Lage und den Gesprächsstand in einzelnen Bereichen der gemeindepädagogischen Verantwortung im Raum des Bundes der Evangelischen Kirchen in der DDR unterrichten die Festschrift für *Herwig Hafa* »Christliche Unterweisung und Gemeinde« und der Abschnitt »Zu einzelnen Arbeitsfeldern« aus meinem Handbuchartikel »Die pädagogischen Dienste der Kirche im Rahmen ihres Gesamtauftrages«.[38] Obwohl beide Veröffentlichungen aus dem Jahr 1978 stammen, die letzten zehn Jahre der Entwicklung also nicht berücksichtigen, sind sie zur Grundinformation nach wie vor geeignet. Mit den folgenden Hinweisen kann kein völlig neues Gesamtbild vermittelt werden. Es handelt sich teils um Unterstreichungen, teils um Ergänzungen. Nicht alle Handlungsfelder konnten in die Darstellung aufgenommen werden. Wenn eigene Abschnitte über die religiöse Familienerziehung und die kirchliche Erwachsenenbildung fehlen, darf daraus nicht auf deren minderen Rang geschlossen werden.

38 In: *H. Ammer u. a.*, Handbuch der Praktischen Theologie, Bd. III, 50–65.

3.1 Kirchliche Kindergärten und Vorschulgruppen. Etwa 90% aller 3–6jährigen Kinder des Landes werden in einem staatlichen (kommunalen, betrieblichen, genossenschaftlichen) Kindergarten betreut und damit in das einheitliche sozialistische Bildungssystem einbezogen.[39] Nur ein Bruchteil der fraglichen Jahrgänge besucht die knapp 300 *evangelischen Kindergärten.* Diese meist im Vorfeld der Gemeindearbeit tätigen Einrichtungen finanziell und personell zu erhalten, ist im Lauf der Jahre nicht leichter geworden. Die Ortsgemeinden und die stützenden Verbände, von denen sie getragen werden, müssen in dieser Situation eine deutliche Vorstellung davon haben, wie sich in ihrem Arbeitskonzept die pädagogische, die diakonische und die missionarische Komponente zueinander verhalten. Der Klärungsprozeß, den die zentralen kirchlichen Beratungs- und Entscheidungsgremien in der Frage der Kindergartenarbeit durchlaufen haben, spiegelt sich in drei Dokumenten: »Gesichtspunkte zu einer Rahmenkonzeption ›Kirchliche Arbeit mit den Jüngsten‹ (3–7jährige)«;[40] »Aufgabe und Ziel im evangelischen Kindergarten«;[41] »Rahmenplan für die Ausbildung von Kinderdiakoninnen«.[42] Die Ausbildung zur Kinderdiakonin erfolgt z.Z. in vier Seminaren. Von der Kinderdiakonin wird erwartet, daß sie Befähigungen auf fünf »Bezugsebenen« erwirbt: Ihre berufliche Verantwortung richtet sich auf die Kinder, die Eltern und Familien, die Gemeinde, die anderen Mitarbeiter und die Gesamtgesellschaft. Mit diesem Spektrum berufskonstitutiver Beziehungen ist der kindergärtnerische Dienst ein besonders deutliches Beispiel für die von der Gemeinde aus und mit Hilfe der Gemeinde verwirklichte pädagogische Verantwortung. Indem der kirchliche Auftrag, allen Menschen das Evangelium von Jesus Christus auszurichten, im Felde der Kindergartenarbeit mit sehr bestimmten »Erwartungen der Eltern und gesellschaftlichen Erfordernissen« konfrontiert ist, gehen von diesem Dienst an den Jüngsten »wichtige Anregungen... für das Leben der gesamten Gemeinde« aus.[43]

Während die Kindergärten sich auf eine gemeinsame christliche Lebensgestaltung von Erwachsenen und Kindern über zwei bis drei Jahre

39 Seit dem 1.9. 1985 ist für die staatliche Kindergartenarbeit das »Programm für die Bildungs- und Erziehungsarbeit im Kindergarten«, Berlin 1985, verbindlich. Gegenüber früheren Richtlinien werden damit verstärkt drei Zielbereiche unterstrichen: die Einführung in die sozialistische Gesellschaft, die vormilitärische Erziehung und die Vorbereitung auf schulisches Verhalten und Lernen.

40 In: ChL 27/1974, 338–340.

41 In: ChL 32/1979, 324–328.

42 In: ChL 36/1983, 145–159.

43 In: ChL 32/1979, 325.

einzustellen haben, arbeiten *kirchliche Vorschulgruppen* unter ganz anderen Bedingungen: Der Mitarbeiter trifft sich mit den Kindern einmal wöchentlich, möglichst zur kindergartenfreien Zeit. Der »Rahmenplan für die kirchliche Arbeit mit Kindern und Jugendlichen (Konfirmanden)« von 1977 sieht als erstes den Kurs I für die 4–7jährigen vor: Der Beginn der Christenlehre sollte nicht mit dem Eintritt in die Schule zusammenfallen. Wenn das Kind in die Schule kommt, sollte es schon in einer Unterweisungsgruppe beheimatet sein. Aber wie es kein geschlossenes Netz evangelischer Kindergärten gibt (nur in einigen großen Städten sind sie häufiger anzutreffen, in vielen Regionen sind sie überhaupt nicht vorhanden), so kann auch von allgemeiner kirchlicher Vorschularbeit überhaupt keine Rede sein. Am deutlichsten ausgeprägt ist dieser Arbeitszweig in der Ev.-Luth. Landeskirche Sachsens, wo es etwa 300 Vorschulkreise gibt.

»Die Jüngsten sollen den christlichen Glauben in der ihnen gemäßen Weise erleben können.«[44] Werden sie unter diesem Ziel in eine Vorschulgruppe eingeladen und fassen sie dort Fuß, so tritt neben den Lebensraum der oft entkirchlichten Familie und den Lebensraum des ideologisch und pädagogisch straff organisierten staatlichen Kindergartens ein dritter Lebensraum, dessen Andersartigkeit in atmosphärischer Hinsicht sich nicht nur als Anziehungskraft, sondern auch, was schwerer ist, als Integrationskraft bewähren muß. Die Lebensräume werden mit wachsendem Alter der Kinder immer weiter auseinanderrücken. Die christliche Gemeinde ist mit ihrer Art, Kinder zu sammeln und situationsgemäß zu unterweisen, an dieser Desintegration beteiligt. Sie muß zugleich zu ihrer Bearbeitung und inneren Überwindung beitragen.

3.2 Die Christenlehre. Sie ist die Regelform der christlichen Unterweisung im frühen und mittleren Schulalter. Als kirchliche Nachfolgeeinrichtung des früheren schulischen Religionsunterrichts hat sie trotz aufgenötigter und selbst gewollter Abgrenzung noch manches mit der Schulwelt gemeinsam (Altersstufengliederung, *ein* erwachsener Leiter vor und in der Kindergruppe, gelegentlich aus der Schulwelt und ihren Arbeitsgemeinschaften auf die Christenlehre übertragene Teilnahmementalität, mancherorts noch Anwesenheitskontrolle und Zeugnisse). Die dauernde direkte und indirekte Bezugnahme auf schulische Erlebnisse und schulisches Bildungsgut sollte selbstverständlich sein, ebenso, daß die Lernbereitschaft und das Lernbedürfnis der Kinder auf eine der Christenlehre

44 In: ChL 27/1974, 338.

gemäße Weise aufgenommen wird. Die streng unterrichtlichen Formen sind allerdings zugunsten unterrichtsnaher und offener Formen deutlich zurückgetreten. Die Christenlehre wird erteilt von Katecheten, Pfarrern und anderen kirchlichen Mitarbeitern. Es sind auch ehrenamtliche Helfer beteiligt.[45] Unter den Teilnehmern sind fast immer auch ungetaufte Kinder. Es soll Gruppen, ja Gegenden geben, wo der Anteil der Ungetauften 75% überschreitet. In organisatorischer Hinsicht überwiegt das Wochenstundensystem. Aber Kinderrüstzeiten, regionale Kindertage, Kindernachmittage ergänzen diesen Veranstaltungstyp. Manchmal müssen sie ihn auch ersetzen.[46] Überhaupt verbinden sich mit der heutigen Christenlehre zwanglos alle diejenigen Unternehmungen mit Kindern, die sich in der Gemeinde zu besonderen Tagen (Krippenspiel, Austragen der Erntedankgaben) oder aufgrund besonderer Situationen (Flöten und Singen im Gottesdienst, zu Geburtstagen, bei Veranstaltungen für alte Menschen) nahelegen. Im übrigen ist es gerade das *Handlungsfeld Christenlehre*

- an dem das Bewußtsein kirchlicher Eigenverantwortung hinsichtlich jeglicher Unterweisung im Glauben gereift ist;
- für das schon früh die bis heute einzige evangelische Fachspartenzeitschrift in der DDR gegründet werden konnte;
- das das Lehrplanproblem auch stellvertretend für andere Unterweisungsstufen lebendig erhalten hat;
- von dem aus die didaktische, d.i. Gegenstand, Situation und Vermittlung pädagogisch besonnen verknüpfende Fragestellung die Gemeindearbeit insgesamt erreicht hat.

Das alles gilt trotz der vielen Mißverhältnisse, Engführungen und Niedergänge, die man gerade für diesen Dienstbereich namhaft gemacht hat.

Wie Katecheten gegenwärtig ihren eigenen Arbeitsbereich erleben und beurteilen, läßt sich gut an den Ergebnissen und an der durch *Götz Doyé* vorgenommenen Auswertung einer offenen Befragung in allen Gliedkirchen des Bundes ablesen. Daraus einige Schlaglichter:

Es gibt kaum noch Mitarbeiter, die ihre ganze Berufskraft den Kindergruppen widmen. Der Rückgang der Teilnehmerzahlen läßt das nicht mehr zu. Andererseits wird dieser Teil des Dienstes als besonders ermutigend, freilich auch als

45 *C. Schlemmer*, Ehrenamtliche Mitarbeiter in der kirchlichen Arbeit mit Kindern, in: ChL 39/1986, 21–26.

46 Alternativen zum Wochenstundensystem bei enger Verflechtung der Christenlehre mit dem ortsgemeindlichen Lebensrhythmus und mit der Elternarbeit sind aus Mecklenburg bekannt geworden: ChL 27/1974, U 289–U 298.

besonders schwierig erlebt. Die Kinder sind offen und anhänglich. Viele wirken aber überlastet und verhalten sich auffällig. Der Traditionsabbruch trifft die Christenlehre empfindlicher, fordert sie deutlicher heraus als die Erwachsenengruppen. Dennoch wird der Situationsansatz und die Anlage des »Rahmenplans« häufig als nicht hilfreich empfunden. Bibeltextorientierte Unterweisung wird in diesem Fall für leichter, auch für fruchtbarer gehalten als problem- und themenorientierte Arbeit. Bei den Zielformulierungen der Katecheten für ihre Christenlehre stehen vornean: Kinder zum Glauben führen; ihnen vom Evangelium her zur Lebensbewältigung helfen; sie in das Gemeindeleben eingliedern. Alarmierend ist, daß zahlreiche katechetische Mitarbeiter sich selbst, ihren Dienst und ihre Kindergruppen in der Ortsgemeinde nach wie vor als isoliert erleben. Die Rolle der Kinder in der Gemeinde bleibt hinter den theologischen und pädagogischen Postulaten zurück. »Wie ist das Bewußtsein der Gemeinden zu stärken, daß die Verantwortung für die Kinder nicht auf die Mitarbeiter allein delegiert wird? Kinder brauchen die Begleitung durch die ganze Gemeinde, um den Zusammenhang von Glauben und Leben besser zu verstehen. Kinder in der Gemeinde fordern zu Lernprozessen heraus, die die ganze Gemeinde betreffen.«[47]

3.3 Familiengottesdienst – Kindergottesdienst – Gottesdienst mit Kindern. Ein gemeindepädagogisches Arbeitsfeld ist der Gottesdienst zunächst nur, wenn er im Sinne der Überschriftsbegriffe spezialisiert ist. Das kann aber nicht besagen, daß nicht-spezialisierte Gottesdienste, die doch in den Gemeinden der Regelfall sind, außerhalb des gemeindepädagogischen Interesses liegen. Wenn Gemeindepädagogik nach der pädagogischen Erheblichkeit gerade derjenigen Vollzüge fragt, die der Gemeinde eigentümlich sind (→ s.o. II,0), so müßten alle Überlegungen mit dem Gottesdienst beginnen. Denn nichts ist der Gemeinde eigentümlicher als die Versammlung im Namen Jesu (Mt 18,20) und die mit der Mahlfeier verbundene Verkündigung des wiederkommenden Gekreuzigten (1.Kor 11,26).

Zwei Problemkreise sind in den evangelischen Kirchen in der DDR in den letzten beiden Jahrzehnten in aller Ausführlichkeit diskutiert worden: der *Familiengottesdienst*[48] und das Thema *»Kind und Abendmahl«*.[49] Die Beweggründe und Erfahrungen, die sich in diesen Gesprächen niederschlagen, sind zunächst einmal die gleichen wie in der Bundesrepublik und in anderen benachbarten Kirchen. Ihre besondere Note erhalten die hierher gehörenden Beiträge durch die DDR-spezifische Spielart der allgemeinen Säkularisierung und ihre Auswirkung auf Heranwachsen-

47 *G. Doyé*, Gespräch zur Gesamtsituation der Arbeit mit Kindern im Bereich des Bundes der Evangelischen Kirchen, in: ChL 39/1986, 4–21, bes. 2.
48 Vgl. *D. Reiher (Hrsg.)*, Gottesdienst mit Familien, Berlin 1980.
49 Siehe *T. Schmidt*, Die Diskussion um die Beteiligung von Kindern am Abendmahl in den evangelischen Kirchen in der DDR, in: ChL 39/1986, 46–50.

de. So sind für die Abendmahlsdiskussion typisch die Fragen nach dem Abendmahlszugang von ungetauften Gruppenmitgliedern und überhaupt nach der Rolle der Unterweisungsgruppe und ihres Leiters für die geistliche Beheimatung von Kindern, die in ihrem Glauben keinen Familienrückhalt haben.

Zwei andere Fragenkreise, den genannten jeweils konzentrisch zuzuordnen, sind auffällig seltener bearbeitet worden: das Nebeneinander unterschiedlicher Formen der Gottesdienste mit Kindern, unter denen der Familiengottesdienst ja nur eine ist, und das Thema »Kind und Gottesdienst«, das theologisch wie pädagogisch gesehen dem Thema »Kind und Abendmahl« noch vorausliegt.

»Gottesdienste mit Kindern« sind das Zuständigkeitsfeld eines Facharbeitskreises, der der Kommission für kirchliche Arbeit mit Kindern und Konfirmanden angegliedert ist. Dieser Facharbeitskreis hat jüngst die *Hauptformen*, in denen der alte Kindergottesdienst und seine Nachfolger heute in der DDR vorkommen, knapp gekennzeichnet, erläutert und bewertet.[50]

Die Typologie will dazu helfen, die jeweiligen Vorteile der angetroffenen Formen voll wahrzunehmen und ihre Nachteile wenigstens dadurch zu verringern, daß man sich ihrer bewußt wird. Vier Formen werden unterschieden: Gottesdienste mit Kindern A. als »separate« Veranstaltungen, B. als Veranstaltungen »parallel« zum Erwachsenengottesdienst, C. als »Gottesdienst der Gesamtgemeinde« und D. »in kleinen Gemeinden«. Familiengottesdienste, die nur gelegentlich oder in fest verabredeten Abständen gehalten werden, bleiben unberücksichtigt.

Mit Recht zielt das Papier also auf das, was in den Gemeinden an jedem Sonntag bzw. Gottesdiensttag geschieht oder doch geschehen sollte. Denn hier liegt die Not vieler, ja wohl der meisten Gemeinden. Der Kindergottesdienst blüht nur noch an wenigen Stellen. Die Kinder sind zur Verlegenheit des Gottesdienstes geworden, sei es durch ihre Abwesenheit, sei es durch die unbefriedigende Art, in der mit den anwesenden umgegangen wird. Die räumlichen, zeitlichen und personellen Schwierigkeiten, die den gesonderten Gottesdiensten für Kinder an so vielen Orten entgegenstehen, machen offenbar, daß wir darüber hinaus unfähig geworden sind, den natürlichsten Weg zu beschreiten und »Gottesdienste *mit* Kindern« zu feiern. Insofern liegt in den Formen C und D der genannten Ausarbeitung die stärkste Herausforderung an die Gemeinden. »Ein kinderfreundlicher Gottesdienst wird auch ein gemeindefreundlicher Gottesdienst sein.« Indem die Gottesdienstgemeinde sich also homiletisch, liturgisch, stilistisch auf die Kinder einstellt, tut sie sich selbst einen Dienst.

Das kann nun freilich nicht bedeuten, daß Verkündigung und Gebet, Gottesdienstordnung und Verhaltensform grundsätzlich an den Jungen und Jüngsten Maß zu nehmen hätten. Der Segen und, pädagogisch

50 *G. Doyé*, Hauptformen der Gottesdienste mit Kindern, in: ChL 40/1987, 17–27.

gesprochen, die Prägekraft und Orientierungsleistung des Gottesdienstes hängen ja aufs engste damit zusammen, daß sich hier in der Freude an Gott die *Verschiedenen* zusammenfinden. Also besteht die verbreitete Vorstellung, die Kinder müßten in den Gottesdienst hineinwachsen, durchaus zu Recht. Allerdings hängt dieses Hineinwachsen an drei Bedingungen:

1. Es muß eine zielgerichtete Hilfe dazu geben (vom Lauschen-, Schauen-, Freuenlernen bis zur Liturgiekatechese).
2. Diese Hilfe muß aus einem zwar rational geklärten, aber emotional reich gebliebenen, ja ansteckend gewordenen eigenem Gottesdienstverhältnis der Unterweisenden entspringen.
3. Sie muß die Erwachsenen und ihre vorgängige Gottesdienstpraxis so kritisch wie einladend einzubeziehen wissen. Keine Frage, daß die protestantische Tradition uns insbesondere in der zweiten Hinsicht hemmt. Aber ohne die Auseinandersetzung mit diesem Schatten ist die Aufgabe nicht zu lösen.

Die wichtigsten Anstöße zum Themenkreis »Kind und Gottesdienst« hat in der DDR *Karl-Heinrich Bieritz* gegeben.[51] Seine Offenheit für die anthropologischen Aspekte des Gottesdienstes hilft zum Brückenschlag zwischen Theologie und Pädagogik, der gerade für die liturgische Gemeindebildung erwünscht ist.

3.4 Konfirmandenunterricht und Konfirmation. Seit es ihn gibt, ist der KU Pfarrunterricht. Seine Gemeindebindung ist, historisch betrachtet, enger als die der anderen Veranstaltungen und Einrichtungen für Heranwachsende, enger also als die der Christenlehre, die ihm vorausgeht, der Jungschar, die ihn u. U. begleitet, der Jungen Gemeinde, die ihm folgt. Dennoch dürfte es heute in der DDR kein gemeindepädagogisches Arbeitsfeld geben, das undurchsichtiger, der allgemeinen Einblicknahme mehr entzogen ist als der KU.

Wie kommt es, daß sich über »den« KU, wie er sich heute vollzieht, so wenig Gesichertes sagen läßt? Zuständig für ihn sind vor allem die Pfarrer, also die unabhängigste aller Mitarbeitergruppen. Pfarrer werden in der Regel nicht genötigt darzustellen, wie es in ihrem KU zugeht. Sie ziehen es ihrerseits sehr häufig vor, mit ihrer Verlegenheit allein zu bleiben. Und eine *Verlegenheit* ist die Konfirmandenarbeit für sie mindestens aus folgenden Gründen:

51 Vgl. *K.-H. Bieritz*, Kinder im Gottesdienst, in: ChL 28/1975, 184–190; *ders.*, Kind und Gottesdienst, in: *E. Schwerin (Hrsg.)*, Christliche Unterweisung und Gemeinde, 99–124; *ders.*, Im Blickpunkt: Gottesdienst, Berlin 1983.

a) Die Ausbildung für den KU war und ist meist völlig ungenügend. Weiterbildungsangebote helfen nur denen, die die Mängel ihrer Praxis offenzulegen wagen.

b) Die Aushöhlung der Volkskirche hatte sich beim KU am raschesten und unerbittlichsten gezeigt. Der rapide Rückgang der Teilnehmerzahlen im Zusammenhang mit der staatlich durchgesetzten Jugendweihe führte zu Klein- und Kleinstgruppen, die aber, anders als erwartet, keineswegs homogen waren. Die Devise »Jetzt erst recht Bekenntnisunterricht!« lag nahe, traf aber nicht die Wirklichkeit.

c) Die Jugendweihe hat in der Breite der Pfarrerschaft die Besinnung auf das, was Konfirmation berechtigterweise sein kann und was sie besser nicht bleiben sollte, eher behindert als befördert. Und immer noch scheint die alte Unsicherheit sich fortzusetzen. Sie erwächst u. a. aus der Strittigkeit folgender Fragen: Wie hoch und in welchem Maße für die Praxis wirklich ausschlaggebend sind die Bekenntnisanteile der Jugendweihe? Wie hoch und in welchem Maße für die Praxis wirklich ausschlaggebend sind die Jugendweiheanteile der Konfirmation?

Eckart Schwerin kann noch 1986 feststellen, daß »das Spektrum des tatsächlichen Geschehens der Arbeit mit den Konfirmanden auf vielfältige Weise von Gemeinde zu Gemeinde und von Konfirmator zu Konfirmator unterschiedlich und bestenfalls nur formal zu vereinheitlichen« ist.[52] Damit ist die Grenze für jede Darstellung im Überblick markiert. Statt die Wirklichkeit von KU und K aus der Sicht der unmittelbar Beteiligten zu skizzieren, zeichnen wir im Folgenden vor allem den Gang der Problemdiskussion nach.

Schwerin bietet für die *Phasen des Gesprächs* folgende Faustskizze: In den *fünfziger Jahren* (erste Jugendweihe neuen Musters 1955) überwog das Interesse an der dogmatischen und rechtlichen Seite des Konfirmationsproblems. Das Unterrichtsgeschehen und die Gemeindesituation traten zurück. In den *sechziger Jahren* galt das Interesse einer neuen Didaktik des KU, dem Lehrplan- und Methodenproblem. Die prinzipiellen Klärungen und die Rechtsfragen wurden ausgeblendet. In den *siebziger Jahren* bestimmten die Bemühungen um das »konfirmierende Handeln der Gemeinde« die Diskussion. Es bestand zwar die Möglichkeit, unter dieser Leitidee die dogmatischen, rechtlichen, didaktischen und gemeindeempirischen Belange zusammenzuführen. Aber zu einem die Praxis in allen Gliedkirchen leitenden Konsens ist es nicht gekommen.[53]

In der *ersten Phase* ist besonders gründliche theologische Arbeit dem Vorschlag eines provinzsächsischen Synodalausschusses unter Leitung von *Johannes Hamel* zugute gekommen.[54]

52 *E. Schwerin*, Konfirmierendes Handeln in den ev. Kirchen der DDR, in: ChL 39/1986, 313–320, bes. 314.

53 *E. Schwerin,* aaO., 314f.

54 Reformvorschlag zur Konfirmation, in: Kirche in der Zeit 13, Sonderheft

Im Vorfeld dieses Gutachtens liegen konfirmationstheologische Studien des Ausschußmitgliedes *Heinz Bernau.*[55] Die provinzsächsische Synode nahm die Intentionen des Ausschusses mit ihrer Konfirmationsordnung 1960 auf. Diese Ordnung regelt das »konfirmierende Handeln« (diese Wendung wird in den siebziger Jahren Schule machen) so, daß die herkömmliche Jahrgangskonfirmation ersetzt wird durch eine gottesdienstliche »Vorstellung der Konfirmanden« (mit Katechese, ohne Admission) und durch den »ersten Abendmahlsgang« (mit Admission, mit – freigestellter – Segenshandlung, ohne Gelübde, ohne Zuerkennung kirchlicher Rechte).[56] Aller Nachdruck liegt auf dem Unterricht vor der Vorstellung; auf der konkreten Abendmahlszurüstung vor dem Erstabendmahl, zu dem die Teilnehmer an der Zurüstung erst neun bis zwölf Monate nach der Vorstellung eingeladen werden; auf dem Abendmahl selbst, das aus freier Entschließung gefeiert werden soll, durch keine ihm fremden Erwartungen oder verdeckten Nötigungen beeinträchtigt; auf dem ferneren Mitleben in der Jungen Gemeinde und in der gottesdienstlichen Gemeinde als der Basis aller noch ausstehenden Rechtsakte.

Ähnliches sah die Berlin-Brandenburgische Konfirmationsordnung von 1966 vor, die den Gemeinden als wählbare Alternative zu der traditionelleren Ordnung von 1962 angeboten wurde.[57] Aber weder die provinzsächsische noch die Konfirmationsordnung 1966 von Berlin-Brandenburg wollten mit ihrem Entflechtungsprogramm den Schwierigkeiten begegnen, die der Konfirmation aus der Jugendweihe erwachsen waren. Wie mit den Jugendgeweihten zu verfahren sei, ist für beide Ordnungen eine ernste, aber durchaus zweite Frage. Vielmehr wollen sie zunächst gegen solche Schäden angehen, die auch schon vor dem Konflikt mit der Jugendweihe da waren. Und wie die atheistische Jugendweihe für die Promotoren dieser Ordnungen kein selbständiges Thema war, so auch nicht der christliche Jugendweiheanteil, der der herkömmlichen Konfirmation innewohnt. Die strikt theologische Annäherung an das Konfirmationsproblem ließ die unbefangene Bearbeitung dieser Seite der Sache offenbar nicht zu. Vermutlich liegt hierin begründet, daß beide Ordnungen nicht zum Ziel gekommen sind: In den Gemeinden der Kirchenprovinz Sachsen wurde weithin der Vorstellungsgottesdienst als Konfirmation verstanden und (häuslich) gefeiert. In Berlin-Brandenburg kam die Ordnung von 1966 nicht gegen die von 1962 auf.

Die *zweite Phase* war durch landeskirchliche Lehrplanarbeit bestimmt,[58] zugleich durch die Bemühung, für die Praxis des KU, und das heißt

Oktober 1958, 1–26. Zur Reformdiskussion von 1945 bis 1962 insgesamt s. *P. Wekel*, Gibt es eine Theologie der Konfirmation?, Theol. Diss. Halle 1965.

55 *H. Bernau*, Zum Wesen und zur Gestaltung der Konfirmation, in: MPTh 44/1955, 168–183; *ders.*, Zur Frage nach der Begründung und Gestaltung der Konfirmation als Admission, in: MPTh 45/1956, 82–95, 160–170.

56 Vgl. Agende der EKU, Bd. II, Berlin 1964, 55–59.

57 Vgl. *I. Becker*, Fragen um die Konfirmation heute, in: *S. Herrmann/O. Söhngen (Hrsg.)*, Theologie in Geschichte und Kunst. Festschrift W. Elliger, Witten 1968, 9–24, bes. 21–24.

58 Neue Lehrpläne für den KU wurden für Berlin-Brandenburg, Kirchenprovinz Sachsen, Ev.-Luth. Landeskirche Sachsen und Mecklenburg, in: ChL 18/1965, für Anhalt, in: ChL 22/1969 veröffentlicht.

jetzt: für den situationsbewußten Umgang mit Konfirmanden, Einsichten und Erfahrungen nutzbar zu machen, die teils in der westdeutschen RP gewonnen waren,[59] teils in der kirchlichen Jugendarbeit.[60]

Zu einem zentralen Lehrplanangebot ist es freilich erst 1973 gekommen. Das »Modell eines katechetischen Perikopen- und Themenplans« von 1969[61] hatte zum erstenmal die Unterweisung vom Vorschulalter bis zu den 15–18jährigen unter einem Generalskopus ins Auge gefaßt, und zwar in einer Folge von sechs »Kursen«, die – ohne stoffmäßig aufeinander aufzubauen – durch den allen gemeinsamen »Grund-Satz« verbunden waren: »Herr ist Gott in Jesus Christus.« Dieser Satz soll von 1Kor 8,5f. her verstanden werden und also auch kritische Orientierung angesichts ideologischer Ansprüche von religionsähnlicher Observanz bieten. Insoweit ist die Beziehung des »Modells« auf die Probleme der christlichen Kinder und Jugendlichen in der DDR unverkennbar. Dennoch zeigte sich bald, daß das »Modell« nur ein Übergangsplan sein konnte. Die Neubearbeitung begann mit dem Kurs V, der bis dahin nur als Rohentwurf vorlag. Verantwortlich zeichneten *Roland Degen*, *Peter-Christian Köstlin*, *Dieter Reiher* und *Eckart Schwerin*. Die alte Überschrift »Für das Konfirmandenalter« wurde jetzt im Vorwort so präzisiert, daß die »kirchliche Arbeit mit Jugendlichen zwischen 12 und 15 Jahren« in den Lichtkegel des Interesses trat. Bei aller beteuerten Kontinuität mit dem »Modell« war mit Kurs V doch ein für die DDR neuer Plantyp entstanden. Die Neubearbeitung der Kurse I–IV schloß sich den Prinzipien von Kurs V an, und so konnte schon drei Jahre nach der Publikation von Kurs V im Dezember 1973 der bis heute noch nicht ersetzte »Rahmenplan für die kirchliche Arbeit mit Kindern und Jugendlichen (Konfirmanden)« veröffentlicht werden.

Kurs V soll die landeskirchlichen Pläne für den KU nicht einfach ersetzen. Er will ein didaktisch verantworteter »Rahmen« sein, in den die jeweiligen speziellen Anliegen eines auf die Konfirmation hinführenden Unterrichts eingefügt werden können. Allerdings fordert er die traditionelle Konfirmandenunterweisung durch den Situationsansatz heraus und schärft – indirekt – ein, daß die Teilnehmer in erster Hinsicht »Jugendliche« sind, Zwölf- bis Fünfzehnjährige, und erst auf Grund dieser Altersposition »Konfirmanden«. Damit öffnet er den Konfirmatoren die Augen für die Verantwortung, die sie für diese Altersgruppe auch abgesehen von der Konfirmation haben. Der Unterricht muß für die Teilnehmer sinnvoll sein, auch wenn sie erstmals in eine christliche Gruppe

59 Hierher gehören vor allem die zahlreichen Arbeiten von *S. Schmutzler* und der von ihm inspirierten theologisch-pädagogischen Arbeitsgemeinschaft Sachsen. Sie galten der Aufarbeitung, Weiterführung und lehrplanmäßigen Ausgestaltung der Idee des »exemplarischen Perikopenunterrichts« von *K. Witt* (Konfirmandenunterricht, Göttingen 1959). Vgl. dazu *J. Henkys*, Ist der Katechismus ein Gebetbuch?, in: MPTh 53/1964, 204–213.

60 Zusammenfassend *J. Henkys*, Lehrplanfragen des Konfirmandenunterrichts, in: ChL 21/1968, 3–11. Zu neuen Organisationsformen *G. Kehnscherper*, Kurse, Rüstzeiten und Praktika in der Konfirmandenarbeit, in: *H. Ammer u.a.*, Handbuch der Praktischen Theologie, Bd. III, 110–120.

61 In: ChL 22/1969, U 113–U 127 (= *P.C. Bloth (Hrsg.)*, Christenlehre und Katechumenat in der DDR, 217–234).

gekommen sind oder vor der K wieder abschwenken oder bei aller Anhänglichkeit an die Gruppe dem erwarteten Bekenntnis gegenüber reserviert bleiben. Erst wenn diese Intention gesehen ist, darf die Einseitigkeit und Lückenhaftigkeit von Kurs V kritisiert werden.

Aufschlußreich ist es, die großen Abteilungen von Kurs V mit ihren Lernzielen und Einzelthemen einmal neben das 1970/71 neu eingeführte Jugendstundenprogramm[62] zu stellen. Hier wie dort drei »Themenkomplexe« (Kurs V: »Orientierungshilfen«)! Hier wie dort die Sequenz Grundbeziehungen – Lebenshaltungen – Zukunftsvorstellungen! Und auch bei den Einzelthemen finden sich frappierende Entsprechungen![63] Vom Unterschied der Ansätze und von den z.T. stracks gegenläufigen Intentionen muß hier nicht die Rede sein. Der Leser von Kurs V erkennt sie sofort. Doch bleibt immerhin festzuhalten: K und Jugendweihe berühren sich auch auf dem Feld ihrer Vorbereitung.

Die *dritte Phase* erbringt, mit einigen Reserven und ohne eingeschlossene Nötigung zur konsequenten rechtlichen und praktischen Umsetzung, das Ja gesamtkirchlicher Gremien zu einem Bündel von Dokumenten, die durch das Stichwort »konfirmierendes Handeln der Gemeinde« zusammengehalten werden. Subjekt dieses Handelns ist »die Gemeinde«. Und ihr »Konfirmieren« ist ihre »ganzheitliche Zuwendung zum jungen Menschen«, zu Getauften und Ungetauften, zu Kleinkindern, Schülern und Jugendlichen, wobei die Gemeinde alle ihre Lebensformen und personal ausgeprägten Begabungen ins Spiel zu bringen hat, um den Heranwachsenden, die immer als leiblich-seelisch-geistige Ganzheit und immer in ihren wesentlichen Sozialbeziehungen wahrzunehmen sind, das »Lebensangebot Jesu Christi« zu vermitteln.

Die Stärke und die Schwäche der so verstandenen Wendung *»konfirmierendes Handeln«* ist ihre Totalität. Die Formel ähnelt insoweit dem, was *Oskar Hammelsbeck* 1939 den »kirchlichen Unterricht« genannt hatte und was zuvor und danach als »Katechumenat« oder »Gesamtkatechumenat« herausgestrichen worden war. Eine gemeindepädagogische Würdigung und Kritik der Idee des konfirmierenden Handelns kann hier nicht erfolgen. Es sei nur betont, daß die Konfirmandenunterweisung innerhalb dieses Handelns nur eine Phase und der Konfirmationsgottesdienst nur ein Moment des Gesamtprozesses ist.

Aber was besagt nun dieser Gottesdienst als Moment dieses Zusammenhangs? Aus den fraglichen Dokumenten ergibt sich:
- Er ist nicht Abschluß der Unterweisung überhaupt.

62 Vgl. Handbuch der Jugendweihe, Berlin 1974, 54f., 197–202. Abdruck der Themen bei *D. Urban/H. W. Weinzen*, Jugend ohne Bekenntnis?, 51.

63 Thema 3: »Dieser Staat sind wir«; OH 1 (5): »Unsere Gruppe als Gemeinde«. Thema 6: »Du brauchst die sozialistische Gemeinschaft – sie braucht dich«; OH 1 (3): »Die Gemeinschaft lebt von dem Einsatz der unterschiedlichen Gaben aller: das Funktionsmodell ›christliche Gemeinde‹«. Thema 10: »Vorbereitet auf das Jahr 2000«; OH 3 (3): »Wie bereite ich mich auf das Jahr 2000 vor«.

- Er bringt keine Ergänzung der Taufe.
- Er ist nicht das erste Abendmahl der Konfirmanden.
- Vielmehr ist er eine Segenshandlung für getaufte und in der Regel schon zur Abendmahlsgemeinde gehörende junge Christen. Er ist »Einsegnungsgottesdienst«. Er »ruft die Jugendlichen an der Schwelle des Erwachsenenalters (!) zum Zeugnis und Dienst in der Gemeinde und Gesellschaft.«[64]

Die Tendenz, den Konfirmandengottesdienst zu relativieren, ist offenkundig. Aber indem drei Konfirmationsdeutungen aus der langen Geschichte des Streits darüber implizit abgewiesen werden – die katechetische, die sakramentale, die Erstabendmahlskonfirmation – fällt nun das ganze Gewicht auf die Einsegnung. Gewiß ist sie mit der Verkündigung des in der Taufe zugeeigneten Heils verbunden. Und gewiß gilt ebenso: »Das Einstimmen der Jugendlichen in das Bekenntnis der Gemeinde und die Fürbitte der Gemeinde für die Jugendlichen haben in diesem Gottesdienst besonderes Gewicht.«[65] Es ist aber zu befürchten, daß das in den Kern dieses Gottesdienstes gerückte lebenszyklische Ritual, das in der theologischen Diskussion der fünfziger und sechziger Jahre so vernachlässigt wurde, jetzt die anderen Momente des Gesamtaktes dominiert und der Konfirmationsgottesdienst sich so verselbständigt, daß er aus dem Zusammenhang des gesamten konfirmierenden Handelns auch wieder herausfallen kann.

Der *neueste Entflechtungsvorschlag*[66] sieht so aus: Der KU wirft alle Spezifika ab, die ihm einst als Vorbereitung auf eine besondere Konfirmation zugewachsen sind. Er ist nichts als altersspezifische christliche Unterweisung, wobei vorausgesetzt wird, daß der Zugang zum Abendmahl für die Getauften grundsätzlich und für die Ungetauften auf deutlichen Wunsch hin offensteht. Am Ende der herkömmlichen Konfirmandenzeit könnte ein »Gottesdienst an der Schwelle des Übergangs zum Erwachsenenalter und in die Junge Gemeinde sinnvoll sein«. Das »eigenverantwortete Einstimmen in das Bekenntnis der Gemeinde« sollte damit aber nicht verknüpft werden. Es bleibt den einzelnen anheimgestellt, und dafür müßte es – offenbar gelegentlich – einen »Konfirmationsgottesdienst« für Jugendliche und junge Erwachsene geben. Der Zuspruch kirchlicher Rechte erfolgt bei konkretem Anlaß (Erreichung des Wahlalters, der Kirchensteuerpflichtigkeit, Übernahme einer Patenschaft).

Zwei Anliegen zeichnen sich bei diesem Vorschlag ab: Entlastung des KU von Lehrgehalten und kirchlichen Erwartungen, die nicht der »anthropologischen Grundsituation« der Teilnehmer entsprechen; Auseinanderrücken der jahrgangsgebundenen Übergangshandlung und der individuell freibleibenden Übernahme des Gemeindebekenntnisses, wobei nur die letztere den Namen »Konfirmationsgottesdienst« an sich zieht.

Meine Rückfrage lautet: Wenn das Einstimmen in das Gemeindebekenntnis etwas so Neues ist gegenüber der bisherigen Abendmahlsteilnahme und wenn umgekehrt der KU und das abschließende Übergangsritual so freigehalten werden sollen vom Anspruch der in Taufe und Mahl beschlossenen Lebensbindungen – hat es dann überhaupt noch Sinn, vom »konfirmierenden Handeln« zu reden? Die Tauf- und Abendmahlsunterweisung samt ihren Bekenntniszumutungen sollte Kern des KU bleiben und kann es auch, sofern von der Taufe her die

64 *C. Bäumler/H. Luther (Hrsg.)*, aaO., 336.
65 *Ebd.*
66 *E. Schwerin*, Konfirmierendes Handeln in den ev. Kirchen der DDR, 313–320.

Identität und vom Abendmahl her die Sozialität der 12–15jährigen thematisiert wird.

Darin ist Schwerin freilich recht zu geben: Die »Gemeinde«, die das Subjekt des konfirmierenden Handelns sein soll, darf nicht dauernd idealisiert oder unter der Hand auf die Mitarbeiterschaft und interne Zirkel eingeschränkt werden. Die Heranwachsenden können nicht anders lernen, in der sozialistischen Gesellschaft Christ zu sein, als ihre Eltern, Nachbarn und die übrigen Durchschnittsmitglieder in der Ortsgemeinde. Es scheint, »daß die kirchliche Erwartungshaltung die Lebensweise der Christen nicht zureichend berücksichtigt«. Weitere Klärung des konfirmierenden Handelns der Gemeinde hängt davon ab, »daß neben kirchlichen Mitarbeitern und Vertretern der Kirchenleitungen wesentlich auch Eltern und junge Erwachsene sowie Gemeindegruppen beteiligt werden«.[67]

3.5 Die kirchliche Jugendarbeit. Die Anfänge der kirchlichen Jugendarbeit in der DDR hat *Ingeborg Becker* beschrieben.[68] Wer sich über die laufende Entwicklung informieren will, muß sich zunächst an die jährlich erscheinende »Bibelhilfe« des Burckhardthauses halten,[69] sodann an die Jugendarbeits-Themahefte, die zu jedem Jahrgang der »Christenlehre« gehören. Der Charakter dieser Organe und die bekannten Publikationsschwierigkeiten gewähren allerdings oft genug keinen besonders deutlichen Einblick in das, was wirklich geschieht. Bessere Möglichkeiten zur aktuellen Unterrichtung bietet die in Berlin (West) erscheinende Zweimonatsschrift »Kirche im Sozialismus«. Im Laufe der letzten Jahre ist hier viel Aufschlußreiches aus der Jugendarbeit dokumentiert worden. Am ausführlichsten stellt sich die kirchliche Jugendarbeit aber in ihren internen Vervielfältigungen dar. Sie kommen aus dem Kirchenbund und seiner Kommission Kirchliche Jugendarbeit (KKJ),[70] aus den Landesjugendpfarrämtern,[71] aus dem »Jungmännerwerk« und aus dem »Burckhardthaus«.

67 *E. Schwerin*, aaO., 320.
68 *I. Becker / S. Lange*, Anfänge der Jugendarbeit der Evangelischen Kirchen in der DDR nach 1945, ChL 37/1984, 257–268.
69 Bibelhilfe für die kirchliche Jugendarbeit, Ausgabe A für Ältere, Ausgabe B für Jüngere.
70 Etwa: Partizipation. Beiträge zum Internationalen Jahr der Jugend 1985 aus der Sicht der kirchlichen Jugendarbeit in der DDR; Ziele und Inhalte kirchlicher Jugendarbeit (Vorlage für die Bundessynode Dresden 1985); mit dem darauf reagierenden Synodalbeschluß abgedruckt in: Mitteilungsblatt des Bundes der Evangelischen Kirchen in der Deutschen Demokratischen Republik, 1985, H. 5/6, 96–101 = ChL 40/1987, 37–48.
71 Etwa: Sozialdiakonische Jugendarbeit in der Evangelisch-Lutherischen Landeskirche Mecklenburgs; Glauben – Leben – Lernen. Eine Studie zur Begleitung von Jugendlichen, jungen Erwachsenen und Erwachsenen ohne kirchliche Biografie. (Beide Schriften »im Auftrag des Landesjugendpfarramtes und des Oberkirchenrats«, Schwerin 1986.)

Organisatorisch mit dem Bund und der KKJ verknüpft sind die folgenden gesamtkirchlichen Arbeitsstellen bzw. Fachreferate: Ökumenischer Jugenddienst, Arbeit auf dem Lande, Berufstätige Jugend, Schülerarbeit, Mittelstelle für Werk und Feier. Die sozialdiakonische bzw. offene Jugendarbeit wird in der Regel von gliedkirchlichen Stellen begleitet.

In den letzten Jahren ist vor allem die *übergemeindliche Jugendarbeit* vor neue Aufgaben gestellt worden. Bei den üblichen jährlichen Großveranstaltungen (vor allem Landes- und Stadtjugendsonntagen) gab es einen sprunghaften Anstieg der Besucherzahlen. Veranstaltungen mit politisch relevanter Thematik (Friedensdekade, Friedenswerkstatt) wurden zum Anziehungspunkt für junge Leute, die sonst ohne Kontakt zur Kirche leben. Das Gleiche galt von Blues-Messen und ähnlichen Gottesdiensten. Die große Zahl von nicht-angepaßten Jugendlichen, durch die sich die offene Jugendarbeit in den großen Städten herausgefordert und beansprucht sah, hatte schon 1975 zur Eröffnung eines speziellen Ausbildungszweiges »Sozialdiakonische Jugendarbeit« im Kirchlich-Diakonischen Lehrgang Berlin-Weißensee geführt. Selbsthilfe- und Interessengruppen erwarteten von der Kirche zugleich solidarischen Schutz und unbeeinträchtigten Aktionsraum. Konflikte zwischen staatlichen und kirchlichen Stellen, aber natürlich auch zwischen Jugendmitarbeitern und Kirchenleitungen, waren und sind an der Tagesordnung.

Neben diesen mehr spektakulären Ausprägungen der kirchlichen Jugendarbeit in der DDR darf aber nicht übersehen werden, daß die *Bibelrüstzeitarbeit*, um die es in den fünfziger und sechziger Jahren so harte Auseinandersetzungen gegeben hatte, bei voll ausgelasteten Heimkapazitäten weiterläuft. Inzwischen werden vorsichtig auch touristische Formen des Gruppenlebens probiert (Zeltplatzmission, Spielgruppenfahrten, gemeinsame Auslandsreisen). Ihre eigene Ausstrahlung und Anziehungskraft haben Evangelisationen, Kurse und Treffen evangelikaler Färbung. Die Autoren des Sammelberichts »Akzente der Frömmigkeit in der gegenwärtigen kirchlichen Jugendarbeit«[72] arbeiteten 1976 mit den Stichworten »Konzentration auf Jesus«, »Meditation und Aktion«, »Engagement aus Glauben«. Diese Kennzeichnungen für die unterschiedliche innere Ausrichtung evangelischer Jugendzentren und -gruppen dürften auch 1987 noch zutreffen, allerdings bei Verschiebungen innerhalb des Gesamtfeldes.

Die verbreitetste und regelmäßigste Form kirchlicher Jugendarbeit ist der *ortsgemeindliche Junge Gemeinde-Abend*. Ende 1984 gab es im Verant-

72 In: Bibelhilfe A 1976, 160–187.

wortungsbereich des Stadtjugendpfarramts Berlin (DDR) pro Woche 147 Junge Gemeinde-Abende, zu denen sich im Durchschnitt etwa 2000 Jugendliche von 15 Jahren aufwärts versammelten. Von diesem Bestand ausgehend hat *Wolfgang Wesenberg* 1985 eine *sozialempirische Untersuchung* über die Erwartungen von Jugendlichen im Blick auf den Junge Gemeinde-Abend durchgeführt und die Ergebnisse, die über jene Erwartungen hinaus auch die Lage des Junge Gemeinde-Abends überhaupt, seine Stärken und Schwächen erhellen, auf eine postulierte gemeindepädagogische Konzeption von Jugendarbeit hin interpretiert.[73]

Die Untersuchung erhärtet zunächst die bekannte These, daß in der Erwartung wie in der positiven Erfahrung der Jugendlichen das »personale Angebot« (Gemeinschaftserlebnis, offenes Gespräch über Alltagsfragen, gegenseitige Stützung) vor dem »Sachangebot« (Bibelarbeit, thematische Diskussion, Information) rangiert. Dementsprechend übertrifft die (weit gefaßt) poimenische Funktion des Junge Gemeinde-Abends, sein Beitrag zur Ich-Stabilisierung und zur Vergewisserung der Lebensrichtung, die (eng gefaßt) pädagogische Funktion, den Beitrag zur kirchlichen Bildung und zur beruflichen, politischen und kulturellen Anregung. Andererseits zeigt die Untersuchung aber auch, daß die Arbeitsform Junge Gemeinde-Abend interessearme und kontaktschwache Jugendliche viel weniger anzieht als vielseitig interessierte und kontaktfreudige, wohingegen gesteigerte Erwartungen im Blick auf die Qualität der menschlichen Beziehungen und die Intensität der religiösen Praxis zumeist enttäuscht werden. Schließlich gilt auch abgesehen von ausdrücklicher religiöser Erwartung: Berliner Junge Gemeinde-Abende bleiben mit den Momenten der Erbauung und Glaubensstärkung (Bibel, Meditation, Gebet, Abendmahl) *unter* der bei den Jugendlichen vorhandenen Bereitschaft dazu – einer Bereitschaft, die in der Erwartung eines personalen Angebots im kirchlichen Raum latent vorhanden ist und, mit dem personalen Angebot verquickt, auch entschlossener beansprucht werden sollte. Was der Junge Gemeinde-Abend selbst nicht leisten kann, müßte durch zusätzliche Formen aufgegriffen werden. Das betrifft die Lehrlinge und jungen Erwachsenen, die einen hohen Anteil an den oben genannten Großveranstaltungen stellen, aber beim Junge Gemeinde-Abend nicht das ihnen Gemäße zu finden pflegen. Das betrifft auch solche Jugendliche, die ausdrücklich biblisches Wissen und christliche Bildung suchen.

4. Handlungsfeldübergreifende Probleme und Aufgaben

Die evangelischen Kirchen in der DDR nehmen ihre pädagogischen Dienste in einem gesellschaftlichen Kontext wahr, der durch den energischen Zusammenschluß aller wesentlichen Erziehungs- und Bildungsbemühungen des Staates in sämtlichen Altersstufen und auf allen Ebe-

73 *W. Wesenberg*, Jugend in der Ortsgemeinde, Theol. Diss. Leipzig 1987.

nen zu einem »einheitlichen sozialistischen Bildungssystem« gekennzeichnet ist.[74] Dem staatlichen Bildungssystem ein kirchliches gegenüber- oder zur Seite zu stellen, ist weder durchführbar noch sinnvoll. Gemeindepädagogisches Denken sollte sich nicht am Zielbild eines geschlossenen Systems ausrichten, wohl aber auf bessere Integration der Arbeitsfelder untereinander dringen.

Die Grundvoraussetzung aller integrativer Bemühungen ist das Verständnis des Evangeliums von Jesus Christus, dessen befreiende und bindende Kraft sich durch Gemeinschaft, Zeugnis und Dienst von Christen auch in pädagogische Impulse umsetzt. Die Botschaft von Jesus Christus sucht und ruft den ganzen Menschen; also den Menschen auch im Geflecht seiner Werdebedingungen; den Menschen im Prozeß seiner Entfaltung und Prägung. Er soll das Evangelium kennen und hören lernen dürfen. Er soll am Ort der sozialen Resonanz des Evangeliums, nämlich in und mit der Gemeinschaft von Christen, durch und für die Gemeinschaft von Christen, glauben und leben lernen dürfen.

Von dieser Grundvoraussetzung her sind eine Fülle von feldübergreifenden Problemen und Aufgaben ins Auge zu fassen. Zunächst seien einige *Probleme* genannt, und zwar solche, die vielleicht in einem gewissen Grade *DDR-spezifisch* sind.

1. Die Teilnahme an kirchlichen Gruppen und Unternehmungen ist auf allen Stufen und Ebenen *freiwillig*, das aber nicht nur in einem formalen Sinn. Es fehlt insgesamt die Schubkraft einer durch gesamtgesellschaftlichen Konsens abgestützten Teilnahmetradition.

2. Die Entscheidung zur Teilnahme ist für wichtige Felder *umstritten* – entweder so, daß im Bewußtsein sehr vieler Menschen frühere Bestreitungen aus der ideologischen Agitation noch nachwirken, oder so, daß Eltern, Kinder und Jugendliche sich auch heute ihrer Entscheidung wegen angegriffen, beargwöhnt oder isoliert fühlen müssen.

3. Die Teilnahme ist *unstetig*, auch auf solchen Feldern, die von ihren Vorhaben her auf Regelmäßigkeit angewiesen sind. Zur Teilnahmefluktuation in tendenziell geschlossenen Gruppen kommt als weiteres Moment der Unstetigkeit, daß es überall Durchzügler gibt: Kinder, die in der Christenlehre aufgetaucht sind, aber keine Konfirmanden werden; Konfirmanden, die nie oder kaum in der Christenlehre waren, auch nicht zur Jungen Gemeinde gehen werden; Jugendliche, die eine Zeit lang in der Jungen Gemeinde mittun, u. U. recht intensiv, aber dann wieder abtreiben.

4. Die Teilnehmerschaft ist *gemischt*. Der wichtigste Unterschied: Überall sind Ungetaufte dabei, manchmal machen sie einen erheblichen Teil der Gesamtgruppe aus. Im übrigen ist die kirchliche Sozialisation auch der Getauften recht

74 Vgl. das Gesetz über das einheitliche sozialistische Bildungssystem vom 25. Februar 1965, Abdruck u. a. in: *Ministerium für Volksbildung (Hrsg.)*, Sozialistisches Bildungsrecht, Berlin 1968, 252–331.

unterschiedlich. Die Herkunftsfamilien können bestimmt sein durch kirchliche Berufstätigkeit, durch volkskirchliche Mentalität, durch engagierte Christlichkeit (vielleicht sind die Eltern erst als Erwachsene Christ geworden), durch Offenheit für das christliche kulturelle Erbe, durch Abwesenheit jeglichen Verständnisses für Belange des Glaubens.

Die *feldübergreifenden Aufgaben* lassen sich auf drei *Integrationsrückstände* beziehen.

1. Die Mitarbeiter stehen vor der Aufgabe der *vertikalen* Integration, also der Zusammenschau und Verknüpfung solcher gemeindepädagogischen Aktivitäten, die im *Lebenslauf* der Teilnehmer aufeinander folgen und für ihr Wachstum wirksam werden (sollten). Zu den Ergebnissen der oben erwähnten Untersuchung von *W. Wesenberg* gehört auch, daß selbst in der Jungen Gemeinde, die zeitlich doch in eine Ablösungsphase fällt, die Prägungen aus Elternhaus und christlichem Kindergarten belangvoll bleiben. Unbeschadet der hohen Bedeutung missionarischer Kurzkontakte und biographisch später Begegnungen mit dem christlichen Glauben gilt: Religiöse Offenheit und Lernbereitschaft ist Ergebnis eines langfristigen Prozesses. Die hier gemeinte Integration setzt voraus, daß unter den Mitarbeitern ein Konsens darüber erreicht wird, was innerhalb des kirchlichen Gesamtzusammenhangs das unterscheidend Kennzeichnende jeder einzelnen Stufe eines zeitgenössischen Katechumenats, ihre Intraspezifik, ist.

2. Die Mitarbeiter stehen vor der Aufgabe der *horizontalen* Integration, also der Zusammenschau und der Hilfe zur kritisch-produktiven Verarbeitung all derjenigen Einflüsse und Prägeabsichten, denen ein Heranwachsender jeweils gleichzeitig unterworfen ist und die seine derzeitige *Lebenslage* bestimmen. Das sind etwa für einen Vierzehnjährigen neben dem Konfirmandenunterricht das Elternhaus, die Schule, die staatliche Jugendorganisation, die Gleichaltrigengruppe seiner Wahl, die Spartengruppe im Sportverein, die Jugendstunden vor der Jugendweihe. Der Anspruch und Beitrag des jeweiligen kirchlichen Angebots kann in seinem unterscheidend Kennzeichnenden, jetzt bezogen auf den gesellschaftlichen Gesamtzusammenhang, nicht zum Zuge kommen, ohne daß man den Anspruch und Beitrag der übrigen Einflußgrößen kennt und pädagogisch einzuschätzen weiß. So ist also für jede Stufe auch die Extraspezifik des betreffenden pädagogischen Dienstes zu erfragen.

3. Die Mitarbeiter stehen vor der Aufgabe der *basalen* Integration. Basal meint: auf die soziale Basis unseres Dienstes bezogen, also auf die konkrete christliche Gemeinde am Ort und in der Region. Es geht um die Zusammenschau und den möglichst förderlichen Zusammenschluß des jeweiligen pädagogisch zielenden Handelns, nämlich der überlegten, absichtsbestimmten Tätigkeit vor allem der Gruppenleiter, mit den nicht-zielenden, aber dennoch positiv oder negativ höchst wirksamen *Lebensäußerungen* der gesamten Gemeinde. Was nur einschlußweise als katechetisch gelten kann – Liturgie, Predigt, Seelsorge, Diakonie, Gruppenleben, Gemeindeleitung, Versammlungsstil – sollte dem ausdrücklich Katechetischen voll zugute kommen können.[75] Ein Schwerpunkt basaler

75 Grundlegend: *G. Otto*, Implizite und explizite Katechetik, in: *ders.*, Schule-Religionsunterricht-Kirche, Göttingen ³1968, 245-255.

Integration ist die Wahrnehmung natürlicher und die Inszenierung neuer, aufschlußreicher intergenerationeller Begegnungen in der Gemeinde.

5. Gemeindepädagogik als Fach

In der DDR läßt sich Gemeindepädagogik als Fach nur von der Theologie aus organisieren. Jedenfalls wäre die Erziehungswissenschaft kaum bereit, die Gemeindepädagogik auch nur als eine Bereichspädagogik, etwa zwischen Familien- und Schulpädagogik, zu erörtern.

Gehört das Fach aber zur (Praktischen) Theologie, wie seit je schon die (nach der hier vertretenen Auffassung in ihr aufgehende) Katechetik, so hat das Folgen für das Verständnis des Begriffs Gemeinde, das erste Element im Namen des Faches. Mit »Gemeinde« ist dann nicht nur ein bestimmter Sozialbereich bezeichnet, nicht nur die Organisation des religiösen Lebens auf kommunaler Ebene oder eine entsprechende überschaubare Einheit religiöser Gesellung, sondern zugleich auch die communio, die unter der Berufung und Verheißung des sich im Heiligen Geist vergegenwärtigenden Jesus Christus steht und immer neu entsteht.

Der empirische und zugleich theologische Zugang zum Gemeindebegriff ist das Grundproblem der Gemeindepädagogik als Fach. Ein Dilemma gemeindetheologischer Darstellungen liegt darin, daß man die konkrete Gemeinde theologisch argumentierend leicht überfordert, empirisch konstatierend leicht abwertet. Diese Schwierigkeit weist auf die Aufgabe einer angemessenen Grundlegung unserer Disziplin zurück. Diese Grundlegung, die auch das enzyklopädische Problem der Praktischen Theologie und ihrer Teildisziplinen aufgreifen muß, wäre in den *Prolegomena* zur Gemeindepädagogik zu erarbeiten.

Neben den Prolegomena dürften mindestens zwei Hauptabteilungen der Disziplin sinnvoll sein. Der »Rahmenplan für die Ausbildung von Gemeindepädagogen« sieht eine *Allgemeine* und eine *Besondere Gemeindepädagogik* vor.[76] Die Besondere Gemeindepädagogik hat ihren Schwerpunkt bei den einzelnen Arbeitsfeldern, die Allgemeine bei den feldübergreifenden Problemen und Aufgaben und zuvor noch bei der theologischen Grundvoraussetzung ihrer sinnvollen Bearbeitung. Ob und wie die Unterscheidung der beiden Zweige auch die Organisation der ausbildungsbezogenen Lehre bestimmen soll, ist eine zweite Frage. Wichtig

76 *D. Aschenbrenner/K. Foitzik, (Hrsg.)*, aaO., 220.

ist zunächst, daß die Grundsatzfragen ihren angemessenen Ort in der Disziplin finden und daß die Disziplin sich nicht damit begnügt, in ihrer Systematik lediglich die Praxisschwerpunkte abzubilden.

Sehr wünschenswert ist natürlich auch eine *Historische Gemeindepädagogik.* Sind doch allein in den hundert Jahren vor Beginn unserer Bemühung um eine zeitgenössische Gemeindepädagogik mindestens drei große Leitbilder entwickelt worden, die bei aller grundsätzlichen Spannung untereinander und bei allem Abstand zur Gegenwart gemeindepädagogisch genannt zu werden verdienen: die Katechumenatslehre des neulutherischen *C. A. G. von Zezschwitz,*[77] die Praktische Theologie als »Lehre von der kirchlichen Gemeindeerziehung auf religionswissenschaftlicher Grundlage« des liberalen *F. Niebergall*[78] und der »kirchliche Unterricht« des Erwachsenenbildners, Lehrers und Laienpredigers der Bekennenden Kirche *O. Hammelsbeck.*[79]

Literaturhinweise

E. Schwerin (Hrsg.), Christliche Unterweisung und Gemeinde, Berlin 1978.

J. Henkys, Die pädagogischen Dienste der Kirche im Rahmen ihres Gesamtauftrags, in: *H. Ammer u. a.,* Handbuch der Praktischen Theologie, Bd. III, Berlin 1978, 12–65.

E. Schack, Neue Wege der Eltern- und Familienarbeit in der Gemeinde, in: *U. Becker u. a.,* Junge Generation ohne Orientierung?, Münster 1980, 1–11.

P. Schicketanz, Der Weg zur Ausbildung evangelischer Gemeindepädagogen in der Deutschen Demokratischen Republik, in: *D. Aschenbrenner/K. Foitzik (Hrsg.),* Plädoyer für theologisch-pädagogische Mitarbeiter in der Kirche, München 1981, 147–185.

H.-U. Vogler, Katecheten- und Gemeindepädagogen-Ausbildung in der DDR, in: *P. C. Bloth u. a. (Hrsg.),* Handbuch der Praktischen Theologie, Bd. IV, Gütersloh 1987, 274–282.

77 Vgl. *K. Koziol,* Katechumenat heute. Der Katechumenat bei C. A. G. Zezschwitz und in der Gegenwart, Berlin 1968.

78 Vgl. *H. Luther,* Religion, Subjekt, Erziehung. Grundbegriffe der Erwachsenenbildung am Beispiel der Praktischen Theologie Friedrich Niebergalls, München 1984.

79 Vgl. *H. Horn (Hrsg.),* Kirche, Schule und Staat im 20. Jahrhundert. Oskar Hammelsbecks Bilanz aus dem Nachlaß, Privatdruck Hagen o. J.

III.
Das katechetische Handeln der Kirche – katholische Entwicklung und Spezifika

Wolfgang Bartholomäus

1. Der gemeindekatechetische Aufbruch

Als Mitte der sechziger Jahre in der BRD »einige Pfarreien die Vorbereitung auf die Sakramente der Eucharistie, Buße und Firmung nicht mehr dem Religionsunterricht der Schule... überließen, sondern erwachsene Christen... in der Gemeinde je eine Gruppe von sechs bis acht Kindern... übernahmen und diese auf den Empfang der Sakramente vorbereiteten«,[1] hatte ein Prozeß begonnen, der in seinen Konsequenzen damals noch gar nicht abzusehen war. Er beendete eine zweihundertjährige Praxis, in der die Kirche ihr katechetisches Handeln fast ausschließlich der Schule überlassen hatte.

Ursprünglich war ja die *Katechese*, in Form der Hauskatechese oder des Katechumenats, später auch der Christenlehre, als Auftrag der Gemeinde begriffen worden, der sich in der Gemeinde vollzog und an die ganze Gemeinde richtete. Und wenn Schulen diese Aufgabe wahrnahmen, so verblieb sie am Ort der Gemeinde, weil in der Welt des Christentums Schulen als Kirchenschulen existierten. Das änderte sich, zunächst fast unbemerkt, heute jedoch offensichtlich, am Ende des 18. Jahrhunderts. Nach Einführung und Durchsetzung der allgemeinen Schulpflicht an einer Schule, die der Staat zunehmend für sich reklamierte und pädagogisch bestimmte, in der jedoch Religionsunterricht stattfand, weil man staatlicherseits Religion zur Aufrechterhaltung der bürgerlichen Ordnung benötigte, verlagerte sich das katechetische Handeln von der Gemeinde in die Schule und schränkte sich auf die schulpflichtigen Kinder ein. Es ist nicht erstaunlich, daß seither der Begriff »Katechese« für den an Kinder adressierten religiösen Schulunterricht steht.

Die *Verschulung der Katechese* war damit programmiert. Hin- und hergerissen zwischen pädagogischer Konzeption und theologischer Profilierung befand sie sich Mitte unseres Jahrhunderts, gerade wo sie wahrhaft Verkündigung bleiben wollte, in der Situation des äußeren Exodus aus der Gemeinde und der inneren Isolierung in der Schule. Sie war in jeder Hinsicht ein Fremd-Körper: Die

1 *D. Emeis/K. H. Schmitt*, Grundkurs Gemeindekatechese, Freiburg/Basel/Wien 1977, 8. *D. Emeis/K. H. Schmitt*, Handbuch der Gemeindekatechese, Freiburg/Basel/Wien 1986, 11.

öffentliche Schule, inzwischen Gesellschaftsschule, weil zum Spiegel unserer säkularen und pluralen Gesellschaft geworden, tolerierte die Katechese zwar, doch ohne einhellige Zustimmung; die Gemeinde glaubte ihre Katechese in der Schule gut aufgehoben und dispensierte sich von ihr.

Seit Ende der fünfziger Jahre nun ist eine gegenläufige Bewegung zu beobachten. Im Blick auf den schulischen Religionsunterricht begann der Versuch, ihn katechesekritisch den schulischen Bedingungen entsprechend zu konzipieren und so in die Schule zu integrieren; im Blick auf das katechetische Handeln der Kirche kam der Verdacht auf, es könne in der Gesellschaftsschule am falschen Platz sein, und die Vermutung, es werde sinnvollerweise in die Gemeinde genommen. Die Voraussetzungen für einen gemeindekatechetischen Aufbruch stellten sich ein.

1.1 Die Entschulung der Katechese. Die erste Entwicklungsphase der neuen Katechese läßt sich bezeichnen als *Katechese in der Gemeinde.* Nicht mehr am Ort der Schule, sondern am Ort der Gemeinde werden Kinder zu den Sakramenten geführt. Das geschah zwar nicht sofort überall. Doch schon der Rahmenplan für die Glaubensunterweisung (= RP) von 1967, der sich ausdrücklich noch zur Katechese in der Schule bekennt, weil die Kirche so »dankbar die besonderen organisatorischen und unterrichtlichen Möglichkeiten« der Schule wahrnehmen könne (RP 9), enthält die Idee, die Hinführung der Kinder zur Eucharistie im zweiten Schuljahr könne »womöglich in Gruppen in der Pfarrei« erfolgen (RP 29); und er rät zu einer Hinführung der Kinder zum Bußsakrament »am besten außerhalb der Schule und im Raum der Pfarrei« (RP 39). Der Gewinn solcher Praxis besteht nicht nur darin, daß die Gemeinde zu der Verkündigungsaufgabe zurückfindet, für die sie da ist, sondern auch, daß die Katechese vernetzt bleibt mit den übrigen Lebensvollzügen der Gemeinde.

Die neuen katechetischen Aufgaben in der Gemeinde nahmen zunächst die *Priester* wahr, zusammen mit den hauptamtlichen Laienmitarbeitern der Gemeinde und mit Religionslehrern. Doch, und darin zeigte sich das eigentliche Neue, es kamen andere erwachsene Christen hinzu, *Eltern* zumal, die als ehrenamtliche katechetische Mitarbeiter wirkten. Für deren Glaubenseinsicht und Glaubensvertiefung erwiesen sich bald eigene katechetische Bemühungen als notwendig. Man begann, in lebendiger Erfahrung und bei intensiver Bejahung, sich selbst, den erwachsenen Christen, als Zielgruppe der Katechese zu entdecken.

Die katechetischen Bemühungen um die ehrenamtlichen Mitarbeiter verblieben jedoch zunächst ganz im Dienst ihrer katechetischen Mitarbeiterschaft. Sie dienten eher der theologischen und didaktischen Reflexion ihrer Tätigkeit als der kerygmatischen Inspiration ihres Erwachsenenlebens selbst. Und wenn über den Kreis der Mitarbeiter hinaus alle Eltern der Kinder angesprochen wurden, geschah das um der Kinder willen. Es ging um die Fähigkeit und Bereitschaft der Eltern, ihre Kinder zu begleiten und sich ihnen nicht ungewollt in den Weg zu stellen. Die katechetische Bemühung um Erwachsene blieb also noch zeitlich und inhaltlich auf die Kinderkatechese bezogen.

1.2 Die Entpädagogisierung der Katechese. Zur Katechese in der Gemeinde trat dann die Idee einer *Katechese für die Gemeinde.* Unter die Zielgruppen der Katechese wurden, neben den Kindern und Jugendlichen, nun auch die Erwachsenen als primäre und eigenständige Adressaten der Katechese gezählt. Katechese wurde zur Möglichkeit der Begleitung der Glaubensbiographie eines jeden Menschen auf jeder Altersstufe.

Anstöße dazu waren von Holland gekommen. Dort hatte man sich, angeregt durch einen 1961 bekannt gewordenen Entwurf für das Zweite Vatikanische Konzil, der Katechese primär als eine Sache für Erwachsene sah, entschlossen, einen *Katechismus für Erwachsene* herauszugeben. Die große Resonanz dieses fast revolutionären Buches regte in Deutschland die selbständige Erwachsenenkatechese an. Man konnte aus theoretischen Vorarbeiten schöpfen. *A. Exeler* hatte 1966 in einer pastoralgeschichtlichen Untersuchung belegt, daß der Gedanke, die »Katechese müsse sich eigentlich an die ganze Gemeinde wenden«, in der Geschichte der Katechetik nie ganz verloren gegangen war, und den Schluß gezogen, Katechese sei auch für Erwachsene gedacht und angebracht.[2] Im gleichen Jahr hatte *B. Dreher* die Kinder- und Jugendkatechese in das Leben der Gesamtgemeinde zu integrieren gesucht und in diesem Sinne gefordert, die Katechese organisch in das umgebende Erwachsenenleben der Gemeinde einzuordnen. Schon damals vertrat er, was er 1969 so formuliert: »Die gesamte Gemeinde muß heute in den Organismus der Verkündigung mit einbezogen werden, und zwar ist speziell die Erwachsenengemeinde zeitlich und sachlich als Primum und Prinzipale in der Verkündigungsarbeit zu begreifen. Die Jugendgemeinde dagegen sowie die Kinder- und Schülergemeinde sind akzessorisch und zweitrangig.«[3]

Das ist nun nicht mehr eine Erwachsenenkatechese, die im Dienst der Kinderkatechese steht. Das ist eine *»Glaubensbegleitung von Erwachsenen«*, die die Lebenswelt der Erwachsenen berücksichtigt, »Fragen der Be-

2 *A. Exeler*, Wesen und Aufgabe der Katechese, Freiburg/Basel/Wien 1966, 278.
3 *B. Dreher/K. Lang*, Theologische Erwachsenenbildung, Graz/Wien/Köln 1969, 18.

rufssituation etwa, der Beziehung zwischen Mann und Frau, des Generationenkonflikts usw.«[4] Es bricht die Erkenntnis durch, daß die Erwachsenen die Zukunft der Kirche sind, nicht die Kinder, und daß Glaubensvermittlung und Glaubenserwerb, wenn sie einen entfalteten und entschiedenen Glauben wollen, ein ganzes Leben brauchen, um ihr Ziel (immer nur annäherungsweise) zu erreichen.

Zunächst erschienen erwachsene Adressaten gemeindlicher Katechese als etwas überraschend Neues, obwohl es katholische Erwachsenenbildung schon länger gab. Doch neu sind sie nicht. Die Katechese in den urchristlichen Hauskirchen und der altkirchliche Katechumenat hatten sich ebenso wie die Hauskatechese Luthers und die Christenlehre des Konzils von Trient (auch) an Erwachsene gerichtet. Durch die Verschulung der Katechese waren dieses Bewußtsein und seine Praxis nur verlorengegangen. Glaubensverkündigung an Erwachsene ist freilich nicht nur eine Reaktivierung dessen, woran man sich für die Vergangenheit erinnerte. Sie ist auch eine Reaktion auf die Herausforderung der Kirche durch die moderne Bildungsgesellschaft und die nachkonziliare Theologie. Man konnte die andragogische Erkenntnis aufnehmen, daß Erwachsene in einer sich rapide wandelnden Welt ihr Leben lang bildungsbedürftig und bildungsfähig sind und an der sich wandelnden Theologie Anteil nehmen können.

1.3 Die Entklerikalisierung der Katechese. Die dritte Phase der Gemeindekatechese ist zu charakterisieren als *Katechese der Gemeinde.* Erwachsene werden hier – neben Kindern und Jugendlichen – nicht mehr nur als Adressaten der Katechese genommen, sondern auch als deren *Subjekte.* Die Verantwortung für die Katechese, die, speziell in katholischer Tradition, kirchliche Amtsträger und damit theologisch Gebildete für sich beansprucht hatten, wurde ausgeweitet auf potentiell alle gläubigen Christen. Die in den Herzen der Menschen erwachte Kirche kam in der Bereitschaft der Menschen der Kirche zum Vorschein, an den Aufgaben der Kirche lebendigen Anteil zu nehmen. Die Entdeckung der relativen Wirkungslosigkeit religionsunterrichtlicher Praxis – nicht freilich im Blick auf deren schulische Möglichkeiten, mit religiös erinnerungslosen und erfahrungsunfähigen Schülern im Gespräch zu bleiben, sondern im Blick auf die (falsche) kirchliche Erwartung der Vermittlung des Evangeliums zum Glauben in der Gemeinde – trieb in den Gemeinden die Erkenntnis hervor, »daß sie (selbst) für den Glauben der Kinder Verant-

4 *A. Kalteyer (Hrsg.),* Katechese in der Gemeinde. Glaubensbegleitung von Erwachsenen, Frankfurt a. M. 1976, 15.

wortung« tragen.[5] Sie übernahmen diese, um ihrem neuen Selbstbewußtsein als dem Volke Gottes zugehörige Laien Ausdruck zu verleihen.

Die Klerikalisierung der Katechese war eine Folge der Veramtlichung aller Mitarbeit in der kirchlichen Praxis und der ekklesiologischen Theorie des Mittelalters gewesen.[6] In der Auseinandersetzung um die Laienpredigt spitzte sich die kirchenamtliche Position zu. Im Zuge der Gegenreformation wurde sie durchgehalten. Versuche, über Christenlehrbruderschaften die Laienmitarbeit zu gewinnen, hatten zwar zunächst großen Erfolg, haben aber die Laien nicht wirklich aktivieren können, weil sie nur unselbständig tätig werden durften. Nicht einmal die Verlagerung der Katechese in die Schule konnte ihre Klerikalisierung beenden. Wenn nämlich Lehrer katechetisch tätig waren, dann nur in Abhängigkeit vom Pfarrer oder als dessen Untergebene. Auch durften sie nur die Biblische Geschichte, nicht den Katechismusunterricht halten. Das hatte sich natürlich schon mehr und mehr verschoben, und ist sehr viel differenzierter zu sehen, als hier dargestellt werden kann, als das Zweite Vatikanische Konzil die Kirche als Volk Gottes zu begreifen lehrte und den Auftrag zur Verkündigung an Taufe und Firmung festmachte.

Die Gemeinde ist nun Subjekt der Katechese in einem doppelten Sinn. Sie *ist* selbst »lebendige Katechese«, »Schaufenster Gottes«, »Buch, das die Menschen zuerst lesen«.[7] »Das Leben der Gemeinde ist die eigentliche Schule des Christen.«[8] Und die Gemeinde *hält* Katechese. Sie organisiert ihr katechetisches Handeln auf vielfältige Weise. Dabei soll sie »die in der Gemeinde gewonnenen Erfahrungen interpretieren und vertiefen«.[9]

2. Bestätigung durch kirchenamtliche Dokumente

Wie vieles, was sich in der katholischen Kirche der letzten Jahrzehnte begeben hat, ist auch die Erneuerung der Katechese vom *Zweiten Vatikanischen Konzil* angestoßen worden.

5 *E. Kalb*, Überlegungen zur Eingliederung der Kinder in die Kirche, in: *A. Kalteyer (Hrsg.)*, Katechese in der Gemeinde. Hinführung der Kinder zur Eucharistie, Frankfurt a. M. 1974, 31–45, bes. 37.

6 *J. Spölgen*, Ehrenamtliche Mitarbeiter in der Gemeindekatechese. Ein Beitrag zur Klärung der Katechetenrolle in der Gemeindepastoral, Freiburg/Basel/Wien 1984, 21–28.

7 *H.-M. Schulz*, Gemeinde als lebendige Katechese, Mainz 1976, 17 u. 28.

8 *A. Exeler*, aaO., 281.

9 Ebd. – Auch *B. Dreher*, Katechese im Organismus der Gesamtseelsorge, in: *B. Dreher/A. Exeler/K. Tilmann*, Katechese und Gesamtseelsorge, Würzburg 1966, 74.

Das *Dekret über die Hirtenaufgabe der Bischöfe* in der Kirche »Christus Dominus« (CD) von 1965 legt den Bischöfen die Verkündigung des Evangeliums nahe. Dazu heißt es: »Bei der Verkündigung der christlichen Lehre seien sie bemüht, die verschiedenen Mittel anzuwenden, die in der heutigen Zeit zur Verfügung stehen, und zwar zunächst die Predigt und die katechetische Unterweisung, die ja immer den ersten Platz einnehmen, aber auch die Darlegung der Lehre in Schulen, Akademien, Konferenzen und Versammlungen jedweder Art sowie deren Verbreitung durch öffentliche Erklärungen bei bestimmten Anlässen, durch die Presse und die verschiedenen sozialen Kommunikationsmittel, die man zur Verkündigung des Evangeliums unbedingt benützen muß. Die katechetische Unterweisung trachtet danach, daß in den Menschen der Glaube, durch die Lehre erleuchtet, lebendig wird, sich entfaltet und zu Taten führt. Die Bischöfe sollen darüber wachen, daß dieser Unterricht sowohl den Kindern und Heranwachsenden als auch den Jugendlichen und ebenso den Erwachsenen mit Eifer und Sorgfalt erteilt wird« (CD 13.14). Aus dieser Aufgabenstellung folgt der Auftrag des Konzils: Es werde herausgegeben »ein Direktorium für die katechetische Unterweisung des christlichen Volkes, in dem die grundlegenden Prinzipien und die Ordnung dieses Unterrichts sowie die Ausarbeitung einschlägiger Bücher behandelt werden sollen« (CD 44).

Das *Allgemeine katechetische Direktorium (AKD)*, 1971 von der Kongregation für den Klerus verfaßt, ist noch heute der maßgebende Grundlagentext für alles katechetische Handeln der Kirche. Es blieb nicht das einzige hier einschlägige gesamtkirchliche Dokument. Nachdem die 3. Bischofssynode 1974 sich der Aufgabe der Evangelisation gewidmet und den damaligen Papst um ein entsprechendes Wort gebeten hatte, nahm Paul VI. 1975 in seinem Schreiben *Evangelii nuntiandi (EN)* zur Katechese Stellung:

»Ein Weg, der bei der Evangelisierung nicht vernachlässigt werden darf, ist der der katechetischen Unterweisung. Der menschliche Verstand, vor allem der der Kinder und Jugendlichen, muß durch eine systematische religiöse Unterweisung die fundamentalen Gegebenheiten und den lebensspendenden Inhalt der Wahrheit zu erfassen lernen, die Gott uns hat überliefern lassen und die die Kirche im Laufe ihrer langen Geschichte auf immer vielfältigere Art auszudrücken suchte. Daß diese Unterweisung dazu dienen soll, christliche Lebensgewohnheiten zu formen und nicht nur Sache des Verstandes zu bleiben, ist unbestritten. Sicherlich wird die Bemühung um die Evangelisierung großen Nutzen bringen im Bereich der der Kirche anvertrauten katechetischen Unterweisung, und zwar in den Schulen, wo dies möglich ist, und auf jeden Fall in den christlichen Familien, wenn die Katecheten über geeignetes Lehrmaterial verfügen, das mit Sachverstand und unter der verantwortlichen Leitung der Bischöfe den heutigen Erfordernissen angepaßt ist. Die Unterrichtsmethoden müssen dem Alter, der Kulturstufe und der Aufbaufähigkeit der Einzelnen entsprechen, um stets die wesentlichen Wahrheiten dem Gedächtnis, dem Verstand und dem Herzen einzuprägen versuchen, die unser Leben durchformen sollen. Es ist notwendig, gute Katecheten – Pfarrkatecheten, Lehrer und Eltern – heranzubilden, die sich um eine Vervollkommnung in dieser hohen und unerläßlich notwendigen Kunst der religiösen Unterweisung bemühen. Andererseits stellt man fest, daß unter den gegenwärtigen Umständen die katechetische Unterweisung in der Form eines Katechumenats immer dringlicher wird; denn zahlreiche Jugendliche und Erwachsene entdecken nach und nach, von der Gnade berührt, das Antlitz Christi und empfinden das Bedürfnis, sich ihm zu schenken. Dabei soll jedoch die religiöse Erziehung der Kinder nicht vernachlässigt werden« (EN 44).

Die Katechese erscheint hier als ein Teil der Evangelisierung, der übergreifenden Aufgabe der Kirche. Sie richtet sich an Glaubende und bedeutet eine systematische Verkündigung und Einweisung in das Evangelium als Überlieferung und Lehre. Das Schreiben Johannes Pauls II. *Catechesi tradendae (CT)* von 1979 ist ebenfalls eine Fortführung synodaler Beschlüsse, diesmal der 4. Bischofssynode des Jahres 1977. Sie hatte das Thema: »Die Katechese in unserer Zeit, mit besonderer Berücksichtigung der Kinder- und Jugendkatechese.« Von ihr bemerkt ihr Kommentator *A. Exeler*: »Zum ersten Mal in der gesamten Geschichte der Kirche hat man sich auf höchster Ebene mit dem Thema ›Katechese‹ befaßt.«[10]

Exeler sieht darin »ein Plädoyer für die Bedeutung der Katechese im Leben der Kirche«.[11] Nicht nur deren äußeres, auch ihr inneres Wachstum hänge wesentlich von der Katechese ab und betreffe alle Dimensionen des kirchlichen Lebens. Darum solle man der Katechese gegenüber allen anderen Aufgaben der Kirche Priorität zuerkennen. Die Kirche solle wegen der grundlegenden Bedeutung der Katechese ihre besten Möglichkeiten an Menschen und Energien, ohne Mühen und Kosten zu scheuen, in den Dienst der Katechese stellen. Es gehe ja darum, »mit der Hilfe Gottes einen noch anfanghaften Glauben zu entwickeln, das christliche Leben der Gläubigen jeden Alters zur Fülle zu bringen und es täglich zu nähren« (CT 20). Es gehe darum, »auf der Ebene des Bewußtseins und im Leben den Samen des Glaubens zum Wachstum zu bringen, den der Heilige Geist bei der Erstverkündigung gesät hat, bevor er dann durch die Taufe endgültig übertragen wurde« (CT 20).

Nach dem Geschilderten ist es nicht überraschend, daß sich auch die *außerordentliche Bischofssynode von 1985*, die zwanzig Jahre nach Ende des Zweiten Vatikanischen Konzils zusammentrat, mit der Evangelisierung und der Katechese beschäftigte. Sie tut es mehr als die Kirche zu anderen Zeiten im Bewußtsein der Krise. »Auf der ganzen Welt ist heute

10 *A. Exeler*, Katechese in unserer Zeit. Themen und Ergebnisse der 4. Bischofssynode, München 1979, 22.

11 *A. Exeler*, Kommentar, in: »Zur Freude des Glaubens hinführen. Apostolisches Schreiben »Catechesi tradendae« (CT) über die Katechese heute Papst Johannes Pauls II., Freiburg/Basel/Wien 1980, 124.

die Weitergabe des Glaubens und der aus dem Evangelium erfließenden moralischen Werte an die kommende Generation (Jugendliche) in Gefahr. Die Kenntnis des Glaubens und die Anerkennung der moralischen Ordnung sind oft auf ein Minimum reduziert. Ein neuer Anstoß zur Evangelisierung und zu integraler und systematischer Katechese ist ein Gebot der Stunde.«[12] So kommt man jetzt zu einer Forderung, die 1977 zwar schon erhoben, aber doch noch abgelehnt wurde: zur Forderung eines Weltkatechismus.[13]

Die Impulse des Zweiten Vatikanischen Konzils suchte man hierzulande mit der *Gemeinsamen Synode der Bistümer in der BRD* aufzunehmen und in die geistige Situation und die praktischen Notwendigkeiten der deutschen Kirche zu übersetzen. Dies führte zu dem Dokument *»Das katechetische Wirken der Kirche«* von 1973, das zwar nur als Arbeitspapier einer Sachkommission veröffentlicht wurde und darum nicht das Gewicht eines Synodenbeschlusses für sich beanspruchen kann, das aber gleichwohl anregend wirksam wurde. Es rückt die Katechese als Aufgabe der Gemeinde in die Mitte, eine Aufgabe, die sie vom schulischen Religionsunterricht zwar nicht getrennt, aber doch unterschieden wissen will. Damit setzt es die Katechese von ihrem schulischen Ort und ihrer unterrichtlichen Gestalt frei und entgrenzt sie für Zielgruppen, die der Schule entwachsen sind, für Menschen aller Altersstufen, speziell auch der Erwachsenen. Das *oberste Ziel des katechetischen Handelns* wird darin gesehen, »dem Menschen zu helfen, daß sein Leben gelingt, indem er auf den Zuspruch und den Anspruch Gottes eingeht«.[14]

Die nach der Gemeinsamen Synode erste und bislang einzige *Diözesansynode der Diözese Rottenburg-Stuttgart von 1985/86* nimmt in einem eigenen Beschluß das Thema »Gemeinde- und Sakramentenkatechese« auf. Er faßt die bisherigen Ansätze auf der Basis eines weiten Katechesebegriffs zusammen und spiegelt die große Fülle der bestehenden katechetischen Ideen und Möglichkeiten.[15]

12 *W. Kasper (Hrsg.)*, Zukunft aus der Kraft des Konzils. Die außerordentliche Bischofssynode '85, Freiburg/Basel/Wien 1986, 30.

13 *W. Kasper (Hrsg.)*, aaO., 31.

14 Synodenpapier, Das katechetische Wirken der Kirche. Arbeitspapier der Sachkommission I der Gemeinsamen Synode der Bistümer in der BRD, Bonn 1974, 5. Vgl. *K.H. Schmitt*, »Das katechetische Wirken der Kirche« – Eine Programmschrift auf dem Prüfstand, in: KatBl 109/1984, 647–658.

15 Beschluß der Diözesansynode 1985/86, in: Kirchliches Amtsblatt für die Diözese Rottenburg-Stuttgart Nr. 11 Bd. 38 (18. Mai 1986), 504–514. Die anderen kirchenamtlichen Dokumente finden sich: CD, in: LThK. Das Zweite Vatikanische Konzil II, Freiburg/Basel/Wien 1967, 127–247. AKD, in:

3. Geistesgeschichtliche Hintergründe

Der gegenwärtige gemeindekatechetische Aufbruch in der BRD ist zu verstehen als eine Fernwirkung der und eine Reaktion auf die *Veränderungen im Verhältnis von Religion und Gesellschaft*, die mit Beginn der Neuzeit einsetzten, in der Aufklärung allseitig wirksam wurden und in der katholischen Kirche erst jetzt wirklich ankommen – allerdings schon unter Wahrnehmung ihrer inneren Widersprüchlichkeit und mit der Versuchung, sie schnell zu verdrängen.[16]

Solange Religion und Gesellschaft – und deren Institutionalisierungen: Kirche und Staat – eins waren, konnte die Frage nach der Bedeutung des katechetischen Handelns, nach dessen angemessenem Ort und zeitgemäßer Didaktik gar nicht *so* gestellt werden, wie sie uns gegenwärtig aufgetragen ist. Wo Familien und Schulen, Gemeinden und soziale Gruppen (Zünfte, Vereine) in der einen Welt des Christentums als Organe oder Elemente der einen christlichen Kirche bzw. Gesellschaft erlebt und definiert wurden, konnte man nach dem Ort kirchlichen Handelns nicht alternativ fragen. Die Einheit der einen Welt des Christentums zerbrach schon in der *Reformation*. Doch blieb die Gesellschaft insgesamt christlich, blieben auch die Staaten konfessionell homogen, so daß sich das neue, gesellschaftliche Lebensbereiche und Orte kirchlichen Handelns unterscheidende Bewußtsein nur hinter dem Rücken der Beteiligten und erst nach und nach einstellen konnte; und zunächst auch nur dort, wo die Konfessionen miteinander in Berührung kamen. Die konfessionelle Differenzierung der einen Welt des Christentums brachte zunächst sogar eine Konfessionalisierung – nicht nur der Kirchengemeinden, auch der Familien und Schulen, der Jünglingsvereine und anderer Gruppierungen. Das Leben hier blieb aus einem (konfessionell ausgelegten) christlichen Geist organisiert und inspiriert.

Die *Aufklärung* zerbrach dann, langfristig gesehen, aber endgültig, diese Einheit. Die Säkularisierung, die sie zur Folge hatte, emanzipierte Familien und Schulen, verselbständigte sie gegenüber der Religion und religiösen Autoritäten, welche deren (christliches) Selbstverständnis zu bestimmen beansprucht hatten, und entzog sie immer mehr solchen Ansprüchen. Säkularisierung läßt sich nämlich begreifen als progressive Segmentierung der Gesellschaft (als ihre Zergliederung in selbständige Lebensbereiche mit je verschiedenen Sinngebungen und Normsystemen: das Wirtschaften kommt in Produktionsstätten, die Bildung in Schulen, die Erziehung in Familien, die Religion in Pfarreien) und als progressive Hominisierung der Wirklichkeit (sie wird erlebt als vom Menschen selbst hervorgebracht: Natur, Ethos, Autorität, Geschichte, der Mensch selbst, jetzt auch kirchliche Autoritäten und die Kirche überhaupt erscheinen nicht mehr als heiliges Geheimnis, sondern als Ergebnis menschlichen Handelns). Das ist ein

Kirchliches Amtsblatt Rottenburg 1978, 411–454. EN, in: *M. Müller (Hrsg.)*, Wort, das rettet, Rottenburg 1984. CT, in: *A- Exeler*, aaO., 1980.

16 *W. Bartholomäus*, Zurück zum »alten« Katechismus? Römische Offensive gegen die neue Religionspädagogik, in: *N. Greinacher/H. Küng (Hrsg.)*, Katholische Kirche – wohin? Wider den Verrat am Konzil, München/Zürich 1986, 125–140.

durchaus ambivalenter Vorgang. Die Freiheit, die er brachte, müssen viele mit dem Gefühl der religiösen Ortlosigkeit bezahlen. Doch hat er der bislang für selbstverständlich gehaltenen einheitlich christlichen Deutung unserer Wirklichkeit den Erfahrungsboden entzogen und die Kirchen unter ständigen Legitimationszwang (ihrer selbst und ihrer Botschaft) gebracht.

Dieser Veränderungsprozeß im Verhältnis von Religion und Gesellschaft konnte von den Kirchen solange verdrängt werden, als die Staaten in Deutschland absolutistische Züge trugen und ihre politische Macht in den Dienst der Religion stellten, weil die Religion ihnen dienen konnte. Seit aber Deutschland demokratisch organisiert ist, speziell seit sich demokratisches Bewußtsein in der BRD stabilisierte, tritt die säkulare Pluralität der Gesellschaft hervor und deren vieldeutiges Verhältnis zur Religion und zu den Kirchen. *Gegenwärtig* ist zwar weder von Trennung noch von Einheit zu reden. Religiöse Vollzüge wie Taufe und Firmung haben etwas von gesellschaftlicher Selbstverständlichkeit: noch läßt man (wenn auch mit abnehmender Tendenz) seine Kinder taufen und man läßt sich firmen. Sie sind auch – obwohl Sakramente christlicher Initiation – zugleich Instrumente gesellschaftlicher Integration. Wurden Kinder nicht als Kleinkinder getauft, werden sie nach Eintritt in die Schule getauft, weil ein ungetauftes Kind – im Religionsunterricht beispielsweise, aber auch bei Schulgebet oder Schulgottesdienst – sich als gesellschaftlich desintegriert erlebt und dazugehören möchte. Und gesellschaftliche Normen (verfaßt etwa im Sexualstrafrecht) und Institutionen (Kindergärten und Schulen) sind auf vielfältige Weise weiterhin religiös inspiriert. Das baden-württembergische Schulgesetz (§ 1) verlangt zum Beispiel in Übereinstimmung mit der Landesverfassung (Art. 12) die Erziehung in Ehrfurcht bzw. Verantwortung vor Gott und im Geiste christlicher Nächstenliebe. Doch ist die selbstverständliche Identität von Gesellschaft und Religion und darin von Familie und Religion, von Schule und Religion, ja auch die von religiöser Familie und Gemeinde und von christlicher Schule und Gemeinde, zugunsten vielfältiger und äußerst komplexer Beziehungsgefüge zerbrochen.

Die Veränderungen im Verhältnis von Religion und Gesellschaft haben auch die religiöse Emanzipation der Subjekte zur Folge. Diese kann vielfältige Gestalt annehmen: in der Ablehnung von Religion, im Austritt aus der Kirche, in einer Auswahlreligion, in der Vermittlung von Christsein mit Distanz zur Kirche, in der Entschiedenheit für kirchliches Christsein. Religiöse Emanzipation ist also nicht in jedem Fall identisch mit Abfall oder Abwahl. Aber sie meint die Selbstentschiedenheit im Umgang mit kirchlich verfaßter (christlicher) Religion, die auf eigener Einsicht und einsichtigen Argumenten beruht, immer weniger auf der Einflußmacht des Selbstverständlichen oder kirchlicher Autoritäten.

In dieser Situation sind – wo sie nicht verdrängt, sondern angenommen wird – in einer ganz neuartigen Weise theologische Reflexion und katechetische Praxis unabdingbar. Ihre Herausforderung nehmen die an, die sich mit der Säkularität und Pluralität der Gesellschaft versöhnen können, weil sie sie als Möglichkeit von politischer wie religiöser Freiheit entdeckt haben, und gerade in diese Gesellschaft die Impulse der Freiheit und Liebe geben wollen, die in der Neuen Welt Gottes beschlossen sind. Das katechetische Handeln wird für sie nicht leichter. Denn sie können die Familien und Schulen, obwohl sie deren (auch katechetische) Möglichkeiten durchaus respektieren, nicht automatisch in ihr Kalkül einbeziehen. Aber es wird aufregender, weil sie in den Gemeinden sich selbst *den positiven Chancen von Säkularität und Pluralität aussetzen* und die Wahrheit des Evangeliums *dieser* Welt in seiner befreienden Wirkung erfahrbar machen.[17]

4. Zur Theorie der Gemeindekatechese

Die religionspädagogische Reflexion auf die Gemeindekatechese hat noch keine lange Geschichte. Darum bleibt, was die Theorie der Gemeindekatechese betrifft, vieles strittig. Doch ist gegen einen Trend Einspruch zu erheben, der sich in der katholischen Religionspädagogik belegen läßt, der unter dem Begriff »Katechese« nahezu alles pastorale Handeln der Kirche versammelt.[18] Soll die religionspädagogische Reflexion auf die Gemeindekatechese überhaupt einen praktischen Sinn haben, muß sie die Katechese als ein Praxisfeld begreifen, das sich von anderen unterscheiden läßt. Man kann dabei selbstverständlich der

17 Meine Auffassung dazu findet sich in: *W. Bartholomäus*, Christsein lernen, Zürich 1981; *ders.*, Wo können die Kinder glauben lernen?, in: Publik-Forum Nr. 10.12/1983, 16–18; *ders.*, Erleben wir eine neue materialkerygmatische Wende?, in: ThQ 164/1984, 243–256.

18 Gegen einen zu weiten Katechesebegriff stellen sich auch: *G. Biemer*, Katechetik der Sakramente. Kleines Handbuch der Sakramentenpädagogik, Freiburg/Basel/Wien 1983, 41. *D. Emeis/K.H. Schmitt*, aaO., 155f. Vgl. *W. Nastainczyk*, Katechese: Grundfragen und Grundformen, Paderborn/München/Wien/Zürich 1983, 60. Vgl. zum Ganzen: *W. Bartholomäus*, Einführung in die Religionspädagogik, Darmstadt/München 1983, 121–141.

Gefahr erliegen, die komplexe Wirklichkeit über Gebühr zu vereinfachen und ihr dadurch nicht gerecht zu werden. Ein allzu enger Begriff von Gemeindekatechese könnte nämlich übersehen lassen, daß auch die anderen Praxisfelder der Kirche katechetische Dimensionen haben können (→ s. o. I,1.3). Gleichwohl plädiere ich für einen engen Begriff. Man wird dann sagen müssen, daß sich das katechetische Handeln der Kirche nicht auf die Katechese beschränkt. Es gibt katechetisches Handeln, das nicht Katechese ist.

4.1 Gemeindekatechese als Verkündigungshandeln der Kirche. In der Gemeindekatechese realisiert sich der Auftrag Jesu an seine Jünger, in alle Welt zu gehen und das Evangelium allen Menschen zu bringen (Mt 28,19f.; Mk 16,15; Lk 24,47f.). *Katechese* ist darum ursprüngliche und ureigenste *Aufgabe der Kirche.* Nur wer dies vergessen hat, kann den Verdacht bekommen, die Katechese werde als »Ersatzlösung« für »eine mangelnde, fehlende oder nur schwer mögliche Glaubenshinführung in Familie und schulischem Religionsunterricht« eingeführt.[19] Verkündigung ist Aufgabe der Kirche. Sie kann schlechterdings nicht an Familien, Kindergärten oder Schulen abgegeben werden, die nicht Kirche sind. Die Kirche erfüllt sie in ihren Gemeinden.

Es scheint sinnvoll, die *Katechese* von anderen Formen kirchlicher Verkündigung abzuheben: von der Evangelisierung, von der Predigt, und von dem, was ich einmal »Katechetische Gespräche« nennen möchte. Zielt die *Evangelisierung* darauf, »die Frohbotschaft der ganzen Menschheit zugänglich zu machen, damit sie davon lebt« (CT 18), so die Katechese darauf, »einen noch anfanghaften Glauben zu entwickeln, das christliche Leben der Gläubigen jeden Alters zur Fülle zu bringen und es täglich zu nähren« (CT 20). Die Katechese setzt also, anders als die Evangelisierung, »die globale Zustimmung zum Evangelium voraus« (AKD 18). In jedem Falle wendet sie sich an Menschen, die zur Kirche gehören, auch wenn sie »niemals eine echte personale Entscheidung der Zustimmung zur Botschaft der Offenbarung gegeben haben« (AKD 18). Sie richtet sich freilich an Menschen, die zu ihrer Entscheidung stehen, um diese durch theologische Arbeit und spirituelle Besinnung lebendig zu erhalten.

In Abgrenzung zur *Predigt*, einer eher monologischen Form kirchlicher Verkündigung, ist die Katechese deren dialogische Form. Für sie ist typisch, daß sie die Menschen miteinander ins Gespräch bringt. Doch

19 Solchen Verdacht zitiert *K.H. Schmitt*, Zur gegenwärtigen Situation der Gemeinde-Katechese in den Deutschen Bistümern, in: KatBl 105/1980, 755.

wird man nicht jedes *katechetische Gespräch* »Katechese« nennen. Die Katechese nämlich nimmt ihre Aufgabe systematisch und geordnet wahr. »Die echte Katechese ist immer eine geordnete und systematische Einführung in die Offenbarung« (CT 22). Nicht das zufällige oder beiläufig geführte Glaubensgespräch gilt danach schon als Katechese, sondern nur jene didaktisch organisierte Gestalt, die aus einer Ziel-, Inhalts- und Methodenreflexion hervorgeht.

Wie das Verkündigungshandeln der Kirche (Kerygma) mit deren gottesdienstlichem (Leiturgia), geschwisterlichem und weltdienstlichem (Diakonia) Handeln vernetzt ist, so läßt sich auch die Katechese nicht bündig gegen die anderen gemeindlichen Praxisfelder abgrenzen. Gleichwohl sollte ihre Beziehung nicht zu eng geknüpft werden. Gottesdienst *und* Menschendienst mögen kerygmatische Dimensionen haben. Doch würde man ihrer Eigenart nicht gerecht, würde man sie als Katechese gestalten. Sie sind Feier des Glaubens und dessen Konsequenz, nicht aber einfachhin seine Verkündigung. Ich sage das, um vor einer Verkatechisierung allen kirchlichen Handelns und christlichen Lebens zu warnen.

4.2 Katechese und Gemeinde. Die Katechese der Kirche geschieht in der Gemeinde. Das ist nicht nur, wie *Karl Ernst Nipkow* sinnvoll unterscheidet, die *Gemeinde vor Ort*, sondern auch *die je gegebene Gemeinde.*[20] Katechese liegt also nicht auf der Ortsgemeinde fest, sondern sie geschieht auch da, wo an anderen Orten, wie kirchlichen Bildungsstätten oder Akademien, Gemeinde entsteht.

In diesem Sinne wird man sagen können: *die Gemeinde sei der eigentliche Ort der Katechese.* Nicht also die Schule ist ihr Ort; nicht die Familie. Genauer: Schule und Familie sind nur dann und unter der Bedingung Orte von Katechese, als sie Gemeinde werden (können).

Die urchristliche Katechese schon war Katechese am Ort der Gemeinde. Sie fand in der Hauskirche statt, die, obwohl sie sich vermutlich um eine Familie versammelte, nicht mit ihr identisch war. Die Hauskirche bildete nämlich eine neue »Familie« (Mk 10,29f.) und Lebensschule, in der sich die ersten Christen zusammenfanden. Auch der altkirchliche Katechumenat belegt: Ohne die Koinonia der Gemeinde ist Katechese nicht denkbar. »Die Katechese ist von ihrem Wesen her mit dem gesamten liturgischen und sakramentalen Handeln (der Kirche) ver-

20 *K.E. Nipkow*, Grundfragen der Religionspädagogik, Bd. 3, Gütersloh 1982, 234.

bunden« (CT 23). Sie droht kraftlos zu werden, ohne die Gemeinschaft der Glaubenden. In ihr kommt das Evangelium ohne die Privatisierungstendenzen der Familie und ohne die Anpassungszwänge des Schulsystems zur Geltung.

Die Gemeinde ist auch als Motor der Katechese anzusehen, als ihr Initiator und Inspirator. Zuallererst gilt das für den Leiter der Gemeinde, den Pfarrer oder wer immer Leiter ist. Dann auch für die haupt-, neben- und ehrenamtlichen katechetischen Mitarbeiter, ein Kreis von Frauen und Männern, der sich – hoffentlich – personell ständig verändert, weil neue Mitarbeiter hinzutreten und alte wieder freikommen, und der selbst Ort von Katechese ist, nicht nur Instrument ihrer andere Zielgruppen anzielenden Planung und Durchführung. Potentiell wird so die ganze Gemeinde *Subjekt der Katechese.* Damit ist jedem Christen die Kompetenz zur Verkündigung zugetraut und zugemutet. Realistischerweise wird man allerdings sehen müssen, daß sich niemals alle ansprechen lassen werden.

Die Gemeinde ist zugleich *»Adressat«* der Katechese. Katechetisches Handeln richtet sich – im Unterschied zur Evangelisierung – an getaufte Mitglieder der Gemeinde (CT 19). Das mögen in einer Volkskirche auch solche sein, an denen »die erste Evangelisierung noch nicht stattgefunden hat« (CT 19). Das werden Suchende und Zweifelnde sein, so daß die Katechese den Glauben nicht nur vertieft, sondern auch ständig weckt. Immer aber rechnet die Katechese mit der »durch die Taufe und die Gegenwart des Heiligen Geistes grundgelegten Fähigkeit zu glauben« (CT 19). Dazu geht die Katechese an die Adresse aller Mitglieder der Gemeinde: Kinder und Eltern, Junge und Erwachsene. »Die katechetische Tätigkeit der Kirche ist grundsätzlich den Menschen aller Lebensalter zugeordnet.« Die Erwachsenen, welche »die größte Verantwortung und Fähigkeit besitzen, die christliche Botschaft in ihrer voll entwickelten Form zu leben« (CTG 43), dürfen nicht ausgeschlossen werden. Sie gelten in der Gegenwart sogar als die bevorzugte Zielgruppe der Katechese.

In einem bestimmten Sinn ist die *Gemeinde auch Ziel* der Katechese. Die Katechese will nämlich die Gemeinde aufbauen und verlebendigen. Das Christsein ist eine Lebensform, die gegebene (gesellschaftliche und kirchengesellschaftliche) Strukturen nicht einfach hinnimmt, sondern sprengt, speziell die einer bürgerlich geformten und genormten Kirche. Neue Formen der Katechese führen zu neuen Gemeinden.

4.3 Zielperspektiven und Inhalte der Katechese. Ziele und Inhalte lassen sich vielfach formulieren. Es hat sich die Überzeugung durchgesetzt, das oberste Ziel katechetischen Handelns sei es, »dem Menschen (zu) helfen, daß sein Leben gelingt, indem er auf den Zuspruch und den Anspruch Gottes eingeht«.[21] Ich betone das *Christsein in Gesellschaft und Gemeinde*. Das meint praktische Existenz im Sinn- und Hoffnungshorizont der Botschaft von Gottes Neuer Welt, die Jesus in seinen Reden beschrieben und in seinem Handeln betrieben hat. Gottes Neue Welt: das ist ein Sinn- und Hoffnungshorizont, in dem Menschen aus der Kraft Gottes Freiheit von aller Knechtschaft und Liebe zu allen Lebewesen gewährt wird.

Die *Freiheit in der Neuen Welt Gottes* ist als Freiheit von jedweder Knechtschaft so radikal, daß sie nicht nur ökonomische und politische Knechtschaft überwindet, sondern auch die Knechtschaft von Schuld, Endlichkeit und Tod. Diese Freiheit ist also radikaler gedacht als die der neuzeitlichen Freiheitsgeschichte, die unter dem Stichwort »Emanzipation« die wirtschaftliche und gesellschaftliche Befreiung der Menschen betreibt. Die Freiheit der Neuen Welt Gottes sieht, daß in den Unfreiheiten, die die neuzeitliche Freiheitsgeschichte überwinden will, Wirkformen der Knechtschaft am Werke sind, die aus der Endlichkeit und der Schuld der todgeweihten Menschen hervorgeht. Dieser Knechtschaft steht sie entgegen.

Die *Liebe zu allen Lebewesen, die in der Neuen Welt Gottes beschlossen* ist, ist eine Liebe, die sich gerade denen zuwendet, die es scheinbar nicht wert sind, Aufmerksamkeit und Anerkennung zu finden, eine Liebe, die nicht nur dem faszinierend Liebenswerten gilt, sondern vor allem dem, was zunächst als nicht liebenswert erscheint. Es ist eine Liebe, die nicht auf die Liebenswürdigkeit des anderen antwortet, sondern diese erst hervorbringt. Diese Liebe ist also radikaler gedacht als das Ideal der »romantischen Liebe«, unter dem seit dem 18. Jahrhundert Menschen Beziehungen aufnehmen. Sie ist eine Liebe, die sich die Freiheit nimmt, den anderen zu lieben, weil er ist, nicht weil er attraktiv ist; und die aus der Erfahrung stammt, selbst geliebt zu werden, weil ich bin, nicht weil ich attraktiv bin.

Solche Freiheit und solche Liebe will die Katechese, berechtigt durch das Interesse Gottes, wie es in den Geschichten des Neuen Testaments offenbar wurde, und ermöglicht durch seine Gnade, so vermitteln, daß sie eindringen in die psychischen und sozialen Strukturen der Menschen in Kirche und Gesellschaft. Darin wird *die Kirche Symbolzeichen der Neuen*

21 Das Unzureichende dieser Zielsetzung betont *G. Biemer*, aaO., 42. Selbstverständlich gibt es ein breites Spektrum alternativer Formulierungen.

Welt Gottes, und die Möglichkeit greifbar, die Weltgesellschaft von ihren knechtenden und entfremdenden Mächten freizusetzen.[22]

Es deutet sich an, daß sich Ziele und Inhalte der Gemeindekatechese auch im Blick auf die Gemeinde selbst formulieren lassen. Man erwartet von der Katechese, sie solle die Gemeinde von einer versorgten zu einer selbstverantwortlichen Gemeinde verwandeln. Das ist nicht falsch. Doch zugleich auch fragwürdig. Abzuweisen wären nämlich alle Ansätze eines totalitären Gemeindebezugs, der dem Bewußtsein und den Möglichkeiten der Christen in einer säkularen und pluralen Welt widerstreitet. Eine Interpretation christlichen Lebens, das den Christen vor allem in der Rolle des Gemeindechristen sähe, seine anderen gesellschaftlichen Rollen aber, die eines Bürgers beispielsweise und Familienvaters, eines Arbeitnehmers und Freizeitlers, daneben nicht als eigenständige Rollen gelten ließe, deren Bezug zur Rolle des Gemeindechristen unter den gegenwärtigen Bedingungen immer wieder strittig ist, wäre für viele Menschen unerträglich. Es sind sehr verschiedenartige Beziehungen des Christen zur Gemeinde zuzulassen. Vielleicht können wir gar dem volkskirchlichen Christentum neue positive Züge abgewinnen.

Fragwürdig ist zudem die Erwartung einer selbstverantwortlichen Gemeinde an sich. Die Erwartung, jedes Gemeindemitglied möge Subjekt des Gemeindelebens werden und sich mitverantwortlich zeigen, nimmt faktisch alle Lebensinteressen von Christen für die Gemeinde in Beschlag. Daraus resultiert die schreckliche Erfahrung, daß Kerngemeindechristen, wenn man ihnen begegnet, nur von Pfarrer, Gemeindefest und Kirchenchor zu reden verstehen, daß ihnen aber Erfahrungen und Probleme aus dem Bereich der Politik, der Wirtschaft, der Wissenschaft, der Sexualität, des Sports, häufig selbst von dem, was ihr eigenes Leben ausmacht, nicht in den Sinn kommen. Hier wird für jeden Christen am Modell des kirchlichen Amtsträgers, der spezielle Möglichkeiten hat, aber auch speziellen Gefährdungen unterliegt, Maß genommen. Sah man früher das Ideal des Christen in der mönchischen Existenz, so neigt man heute zur amtlich-klerikalen. *W. Nastainczyk* scheint meine Reserve zu teilen: »Bei Aussagen über die ganze Gemeinde als Subjekt der Katechese übersehen nüchterne Autoren natürlich nicht, daß es Charismen wie Ausfälle gibt und geben wird, so daß besondere kateche-

22 Vgl. *W. Bartholomäus,* Das Lernen von Christsein. Perspektiven für die achtziger Jahre, in: Diakonia 14/1983, 25–33. *Ders.,* Christsein in Kirche und Welt von morgen, in: Concilium 20/1984, 335–341.

tische Berufungen, Fähigkeiten und Tätigkeiten der einen das fehlende Interesse und Vermögen der anderen wettzumachen haben.«[23] Doch bedenkt er nicht, wie problematisch es ist, die als Ausfälle zu bezeichnen, die sich in der Gemeinde nicht engagieren, weil sie vielleicht an anderen Orten unserer Gesellschaft engagiert sind.

4.4 Wege der Katechese. Im Blick auf das katechetische Handeln der Kirche gilt es, ein paar Bemerkungen zu methodischen Aspekten zu machen.

4.4.1 Katechismus. Mit dem Katechismus wurde jahrhundertelang katechetisch gearbeitet. Gegenwärtig findet er eine betonte Aufmerksamkeit. Kardinal *Josef Ratzinger* hat 1983 in einer viel beachteten und kritisierten Rede in Frankreich die Krise der Katechese mit der Vernachlässigung des Katechismus in Zusammenhang gebracht und den Katechismus als Buch der Katechese wieder gefordert.[24] 1985 erschien in der BRD der *»Katholische Erwachsenenkatechismus«*, welcher, in der Hand der Katecheten, der Katechese eine einheitliche inhaltliche Ausrichtung geben will. Das ist inzwischen auch das Interesse der Gesamtkirche.

Das Schlußdokument der außerordentlichen Bischofssynode von 1985 sagt: »Sehr einmütig wird ein Katechismus bzw. ein Kompendium der ganzen katholischen Glaubens- und Sittenlehre gewünscht, sozusagen als Bezugspunkt für die Katechismen bzw. Kompendien, die in den verschiedenen Regionen zu erstellen sind.«[25] Der Wunsch nach einem Welteinheitskatechismus war schon auf der 4. Bischofssynode von 1977 laut geworden. Damals hatten sich noch die Bedenken gegen ihn durchgesetzt. Wegen der Notwendigkeit, die Verkündigung auf die unterschiedlichen Lebensbedingungen zu beziehen und sie an den Bedürfnissen der jeweiligen Menschen auszurichten, war die Pluralität der Katechese betont worden, der ein einheitlicher Katechismus für die ganze Welt entgegenstünde. *W. Kasper* sieht die Bedeutung eines Welteinheitskatechismus heute darin: »Die Gründe liegen auf der Hand: die Kirche ist eine Glaubens- und das heißt Überzeugungsgemeinschaft; ein Auseinanderdriften in den zentralen Wahrheiten des Glaubens wäre für die Kirche tödlich.«[26] Es ist allerdings auch daran gedacht, mit eigenen Katechismen in den Regionen der Welt einer katechetischen Uniformierung zu entkommen. »Damit wird nochmals deutlich, daß es um eine gemeinsame und einheitliche Grundausrichtung in der Verkündigung, aber nicht um eine mechanische Einheitlichkeit geht.«[27]

23 *W. Nastainczyk*, aaO., 53.
24 *J. Ratzinger*, Die Krise der Katechese und ihre Überwindung, Einsiedeln 1983. Vgl. dazu das Themenheft »Neue Inhalte der Glaubensvermittlung?«, in: ThQ 164/1984, H. 4.
25 In: *W. Kasper (Hrsg.)*, aaO., 31.
26 *W. Kasper (Hrsg.)*, aaO., 84.
27 Ebd.

4.4.2 Basisgemeinschaften. Das katechetische Handeln der Kirche realisiert sich hauptsächlich in Basisgemeinschaften. Das sind Gruppen in der Gemeinde, die größer als eine Familie und kleiner als die Ortsgemeinde sind und in denen die Beteiligten schon jene Freiheit von aller Knechtschaft und Liebe zu jedwedem Lebewesen aus der Kraft Gottes realisieren und zu erfahren geben, die Ziel und Inhalt der Katechese sind. Die spezifische Möglichkeit solcher Basisgemeinschaften ist, daß die Neue Welt Gottes, um derenwillen sie sich versammeln, ihr Miteinander selbst schon bestimmt. Der methodische Weg der Vermittlung des Evangeliums ist dann nicht allein der verbale Dialog, sondern die reale Erfahrung. *D. Emeis* und *K. H. Schmitt* haben recht: »Das erste Medium christlichen Lernens, also der eigentliche ›Katechismus‹ der Christen kann... nicht ein Buch sein, sondern ist die lebendige christliche Glaubensgemeinschaft.«[28]

4.4.3 Und die anderen Tätigkeiten der Gemeinde? Das katechetische Handeln der Kirche ist in seinen verschiedenen Formen weder Ersatz anderer Tätigkeiten noch zusätzlich zu leisten. Weder die religiöse Familienerziehung noch der schulische Religionsunterricht sind, weil sie in Wahrheit andersartige Aufgaben haben, durch Gemeindekatechese zu ersetzen. Diese ist sogar auf deren Hilfe angewiesen. Es besteht zwischen ihnen ein wechselseitiger Anregungs- und Entlastungszusammenhang. Gemeindekatechetische Unternehmungen sind allerdings auch nicht einfach zusätzlich zu leisten. Darum muß die katechetische Theorie Auskünfte darüber bereithalten, auf welche bisherige Tätigkeiten um der Gemeindekatechese willen verzichtet werden kann.

Ich neige zu der Auffassung, die kirchlich ausgebildeten Katecheten, die in aller Regel schulischen Religionsunterricht erteilen, sollten wegen der Wichtigkeit der Gemeindekatechese und zur Entlastung der Pfarrer besser in der Gemeinde tätig werden. Sie würden damit für die Katechese der Gemeinde hilfreich sein; und zugleich arbeitslosen Religionslehrern eine Stelle frei machen. Der Religionsunterricht kann dadurch gewinnen, daß staatlich ausgebildete Zweifachlehrer ihn erteilen. Wer Religionslehrer nicht als Gegner sondern, wenn auch in anderer Aufgabe, als Partner sieht, wird nicht den Verdacht haben, der Religionsunterricht werde so als kirchlich zu vernachlässigende Tätigkeit in die Schule abgeschoben. Die Probleme, die sich aus dieser *Professionalisie-*

28 *D. Emeis/K. H. Schmitt*, aaO., 76. Eine solche Basisgemeinschaft könnte z. B. die »Katechumenatsgruppe« sein, eine Gruppe von Christen, die den Katechumenen begleitet und dadurch zur Zielgruppe von Katechese wird.

rung der Katechese, speziell im Blick auf ehrenamtliche Mitarbeiter ergeben, lassen sich theoretisch und praktisch lösen.

5. Formen und Möglichkeiten des katechetischen Handelns

W. Nastainczyk hat eine Übersicht über »Katechetische Einrichtungen und Maßnahmen in der katholischen Kirche« gegeben, die sich dadurch auszeichnet, daß sie neben der BRD auch die katechetische Situation in der DDR und die in der ganzen katholischen Welt zusammenfaßt.[29] Er macht deutlich, daß das katechetische Handeln der Kirche im katholischen Bereich unter so vielen verschiedenen gesellschaftlichen Bedingungen läuft, daß es kaum auf einen Nenner zu bringen ist. Im folgenden wähle ich darum Möglichkeiten aus, die sich speziell für die BRD benennen lassen. Sie dürfen nicht für das ganze katechetische Handeln der Kirche genommen werden. Sie bringen nicht einmal alles zusammen, was hierzulande gedacht und gemacht wird. Sie benennen nur Modelle, von denen zurecht behauptet werden kann, sie würden sich gerade in unserer Situation aufdrängen.

5.1 Die Taufgespräche. Im Zusammenhang der Neuordnung der Kindertaufe (Rom 1970, BRD 1971) wurden Taufgespräche eingeführt und verpflichtend gemacht. Die Gemeinsame Synode der Bistümer in der BRD beschreibt in ihrem Beschluß *»Schwerpunkte heutiger Sakramentenpastoral«* von 1974 die Notwendigkeit und Zielrichtung der Taufgespräche so: »Nachdem die Eltern ihr Kind zur Taufe angemeldet haben, muß mit ihnen – zumindest beim ersten Kind – ein Taufgespräch geführt werden. In diesem Gespräch sollen die Eltern in ihrem Glauben gestärkt werden, und es ist zu klären, ob sie bereit und fähig sind, die Verantwortung für die christliche Erziehung ihres Kindes zu übernehmen. Dabei bietet sich die Gelegenheit, Verbindungen zur Gemeinde herzustellen oder zu vertiefen. Im Anschluß an das Taufgespräch, das mit einem einzelnen Ehepaar oder mit einer Gruppe von Eltern geführt werden kann, können Kreise junger Familien entstehen, in denen die Eltern weitere Hilfe für ihre Aufgabe finden.«[30] Die Taufgespräche sind notwendig geworden, weil in unserer Gesellschaft noch immer viele Menschen wie selbstverständlich ihre Kinder als Kleinkinder zur Taufe

29 *W. Nastainczyk*, aaO., 15–18.
30 Synodenbeschluß, Schwerpunkte heutiger Sakramentenpastoral. Ein Beschluß der Gemeinsamen Synode der Bistümer in der BRD, Bonn 1975, 3.1.2.

bringen. Die Motive sind sehr vielfältig. Sie haben in aller Regel aber auch damit zu tun, daß in unserer – wenn auch säkularen und pluralen – Welt des Christentums die Taufe zugleich ein religiöses Fest und ein sozialer Akt ist. Sie gliedert (theologisch gesehen) in die Kirche ein, und (soziologisch gesehen) in die Gesellschaft.

Die Taufgespräche haben mit dieser Situation realistisch zu rechnen. Sie zielen darauf, daß die Taufe für alle Beteiligten zur Feier der christlichen Initiation wird. Es scheint mir in der BRD aber fragwürdig zu wünschen, was viele kirchliche Amtsträger und theologische Fachleute tun, die Taufe möge reiner Ausdruck des Glaubens an Jesus Christus und des Bekenntnisses zu seiner Kirche werden, ohne jeden Beigeschmack gesellschaftlicher Selbstverständlichkeit, ohne zugleich die vollständige Trennung von Religion und Gesellschaft, Kirche und Staat anzustreben. Man kann das eine nicht ohne das andere haben.

5.2 Der Tauf-Katechumenat für Erwachsene. Der Beschluß der Gemeinsamen Synode zur Sakramentenpastoral fordert auch, daß – auf pfarrlicher oder überpfarrlicher Ebene – ein Katechumenat eingeführt werde. Er folgt der Konstitution über die heilige Liturgie (SC) des Zweiten Vatikanischen Konzils aus dem Jahre 1963: »Ein mehrstufiger Katechumenat für Erwachsene soll wiederhergestellt und nach dem Urteil des Ortsordinarius eingeführt werden. So soll ermöglicht werden, daß die Zeit des Katechumenats, die zu angemessener Einführung bestimmt ist, durch heilige, in gewissen Zeitabschnitten aufeinander folgende Riten geheiligt wird.«[31] Seit 1975 existiert im deutschen Sprachraum eine Studienausgabe »Die Feier der Eingliederung Erwachsener in die Kirche«, die den 1972 für die Weltkirche erschienenen »Ordo initiationis christianae adultorum« realisiert.[32] 1982 veröffentlichten die deutschen Bischöfe eine Handreichung zu Fragen des Katechumenats »Stufen auf dem Glaubensweg«.[33] Dar-

31 SC in: LThK. Das Zweite Vatikanische Konzil I, Freiburg/Basel, Wien 1966, Nr. 64. Vgl. auch das Dekret über die Missionstätigkeit der Kirche, in: LThK. Das Zweite Vatikanische Konzil III, Freiburg/Basel/Wien 1968, Nr. 14.

32 Vgl. dazu *M. Probst/H. Plock/K. Richter (Hrsg.)*, Katechumenat heute. Ein Werkbuch zur Eingliederung von Kindern und Erwachsenen heute, Zürich/Freiburg 1976.

33 Stufen auf dem Glaubensweg. Handreichung zu Fragen des Katechumenats in der BRD, Bonn 1982. Für die Vorbereitung und Feier der Taufe

aus ergeben sich und darin sind angeregt gemeindekatechetische Aktivitäten.

Der Katechumenat für Erwachsene ist so gegliedert: Nach der Erstverkündigung (Evangelisation), die auf einen anfänglichen Glauben und eine anfängliche Bekehrung zielt und aus der die Bitte, getauft zu werden, hervorgeht, wird der Kandidat durch die »Feier der Annahme« in den Katechumenat aufgenommen. Damit ist er zum »Bewerber« geworden. Nun beginnt die entfernte Taufvorbereitung. Sie dauert in der Regel (wenigstens) ein Jahr. In dieser Zeit sollen die »Feier der Übergabe des Glaubensbekenntnisses« und die »Feier der Übergabe des Vaterunser« stattfinden. Mit der »Feier der Einschreibung« setzt die unmittelbare Taufvorbereitung ein. Diese soll zu Beginn der österlichen Bußzeit stattfinden, so daß die unmittelbare Taufvorbereitung mit dieser österlichen Bußzeit zusammenfällt. In der Zeit der unmittelbaren Taufvorbereitung sind Bußfeiern vorgesehen. Die Taufe selbst soll, mit Firmung und Eucharistie, in der Osternacht gespendet werden. Ihr folgt eine Phase der Einübung und Vertiefung (Mystagogie).

5.3 Eingliederung von Kindern im Schulalter. Die Tatsache, daß immer weniger Kinder als Kleinkinder das Sakrament der Taufe empfangen, führt dazu, daß die Zahl der ungetauften Grundschulkinder zunimmt. Weil solche Kinder in aller Regel gleichwohl am Religionsunterricht teilnehmen, erfahren sie davon, daß ihre Mitschüler zur Buß- und Erstkommunionsvorbereitung gebeten werden. Sie lassen sich dann häufig selbst motivieren, daran teilzunehmen. Das macht es notwendig, Kinder im Zusammenhang mit der Hinführung zu Buße und Eucharistie auf die Taufe vorzubereiten. Die schon erwähnte Handreichung »Stufen auf dem Glaubensweg« versucht, den Betroffenen eine Hilfestellung zur Taufkatechese dieser Kinder zu geben. Inzwischen erschien eine Studienausgabe »Die Eingliederung von Kindern im Schulalter in die Kirche«, die Einzelheiten des Katechumenats regelt.

5.4 Die traditionelle Hinführung zu den Sakramenten der Buße und Eucharistie. Die Hinführung zu den Sakramenten der Buße und der Eucharistie ist *die verbreitetste Form der Gemeindekatechese*. Sie ist nicht überall am Ort der Gemeinde angesiedelt. Doch wenn sie, was fragwürdig ist, in der Schule stattfindet, wird sie durch gemeindekatechetische Elemente ergänzt, weil die Sakramente in der Gemeinde empfangen werden. Findet sie in

im Erstkommunionalter gibt es detaillierte Hilfen: *Deutscher Katecheten Verein (Hrsg.),* Taufe und Erstkommunion, München 1983.

der Gemeinde statt, wird sie durch eine entsprechende Themenbehandlung im Religionsunterricht begleitet. Die Hinführung der Kinder zu diesen Sakramenten eignet sich besonders als Kern einer Gemeindekatechese, die auch Erwachsene, speziell die Eltern, als Mitarbeiter und Zielgruppe gewinnt. Darum haben viele Gemeinden ihre katechetischen Aktivitäten auf diesem Praxisfeld begonnen. Inzwischen gibt es gute Erfahrungen und reichlich Modelle für diese Arbeit.

5.5 Jugendkatechese. In der Regel werden die Jugendlichen in Verbands- oder Gemeindegruppen eingeladen und kommen so in Kontakt mit der Jugendarbeit der Kirche. Diese sucht selbstloser Dienst an den Erfahrungen und Problemen der Jugendlichen zu sein. Selbstlos insofern, als sie nicht in erster Linie darauf achtet, daß die Jugendlichen zum Glauben in der Gemeinde kommen, sondern daß sie einen Ort haben, an dem sie – von Christen begleitet – ihre Identität und gesellschaftliche Rolle finden. Unsicherheit besteht vielfach darin, unter welchen Bedingungen, wann und auf welche Weise diese Jugendlichen auch *ausdrücklich* mit der Herausforderung des Evangeliums konfrontiert werden sollen. Das ist die Frage nach den katechetischen Möglichkeiten der Jugendarbeit bzw. nach der Jugendkatechese selbst.

Die *Hinführung zur Firmung* ist die traditionelle Form der Jugendkatechese. Auch hier existieren vielfältige Vorlagen, nach denen man sich richten kann. Das zentrale Problem, das sich immer einstellte, war das Problem der Weiterführung über den Tag der Firmung hinaus. In der Regel werden katechetische Aktivitäten nur dann für wirksam gehalten, wenn die zu den Sakramenten geführten Jugendlichen für nachfolgende Jugendgruppen gewonnen werden konnten.[34] Mir scheint dies kein Effektivitätskriterium zu sein. Wirksam ist die Katechese, wenn die Beteiligten etwas von der inspirativen Kraft des Evangeliums für ihr Leben entdecken und erfahren konnten. Das muß nicht unbedingt unmittelbare und sichtbare Folgen haben für die Integration in Gruppen. Es hat seinen Sinn in sich.

5.6 Katechese im Zusammenhang von Ehe und Familie. Sie will Menschen helfen, daß ihre Partnerschaft und Ehe, ihre Liebe und Sexualität gelingt, indem sie sich auf das Evangelium einlassen, verbal und sakramental. Sie betrifft Menschen vor der Ehe, in der Ehe, nach der

34 *G. Biemer*, aaO., 23–25. *D. Emeis/K.H. Schmitt*, aaO., 213.

Ehe und ohne Ehe; Menschen, die Kinder haben, solche, die aus Freundschaft zu Kindern Kinder wollen, und solche, die aus Freundschaft zu Kindern keine wollen.

Die Katechese versteht sich also als Glaubenshilfe bei der versuchsweisen und sexuellen Liebe von Jugendlichen, bei der Ehevorbereitung, zur Trauung, in der ehelichen Partnerschaft, in deren glücklichen und leidvollen Stunden, wenn diese fruchtbar wird oder unfruchtbar bleibt, bei den Problemen der Empfängnisregelung und Kindererziehung, im Durchhalten oder Scheitern, in der nachelterlichen Phase, wenn Einsamkeit sich einstellt, und in der Zeit des Alters, wenn die Enkel Oma oder Opa brauchen. Die Wahrheit des Evangeliums soll zur wahren Liebe, auch der leibhaftig-sexuellen, befreien. Dabei wirken die Randbedingungen von Ehe und Familie auf die Katechese ein: die Arbeitswelt des Mannes und die (aushäusige) Berufstätigkeit der Frau; die unterschiedlichen religiösen Traditionen bei konfessionell verschiedenen oder aus dem Ausland stammenden Paaren oder Familien; die differenzierten Gewohnheiten in der Freizeit. Lebenssituationen werden zum Anlaß von katechetischen Bemühungen.

Unter der Überschrift »Auf dem Weg zur Ehe« heißt es in den *Beschlüssen der Diözesansynode Rottenburg-Stuttgart 1985/86:* »Um jungen Menschen auf dem Weg zur Ehe den Zugang zum Sakrament der Ehe zu eröffnen, Glauben und Glaubenserfahrung zu vertiefen und die Weitergabe des Glaubens für das gemeinsame Leben in der Familie vorzubereiten, müssen eine in der Jugendarbeit beginnende grundlegende Vorbereitung auf die Ehe sowie mehr und intensiver als bisher Seminare zur Ehevorbereitung und Traugespräche angeboten werden. Dabei sollen auch Formen des Ehekatechumenats, in dem Brautpaare über längere Zeit geistlich begleitet und zu christlicher Lebenspraxis hingeführt werden, überdacht und erprobt werden.« Zum Thema »In Ehe und Familie den Glauben weitergeben« sagt die Synode: »Ein Ziel kirchlicher Ehe- und Familienarbeit ist es, in den verschiedenen Situationen von Ehe und Familie die Weitergabe des Glaubens zu unterstützen. Bei dieser wechselseitigen Hilfe sind zu unterscheiden: das Miteinander von Mann und Frau; die junge Familie mit kleinen Kindern; der Kindergarten; die Familie mit Jugendlichen; die Familie mit alleinerziehenden Müttern oder Vätern; die konfessionsverschiedene Ehe und Familie; die Ehe und Familie wiederverheirateter Geschiedener; nichteheliche Lebensgemeinschaften. Gemeinde und Kirche verstehen sich als Partner und Wegbereiter der Paare und Familien. Sie unterstützen deren Suche nach Begegnung, Gespräch, Gebetsformen, sinnvollem christlichem Brauchtum und tragfähigen Antworten. Sie greifen deren Bereitschaft zum Engagement auf und tragen ihre Initiativen mit.«[35] Mag in solchen Vorschlägen die Grenze dessen, was Katechese ist, überschritten sein. Für das katechetische Handeln der Kirche sind sie gleichwohl anregend.

35 Beschluß der Diözesansynode 1985/86, 538.

5.7 Erwachsenenkatechese. Zweifellos sind die Erwachsenen die wichtigsten und darin die Eltern die ansprechbarsten Adressaten der Gemeindekatechese. Es sind ja nicht Kinder und Jugendliche die Zukunft der Kirche, sondern die Erwachsenen, weil für Kinder und Jugendliche die Kirche keine Zukunft hat, wenn die Erwachsenen ihr keine gewähren. Wohl sind gerade die Erwachsenen die schwierigste Zielgruppe der Katechese. Erwachsenenkatechese konfrontiert die Kirche mit ihrem wichtigsten Problem: mit den Wunden ihrer Existenz in einer säkularen und pluralen Gesellschaft. »Spielt in der allzu einseitigen Priorität, die der Kinderkatechese eingeräumt wird, nicht vielleicht die Angst vor der Konfrontation mit Erwachsenen mit, deren Widerspruch man nicht so einfach entkräften kann? Oder will man, bewußt oder unbewußt, sich selbst einreden, daß man noch in der bequemen Massenkirche lebe? Eine katechetische Pastoral, die sich direkt und hauptsächlich an die Erwachsenenen wendet, wird zunächst die harte Wirklichkeit weit verbreiteter religiöser und kirchlicher Gleichgültigkeit ans Licht bringen. Sie wird auch mit großen Mannigfaltigkeiten rechnen und leben müssen. Sind wir gegenüber solchen ›Enthüllungen‹ psychologisch hinreichend ausgerüstet? Sind wir gut darauf vorbereitet, in einer ›Kirche der Minderheit‹ missionarisch zu wirken?«[36] Es ist sicher richtig: »Mehr als bei der Kinder- und Jugendkatechese wird das Christentum vielleicht mit seinem eigenen Tod konfrontiert, wenn es sich um die Erwachsenenkatechese bemüht.«[37] Katechese für Erwachsene soll Kinder- und Jugendkatechese nicht ersetzen, sondern ermöglichen. »Die Erwachsenengemeinde ist Schicksal der Kinder- und Jugendgemeinde.«[38] Im Rahmen eines Gesamtkonzepts von Gemeindekatechese bekommt sie einen zentralen Stellenwert. Dabei muß die katechetische Arbeit mit Kindern und Jugendlichen nicht an Sorgfalt verlieren. Sie wird sich aber ändern.

5.8 Katechetischer Umgang mit älteren Menschen. Die Gemeinsame Synode der Bistümer in der BRD gab schon 1973 die Anregung: »Der zahlenmäßige Anteil der Älteren an der Gesamtbevölkerung nimmt ständig zu. Damit wächst zugleich die Aufmerksamkeit dafür, daß die Gestaltung des Lebensabschnitts nach dem Abschluß der Berufslaufbahn eine eige-

36 *A. Kalteyer (Hrsg.)*, aaO., 1976, 35f.

37 *J. Bouteiller*, Die Erwachsenenkatechese, in: *H. Schultze/H. Kirchhoff (Hrsg.)*, Christliche Erziehung in Europa. IV. Frankreich, Stuttgart/München 1977, 66.

38 *E. Kalb*, aaO., 34.

ne, anspruchsvolle Aufgabe darstellt. Diese Aufgabe geht nicht nur die älteren Menschen selbst an. Auch ihre unmittelbare Umgebung ist betroffen... In vielen Gemeinden gibt es bereits eigene auf ältere Gemeindemitglieder eingestellte Veranstaltungen verschiedener Art wie Altennachmittage, Altenclubs, Altenausflüge, Altengottesdienste...«[39] Die Diözesansynode von Rottenburg-Stuttgart 1985/86 will die Katechese zur Krankensalbung. Sie empfiehlt, »Krankentage durchzuführen, an denen die verschiedenen Aspekte von Krankheit in den Blick kommen und die Krankensalbung neu ins Bewußtsein gerückt wird«. Doch soll »die liebevolle Begleitung Dauerkranker und Sterbender nicht vernachlässigt werden«.[40]

6. Verkatechisierung christlichen Lebens und kirchlichen Handelns

Die Bedeutung des katechetischen Handelns der Kirche hat mit der Erkenntnis zu tun, daß in einer sich rapid verändernden Welt Lernen lebenslang notwendig ist und daß dies auch für den Christen gilt. Sein Glauben entwickelt sich in seiner Lebensgeschichte und verändert sich mit den Erfahrungen, die ihm diese Welt ermöglicht. Doch lebenslanges Lernen darf nicht zu lebenslänglichem Lernen werden. Die katechetische Entdeckerfreude und Einsatzbereitschaft ist mancherorts so übergroß, daß nun kein Augenblick des Lebens ohne Katechese bleibt.[41] Katechese ist dann nicht mehr Hilfestellung zum Leben des Glaubens und zum Leben aus Glauben. Sie wird dieses Leben selbst. Sie setzt sich an dessen Stelle. Die dadurch hervorgerufene permanente Glaubensreflexion führt zu einer Art Überbewußtheit, die dem Christsein in Gesellschaft und Gemeinde schon wieder schädlich ist. Nach dem Zweiten Vatikanischen Konzil, speziell im Zuge der von ihm initiierten Reform des Gottesdienstes mit der Einführung der deutschen Sprache, kam es zu liturgischen Feiern und Formen, denen man zurecht den Vorwurf der Verkatechisierung kirchlichen Handelns machen kann. Da wurde fast alles, was im Gottesdienst geschah, zum Instrument eines katechetischen Inhalts. Ähnliches kann sich auch in der Diakonie abspielen:

39 Synodenpapier, Das Katechetische Wirken der Kirche. 1973, 28.

40 Beschluß der Diözesansynode 1985/86, 512.

41 Vgl. beispielsweise: *G. Herwegen*, Spielkreis Mutter und Kind. Katechetische Nachmittage mit 5–6jährigen Kindern und ihren Eltern. München 1981. *W. Brunners u.a. (Hrsg.)*, Spuren. Katechese zwischen Eucharistie und Firmung. Mit Handbuch, Düsseldorf 1981. *D. Emeis/K. H. Schmitt* (aaO., 212–217) scheinen auch dahin zu tendieren.

Wenn sich der Aspekt des Glaubenszeugnisses durch sie so ausdrücklich macht, daß ihr (doch wohl primärer) Aspekt der Nothilfe fast gänzlich überlagert wird. Gelassenes Feiern und selbstloses Dienen müssen aber möglich bleiben. Man muß sich nicht immer durch Katechese deren christliche Motivation bewußt machen. Auch anderen nicht. Wo die Angst um die Weitergabe des Glaubens an die nächste Generation katechetisches Handeln erzwingt, geht die Gelassenheit verloren, die die Katechese braucht und die wir uns im Vertrauen auf Gott leisten können.

Literaturhinweise

W. Bartholomäus, Gemeindekatechese. Eine Problem-Übersicht. In: ThQ 162/1982, 254–259. Mit Literaturliste zum Thema.

G. Biemer, Katechetik der Sakramente. Kleines Handbuch der Sakramentenpädagogik, Freiburg/Basel/Wien 1983. Mit Literaturliste zum Thema.

D. Emeis/K. H. Schmitt, Handbuch der Gemeindekatechese, Freiburg/Basel/Wien 1986.

W. Nastainczyk, Katechese: Grundfragen und Grundformen, Paderborn/München/Wien/Zürich 1983. Mit Literaturliste zum Thema.

IV.
Anstöße aus der Ökumene: Ausgewählte Versuche und Beispiele

Herbert Schultze

0. Möglichkeiten und Grenzen des internationalen Vergleichs[1]

In einer Zeit, in der unser Alltag von internationalen Verflechtungen bestimmt ist, ist es angemessen, hinsichtlich der Grundlagen und Perspektiven einer Gemeindepädagogik über die Grenzen zu blicken. Wollten wir, die wir Nahrung aus fernen Ländern zu uns nehmen, Fahrzeuge und Gebrauchsgegenstände aus allen Himmelsrichtungen benutzen, uns ausgerechnet in den Fragen kirchlicher Erziehungs- und Bildungsarbeit auf unsere deutsche Provinz beschränken, so unterschätzten wir den Rang der Gemeindepädagogik ebenso wie die Wirklichkeit weltweiter kirchlicher Gemeinschaft.

Freilich haben wir, wie bei allen internationalen Vergleichen, darauf zu achten, daß die *Situationen* in den verschiedenen Ländern zunächst *prinzipiell unvergleichbar* sind. Auch wenn die Entwicklungen in Wissenschaft und Technik immer mehr Ähnlichkeiten bewirken, denen sich auch Gemeinden und Kirchen nicht entziehen können, so bleiben doch tiefgreifende Unterschiede. Diese wurzeln in der jeweiligen nationalen Geschichte, in geistigen und kulturellen Traditionen, in an diese anschließenden gesellschaftlichen Verhältnissen sowie in den national und konfessionell bestimmten kirchlichen Strukturen der verschiedenen Länder.

Wir können auf diese Unterschiede nicht eingehen; doch sei als ein Beispiel auf die *staatskirchenrechtlichen Beziehungen* verwiesen. Wie die deutschen Landeskirchen mit vertraglichen Beziehungen zum Staat (einschließlich Kirchensteuern) auf die Ablösung des landesherrlichen Kirchenregiments nach dem ersten Weltkrieg zurückgehen, so datiert die Stellung der anglikanischen Kirche als Established Church von der Trennung vom Papsttum unter Heinrich VIII. Die Trennung

1 Vgl. *W.-E. Failing*, Ansätze einer Vergleichenden Religionspädagogik, in: EvErz 6/1975, 386–398; *M. Kwiran*, Vergleichende Religionspädagogik, in: *ders.*, Religionsunterricht in USA – ein Vergleich. Frankfurt a. M. u. a. 1987, 23–30.

von Kirche und Staat in den USA ist wiederum unmittelbare Reaktion der sich befreienden Staaten auf die Probleme der etablierten Kirche. Solche und andere Unterschiede haben auch die von uns hier berichteten Versuche und Beispiele beeinflußt.

Gegenüber den Unterschieden verdienen allerdings auch *vergleichbare Entwicklungen und Herausforderungen* an pädagogisches Handeln von Gemeinden und Kirchen Beachtung.

Aus der Geschichte sind z.B. Reformation und Gegenreformation, Aufklärung und kirchliche Reaktion darauf sowie die mit der Entstehung der Nationalstaaten einhergehende Bildung nationaler Kirchen zu nennen.

Als Beispiel sei auf die Übersetzung der Bibel in die Volkssprachen und die darauf aufbauenden Unterrichtsveranstaltungen, unter Benutzung der neuen Katechismen, verwiesen.

Aus der jüngeren Vergangenheit sei der vielerorts zu beobachtende Prozeß der Ablösung kirchlichen Schulwesens durch *autonome säkulare Schulen* als Nötigung zur Neubesinnung auf kirchliche Erziehungs- und Bildungsarbeit in vielen Ländern genannt. Die zeitlich parallelen Entwicklungen des Rückganges volkskirchlicher Praxis und die sich später herausbildende Konsumhaltung in Kultur und Freizeit sind ebenso den verschiedenen Ländern und Kirchen mehr und mehr gemeinsame Herausforderungen.

Diesen Herausforderungen versucht man auf unterschiedliche Weise zu begegnen. Wir berichten im folgenden zunächst von zwei übergreifenden Beispielen (1.), danach von Kindergottesdienst und Kinderarbeit gewidmeten Versuchen (2.), von solchen zu Konfirmanden- und Jugendarbeit (3.) und zur Erwachsenenbildung (4.), um schließlich zusammenfassend (5.) weiterführende Perspektiven zu notieren.

1. Gesamtplanungen zur Gemeindepädagogik

1.1 Der »Gesamtplan für kirchliche Bildungsarbeit – Grundlagen, Ziele, Strukturen« der Lutherischen Kirche von Finnland.[2] In den frühen 70er Jahren setzte

2 Total Plan for Church Education. Grounds, Aims, Structures, by The Education Center of the Lutheran Church of Finland, Engl. transl. P. Rissanen, *ed. by H. G. Schaefer*, The Department of Studies Lutheran World Federation, Genf 1980. In Gesprächen mit Referenten des Erziehungszentrums der Lutherischen Kirche Finnlands wurde zum Ausdruck gebracht, daß der Titel nicht wörtlich »total«, sondern eher »übergreifend«, »Gesamt-« meine. Die hier vorgetragene Interpretation verdankt Dr. A. Peltonen und Dr. H. Juntunen wertvolle Anregungen. – Die Zitate sind vom Vf. übersetzt; Seitenzahlen in Klammern beziehen sich auf die Genfer Ausgabe.

sich die Lutherische Kirche von Finnland das Ziel eines Gesamtplanes, der die vielfältigen, aber kaum koordinierten kirchlichen Erziehungs- und Bildungsaktivitäten ablösen sollte. Mancher Überschneidung vorhandener Praxis sowie der Nichtberücksichtigung bestimmter Altersgruppen sollte damit gesteuert werden. Vor allem aber sollte aus dem kirchlichen Bildungsauftrag ein *integrativer Ansatz* entwickelt werden.

Die Autoren dieses 1975 erstmals veröffentlichten, 1976 von der Bischofskonferenz, 1977 von der Generalsynode angenommenen Gesamtplanes thematisieren einleitend Veränderungen und Entwicklungen in Gesellschaft, Theologie, Verhaltenspsychologie, Kirche und Schulwesen. Diese Entwicklungen sind zu beachten:

»Aufgrund ihrer Aufgabe, beides, Gesetz und Evangelium, zu verkündigen, ist die Kirche Ausleger der Bibel. Deshalb ist es offensichtlich, daß die aktuelle Situation ihres Handelns nicht vom Vorgang der Verkündigung des Evangeliums getrennt werden kann, weil das Annehmen dieser Verkündigung aufs engste mit den Erfahrungen des Hörers verknüpft ist. Deshalb muß die Kirche bereit sein, ihre Verkündigung und ihren Unterricht zu erneuern; denn das Evangelium ist nicht veraltet, doch es ist Menschen zu verkündigen, deren Hintergrund sich in vielerlei Hinsicht von demjenigen der ersten Empfänger des Evangeliums unterscheidet. Die Botschaft der Kirche wird von den Empfängern nur dann richtig verstanden, wenn sie deren Bedeutung für das eigene Leben erfahren und sie dahinein integrieren können... (Es geht nicht) zuerst und in erster Linie um Modernisierung mit dem Ziel, die Kirche und ihren Unterricht à jour zu bringen, sondern in Wirklichkeit um die Überlegung, wie das Evangelium auf dem bestmöglichen Weg darzustellen sei.« (10f.).

Die Prüfung theologischer, pädagogischer, psychologischer und soziologischer Gesichtspunkte und das vergleichende Studium von Erziehungs- und Bildungsplänen, vor allem der amerikanischen und skandinavischen lutherischen Kirchen führt die Autoren zu dem Entschluß, ein *Rahmencurriculum* zu entwerfen, welches der einzelnen Gemeinde die Ausarbeitung eines auf die örtlichen Gegebenheiten zugeschnittenen Erziehungsprogramms ermöglichen soll. Dieses Rahmencurriculum zielt im Sinne der Lerntheorie auf *Verhaltensänderung* des Lernenden (26f.); doch sind die intendierten Prozesse eindeutig am *»Wesen der Kirche«* als »Volk Gottes«, »Volk Gottes unterwegs« und »Leib Christi« orientiert (15–18).

Die *»Grundprinzipien«* des allgemeinen Ziels aller kirchlichen Bildungsarbeit sind: Das Bekenntnis der Kirche, Erlösung, die christliche Deutung des Lebens und die Verantwortlichkeit, den Willen Gottes zu verwirklichen. Die aus diesen »Grundprinzipien« abgeleiteten dreizehn »Grundziele« beziehen sich auf folgende *Gebiete*: »Leben in der Gemeinde, Unterstützung der Sendung der Kirche, persönliches Leben, Beziehungen zu anderen, Gesellschaft und Kultur, natürliche Umwelt« (28ff.).

Zu den *Zielformulierungen* gehören u.a. die folgenden: »Wesen und Auftrag der Kirche..., Haushalterschaft in der Gemeinde..., als unterschiedlichen Gruppen zugehörig leben..., christliche Haushalterschaft in Gesellschaft und verschiedenen kulturellen Zusammenhängen« bis hin zur »Verantwortlichkeit für den Gebrauch der (natürlichen) Umwelt« (ebd.).

Hinsichtlich der Differenzierung nach *Altersstufen* werden in dem Gesamtplan folgende Gruppierungen verwendet: Kinder (3–6/7), frühe Jugend (6/7–13/14), Jugend (13/14–17/18), junge Erwachsene (17/18–23/25), Berufstätige (23/25–60/65), Ruheständler (60/65 –).

Im Blick auf die Verwirklichung des kirchlichen Bildungsauftrages werden verschiedene Modelle daraufhin überprüft, ob sie den Grundsätzen der Flexibilität, der Autonomie der Gemeinde, des kontinuierlichen Wachsens und Lernens als Christ und der Integration des Lehrens und Lernens gerecht werden. Dies ist bei einer grundlegenden Orientierung kirchlicher Bildungsarbeit am schulischen Religionsunterricht, an schulisch strukturierten Gemeindeaktivitäten (»Gemeindeschulen«) und an den entscheidenden Lebensstadien (Einschulung, Konfirmation, Heirat etc.) nicht ausreichend gewährleistet. Nur eine konsequente Planung *auf dem Boden der Gemeinde* wird diesen Grundsätzen gerecht.

Um dieses Modell, wirksam zu realisieren, bedarf es u.a. einer sorgfältigen *Faktorenanalyse*, der das Schema 1 (s. S. 117) dient. Ein Studium des Schemas macht bereits deutlich, daß die *Koordinierung* der verschiedenen Aktivitäten innerhalb der Gemeinde von besonderer Bedeutung ist. Bestandsaufnahme, quantitative und qualitative Auswertung, Relation zu nichtkirchlichen Bildungsveranstaltungen, Entscheidung über zentrale (alle Veranstaltungen werden der am meisten effizienten zugeordnet) oder dezentrale (alle Veranstaltungen gleichwertig) Koordinierung der pädagogischen Veranstaltungen sind wichtige Schritte.

Die *Klassifizierung* verschiedener Veranstaltungen innerhalb und außerhalb der Gemeinde vermittelt einen Eindruck von der Stringenz des finnischen Gesamtplanes bis in seine Verwirklichung in der einzelnen Gemeinde (s. Schema 2 auf S. 118).

Die Entwicklung des Gesamtplanes geschah in Auseinandersetzung mit bereits vorliegenden Modellen. Man ist nicht den umfassenden und differenzierten »Long Range Program«-Entwürfen der Lutherischen Kirchen in USA und Australien aus den 50er und 60er Jahren gefolgt. Deren behavioristischer Ansatz wird nur minimal übernommen, eher in eine grundlegende theologische Sicht des erziehenden Handelns der

Schema 1

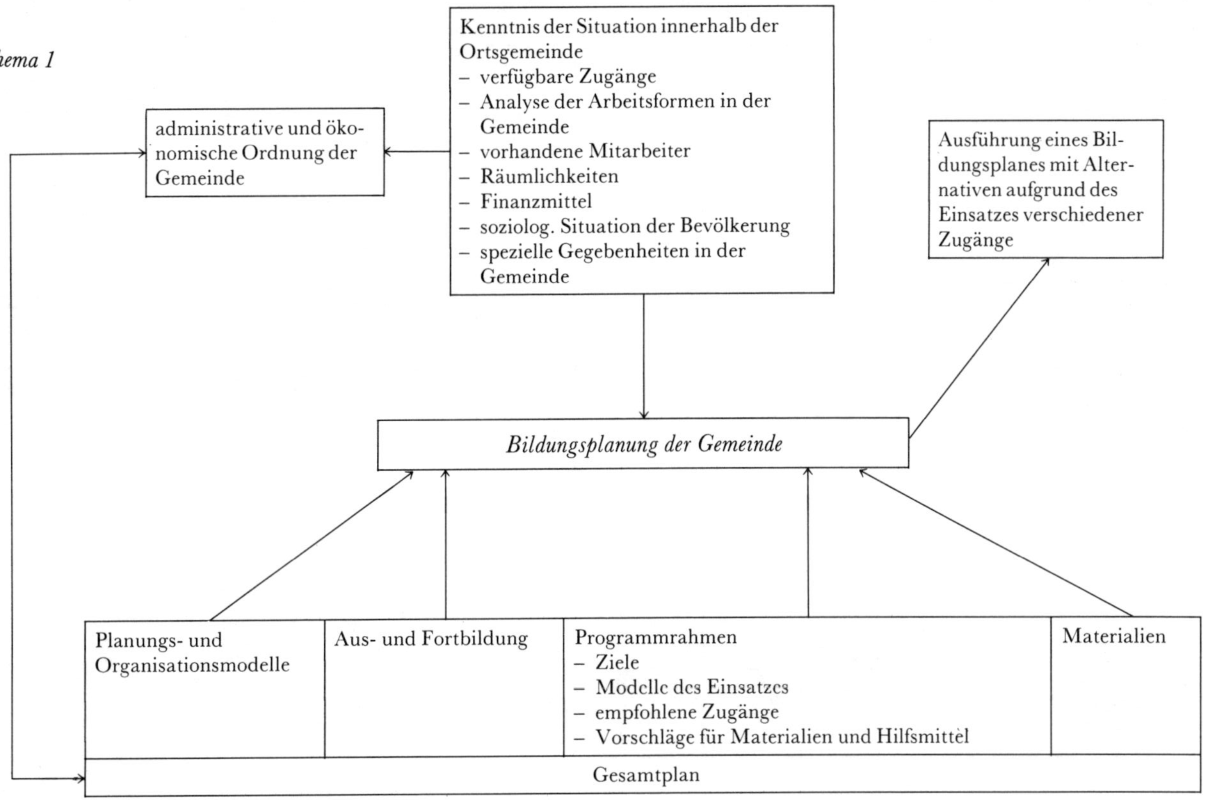
Kenntnis der Situation innerhalb der Ortsgemeinde
– verfügbare Zugänge
– Analyse der Arbeitsformen in der Gemeinde
– vorhandene Mitarbeiter
– Räumlichkeiten
– Finanzmittel
– soziolog. Situation der Bevölkerung
– spezielle Gegebenheiten in der Gemeinde
administrative und ökonomische Ordnung der Gemeinde
Ausführung eines Bildungsplanes mit Alternativen aufgrund des Einsatzes verschiedener Zugänge
Bildungsplanung der Gemeinde
Planungs- und Organisationsmodelle
Aus- und Fortbildung
Programmrahmen
– Ziele
– Modelle des Einsatzes
– empfohlene Zugänge
– Vorschläge für Materialien und Hilfsmittel
Materialien
Gesamtplan

Schema 2

	Lernangebote durch die Gemeinde	Andere Lernangebote
Lernangebote, die regelmäßig Treffen erfordern	z. B. Gottesdienste, andere kirchliche Veranstaltungen, Kleingruppen, Clubs	z. B. Religionsunterricht in Schulen, kommunale Jugendarbeit, Jugendarbeit verschiedener Organisationen, öffentliche Bildungsangebote, Studiengruppen, Weiterbildungskurse
Lernangebote, die weniger häufige Treffen erfordern	z. B. Katechese, schulische Ereignisse, Feste	
Gelegentliche Anlässe und Treffen	z. B. Aktionen, Konfirmationsvorbereitung	z. B. Ausstellungen, Feste
Lernangebote im Zusammenhang mit verschiedenen Diensten	z. B. Beratung, Seelsorge, Materialdienst	
Lernangebote, die keine Anwesenheit erfordern	z. B. Information, Veröffentlichungen, Bücher	z. B. Radio, Fernsehen, Presse, Literatur

christlichen Gemeinde als Teil der Evangeliumsverkündigung und -verwirklichung eingebettet. Im Unterschied zu norwegischen und schwedischen auf inhaltliche und organisatorische (z. B. Alterstufen) Schwerpunkte konzentrierten Planungen haben sich die finnischen Autoren für den umfassenden Ansatz eines Gesamtplanes entschieden.

1.2 Die »Handreichung für Bildungs- und Zurüstungsarbeit: Lehren in der Gemeinde« der evangelischen Kirchen in den Niederlanden.[3] Die niederländische »Hand-

3 *B. Bavink/H. Breunese/H. Heldring-Klok u. a.*, leren in de gemeente. een handreiking voor vormings- en toerustingswerk, Driebergen/NL 1986. Die Publikation ist hrsg. v. Centrale voor Vormingswerk/Hervormde Vrouwen Dienst, Driebergen, Toerustingscentrum van de Gereformeerde Kerken in Nederland, Leusden/NL u. Vrijzinnig Protestants Centrum voor Maatschappelijke Toerusting, Utrecht/NL. – Zitate vom Vf. übersetzt.

reichung« ist im Unterschied zum finnischen »Gesamtplan« kein kirchenamtliches Dokument, sie ist auch – nach Inhalt und Darstellungsform – mehr unmittelbar für die *Praxis* verfaßt worden. Sie ist aus der Zusammenarbeit von Einrichtungen für die Bildungsarbeit der Niederländisch Reformierten Kirche, der reformierten Freikirchen und eines freisinnig-protestantischen Zentrums entstanden. Auch in diesem Dokument wird die ganze Skala der Bildungsaktivitäten auf dem Boden der Gemeinde in den Blick genommen.

Der zweifache Bezug, nämlich auf den christlichen Glauben und auf die Welt, in welcher die Gemeinde lebt, findet sich auch hier:

»Unser Glaube fordert, daß er auf die Welt, in der wir leben, bezogen wird, und umgekehrt. Das beinhaltet einen fortdauernden Lernprozeß, in welchem Worte wie Durchdenken, Entscheiden und erneuertes Handeln sowohl für die Gemeinde als solche wie auch für jeden von uns persönlich eine zentrale Stellung haben« (3).

Alle Ausführungen der Handreichung sind an die *Mitarbeiter* gerichtet, die in verschiedenen Arbeitsfeldern der Gemeinde pädagogisch arbeiten. Ihre Vorüberlegungen, ihr Tun und die Auswertung ihres Tuns sind im Blick. Die Aufgaben des Leitungsorgans der Gemeinde (hier: »Kirchenrat«) und einer gemeindlichen Arbeitsgruppe »Bildung und Zurüstung« werden verschiedentlich hervorgehoben. Das Ziel gemeindepädagogischen Handelns wird am Ziel des *Gemeinde-Seins* orientiert:

»Die Gemeinde besteht heute nicht das erste Mal, sie steht im Gegenteil in einer langen Tradition. Durch alle Jahrhunderte hat sie versucht, das Evangelium weiterzugeben und in ihrer eigenen Zeit und Gesellschaft weiterzuerzählen ... Sie bewegte sich, mit Niederlagen und Wiederaufstehen, auf die Zukunft zu: das Königreich Gottes, die Zukunft ihres Herren ... die Gemeinde ist selbst ein Stück Welt, das durch die Geschichte Gottes mit den Menschen geprägt wurde« (8f.).

»Lehren« gehört mit »Feiern« und »Dienen« zu den zentralen Aufgaben der Gemeinde. Anders als im finnischen Gesamtplan, für deren Autoren die Aufgabe des »Verkündigens« in der Mitte der Begründung gemeindepädagogischen Handelns steht, ist für die Autoren der niederländischen Handreichung das »Lehren« grundlegend. Ausgehend vom Tora-Lernen zur Zeit des Alten Testaments – »kein Gesetzbuch mit dürren, gradlinigen Vorschriften, sondern eine lebensschaffende Macht, eine lebendige Stimme« (11) – und vom Talmud, in dem »der Leser ... eingeladen wird, das Gespräch mit Tora und Tradition selbst mitzuführen« (12), wird unter Hinweis auf Jesu Lehren in Synagoge, Tempel und Jüngerkreis und auf den Missionsbefehl (Mt 28,19) sowie die apostolische Zeit die Aufgabe der Gemeinde skizziert, heute zu lehren (14f.).

Es geht weniger um Lehren in schulischen Formen als um »lebendige Überlieferung«, um »Wahrheiten, die in jeder Zeit von neuem durchdacht werden und lebendig werden müssen«. Die Aufgabe ist nicht auf Bibelstudium und Glaubensfragen begrenzt, sondern beinhaltet auch diejenigen Themen, »die uns in Kirche und Gesellschaft zum Lehren herausfordern« (15). Es geht darum: »In unserer eigenen Zeit und Situation das Evangelium von Jesus Christus aufs neue zu durchdenken und weitersagend durchzubuchstabieren in all seinen Konsequenzen für uns selbst, für die Gemeinde und für die Gesellschaft, unterwegs nach dem kommenden Reich« (16).

Auf der *Ziel-Ebene* wird die Aufgabe des Lehrens mit »Verändern« und »Bekehren« bestimmt. Die *Inhalte* werden drei wechselseitig zusammenhängenden Bereichen zugeordnet: »Bibel, Theologie und Glaube«, »Gemeinde/Kirche-Sein« und »näheres und ferneres gesellschaftliches Zusammenleben« (20ff.). Die differenzierende Gliederung dieser Inhalte nennt u.a. folgendes: Bibel- und Glaubensunterricht (Versöhnung, Schöpfung, Rechtfertigung, Bund), gottesdienstliche Erfahrung, Amtsträger und Nichtamtsträger, Fragen aus der Weltkirche, gesellschaftliche Mikrofragen (Euthanasie, Sexualität) und Makrofragen (Armut und Reichtum, Umwelt, Rassismus).

Komplementär zur inhaltlichen Differenzierung steht die Gliederung nach *Zielgruppen*:

- Kinder, Jugendliche, junge Erwachsene, Menschen in der Mitte des Lebens, Ältere;
- Frauen, Männer;
- Menschen mit gleichen oder vergleichbaren Berufen;
- Menschen mit gleichen oder vergleichbaren Fragen, z.B. Eltern heranwachsender Kinder, Geschiedene.

Gegen die überlieferte Ansicht in Gesellschaft und Kirche, nur Kinder brauchten Unterricht, wird auf die Notwendigkeit lebenslangen Lernens angesichts schneller Veränderungen in unserer Zeit verwiesen.

Auch die Autoren der niederländischen Handreichung thematisieren die Aufgaben der Planung und *Koordinierung*, wenn auch – entsprechend der Zielsetzung – mehr in praktischen Ratschlägen als prinzipiell und strukturell wie im finnischen Gesamtplan. Es wird u.a. auf folgende Gesichtspunkte hingewiesen: Bestandsaufnahme, Anforderungen aus der Gemeinde, inhaltliche und organisatorische Überschneidungen, Prioritäten, personelle und materielle Ressourcen für die Durchführung der Veranstaltungen, Auswertung durchgeführter Veranstaltungen. Für größere Gemeinden wird auf die notwendige Abstimmung zwischen Stadtteilen aufmerksam gemacht. Initiativen aus verschiedenen Gruppen und deren notwendige Koordinierung werden u.a. mit folgendem Beispiel illustriert:

»– Das Katecheseteam plant einmal in zwei Monaten einen Elternabend durchzuführen, um über den Inhalt des katechetischen Unterrichts zu sprechen.
– Die Gruppe ›Kirche und Gesellschaft‹ will zusammen mit dem Diakonat drei Abende mit dem Jahresthema ›Gaben teilen – weltweit‹ belegen.
– Die Leitung der Kindergottesdienste will zwei Abende mit Eltern über ›Das Kind in der Kirche‹ halten.«

Auch in dem niederländischen Büchlein werden die Bildungsangebote *außerhalb der Gemeinde* erwähnt. Die Bildungsprogramme örtlicher, besonders pädagogischer Einrichtungen, z. B. über ›Ethnische Minderheiten in unserer Stadt‹ werden genannt. Hier könnte eine Verbindung zu gemeindeeigenen Aktivitäten hergestellt werden. Ähnliches, heißt es, sei auch bei Veranstaltungen regionaler oder landesweit arbeitender Einrichtungen möglich.

In den abschließenden Ausführungen der Handreichung werden Ratschläge zu Programmentwicklung, Zielbeschreibung, Arbeitsformen, Organisation, Werbung und Evaluation angeboten. Hilfreich in vielen Details – z. B. in einer Tabelle, in der Arbeitsformen den Zielebenen und der Alternative Groß- bzw. Kleingruppe zugeordnet werden (40) – wird auch hier die *weitere Perspektive* benannt, z. B. Jahresplan und Mehrjahresplanung.

1.3 Zusammenfassende Perspektiven. Ungeachtet der angemerkten formalen und inhaltlichen Unterschiede zwischen dem finnischen und dem niederländischen Beispiel, lassen sich aus diesen auf die gesamte Gemeindepädagogik bezogenen Dokumenten folgende Perspektiven gewinnen:

– Die maßgebliche Begründung aller kirchlichen Pädagogik wird, wenn auch gesellschaftliche und allgemein pädagogische Veränderungen berücksichtigt werden, in der *Weitergabe des Evangeliums* gesehen – einmal mehr in Verkündigung von Gesetz und Evangelium, zum anderen eher in biblisch fundierter Lehre.
– Die gemeinsam betonte Notwendigkeit *lebenslangen Lernens* wird im finnischen Text vorrangig aus dem Prozeßhaften christlicher Existenz abgeleitet, im niederländischen aus dem allgemeinen Phänomen schneller Veränderungen.
– Stringente Planung und *Koordinierung* aller gemeindepädagogischen Veranstaltungen sowie Abstimmung mit anderen Angeboten in der Gesellschaft werden in beiden Dokumenten thematisiert, im niederländischen stärker unter dem Gesichtspunkt der Nutzung vorhandener Ressourcen, im finnischen eher zur Profilierung der gemeindeeigenen Bildungsarbeit.
– Beide Texte verbinden geschlossene theologische Begründung mit *Flexibilität* der Praxis; aus dem finnischen Gesamtplan lassen sich mehr Anregungen für strukturelle Planung gewinnen, aus der niederländischen Handreichung solche für die pragmatische Anleitung von Mitarbeitern.

2.1 Die Schrift des Britischen Kirchenrates »Das Kind in der Kirche«.[4] Der Britische Kirchenrat (British Council of Churches), in dem die christlichen Kirchen und Konfessionen, einschließlich der Römisch-Katholischen Kirche, zusammenarbeiten, setzte Anfang der 70er Jahre eine Arbeitsgruppe ein, um den Ansatz kirchlicher Arbeit mit Kindern angesichts tiefgreifender Veränderungen und Entwicklungen in Gesellschaft, Theologie, Pädagogik und Psychologie zu überprüfen. Das Ergebnis der Arbeit wurde 1976 in dem Bericht »Das Kind in der Kirche« veröffentlicht. Das Büchlein fand starke Resonanz, wurde in mehreren, hohen Auflagen verkauft und in zahlreichen lokalen und regionalen Gesprächskreisen diskutiert.

Die Aufgabe von Gemeinde und Kirche mit Kindern wurde mit der bis dahin nicht gebräuchlichen Bezeichnung *»Christian nurture«* beschrieben. »Nurture« heißt wörtlich »nähren« und umfaßt alles, was die Mutter mit dem Säugling tut: nähren, Nähe und Wärme geben, beim Entdecken der näheren Umwelt beistehen. So wurde die Aufgabe der Gemeinde gegen die Aufgabe technischer Anleitung (instruction), z. B. zur Benutzung von Geräten, aber auch gegen die gesellschaftliche und schulische Aufgabe der Bildung (education) abgegrenzt.

Innerhalb der vielfältigen Reaktionen auf den Bericht »Das Kind in der Kirche« wurden auch Forderungen nach weiteren Erläuterungen und genauerer Begründung des neuen Begriffes laut. Einen Antwortversuch enthält der 1981 veröffentlichte Bericht »Das Verständnis von Christian nurture«.[5]

Er sollte dazu dienen, einige Aussagen des ersten Berichtes zu begründen und zu differenzieren. Außerdem wurden nun Gebiete behandelt, die in »Das Kind in der Kirche« nur kurz berührt wurden, wie die Aufgabe schulischer Bildung im Rahmen des Konzeptes von Christian nurture. Die Fachleute nahmen diesen zweiten Bericht mit Interesse auf, doch die Breitenwirkung des ersten war ihm, auch wegen schwierigerer Sprachgestalt, nicht beschieden.

4 *British Council of Churches*, Consultative Group on Ministry among Children, Report of the Working Party on »The Child in the Church«, London/UK 1976. – Zitate nach 10. unveränd. Nachdruck Dez. 1979. – Vom Vf. übersetzt.

5 *British Council of Churches*, Understanding Christian Nurture, London/UK 1981. Zitate vom Vf. übersetzt. – Die beiden letztgenannten Dokumente sind neuerdings in einer Ausgabe vereinigt: *British Council of Churches*, Consultative Group on Ministry among Children, Reports of the Working Parties on »The Child in the Church« and »Understanding Christian Nurture«, London/UK 1984.

Herzstück der skizzierten Arbeiten des Britischen Kirchenrates ist eine Beschreibung der *Stellung des Kindes in der Kirche*, die ein Urteil über alle traditionellen Ansätze kirchlicher Arbeit mit Kindern enthält, seien sie noch so kinderfreundlich angelegt:

»Kinder sind ein Geschenk an die Kirche. Der Herr der Kirche stellt sie in die Mitte der Kirche, heute so wie damals in Galiläa, nicht als Objekte des Wohlwollens oder gar als Empfänger von Anweisungen, sondern letztlich als Vorbilder des Jüngerseins. Die Kirche, die Kinder nicht bedingungslos unter ihre Anhänger aufnimmt, beraubt jene Kinder dessen, was ihnen rechtens zusteht; doch solche Kirche wird die Beraubung viel schwerer erleiden« (Paragraph 43).

Diese Aussagen und die weiteren Ausführungen des Berichtes »Das Kind in der Kirche« haben in allen Kirchen Großbritanniens vielfältige Aktivitäten zur *Neugestaltung der Arbeit mit Kindern* ausgelöst: Fortbildungsveranstaltungen für hauptamtliche und vor allem die große Zahl ehrenamtlicher Mitarbeiter, Erarbeitung der verschiedensten Werkbücher für die Arbeit mit Kindern sowie jeder Art von Materialien für Gottesdienste, Spiele, Gruppenarbeit und Feiern. Ortsgemeinden, Kirchenkreise, Erziehungsabteilungen der Regionen und nicht zuletzt der überkonfessionelle Nationale Christliche Erziehungsrat trugen zu praktischen Konsequenzen aus jenem Bericht bei.

Einige weitere Bemerkungen zum Bericht selbst sind von Interesse: Pointierter als in den erwähnten Texten aus Finnland und den Niederlanden wird die *Bedeutung der Veränderungen* in Gesellschaft, Pädagogik und Theologie in den letzten 200 Jahren, insbesondere in den letzten Jahrzehnten für jede Arbeit mit Kindern dargestellt:

»Unsere Gedanken darüber, was es bedeutet, ein Christ zu sein, sind vor allem auf Modelle aus der Erwachsenenwelt bezogen. Erwachsene fast jeder christlichen Tradition unterstellen, daß Zugehörigkeit zur Kirche eine Angelegenheit des Glaubens von bestimmten Dingen und des Tuns von bestimmten Dingen ist. Aber die Dinge, die man glauben soll, sind meistens Dinge, die nur Erwachsene tun können... Kindheit erfordert eine eigene Theologie... (Es geht nicht darum,) was Kinder hinsichtlich des christlichen Glaubens zu glauben oder zu tun haben, sondern darum, wie der christliche Glaube die Bedeutung des Kindes einzuschätzen hat« (Paragraph 29).

In der Auslegung der Inkarnation kann Kindheit nicht länger nur als ein Übergangsstadium angesehen werden. Jedes Erziehen und Bilden im Sinne von Christian nurture sieht das Kind als *eigenständigen Partner* und tut alles, was den Prozeß seines selbständigen Heranwachsens unterstützt. Dieses Erziehen hat nämlich seine Wurzeln im Christenleben selbst, das »ein Prozeß ständigen Wachsens« ist (Paragraphen 44–46).

Diese Gedanken werden, von der genuinen Erziehungsverantwortung der Eltern ausgehend, schrittweise entfaltet und führen zu einer Beschreibung der *Kirche als »erziehender Gemeinschaft«*. Über die Familien und Generationen in der Kirche hinaus kommt damit die »universale Sendung der Kirche an die Menschheit« in den Blick. Die letzten Kapitel des Berichts handeln daher von der Rolle der Bibel in diesem Erziehungsprozeß, von den Zielebenen (Einführung in das Christentum, Anleitung zu persönlicher Entscheidung, zu ethischem Verhalten) und vom Kontext des örtlichen Gemeinwesens. Zur Weiterentwicklung all dieser Überlegungen werden schließlich Empfehlungen formuliert.

In diesen *Empfehlungen* wird eine gründliche und kreative Einbeziehung der Aufgabe ›Christian nurture‹ in alle Aus- und Fortbildungsaktivitäten und in alle Bereiche der Erwachsenenbildung befürwortet. Wo möglich soll dies in ökumenischer Zusammenarbeit geschehen. In diesem Zusammenhang werden auch weitere theologische Forschungen, allgemeine Konsequenzen in der Gemeindearbeit und Bezüge zur Schule genannt.

Der theologischen Weiterarbeit ist der bereits erwähnte Band »Das Verständnis von Christian nurture« gewidmet, und zwar mit den Kapiteln: Christliche Erziehung (nurture) in einer offenen Gesellschaft, Christliche Kindheit, Christliche Elternschaft, Gottesdienst und christliche Erziehung, sowie einem Anhang zur Arbeit in christlichen Schulen. Wir können hier nicht näher drauf eingehen. Lediglich ein Beispiel aus dem Kapitel zum *Gottesdienst* sei zitiert:

> Es wird erwähnt, daß der Gottesdienstbesucher auch sein tägliches Leben vor Gott bringt und Gottes Gnade für diesen Alltag empfängt. Kinder bringen auch ihr Entdecken von Welt und Leben, ihr Lernen in den Gottesdienst. Deshalb sei es gut, »Möglichkeiten für Lernen im gottesdienstlichen Kontext und für gottesdienstliches Handeln im Kontext des Lernens« anzubieten. So können, wenn mit Kindern von der Ordnung des Universums gesprochen wird, einfache Experimente unternommen, Bilder und Schautafeln betrachtet werden – ganz ähnlich wie im Schulunterricht. Doch im Kontext »einer glaubenden und gottesdienstlichen Gemeinschaft«, im Zusammenhang mit »Gebeten um Verstehen und Danksagen für die Schöpfung wird das Kind angeregt, ... (diese Dinge) in einer gänzlich anderen Perspektive zu sehen. Dieselben Fakten, die gleichen Materialien ... werden wegen des anderen Kontextes, in dem sie dargestellt werden, eine andere Antwort herausfordern« (Paragraphen 231 f.).

Diese *Integration von kirchlichem und außerkirchlichem Lernen* auf dem Boden der Gemeinde ist etwas anderes als die von den Autoren des finnischen Gesamtplans verworfene Fundierung kirchlicher Bildungsarbeit auf schulischen Religionsunterricht. Ausdrücklich schreiben die Autoren von »Das Kind in der Kirche« in Empfehlung 12, daß von öffentlichen Schulen keinesfalls »mehr Verantwortung für christliche Erziehung erwartet werden kann als für die Erziehung von Muslims, Juden oder Humanisten. Die Kirchengemeinden müssen die volle Verantwortung für die christliche Erziehung ihrer Jugend akzeptieren.«

Dies unterstreicht, daß die britischen Autoren ihren Entwurf für kirchliche Arbeit mit Kindern im Sinne eines *genuinen Auftrages der Gemeinde* verstanden wissen wollen, keinesfalls als hilfsweises Einstehen für bedauerliche Versäumnisse der Schule.

2.2 La Scuola Domenicale – Kindergottesdienst/Kinderarbeit der protestantischen Kirchen in Italien.[6] Die Evangelischen in Italien unterscheiden radikal zwischen kirchlicher pädagogischer Arbeit und dem Bildungsauftrag der Schule. Noch 1986 hat die Kirche der Waldenser und Methodisten das Angebot eines evangelischen Religionsunterrichts in den Schulen, parallel zu dem seit je praktizierten katholischen Unterricht, eindeutig abgelehnt. Unterweisung im Glauben, so die Begründung, ist Aufgabe der Eltern und Gemeinden. Ein solcher Unterricht in der Schule ist Anmaßung des Staates und Mißbrauch der öffentlichen Schule.

Welche Wege beschreitet diese kleine und verstreute Minderheitskirche für ihre Arbeit mit Kindern? Sie hat eine besondere Arbeitsgruppe *»Servizio Istruzione ed Educazione«* gebildet, die in einer Trimesterzeitschrift *»La Scuola Domenicale«*[7] katechetische Entwürfe, Berichte, aber auch Grundsatzüberlegungen den Gemeinden zugänglich macht. In diesen werden Kindergruppen gesammelt, Veranstaltungen und Kinderfreizeiten durchgeführt.

Diese Arbeit wird zu einem guten Teil von *Laienmitarbeitern* geleistet, die in besonderen Lehrgängen zu »Monitoren« ausgebildet werden und in den Gemeinden als vollverantwortliche Mitarbeiter anerkannt sind. Dies entspricht zum einen der jahrhundertealten Tradition der Selbständigkeit der einzelnen Gemeinden und der Ablehnung jedes herausgehobenen Amtes. Zum anderen kann bei der weit verstreuten Lage der evangelischen Gemeinden nur mit Hilfe der Monitoren die Arbeit mit Kindern, wie auch manche andere Arbeit in den Gemeinden, getan werden.

Seit 1983 nun arbeitet der genannte Erziehungsdienst (Servizio...) an einem *Programm für »Sonntagsschulen und Bibelgruppen«*, das 1988 abge-

6 Wichtige Hinweise zum Verständnis von Situation und Aktivitäten verdankt Vf. den Kolleginnen A. Dupré, Roma, G. Gandolfo-Censi, Milano, F. Mazarella, Como.

7 La Scuola Domenicale, Rivistra trimestrale del C.N.S.D.I. e del S.I.E., Comitato Scuole Domenicali, Milano/I.

schlossen werden soll. Im Rahmen dieses Programmes werden Vorbereitungshilfen und Praxismaterialien zu wichtigen Texten der Bibel entwickelt. Bisher gehören dazu die thematischen Schwerpunkte Abraham, Das neue Passah, Mose – die Geburt eines Volkes, Die frühe Kirche, Wer ist dieser?, David, Elia und Elisa.

Die *Vorbereitungsmaterialien* werden in der Zeitschrift »La Scuola Domenicale« veröffentlicht. Sie bieten zu jedem thematischen Schwerpunkt sowie zu den einzelnen Textabschnitten eine biblische Besinnung und zwei didaktische Besinnungen, eine für die mittleren (ca. 8–11 Jahre) und ältere Altersstufe (ca. 12–14 Jahre), eine für die »Kleinen« (ca. 5–7 Jahre); außerdem zum gesamten Thema eine Auswahlbibliographie, z. B. gegliedert: Zur Einführung, historisch-kultureller Kontext, theologische Gesamtschau, Kommentare, Hilfsmittel.

Die *Praxismaterialien*[8] werden gesondert herausgebracht, für die Kleinen als einfache Zeichnungen, mit denen sie durch Ausmalen, Ergänzen usw. kreativ umgehen können; für die Mittleren als Erzählungen; für die Älteren als Arbeitshefte.

Mit diesem Fünfjahresprogramm versucht der Erziehungsdienst eine Grundlage für den *eigenständigen Umgang mit den biblischen Texten* und für ein *vor der biblischen Botschaft verantwortetes Handeln* in allen Lebensbereichen zu vermitteln. Ein solches Programm ist im Zusammenhang mit der Vorbereitung auf die in späteren Jahren als bei uns gehaltene Konfirmation zu sehen. Beides zusammen dient einer eigenständigen und solide aus der biblischen Botschaft begründeten Laienverantwortung in Gemeinde, Kirche und Gesellschaft. Erst in diesem weiteren Kontext kann das Sonntagsschul- und Kinderarbeitsprogramm der italienischen Protestanten angemessen gewürdigt werden.

2.3 »Kind und Familie« – eine Perspektive im Kontext des Taufkatechumenats der Schwedischen Kirche. Auf die gesellschaftlichen Veränderungen der jüngeren Vergangenheit, die eine gegenüber der jahrhundertelangen Erziehungspraxis der Kirche nun autonome Schule schufen, hat als erste europäische Kirche 1970 die Schwedische Kirche mit einem umfassenden *kirchlichen Bildungskonzept* reagiert: dem Bericht »Der Taufkatechumenat der Kirche«.[9] Im Prozeß der Realisierung dieses Konzepts erschienen 1968 ein Lehrplan für den Konfirmandenunterricht[10] und zehn

8 Vorbereitungsmaterialien »Lavoriamo con gioia« (für 5–7jährige), »la biblia racconta« (für 8–11jährige), »camminiamo insieme« (für 12–14jährige), vgl. la scuola domenicale luglio 1985 Anno XCII N. 1,9.

9 Kyrkans Dopundervisning, Stockholm/S 1970. – Vgl. dazu *G. Adam*, Der Unterricht der Kirche, Göttingen [3]1984, 132–146 und 251–256.

10 Läroplan för Svenska Kyrkans Konfirmandenundervisning, Stockholm 1968.

Jahre später weiterführende Richtlinien[11] dazu. Waren, ähnlich wie in den anderen skandinavischen Kirchen, Taufunterweisung und Taufelternarbeit von Anfang an der Relation des Kindes zur Familie gewidmete Akzente, so werden diese seit den 70er Jahren unter dem Thema »Kind und Familie« eigens bearbeitet.

Anders als bei den italienischen Protestanten, die von einer Glaubensunterweisung in der Schule nichts wissen wollen, war in Schweden eine solche lange Gewohnheit, bis nach imponierend breiter und sorgfältiger Diskussion in der Gesellschaft die schwedische »Grundschule« (= Gesamtschule) für das Pflichtschulalter die Regel wurde. Aus schulischer Unterweisung nach dem lutherischen Bekenntnis wurde Christentumskunde (1962), dann (objektive) Religionskunde (1969) und schließlich (wertorientierender) Religionskundeunterricht (1980).[12]

Hatte es neben der schulisch verankerten lutherisch bestimmten Volksbildungstätigkeit auch schon länger eine engagierte pädagogische Wirksamkeit der Freikirchen gegeben, so galt es nach den erwähnten gesellschaftlichen Entwicklungen, eine eigenständige kirchliche Bildungsarbeit der Schwedischen Kirche aufzubauen. In diesem Kontext sind die Aktivitäten unter dem Thema *»Kind und Familie«* zu würdigen.

Einen guten Einblick in das vielfältige und ideenreiche Angebot erlaubt das Studium der in den 80er Jahren erscheinenden Hefte der *Zweimonatsschrift* »Kind und Familie, Mitarbeiter(Leiter)zeitschrift für die Schwedische Kirche«.[13] *Themen* sind u. a.: Das Kind und die Bibel, Kind und Abendmahl, Einwandererkinder, Leiter, Kinder und Zukunft, Spiel, Taufe, Haben und Glauben, Elternheft zu Weihnachten. Daneben existieren einzelne Hefte zu Unterrichts- und Arbeitsmaterialien etc.

Die genannten Themen zeigen, daß immer *zwei Pole* miteinander behandelt werden: biblische Botschaft und christliche Existenz auf der einen Seite, die ganze Breite kindlichen Erlebens auf der anderen. Diesem inhaltlichen Spektrum korrespondiert die Berücksichtigung verschiedener Aktivitäten und *Praxisfelder*, wie Erzählen biblischer Geschichten, Gespräche über Lebensfragen, Spielen, Singen, Feiern, Kindergottesdienst, Kindergruppen, Familiengottesdienst, Freizeiten und Ferienlager; Großveranstaltungen, Aus-, Fort- und Weiterbildung ehrenamtlicher und hauptamtlicher Mitarbeiter. Die Arbeitsvorhaben

11 Riktlinjer för Svenska Kyrkans Konfirmandenarbete, Karlskrona 1978.
12 Vgl. *S. Å. Selander*, Religionskundskap för Hela Mäniskan, Malmö 1983.
13 Barn och Familij, Ledartidskrift för Svenska kyrkan, Svenska Kyrkans Centralråd, Arbetsgruppen Barn och Familij, Stockholm.

»Kind und Familie« der Schwedischen Kirche werden in enger *ökumenischer Zusammenarbeit* praktiziert. Entsprechend kommen in der Mitarbeiterzeitschrift freikirchliche Modelle, Erfahrungen und Grundsatzüberlegungen zur Sprache.

Die Einbeziehung *von gesellschaftlich relevanten Themen* und die Ausarbeitung des genuin christlichen Beitrages dazu kann an den Beispielen des Friedensthemas und des Internationalen Jahrs der Jugend 1985 verdeutlicht werden:

Beiden Themen ist je ein Heft der genannten Zeitschrift gewidmet. Zur *Friedensarbeit*[14] werden u.a. Vorschläge zu Bibelarbeit und Themenarbeit mit Gruppen unter den Themen »Gottes Ordnung«, »Was ist Friede?«, »Was können Kinder für den Frieden tun?«, ein Bericht über die Kirchenkonferenz »Leben und Frieden«, Beispiele von Jugend-Friedenslagern und Großveranstaltungen, Äußerungen von 11- bis 13jährigen geboten.

Das Heft für das dem *Internationalen Jahr der Jugend* korrespondierende Jugendjahr der Kirche[15] thematisiert u.a. die Suche nach Lebensformen und die breite Skala unterschiedlicher Antworten Jugendlicher auf diese Frage, verschiedene Möglichkeiten kirchlicher Jugendarbeit in Interessengruppen, Gottesdiensten, gemeinschaftliche Planungen und Möglichkeiten der Partizipation. Auf diese Weise werden im gemeindlichen Kontext die drei Schwerpunkte jenes Internationalen Jahres aufgenommen: Partizipation, Entwicklung und Friede.

Im übrigen bieten diese wie alle Hefte kontinuierlich eingehende Besprechungen von Kinderliteratur, neue Lieder, Sing- und Spielvorschläge, methodische Anregungen, z.B. zur Differenzierung in Kindergottesdienst und Familiengottesdienst, Überlegungen zum Beten mit Kindern, zum Begehen des Kirchenjahres etc. Ein Heft beschäftigt sich mit den vielfältigen Möglichkeiten von Ferienlagern, von Gebetsordnungen bis zu eigenständigen Beiträgen zum Umweltschutz.

Manches aus diesem kurz skizzierten Programm ist mit entsprechenden Aktivitäten in deutschen Kirchen durchaus vergleichbar. Das Besondere des schwedischen Beispiels läßt sich dreifach charakterisieren: Erstens ist das Programm in seiner ganzen Vielfalt als Teil des Gesamtkonzepts kirchlicher Bildungsarbeit zu verstehen, zweitens sind darin (im engeren Sinn) geistliche und weltliche Ebenen kirchlicher Kinderarbeit konsequent integriert, drittens werden wichtige Themen der Gesellschaft aufgenommen und mit einem genuin gemeindlichen Angebot beantwortet.

14 Barn och Familij, Nr. 1/1983.
15 Barn och Familij, Nr. 1/1985.

2.4 Zusammenfassende Perspektiven. Unsere drei Beispiele gehören zu charakteristisch verschiedenen Realisierungen des Kirche-Seins: Ökumenischer Britischer Kirchenrat mit Established Church der Anglikaner, aktiven Freikirchen und römisch-katholischer Minderheit; protestantische Minderheit der Waldenser und Methodisten in Italien; die Schwedische Kirche, traditionelles lutherisches Kirchentum, mit den Freikirchen zusammenarbeitend. Von den Beispielen aus diesen verschiedenen Kontexten her können wir zusammenfassend folgende Perspektiven formulieren:

- Von den drei kirchlichen Institutionen werden *neue Ansätze* der kirchlichen Arbeit mit Kindern erarbeitet, um einer neuen Situation der Jugend, Veränderungen der Gesellschaft, vor allem aber einer angemessenen theologischen Interpretation des kirchlichen Auftrages gerecht zu werden.
- In allen drei Entwürfen werden *eigenständige Wege der Verwirklichung des Kirche-Seins für Kinder* entwickelt, theologisch begründet und in eine vielfältige Praxis hinein konkretisiert.
- Alle drei Entwürfe nehmen, aus kirchlicher Sicht, auf die *allgemeine gesellschaftliche Lage* Bezug, der britische Text offen, aber unterscheidend, der italienische im kritischen Engagement, der schwedische vorrangig im Sinne eines konstruktiven Beitrages. Gemeinsam ist diesen in Nuancen wichtigen Unterschieden der Versuch, *Orientierung* zu vermitteln.
- Eine weitere Gemeinsamkeit besteht in einem konsequenten *Bezug auf die Bibel* auf zwei Ebenen, derjenigen der Begründung der Aufgabe und derjenigen der konkreten, inhaltlichen Vermittlung.

3. Konfirmandenarbeit / Kirchliche Jugendarbeit

3.1 »Ich bin evangelisch« – Die Besinnung auf das eigene Bekenntnis als Grundlage der Konfirmandenarbeit in den protestantischen Gemeinden Italiens.[16] Das *Konfirmationsalter* liegt für die Jugendlichen der Kirche der Waldenser und Methodisten bei 18 Jahren. Sie haben also bis zu diesem Zeitpunkt ihre Minderheitssituation nicht nur eindrücklich erfahren, sondern sie sind auch in der Lage, diese gedanklich zu bearbeiten. In *alltäglichen Zusammenhängen* der Ausbildung, beruflicher Tätigkeit und des Lebens in der Gesellschaft wird ihnen immer wieder ausdrücklich oder unausgesprochen die Frage nach ihrem von der großen Mehrheit abweichenden *Bekenntnis* gestellt. Diese Erfahrung haben diese jungen Menschen bereits gemacht; sie wird sie in ihrem weiteren Leben begleiten.

16 Wichtige Hinweise zum Verständnis dieses Ansatzes verdankt Vf. den Kollegen P. Sbaffi, Bologna, und A. Dupré, Roma.

Es gehört zur Situation dieser Jugendlichen, daß sie auf die Frage nach ihrem Bekenntnis *begründete Antwort* geben müssen. Darin unterscheidet sich ihre Lage beträchtlich von derjenigen etwa in der Bundesrepublik. Wo sich Evangelische in Italien in der Lösung schwieriger sozialer Probleme engagieren, was sie angesichts ihrer kleinen Zahl erstaunlich häufig tun, steht, mit dem »Warum?« von Partnern, Bundesgenossen und Gegnern solcher Aktivitäten die Glaubwürdigkeit des evangelischen Bekenntnisses auf dem Spiel.

Beides, das weit über das Land verstreut Leben und die kleine Minderheit, bedingen, daß die Vorbereitung auf die Konfirmation auf das evangelische Bekenntnis konzentriert ist. Unterricht, Freizeiten und Praktika kennt man dort ebenso wie heute nahezu überall. Doch das Herz der Konfirmandenarbeit ist die begründete und glaubwürdige Aussage, die Titel des Lernbüchleins ist: »Ich bin evangelisch.«[17]

Das zusammenfassende Kapitel »Was Evangelische glauben«[18] ist nach den *reformatorischen Aussagen* – sola gratia, sola scriptura, solus Christus, sacerdotium universale und ecclesia semper reformanda – gegliedert. Die Ausführungen sind in deutlicher *Abgrenzung gegen römisch-katholische Lehre und Praxis* formuliert:[19]

»Sacerdotium universale. Es gibt Leute, die sagen, man brauche Priester, das heißt: ›besondere Menschen‹, die begabt sind, im Namen des Menschen vor Gott zu treten und die Menschen Gott nahezubringen. Als Evangelische sagen wir, daß alle Gläubigen eine unmittelbare Beziehung zu Gott haben (Ex 19,6; 1.Petr 2,9; Offbg 1,6). Wenn jeder ein ›Priester‹ ist, sind keine ›besonderen Personen‹ nötig, um das Priestertum auszuüben. Unter Menschen bedarf es daher keiner obersten oder absoluten Autorität; jedermann ist für sich selbst und für die anderen verantwortlich (Mk 10,42–45).

Für unsere Taten verantwortlich, werden wir weder faul noch Sklaven sein, weder Opportunisten noch verschlagen, noch selbstsüchtig; wir werden nach Solidarität streben, nach Gleichheit und Gerechtigkeit, Brüderlichkeit und Frieden, und alles zur Ehre Gottes tun (soli Deo gloria)...

... Die Bibel sagt, daß die Hoffnung aller Völker der Erde das Reich Gottes ist, das in Jesus Christus zu uns gekommen ist. Deshalb bedeutet der Glaube an das Reich Gottes, daß wir uns für das Heil der Welt einsetzen (Röm 8,21.24; Eph 1,18; Gal 5,5; 1.Thess 5,8).

›So hat Gott die Welt geliebt, daß er seinen einzigen Sohn gab, damit alle, die an ihn glauben, nicht verloren sein sollen, sondern das ewige Leben haben‹ (Joh 3,16). Wenn wir uns erfolgreich für die Vorherrschaft der Liebe

17 Sono evangelico, quaderno N. 2, la scuola domenicale 1981. Zitate nach ²1983 in der Übersetzung von A. Dupré.

18 Sono evangelico, 17–19.

19 Sono evangelico, 18f.

einsetzen, werden wir fähig sein, Ungerechtigkeit, Trennungen, Vertreibung, Haß und Krieg zu besiegen. ›Gott ist Liebe; und wer in der Liebe bleibt, der bleibt in Gott und Gott in ihm‹ (1.Joh 4,16).«

Das längere Zitat aus dem Konfirmandenbüchlein mag verdeutlichen, daß hier keinesfalls Konfessionalismus im engen Sinn vermittelt wird, daß die Abgrenzung alles andere als platter Antikatholizismus ist. Das Ethos dieser Orientierung für junge Evangelische ist vielmehr ein an der Souveränität Gottes orientierter Aufruf zu der *von Gott verliehenen Freiheit*. Diese Freiheit ist kein Selbstzweck; sie ist Chance und Auftrag, *für die Zukunft dieser Welt und ihrer Menschen* alles einzusetzen.

Dieses Ethos wird in voller *Eigenverantwortlichkeit* der einzelnen Gemeinde und der einzelnen Christen verwirklicht. In solcher Umwelt aufwachsend, begegnen die jungen Evangelischen den aktuellen gesellschaftlichen und politischen Herausforderungen und lernen, daß, diesen verantwortlich zu begegnen, die *Verwirklichung des eigenen Bekenntnisses* bedeutet.

3.2 »Für den Beginn einer Gemeinde-Jugendarbeit« – Verbindung von kirchlichem und gesellschaftlichem Engagement. Im internationalen Jahr der Jugend 1985 hat – wie andere Institutionen und Organisationen in Großbritannien – auch das *Jugendkomitee der Generalsynode der Anglikanischen Kirche* eine Reihe von Aktivitäten entfaltet. Darin zeigt sich eine charakteristische Verbindung von kirchlichem und gesellschaftlichem Engagement: Zahlreiche Veranstaltungen, Flugblätter und kleine Publikationen stellten konkrete Beispiele zu den Schwerpunkten Partizipation, Entwicklung und Frieden öffentlich zur Diskussion.

Zugleich setzte sich das Komitee *innerkirchlich* für eine stärkere *Berücksichtigung jugendlicher Belange* ein. Schließlich wurden eine Reihe von *Impulsen für die eigene Jugendarbeit* gegeben. In diesen Zusammenhang gehört das Heft »Für den Beginn einer Gemeindejugendarbeit«,[20] eine Praxishandreichung für verschiedene Adressatengruppen, die auf dem Titelblatt folgendermaßen angesprochen sind:

»Wenn Sie mit kirchlicher Jugendarbeit befaßt sind oder bereits mit einer Jugendgruppe zu tun haben oder Mitglied des Gemeindekirchenrats oder Gemeindepfarrer sind oder eine eigene Jugendgruppe planen oder irgendeine Kombination des Genannten für Sie zutrifft, dann ist diese Handreichung für Sie.«

20 Starter Kit for Parish Youth Work, prepared by a Working Party of the General Synod Board of Education, and *ed.* on its behalf by Ms *P. Frost*, o.O.u.J. (London/UK 1985).

Diese Handreichung, die eine ganze Reihe von praktischen Voraussetzungen, Planungs- und Realisierungsschritten benennt, basiert auf einem öffentlichen und einem kirchlichen Dokument. Der sogenannte *Thomson-Bericht* »Erfahrung und Partizipation – ein Überblick über die Jugendarbeit in England«[21] hebt die Förderung der gesamten Entwicklung junger Menschen als wichtige Aufgabe hervor. Die Entschließung der Generalsynode der Kirche von England »Auf dem Wege zu einer Politik für Jugendarbeit in der Kirche von England«[22] leitete die Arbeit einer Kommission ein, die im Kontext des Thomson-Berichtes *Ziele und Perspektiven* für die Arbeit in den Gemeinden formulierte:

»Christliche Jugendarbeit beschäftigt sich mit der Erziehung (nurture) junger Christen innerhalb der Kirchen, mit dem aufmerksamen Hören und Antworten auf die Bedürfnisse der Jugendlichen im Gemeinwesen über die Kirchengemeinde hinaus und damit, als Mittler zwischen beiden Bereichen zu wirken.« Die aus dieser Aufgabenbeschreibung abgeleiteten Ziele handeln von der »Eröffnung von Chancen«, jugendlichen »Erfahrungen von Erfolg und Versagen«, der »Suche nach Werten in einer sich wandelnden Gesellschaft«, der Ermutigung in der »geistlichen, sozialen, politischen und kulturellen Entwicklung und von der Verantwortung der Christen, in einer Partnerschaft gegenseitiger Achtung mit anderen Einrichtungen, die sich mit der Entwicklung Jugendlicher beschäftigen, zusammenzuarbeiten.«

3.3 Zusammenfassende Perspektive. Den Ansätzen der Konfirmandenarbeit in Italien und der Jugendarbeit in England ist, bei wichtigen sowohl im jeweiligen Kirchentum als auch in den gesellschaftlichen Situationen begründeten Unterschieden, die Zuspitzung auf eine *christliche Antwort auf gesellschaftliche Herausforderungen* gemeinsam. Junge Christen sind auf dem Weg, zu Menschlichkeit und Kultur in ihren Gesellschaften beizutragen. Ein Leben aus den Quellen des Evangeliums vermag ihre Verantwortung, für die Zukunft der Menschen zu wirken, zu stärken.

21 Experience and Participation – A Review of the Youth Service in England, HMSO London/UK 1982.

22 *General Synod Church of England*, Towards a Policy for Work with Young People in the Church of England, London/UK 1982.

4. Theologische Bildungsprogramme als Element kirchlicher Erwachsenenbildung

4.1 »Begierig zu lernen« – Ein Bericht zur kirchlichen Erwachsenenbildung in Großbritannien. Unter dem Titel »Begierig zu lernen – Eine Übersicht über Materialien christlicher Erwachsenenbildung« legte *Rhoda Hiscox* 1986 im Auftrag des »Beratungsgremiums für das Amt der Kirche« einen umfassenden Bericht vor.[23] Darin werden eingehend 59 theologische Studienkurse für verschiedene Zielgruppen mit unterschiedlichen Abschlüssen auf Inhalte, Strukturen, Methoden und begleitende Arbeitsformen (Studienzirkel, Tutoren etc.) hin untersucht und verglichen: Ein wichtiges, darüber hinaus weisendes Ergebnis ist die Akzeptanz: Mehr als 12000 Teilnehmer sind zu diesen Kursen eingeschrieben, die Zahl der Abbrecher ist im Durchschnitt gering.

Aus Hiscox' insgesamt außerordentlich interessanter Studie zitieren wir lediglich aus den weiterführenden kritischen Fragen, welche die Autorin auf »uns selbst, den Glauben, die kirchliche Überlieferung, die Bildung und die Gesellschaft« bezieht:

Die Tatsache, daß viele Studienmaterialien einen Unterschied zwischen Lehrenden und Lernenden, Besitzenden, Wissenden, Verstehenden und Bedürftigen machen, daß einige Materialien unabsichtlich überlegen »rechte Christenmenschen« und »das Volk in der Kirchenbank« unterscheiden, führt zu der Frage, »wie eigentlich Lehrende und Lernende in den Lernprozeß einbezogen sind« (112).

Viele Materialien handeln von Gott und dem Glauben: Doch sie versäumen es, Chancen für »ein Wachsen im Glauben und eine Spiritualität zu eröffnen, welche ›angeeignet‹ werden kann und sich frei entfalten darf« (113).

Das Studium der Bibel ist allgemein zentral, zuweilen exklusiv, in anderen Fällen im Kontext mit Geschichte, Bekenntnis und Liturgie. Meistens wird die Kontinuität kirchlicher Überlieferung vermittelt, freilich »mehr als eine an der Vergangenheit orientierte als auf die Zukunft gerichtete Tradition«. »Beispiele von Diskontinuität hätten ein gründliches theologisches Fragen unterstützen können... es fehlen Rückfragen an die Tradition selbst« (114).

Bis auf bemerkenswerte Ausnahmen verwenden die meisten Studienmaterialien traditionelle Lehrmethoden; sie sind nicht anschaulich, »Kontextmodelle« sind seltener als akademische; »Gruppenarbeit ist meistens auf Diskussionen beschränkt; das Lernen geschieht weitgehend verbal, Imagination und Emotionen werden ignoriert« (115).

Die meisten Materialien sehen die Gesellschaft mit den Augen der Autoren, vorwiegend Geistlichen. Die gewählten Beispiele, oft eher besinnlich betrachtet, werden der Vielfalt der sozialen Umwelt, in der die Studierenden die meiste Zeit verbringen, nicht gerecht (117).

23 *Rhoda Hiscox*, Eager to Learn. A review of Christian adult learning materials, London/UK 1986.

In ihrer Zusammenfassung betont die Autorin die Möglichkeiten von Studienmaterialien, zur Verwirklichung von christlicher Verantwortung in Gesellschaft und Kirchengemeinden beizutragen, damit letztere dem Auftrag, zu versöhnen und zu heilen, gerecht werden können (118).

4.2 Zusammenfassende Perspektiven mit Blick auf ein niederländisches theologisches Fernstudienprogramm. Einige Desiderate aus der britischen Studie, z.B. das vertiefte Studium einzelner Themen anstelle längerer Listen von »Problemen« und die Entfaltung theologischer Thematik an aktuellen Herausforderungen, werden in dem niederländischen Programm »Theologische Bildung für Gemeindeglieder«[24] berücksichtigt. In diese Materialien gehen auch die *Prozesse der Verarbeitung und Problemfindung* aus Arbeitsgruppen ein. Für die Weite wie auch die Konkretion der gewählten Themen seien beispielhaft die Studienbriefe »Rabbinische Theologie« und »Feministische Theologie«, die Bearbeitung von »Molukkische Kirchen«, Liturgie, Katechese und Kirchengeschichte genannt.

Von herausragender Bedeutung ist wohl die Feststellung, daß nur eine an hohen inhaltlichen und didaktischen Standards orientierte kirchliche Erwachsenenbildung den Studierenden diejenigen Qualifikationen vermittelt, die ihnen die Wahrnehmung christlicher Verantwortung in beiden Bereichen, Gesellschaft und Gemeinde, ermöglicht. Das beinhaltet *Eigenständigkeit* bereits während des Studiums und *partnerschaftlich gemeinsames Lernen* von Lehrenden und Lernenden, übrigens ein Element rabbinischer Theologie, die zum jüdischen Erbe der christlichen Kirche gehört.

5. Folgerungen aus dem Blick in die Ökumene

Wir haben der eingangs erwähnten Notwendigkeit, in die Weite der Ökumene zu blicken und davon für eigene kirchliche Bildungsarbeit zu lernen, nur in geringem Maße entsprochen. Von afrikanischen, asiatischen, amerikanischen, australischen Beispielen, von denen zu lernen wäre, war überhaupt nicht die Rede. Die europäischen Beispiele, die wir zitierten, können uns auf andersartige Situationen ebenso aufmerksam machen wie auf von den unseren verschiedene Konzepte und praktische Wege. Wie diese zwischen diversen Praxisfeldern korrespon-

24 Theologische Vorming van Gemeenteleden, Raad voor de Katechese/Centrale voor Vormingswerk/H. V. D., Driebergen/NL.

dieren, läßt sich besonders an den Beispielen aus Großbritannien und Italien studieren.

Es hieße, die festgestellte Unvergleichbarkeit von Situationen übersehen, wollten wir in unseren Folgerungen alle genannten Beispiele nebeneinander stellen. Stattdessen sollen einige u.a. für die deutsche Situation wichtige Beobachtungen genannt werden:

– Der bei uns in den letzten Jahren herausgearbeitete Ansatz, Gemeindepädagogik als eine am *Lernort Gemeinde* orientierte Aufgabe theologisch und religionspädagogisch zu entwerfen (→ s.o. I, 3.4.) und von solchem übergreifenden Konzept Grundlagen und Praxishilfen für die verschiedenen Arbeitsfelder zu entwickeln, findet in verwandten Bestrebungen in anderen Kirchen und anderen Ländern eine bestätigende Entsprechung.

– Hinsichtlich des *Gesellschaftsbezuges* der Gemeindepädagogik, der in allen genannten Beispielen thematisiert, jedoch unterschiedlich entschieden wird, sind verschiedene deutsche Ansätze weiterzuentwickeln. Das betrifft vor allem die Verbindung von Altersstufen- bzw. Arbeitsfeldbezug einerseits und Vorbereitung auf eigenständige Wahrnehmung christlicher Verantwortung in der Gesellschaft andererseits.

– Auch hinsichtlich der verknüpfenden Berücksichtigung von *kirchlicher Überlieferung, aktuellen Herausforderungen und Zukunftsaufgaben* in der Gemeindepädagogik wäre aus einigen der Beispiele zu lernen.

– Die Frage nach der *Zusammenarbeit zwischen Kirchen und Konfessionen* an Grundlagen und in gemeindepädagogischer Praxis wird in unseren Beispielen unterschiedlich beantwortet. Insgesamt kann aus ihnen aber wohl eine Ermutigung zu mehr ökumenischer Zusammenarbeit abgeleitet werden. Dies ist nicht im Sinne ausgeschliffener Proklamationen des kleinsten gemeinsamen Nenners, jedoch im Sinne konstruktiver, wichtige Grund- und Praxisfragen entscheidender Orientierungshilfen gemeint.

– Alle unsere Beispiele verdienen ein aufmerksames Studium der *Details*, z.B. theologisch hinsichtlich der Frage, wieweit Grundentscheidungen, etwa des Bekenntnisses, in Konzepte für die Praxis umgesetzt werden, z.B. pädagogisch hinsichtlich der Beschreibung der Rolle von Kindern und Jugendlichen.

Literaturhinweise

Der Evangelische Erzieher 27/1975, 385ff. (Heft 6) Themenheft: »Religionsunterricht im Vergleich«.
H. Schultze/H. Kirchhoff (Hrsg.), Christliche Erziehung in Europa, Bd 1–5, Stuttgart/München 1975–1978.
G. Besier/B. O'Keeffe/H. Schultze (Ed.), Values and Norms in Scholl Education. An European Colloquium (Protokolle aus dem RPI H. 8), Loccum 1984.
J. M. Scutliffe (Ed.), A Dictionary of Religious Education, London 1984.

V.
Lebenslauf und religiöse Entwicklung

Hans-Jürgen Fraas

0. Einleitung

Verschiedene Motive haben seit den siebziger Jahren zunehmend zur Beschäftigung mit der religiösen Entwicklung des Menschen geführt.[1] Zum einen war es die sog. empirische Wende in der Religionspädagogik, die im Anschluß an die Frage nach dem Schüler als einer der wesentlichen Curriculum-Determinanten das abstrakte Menschenbild der Theologie durch den konkreten Adressaten religionspädagogischer Bemühungen zu ersetzen suchte und damit auf den Lernenden in seinen konkreten biographischen Situationen stieß. Diese Wende entsprach nicht nur einem allgemeinen Trend der Humanwissenschaften; sie entsprach zugleich einem Neuansatz des theologischen Nachdenkens über den Menschen, der den umfassenden Geltungsanspruch der dialektischen Theologie mit ihrem Mißtrauen gegenüber jeglicher Psychologie innerhalb des Selbstverständnisses des Glaubens zumindest relativiert hat. Daneben dehnte die – selbst relativ junge – empirische Sozialisationsforschung nach anfänglicher Beschränkung auf die erste Lebensphase nunmehr im Sinn sekundärer und tertiärer Sozialisation sich auf das gesamte Leben aus. Unter ihrem Eindruck wurde die klassische Entwicklungspsychologie, die weithin deskriptiv verfuhr, sich auf Kindheit und Jugend beschränkte und die Reifeprozesse eher passiv erleben ließ, in integrativem Sinn umgestaltet (vgl. die Arbeiten von *R. Oerter* und *L. Montada*). Diese neueren Modelle sind von ihrer Struktur her (Betonung der Beziehungsstruktur des Menschseins) für das theologische Denken prinzipiell interessanter. Die Erkenntnis, daß das Kind immer schon aktiv an den Lernprozessen teilnimmt, die Eltern andererseits, zumal angesichts der Herausforderung der neuzeitlichen Lebens- und Arbeitswelt, nicht aufhören zu lernen, führte schließlich zur Einsicht in die Notwendigkeit gemeinsamen lebenslangen, generationenübergreifenden Lernens.

1 *K. E. Nipkow*, Grundfragen der Religionspädagogik, Bd. 3, Gütersloh 1982, 30.

Wenn es richtig ist, daß der Glaube (als Vertrauen, als Hingabe, als unbedingtes Betroffensein) das Zentrum der Persönlichkeit betrifft, dann legt die Frage nach der Persönlichkeit die weitergehende nach der Entwicklung von deren Glauben nahe und umgekehrt. Dabei kann unter Betonung der gesellschaftlichen Bedingungen dieses Prozesses von religiöser Sozialisation oder unter Betonung des individuellen Aspekts von religiöser Entwicklung gesprochen werden. Erziehung, als »Lebensbegleitung« *(K. E. Nipkow)* verstanden, macht die Berücksichtigung entsprechender Forschungsrichtungen (der Sozialisationsforschung, der Selbstkonzeptforschung, der Lebenslauf-Forschung, der neueren Entwicklungspsychologie) auch für die theologische Anthropologie bzw. für die Religionspädagogik unerläßlich.

1. Das theologische Problem

Von religiöser Entwicklung zu sprechen, ist theologisch insofern problematisch, als der Entwicklungsbegriff ein biologistisches Mißverständnis nahelegt, als ob Religiosität, Glaube, Frömmigkeit des Menschen in gleichsam naturgesetzlicher Selbstverständlichkeit sich entfalten. Der religiöse Glaube im spezifisch christlichen Sinn als Rechtfertigungsglaube gründet aber nach seinem Selbstverständnis im Wirken des Heiligen Geistes: »Ich glaube, daß ich nicht aus eigener Vernunft noch Kraft an Jesus Christus meinen Herrn glauben oder zu ihm kommen kann....« Hinter dieser Selbstaussage des Glaubens steht der theologische Gedanke der Souveränität Gottes, der sein Schöpfungswerk in Freiheit vollzieht (creatio ex nihilo). Damit ist aber auch der konkreten Erfahrung Ausdruck gegeben, daß Glaube nicht machbar ist, nicht durch Appelle oder gutes Zureden zu erreichen, nicht auf dem Weg eines programmierten Lehrgangs zu erarbeiten ist oder auch nicht evolutionär im Lauf der Biographie sich von selbst ergibt. Glaube läßt sich weder als Entwicklungsergebnis noch als Umweltprodukt noch schließlich als Ausdruck der sinnstiftenden Fähigkeit oder Eigentätigkeit des Subjekts voll erklären. Glaube gründet selbst im Heilshandeln Gottes.

Dieses Heilshandeln vollzieht sich aber so, daß Gott sich in die Welt hineinbegibt, wie das der Gedanke der Inkarnation zu beschreiben sucht. Das Handeln Gottes geht in die soziokulturelle Wirklichkeit ein, ohne darin aufzugehen. Das heißt für den Glauben, daß er sich nicht unter oder über oder gar entgegen, sondern in, mit und unter den anthropologischen und geschichtlich-gesellschaftlichen Strukturen ereignet. Der Glaube manifestiert sich in der Lebenswelt des Menschen und wird damit sowohl unter biographisch-entwicklungspsychologischen, als auch unter gesellschaftlichen Bedingungen interpretierbar. Unter diesem Vorzeichen, im Sinn der Manifestation des Glaubens, kann nun von religiöser Entwicklung auch im Zusammenhang des christlichen Glaubens gesprochen werden, ohne daß die Souveränität des Handelns Gottes dadurch eingeschränkt würde.

1.1 Wachstum des Glaubens oder Wachstum im Glauben? K.E. Nipkow hat die Frage aufgeworfen, ob man von einem Wachstum des Glaubens sprechen kann.[2] Damit ist ein dogmatisches Problem berührt, nämlich die Spannung zwischen dem bleibenden Sündersein auch des Glaubenden, der im Glaubensakt jeweils neu sich als »gerechtfertigter Sünder« erfährt einerseits, und dem »Fortschreiten als kontinuierliche tägliche Buße und kontinuierliches tägliches Kommen Christi zum Menschen«[3] andererseits.

Beide Aspekte des Glaubens lassen sich dadurch vor dem Auseinanderbrechen bewahren, daß man zwischen dem Glauben als Begegnung und der Breite der religiösen Lebensformen als dem Niederschlag dieses Glaubens unterscheidet: Die Begegnung mit Gott, die der Person als ganzer zuteil wird, trifft den Menschen jeweils neu und ganz im Sinn der Rechtfertigung, während auf der Seite der daraus resultierenden Lebensform von einem fortschreitenden Prozeß im Sinn der Heiligung gesprochen werden kann. Dann ist das Wachstum des Glaubens genauer als ein Wachstum der religiösen Lebensformen des Glaubens zu bezeichnen.[4] Nicht der Glaube entwickelt sich, sondern der glaubende Mensch in seinen Lebensformen, seinen Ausdrucksweisen, seinem Vorstellungsvermögen usw. Der Glaube schon des Kindes als Gottesbeziehung ist im Vergleich zum erwachsenen oder alten Menschen bereits vollwertig; die religiösen Lebensformen, die Manifestationen des Glaubens bilden sich aber in zunehmendem Maß mit der Entwicklung der Persönlichkeit, mit der Lebenserfahrung, mit der Biographie weiter aus (→ s.o. I,3.3).

2 *K.E. Nipkow*, Wachstum des Glaubens – Stufen des Glaubens, in: *H.-M. Müller/D. Rössler (Hrsg.)*, Reformation und Praktische Theologie. Festschrift f. W. Jetter zum 70. Geburtstag, Göttingen 1983, 161 ff.

3 Ebd. 169.

4 Vgl. in diesem Sinn z.B. Hebr 6,1 f.

1.2 Glaube und Persönlichkeit. Glaube und Persönlichkeit stehen in einer unmittelbaren Wechselbeziehung. Der Glaube an Gott den Schöpfer (»ich glaube, daß mich Gott geschaffen hat«) behauptet Gott als den Daseinsgrund allen Seins und damit die Gottesbeziehung als Daseinsgrund des Personseins: Der Mensch entsteht bzw. besteht nicht durch sich selbst, sondern er erfährt sich als von außen her konstituiert. Der Glaubende deutet diese Erfahrung so, daß die Identität des Menschen letztlich in Gott gründet. Im Glauben wird dieses Gegründetsein bewußt und bringt sich selbst zur Gestalt. Wenn die Erfahrung des In-Gott-Gegründetseins Gestalt annehmen soll, so kann das nur in Symbolen geschehen, die einerseits der gegebenen Wirklichkeit angehören, gleichzeitig aber auch auf einen vorgegebenen Zusammenhang verweisen, der eben nicht anders als symbolisch darstellbar ist. So ist denn auch die Persönlichkeitsbildung oder Identitätsfindung dort, wo sie bis zur Frage nach ihrer Bedingtheit vordringt (religiöse Dimension der Persönlichkeitsbildung), auf entsprechende Symbole bezogen und drückt sich in entsprechenden Symbolen aus. Im Wirkungsbereich des christlichen Glaubens sind das die biblischen Symbole, unter anderen weltanschaulichen Voraussetzungen kommen entsprechende andere Symbole zum Tragen.

Die Wechselbeziehung von Glaube und Persönlichkeit gibt den religiösen Symbolen Einfluß auf den Persönlichkeitsaufbau.[5] Angesichts der generellen Ambivalenz von Symbolen ist allerdings auch dieser Einfluß ambivalent: Die Vorstellung des behütenden Gottes kann Persönlichkeitsschwäche kompensieren, Ichstärke vermitteln oder bestätigen und den Menschen handlungsfähig machen, kann aber andererseits Fluchttendenzen vor der Wirklichkeit verstärken und scheinbar legitimieren. Oder das Symbol des Kreuzes kann dazu befähigen, in konstruktiver Weise Leiden (eigenes oder für andere) auf sich zu nehmen, kann aber auch in destruktiver Weise Aggressionen gegen sich selbst mobilisieren. Die rechte Wirkung des einzelnen Symbols ergibt sich aus seiner Stellung im Zusammenhang der Biographie und seiner Wechselbeziehung zu den anderen Symbolen des Glaubens. So ist der einzelne auf den lebendigen Umgang mit den Symbolen in der christlichen Gemeinde angewiesen, wobei dieser Umgang die Gedankenarbeit der biblischen und systematischen Theologie im Hintergrund hat.

Nun wird der einzelne je nach seiner Persönlichkeitsstruktur bestimmte Symbolgestalten und die diesen entsprechenden Gemein-

5 Vgl. *H. Müller-Pozzi*, Psychologie des Glaubens, München 1975; *M. Kleßmann*, Identität und Glaube, München 1980.

schaftsformen bevorzugen. Aus dieser Individualität ergeben sich Frömmigkeitstypen, die z. B. im Schema tiefenpsychologischer Grundmuster beschreibbar sind.[6] Typen von Religiosität lassen sich als subjektiv angeeignete Religion erkennen. Die Frage nach der Zugehörigkeit zu dieser oder jener religiösen bzw. kirchlichen Gruppe ist damit immer zugleich auch eine Frage nach der jeweiligen Persönlichkeit und ihrer Lebensgeschichte.

2. Entstehungs- und Funktionstheorien von Religiosität

Angesichts der Interdependenz von Persönlichkeit und Glauben bzw. Persönlichkeit und subjektiver Religiosität ergeben sich parallel zu verschiedenen Persönlichkeitstheorien unterschiedliche Entstehungstheorien von Religiosität.

2.1 Dogmatische Denkansätze. Um der Vollständigkeit willen sollen zunächst diejenigen *Denkansätze* erwähnt werden, *die zwischen Glauben und Religiosität scharf trennen*, die psychosoziales Gestaltwerden des Glaubens abwerten und damit im Grund aus dem hier zu erörternden Rahmen herausfallen.

So versteht *S. Kierkegaard* Glauben als Freiheitsakt bzw. als Willensäußerung oder Entscheidung. Dieser Freiheitsakt setzt eine reife Persönlichkeit voraus. Für den Glauben des Kindes vermag Kierkegaard kein Verständnis aufzubringen; kindlicher Glaube ist ihm »ohne rechten Ernst«. »Die Wahrheit ist: man kann nicht Christ werden als Kind, das ist ebenso unmöglich, wie es für ein Kind unmöglich ist, Kinder zu zeugen. Das Christwerden setzt (nach dem Neuen Testament) das volle Menschsein voraus, was man im natürlichen Verstand Mannesreife nennen könnte, – und dann wird man Christ, indem man mit allem bricht, woran man unmittelbar hangt. Das Christentum setzt nach dem Neuen Testament ein persönliches Bewußtsein der Sünde und von sich selbst als Sünder voraus.«[7]

Die Gedanken Kierkegaards wirken über die Existenzphilosophie auf

6 *H. Liersch* (Der Gottesdienst und die vier tiefenpsychologischen Grundmuster, in: WPKG 66/1977, 215ff.) findet in den vier typischen Positionen zum Thema Gottesdienst die vier von F. Riemann ausgearbeiteten tiefenpsychologischen Grundmuster der schizoiden, depressiven, zwanghaften und hysterischen Form der Welterfahrung wieder.

7 *S. Kierkegaard*, Der Augenblick. Flugschriften 1855, Düsseldorf 1959, 235f.

breite Teile der protestantischen Theologie des 20. Jahrhunderts ein. Nach *R. Bultmann* ist der Glaube »in Einem die entschlossene Entscheidung für das gehörte Wort und die Entschlossenheit, die alle möglichen zukünftigen Entscheidungen des Lebens in der Zeit schon ergriffen hat...“[8] Mit der deutlichen Trennung zwischen Religion und Glauben im Gefolge der Dialektischen Theologie wird der kindlichen Religiosität die theologische Dignität abgesprochen; ihre Entwicklung wird unter dem Kriterium der Glaubensentscheidung als bedeutungslos bzw. als das Wesen des christlichen Glaubens verfehlend deklariert. Damit ist der biographische Spannungsbogen des Glaubensweges auf den jeweiligen Akt der Entscheidung reduziert.

Anders wertet *M. Luther* den Glauben des Kindes (vor allem den Säuglingsglauben bei der Kindertaufe), aber nicht im psychologischen Denkzusammenhang, sondern im soteriologischen Interesse: nämlich als Zeugnis für die Unabhängigkeit und Gewißheit des Wortes Gottes. Für Luther ist nicht das Kind in seiner Entwicklung wichtig, sondern das Geschehen am Kind von Gott her im Sinn der zuvorkommenden Gnade. Die Kindertaufe bildet den Grund für das, was man mit religiöser Entwicklung bezeichnen kann: Im Menschen entfaltet sich ohne Zutun der menschlichen Natur das Gnadengeschehen. Luthers Interesse kreist um die Treue Gottes, der aber das Trauen des Menschen korrespondiert *(O. Weber)*. Mit der Trennung beider, mit dem Auseinanderreißen von Gottes Tat und menschlichem Verhalten ergibt sich eine Zweigleisigkeit, die der Interdependenz von Glauben und Persönlichkeit im Sinn der empirisch aufweisbaren Gestaltwerdung des Glaubens nicht gerecht zu werden vermag. Selbst die punktuelle Bekehrung – als Umstrukturierung des das Leben bestimmenden Bezugssystems beschreibbar – bereitet sich im psychischen Bereich vor und prägt sich darin aus.

2.2 Anlage-Theorien. Von einer religiösen Anlage des Menschen ist vor allem im katholischen Denken die Rede (*Th. Kampmann, A. Burgardsmeier, W. Meiler* u..a.). Diese Theorie beruht auf der Lehre von der Analogie des Seins und drückt sich aus in der Rede von der »anima naturaliter christiana«. Die religiöse Anlage drängt und gelangt unter entsprechender Hege und Pflege zur Entfaltung. Auf diesem Hintergrund kann *H. Hetzer* konstatieren, das Kind fühle sich »von innen her zu der Gottesvorstellung hingedrängt«.

In säkularisierter Gestalt begegnet die Anlage-Theorie z. B. bei *J. J.*

8 *R. Bultmann*, Das Evangelium des Johannes, Göttingen 1941, 421.

Rousseau, dessen aufklärerisches Religionsverständnis auf den Vernunftideen Gott, Freiheit, Unsterblichkeit basiert und mit einer Entwicklung rechnet, die durch kulturbedingte Eingriffe nur verfälscht werden kann. So stellt er sich für seinen »Emile« vor, daß dieser, wenn er von jeglichen Einflüssen freigehalten wird, die ihm bzw. der Vernunft gemäße Religiosität ausbilden werde.

In einem mehr formalen Sinn kann bei *C. G. Jung* von einer religiösen Anlage gesprochen werden, die im Bereich des kollektiven Unbewußten wurzelt und sich als Zentrierungstendenz bemerkbar macht, als Tendenz des Ich, sich auf seine Ganzheit hin zu entfalten, wobei diese Ganzheit, das Selbst, dem Ich transzendent bleibt und von Jung gelegentlich mit »Gott« identifiziert werden kann.

Innerhalb der protestantischen Theologie ist im Anschluß an Kant die Lehre vom religiösen Apriori ausgebildet worden. Wenn *F. D. E. Schleiermacher* das Gefühl zur eigenständigen Provinz des Religiösen im menschlichen Geist erklärt, so ist damit eine Vorstufe dieser Lehre gekennzeichnet. Über *E. Troeltsch* (er versteht das religiöse Apriori als das in der Religion waltende und sie produzierende Vernunftgesetz) hinaus wurde sie vor allem von *R. Seeberg* im Sinn einer formalen Geistesanlage ausgeprägt. Sie besteht in der Fähigkeit des geschaffenen Geistes, des absoluten Geistes unmittelbar innezuwerden.

In der neueren protestantischen Theologie ist der Gedanke von einem a priori gegebenen Strukturelement des menschlichen Seins verbreitet im Gedanken der Weltoffenheit, Transzendenz-Verwiesenheit, der Fähigkeit des Menschen, sich selbst zu transzendieren. Es ist der »konstitutive Bezug des Menschen auf die religiöse Thematik«,[9] dessen lebensgeschichtliche Ausgestaltung den allgemeinen Bedingungen menschlicher Entwicklung unterliegt. Der mißverständliche Begriff der Anlage wird damit durch die Wechselbeziehung zwischen struktureller Vorgabe und soziokultureller Lebenswelt ersetzt.

2.3 Anlage-Umwelt-Theorien. Unter zunehmendem Einfluß soziologisch orientierter Fragestellungen wird die Anlage-Theorie mehr und mehr durch Umwelt-Theorien verdrängt, wobei sich zunächst jeweilige Ausschließlichkeitsansprüche gegenüberstehen. Seit den sechziger Jahren spricht man von einem »leib-seelischen Wechselprozeß der aufsteigenden Integration, dem die wenigen angeborenen Strukturen von Anfang an derart von den Erfahrungen zwischenmenschlichen Zusammenle-

9 *W. Pannenberg*, Anthropologie in theologischer Perspektive, Göttingen 1983, 227.

bens überformt werden, daß man schließlich nicht mehr unterscheiden kann, was Anlage war, und was Ergebnis der individuellen Entwicklung ist«.[10]

Religiosität erweist sich in diesem Denkansatz nicht als vorgegebenes (metaphysisch ableitbares) Wissen um Gott oder angeborenes Vertrauen usw., sondern als ein im Rahmen der Ichentwicklung erworbenes, wiewohl strukturell typisches und damit notwendiges (Such-)Verhalten: Ihre Entwicklung ist durch die Beziehungsstruktur des Menschseins vorstrukturiert, aber in konstitutivem Maß von der Umwelt abhängig. So kann *M. Langeveld*, noch im Bild der Biologie bleibend, von »Pfropfstellen des Glaubens« sprechen.[11]

Der Erklärungsansatz *R. Ottos* beschreibt Religiosität als Antwortverhalten auf die Erfahrung des Numinosen im gefühlshaften Bereich, in der Nachbarschaft zum Staunen, Erschrecken, Sich-Fürchten, Angezogensein usw.[12] So entsteht eine Bereitschaft für die Rede von Gott: »Kein Kind erfindet Gott, aber jedes ist bereit, an ihn zu glauben« *(O. Kroh)*.[13]

Nach *S. Freud* verbindet sich die von der psychischen Entwicklung her zwangsläufige Ödipusproblematik mit den durch das Über-Ich vermittelten kulturellen Normen zur Religion als »kollektiver Zwangsneurose«. In Verbindung mit Marx'schem Gedankengut (*W. Reich* u. a.) tritt die Umwelt-Komponente über Freud hinausgehend in den Vordergrund.

C. Bühler sieht die Umwelterfahrung im Zusammenhang mit dem im Menschen strukturell angelegten Kausalitätsbedürfnis: »Das Kind kommt im Fragealter auf einen logischen Weg zu Gott als letztem Bewirker aller Wirklichkeit. Das Kind kommt zwingend zum Gottesbegriff oder zu einer prinzipiellen Gottesvorstellung.«[14] Zwingend ist dieser Gedanke allerdings nur unter der Voraussetzung, daß »Gott« durch die Umwelt in den Gedankenkreis des Kindes eingeführt wird. Die zwangsläufig eintretende kognitive Aktivität des Kindes[15] führt zwar zu einer Reflexion über den Sinn der eigenen Existenz, ergibt aber nur eine Fragehaltung, die selbst schon als Religiosität zu bezeichnen, problematisch ist.

10 *H.-J. Seeberger*, Psychoanalytische Vorbemerkungen zum Religionsunterricht, in: EU 22/1967, 26.
11 *M. Langeveld*, Das Kind und der Glaube, Braunschweig 1959, 13.
12 *R. Otto*, Das Heilige, Breslau 1917.
13 *O. Kroh*, Psychologie des Grundschulkindes, 4.–6. Aufl., Langensalza 1930, 254.
14 *C. Bühler*, Kindheit und Jugend, Leipzig 1930, 342.
15 *R. Oerter*, Moderne Entwicklungspsychologie, Donauwörth [2]1968, 228.

Fraglich ist aber auch, ob das genannte Kausalitätsbedürfnis des Menschen primär ist, oder ob es nicht selbst als Sozialisationsprodukt des naturwissenschaftlichen Zeitalters zu verstehen ist, das sich aus einem ursprünglichen Finalitätsbedürfnis (Frage nicht nach der Ursache, sondern nach dem Zweck und Sinn der Dinge) herleitet. Nach dem psychoanalytischen Denkschema ist der Anfang der psychischen Entwicklung in der Mutter-Kind-Symbiose zu sehen, deren Zerbrechen das Bedürfnis nach Sinnvergewisserung, nach Geborgenheit und damit eine auf Ganzheit gerichtete Suchhaltung, die zunächst als Finalismus erscheint, aus sich heraussetzt. Der religiöse Entwicklungsprozeß würde sich dann darauf beziehen, daß diese Suchhaltung in der Wechselbeziehung zu Umweltgegebenheiten und soziokulturell vermittelten Inhalten und Symbolen unter ständigem Finden und Verwerfen von Antworten sich vollzieht. Ein Abbruch dieses Prozesses erwiese sich im religiösen Sinn als Verabsolutierung eines innerweltlichen Objektes (Götzenbildung), im psychologischen Sinn als Abspaltung einer Teilenergie und damit als neurotisch. Eine solche Auffassung entspricht biblischem Denken insofern, als auch dort der Glaubende immer noch als auf dem Weg befindlich, Anfechtungen ausgesetzt, seiner Vollendung entgegengehend gedacht ist. Christliche Erziehungs- und Bildungsangebote würden sich demgemäß im weitesten Sinn als Entwicklungshilfe darstellen, die die Begegnung mit den jeweils notwendigen Symbolen und den angemessenen Umgang mit ihnen ermöglicht.

2.4 Sozialisationstheorien. Theorien der religiösen Sozialisation, die wiederum in sehr unterschiedlicher Ausprägung vorliegen,[16] setzen mit einer deutlichen Prävalenz der Umwelteinflüsse ein. Radikale (materialistische, behavioristische, systemtheoretische) Theorien negieren den Freiheitsspielraum des einzelnen im Sinn totaler Vergesellschaftung, während häufiger von Wechselbeziehung zwischen Individuum und Gesellschaft ausgegangen wird: Durch Partizipation am Lebensmodell seiner Bezugsgruppe, durch ständige Interaktionen, durch Übernahme der von den anderen erwarteten Rolle, durch Nachahmung und durch Identifikation, zugleich aber durch subjektive Aktivität von Anbeginn an, durch eigene Gestaltung der zugedachten Rolle usw. eignet das Kind sich das Modell an, mit dem die Bezugsgruppe/die Bezugspersonen die Welt deuten und die Lebensprobleme zu lösen suchen.

Während in vorneuzeitlichen Verhältnissen diese Funktionen durch die jeweilige Kirchenzugehörigkeit mehr oder weniger voll erfüllt waren,

16 Vgl. *C. Morgenthaler*, Sozialisation und Religion, Gütersloh 1976.

kommt es im gegenwärtigen Bedeutungsschwund der Kirche im gesellschaftlichen Leben, im pluralistischen Angebot von Sinn-Systemen und der Privatisierung religiöser Vorstellungen und Bindungen zu einer Differenzierung: Im engeren Sinn wird religiöse Sozialisation als kirchliche Sozialisation interpretiert, als Übernahme der in einer bestimmten kirchlichen Gruppe geltenden Vorstellungs- und Lebensformen *(L. Vaskovics)*. Konsequenterweise ist dann von einem Sozialisationsdefizit in weiten Kreisen der Gesellschaft die Rede.

Religiöse Sozialisation im weiten Sinn meint die religiöse Dimension jeglicher Sozialisation, sofern diese auch unter Absehung tradierter christlicher Symbole und Inhalte Funktionen erfüllt, die zur Identitätsfindung des einzelnen in der Gesellschaft führen, Funktionen der Sinnfindung und Kontingenzbewältigung (*N. Luhmann; W.-D. Bukow* u.a.).

In einem dritten Sinn kann von religiöser Sozialisation im Zusammenhang einer Theorie des neuzeitlichen Christentums *(T. Rendtorff)* gesprochen werden, sofern nach der Bedeutung und Wirksamkeit christlichen Traditionsgutes innerhalb der Gesellschaft und der Entwicklung des einzelnen gefragt wird, das aber nicht im strikten kirchlichen Kontext und im Zusammenhang von Kirchenzugehörigkeit vermittelt wird, sondern im Kontext der Wirkungsgeschichte des christlichen Glaubens als eines konstitutiven Elementes der Alltagswelt weit über die Kirchengrenzen hinaus *(P. Biehl; H.-J. Fraas)*. Dieses Modell bleibt also auf geschichtlich vermittelte Inhalte bezogen, denen sich der einzelne generell auch mehr oder weniger entziehen kann bzw. denen die gesamte Gesellschaft oder gesellschaftliche Gruppen entwachsen können (*D. Stoodt*: neutralisierte Religion; Desymbolisierung), so daß dann nach Äquivalenten zu fragen ist, mittels derer derjenige seine Lebensgeschichte interpretiert, dem die christliche Symbolik bedeutungslos geworden ist.

3. Theorien zum religiösen Lebenslauf

Der religiöse Lebenslauf oder die »religiöse Karriere« *(W. Marhold/M. Schibilsky)* wird in der Regel innerhalb drei verschiedener Ansätze dargestellt.

3.1 Unter institutionellem Aspekt werden die Einflüsse der verschiedenen aufeinander folgenden Sozialisationsagenturen, Familie, Kindergarten, Schule, Konfirmandenunterricht, kirchliche Jugendarbeit usw. untersucht. Vom Ansatz her verbleibt diese Fragestellung im kirchensoziologischen Rahmen, das heißt in der Frage, inwieweit der Heranwachsende im Blick auf ein kirchenkonformes Verhalten geprägt wird. Entsprechende Untersuchungen zum Bestand der Volkskirche erforschen religiöses Verhalten mit statistischen Methoden. So zeigt sich z. B. eine hohe Wahrscheinlichkeit dafür, daß Kinder mit kirchlicher Primärsozialisation (kirchlicher Prägung in der Familie) im späteren Alter einen höheren Gottesdienstbesuch aufweisen, daß nach der Konfirmation die religiöse Karriere abbricht usw.[17]

3.2 Der psychoanalytische Ansatz stellt die religiöse Entwicklung im Anschluß an die durch *E.H. Erikson* ausgearbeitete Phasentheorie Freuds (Säuglingsalter, Kleinkindalter, Spiel-, Schulalter, Adoleszenz, frühes Erwachsenenalter, Erwachsenenalter, reifes Erwachsenenalter) dar. Die Religiosität ist jeweils geprägt durch die biophysisch-soziale Struktur der entsprechenden Phase *(M. Kleßmann)*. Sie entwickelt sich in der Spannung der beiden Grundbedürfnisse des Menschen, Geborgenheit und Freiheit, wobei die frühkindliche Elternerfahrung eine wesentliche Rolle spielt *(A. Vergote; H. Faber)*.

Religion erscheint hier als Element der Persönlichkeit bzw. von deren Reifeprozessen. Zu beachten ist, daß den religiösen Symbolen im Zusammenhang der Persönlichkeitsfindung eine durchaus ambivalente Bedeutung zukommt. So kann die Rede von Gott dem Vater Ausdruck bzw. Motiv sowohl vertrauensvoll kreativer Lebensgestaltung als auch regressiver Fluchttendenzen sein (→ s. o. V, 1.2).

3.3 Kognitivistische/strukturalistische Ansätze finden sich – unter Aufnahme der Forschungsergebnisse von *J. Piaget* und *L. Kohlberg* – bei *F. Oser* und *R. Goldman. F. Oser* geht davon aus, »daß es für jeden Menschen genauso wie mathematische, logische, moralische usw. auch kognitive religiöse Strukturen gibt, bzw., daß die sog. religiösen Handlungsabläufe formalisierbar seien und sich in operative Schemata transformieren lassen«.[18] Er gelangt dabei zu sechs Stufen: Orientierung an absoluter Heteronomie, am »do ut des«, an Selbstbestimmung, an Autonomie und Heilsplan, an Intersubjektivität, an universeller Kommunikation und Solidarität. Religiöse Erziehung muß auf Erkenntnis dieser Entwicklungsstu-

17 Vgl. z. B. *M. Schibilsky*, Religiöse Erfahrung und Interaktion, Stuttgart 1976; *A. Feige*, Erfahrungen mit Kirche, Hannover 1982.

18 *F. Oser/P. Gmünder/U. Fritsche*, Stufen des religiösen Urteils, in: WzM 32/1980, 387ff.

fen basieren und durch entsprechende Eingaben die jeweils nächsthöhere Entwicklungsstufe anbahnen.

Problematisch ist an diesem Ansatz die Überbewertung des Kognitiven. Religion drückt sich zwar auch in Kognition, in Gedankensystemen aus, aber erst im sekundären Sinn. Das symbolische Denken ist wohl der Kognition zugänglich, aber nicht mit ihm identisch. Osers Denken zielt auf theoretische Urteilskompetenz, die auch vom Intelligenzquotienten und sozial bedingtem Bildungsniveau abhängt. Religion ist demgegenüber etwas Unmittelbares, Bewußtsein und Unterbewußtsein umfassendes Ganzheitliches.

Weiter legt der Stufenbegriff die Vorstellung nahe, daß es sich um eine Wertung handele, und zwar nicht nur im Hinblick auf die abstrakte Denkfähigkeit, sondern eben auf Religion. Das hieße, daß der universal denkende Theologe die höchste Stufe erreicht hätte; für den universal denkenden Atheisten wäre dabei unter Voraussetzung von Osers Religionsbegriff kein Platz. Vor allem aber würde damit die Vorbildhaftigkeit des Kindes für den Glauben (»so ihr werdet wie die Kinder...") gegenstandslos. So ist wohl von einer kognitiven Entwicklung zu sprechen, an der auch die religiösen Vorstellungen teilhaben; die Entwicklung betrifft aber im strengen Sinn das Kognitive, nicht das Religiöse.

3.4 Die vermittelnde Theorie J. W. Fowlers versucht, psychosoziale Ansätze (*E. H. Erikson, D. Levinson*, also die auf Freuds psychosexuelle Konstruktionen zurückgehende Theorie von Lebenszyklen, aber auch C. G. Jungs Überlegungen zum Individuationsprozeß) mit kognitivistischen Theorien *(J. Piaget, L. Kohlberg)* zu verbinden und »eine Folge von entwicklungsmäßig miteinander verbundenen stadienartigen ›Stilen‹ von Glaubensbefindlichkeiten« darzustellen.[19] Dabei ergeben sich sieben Stadien: der undifferenzierte Glaube, der intuitiv-projektive Glaube, der mythisch-literale Glaube, der synthetisch-konventionale, der individuativ-reflektive, der konjunktive, der universalisierende Glaube. Anders als bei Oser wandelt sich nach Fowler der Umgang mit den Symbolen in einer Weise, daß die späteren Stufen die früheren im Hinblick auf die Partizipation an dem, was das Symbol repräsentiert, nicht entwerten. Schwierigkeiten für die Praxis ergeben sich darin, daß die vierte Stufe kaum vor dem zwanzigsten Lebensjahr (Adoleszenz) erreicht wird, die sechste Stufe überhaupt nur in Ausnahmefällen erreichbar ist.

19 *J. W. Fowler*, Theologie und Psychologie in der Erforschung der Glaubensentwicklung, in: Concilium 14/1982, 444.

Gegenstand der Entwicklung ist nach Fowler der Glaube (faith) im Sinne von Lebensglauben, also ein Orientierungsmuster der Person, das über die christliche Inhaltlichkeit hinausgeht. Allerdings täuscht sich Fowler, wenn er seine Theorie als empirisch gewonnen ansieht und deren normative Implikate im Hinblick auf die wahre Gestalt des Glaubens als Zielorientierung der gesamten Entwicklung übersieht. Auch er beschränkt, ähnlich Oser, das religiös Christliche auf die kognitiv-ideologische Dimension. Charismatische Bewegungen etwa müßten nach Fowler ganz niedrig eingestuft werden. *W. Neidhart* weist den Begriff »Wachstum« zur Deutung innerer Wandlungen zurück: Der Frühling ist seinem Wesen nach nicht besser als der Winter, der Sommer nicht besser als der Frühling: jede Jahreszeit spielt in der Entfaltung des Lebenszyklus eine bestimmte Rolle, ohne daß damit eine Wertung gegeben wäre. Das Überschreiten von einer Lebensphase zur anderen bedeutet keineswegs nur Gewinn, sondern stets auch Verlust.[20]

4. Religiöse Entwicklung und Identität / Persönlichkeit / Biographie

Wenn man wie oben davon ausgeht, daß Religiosität und Persönlichkeit in engem Zusammenhang stehen, genauer: daß die Identität des Menschen nach der Sicht des Glaubens in der Gottesbeziehung gründet und diese begründende Beziehung, mithin das im Glauben gelungene Leben in Symbolen sich ausdrückt und vermittelbar ist, bietet sich für die zusammenhängende Darstellung der religiösen Biographie das schon genannte *Identitätskrisen-Modell Eriksons* als Leitfaden an. Es kommt einer Persönlichkeitstheorie am nächsten und bietet damit die Möglichkeit, Teilaspekte wie die kognitive Entwicklung, die Entwicklung des moralischen Urteils, die gesellschaftlichen Faktoren zu integrieren. Identität muß sich jeweils behaupten in der Dialektik von Erstarrung einerseits, Diffusion andererseits (eine Grenze Eriksons liegt darin, daß er zwar die Identitätsdiffusion, nicht aber die Erstarrung als Gefahr wahrnimmt, so daß sein Schema dazu tendiert, Anpassung an das soziale System als Norm zu begreifen). Eriksons Entwurf erweist sich als für die theologische Fragestellung offen; denn die Frage nach der Integrität biographi-

20 *W. Neidhart*, Die Glaubensstufen Fowlers und die Religionspädagogen, in: *H.-J. Fraas/H.-G. Heimbrock (Hrsg.)*, Religiöse Erziehung und Glaubensentwicklung, Göttingen 1986, 131f.

schen Lebenssinnes geht über die psychologische Fragestellung von vornherein hinaus.[21]

4.1 Die religiöse Biographie und die sie gestaltenden Faktoren. Die religiöse Entwicklung soll als derjenige Aspekt der allgemeinen Entwicklung verstanden werden, der das Sich-Gegebensein des Menschen, seine Bedingtheit, seine schlechthinnige Abhängigkeit thematisiert und ausgestaltet.

Ein erster Faktor dieses Geschehens ist die *soziale Struktur*: Der Mensch erfährt sich ständig in der Beziehung zu anderen – als Neugeborener in der umfassenden Beziehung zur Mutter, später als Partner in einem zunehmend komplexen Rollengeflecht. Die psychodynamische Entwicklung (die Ich-Entwicklung in der Spannung Triebleben/Es und Umweltstrukturen/Über-Ich), ebenso die kognitive Entwicklung (als Ausbildung kognitiver Strukturen in Auseinandersetzung mit der durch Personen vermittelten Umwelt) vollzieht sich im Beziehungsgeflecht zu Bezugspersonen und Bezugsgruppen, im sozialen Kontext, im Dialog. Es ist bezeichnend, daß alte und alleinstehende Menschen zu Selbstgesprächen neigen oder zu Haustieren einen quasi-menschlichen Kontakt ausbilden. In dieser menschlichen Erlebnisstruktur wurzelt die Fähigkeit, sich auf einen umgreifenden Sinnhorizont zu beziehen, wie er im Gottesglauben seinen manifesten Ausdruck und im Gebet seine Gestaltung findet.

Dabei sind die Beziehung zu Mutter und Vater das ständig wiederholte Modell für die Begegnung mit anderen, für die unbewußten Erwartungen an den anderen und die Reaktionen auf die Erwartungen des anderen. So gewinnen die Eltern eine lebensgeschichtliche Bedeutung, auch für die Begegnung mit Gott bzw. für das Gottesbild. Aber auch später begegnende signifikant Andere (Lehrer, Konfirmator, Verwandte, Vorbilder) können eine intensive Wirkung auf die Lebensgeschichte haben. *Ein zweiter* wichtiger *Faktor* ist die *Bezugsgruppe bzw. das Wertsystem*, an dem sie sich orientiert. Das Kind übernimmt zunächst zwangsläufig die im alltäglichen Umgangsstil, Sprachgebrauch, Lebenslauf enthaltenen Einstellungsmuster einschließlich der darin sich ausdrückenden Wertwelt. Gegenstände und Einrichtungselemente der Wohnung, Spielmaterial, die Art der Freizeitgestaltung, die Art der Kommunikation untereinander, aber dann auch der Ton, in dem z.B. von Kirche oder

21 Vgl. aber *G. Schneider-Flume*, Die Identität des Sünders, Göttingen 1985. Die Kritik Schneider-Flumes relativiert sich durch die Unterscheidung dessen, was Erikson selbst leistet, von dem, wofür sein Modell prinzipiell offen ist.

Gott oder Pfarrer gesprochen wird, wirkt sich im Aufbau der kindlichen Wertwelt aus. Insofern ist die religiöse/areligiöse/antireligiöse oder wie auch immer weltanschauliche Prägung des Familienklimas für die Entwicklung des Heranwachsenden ebenso bestimmend wie etwa der Kindergarten – von daher die Bedeutung des kirchlichen Kindergartens für den Gemeindeaufbau ebenso wie für die individuelle Lebensgestaltung des einzelnen, die Bedeutung von Jugendgruppen usw.

Als ein *dritter Faktor* ist die *biographische Lebenssituation* zu nennen. Hierzu gehören körperliche Verfaßtheit, persönliches Schicksal, ökonomische (Beruf, Schichtenzugehörigkeit) oder ökologische (Wohnort, Wohngegend usw.) Bedingungen sowie die Frage des Lebensalters.

Nach der Erkenntnis *C. G. Jungs* ist der Mensch in der ersten Lebenshälfte (etwa bis 35) stärker mit der Expansion und dem Aufbau seiner äußeren Lebensbedingungen beschäftigt (Berufsbildung, Familienplanung), während er in der zweiten Lebenshälfte stärker geneigt ist, nach dem bleibenden Sinn des Erworbenen bzw. nach der Bedeutung des Verfehlten oder Nichterreichten zu fragen. Rein psychoökonomisch gesehen kann dem in Streßsituationen des Arbeitslebens stehenden Menschen weniger Zeit verbleiben, sich mit Glaubensfragen zu beschäftigen; gegen Lebensende ist nicht nur die Nähe des zu erwartenden Todes, sondern auch die zeitliche Muße ein Motiv, sich mit Glaubensfragen zu beschäftigen (»Im Alter der Psalter«) – eine Tendenz, die allerdings durch gegenwärtige Entwicklungen (Jugendlichkeit als gesellschaftliches Ideal, Aktivierung des Rentnerlebens) eher unterlaufen wird. Kirchliche Bildungsangebote können hier die Aufgabe gewinnen, unter Aufnahme der situativen Möglichkeiten auf die Beschäftigung mit religiösen Themen und auch mit der Frage der Bewältigung des eigenen Sterbens (ars moriendi) hinzuwirken.

Als *einem vierten Faktor* kommen bestimmte *Institutionen* wie Schule oder Kirche in den Blick. Die bürokratisch organisierten Großinstitutionen rufen aber Aversionen hervor: Kirche wird in der Regel erst »sympathisch« in der konkreten Gestalt zugänglicher Repräsentanten der Institution.

Die *allgemeinen Sozialisationsbedingungen* (Massenmedien, allgemeine Grundtendenzen der Gesellschaft wie Konsumhaltung, Leistungsprinzip u.ä.) wirken sich *als fünfter Faktor* weithin bestimmend auf die Lebensgestaltung aus und können religiöse Einstellungen ebenso verstärken wie erschweren. Das Leistungsprinzip z.B. vermittelt eine Grundhaltung, die in eklatantem Widerspruch steht zur Erfahrung des Glaubens im Sinn eines bedingungslosen Angenommenseins. Andererseits können Brauchtum (Weihnachten), Wertbewußtsein (Weltfrieden), Ritualisierungen (Toten-Kult) zumindest die Erinnerung an religiös gestaltete Lebensformen bewahren.

4.2 Die Phasen der religiösen Entwicklung

4.2.1 Kindheit. Man geht heute davon aus, daß das *Kind von Anbeginn* aktiv an der Kommunikation und damit an seiner eigenen Entwicklung beteiligt ist. Die Geburt kennzeichnet die Grundsituation des Menschen, selbst sein zu müssen und doch nicht selbst sein zu können. Um dieses »Selbst«, um seine Begründung, Entstehung und Behauptung in der Abfolge der Lebenskonflikte kreist die Thematik der menschlichen Biographie; Geborgenheit und Freiheit als die beiden Grundbedürfnisse des Menschen stehen in einer dialektischen Beziehung zueinander.

Ausgangspunkt ist die symbiotische Ungeschiedenheit von Innen- und Außenwelt. Träger der kindlichen Existenz, der Identität des Neugeborenen ist auch nach der Geburt noch die Mutter; sie hat für die Welterschließung des Kindes eine Schlüsselfunktion. In der Beziehung zu ihr gründet das Urvertrauen, die Dialoghaltung, das Selbstwertgefühl, die Liebesfähigkeit. Das entstehende Vertrauen des Kindes muß aber der realen Erfahrung gerecht werden können; in den Phasen der Entwöhnung wird es jeweils neu infragegestellt. Anhand von gefühlsbesetzten Gegenständen (Schmusedecke, Teddy) lernt es, das Vertrauen auch unter Verzicht auf die konkrete Gegenwart dessen aufrechterhalten zu können, der ihm Geborgenheit verbürgt. In diesem Zusammenhang entsteht die Symbolfähigkeit.

Das kindliche Ich wächst am Gegenüber, an der Begrenzung seiner anfänglichen unrealistischen Allmachtsgefühle; Identität entsteht in der allmählichen Ausgrenzung des Ichs aus dem Umgreifenden und aus der weitergehenden Wechselbeziehung mit diesem als dem umgreifend erlebten Gegenüber. Der religiöse Aspekt von Identität ist hier noch nicht thematisch, wohl aber strukturell offensichtlich. Pflege- und Erziehungsverhalten sind praktizierter Glaube im weitesten Sinn, praktiziertes Urvertrauen der Bezugsperson. Die Deutung des Verhaltens tritt erst später hinzu (wo die Mutter etwa über dem Kind und mit dem Kind betet, vermittelt sie von vornherein ihr eigenes Bezogensein auf einen größeren Zusammenhang und bietet damit eine Deutung der praktizierten und vom Kind erlebten Beziehung an). Das Urvertrauen spiegelt sich in vielen biblischen Symbolen wider, in Symbolen der Geborgenheit in Gott, der Mütterlichkeit Gottes, der Hand Gottes usw. Theologisch begrifflich besteht das Mütterliche in der aller menschlichen Leistung zuvorkommenden Gnade. In ihrer religiösen Lebenspraxis vermögen die Eltern von Grund auf die Bedingtheit und den Bedingungscharakter christlich verstandener Identität, christlich verstandenen Urvertrauens indirekt zu vermitteln; aber auch nicht religiös praktizierende Eltern eröffnen dem Kind eine Erfahrungsgrundlage, die in die spätere Symbolbildung einzufließen vermag bzw. darin sich wiederfindet. Insofern ist nur bedingt von einem religiösen Sozialisationsdefizit der Familie zu sprechen. Ganz ohne entsprechende frühkindliche Erfahrung müßte der spätere Gottesbegriff leer bleiben; eine bloß kognitiv vermittelte Vorstellung vermag niemals zum orientierenden Symbol zu werden.

Um die *Wende des zweiten Jahres* erwirbt das Kind in sich erweiternden und komplizierenden Rollenbeziehungen die Grundlagen jener Ich-Identität, die es ihm ermöglicht, von sich selbst als »Ich« zu sprechen.[22] Die nach dem Schema Eriksons zweite Identitätskrise steht im Zusammenhang der Reinlichkeitserziehung und bewegt sich um die Erfahrung von Autonomie. Wenn die »Leistung« des Kindes überbewertet wird, kommt es zu einer frühzeitigen Fixierung auf die Leistungsideologie, die dem Selbstverständnis des Glaubens zuwiderläuft. In bestimmten gesetzlichen Erscheinungsformen der Frömmigkeitsgeschichte (»das tat ich dir – was tust du mir?«) kehrt dieses Fehlverhalten wieder. Es drängt den Menschen in die falsche Richtung gesetzlichen Denkens. Die Reihenfolge von Angenommensein und Leistung, von im Urvertrauen wurzelnder Autonomie und deren Realisierung ist die psychisch strukturelle Voraussetzung für spätere Realisierung eines Gottesverhältnisses im Sinne des Rechtfertigungsglaubens.

Mit dem *Kindergartenalter* beginnt das Kind eigene Wege zu gehen, löst sich allmählich von der Mutter und der Familie ab. Das Sich-Öffnen auf die anderen hin ist wichtig für die Entwicklung eines angemessenen, toleranten sozialen Verhaltens, einer eigenen flexiblen Ichstruktur und einer entsprechenden Lebensgestaltung. Herkömmlicherweise erlebt das Kind weithin am Vater zum ersten Mal, anders als an der Mutter, die Auseinandersetzung mit der Autorität, der Macht, der Überlegenheit. Der »Kampf mit dem Riesen« klingt in vielen Märchen an. Personale und entpersonalisierte Vaterinstanzen begegnen im Leben des Menschen immer wieder (als Institution, Behörde usw.). Der heran-

22 Man spricht von der Triangulierung derMutter-Kind-Beziehung durch den Vater, wobei aber nicht verkannt werden darf, daß der Vater von Anfang an auch auf die Mutter-Kind-Beziehung einwirkt. Inwieweit Vater- und Mutter-Rolle prinzipiell wechselweise austauschbar und ersetzbar sind, wird gegenwärtig kontrovers beurteilt.

wachsende Mensch muß die Frage klären, welcher Macht man trauen darf. Der Kampf zwischen David und Goliath kann hier Leitsymbol sein: Der ohnmächtigen Macht des Riesen steht die Macht dessen gegenüber, die aus Gott stammt. Der biblische Gott verkörpert aber nicht Allmacht im Sinn menschlicher Wünsche; Krippe und Kreuz sind die Symbole der göttlichen Macht in ihrer empirischen Gebrochenheit. Darin tritt Gott dem Menschen nicht als der allmächtige Beherrscher gegenüber, sondern in Jesus von Nazareth als der Bruder, der Partner. Durch Identifikation internalisiert das Kind die ihm begegnenden Normen; so entsteht das Über-Ich. Unter dem Einfluß religiöser Erziehung ergibt sich leicht eine problematische Verbindung von Über-Ich und religiöser Norm. Diese Verbindung wird unterstützt durch beabsichtigte oder unbeabsichtigte Moralisierung von Glaubensvorstellungen. Hier sind distanzierende Gegenimpulse notwendig, die die kritisch-transzendierende Tendenz Jesu in seiner Auseinandersetzung mit der Gesellschaft zur Geltung kommen lassen. Die Balance zwischen der notwendig normativen Verankerung der Lebensgestaltung und deren kritischer Transzendierung wird dem Kind personal vermittelt. Damit kommt auch hier die Glaubenshaltung der Bezugspersonen ins Spiel.

Mit der Vorherrschaft der fordernden Bezugsperson wird diese Phase wichtig für die Ausbildung des Gottesbildes in seinem theistischen Stadium. Gott als Vater, wie er im Vaterunser vermittelt wird, vermag die konkreten Vatererfahrungen ins Allgemeine zu überführen, oder aber zu korrigieren und zu kompensieren. Die religiöse Bindung vieler Menschen stagniert an dieser Stelle und bricht dadurch im Laufe des weiteren Lebens ab: Es ist dann nicht gelungen, die private Erfahrung mit den Symbolen der christlichen Tradition in einen Kommunikationszusammenhang zu bringen. So können die biblischen Symbole in Gegensatz zu ihrem eschatologischen Impuls zu bloßen Projektionsträgern regressiver Bedürfnisse degradieren. Biblische Geschichten als Identifikationsangebote, als Einübung und Umgang mit religiösen Ritualen und Symbolen, als Teilhabe an religiöser Praxis, als Einübung von Verhaltensweisen und symbolischer Problembewältigung haben aber in ihrer Transparenz zumindest die Chance, die biographisch bedingten Konflikte des Menschen im Blick auf die Verheißung endgültigen Heils zu integrieren.

Im kognitiven Sinn zeigt das Kind Aktivitäten in der Sinnfrage als Vergewisserungstendenz. Seine Imaginationsfähigkeit führt zu Deutungsversuchen, die einer eigenen Logik folgen, und zwar (nach Fowler) im Sinn des mythisch-wörtlichen Lebensglaubens. Das Begreifen der Dinge ist handlungsgebunden (präoperatorisches bzw. konkret-operatorisches Denken im Sinne Piagets) und im eigenen Ich zentriert (Egozentrismus). Der mythisch-wörtliche Glaube beginnt in der zweiten Hälfte der Grundschulzeit und reicht bis zum Beginn der Pubertät. Hier hat vor allem die Erzählung ihren Platz. Der Konkretismus wird schließlich durch die Fähigkeit des formal-abstrakten Denkens überwunden.

4.2.2 Das Jugendalter. Im Jugendalter (elf bis neunzehn) findet eine Neuorientierung statt, die die kindlichen Orientierungsmuster zunächst in Frage stellt, später möglicherweise zu ihnen auf geläuterter Stufe zurückkehrt oder aber neue Wege beschreiten läßt. Das Jugendalter ist eine Phase der Unsicherheit, des Zweifels, der Infragestellung. Zwangsläufige Abgrenzungstendenzen gegenüber der Primärgruppe/Familie führen oft zu einer Anti-Haltung auch gegenüber deren Religiosität. Die Tendenz zur – in der Familie möglicherweise nicht realisierbaren – zeitweiligen Ablehnung des Vaters kann auf Gott übertragen werden und sich als Atheismus äußern (*D. Stoodt*: Schüleratheismus).

In der Neuorientierung ist der Jugendliche auf signifikante Bezugspersonen angewiesen. Sofern ein Gottesverhältnis vorhanden ist, wird es persönlicher und innerlicher. Es ist die Stufe des synthetisch-konventionellen Lebensglaubens (Fowlers dritter Stufe). Das formal-operatorische Denken ermöglicht die Hinwendung zu einem universalen Gottesbegriff. Für die zunächst noch unselbständige Orientierung ist aber die peer-group, sind die Idole und Ideale notwendig, um das nunmehr eigenständige Selbst neu zu organisieren. Die Wiederbelebung frühkindlicher Größenphantasien führt einerseits zu Selbstüberschätzung bzw. zur Suche nach der Geborgenheit in entsprechenden Gruppen, andererseits zu radikalen Selbstzweifeln. Dabei sind auch die gesellschaftlichen Bedingungen der Lebensgeschichte in die Betrachtung einzubeziehen. Es ist also zu beachten, wie etwa auch das Vater-Kind-Verhältnis durch gesellschaftlichen Wandel bedingt ist. Besonders die Narzißmusdiskussion ist mit entsprechenden Gesellschaftsanalysen verbunden *(T. Ziehe)*. *K.E. Nipkow* spricht vom Wandel der Strukturen des Glaubens bei gleichzeitig wichtig bleibenden frühkindlichen Grunderfahrungen.[23] Das heißt, daß das Erlebnismaterial der frühen Kindheit grundlegend bleibt, die Deutungsmuster aber sich wandeln, womit der Jugendliche auch neuen Impulsen gegenüber als offen angesehen werden kann. Die offenen Formen kirchlicher Jugendarbeit sind hier hilfreich. Auch das offene Erlebnis der Kirchentage ist hierfür typisch.

23 *K.E. Nipkow*, Grundfragen der Religionspädagogik, Bd. 3, 76f.

Der Jugendliche ist auf dem Weg vom synthetisch-konventionellen zum individuell-reflektierenden Glauben. Die Aufgabe des Religionsunterrichts besteht in der Bereitstellung und kritischen Reflexion von Deuteangeboten. Der Religionsunterricht sollte die frühkindlichen Formen des Glaubens und ihre Entstehungsgeschichte selbst an Beispielen thematisieren. Er muß sich damit der radikalen Kritik der Jugendlichen und den gesellschaftlichen Problemen öffnen. In der situationsorientierten Pädagogik sind die Grunderfahrungen des Menschen Ausgangspunkt aller Überlegungen. Von da aus kommt die Tradition in Sicht. Der Traditionsansatz geht davon aus, daß die Texte selbst (Sitz im Leben) in spezifischen Situationen entstanden sind, die die Möglichkeit implizieren, die Aussagen strukturell zu transportieren. Die psychologische Interpretation biblischer Texte, wie sie *G. Theissen* propagiert, hat hier ihren Ort.

Überlagerungen soziologischer und psychologischer Phänomene zeigen sich heute vor allem im Zusammenhang des sog. Narzißmus-Syndroms. Das besagt, daß psychische Störungen heute vielfach weniger im ödipalen Bereich (Auseinandersetzung mit der Autorität), als vielmehr im biographisch früheren narzißtischen Zusammenhang (ganz früher Mutter-Kind-Beziehung, Selbstwertgefühl und Fähigkeit, Beziehungen einzugehen) auftreten. So stehen sich fernöstliche Religiosität und Mystik als Ausdruck einer vorpersonalen und politisch-soziales Engagement als Ausdruck einer personalen Psychostruktur und entsprechenden Religiosität gegenüber.

Der Weg in die Selbständigkeit und die Übernahme von Eigeninitiativen (das Volk unter Mose in der Wüste oder der sinkende Petrus) kann dann unter dem narzißtischen Aspekt z.B. Angst auslösen und zur Flucht in frühkindliche Geborgenheitsphantasien treiben. Solche Regressionsangebote finden sich häufig bei neueren religiösen Gemeinschaften oder sog. Jugendsekten. Nun müssen die Geborgenheitsbedürfnisse der Jugend aufgenommen, aber zugleich weitergeführt werden. Die Ambivalenz der biblischen Symbole vermag dieser Doppelanforderung gerecht zu werden. Der theologische Begriff der Erwählung *(J. Werbick)*, das christliche Gottesbild, die Symbolik des Kreuzes als Erhöhung in der Erniedrigung, als Sieg in der Niederlage, als Leben im Sterben *(J. Moltmann)*, der Gottesdienst in seiner Dialektik von Geborgenheit und Sendung *(E. Herms)* sind Ausdruck dieser Doppelbeziehung. Jesus selbst als Beispiel erfüllten Menschseins in Freiheit und Dienstbereitschaft fasziniert viele Jugendliche. Der synoptische Jesus zeigt eine Gelassenheit (Ruhen im Schiffsbauch angesichts des Seesturmes), die durch Leidensgeschichte und Kreuz gebrochen, durch das Osterzeugnis aber beglaubigt und weltgestaltend entfaltet wird und schließlich im Gedanken der Nachfolge und der Imitatio Christi bzw. des Leibes Christi die zur Jüngerschaft Bereiten in dieses umfassende Geschehen integriert.

4.2.3 Das Erwachsenenalter. Die sog. Reife bedeutet keineswegs das Ende der menschlichen Entwicklung; der Sozialisationsprozeß ist nicht auf Kindheit und Jugend beschränkt. Das Erwachsenenalter ist vielmehr lernfähiger, als allgemein erwartet und praktiziert wird. Neue Rollen stellen ständig neue Aufgaben an die Identitätsbalance: Die Partnerschaft als Begegnung von Menschen mit unterschiedlichen Biographien bedingt Rollenunsicherheit zumal durch die Ideologie der romantischen Liebe und die damit verbundenen Erwartungshaltungen, in denen Enttäuschungen vorprogrammiert sind. Die Übernahme der Elternrolle ist erschwert durch den Ausfall eindeutiger Rollenmuster für Vater und Mutter, mitbedingt durch die sich wandelnde Rolle von Mann und Frau im Zusammenhang der Kleinfamilie und der Gesellschaft. Die häufig wechselnden Berufsrollen in der nachständischen Gesellschaft, die mit Fort- und Weiterbildungsangeboten verbundenen Ansprüche, das neue Ausmaß und die neue Gestaltungsart von Freizeit, die Berufstätigkeit der Frau stellen den Menschen vor zusätzliche Aufgaben. Damit wiederum sind häufiger Wechsel der Wohngegend, des Freundeskreises verbunden.

Erst seit Ende der sechziger Jahre, ausgelöst in Amerika durch die Arbeiten von *O. G. Brim jr.*, ist die Erwachsenensozialisation ein aktuelles Thema. In der religiösen Entwicklung tritt eine Beruhigung ein, wenn die späteren signifikanten Einflüsse sich mit den frühkindlich erworbenen Einstellungen zumindest prinzipiell decken: Der Erwachsene kehrt zum nunmehr geläuterten, differenzierten und kritisch verarbeiteten Glauben seiner Kindheit zurück; er vermag seine frühkindlichen sozialen Erfahrungen komplikationslos in vielleicht später erst erworbene Glaubensvorstellungen einzubringen. Allerdings sind auch dramatische Umstrukturierungen des gesamten biographischen Materials möglich. Vielfach aber bleiben infantile (egozentrische) religiöse Vorstellungen solange erhalten, bis sie unter dem Druck der Realitätserfahrung zusammenbrechen und ein Trümmerfeld hinterlassen, oder der Ablöseprozeß von den Eltern ist in der Phase der Anti-Haltung stehengeblieben und bedingt eine permanente Ablehnung bzw. Verdrängung der Gottesfrage.

Beim jungen Erwachsenen dürften weithin Beruf und Tendenzen der Vergesellschaftung, also Außen-Orientierungen vor der Sinnfrage im

Vordergrund stehen. Andererseits zeigt sich, daß manche junge Erwachsene mit der Vordergründigkeit des Praktisch-Konkreten nicht zufrieden sind. Das Interesse kreist um Lebenshilfe mit einer begleitenden Bedeutungssteigerung der Wertvorstellungen. Im Zusammenleben mit den Kindern und deren vorrangigem Interesse an Werten und Motiven erleben die jungen Eltern gemäß dem Aufbau der Krisenfolge und der Wiederkehr der Motive ihre eigene Kindheit noch einmal, ihre eigenen Wünsche und Vorstellungen werden erneut wach. Das bietet den Eltern zugleich Impulse zur Aufarbeitung der eigenen Sozialisation, vorausgesetzt, diese Impulse werden durch Bildungsangebote so dargeboten, daß sie dem fortgeschrittenen Selbstbewußtsein zumutbar sind. So, wie sich der Spieltrieb der Eltern darin äußern kann, mit den Kindern spielen zu wollen, so können auch nicht eingestandene religiöse Bedürfnisse aufgenommen und kompensiert werden durch religiöse Erziehungsbemühungen an den Kindern. Für die Erwachsenenbildung, Familien- bzw. Elternbildung ergeben sich hier wesentliche Möglichkeiten.

Im mittleren Erwachsenenalter bricht der Komplex der im weitesten Sinn religiösen Fragen (erneut) auf. Der Individuationsprozeß wendet sich im Sinne Jungs nach der Lebensmitte der bisher unterentwickelten Funktion zu und strebt die Totalität der Person an, die Objektbeziehung weitet sich aus, frühere Triebkonflikte gewinnen jetzt weltanschauliche Dimension. Anders als dem Jugendlichen in der Pubertät wird aber dem Erwachsenen von der Gesellschaft kein Freiraum der Selbstfindung eingeräumt. Herkömmlicherweise orientiert sich der Mensch in dieser Lebensphase an der Weisheit der Alten, die diese Krise erfolgreich hinter sich gebracht haben; der heute in der Gesellschaft herrschende Pluralismus verhindert diese Orientierung.

Die Aufarbeitung der in der ersten Lebenshälfte nicht differenzierten Funktion führt beim alternden Menschen zu Altersweisheit, während das Beharren auf der jugendlichen und in dieser Zeit berechtigten Einseitigkeit nunmehr Altersstarrsinn bedingen kann. In jedem Fall zeigt sich eine Tendenz der Zentrierung, der Hinwendung zum Sinn. In diesem Zusammenhang ist vor allem die »Midlife-Crisis« zu sehen. *Th. Lidz* spricht im Blick auf die Frau vom Syndrom des »leeren Nestes«. Das Erreichen der Lebensmitte bedeutet Störung der Arbeitsfähigkeit, Leistungsknick und Infragestellung des bisher gelebten Wertsystems, das am Leistungsdenken orientiert war. Der Konflikt ist je größer, je mehr Leistung und Leben vorher identifiziert wurden. Nun sieht sich der Mensch mit dem Wunschtraum des einstmaligen Jugendlichen konfrontiert und zieht Bilanz: »Das kann doch nicht alles gewesen sein.«

Die einstmals schützende Identität mit den Eltern hat sich endgültig als Illusion erwiesen, gerade auch dann, wenn sie auf den Ehepartner übertragen worden war. Der Mensch wird sich dessen bewußt, daß er allein steht, daß er lernen muß, die Dinge gewähren zu lassen, die auf ihn zukommen. Die psychische Struktur des »Single« als einer typischen Erscheinung der Gegenwart, weitgehend durch gescheiterte Beziehungen bedingt, ist noch wenig erforscht. Angesichts der instabilen Rollenbeziehungen in nur lockeren Gruppenzugehörigkeiten muß bei ihm eine starke Krisenanfälligkeit angenommen werden.

K.E. Nipkow bezeichnet das Alter zwischen dreißig und sechzig als »stille Reise«, die sich weithin der eigenen Aufmerksamkeit wie dem Einblick Dritter entzieht; das unwiderrufliche Älterwerden und Sterbenmüssen wird weithin verdrängt.[24] Von der Bibel her bieten sich neue Stoffe und Themen an, die in dieser Krise leitsymbolische Bedeutung gewinnen können. Während für den jungen Erwachsenen der Gedanke der Mitarbeiterschaft Gottes (1.Kor 3,9), das »An-Christi-statt« (2.Kor 5,20), der auf dem Indikativ beruhende Imperativ maßgeblich sind in Gestalt der Lehre von den Gnadengaben, an denen jeder auf eine spezifische Weise Anteil hat, sind es im mittleren Alter die Väter- und Königsgeschichten, Prophetengestalten, aber natürlich auch die Thematik der Berufung überhaupt, sowie Taufe und Wiedergeburt oder auch wohl die Erzählungen von Totenerweckungen, die eine Neuorientierung, eine neue Sinngebung des Lebens intendieren.

Die neue Rolle im Altenheim, als Witwer, als Pflegefall stellen das gesamte Leben und damit die Identität noch einmal in Frage. Als Stereotyp des Alters gilt heute nicht Weisheit, sondern – angesichts der allgemeinen Orientierung an Leistung und Jugendlichkeit – Unproduktivität (als Produktivität wird weithin nur die Berufstätigkeit gewertet), Schwäche, abnehmende Beweglichkeit usw. *Das Alter* steht vielfach unter dem Zeichen der Vereinsamung, unabhängig von dem, was heute bereits an Seniorenangeboten vorhanden ist. Das Gelingen des Alters hängt vom »Lebensplan« *(H. v. Bracken)* des einzelnen ab. Durch die Sozialisation in Kindheit und Jugend wird bestimmt, wie Altern bewältigt werden kann. Das Geborgenheitsgefühl, das Loslassenkönnen, die Bewältigung von Vergangenheit, das Sich-Hingebenkönnen aus der früheren Kindheit müssen sich jetzt bewähren. Deutende Glaubensaussagen wie Ps 71,6 (auf dich habe ich mich verlassen von Mutterleib an) oder Jes 44,24 (Dein Erlöser, der dich von Mutterleib an bereitet hat) bis hin zu Jes 46,4 (auch bis in euer Alter bin ich derselbe, und ich will euch

24 *K.E. Nipkow*, aaO., 99ff.

tragen, bis ihr grau werdet) können Leitsymbole für die Beschäftigung mit Glaubensfragen sein. Allerdings ist es einem alten Menschen nicht zumutbar und provoziert bestimmte Schutzmechanismen in Gestalt von Lernbarrieren, daß er erkennen und eingestehen soll, sein Leben unter falschen Voraussetzungen geführt zu haben.

5. Funktionale Äquivalente für eine manifeste religiöse Entwicklung

Wurden in den vorherigen Abschnitten biographische Strukturen und Krisensituationen aufgezeigt, für die der religiös ansprechbare Mensch in der Glaubenssymbolik Hilfen findet, woraus sich entsprechende gemeindepädagogische Bildungsaufgaben ergeben, so besteht ein Problem darin, daß Menschen in zunehmendem Maß mit der christlichen Symbolik nicht vertraut sind und für die Beschäftigung mit ihr keine Motivation aufweisen. Nach den Überlegungen des ersten Abschnittes ist die Frage der religiösen Entwicklung nicht auf die kirchlich Sozialisierten beschränkt, so daß aus religiöser Sicht bei Ausfall der religiösen Symbole sich Äquivalente zeigen müssen, die sich dem einzelnen als Integrationspunkt seines Lebens anbieten. Es geht nicht darum, eine vermeintliche Religiosität aller, auch der sich bewußt zum Atheismus Bekennenden zu behaupten; es muß aber eine Analogie der Lebensorganisation zwischen religiös und nichtreligiös Orientierten aufweisbar sein bzw. es muß beim Wegfall des religiösen Integrationssystems als einem neuzeitlichen und damit sehr jungen Phänomen nachweisbar sein, daß dieses nicht ersatzlos aus der Biographie des einzelnen (wenngleich vielleicht aus dem Erscheinungsbild der Gesellschaft) verschwindet. Unter diesem Gesichtspunkt der Strukturanalogie erscheint auch der Nichtreligiöse als für religiöse Aussagen prinzipiell empfänglich, beschränkt sich somit Gemeindepädagogik nicht auf innerkirchliche Sozialisation, sondern läßt sich als Angebot an alle im volkskirchlichen Rahmen verstehen und psychologisch begründen.

Wenn denn religiöse Symbolsysteme heute sinnvoll nur durch eine individuelle Reflexionsleistung angeeignet werden können, religiöse Bildungsangebote entsprechend als Hilfe zur reflektiven Aufarbeitung der Lebensprobleme im Kontext der christlichen Symbolik sich darstellen, so beschreibt *R. Döbert* folgerichtig äquivalente »Mechanismen, die vor zuviel Reflexivität schützen«.[25] Er spricht von den Möglichkeiten, »die

25 Sinnstiftung ohne Sinnsysteme? in: *W. Fischer/W. Marhold (Hrsg.)*, Religionssoziologie als Wissenssoziologie, Stuttgart u. a. 1978, 65.

Gesamtbiographie so zu organisieren, daß sich die Frage nach dem Sinn des Lebens überhaupt nicht stellt, oder daß das Leben als sinnvoll empfunden wird, ohne daß religiöse Deutungssysteme irgendeine Rolle spielen«. Als solche Möglichkeiten beschreibt er die rastlose Berufsarbeit, die Familie, die Konsumsphäre, ein unartikuliertes diffuses Unbehagen, das Gefühl der letztendlichen Sinnlosigkeit des Lebens unter Beschränkung auf moralische Vorstellungen, auf Freiheit, Individualität, Gerechtigkeit, Solidarität bzw. die Vermeidung von Sinnstiftungsproblematik überhaupt durch blinden Aktionismus (action). Zu ergänzen wären Sport, Kunst, Musik (speziell Rock und Beat), die Verleugnung der Sinnlosigkeit durch starres Festhalten an Jugendlichkeit oder die Regression in magisch-abergläubische Verhaltensweisen. Es ist eine heute noch weitgehend offene Frage, wie Angebote religiöser Lebensorientierung dort vermittelt werden können, wo ein Orientierungsbedürfnis grundsätzlich negiert wird.

Literaturhinweise

J. W. Fowler, Stages of Faith, San Francisco u.a. 1981.
K. E. Nipkow, Grundfragen der Religionspädgogik, Bd. 3, Gütersloh 1982.
H.-J. Fraas, Glaube und Identität, Göttingen 1983.
R. Englert, Glaubensgeschichte und Bildungsprozeß, München 1985.

VI.
Die Mitarbeiter in den gemeindepädagogischen Handlungsfeldern

KARL FOITZIK

Die Zeit, als der Pfarrer in der Gemeinde kaum mehr als den Organisten und die Mesnerin als Mitarbeiter hatte, ist längst vorbei. Heute arbeiten in den verschiedenen gemeindepädagogischen Handlungsfeldern von der Kinderarbeit bis zum Seniorenkreis Menschen mit unterschiedlicher Lern- und Lebensgeschichte, bezahlt oder unbezahlt mit-, neben- und oft auch gegeneinander. Mitarbeiter mit sehr unterschiedlichem Status stoßen aufeinander mit ähnlichem Auftrag. Ein konfliktträchtiges Feld.

Soll die Gemeindepädagogik der »Kommunikation des Evangeliums« (→ s. o. I,2) dienen und den »Zusammenhang von Leben, Glauben und Lernen«[1] verdeutlichen, so sind Mitarbeiter mit bestimmten Qualifikationen nötig, deren Zusammenarbeit von ihrem Anliegen geprägt ist. Welche Mitarbeiter brauchen die Gemeinden? Wie sollten diese Mitarbeiter ausgebildet sein? Wie könnte eine sinnvolle Kooperation aussehen? Diesen Fragen möchte ich nachgehen.

1. Wer ist Mitarbeiter? – Definitionsversuch und Problemanzeige

1.1 »Ein jeder mit der Gabe, die er empfangen hat...“ Alle gemeindepädagogischen Überlegungen münden in das Konzept der *Beteiligungsgemeinde.* Sie führen über bloße Betreuungsstrukturen hinaus und regen die einzelnen Gemeindeglieder an, entsprechend ihren Möglichkeiten dazu beizutragen, daß das Evangelium von Jesus Christus Gestalt gewinnt – in ihnen selbst und in der breiten Öffentlichkeit. Es ist zuerst darauf zu verweisen, daß Mitarbeiter in einem grundlegenden Sinn jeder ist, der als Glied am Leib Christi anfängt, tätig zu werden. Am Leib Jesu Christi

1 *EKD-Kirchenkanzlei (Hrsg.)*, Zusammenhang von Leben, Glauben und Lernen. Empfehlungen zur Gemeindepädagogik, Gütersloh 1982.

soll es keine passiven Glieder geben. Die Reformatoren haben mit dem »Priestertum aller Gläubigen« diese urchristliche Erkenntnis (vgl. Röm 12; 1.Kor 12; Offb 1,6; 5,9–10; 1.Petr 2,4–10 u.a.) neu aufgegriffen und versucht, die Gemeinde aus »ihrer Stellung als Objekt priesterlicher Betreuung« herauszuführen.[2] Heute stellen selbst römisch-katholische Theologen fest: »Getauftsein ist die grundsätzliche und eigentlich umfassende Christenwürde.«[3] Doch keineswegs nur in der katholischen Kirche ist diese richtige theologische Einsicht weithin noch eine Leerformel geblieben. Getaufte Christen fühlen sich weder als Mitarbeiter Gottes, noch werden sie als solche angesehen. Dennoch ist es hilfreich, von dieser Grundeinsicht auszugehen, wenn wir danach fragen, wer zu den Mitarbeitern gehört. Der Ansatz bei der Gemeinde und der Würde der Getauften bewahrt davor, die bezahlten Mitarbeiter vorschnell als Funktionäre mißzuverstehen.

Im weitesten Sinn sollte in der Beteiligungsgemeinde jeder Christ ein Mitarbeiter sein. Doch dieses umfassende Verständnis hilft für die anstehenden Überlegungen nur bedingt weiter. Auch wenn wir am Ende darauf zurückkommen, muß der Mitarbeiterbegriff zunächst eingegrenzt werden.

1.2 Haupt-, neben- und ehrenamtliche Mitarbeiter. Wer von »kirchlichen Mitarbeitern« hört, wird in der Regel an bezahlte Kräfte denken. Sie stehen auf den Gehalts- und Lohnlisten der kirchlichen Institutionen. Das ist aber fast das einzige Kriterium, das für alle zutrifft. Ansonsten sind sie sehr verschieden. Die einen verdienen ihren Unterhalt ganz bei der Kirche, andere nur einen Teil. Die Liste reicht von der Mesnerin bis zum Landesbischof und vom Chefarzt bis zur Raumpflegerin. Dennoch ist diese Abgrenzung möglich und verhältnismäßig klar.

Doch wo bleibt dabei die große Schar der ehrenamtlichen Mitarbeiter? Wie problematisch deren Zuordnung zu den bezahlten Mitarbeitern in den gemeindepädagogischen Handlungsfeldern ist, wird uns noch beschäftigen. Die Bezeichnung »ehrenamtliche Mitarbeiter« ist jedenfalls verräterisch, wenn man berücksichtigt, daß sie in der Regel weniger Ehre empfangen als die Hauptamtlichen – von einer Teilhabe am Amt überhaupt nicht zu reden. Ihre Zahl ist groß.[4] Wird von

2 Vgl. *C. Möller*, Art. Gemeinde I, in: TRE Bd. 12, 316–335, bes. 320.

3 *E. Leuninger*, Schöpferische Mitverantwortung in der Kirche, in: Lebendige Seelsorge 33/1982, 319–325, bes. 323.

4 Bei einer Umfrage bezeichneten sich 8% der Kirchenmitglieder als Mitarbeiter. Weitere 16% sagten, daß sie zur Mitarbeit bereit wären. Vgl. *H. Hild (Hrsg.)*, Wie stabil ist die Kirche, Gelnhausen [2]1975, 56.

Mitarbeitern in gemeindepädagogischen Handlungsfeldern gesprochen, so darf sie nicht übersehen werden. *H. Heidland* definierte folgendermaßen: »Ein kirchlicher Mitarbeiter ist, wer immer in der Kirche eine Tätigkeit wahrnimmt, die sich von dem jedem Christen obliegenden Zeugnisdienst unterscheidet.«[5] Diese Eingrenzung ist immer noch sehr umfassend. Jede enger gefaßte schließt aber Mitarbeiter aus, die nicht unberücksichtigt bleiben dürfen.

Fragen wir in einer durchschnittlichen städtischen Kirchengemeinde mit etwa 4500 Gemeindegliedern, wer nach dieser Definition zu den kirchlichen Mitarbeitern zählt, könnte die Antwort so lauten:[6]

Wir haben zwei Pfarrer. Einer wird gelegentlich von einem Lehrvikar unterstützt. Im Pfarramt arbeitet eine Ganztags- und eine Halbtagssekretärin. Das Hausmeisterehepaar im Gemeindehaus sorgt dort für Ordnung. Die Frau ist zugleich Mesnerin in der Kirche. Den Organistendienst verrichtet gegen Bezahlung ein junger Bankangestellter. Er leitet auch den Kirchenchor. Eine Religionspädagogin, die einige Stunden Religionsunterricht an der Hauptschule erteilt, ist zuständig für die Kinder- und Jugendarbeit. Sie sorgt sich um die 14 ehrenamtlichen Mitarbeiter in den Jungscharen und in den Gruppen für ältere Jugendliche. Für den Kindergottesdienst hat sie fünf junge Erwachsene gefunden, die sich regelmäßig bei ihr zur Vorbereitung treffen und gemeinsam mit ihr die Kindergottesdienste verantworten. Außerdem trifft sie sich regelmäßig mit den acht jungen Müttern, die drei Mutter-Kind-Gruppen betreuen.

Im Besuchsdienst der Gemeinde arbeiten etwa 25 Frauen und Männer mit. Sie besuchen Neuzugezogene und Jubilare. Gelegentlich helfen sie auch bei Sammlungen mit. Auf Honorarbasis engagieren sich einige Gemeindeglieder in der Erwachsenenbildung. Sie arbeiten auch in anderen Gemeinden mit. Zwei ehemalige Lehrerinnen haben eine blühende Seniorenarbeit aufgezogen. Im Kindergarten der Gemeinde sind vier Erzieherinnen und zwei Praktikantinnen tätig. Die Reinigungsarbeiten übernehmen im Stundenlohn zwei Frauen aus der Gemeinde. Das Kindergartenteam wünscht eine weitere Erzieherin, doch die 16 Kirchenvorsteher waren bisher noch nicht zu überzeugen. Die fünf Mitarbeiterinnen des ökumenisch betriebenen Sozial- und Beratungsdienstes sind für vier evangelische und drei katholische Gemeinden zuständig, auch für unsere Gemeinde.

1.3 Der Pfarrer und die »anderen« Mitarbeiter. In der Beschreibung der Mitarbeiterstruktur der Gemeinde wurden die beiden Pfarrer zwar als erste genannt, ansonsten aber den Mitarbeitern zugerechnet. Dies ist offensichtlich nicht selbstverständlich. Viele Pfarrer sprechen von »ihren« Mitarbeitern, wenn sie die »anderen« Mitarbeiter meinen. Auch

5 *H. Heidland*, Die kirchlichen Mitarbeiter und die gemeinsame Problematik ihres Selbstverständnisses, in: Mitteilungen für Mitarbeiter der Landeskirche Baden 1978 Nr. 5, 15.

6 Vgl. dazu *C. Bäumler*, Erwägungen zur Personalstruktur der Kirchengemeinde, in: ThPr 19/1984, 23ff.

kirchenrechtliche Regelungen unterscheiden sehr wohl zwischen den Pfarrern und den Mitarbeitern.[7]

Nach den neutestamentlichen Aussagen über die Dienste in der Gemeinde und in gemeindepädagogischer Sicht gehört der Pfarrer unbedingt zur Gruppe der Mitarbeiter. Seine Stellung gegenüber den anderen Mitarbeitern ist aber das Schlüsselproblem schlechthin. Es wird uns noch ausführlich beschäftigen. Die wirklich belastenden Faktoren sind dabei nicht personbedingt. Sie sind mit der Rolle verbunden und tief in der Geschichte der Ämter und Dienste in der Kirche verwurzelt. Die Struktur des Amtes, wie es sich heute darstellt, ist geschichtlich so geworden. Sie muß nicht so bleiben.

2. Zur Geschichte der kirchlichen Ämter und Dienste

Ein Blick auf die Geschichte der Ämter und Dienste der Kirche verdeutlicht zweierlei. Einmal zeigt er, daß die Dienststrukturen der Kirche tatsächlich immer auch eine »Antwort auf die Herausforderungen durch die jeweilige Situation« darstellen. Diese Einsicht befreit dazu, aufgrund neuer Herausforderungen nach neuen Strukturen zu suchen. Der Blick in die Geschichte hilft zum andern, die Wurzeln der Sonderstellung des Pfarrers zu erkennen. Das »Amt des Pfarrers«, wie wir es kennen, ist nicht von Christus oder den Aposteln so eingesetzt. Es ist das Ergebnis einer geschichtlichen Entwicklung. Gleichwohl ist es auf Christus bezogen, und die traditionsbildenden Impulse lassen sich bis in die neutestamentlichen Gemeinden zurückverfolgen. Erst wenn wir das Gewordensein des Vorhandenen erkennen, können wir die Zusammenhänge durchschauen und gegebenenfalls auch verändern.[8]

2.1 Vielfältige Dienste und das Amt der Einheit. Am Anfang steht nicht das eine Amt. Die Exegese der neutestamentlichen Texte hat in den ersten Gemeinden eine Vielzahl unterschiedlicher Amtsstrukturen und Gemeindeordnungen nachgewiesen. In den jüdisch geprägten Gemeinden waren sie anders als in den hellenistisch geprägten. Bei allen Unterschie-

7 *C. Bäumler*, aaO., 24.

8 Arbeitspapier über die Konzeption für die Ausbildung kirchlicher Mitarbeiter im Gemeindedienst zur Vorbereitung der Synode des Bundes der Evangelischen Kirchen in der DDR im September 1975, abgedruckt in: *D. Aschenbrenner/ K. Foitzik (Hrsg.)*, Plädoyer für theologisch-pädagogische Mitarbeiter in der Kirche, München 1981, 187–215, bes. 190.

den gab es aber wesentliche Übereinstimmungen. Alle Mitarbeiter waren Christus als dem Haupt untergeordnet. Amtsbezeichnungen, die eine Vorherrschaft der einen über die anderen suggeriert hätten, wurden bewußt vermieden.[9] »Jede priesterliche Vorordnung der Dienstträger vor die übrigen Glieder der Gemeinde, also auch jede Hierarchie, war aufgehoben.«[10]

Als sich die Erwartung der nahen Wiederkunft Christi nicht erfüllte und zunehmend philosophische und religiöse Bewegungen wie die der Gnosis, des Marcion oder Montanus die Identität der Kirche und die Einheit der Gemeinden gefährdeten, versuchte die Kirche ihre Einheit dadurch zu sichern, daß sie den Bischof der Gemeinde als Garanten der Einheit besonders hervorhob. Er wurde ordiniert und hatte den Vorsitz im Gottesdienst und beim Herrenmahl. Alle anderen Dienste wurden ihm zugeordnet. Schon im 2. Jahrhundert finden wir ausgeprägte hierarchische Ordnungen, deren Anfänge sogar schon in den jüngsten neutestamentlichen Schriften. Bald garantierte der Bischof nicht nur die Einheit einer Gemeinde, sondern ganzer Regionen. Durch die Reaktion auf die Herausforderungen jener Zeit ist die Einheit der Kirche bewahrt worden. Zugleich wurden aber dadurch die vielfältigen Dienste weitgehend aufgehoben. Die Bischöfe und Priester führten alle wesentlichen Funktionen in den Gemeinden selbst aus. Die Spannung zwischen der gebotenen Einheit und der nötigen Vielfalt bestimmt bis heute die Personalstruktur in den Gemeinden.

Die Missionsarbeit in Siedlungsgebieten und die Evangelisierung der wachsenden Städte wurden im Mittelalter mehr und mehr zu zentralen Aufgaben der Orden. Die Klöster entwickelten sich zu geistlichen Zentren. Die Ordenspriester waren frei verfügbar. Ihnen konnten problemlos neue Aufgaben übertragen werden. Die Verpflichtung zum Zölibat vergrößerte auch die Verfügbarkeit der übrigen Priester. Doch was auf der einen Seite die Dienstbereitschaft steigerte, vertiefte auf der anderen die Kluft zwischen dem Klerus und den Laien. Auch dieses Problem beschäftigt uns bis heute.

2.2 Das allgemeine Priestertum und die rechte Lehre. Immer wieder wurde in der Kirchengeschichte versucht, an das urchristliche Amtsverständnis

9 Vgl. *J. Roloff*, Die Entwicklung kirchlicher Ämter, in: *ders.*, Arbeitsbuch zum Neuen Testament, Neukirchen 1977. In den folgenden Abschnitten orientiere ich mich vorwiegend an dieser Arbeit und am Arbeitspapier der DDR-Kirchen.

10 *D. Aschenbrenner/K. Foitzik (Hrsg.)*, aaO., 191.

anzuknüpfen. Am konsequentesten geschah dies in der Reformationszeit. *M. Luther* hat die Sonderstellung der Priester und Mönche aufgehoben und statt vom hierarchischen Amt vom Priestertum aller Gläubigen gesprochen. Doch die Auseinandersetzungen mit Rom einerseits und mit den Schwärmern andererseits nötigten ihn, das Pfarramt dennoch als besonderes Amt herauszustellen. »Dadurch ist das von der alten Kirche geprägte Einheitsamt im Grunde erhalten geblieben, wenn sich auch die Voraussetzungen und sein Verständnis geändert haben. An die Stelle der Weihe ist das Studium getreten.«[11] Nur ein universitäres Studium eröffnet den Weg zum Amt. Der wissenschaftlich geschulte Theologe interpretiert die Schrift. Da nach reformatorischem Verständnis Kirche dort ist, »wo das Evangelium rein gepredigt und die heiligen Sakramente dem Evangelium gemäß dargereicht werden« (Augsburgische Konfession Art. VII), beides aber zentrale Aufgaben des Pfarrers sind, hat der Pfarrer eine Stellung in der Gemeinde, die die Entfaltung anderer Dienste erschwert. Bis heute wird nach den wesentlichen und den weniger wichtigen Aufgaben in der Gemeinde gefragt. Die wesentlichen sind offensichtlich die des Pfarrers. Zusätzlich wurde das geistliche Amt durch die Ausstattung mit öffentlich-rechtlichen Privilegien gestärkt.

Der *Pietismus* betonte erneut die Gemeinschaft der Gläubigen und die Bedeutung des Zeugnisses des Glaubens durch bewußtes christliches Handeln. Damit waren auch die Laien auf ihre Mitverantwortung angesprochen. Sie wurden auch zur Verkündigung zugelassen. Diese war nicht mehr nur Auftrag für Akademiker. Die Kirchen haben diese Anliegen kaum aufgenommen. Auf ihre Dienststruktur hat sich der Pietismus deshalb fast nicht ausgewirkt.[12] Sehr wohl aber hat er das kirchliche Vereinswesen und die Verbandsgründungen im 19. Jahrhundert beeinflußt.

2.3 Not-wendige Dienste – neue Berufe. Jahrhundertelang war die Kirche mit den Pfarrern und seinen wenigen auf den Gottesdienst bezogenen

11 *D. Aschenbrenner/K. Foitzik (Hrsg.)*, aaO., 192.

12 »Eine wirkliche Neuordnung der Dienststruktur der Kirche ist... nur in Herrenhut vollzogen worden. Hier wird die ganze Gemeinde als eine durchgeordnete Dienstgemeinschaft verstanden. Sie lebt als Gemeinschaft und trägt gemeinsam das Evangelium in die Welt. Die Mannigfaltigkeit der Dienste wird betont. Für die Verkündigung werden auch Nichtakademiker, an Seminaren ausgebildete und sogar Gemeindeglieder ohne besondere Ausbildung herangezogen. Die Erweckung bedeutet mehr als Weltbildung und Studium« (*D. Aschenbrenner/K. Foitzik [Hrsg.]*, aaO., 193).

Helfern ausgekommen. Im *19. und 20. Jahrhundert* hat sich die Zahl der Mitarbeiter und die der not-wendigen unterschiedlichen Berufe explosionsartig vermehrt. Die aufblühende Industrialisierung entwurzelte viele Menschen. Sie verließen die schützenden sozialen Gemeinschaften und zogen in die Ballungsgebiete. Vereinsamung und materielle Not sowie die durch die Säkularisierung geförderte Orientierungslosigkeit stellten die Kirche vor große Herausforderungen. Doch sie reagierte zögernd oder nicht. Sensible Christen haben sich den Herausforderungen gestellt und zu helfen versucht. Zur Unterstützung der sozialen und missionarischen Arbeit gründeten sie Vereine. Bald wurde deutlich, daß gezielte Hilfe nur mit entsprechenden Qualifikationen möglich ist. Es entstanden neue Berufe in der Kirche: Diakonissen, Diakone, Evangelisten, Fürsorger und Jugendwarte wurden von Verbänden und Vereinen, von diakonischen Anstalten und Werken angestellt. In den meisten Gemeinden war der Pfarrer mit seinen wenigen Mitarbeitern aber nach wie vor allein. Dort geschah in den Augen vieler das »Eigentliche«. Die Arbeit in den Werken und Verbänden wurde günstigenfalls als notwendig, aber eben doch nur zeitbedingt angesehen. Für die Gemeinde von Bedeutung war sie, wenn die Betreuten zu ihr und ihren Gottesdiensten zurückfanden.

Als unter den Nationalsozialisten alle Vereine und Verbände aufgelöst wurden und beispielsweise die Jugendarbeit nur noch im Rahmen der Gemeinde erlaubt war, mußten sich die Pfarrer mit den übrigen Mitarbeitern arrangieren. Viele ehrenamtliche Kräfte, aber auch bereits auf Seminaren und Fachschulen ausgebildete Fachleute zählten jetzt zu den gemeindlichen Mitarbeitern. Ihre Zahl und Vielfalt hat sich in den letzten Jahrzehnten nochmals erhöht. Verstärkte Bildungsarbeit in allen Altersstufen und die durch Traditionsabbruch und Sinnkrisen verursachten Nöte waren neue Herausforderungen, auf die mit der Einstellung von pädagogischen und therapeutischen Mitarbeitern reagiert wurde. Inzwischen war die Zahl der nicht-theologischen Mitarbeiter längst höher als die der Pfarrer.

Der gesellschaftliche Wandel hin zu *demokratischen Strukturen* veränderte bereits nach dem ersten Weltkrieg auch die Leitungsstrukturen in der Kirche. Die Abschaffung der Monarchie und der patriarchalischen Leitung auf allen Ebenen veranlaßte auch die Kirchen, in den Gemeinden und auf Landesebene demokratische Strukturen zuzulassen. In den Kirchenvorständen und Synoden waren jetzt verstärkt auch Laien an den Entscheidungsprozessen beteiligt. Viele neue Mitarbeiter waren für die Gremienarbeit nötig. Gemeinsam mit den Pfarrern sollten sie die Verantwortung tragen. Die Kluft zwischen Pfarrern und Laien ist seitdem nicht mehr so tief. Da diese demokratischen Strukturen aber zu einer Zeit eingeführt wurden, als die Werke und Dienste noch nicht wie heute in Kirche und Gemeinden verankert waren, sind deren Mitarbeiter in den Kirchenvorständen und Synoden nicht selbstverständlich vertreten. Sie müssen sich wie alle Gemeindeglieder der Wahl stellen. Um überhaupt Einfluß nehmen zu können, haben sich diese Mitarbeiter zu Berufs- und Interessenverbänden zusammengeschlossen. Die Pfarrer sind in allen Gremien von vornherein fest verankert. Dennoch haben auch sie ihre (einflußreichen!) Berufsverbände.

2.4 Zusammenfassung und Konsequenzen. Der Wandel der Lebensverhältnisse als Konsequenz der Industrialisierung und Säkularisierung, der damit verbundene Wandel der Wertvorstellungen sowie die Erfahrung, daß in einer pluralistischen Gesellschaft der christliche Glaube für sehr viele Menschen ein Angebot neben anderen ist, nötigte die Kirchen, die Zahl der unterschiedlich qualifizierten Mitarbeiter drastisch zu vermehren. »Neue Berufe in der Kirche und entsprechende Ausbildung entstanden bisher in der Regel aus der Sensibilität einzelner evangelischer Persönlichkeiten und freier Vereinigungen, die auf Herausforderungen ihrer Zeit mit Aufnahme einer Aufgabe antworten. Diese Arbeitsfelder standen zunächst außerhalb bzw. am Rande des Bewußtseins der Kirche bzw. Parochie, rückten aber mit der Zeit durch geschichtlich-gesellschaftliche Gegebenheiten näher an die Kirche heran.«[13]

Die Veränderungen in der Bildungslandschaft eröffneten neue Ausbildungswege an Fachschulen, Höheren Fachschulen und seit 1970 auch an Fachhochschulen. Die Kirchen haben im Lauf der Jahre auf allen Ebenen auch eigene Ausbildungsgänge eingerichtet. Schließlich sollte »eine an den Rändern der ›Kirche‹, aber aus den Wurzeln des evangelischen Christentums entstandene Geschichte von neuen Aufgaben, Berufen und Ausbildungswegen ... in ein kirchliches Beschäftigungssystem und in ein von der Kirche verantwortetes Ausbildungssystem eingeholt werden«.[14]

Junge Menschen, die gerne in der Kirche arbeiten möchten, können heute zwischen unterschiedlichen Ausbildungswegen auf verschiedenen Bildungsebenen wählen. Alle Ausbildungsstätten haben einen Überhang an Bewerbern. Umgekehrt stehen heute auch die Kirchen vor der Wahl, welche der qualifiziert ausgebildeten Mitarbeiter sie einstellen möchten. Grenzen setzen nur die Finanzpläne.

13 *G. Buttler*, Ausbildung kirchlicher Mitarbeiter, in: *H. Kratzert (Red.)*, Leben und Erziehen durch Glauben, Gütersloh 1978, 191.

14 *G. Buttler*, aaO., 200.

Seit 1975 liegt eine EKD-Statistik über die Mitarbeiter in Kirche und Diakonie vor.[15] Nach ihr stellt die Kirche ein komplexes Beschäftigungssystem mit etwa 245 000 haupt- und nebenamtlichen Mitarbeitern in einer Vielzahl von Arbeitsfeldern und Tätigkeitsarten dar. ⅔ aller Mitarbeiter sind im diakonischen Bereich. Im kirchlichen Bereich im engeren Sinn stehen 17% Pfarrer 83% Nicht-Pfarrern gegenüber, im diakonischen machen die Pfarrer nur 0,5% aus.[16]

Angesichts dieser Zahlen verwundert die herausragende Stellung der Pfarrer in beiden Bereichen. Eine weitere Erhöhung der Zahl der Mitarbeiter wird künftig angesichts des Rückgangs der Mitgliedszahlen und der Einnahmen nicht mehr möglich sein. Bei neuen Herausforderungen stellt sich deshalb dringend die Frage nach den Prioritäten. Dabei, so wird häufig festgestellt, dominiere in der Regel die Normativität des Faktischen. Aber was ist damit gemeint? Die Fakten der Statistik oder die der Stellung und des Einflusses?

3. Gegenwärtige Herausforderungen und gemeindepädagogische Konsequenzen

Wenn wir im Blick auf die Mitarbeiterstruktur in den Gemeinden und in der Kirche nicht direkt an die neutestamentliche Situation anknüpfen können und schon gar nicht die geschichtlich gewordene Struktur fixieren wollen, gilt es, in Anknüpfung an biblische Impulse und die im geschichtlichen Prozeß entstandenen Ausprägungen, heute neu auf die gestellten Herausforderungen zu reagieren und die Mitarbeiterstruktur so zu gestalten, daß die Antworten verstehbar werden und die biblische Botschaft klare Gestalt gewinnen kann. Die Reaktionen in jüngster Zeit erscheinen oft recht zufällig. Auch dort, wo durch Personalentscheidungen Prioritäten gesetzt werden, vermisse ich oft ein klares Konzept. Was

15 Ergebnisse der Statistik über Mitarbeiter im kirchlichen und diakonischen Dienst, in: Amtsblatt der EKD vom 15. 3. 1975, Nr. 47, Statistische Beilage.

16 Die Planungsgruppe des EKD-Kirchenamtes stellt fest: »Gegenwärtig kommt auf rund 350 Kirchenmitglieder ein hauptberuflicher kirchlicher Mitarbeiter (ohne Mitarbeiter in der Diakonie); bei Einschluß auch nebenberuflicher Mitarbeiter ergibt sich ein Verhältnis von 1:230.« (Strukturbedingungen der Kirche auf längere Sicht, epd-Dokumentation Nr. 29/1986, 17).
D. Aschenbrenner nennt konkrete Zahlen für die Hannoversche Landeskirche (DtPfBl 79/1979, 707). In dieser Landeskirche stehen ca. 1800 Pfarrer 23 000 haupt- und nebenamtlichen Mitarbeitern im kirchlichen und diakonischen Dienst gegenüber, die keine Pfarrer sind. Der Anteil der Pfarrer beträgt dort insgesamt 7,8%, im kirchlichen Bereich allein gut 13%.

W. Kasper hinsichtlich der Personalentscheidungen in der römisch-katholischen Kirche resümiert, trifft auch auf viele Entscheidungsprozesse in den evangelischen Kirchen zu: »Die bisherige Entwicklung war mehr von experimenteller Pragmatik als von einem theologisch und pastoral durchdachten Konzept bestimmt.«[17] Pragmatisch wurde mehr oder weniger schnell und gut auf Herausforderungen reagiert. Ich bin überzeugt, daß die gemeindepädagogischen Grundeinsichten helfen können, »theologisch und pastoral« verantwortbar zu reagieren.

Zusammen mit *D. Aschenbrenner* und *W. Fahlbusch* habe ich 1981 nach den aktuellen Herausforderungen gefragt und vier »Problemfelder kirchlicher Praxis als Orientierungshilfen für die Ausbildung und den Einsatz kirchlicher Mitarbeiter« beschrieben.[18] An die dort genannten Herausforderungen, die zwischenzeitlich noch brennender geworden sind, will ich anknüpfen, und sie in Beziehung setzen zu den gemeindepädagogischen Grundeinsichten der letzten Jahre.

3.1 Entschiedene Mitgliedschaft. »Kirche und christliche Religion verlieren immer mehr den Rang sozialer, weltanschaulicher und bildungsmäßiger Selbstverständlichkeiten. Sie rücken immer mehr an den Rand des privaten und öffentlichen Bewußtseins. Sich zu ihnen zu bekennen und zu halten, mit ihnen zu leben, wird zunehmend eine Möglichkeit neben anderen. Sie stehen innerhalb der verschiedenen Lebensmöglichkeiten zur Wahl.«[19] Für viele überwiegend junge Menschen ist Distanz zur Kirche eine bewußte Demonstration von Selbständigkeit und Freiheit. Wenn die meisten von ihnen dennoch nicht aus der Kirche austreten,[20] so darf dies nicht darüber hinwegtäuschen, daß die lockere Bindung mit der Zeit völlig gelöst wird, wenn sie nicht neu belebt werden kann. Es wird in den kommenden Jahren sehr darauf ankommen, ob die unterkühlten Beziehungen wieder sozial gestützt werden können, ob es den Mitarbeitern gelingt, »an die Stelle der weithin nur noch formalen Beziehungen... neue Formen des Miteinanderlebens« anzubieten, »die durch menschliche Begegnung, persönliche Wärme, Freiheit des Den-

17 *W. Kasper*, Die schädliche Nebenwirkung des Priestermangels, in: Stimmen der Zeit 102/1977, 130f.

18 *D. Aschenbrenner/E. Fahlbusch/K. Foitzik*, Der Pfarrer allein tut's freilich nicht..., in: *D. Aschenbrenner/K. Foitzik (Hrsg.)*, Plädoyer für theologisch-pädagogische Mitarbeiter in der Kirche, 21.

19 Ebd.

20 Vgl. *H. Hild (Hrsg.)*, Wie stabil ist die Kirche? Ergebnisse einer Meinungsbefragung, Gelnhausen ²1975, 114ff., und *J. Hanselmann (Hrsg.)*, Was wird aus der Kirche? Ergebnisse der zweiten EKD-Umfrage über Kirchenmitgliedschaft, Gütersloh 1984, 141ff. 1974 war für 84% der Kirchenaustritt kein Thema, zehn Jahre später nur noch für 79%.

kens und der Äußerung, vor allem aber durch die Möglichkeit der freien Mitarbeit und der Selbst- und Mitbestimmung geprägt sind.«[21] Die gemeindepädagogischen Empfehlungen zum »Zusammenhang von Leben, Glauben und Lernen«[22] haben dieses Anliegen überzeugend aufgegriffen.

Die Kirche braucht Mitarbeiter, die sich aufgeschlossen auch denen zuwenden, die den traditionellen Arbeitsformen der Kirche distanziert gegenüberstehen, Mitarbeiter, die hinhören können und bereit sind, mit anderen gemeinsam zu lernen und gemeinsam nach Konkretionen des Evangeliums in unserer krisengeschüttelten Welt zu fragen. Dieses gemeinsame Fragen, Lernen, Glauben und Handeln wird am besten in kleinen Gruppen geschehen. Die Kirche braucht deshalb Mitarbeiter, die bereit und befähigt sind, in und mit Gruppen zu arbeiten und auch über längere Zeit zu leben.

3.2 Dialogfähigkeit. In Gesellschaft und Kirche sind Gespräche zwischen unterschiedlich denkenden Gruppen schwierig geworden und oft überhaupt nicht mehr möglich. Man versucht bestenfalls noch, die anderen zu überzeugen, meistens jedoch zu übervorteilen. Jede Gruppierung pocht auf die Qualität ihrer Argumente, beruft sich auf einen Vorsprung an Erfahrung oder Betroffenheit. Selten wird dabei bewußt, daß dahinter Grundüberzeugungen stehen, die sich bei einzelnen und Gruppen im biographischen Lernen herausgebildet haben und Wahrnehmung und Urteil beeinflussen. Solange diese Grundentscheidungen nicht Gegenstand des Gesprächs werden, bleiben die Auseinandersetzungen zum Scheitern verurteilt. Die Gesprächsunfähigkeit ist dort besonders belastend, wo es um Lebens- und Überlebensfragen geht. Resignation oder glühender Fanatismus sind oft die Folgen. Will die Kirche der Sprachlosigkeit der einen und den leeren Worthülsen der anderen die kritische Funktion des christlichen Glaubens mit seinem politischen Engagement für eine menschlichere und verantwortbare Gestaltung der Welt entgegensetzen, so braucht sie Mitarbeiter, die nicht mit falschem Amts- und Autoritätsbewußtsein aufreten und den üblichen Parolen christliche hinzufügen. Sie braucht Mitarbeiter, die in der Lage sind, mit anderen gemeinsam die Bedeutung des Evangeliums für die Probleme einzelner Menschen und der Gesellschaft zu erkennen, die in der Auseinanderset-

21 *D. Aschenbrenner/K. Foitzik (Hrsg.)*, aaO., 21. Vgl. auch *H. Albrecht*, Kirche im sozialen Brennpunkt, in: PTh 75/1986, 248–268.

22 Vgl. Anm. 1; außerdem *K. E. Nipkow*, Grundfragen der Religionspädagogik, Bd. 3: Gemeinsam leben und glauben lernen, Gütersloh 1982.

zung um ein neues Lebensverständnis als Voraussetzung für das Überleben der Menschheit zum Ausdruck kommen. Sie braucht Mitarbeiter, die in der biblischen Tradition verwurzelt, dennoch bereit und fähig sind, diese Tradition und ihre Wirkungsgeschichte kritisch zu reflektieren. *K. E. Nipkow* sieht darin eine der religions- und gemeindepädagogischen Grundaufgaben.[23] Sie braucht Mitarbeiter, die in der Lage sind, andere anzuleiten, die eigenen und die weltweiten Anliegen aus der Perspektive des Glaubens zu beurteilen. Zu diesem Perspektivenwechsel[24] darf aber nur der Mitarbeiter berechtigt einladen, der auch fähig und bereit ist, sich auf die Perspektive des Partners einzulassen, um zu erkennen, weshalb der andere so denkt, empfindet und handelt. Dialogfähigkeit ist eine der wesentlichen Qualitäten, die heute von einem kirchlichen Mitarbeiter zu fordern ist. Sie schließt konfessorisches Reden nicht aus. Doch nur Mitarbeiter, die sich auf einen Diskurs einlassen, werden im Diskurs verdeutlichen können, woran sie glauben und wie ihr Glaube ihre Wahrnehmung und ihr Handeln bestimmt. Nur so werden sie zu Interpreten der biblischen Botschaft. *K. E. Nipkow* sieht in der Verpflichtung zum Diskurs und zur Partizipation eine weitere gemeindepädagogische Grundaufgabe und bezeichnet diese als den »ökumenischen Weg«.[25]

3.3 Begleitung und Hilfe. 1973 stellte *D. Rössler* fest, daß die Erwartung an beratende Seelsorge kaum mehr zu überbieten sei.[26] Inzwischen ist sie beträchtlich größer geworden. Angesichts der Orientierungslosigkeit aufgrund ständig neuer ethischer Fragestellungen, aufgrund zunehmender Frustrationen im Alltag und der vielen Krisen, die an nicht mehr durch Riten gesicherten Lebensübergängen entstehen, angesichts der deutlichen Grenzen unseres Lebens und der Welt und zunehmender Sinnlosigkeitsgefühle, hat beratende und begleitende Seelsorge eine unerhörte Bedeutung in der kirchlichen Arbeit gewonnen. Viele kommen mit sich, mit ihren Mitmenschen und mit der ganzen Weltlage nicht mehr zurecht. Wer nicht weiß, was er soll, der weiß oft auch nicht, was er

23 *K. E. Nipkow*, Grundfragen der Religionspädagogik, Bd. 2: Das pädagogische Handeln der Kirche, Gütersloh 1975, 160ff.

24 *K. E. Nipkow*, Mit Kindern und Jugendlichen glauben lernen als Aufgabe der Gemeinde. Zu den Voraussetzungsproblemen der Gemeindepädagogik, in: Birkacher Beiträge zu einer evangelischen Pädagogik, Nr. 1, Birkach 1980, 21.

25 *K. E. Nipkow*, Grundfragen der Religionspädagogik, Bd. 2, 197ff.

26 *D. Rössler*, Rekonstruktion des Menschen. Ziele und Aufgabe der Seelsorge in der Gegenwart, in: WzM 25/1973, 190.

eigentlich will. Er verlangt nach »lebensbegleitender, erfahrungsnaher Identitätshilfe«.[27] Identitätsprobleme sind vorwiegend Kommunikationsprobleme. Wenn die Kommunikation mit anderen gestört ist und die mit sich selbst nicht mehr gelingt, verliert der Mensch das Vertrauen und seine Ichstärke. Beides sind aber Voraussetzungen für gelingende neue Kommunikation. Er ist in einem Teufelskreis. Die Sinnlosigkeit droht, ihn zu überwältigen.

K. E. Nipkow hat überzeugend gezeigt, daß die notwendige Identitätshilfe auf zweifache Weise gegeben werden muß; als »seelsorgerliche Unterstützung«, wenn jemand nicht mehr mit sich zurecht kommt, und als »pädagogische Unterstützung«, die als zuvorkommende Hilfe »ermutigt und befähigt,... sich in den Beschwernissen von Lebensalltag, Lebensübergängen und -grenzen selbständig zurechtzufinden«.[28] Für die erst genannte Form der Identitätshilfe braucht die Kirche Mitarbeiter mit seelsorgerlicher und therapeutischer Kompetenz. Für die vorbeugende Identitätshilfe benötigt sie Mitarbeiter mit gemeindepädagogischer Kompetenz, die Menschen aller Altersstufen dazu anleiten, mit sich und mit anderen so kommunizieren zu können, daß diese in Krisenfällen ihr Gleichgewicht nicht verlieren. Mitarbeiter, die dazu befähigen, andere Menschen anzunehmen, weil sie selbst angenommen sind.[29]

3.4 Die Opfer der Leistungsgesellschaft. »Unsere Gesellschaft ist eine Leistungsgesellschaft... Die Leistungsgesellschaft bestimmt den Wert des Menschen. Sie erzeugt damit auch Enttäuschung, Minderwertigkeitskomplexe oder sogar gesellschaftliche Deklassierung. Einzelne, Gruppen und Familien können in ihr nicht nur benachteiligt, sondern auch von ihr ausgeschlossen werden.«[30] Seit wir diese Sätze formulierten, ist das soziale Netz brüchiger geworden. Da sich Leistung wieder lohnen muß, bleiben die weiter zurück, die keine Leistung bringen können. Neue Armut verpflichtet zu vielfältiger Hilfe. Die Kirche braucht Mitarbeiter, die sich um die Opfer der Leistungsgesellschaft kümmern, die aber zugleich gegen Strukturen vorgehen, die solche Opfer verursachen. Der Anspruch des Evangeliums verpflichtet zum Einsatz gegen ungerechte Strukturen. »In der Personalplanung... darf darum der Bereich

27 *K. E. Nipkow*, Grundfragen der Religionspädagogik, Bd. 2, 101.

28 *K. E. Nipkow*, aaO., 107.

29 *K. E. Nipkow* bezeichnet diese vorbeugende »begleitende, erfahrungsnahe Identitätshilfe« als die erste religionspädagogische Grundaufgabe und begründet sie ausführlich unter Rückbezug auf die Rechtfertigungslehre (vgl. aaO., 101 ff. u. 143 ff.).

30 *D. Aschenbrenner/K. Foitzik (Hrsg.)*, aaO., 26.

der gesellschaftlichen Mitverantwortung nicht ausgeklammert werden. Die Fragen der Verkündigung und der Seelsorge werden sonst aus einem Zusammenhang gerissen, der eine wichtige Voraussetzung dafür ist, daß die Kirche sich nicht von der Wirklichkeit entfernt.«[31] Für *K. E. Nipkow* ist die »gesellschaftsdiakonische Verantwortung« der »Kirche für andere« die zweite religionspädagogische Grundaufgabe.[32] Diese Verantwortung muß von allen kirchlichen Mitarbeitern mitgetragen werden. Die Kirche braucht aber auch Mitarbeiter, die als Sozialsekretäre, Sozialarbeiter etc. diese gesellschaftsdiakonische Verantwortung profiliert wahrnehmen.

4. Orientierungshilfen für Mitarbeiter in gemeindepädagogischen Handlungsfeldern

Die nötigen Konsequenzen aus den genannten Beobachtungen können im Blick auf die Gestaltung der einzelnen gemeindepädagogischen Handlungsfelder und im Blick auf die Qualifikationen der für diese Felder nötigen Mitarbeiter gezogen werden.

4.1 Grundqualifikationen. Wird die Prioritätsfrage gestellt, so wird diese in der Regel im Blick auf die Handlungsfelder beantwortet. Es werden dann stets die klassischen Handlungsfelder oder -dimensionen aufgezählt, je nach gesetzter Priorität mit unterschiedlichem Gewicht oder in unterschiedlicher Reihenfolge: das kerygmatisch-gottesdienstliche Handeln der Kirche, das religionspädagogische, das diakonische und das kybernetische Handeln der Kirche (→ s. o. I,1.3). Der Bildungspolitische Ausschuß der EKD spricht in seinen Empfehlungen zur Ausbildung kirchlicher Mitarbeiter davon, daß Mitarbeiter für kerygmatisch-pastorale, religionspädagogische, poimenische und diakonische Handlungsfelder nötig seien.[33] Solche Aufzählungen erwecken oft den Eindruck, als könne das gemeindepädagogische Feld in einzelne Sektoren aufgeteilt werden. Vor allem kann bei derartigen Aufzählungen problemlos einem Feld eindeutige Priorität zugesprochen werden. Die Frage nach dem »Eigentlichen« wird dann meistens mit dem Hinweis auf das kerygmatisch-pastorale Handlungsfeld beantwortet.

31 *D. Aschenbrenner/K. Foitzik (Hrsg.)*, aaO., 27.
32 *K. E. Nipkow*, Grundfragen der Religionspädagogik, Bd. 2, 130ff.
33 Vgl. Sozialpädagogik. Zeitschrift für Mitarbeiter 19/1977, Nr. 1, 2.

Im »Plädoyer für theologisch-pädagogische Mitarbeiter in der Kirche« gingen wir einen anderen Weg. Aufgrund der angestellten Analyse fragten wir nach den notwendigen Qualifikationen der kirchlichen Mitarbeiter. Wir kamen zu *drei Grundqualifikationen*, die wir so beschrieben:

- »Fähigkeiten und Fertigkeiten, um die Aussagen der Bibel, der kirchlichen Bekenntnisse und der Theologie so plausibel zu machen, daß sie im Lebenszusammenhang der Menschen verstanden werden können. Dabei handelt es sich um eine *theologisch-hermeneutische Qualifikation.*
- Fähigkeiten und Fertigkeiten, um dem geistigen Inhalt der Verkündigung, den Begriffen, Ideen und Worten Gestalt beim Aufbau zwischenmenschlicher Beziehungen und Strukturen in der Gemeinde, im Gottesdienst, in den Gruppen, in der Nachbarschaft und in anderen Gesellungsformen der Gemeindeglieder zu geben. Dabei handelt es sich um eine *theologisch-pädagogische Qualifikation.*
- Fähigkeiten und Fertigkeiten darin, Menschen in ihren individuellen, familiären, beruflichen, partnerschaftlichen, krankheits- oder strukturbedingten Problemen, Ängsten und Nöten sachkundig zu helfen oder sie aufgrund einer fachkundigen Einschätzung ihrer Lage einer entsprechenden Hilfe zuzuführen. Dabei handelt es sich um eine *theologisch-sozialdiakonische Qualifikation.*«[34]

Auch bei diesem Vorgehen ist es möglich, die Prioritätenfrage einseitig zu beantworten. Eine Grundqualifikation wird dann besonders hervorgehoben und einer Mitarbeitergruppe in einem bestimmten Handlungsfeld zugewiesen. Es sind aber die drei Grundqualifikationen notwendig und können keineswegs eindeutig bestimmten Handlungsfeldern zugeordnet werden.

Wünschenswert wäre es, wenn alle Mitarbeiter die Grundqualifikationen erwerben könnten. Doch das ist eine Überforderung. Es mag sein, daß ein Mitarbeiter zwei Qualifikationen erwirbt. Die Regel ist es nicht. Es gibt zwar Mitarbeiter, die meinen, die drei Qualifikationen zu haben. Doch wer alles können will, wird nichts wirklich können. Vermeintliche Universalkompetenz führt zum Universaldilletantismus. Bei der Ausbildung der Mitarbeiter müssen deshalb Schwerpunkte gesetzt werden. Zugleich aber sind die unterschiedlich ausgebildeten Mitarbeiter zur Zusammenarbeit zu befähigen.

4.2 Die Kirche braucht unterschiedlich qualifizierte Mitarbeiter. Schon 1970 forderten *D. Aschenbrenner* und *G. Buttler* »andere Mitarbeiter«.[35] Ihre Forderung blieb unwidersprochen; denn die bis dahin für den gemeinde-

34 *D. Aschenbrenner/K. Foitzik (Hrsg.)*, aaO., 27.

35 *D. Aschenbrenner/G. Buttler*, Die Kirche braucht andere Mitarbeiter. Vom Universaldilettanten zum Spezialisten. Analysen, Thesen und Materialien zum Berufsbild und zur Ausbildung des kirchlichen Mitarbeiters im Gemeindedienst, Stuttgart 1970.

bezogenen Dienst ausgebildeten Mitarbeiter waren mit ihrer Situation unzufrieden. Sie waren schlecht bezahlt und durften kaum selbstverantwortete Tätigkeiten ausführen. Gemeindehelferinnen und Gemeindediakone beispielsweise waren in der Regel als Helfer des Pfarrers eingesetzt und konnten sich nur von dessen Defiziten her definieren. Diese unbefriedigende Situation führte dazu, daß die Zahl der Bewerber für diese Berufe sank und die Existenz der Ausbildungsstätten gefährdet war. Es mußten neue Wege beschritten werden.

Die theologisch-hermeneutische Qualifikation wird seit Jahrhunderten den Pfarrern an den Universitäten vermittelt. Die inzwischen notwendig gewordene theologisch-pädagogische und theologisch-diakonische Grundqualifikation konnten Mitarbeiter nur an Seminaren und Fachschulen erwerben. Auch vergleichbare Berufsgruppen im öffentlichen Dienst hatten anfangs nur eine seminaristische Ausbildung. Inzwischen aber konnten sie sich weithin – wie beispielsweise die Lehrer – an Hochschulen qualifizieren. Auch die »anderen Mitarbeiter«, die *D. Aschenbrenner* und *G. Buttler* forderten, sollten besser ausgebildet werden, um selbständig arbeiten zu können. Die neugegründeten Fachhochschulen eröffneten der Kirche neue Möglichkeiten.

Die Entwicklung soll im folgenden Abschnitt skizziert werden. Die Konzentration auf die Ausbildung von Mitarbeitern mit theologisch-pädagogischer Qualifikation legt das Thema nahe. Sie sind in den gemeindepädagogischen Handlungsfeldern von besonderer Bedeutung. Außerdem kann an ihrer Zuordnung zum Pfarramt ein Grundproblem aller Zusammenarbeit in der Gemeinde gut verdeutlicht werden. Die exemplarische Darstellung der Ausbildung und des Einsatzes von Religions- und Gemeindepädagogen läßt den Transfer auf andere Berufsgruppen problemlos zu.

Nur am Rande kann ich im abgesteckten Rahmen auf *die weiteren Mitarbeiter in der Gemeinde* eingehen, die zwar auch pädagogisch wirken, deren Schwerpunkt aber auf anderem Gebiet liegt: die Kirchenmusiker, Fachkräfte für Beratung und Seelsorge, Gemeindeschwestern, Fürsorgerinnen, Sozialsekretäre, Sozialarbeiter und Sozialpädagogen, die übrigen Mitarbeiter in den Sozialstationen und diakonischen Einrichtungen in der Gemeinde etc. Auch für sie wurden in den vergangenen Jahren die Ausbildungsmöglichkeiten und die Einsatzmodalitäten verbessert. Die Kompetenzen wurden profiliert und die Handlungsfelder deutlicher abgegrenzt. Nicht selten sind diese Mitarbeiter sehr gut in den engeren Mitarbeiterkreis in der Gemeinde integriert.[36] Viele Mitar-

36 Vgl. die Ausführungen über die »Pastorale Dienstgruppe« in: Berufsbild des

beiterinnen und Mitarbeiter mit seminaristischer Ausbildung leiden aber noch immer darunter, daß sie nur als Handlanger des Pfarrers angesehen und eingestuft werden. Auf die Mitarbeiter in der Verwaltung werde ich unten noch zu sprechen kommen.

Zu den Mitarbeitern mit theologisch-pädagogischer Qualifikation zählt als zahlenmäßig größte Mitarbeitergruppe in der Gemeinde die der *Erzieherinnen in den Kindergärten.*

Seit die Kindergartenarbeit in den 70er Jahren als Elementarbereich zur Grundstufe des Bildungswesens aufgewertet wurde, hat auch die theologisch-pädagogische Arbeit in den Kindergärten und -horten vermehrt Aufmerksamkeit gefunden.[37] Da die religiöse Sozialisation in den Familien oft viele Wünsche offen läßt, ist der Kindergarten für viele Kinder zum Ort der Erstbegegnung mit dem christlichen Glauben geworden. Zunehmend werden die darin gegebenen Möglichkeiten erkannt und genutzt. Das Comenius-Institut in Münster hat in den vergangenen Jahren die religionspädagogische Arbeit im Kindergarten durch ein spezielles Förderprogramm unterstützt.[38] Eine gemeindepädagogische Projektgruppe des Instituts hat die Chancen und Probleme der Zusammenarbeit von Erzieherinnen und Pfarrern untersucht. Zusammen mit *E. Goßmann* habe ich die Ergebnisse dieser Projektgruppe zusammengefaßt und praktische Hinweise für gelingende Zusammenarbeit von pädagogischen und theologischen Mitarbeitern in der Gemeinde am Beispiel von Erzieherinnen und Pfarrern gegeben.[39]

Pfarrers, Ausarbeitung des ständigen Theologischen Ausschusses der Evangelischen Kirche in Westfalen, Bielefeld 1985, bes. 24: »In die Pastorale Dienstgruppe gehören alle Mitarbeiter, auch verantwortlich tätige ehrenamtliche Mitarbeiter, die am Dienst der Verkündigung, Seelsorge, Diakonie und Bildungsarbeit beteiligt sind.«

37 Vgl. *R. Briel*, Kindergarten, und *H. B. Kaufmann/E. Goßmann*, Elementarerziehung / Vorschulerziehung, beide in: *G. Bitter / G. Miller (Hrsg.)*, Handbuch religionspädagogischer Grundbegriffe, Bd. 1, München 1986, 149–153 und 193–198.

38 *Comenius-Institut u.a. (Hrsg.)*, Förderprogramm für den Kindergarten, Hefte 1–10, Münster 1975-1982.

39 *K. Foitzik/E. Goßmann*, Gemeinde leben. Zusammenarbeit pädagogischer und theologischer Mitarbeiter, Gütersloh 1986.

5. Eigenständige Mitarbeiter mit theologisch-pädagogischer Grundqualifikation – Situation und Perspektiven

Der Ruf nach besser qualifizierten Mitarbeitern neben dem Pfarrer wurde in den 70er Jahren von den Kirchenleitungen gehört. Sie haben sich immer deutlicher für die »Notwendigkeit vielfältiger Dienste in Kirche und Gemeinde« ausgesprochen.[40]

Schon 1972 setzte sich der Rat der EKD ausdrücklich für qualifiziert ausgebildete Gemeindepädagogen ein: »Die Kirche bedarf für ihre differenzierten Aufgaben in der gegenwärtigen Gesellschaft einer differenzierten Ausbildung. Sie braucht daher neben dem stärker forschungsorientiert ausgebildeten Theologen von den theologischen Fakultäten den praxisorientiert ausgebildeten Fachhochschultheologen, der durch seine Ausbildung zur selbständigen Reflexion und Entscheidung wie zu verantwortlichem Handeln befähigt wird.«[41] An diese neuen Mitarbeiter knüpften viele die Hoffnung, daß durch sie die nahezu ausschließlich an den Pfarrern und am Pfarramt orientierten kirchlichen Strukturen zugunsten einer stärkeren Kooperation unterschiedlich ausgebildeter Mitarbeiter verändert werden könnte.

Die Voraussetzungen waren günstig. Die Notwendigkeit theologisch-pädagogischer Mitarbeiter war angesichts wachsender Distanz vieler Gemeindeglieder weithin anerkannt. Bildungsreform und Bildungsplanung hatten seit den 60er Jahren die Bereitschaft, neue Wege zu gehen, nachdrücklich gefördert. Um 1970 wurden die ersten Fachhochschulen gegründet. Schon 1971 übernahmen auch Kirchen Ausbildungsverantwortung auf dieser neuen Bildungsebene. Im Blick auf die Ausbildung von Sozialarbeitern und Sozialpädagogen war dies unumgänglich, wollten die Kirchen sich aus diesem Ausbildungsbereich nicht völlig zurückziehen. Es lag nahe, nicht nur die theologisch-diakonische Qualifikation an Fachhochschulen zu vermitteln, sondern auch die theologisch-pädagogische. Bald konnte man an sieben Orten in der Bundesrepublik evangelische Religions- und Gemeindepädagogik auf der Fachhochschulebene studieren.[42]

Der neue Mitarbeiter sollte möglichst gleichrangig neben den Pfarrern stehen.[43] Viele Pfarrstellen waren unbesetzt. An den theologischen Fa-

40 So zum Beispiel in der Kundgebung der Synode der EKD zur zukunftsorientierten Bildung und Ausbildung im Zusammenhang des Bildungs- und Beschäftigungssystems vom 10. 11. 1978, 519.

41 Zitiert nach *G. Buttler*, Theologisch-praktische Fachbereiche in kirchlicher Trägerschaft, in: ThPr 7/1972, 292.

42 Religionspädagogische Fachbereiche wurden an den Evangelischen Fachhochschulen in Darmstadt, Düsseldorf, Freiburg und Ludwigshafen errichtet, an die Kirchliche Hochschule in Neuendettelsau wurde ein religionspädagogischer Fachhochschulstudiengang angegliedert, der in zwei Abteilungen in Neuendettelsau und München geführt wurde. 1975 kam ein weiterer Fachbereich an der Evang. Fachhochschule in Hannover dazu.

43 Vgl. *G. Buttler*, aaO., 290–301; außerdem *K. Dienst*, Gemeindepädagogik, in: EvErz 32/1980, 338.

kultäten studierten so wenige, wie seit Jahrzehnten nicht mehr. Für kirchenleitende Gremien war dies Anlaß genug, darüber nachzudenken, freie Pfarrstellen mit Gemeindepädagogen zu besetzen. *Die evangelischen Kirchen in der DDR* haben diesen Weg konsequent beschritten (→ s.o. II).

Sie haben 1979 in Potsdam mit der Ausbildung von Gemeindepädagogen begonnen, die (zumindest in einigen Landeskirchen) den Pfarrern völlig gleichgestellt sind.[44] Das Ausbildungsziel wurde von der Konferenz der Kirchenleitungen so beschrieben: »Durch die gemeindepädagogische Ausbildung sollen selbständig tätige und verantwortliche Mitarbeiter für das pädagogisch-seelsorgerliche Handeln der Kirche gewonnen werden. Um die missionarischen Aufgaben der Gemeinde in unserer Situation so wahrzunehmen, daß die Botschaft des Evangeliums vom heutigen Menschen vernommen und in seine gesamte Lebensgestaltung einbezogen werden kann, sind verstärkt pädagogische Fähigkeiten notwendig.«[45] Damit der Gemeindepädagoge in allen Handlungsfeldern der Gemeinde arbeiten kann, soll er auch die »pastoralen Grundfunktionen« beherrschen,[46] Gemeindepädagogen und Gemeindetheologen sollten aber ihre unverwechselbaren Schwerpunkte haben. *J. Henkys* hat die Schwerpunkte der Gemeindepädagogen so beschrieben: »Die Erschließung der christlichen Glaubensüberlieferung für einen selbständigen Glauben, Hilfe zur Gemeinschaftserfahrung und Selbstfindung, Einübung in christliche Weltverantwortung.«[47]

In der Bundesrepublik waren die Entscheidungen halbherzig. Die Schwerpunkte der Ausbildung waren ähnlich. Durch das Studium sollte folgende Berufsbefähigung erreicht werden: »Die Befähigung für Bildung und Unterricht unter dem Aspekt der Vermittlung wichtiger Inhalte biblischer Überlieferung und christlichen Glaubens; die Befähigung für Aufbau, Anleitung und Begleitung von Gruppen in Kirchengemeinde und Nahbereich, in kirchlichen Einrichtungen und Werken der Diakonie; die Befähigung für Organisation und Koordination von Veranstaltungen und Aktivitäten unterschiedlicher Gruppen im kirchlichen Bereich; die Befähigung, die Gemeinde auf offene und verborgene Notsituationen aufmerksam zu machen sowie Möglichkeiten der Hilfe zu entwickeln und wahrzunehmen.«[48] Das zum Diplom führende Studium

44 *P. Schicketanz*, Der Weg zur Ausbildung evangelischer Gemeindepädagogen in der DDR, in: *D. Aschenbrenner/K. Foitzik (Hrsg.)*, Plädoyer für theologisch-pädagogische Mitarbeiter in der Kirche, 147–185. Im Anhang sind dort die Arbeitspapiere der Entscheidungsgremien veröffentlicht.

45 Nach *P. Schicketanz*, aaO., 147.

46 *P. Schicketanz*, aaO., 172.

47 *J. Henkys*, Was ist Gemeindepädagogik? in: Kirche im Sozialismus 1979, 121.

48 Diakone im gemeindlichen und übergemeindlichen Dienst. Eine Berufsbild- und Arbeitsfeldanalyse der Evangelischen Fachhochschule Hannover und der Pastoralsoziologischen Arbeitsstelle der Ev.-Luth. Landeskirche Hanno-

an den Fachhochschulen sollte sich vom theologischen Studium vor allem durch zwei Aspekte unterscheiden, durch den Versuch der Integration der sozial- und humanwissenschaftlichen Disziplinen in das theologische Studium und durch einen konsequenten Praxisbezug von Anfang an. Dieses Angebot war offensichtlich für viele eine gewünschte Alternative zum Theologiestudium. Die Zahl der Studienbewerber wuchs rasch. Unter ihnen waren zunehmend Bewerber mit voller Hochschulreife, die sich bewußt für das gemeindepädagogische Studium an einer Fachhochschule und nicht für das theologische Studium an der Universität entschieden hatten.

Die hohen Erwartungen der Verantwortlichen und der Studierenden an den gemeindepädagogischen Fachbereichen wurden bald enttäuscht; die Hoffnung auf eine grundlegende Veränderung der Mitarbeiterstruktur in den Kirchen der Bundesrepublik zumindest vorerst getrübt.

Der letzte gemeindepädagogische Fachbereich war in Hannover 1975 gerade errichtet worden, da wurde in Ludwigshafen bereits über die Schließung des dortigen Fachbereichs verhandelt. 1977 wurde das Ende der Abteilung Neuendettelsau des Fachhochschulstudienganges an der Augustana Hochschule beschlossen. Seit 1981 wird in Düsseldorf Religionspädagogik nur noch als Aufbaustudium nach absolviertem sozialpädagogischem Studium angeboten.[49]

Was hatte diesen Umschwung herbeigeführt? Wie war es möglich, daß die zukunftsweisenden Perspektiven so schnell vom Rotstift der Personalplaner und Finanzexperten durchgestrichen wurden? War die Forderung der kirchenleitenden Gremien nach qualifizierten Mitarbeitern neben dem Pfarrer mehr aus der Not geboren als konzeptionell bestimmt? War es einmal mehr »experimentelle Pragmatik« an Stelle von »theologischem und pastoralem Planen«?[50] Jedenfalls genügten finanzielle Alarmzeichen – mehr als Alarm war es damals nicht! – und drastisch gestiegene Theologenzahlen, um der normativen Kraft des Vertrauten zu verfallen und wieder einseitig auf die Theologen zu setzen. Freilich konnten die Kirchen auf die Zahl derer, die an den Universitäten Theologie studierten, kaum Einfluß nehmen. Es ist auch verständlich, daß die Kirchen sich moralisch verpflichtet fühlen, möglichst viele examinierte Theologen zu übernehmen. Bei den Religions- und

ver, Hannover 1985. Die hier vorgestellten Berufsqualifikationen treffen speziell für die Absolventen der Fachhochschule Hannover zu, sie weichen bei den Absolventen der übrigen Fachbereiche geringfügig ab.

49 Der Fachbereich wurde 1986 nach Bochum verlegt.

50 Vgl. *W. Kasper*, Die schädlichen Nebenwirkungen des Priestermangels, in: Stimmen der Zeit 102/1977, 130f.

Gemeindepädagogen ist das anders. Hier sind die Kirchen selbst Träger der Ausbildungsstätten und konnten deshalb die Zahl der Einrichtungen und die der Studienplätze bedarfsorientiert reduzieren. Für die letzten Studienjahre durften an den vier verbliebenen Fachbereichen nur noch knapp 130 Studienbewerber zugelassen werden. Die Zahl der Bewerber war drei- bis viermal so hoch. Damit nicht genug. Einige Kirchenleitungen überlegten, ob Religions- und Gemeindepädagogen nicht grundsätzlich eine zweite Berufsqualifikation haben sollten. Dagegen wäre nichts einzuwenden, wenn ähnliche Überlegungen auch die Pfarrer betroffen hätten. Ihre Sonderstellung blieb aber unangetastet. Die »Freude und Dankbarkeit im Blick auf alle, die als Christen mit uns arbeiten wollen«,[51] blieb bald wieder auf die Theologen begrenzt.

Die Einschränkungen trafen die Gemeindepädagogen, als die ersten Absolventen der Fachhochschulen ins Berufsleben einstiegen, um sich neben den Pfarrern zu bewähren. Sie trafen sie in einer Situation, in der ein klares Berufsbild für sie überhaupt noch nicht entwickelt und bestätigt sein konnte. Die prägende Kraft der unterschiedlichen Traditionen der in den Fachbereichen aufgegangenen Vorgängereinrichtungen, die unterschiedlichen Möglichkeiten, die durch die Kulturhoheit der Bundesländer bedingt sind, und die nicht übereinstimmenden Vorstellungen der einzelnen Trägerkirchen stehen einem einheitlichen Berufsbild bis heute hemmend im Weg.[52] Unschärfen im Berufsbild der Gemeindepädagogen gegenüber dem angeblich klaren Berufsbild der Theologen mußten als zusätzliche Begründung für die Zurücknahme gehegter Hoffnungen herhalten. Damit wurden auch die Erwartungen zunichte, daß durch das Gegenüber zum Gemeindepädagogen sich das Berufsbild des Pfarrers profilieren könnte. Vorläufig blieb alles, wie es immer war. Die Chancen der Gemeindepädagogen sanken mit dem steigenden Theologennachwuchs. Zusätzlicher Druck entstand für sie dadurch, daß manche Pfarrer und Gemeinden auf die billigeren und in der Regel willfährigeren Absolventen von Seminaren und Bibelschulen zurückgriffen.

Günstiger war die Entwicklung in jenen Landeskirchen, die für Religions- und Gemeindepädagogen in zentral erstellten Personalplänen

51 Vgl. *M. Seitz*, Erneuerung der Gemeinde. Gemeindeaufbau und Spiritualität, Göttingen 1985, 10.

52 In den süddeutschen Bundesländern dürfen Diplomreligionspädagogen beispielsweise auch Religionsunterricht an öffentlichen Schulen erteilen. In Norddeutschland ist dies nur bedingt möglich.

feste Stellen auswiesen.[53] Hier konnten sie sich in den gemeindepädagogischen Handlungsfeldern neben den Pfarrern als theologisch-pädagogisch qualifizierte Mitarbeiter bewähren.[54] Sie haben in Eigenverantwortung oder in Kooperation mit anderen Mitarbeitern in den Gemeinden vor allem folgende Funktionen wahrgenommen: »die Leitung und Begleitung von offenen und geschlossenen Gruppen von Kindern, Jugendlichen und Erwachsenen; Mitarbeit im kirchlichen Unterricht und beim gottesdienstlichen Handeln der Kirche; zielgruppenorientierte Planung, Durchführung und Auswertung von Bildungsveranstaltungen, Seminaren, Freizeiten und Urlaubsgemeinschaften; Schulung und Begleitung ehren- und nebenamtlicher Mitarbeiter für die genannten Arbeitsbereiche, Mitarbeit bei diakonischen Aufgaben in der Gemeinde, in kirchlichen Werken und Einrichtungen; Beratung und Seelsorge für einzelne und Gruppen als integrierter Bestandteil der genannten Schwerpunkte.«[55] Die Erfahrungen gelungener Zusammenarbeit verdeutlichen, daß sie ihre besondere Kompetenz so einbringen konnten, daß dies für die einzelnen Menschen, für die Gemeinde und die Pfarrer hilfreich war.

Die Kirchen werden auf diese Kompetenz langfristig nicht verzichten können. Die Gründe hierfür habe ich dargelegt. Da es nur sehr bedingt möglich erscheint, die Ausbildung der Pfarrer so umzugestalten, daß sie zusätzlich zur theologisch-hermeneutischen auch die theologisch-pädagogische Qualifikation in ausreichendem Maß erwerben können, bleibt die Kirche auf gemeindepädagogische Mitarbeiter angewiesen.[56] Die gemeindepädagogischen Handlungsfelder gewinnen in den nächsten Jahrzehnten noch an Bedeutung. Für die Religions- und Gemeindepädagogen gilt es, die vor ihnen liegende Durststrecke zu überstehen.

53 So z. B. die Evang.-Luth. Kirche in Bayern, die Evangelische Landeskirche in Baden und die Ev.-Luth. Landeskirche Hannover.

54 Die in Hannover durchgeführte empirische Untersuchung (vgl. Anm. 48) konnte dies eindrucksvoll nachweisen.

55 Blätter zur Berufskunde: Evangelischer Religionspädagoge/Evangelische Religionspädagogin, Bielefeld ^{2}1983, 4.

56 Die Bemühungen um eine Reform des Theologiestudiums haben gezeigt, wie beherrschend die Traditionen sind. Vgl. die Ergebnisse der Gemischten Kommission für die Reform des Theologiestudiums, 12 Bände, Stuttgart 1967–78. Doch auch bei größerer Aufgeschlossenheit wäre es kaum möglich, in das Theologiestudium in größerem Umfang auch human- und sozialwissenschaftliche Inhalte zu integrieren. Die durchschnittliche Studiendauer beträgt schon jetzt ca. 12 Semester. Vgl. dazu auch *H. Grosse*, Die Überforderung von Gemeindepastoren und das Programm einer Beteiligungskirche, in: PTh 72/1983, 434–447.

Langfristig werden ihre Chancen wieder steigen, weil sich Gemeindepädagogik als wesentliche Grundaufgabe der Kirche erweisen wird. Bei der genannten empirischen Erhebung der bisherigen Erfahrungen mit Gemeindepädagogen kommt die Projektgruppe in Hannover zu dem vorsichtig positiven Ergebnis: »Obwohl es aufs Ganze gesehen strukturell seit 20 Jahren jedenfalls keine einschneidenden Veränderungen gegeben hat, hat sich doch das Bewußtsein aller Mitarbeiter einschließlich der Pfarrer im Blick auf Kooperation und Schwerpunktbildung zum Positiven verändert.«[57] Aus den bisherigen Erfahrungen gelungener Kooperation unterschiedlich ausgebildeter Mitarbeiter lassen sich Kriterien für eine »kommunikative Gemeindepraxis« ableiten. Sie sollen im folgenden Abschnitt dargestellt werden.

6. Kriterien für eine kommunikative Gemeindepraxis

6.1 Eigenverantwortung. Solange alle Aktivitäten in der Gemeinde auf den Pfarrer ausgerichtet sind, können sich die übrigen Mitarbeiter nur als dessen verlängerte Arme, als seine Prothesen sehen. Ihre Motivation ist entsprechend. *C. Meier* zeigt an drei Beispielen, zu welchen Konsequenzen es führt, wenn Pfarrer meinen, für alles die letzte Verantwortung tragen zu müssen.[58] Wenn das Pfarramt das »Nadelöhr der Kommunikation« ist, bleiben gute Impulse der übrigen Mitarbeiter leicht auf der Strecke. Der Pfarrer hat bereits so viele Aufgaben, daß er Vorschläge für neue Projekte zurückweist: »... am Ende bleibt ja doch alles an mir selbst hängen.«[59]

Es ist unabdingbar, daß alle Mitarbeiter in ihren Bereichen eigenverantwortlich arbeiten können. Selbst die ehrenamtlichen Mitarbeiter in der Gemeinde verstehen sich nicht mehr nur »als Auftragsempfänger und Handlanger«, sondern wollen »an der Verantwortung mitbeteiligt

57 Diakone im gemeindlichen und übergemeindlichen Dienst (vgl. Anm. 48), 274.

58 *C. Meier*, Neben dem Pfarramt bleibt wenig Raum, in: ThPr 19/1984, 27–35. Mitarbeiter des Evang. Zentrums in Rissen teilen mit: »Wiederholt haben uns ehrenamtliche Mitarbeiter berichtet, daß Pastoren und andere hauptamtliche Mitarbeiter ein Engagement verhindert haben, statt erfreut darüber zu sein.« (*R. Hübner/K.-A. Kako*, Professionelle Kirche – Offene Gemeinde, in: Lernort Gemeinde 1986, Nr. 2, 22.

59 *C. Meier*, aaO., 30.

sein«.[60] »Das kritische Prinzip der Gemeinde ist das Subjektsein des einzelnen Gemeindeglieds, der ›mündige Christ‹.«[61] Dieses kritische Prinzip muß selbstverständlich auch für die haupt- und nebenamtlichen Mitarbeiter gelten.[62]

Allerdings ist auf *zwei Gefahren* zu achten. Mitarbeiter, die in Eigenverantwortung bestimmte Funktionen wahrnehmen, sind oft sehr isoliert und allein gelassen.[63] Für sie ist es wichtig, nicht nur auf Eigenverantwortung zu pochen, sondern auch bereit zu sein, die offene Kommunikation mit den übrigen Mitarbeitern und mit Gemeindegliedern zu suchen. Sie müssen sich um eine Vernetzung der einzelnen eigenverantworteten Bereiche bemühen und das soziale Geflecht entdecken, in das ihr Arbeitsbereich verwoben ist. Wenn beispielsweise Mitarbeiter in der Kinderarbeit darauf achten, wer alles an den vielfältigen Lebensvollzügen der Kinder beteiligt ist, kann die Kinderarbeit mit anderen gemeindepädagogischen Handlungsfeldern verknüpft und zum Ort des »generationsübergreifenden Lernens« werden.[64] Die zweite Gefahr ist damit bereits angedeutet. Die Eigenverantwortung der hauptamtlichen Mitarbeiter und ihr Streben nach Subjektsein dürfen die ehrenamtlichen Mitarbeiter und die übrigen Gemeindeglieder nicht zu Objekten degradieren. Auf dem Weg von der Betreuungs- zur Beteiligungsgemeinde kommt man nicht schon dadurch voran, daß neben dem Pfarrer weitere qualifizierte Mitarbeiter beschäftigt werden. Die Eigenverantwortung der Gemeindeglieder und ihr Subjektsein können durch »Profis« sogar eingeschränkt werden. Im Blick auf die Behäbigkeit vieler Gemeindeglieder fragt *M. Seitz*: »Hängt das Betreuungsdenken vielleicht auch damit zusammen, daß so viele ehrenamtliche in nebenamtliche und so viele nebenamtliche in hauptamtliche Mitarbeiter umgewandelt worden sind, so daß sich die einfachen Gemeindeglieder dauernd Ausgebildeten gegenüber sehen?«[65] Die Zahl der hauptamtlichen Mitarbeiter

60 *EKD-Kirchenamt (Hrsg.)*, Christsein gestalten. Eine Studie zum Weg der Kirche, Gütersloh 1986, 111.

61 *C. Bäumler*, Kommunikative Gemeindepraxis, München 1984, 76.

62 Die Eigenständigkeit wird oft dadurch begrenzt, daß der Pfarrer der Dienstvorgesetzte der Mitarbeiter ist. In Bayern und einigen weiteren Landeskirchen sind Religions- und Gemeindepädagogen deshalb nicht dem Pfarrer, sondern wie dieser dem Dekan unterstellt.

63 Vgl. die Ergebnisse der empirischen Untersuchung in Hannover (Anm. 48), 275.

64 Vgl. *K. E. Nipkow*, Mit Kindern und Jugendlichen Glauben lernen als Aufgabe der Gemeinde, 21.

65 *M. Seitz*, Erneuerung der Gemeinde, Göttingen 1985, 20. Vgl. dazu auch *E. Leuninger*, Schöpferische Mitverantwortung in der Kirche, in: Lebendige

sagt noch nichts darüber, ob es sich um eine Betreuungs- oder eine Beteiligungsgemeinde handelt. Es kann auch in einer Betreuungsgemeinde etwas los sein. Eine lebendige Gemeinde ist aber mehr als ein Dienstleistungsbetrieb. Die Mitarbeiter in einer Beteiligungsgemeinde wirken darauf hin, daß sich möglichst viele eigenverantwortlich darum bemühen, daß das Evangelium von Jesus Christus konkrete Gestalt annehmen kann. Eigenverantwortung ist deshalb stets gepaart mit Partizipation.

6.2 Partizipation in symmetrischer Kommunikation

»Lebendige Kirche ergibt sich nur aus der Mitarbeit der Menschen. Diese Mitarbeit besteht in erster Linie darin, im Dienst am Nächsten das Evangelium in dieser Welt ›auszurufen‹, Kirche ist Mitwirkung aller Christen an dieser Arbeit, Partizipation im besten Sinn des Wortes.«[66] Gemeindeglieder sind nicht Objekte der hauptamtlichen Mitarbeiter, nicht bloße Empfänger der Glaubensvermittlung. Sie sind selbst Zeugen, die ihren Glauben mitteilen und Rechenschaft geben über die Hoffnung, die in ihnen ist (1Petr 3,15).

6.2.1 Die Kirche als ganzes Gottesvolk – der konziliare Weg. K.E. Nipkow hat unter dem Eindruck der Spannungen und Gegensätze, die die Gemeinden belasten, aber auch unter dem Eindruck der in der Ökumene beschrittenen Wege der Verständigung den empfohlenen konziliaren Weg »ökumenischen Weg« genannt und beschrieben als »die Einübung in die Fähigkeit zum Gespräch und die Einübung in den konziliaren Austrag des Streits um die Wahrheit, ekklesiologisch bezogen auf Kirche als das ganze Gottesvolk«.[67]

Das ganze Gottesvolk hat für ihn zum einen *eine vertikale Dimension.* Alle haben Anteil: die Amtsträger, die übrigen Mitarbeiter und die Gemeindeglieder, die Mächtigen und die Ohnmächtigen. Komplemen-

Seelsorge 33/1982, 319–325. Der Aufsatz hat den Untertitel »Erstickt die Aufblähung der Hauptamtlichen die Freiheit des Christenmenschen?«.

66 *K.-A. Kako*, Ehrenamtliche Mitarbeiterinnen und Mitarbeiter – eine Herausforderung an die mündig werdende Kirche, unveröffentlichtes Manuskript für das gemeindepädagogische Forum in Birkach im Juli 1986, 1.

67 *K.E. Nipkow*, aaO., 38; vgl. auch *K.E. Nipkow*, Grundfragen der Religionspädagogik, Bd. 2, 197ff.

täre Gesprächsformen, die bisher unter ihnen beherrschend waren, werden verwandelt in symmetrische.[68]

Das ganze Gottesvolk hat zum anderen auch *eine horizontale Dimension:* Die verschiedensten Gruppen in der Gemeinde sind an diesem Prozeß beteiligt, die pietistischen und die liberalen, die liturgischen und die politischen. Auf diesem konziliaren Weg »ist Wahrheit nicht einfach die Summe der Einzelmeinungen, auch nicht ein schlechter ›Kompromiß‹, bei dem man oberflächlich Gemeinsames sucht und die Gegensätze ausgeklammert sein läßt, schon gar nicht aber der totale Sieg der stärksten Fraktion und die Unterwerfung des anderen«.[69] Es ist vielmehr »das gemeinsame Sich-Öffnen, Suchen, miteinander und voneinander Lernen in der Erwartung, daß Geist und Gegenwart Christi auch in der mir zunächst fremden und problematischen Haltung, Handlung, Ansicht, Konzeption, Glaubensinterpretation des anderen in eigener, neuer Form begegnen können, die mir etwas zu sagen hat.«[70]

Die Kommunikation zwischen Pfarrer, Gemeindepädagogen, ehrenamtlichen Mitarbeitern und Gemeindegliedern, soll eine »Interaktion gleichberechtigter Brüder« und Schwestern sein. Dies fordert der katholische Theologe *E. Feifel* mit Blick auf die Amtsfrage in seiner Kirche. Er nennt die Vorherrschaft des »vaterrechtlichen Denkens« römisches Erbe und unbiblisch. Geschwisterlichkeit muß die hierarchische Ordnung ablösen.[71] Kirche kann entweder herrschaftsstabilisierende Funktion haben oder in die Nachfolge Jesu rufen. Ruft sie aber in die Nachfolge, so ermutigt sie, dazu beizutragen, das Leid in der Welt zu überwinden. Kann aber eine Kirche der Hauptamtlichen es sich überhaupt leisten, konsequent für die Armen einzutreten? Setzt sie sich damit nicht aufs Spiel? Kann eine Kirche, die für zu viele hauptamtliche Mitarbeiter Verantwortung trägt, ihren Auftrag überhaupt noch erfüllen? Ehrenamtliche Mitarbeiter müssen hier zum Korrektiv werden. Sie sind in ihrem Handeln freier. Ohne sie gibt es kein lebendiges Gemeindeleben. Die Partizipation möglichst vieler Gemeindeglieder ist deshalb das Ziel aller gemeindepädagogischen Bemühungen.

6.2.2 Das gemeinsame Ringen um die Wahrheit. Partizipation dient nicht in erster Linie der Effektivität, auch nicht allein dem Subjektsein der

68 Vgl. *P. Watzlawick u.a.*, Menschliche Kommunikation, Bern 1969, 68ff.

69 *K.E. Nipkow.*, Mit Kindern und Jugendlichen glauben lernen als Aufgabe der Gemeinde, 38f.

70 *K.E. Nipkow*, aaO., 39.

71 *E. Feifel*, Konturen religiöser Erziehung im Zeitalter religiöser Desozialisation, in: KatBl 103/1978, 20–37, bes. 32f.

mündigen Gemeindeglieder. Die verschiedenen Mitarbeiter sind aufeinander und auf die Gemeindeglieder angewiesen, weil nur gemeinsam geklärt werden kann, wie die Konkretion des Evangeliums heute möglich ist. Glaube ist auf »gemeinsam interpretierte Praxis« ausgerichtet.[72] Verkündigung ist auf Partizipation angewiesen. »Die Vermittlung des Evangeliums vollzieht sich als ›Kommunikation‹ in Gegenseitigkeit. Für diese Form der Kommunikation des Evangeliums... ist der Begriff ›konziliare Gemeinschaft‹ in Gebrauch gekommen.[73] In den heterogenen Gemeinden ist Verkündigung nicht mehr ausschließlich monologisch möglich. *R. Bohren* spricht dem Theologen sogar die Kompetenz ab, ohne den Laien lehren zu können.[74] Er ist als Spezialist für die Tradition auf die Spezialisten für das vielfältige Leben angewiesen. Durch die Beteiligung von Laien am Konfirmandenunterricht wird dieses Anliegen zur Zeit wohl am eindrucksvollsten verwirklicht.[75]

6.2.3 Partizipation der Mitarbeiter in der Verwaltung? Auch die »kommunikative Gemeinde« ist auf Organisation und Verwaltung angewiesen.[76] Verwaltung ist zwar oft ungeliebt, doch nötig. Ohne oder mit zu wenig Verwaltung droht das Chaos und die Unberechenbarkeit. Zu viel Verwaltung bringt Unfreiheit und Bürokratie. In den letzten Jahren hatte die Verwaltung auch in Kirche und Gemeinde eine starke Tendenz zur Ausdehnung. Sie korrespondierte dabei mit der Entwicklung im öffentlichen Bereich. Es darf aber nicht übersehen werden, daß auch die Forderung nach Vernetzung und verstärkter Kommunikation in der Gemeinde, nach mehr Mitbestimmung und Partizipation konsequent den Verwaltungsaufwand steigerte. Auch die Mitarbeiterinnen und Mitarbeiter in den Pfarramtsbüros und in den kirchlichen Verwaltungen sind auf Partizipation angewiesen. Sie reagieren auf Impulse aus den gemeindepädagogischen Handlungsfeldern und nehmen mit ihren

72 Vgl. *J. Track*, Schrift, Bekenntnis und Erfahrung, in: *ders. (Hrsg.)*, Lebendiger Umgang mit Schrift und Bekenntnis, Stuttgart 1980, 39.

73 *EKD-Kirchenamt (Hrsg.)*, aaO., 47.

74 »Lehre als Lehre im Heute kann nur aktuell werden im Gespräch zwischen den Theologen und den Laien. Lehre muß die Situation des Menschen mitdenken, ist angewiesen auf Kenntnis der ›Wirklichkeit‹. Der Theologe allein ist darum nicht fähig zur Lehre, er bedarf des ›Laien‹, der ihm das ›Sakrament des Gebots‹, die Wirklichkeit darreicht, um das Gebot auszusprechen« (*R. Bohren*, Unsere Kasualpraxis – eine missionarische Gelegenheit?, München [5]1978, 37).

75 Vgl. *H.-W. Hastedt*, Schwerpunkt Elternbeteiligung, in: *J. Bode u. a. (Hrsg.)*, Konfirmandenzeit von 11–15?, Gütersloh 1985, 20–47.

76 Vgl. *C. Bäumler*, Kommunikative Gemeindepraxis, 94 ff.

Entscheidungen auf diese Einfluß. Soll sich ihre Tätigkeit nicht verselbständigen und bürokratisch fixierend auswirken, so müssen sie an den Entscheidungsprozessen der Gemeinde beteiligt werden. Verwaltung braucht den Kontakt zu den einzelnen Handlungsfeldern, damit deren Spontaneität sich als Gegengewicht zu der stabilisierenden Tendenz aller Verwaltung erweisen kann.

6.3 Die Lebens- und Lerngeschichte des anderen ernstnehmen. In der herrschaftsfreien symmetrischen Kommunikation müssen nicht alle Beteiligten auf gleicher Ebene und mit gleicher Kompetenz an den Interaktionen teilhaben. Solange niemand seine eigene Lebens- und Lerngeschichte als alleinigen Maßstab sieht, sorgen die Vielfalt der Gaben der Gemeindeglieder, ihre unterschiedlichen Qualifikationen, die verschiedenen Erfahrungen auf unterschiedlichen Altersstufen etc. dafür, daß Gemeinde lebendig bleibt. Je dominierender jedoch die Stellung eines Mitarbeiters ist, desto größer wird die Gefahr, daß er alles nur noch durch seine Brille sieht.

Jeder hat sich im Laufe seines Lebens eine Erfahrungsperspektive angeeignet, die relativ unabhängig von einzelnen Situationen seine Wahrnehmung und sein Verhalten mitbestimmt. Oft ist auch die Berufswahl durch sie beeinflußt. Der gewählte Beruf wirkt dann meist bestätigend und verstärkend auf die persönliche Erfahrungsperspektive zurück. Das Bild von Gemeinde, die Erwartungen an Zusammenarbeit und die Rolle, die der einzelne in ihr übernehmen möchte, sind durch die persönliche Erfahrungsperspektive geprägt.

Gelingende Zusammenarbeit ist darauf angewiesen, daß die Partner sich in offener Kommunikation über ihre Erfahrungsperspektiven austauschen. Voraussetzung dafür ist aber, daß jeder für sich und gemeinsam mit anderen bereit ist, der eigenen Lebens- und Lerngeschichte auf die Spur zu kommen.[77] Mitarbeiter reiben sich oft nur deshalb aneinander, weil ungeklärt blieb, welche Vorstellungen und Erwartungen der einzelne aufgrund seiner persönlichen Erfahrungsperspektive in die Zusammenarbeit mitbrachte.

Wer die Lebens- und Lerngeschichte der Partner berücksichtigt, kann auch besser zwischen *Berufs- und Freizeitrollen* der unterschiedlichsten Mitarbeiter unterscheiden. Ehrenamtliche Mitarbeit geschieht neben dem Beruf in der Freizeit.[78] Die fast gleiche Tätigkeit dient dem einen zum Lebensunterhalt und wird vom anderen als Hobby wahrgenom-

77 *K. Foitzik/E. Goßmann*, Gemeinde leben, 79ff.
78 *C. Bäumler*, Kommunikative Gemeindepraxis, 100ff.

men. Zu Konflikten kommt es oft, wenn Hauptamtliche mit Recht auf ihre Freizeit pochen, von den Ehrenamtlichen aber erwarten, daß diese in ihrer Freizeit für die Gemeinde da sind. Problematisch wird es, wenn ehrenamtlichen Mitarbeitern verdeutlicht wird, daß ihr Einsatz immer nur eine Notlösung ist, weil ihre Arbeit – stünden genügend Finanzmittel zur Verfügung – von Profis viel besser erledigt werden könnte.

Die Professionalisierung hat zwei Seiten. *H. Gauly* beschreibt sie als »Entwicklung vom Amateur zum Profi, vom Laien zum Experten«.[79] Durch ausgebildete Mitarbeiter wurde es möglich, Bereiche, die bisher nicht oder nur nebenbei wahrgenommen wurden, fachlich qualifiziert und reflektiert zu bearbeiten. Die Kompetenz der Hauptberuflichen disqualifiziert aber oft vorschnell die Arbeit der Laien. Ist es das Ziel der gemeindepädagogischen Arbeit, möglichst vielen zum Subjektsein zu verhelfen, so verlangt dies von den ausgebildeten Mitarbeitern viel Rücksichtnahme und Einfühlungsvermögen beim Einsatz ihrer Kompetenz. Gleichzeitig sollten sie stets bemüht sein, die Begabungen und zeitlichen Möglichkeiten derer zu entdecken und zu fördern, die sich zur Gemeinde halten. Deren Mitarbeit ist nicht deshalb nötig, weil keine weiteren hauptberuflichen Mitarbeiter bezahlt werden können. In der Beteiligungsgemeinde wird auf sie Wert gelegt, weil sie dem einzelnen ermöglicht, in eigenverantwortlicher Tätigkeit Christsein zu praktizieren und dadurch zu sich selbst zu finden und für andere da zu sein. Zu den Mitarbeitern der Gemeinde zählen auf alle Fälle nicht nur die, die in den Gehaltslisten der Kirche zu finden sind. Wir kommen hier auf den weiten Mitarbeiterbegriff vom Anfang zurück, der den Pfarrer einschließt, aber auch die vielen Gemeindeglieder, die in ihrem Umfeld Christus bezeugen.

6.4 Gemeinsam leben und glauben lernen. Diese zentrale Einsicht der Gemeindepädagogik gilt auch für das Miteinander der unterschiedlichen Mitarbeiter in der Gemeinde. Glaube will konkret werden. Glauben lernen heißt deshalb leben lernen. Da ich mein Leben nicht allein lebe, kann ich nur gemeinsam mit anderen leben und glauben lernen. Zu den anderen gehören aber nicht nur die selbst gewählten Partner der »geistlichen peer-group«, die ohne Zweifel jeder Mitarbeiter braucht. Zu ihnen zählen alle an den Lebensvollzügen Beteiligten, für den Mitarbeiter in der Gemeinde demnach auch die übrigen Mitarbeiter. Mitarbeiter, die unfähig oder nicht bereit sind, am Leben der anderen Anteil zu

79 *H. Gauly*, Zum Problem der Professionalisierung der Mitarbeiter, in: Lebendige Seelsorge 33/1982, 331.

nehmen, mit ihnen über persönliche und biblische Themen zu sprechen, sind für die Gemeinde kein gutes Beispiel. Wie Mitarbeiter miteinander umgehen, wie sie ihre Konflikte lösen etc., das färbt auf die ganze Gemeinde ab. Wenn sie »Gemeinde leben«, wird dies zum Gleichnis für viele.

Eine ganz konkrete Konsequenz aus dem Gesagten könnte darin bestehen, daß bei Mitarbeiterzusammenkünften nicht nur dienstliche Themen behandelt werden. Anknüpfend an die oben in Abschnitt 1.2 dargestellte Gemeindesituation möchte ich eine nicht ganz utopische *Möglichkeit des Miteinanders verschiedener Mitarbeiter* entfalten. Diese Möglichkeit ist nicht ganz utopisch, weil mir alle einzelnen Elemente in Gemeinden bereits begegnet sind.

● Die beiden Pfarrer, der Lehrvikar und die Gemeindepädagogin treffen sich wöchentlich an einem Vormittag. Jeder hält diese Zeit von sonstigen dienstlichen Verpflichtungen frei. Der Versuch, einen Abend pro Woche freizuhalten, damit auch Mitarbeiter teilnehmen können, die nicht bei der Kirche beschäftigt sind, ist mißglückt. So blieb es beim Vormittag im engeren Kreis der Hauptamtlichen. Muß die Leiterin des Kindergartens nicht gerade in einer Gruppe aushelfen, nimmt auch sie am »Mitarbeitertreff« teil. Seit die Lehrerinnen im Ruhestand die Seniorenarbeit übernommen haben, ist auch eine von ihnen regelmäßig eingeladen, gelegentlich auch eine der Sekretärinnen und eine Kirchenvorsteherin.

Dieser »Mitarbeitertreff« gehört für die Beteiligten zu ihrem Dienstauftrag. Sie haben nie das Gefühl, daß die zwei bis drei Stunden verloren sind und im eigenen Arbeitsbereich fehlen. Die gemeinsame Zeit ist ihnen wichtig. Am Anfang steht immer ein Gespräch über einen biblischen Text. Hin und wieder feiern sie auch das Abendmahl. Nach dem biblischen Gespräch gibt es einen Imbiß. Das gemeinsame Essen ist zu einem wesentlichen Bestandteil der Zusammenkünfte geworden. Anschließend sprechen sie über ein gemeinsames Projekt. Die Themen werden vorher vereinbart. Aktuelle Probleme in einem Handlungsfeld, in der Gemeinde oder in der Gesellschaft haben aber Vorrang. Im Zentrum steht der Austausch, die gemeinsame Suche nach Lösungen für Probleme einzelner Mitarbeiter und die Reflexion der Gemeindearbeit. Notwendige dienstliche Absprachen werden getroffen, doch sie beanspruchen zunehmend weniger Zeit.

● Die ehrenamtlichen Mitarbeiter des Kindergottesdienstteams treffen sich wöchentlich, die in der Kinder- und Jugendarbeit vierzehntägig mit der Gemeindepädagogin. Die Mitarbeiterinnen des Besuchsdienstes kommen einmal im Monat zusammen. Einer der Gemeindepfarrer und eine Mitarbeiterin des Sozial- und Beratungsdienstes ist regelmäßig dabei. Auch bei diesen Zusammenkünften steht das Gespräch über anstehende Fragen und der persönliche Austausch im Vordergrund. Die notwendigen organisatorischen Absprachen sind meistens sehr schnell getroffen.

Drei- bis viermal im Jahr werden alle Mitarbeiter in der Gemeinde mit ihren Familien eingeladen, den Sonntag gemeinsam zu erleben. Zwanglos und ohne großen Aufwand wird der Tag gestaltet. Es gilt das Motto: Was nicht einfach geht, geht einfach nicht. Nach dem Gottesdienst sprechen einige in Kleingruppen über die Predigt, andere spielen mit den Kindern, die dritten bereiten ein einfaches Mittagessen vor. Das gemeinsame Essen hat sich als besonders wertvoll erwiesen. Es verbindet sehr und ermöglicht, daß wirklich die ganze Familie dabei sein kann. Am Nachmittag bilden sich Neigungsgruppen. An anregenden Vorschlägen fehlt es bei der Kompetenz der Teilnehmer nie. An diesen Sonntagen wird besonders deutlich, was mit »generationsübergreifendem Lernen« und »gemeinsam leben und glauben lernen« gemeint ist.

- Noch intensiver ist dies bei den einmal im Jahr stattfindenden Mitarbeiterwochenendfreizeiten zu erfahren. Der Abstand von der gewohnten Umgebung und ausreichend viel Zeit sind gute Voraussetzungen für den persönlichen Austausch. Mit immer größerem Erfolg versuchen sich die Mitarbeiter bei diesen Freizeiten darin zu üben, vom anderen her zu denken, um ihn besser zu verstehen. Rollenspiele, bei denen Ehrenamtliche und Hauptamtliche, Jugendliche und Erwachsene, Pfarrer und Erzieherin etc. die Rollen tauschen, sind stets Impulse für weiterführende Gespräche. Neue Mitarbeiter finden bei diesen Freizeiten meist schnell Kontakte.

6.5 Konflikte zulassen. In der Beteiligungsgemeinde können Reichtum und Vielfalt der Gaben lebendig werden. Spannungen sind dabei unvermeidbar. Vor Konflikten aber scheuen viele kirchliche Mitarbeiter zurück. Sie möchten friedlich miteinander umgehen und empfinden Konflikte als Pannen. Sie sprechen davon, daß man sich vertragen müsse, sind aber letztlich nur feige. Sicher sind Konflikte oft auf schuldhaftes Verhalten zurückzuführen. Häufiger aber sind sie ein Zeichen dafür, daß Mitarbeiter beginnen, eigenverantwortlich zu denken und zu handeln. Solche Konflikte sollten »durchaus als produktive Prozesse kollektiven Lernens« erkannt werden, statt ihre angeblich »Image-schädigende Funktion« zu beschwören.[80] Wer Konflikten ausweicht oder sie verdrängt, nimmt ihnen ihre Wirkung nicht.

Es ist hier nicht möglich, Konfliktlösungsstrategien zu entfalten,[81] hinweisen möchte ich aber darauf, daß es kein Makel ist, wenn Mitarbeitergruppen mit Konflikten nicht allein fertig werden. Es gibt Fachleute für Beratung. Eine Gruppensupervision kann entscheidend weiterhelfen. Die Erfahrung *M. L. Kings*, der wußte, wie schwer es ist, rivalisierende Gruppen dazu zu bewegen, sich auf Konfliktlösungen einzulassen, ermutigt: »Wir wagten zueinanderführende Schritte und erhielten die Kraft zum Lieben.«[82] Der gemeinsame Versuch, Konflikte zu lösen, kann in besonderer Weise zum Lernfeld für Glaube und Leben werden.

80 *EKD-Kirchenamt (Hrsg.)*, aaO., 77.
81 Vgl. *K. Foitzik/E. Goßmann*, Konflikten ins Auge sehen, in: *dies.* Gemeinde leben, 122ff.
82 Nach epd-Dokumentation Nr. 50a, 1982, 8.

7. Kritische Folgerungen

Der gute Wille zur Zusammenarbeit ist wichtig. Er hilft, auch schwierige Situationen gemeinsam zu bewältigen. Doch der gute Wille wird strapaziert, wenn Mitarbeiter in ihrer Ausbildung nicht auf die notwendige Kooperation in der Gemeinde vorbereitet wurden. Er schlägt oft in Resignation um, wenn er auf verhärtete Strukturen stößt, die die Zusammenarbeit unnötig erschweren.

7.1 Kooperation als Ausbildungsziel? Die EKD-Empfehlungen zur Gemeindepädagogik verweisen darauf, daß die gemeindepädagogischen Grundeinsichten auch die Inhalte und den Verlauf der Aus- und Fortbildung kirchlicher Mitarbeiter prägen sollten.[83] Doch die Ausbildung fast aller Mitarbeiter geschieht nach wie vor stofforientiert. Die Kommunikations- und Handlungskompetenz der Auszubildenden wird zu wenig gefördert.[84] Die Studien sind zu sehr auf Einzelleistungen ausgerichtet. Menschliche Beziehungen werden im Studium nur selten reflektiert. Der Gesamtplan der Ausbildung für den Pfarrerberuf sieht vor, daß nach dem »themen- und stoffzentrierten« Studium in der universitären Ausbildungsphase zumindest die zweite Ausbildungsphase »stärker partnerzentriert sein und dem Beziehungsaspekt der christlichen Verkündigung besondere Aufmerksamkeit schenken« muß.[85] Diese zweite Phase ist aber sehr kurz, während sich die erste im Durchschnitt über 12 Semester erstreckt. Welches Licht fällt auf sie, wenn der Ausbildungsplan für die zweite vorsieht, daß die Vikare Grundzüge der Entwicklungs- und Lernpsychologie kennenlernen sollen, in Gruppendynamik und Kommunikationsabläufe einzuführen sind und Selbstwahrnehmung einüben sollen? Die Planungsgruppe der EKD zieht zu Recht folgenden Schluß: »Der Ausbildungsgang von kirchlichen Mitarbeitern und Theologen (Sind Theologen keine kirchlichen Mitarbeiter?, KF.) ist bisher nicht so angelegt, daß die skizzierten Fähigkeiten und Kompetenzen gefördert werden; die herkömmliche Ausbildung und das klassische akademische Studium wirken hier eher hemmend. Die Prägung, die

83 *EKD-Kirchenkanzlei (Hrsg.)*, Zusammenhang von Leben, Glauben und Lernen, Gütersloh 1982, 61 ff.

84 Vgl. *G. Buttler*, Die Bildung von Mitarbeitern in der Gemeinde, in: *P. C. Bloth u. a. (Hrsg.)*, Handbuch der Praktischen Theologie, Bd. 3: Praxisfeld Gemeinde, Gütersloh 1983, 436–450.

85 *EKD-Kirchenkanzlei (Hrsg.)*, Theologiestudium, Vikariat, Fortbildung. Gesamtplan der Ausbildung für den Pfarrerberuf. Reform der theologischen . Ausbildung, Bd. 12, Stuttgart 1978, 90.

Universität und Hochschule vermitteln, ist latent am Leitbild des ›Mini-Wissenschaftlers‹ orientiert und übt in erster Linie innerwissenschaftliche Verständigungsformen ein, was dann zu Sprachbarrieren und Verständigungsproblemen im Alltag mit ›normalen‹ Menschen führt. Auch in der zweiten, kirchlichen Ausbildungsphase läßt sich diese Prägung kaum noch revidieren.«[86]

Veränderungen sind am ehesten noch durch gemeinsame Fortbildungsveranstaltungen unterschiedlich ausgebildeter Mitarbeiter zu erreichen. Vermehrt sollten deshalb Fortbildungen nicht berufsfeld- und arbeitsfeldbezogen, sondern gemeindebezogen angeboten werden.

Mitarbeiter können Gemeindeglieder nur dann anleiten, Leben durch Glauben zu erschließen, wenn sie selbst in der Ausbildung und Fortbildung dafür sensibel geworden sind, Zusammenhänge zwischen äußeren Ereignissen ihres Lebens und inneren Entwicklungslinien zu entdecken, wenn ihnen ausreichend Gelegenheit geboten wurde, sich darüber mit anderen auszutauschen, um gemeinsam mit ihnen ihren Glauben im Zusammenhang mit den äußeren Ereignissen und den inneren Entwicklungslinien zu sehen. Im gemeindepädagogischen Studium an den Fachhochschulen und in der Ausbildung der Diakoninnen und Diakone sind nach meiner Beobachtung solche Angebote eher anzutreffen als im Theologiestudium. Einzel- oder Gruppensupervision ist dort oft schon Bestandteil der Ausbildung.

7.2 Anteil am gegliederten Amt? Die Amtsfrage ist im gemeindepädagogischen Feld nach wie vor ein ungelöstes Problem. »Es ist in der reformatorischen Theologie nicht gelungen, die Rechtfertigungslehre mit Hilfe der paulinischen Charismenlehre für die Lehre von der Kirche fruchtbar zu machen.«[87]

Die Zusammenarbeit von Gemeindepädagogen und Theologen stößt an Grenzen, wo der Gemeindepädagoge, der eigenverantwortlich in seinem Handlungsfeld arbeitet, den Pfarrer rufen muß, wenn Jugendliche oder Erwachsene bei einer Freizeit mit dem Gemeindepädagogen das Abendmahl feiern möchten. Bei aller Rücksicht auf andere Kirchen in der ökumenischen Diskussion muß über das gegliederte Amt in der evangelischen Kirche neu nachgedacht werden. Für die Gemeindepädagogen in der DDR forderte Bischof *W. Krusche*: »Zu diesem Dienst müßte ordiniert werden.« Die Ordination darf »nicht mehr länger als

86 *EKD-Kirchenamt, Planungsgruppe:* Strukturbedingungen der Kirche auf längere Sicht, epd-Dokumentation Nr. 29/1986, 27.

87 *C. Bäumler*, Kommunikative Gemeindepraxis, 129.

Grenze angesehen werden, die die Träger eines hervorgehobenen Status von anderen abgrenzt. Die Frage darf nicht mehr lauten: Wer ist der Ordination würdig?, sondern: Wer ist ihrer bedürftig? Nicht mehr: Welche Ausbildung berechtigt zur Ordination?, sondern: Welcher Dienst benötigt die Ordination?«[88] Für die Diakone und Gemeindepädagogen geht es bei der Amtsfrage nicht um ein Prestige. Es geht um die Konsequenzen, die aus der Ordination gezogen werden.

7.3 Ungleiche Schwestern und Brüder? Unterschiede können belebend wirken, können aber auch belastend sein. Die Statusunterschiede beispielsweise zwischen Pfarrern und an Fachhochschulen ausgebildeten Gemeindepädagogen sind so groß, daß sie oft auch dort die Zusammenarbeit behindern, wo Pfarrer zur Interaktion gleichberechtigter Brüder bereit sind. Der unangemessen große Besoldungsunterschied spielt dabei noch die geringste Rolle. Andere Privilegien wirken sich viel belastender aus.[89] Das größte Hindernis aber ist die in Gesetzen und Kirchenordnungen festgeschriebene Letztverantwortlichkeit des Pfarrers. Ohne oder gar gegen ihn läuft in der Gemeinde in der Regel nichts. Konflikte, die hier aufbrechen, sind von den Beteiligten meistens nicht lösbar. Grundlegende Strukturveränderungen sind nötig. *C. Bäumler* warnt davor, diese Grundkonflikte durch (oft gut gemeinte und vor allem im Ansatz richtige) theologische Aussagen zu verharmlosen. Hinweise darauf, daß auch Pfarrer Glieder am Leib Christi sind, daß vor Gott alle gleich sind etc. führen nicht weiter, solange die Strukturen die Privilegien festschreiben. Mit gutem Willen allein ist hier nicht viel zu erreichen, weil die Problematik nicht personal, sondern strukturell bedingt ist. »Es mag ja... sein, daß es Mitarbeiter gibt, denen es völlig genügt, als unselbständige Gehilfen des Gemeindepfarrers ihre Tätigkeit in der Kirchengemeinde auszuüben. Aber wenn ein hauptberuflicher, nebenberuflicher oder ehrenamtlicher Mitarbeiter damit ernst machen will, daß er für die von ihm übernommene Tätigkeit auch selbst Verantwortung übernimmt, gerät er unweigerlich in Konflikt mit der Letztverantwortung des Pfarrers.«[90]

88 *W. Krusche*, Die große Aufgabe der kleiner werdenden Gemeinde – Konsequenzen für die Ausbildung kirchlicher Mitarbeiter, in: ChL 29/1976, 9–17, bes. 15.

89 Einige Privilegien hat *D. Aschenbrenner* im DtPfBl 79/1979, 707 beschrieben. Vgl. auch *H. Grosse*, Ungleichheit in der Pastorenkirche, in: PTh 66/1977, 294–308.

90 Vgl. *C. Bäumler*, Erwägungen zur Personalstruktur der Kirchengemeinde, 24ff., bes. 25.

Personalstrukturen sind geschichtlich geworden. Sie sind deshalb veränderbar. Aber wer kann sie ändern? Auch hier wird sich ohne die Pfarrer nichts bewegen. Doch können sie die Erwartungen der Gemeindeglieder enttäuschen, für die sich Kirche nach wie vor auf den Pfarrer reduziert?[91] Die Realität wirkt entmutigend, solange wir nicht lernen, sie von den Möglichkeiten her zu sehen, die in ihr angelegt sind. Gemeinde ist mehr als die sie fesselnden Strukturen. Beteiligungsgemeinde ist möglich, doch »es erweist sich als notwendig, vielerlei Abgrenzungen und Verhärtungen, die mit dem Bild von der Dienstgemeinschaft wenig verträglich sind, bewußt in den Blick zu nehmen und abzubauen.«[92]

Literaturhinweise

D. Aschenbrenner/K. Foitzik (Hrsg.), Plädoyer für theologisch-pädagogische Mitarbeiter in der Kirche, München 1981.

C. Bäumler, Erwägungen zur Personalstruktur der Kirchengemeinde, in: ThPr 19/1984, 23ff.

G. Buttler, Die Bildung von Mitarbeitern in der Gemeinde, in: *P. C. Bloth u.a. (Hrsg.)*, Handbuch der Praktischen Theologie, Bd. 3, Gütersloh 1983, 436ff.

K. Foitzik/E. Goßmann, Gemeinde leben. Zusammenarbeit pädagogischer und theologischer Mitarbeiter, Gütersloh 1986.

91 Vgl. *H. Hild (Hrsg.)*, Wie stabil ist die Kirche?, 276.

92 *EKD-Kirchenamt (Hrsg.)*, aaO., 79.

Zweiter Teil

Gemeindepädagogische Handlungsfelder

VII.
Religiöse Erziehung in der Familie

Wolf-Eckart Failing

1. Das Dilemma und die Aufgabe

Mit großer Intensität und beachtlichem wissenschaftlichen Niveau ist in der Religionspädagogik die Frage der religiösen Erziehung von Kindern in Familie und Kindergarten bearbeitet worden. Unter dem Stichwort »religiöse Sozialisation« ergab sich ein komplexer Theoriebestand.[1]

Eine breite Praxisliteratur folgte: Elternbücher, Bausteine, Bilderbücher, Modelle und Entwürfe – teilweise von anregender Kreativität und überzeugender Durchgestaltung.

Dem gegenüber steht allerdings der weit verbreitete Eindruck, daß die religiöse Sozialisation, versteht man sie im engeren Sinne als christlich-kirchliche Erziehung, in den Familien faktisch weitgehend ausfällt. Religionssoziologen sprechen von einer »Aufkündigung des Bundes zwischen Familie und Kirche« – nicht ohne Anhalt an der empirischen Forschung. Familie sei immer mehr zu einer »Umwelt der Kirche« *(N. Mette)* geworden. Kurz: Der Adressat verweigere die Annahme der expansiven religionspädagogischen Reflexion und zeige deutliche Tendenzen zur Ausgrenzung der religiösen Erziehung. Sie werde zunehmend an professionelle Erziehungsorte (Kindergarten, Schule, Kirchengemeinde) verwiesen. Auch die professionellen Mitarbeiter scheinen verunsichert durch die Aufgabenstellung einer religiösen Kindererziehung, die sich nicht mehr auf nennenswerte familiäre Vorgaben stützen kann. Zwar herrscht keine theoretische Sprachlosigkeit, wohl aber eine praktische Hilflosigkeit. Wird die Familie damit zu einem »schwierigen« Partner der Gemeinde und fungiert nicht

1 *W.-D. Bukow/G. Czell*, Zur Theorie der religiösen Sozialisation, in: ThPr 10/1975, 90ff.; *H.-J. Fraas*, Religiöse Erziehung und Sozialisation im Kindesalter, Göttingen 1973; *N. Mette*, Voraussetzungen christlicher Elementarerziehung, Düsseldorf 1983.

mehr länger als »unproblematischer Zubringer«, dann sieht sich Gemeindepädagogik gezwungen, das Feld noch einmal aus ihrem besonderen Blickwinkel eigenen Überlegungen zu unterziehen.

Gemeindepädagogik zielt »im Kern nicht auf eine Pädagogisierung der Gemeinde«.[2] Grundlegend für heutige Gemeindepädagogik ist der Versuch, die Kommunikation des Evangeliums als einen lebendigen Zusammenhang von Leben, Glauben und Lernen zu durchdenken und zu gestalten.[3]

Für diese Überlegungen sind einige *Fragen* erneut aufzuwerfen:

a) War in den bisherigen Konzepten die eigene Dynamik heutiger Familien und ihr Lebensalltag angemessen zur Kenntnis genommen?

b) Wurde die volkskirchliche Realität hinreichend differenziert berücksichtigt?

c) Gelang ein Konzeptionsentwurf, der in theologischer wie gemeindepädagogischer Elementarisierung dieser dynamischen und elementaren Lebenswelt der Familie entspricht?

d) Wie ist der kirchensoziologische Befund zu *bewerten*? Bedeutet er in der Tat ein alarmierendes Fanal für die Zukunft der Kirche oder enthält er auch konstruktive Perspektiven?

e) Wurde das Gemeindeleben als Erfahrungs- und Lernraum für Familien nicht zu wenig in Anschlag gebracht und seine Bedeutung für das religiöse Lernen in Familien unterschätzt?

Eine auf diesen Zusammenhang zielende Gemeindepädagogik wird sich nicht mit einer katechetischen Instruktion der Eltern begnügen können, etwa wie biblische Erzählungen kindgerecht erzählt werden können, wie man mit kleinen Kindern betet und was man antworten könne, wenn die kleine Nadja fragt, ob Gott eine Frau sei. Vielmehr ist die umfassende Fragestellung herauszuarbeiten: Wie kann religiöses Lernen *in* Familien und religiöses Lernen *mit* Familien aussehen, in dem der Zusammenhang von Leben, Glauben und Lernen erlebbar wird?

2 *K. E. Nipkow*, Grundfragen der Religionspädagogik, Bd. 3, Gütersloh 1982, 245 – vgl. auch *H. Exner u. a. (Hrsg.)*, Eltern- und Familienbildung in evangelischer Trägerschaft, Gelnhausen 1979.

3 *EKD-Kirchenkanzlei (Hrsg.)*, Zusammenhang von Leben, Glauben und Lernen. Empfehlungen zur Gemeindepädagogik, Gütersloh 1982.

2. Familie als Subjekt religiöser Suche und Erfahrung

Religiöse Erziehung ist bekanntlich kein separates Lehr- und Lernprogramm, kein außerhalb von Alltagserleben liegendes Erfahrungsfeld. Einerseits vollzieht sich die religiöse Entwicklung von Kindern und Jugendlichen im Rahmen ihrer allgemeinen Entwicklung[4], andererseits ist die religiöse Wirkungsmöglichkeit von Eltern und anderen Erwachsenen in das gesamte alltägliche Familienleben eingebettet. Daher ist ein Überlegungsgang notwendig, um Elemente der Lebenswelt heutiger Familien herauszuarbeiten.

2.1 Familie als »unspezifischer« Ort. Die Besonderheit der familiären Situation und zugleich auch ihre spezifische erzieherische Qualität liegt darin, daß sie einen relativ einheitlichen Lebenszusammenhang darstellt, grundsätzlich ohne zeitliche Begrenzung, in dauerhafter Weise durch die gleiche(n) Person(en). Insoweit dies zutrifft, ist damit auch eine wesentliche Voraussetzung für die kindliche Entwicklung gegeben: ein »Lernen im entspannten Feld« *(F.X. Kaufmann)*, Möglichkeiten des Vorbild-Lernens, spielerische Aneignung, Identifikationsmöglichkeit, hohe Flexibilität und Bereitschaft auf Motivations- und Interessenschwankungen variabler einzugehen als formale Erziehungsinstitutionen dies können.

Trotz historischer Wandlungsprozesse und erkennbarer struktureller Grenzen scheint die (Klein-)Familie im Blick auf Kinder noch immer in umfassender Weise deren vielfältige menschliche Bedürfnisse aufnehmen zu können. Dabei liegt die »Kraft« der Familie gerade in ihrem Charakter als unspezifiziertem Lebensort mit einem vielschichtigen Geflecht schwer trennbarer Dimensionen. Im familiären Alltag vermischen sich daher auch hohe Ritualisierungen und mannigfaltige Organisationselemente mit Flexibilität und spontanen Begebenheiten, vielfältiges Nebeneinander und Momente intensivster Nähe. Freilich ist die Familie damit zugleich einer permanenten Störanfälligkeit wegen ungeplanter Einflüsse von innen wie von außen ausgesetzt (z.B. durch Krankheit, Schule, Berufsänderungen, Gefahr der Trennung).

2.2 Klima und Lebensstil. Erziehung in der Familie ist also eingelagert in einen Komplex von Alltagshandeln; innerhalb dieses Handelns ist Erziehung nur *eine* Dimension und wahrscheinlich nicht einmal mehr die

4 Noch immer lesenswert: *R. Goldman*, Vorfelder des Glaubens. Kindgemäße religiöse Unterweisung, Neukirchen-Vluyn 1972.

bestimmende. Elterliche Formen der Beeinflussung erfolgen keineswegs durchgehend als absichtsvolle und reflektierte Handlungen. Denn die Familie ist keine »pädagogische Veranstaltung«, sondern ein Lebenszusammenhang; sie ist auch keine christliche »Klein-Gemeinde« mit geschlossenem Lebensstil (Frömmigkeit).

Grundlegend organisieren sich inhaltliche Vermittlung und personale Beeinflussung im Familienverband über die Kommunikations- und Interaktionsstrukturen. Wie die Eltern miteinander umgehen, welches ›Klima‹ sie schaffen, wie sie auf Vorurteile, einen unerwarteten Besuch reagieren, wie sie Konflikte zu lösen versuchen, welche kulturellen und politischen, welche religiösen und kirchlichen Interessen sie haben, in welchem Ton darüber gesprochen wird – all dies ist wichtiger und prägender als planmäßige Erziehungsakte, sofern sie überhaupt stattfinden.[5]

„Was du bist schreit so laut, daß ich nicht hören kann, was Du sagst!"

2.3 Komplexes Beziehungsfeld. Ein Kind orientiert sich in diesem Umfeld, indem es mit-erlebt und mit-vollzieht, was die Menschen, zu denen es sich hingezogen fühlt, tun, sagen und für wichtig halten. In diesen Familien-Interaktionen werden Schemata der Erfahrung präsentiert und erprobt. An ihnen lernt ein Kind, seine Vorstellungen zu entwickeln, seine Gefühle und Handlungen zu gestalten.

Es darf allerdings nicht übersehen werden, daß die Prägungen in der Familie nicht ausschließlich vom Eltern-Kind-Verhältnis ausgehen. Eine Familie mit zwei (und mehr) Kindern weist bereits in sich komplexe Beziehungs- und Beeinflussungsebenen auf; denn neben der Eltern-Kind-Beziehung bleibt die Ehebeziehung als »Unter-System« erhalten. Auch bei starker Dominanz der Eltern gewinnt die Beziehung der Kinder untereinander durchaus eine eigene Dynamik und gelegentlich die Züge einer »Gegenwelt« – nicht nur im Spiel. Dieses lebendige Mit-, Neben- und Gegeneinander stellt ein differenziertes Lern-Umfeld für Eltern wie Kinder dar. Das wird noch verstärkt durch die frühe und zunehmende Öffnung heutiger Familien für Außenbeziehungen unterschiedlichster Art.

2.4 Relative Autonomie der Familie. Diese Sozialeinheit Familie hat im Laufe der Geschichte des Bürgertums eine beachtliche Geschlossenheit gewonnen. Die Familie erhielt im Rahmen vorgegebener gesellschaftlicher Aufgabenzuweisung eine relative Autonomie als »vor-staatliche«

5 In Erweiterung eines Hinweises von *H. Giesecke*, Das Ende der Erziehung, Stuttgart 1985, 97.

wie auch »vor-kirchliche« Institution. Vielfach konnte sie sich der kompletten Verfügungsmacht durch Staat oder gesellschaftliche Teil-Kulturen erfolgreich entziehen. Auch der kirchlich-institutionelle Einfluß brach sich immer wieder an der Selbständigkeit der Familie. So war das Verhältnis von Kirche und Familie zu allen Zeiten auch von Spannungen geprägt, von Vereinnahmungs- wie Distanzierungsvorgängen.[6] Familien entwickelten auch religiös eine gewisse Eigenart an Inhalts-, Vorstellungs- und Ritual-Welten mit eigenen Akzentuierungen – nicht immer zur Freude von Kirche und Theologie. Für diese Spannung gibt es auch noch einen weiteren Grund:

2.5 Vermittlung von religiösen Werten in der Familie. Selbst dann, wenn eine Familie keine Beziehung zu institutionalisierten Formen von (christlicher) Religion in Kirchen hat, ist für sie die Frage nach Grund und Ziel menschlichen Daseins mit der kontingenten Grundstruktur des Lebens selbst gegeben. Kinder verschärfen diese Kontingenzerfahrung und rufen sie neu hervor. Denn Familie und Kinder sind kein »Ergebnis«, sondern ein »Projekt« mit unbestimmbarem Ausgang. Sie werfen ganz neue Fragen auf und verlangen Antworten, die über die Bewältigungsaufgaben des unmittelbaren Alltags weit hinausragen: Man will »das Beste« für die Kinder, man muß Entscheidungen zur Familiensicherung, zur Laufbahn-Planung für Kinder treffen u. v. m.

In diesen Handlungsschritten gibt man unwillkürlich und unausweichlich das weiter, was einem Erwachsenen das Leben sinnvoll, lebenswert macht, was Hoffnungen und Ängste, Wünsche und Leiden sind, kurz: woran sein Herz hängt. Im Anschluß an Luthers elementare Feststellung, »woran du dein Herz hängst, das ist dein Gott«, läßt sich verallgemeinernd sagen, daß in der familiären Sozialisation immer schon und weithin *vor* aller elterlichen Reflexion oder gar gemeindepädagogischen Begleitung religiöse Sozialisation stattfindet – und zwar in *jeder* Familie. Eine solche familiale religiöse Sozialisation kann, muß aber nicht christlich/kirchlich geprägt sein. Damit ergibt sich als gemeindepädagogische Aufgabe die kritische und behutsame Vermittlung bereits erfolgter religiöser Sozialisation mit gemeindepädagogischen Lernprozessen, die sich inhaltlich einer theologisch reflektierten christlichen Linie verpflichtet wissen. Dabei wird es unvermeidbar zu Spannungen und Wertkonflikten kommen.

6 Vgl. *H. Tyrell*, Familie und Religion im Prozeß der gesellschaftlichen Differenzierung, in: *V. Eid/L. Vaskovics (Hrsg.)*, Wandel der Familie – Zukunft der Familie, Mainz 1982, 19–74.

2.6 Familiäre Wechselspiele. Nun scheint mir die Beachtung des kommunikativen und interaktionistischen Aspekts dieses Vorgangs von besonderer Wichtigkeit. Die Familie ist nämlich – trotz tendenziellem Gefälle in der Eltern-Kind-Beziehung – kein *Anwendungs*bereich elterlicher Lebensvorstellungen und Lebensformen. Vielmehr ist die Familie ein kleines System mit einem fortdauernden Prozeß vielfältiger Wechselwirkungen. Es ist also keineswegs so, daß bei der Entwicklung von Welt- und Personenverständnis, von Zukunftsvorstellungen und Wertungen menschlicher Erfahrungen das Gefälle vorrangig oder gar ausschließlich von den Erwachsenen auf die Kinder zuliefe. Vielmehr geht auch eine eigene und vitale Dynamik von den Kindern auf die Erwachsenen aus. Oft bringen Kinder religiöse Fragen »wieder in Schwung«; und nicht wenige Eltern sind bereit, sich neu oder auch erstmals mit Glauben und Kirche auseinanderzusetzen. Sie entwickeln den Wunsch nach freiem, klärendem Gespräch und gemeinsamen Versuchen. Sie wären – angestoßen durch die Kinder – bereit, mit anderen Erwachsenen und Kindern bei manchen Fragen und Antwortversuchen noch einmal anzufangen.

In der Einleitung zu »Gottes Kindergarten« hat *H. Wöller* bündige Formulierungen gefunden, um diesen Sachverhalt anzusprechen:
»Kinder machen die Grenzen einer von Zwecken eingezäunten Welt durchlässig...
Kinder dehnen die Grenzen der Selbstwahrnehmung aus...
Kinder brechen die Grenzen zur Vergangenheit und Zukunft auf...
Kinder fordern zur Stellungnahme heraus...
Kinder verleihen blaß gewordenen Werten neuen Sinn. ›Um der Kinder willen‹...
In Gottes Kindergarten gedeihen Eltern und Kinder *miteinander*.«[7]

Aufmerksames Zuhören und Lesen von Alltagsberichten über Familienalltag und -erlebnisse sind geeignet, um sensibel zu werden für die Wahrnehmung dieser »Einlagerung« religiöser Fragen und Versuche in den familiären Wechselspielen des alltäglichen Miteinanders.[8]

7 *H. Wöller (Hrsg.)*, Gottes Kindergarten. Elternerfahrungen mit der religiösen Erziehung, Stuttgart 1978, 10f.

8 *K.O. Nass'* Bericht, »Des ersten Sohnes frühe Jahre«, München 1980, oder auch die »Elternerfahrungen mit der religiösen Erziehung«, so der Untertitel des von *H. Wöller* herausgegebenen Bandes, sind geeignete Übungslektüre für Gemeindepädagogen/innen. *Fynn's* Buch »Hallo, Mister Gott, hier spricht Anna« (Frankfurt a.M. 1978 u.ö.) ist (wenn auch kein Bericht, sondern literarische Gestaltung) von einigem Erkenntniswert über lebens- und alltagsweltliche Zusammenhänge religiöser Vorstellungen; es zeigt sehr schön die Einbettung religiöser Fragen in Beziehungen.

Wenn Gemeindepädagogik hilfreich sein will, dann wird sie versuchen müssen, diese religiösen Interaktionen in Familien wahrzunehmen und als theologisch bedeutsam aufzunehmen. Sie wird Menschen bei der Wahrnehmung und entfaltenden Darstellung ihrer religiös-familialen Lebenswelt behilflich sein wollen.

2.7 Familie als »Mischkultur« und »sozialer Heimathafen«. Man wird allerdings mit einer »synkretistischen« Grundstruktur dieser Familienkultur rechnen müssen. Mannigfaltige und durchaus heterogene religiöse Elemente fließen hier zusammen. Denn die Familie ist wegen der erwähnten Wechselseitigkeit und den unterschiedlichen Lebenslagen von Kindern und Eltern, durch den Zwang zur alltäglichen Elementarisierung, durch die unterschiedlichen Prägungen der Erwachsenen in der Familie kein einheitliches Gebilde. Daher ist auch da, wo Eltern einen homogenen Traditionszusammenhang anstreben, mit einer religiösen *»Mischkultur«* zu rechnen.

Wir haben darüber hinaus zu berücksichtigen, daß heutige Kinder bereits ab früher Kindheit in einem »geteilten Sozialisationsfeld« leben, also verschiedenen Einflüssen ausgesetzt und in unterschiedliche Sozialfelder (Familie, Kindergarten, Eltern-Kind-Gruppe etc.) verwickelt sind. Wenn Familie damit als die ausschließliche prägende Kraft reduziert erscheint, so ist sie keineswegs unbedeutend geworden. Ihre Rolle verschiebt sich dahin, daß sie lernen muß, produktiv mit anderen Sozialisationskräften umzugehen, die per Zwang (Schule), durch soziale Konvention (KU), auf Vorschlag der Eltern (Kindergarten) oder auf Wunsch der Kinder (Kindergruppen) das Leben von Kindern und damit auch indirekt das der Familie mitbestimmen. Wenn auch Familie selbst nicht mehr durch (ab-)geschlossenes Familienleben wirksam werden kann, so liefert sie jetzt ihren Lebens- und Zukunftsentwurf dadurch, daß sie ein bestimmtes Ensemble von kindlichen Umwelten über die Organisation des kindlichen Alltags für das Kind und mit ihm zusammenfügt. Damit wird die Vermittlung von Werten für die Kinder indirekter, aber dennoch teilweise deutlicher erfahrbar als beim Verbleib in der Familie. Die Eltern verlieren so zwar nicht ihre »Steuerungsmöglichkeit«, wohl aber zunehmend ihr »Interpretationsmonopol«.[9]

So läßt sich vermutlich auch die Religiosität einer heutigen Familie nicht mehr vorrangig aus dem internen Familienleben gewinnen und dort darstellen. Im Vollzug der mit den Kindern abgesprochenen Inte-

9 *H. Giesecke*, aaO., 82.

gration verschiedener Umwelten, im symbolischen und praktischen Zusammenfügen der verschiedenen Welten und den darin liegenden Bedeutungen entwirft sie ihr »Lebens-Bild«. So treten immer mehr integrierendes Bewußtsein und sprachliche Erklärungsmöglichkeit der Eltern an die Stelle oder neben interne Familienstile und Familienfrömmigkeit alten Stils. Die Familie wird zu einem *»sozialen Heimathafen«*, wie *H. Giesecke* zutreffend formuliert hat.[10]

2.8 Zusammenfassung

1. Man wird davon auszugehen haben, daß Familien für die christlich-kirchliche Erziehung weniger leisten können, als viele appellative Forderungen oder Wünsche es für möglich halten. Die Verwirklichung einer geschlossenen christlichen Familienfrömmigkeit ist schwierig geworden. Sie war ohnehin immer nur bei einer Minderheit der Kirchenmitglieder Praxis. Diese *Relativierung* zielt nicht auf eine resignative Rücknahme jeder Erwartung an Familie hinsichtlich christlich verantworteter Einführung in das Leben. Es muß vielmehr darum gehen, eine realistische Einschätzung der familiären Möglichkeiten vorzunehmen. Ideologisierende Überhöhung und überfordernde Appelle sind für die Familie alles andere als hilfreich. Gangbare Wege sind aus den vorhandenen Möglichkeiten heraus mit den Familien vor Ort zu entwickeln: als verändernde Wiederaufnahme kirchlicher Traditionen und als fantasiereiche neue Praxis. In vielen Gemeinden und Gruppen zeichnen sich solche Versuche und ermutigende Erfahrungen ab, von denen noch die Rede sein wird.

2. Familie wird als System vielfältiger Beziehungen und eigener Dynamik gesehen, das an die Grenze der Belastung angekommen zu sein scheint. Die Selbständigkeit der Kinder hat zugenommen, auch die der Eltern. Sie kennzeichnet ein wachsendes Bemühen, trotz Elternschaft auch eigene Bedürfnisse wahrzunehmen.

Mit einem solchen »systemischen« Ansatz soll religiöses Lernen in der Familie als ein wechselseitiger Prozeß zwischen Eltern und Kindern wahrnehmbar gemacht werden. In einer solchen Sichtweise wird mit der Möglichkeit gerechnet, daß Familien *gemeinsam* lernen können. Vermutlich hängt sogar die Qualität und Kontinuität einer »Familiengeschichte« ganz entscheidend davon ab, ob Möglichkeiten gemeinsamen Erlebens und Lernens gefunden werden.

3. Die von vielen Mitgliedern der Volkskirche bereits vollzogene *Verschiebung* der religiösen Erziehungsaufgabe *von der Familie zur Gemeinde* (mit ihren Mitarbeitern) enthält auch eine sachlich angemessene Perspektive: die Verantwortung der Gemeinde für die Schaffung eines Rahmens für Familien, in dem religiöse Vermittlung stattfinden kann, und die Wahrnehmung des Erziehungsauftrags der Gemeinde mit Kindern.

In der Geschichte der Kirche erscheint Familienfrömmigkeit überwiegend sekundär zur beobachteten und erlebten Gemeinde- (oder Kirchen-)Frömmigkeit. Man nahm aus dem gemeindlichen Leben etwas mit nach Hause und wählte aus, was davon im Raum der Familie »praktikabel«, hilfreich und in Verbindung zur eigenen Religiosität der Familie stand. Wenn der Vorrang der Gemeinde-

10 *H. Giesecke*, aaO., 93.

frömmigkeit vor der sie modifizierend übernehmenden Familienfrömmigkeit richtig gesehen ist, dann wird es in Zukunft davon abhängen, was Christen in Gruppen und Gemeinden gestalten und erleben, was sie von dort als übertragungsfähige Inhalte, Symbole und Formen mitnehmen können.

3. Theologische Überlegungen zur Familie

Ob und wie man die Möglichkeit der Familie einschätzt, hängt bei gemeindepädagogischen Überlegungen auch an theologischen Gesichtspunkten, die man in Anschlag bringt. Es kann hier nicht darum gehen, eine ausgeführte »Theologie der Familie« zu entfalten, sondern lediglich darum, für gemeindepädagogische Arbeitsweise relevante Aspekte zu benennen.

3.1 Gefahr der normativen Festschreibung. Kirche hat sich in ihrer Geschichte oft schwer getan, Veränderungen der Familie vorurteilsfrei ansichtig zu werden. Immer wieder gab es auch in der Theologie Versuche, gleichsam normativ eine evangelische »Lehre von der Familie« aufzubauen. Sie standen in der Gefahr, historische Ausprägungen der Sozialgestalt normativ festzuschreiben. Nicht selten haben Bilder, wie das Luthers als katechisierender Hausvater, auch die Form religiöser Familienerziehung normativ zu fixieren gedroht.

Familie ist – wie *P. Musall*[11] zurecht herausstellt – eben kein »Stand« oder »Zustand«, sondern als Aufgabe, als Mandat, zu verstehen. Der Inhalt dieser Ordnung kann nicht die Ordnung der Sozialgestalt sein, sondern muß inhaltlich bestimmt werden vom Maß der Liebe, des Friedens und der Gerechtigkeit, das dadurch ermöglicht bzw. verhindert wird.

Versteht man Familie als Mandat mit spezifischen Aufgaben und Funktionen, dann kann sie auch für historische Wandlungsprozesse offengehalten werden. Das gilt nicht nur für die Rollenzuweisungen in der Familie, sondern auch für die Ausformung religiöser Erziehungsaufgaben.

11 *P. Musall*, Familienarbeit in der Stadt, Gelnhausen/Zürich 1981. *World Council of Churches-Office of Education*, Ministering with families. Programme of the Office of Family Education 1984–1990, in: Education Newsletter Nr. 2/1984, 1–6.

3.2 Problematische Überhöhungen. Unter den gegebenen Bedingungen einer weitergehenden gesellschaftlichen Öffnung der Familie erweisen sich solche theologisch-kirchliche Traditionen als besonders hinderlich, die die Familie (wie auch die Gemeinde) primär als »Gemeinschaft« verstanden und in einen ausdrücklichen Gegensatz zur Gesellschaft rücken. Sie werden kaum in der Lage sein, einen tragfähigen gemeindepädagogischen Rahmen für heutige Arbeit zu bilden, weil sie die Möglichkeiten dieser erweiterten Familie nicht konstruktiv aufnehmen können. Sie verkennen zudem die geringen Möglichkeiten heutiger Familien, ohne Wirklichkeitsverlust geschlossene Sozialform sein zu können.

Hinderlich sind theologische Einseitigkeiten, wie man sie in der theologischen Begründung kirchlicher Elternarbeit auffinden kann: »Elterliches Handeln wird so zum Abbild des Handelns Gottes, der ›Leben‹ ermöglicht, ›Leben‹ anvertraut und es erhält. Es ist darum immer noch richtig, die Eltern als Gottes Stellvertreter gegenüber den Kindern zu bezeichnen *(Bonhoeffer)*.«[12] Ideologisierende Überhöhung von Elternschaft und Familie kann allerdings auf diese Weise leicht entstehen, wenn nicht zusätzlich gesagt wird, daß stellvertretendes Handeln in Liebe und Gerechtigkeit auch anderen Erwachsenen zukommt, somit auch der Gemeinde, ebenso der Gesellschaft insgesamt. Eltern können ohnehin nicht – wie die jüngste Geschichte und der Blick in die Zeitung lehrt – *allein* Leben erhalten, Leben schaffen. Auch die Einführung in das Leben – das belegt die Einrichtung des Patenamtes – obliegt nicht ausschließlich der Familie, d. h. den Eltern.

Ansonsten ist es nur ein kleiner Schritt zum Verständnis *Schleiermachers*: »Die Familie ist die ursprüngliche Kirche.«[13] Diese Formel kann weder verhindern, daß Familie eine besondere Heilsqualität gewinnt, noch das Mißverständnis ausschließen, Familie sei letztlich erst dann – christlich gesehen – zu ihrem Ziel gekommen, wenn sie Hauskirche sei.

Weil theologisch auch die Familie kein Selbstzweck ist, erscheint es sachgemäß, daß *K. Barth* in seiner »Kirchlichen Dogmatik« keinen eigenen Abschnitt für die Familie vorgesehen hat. »Für ihn ist der Begriff der Familie kein Grundbegriff christlicher Ethik.«[14] Man müßte hinzufügen: auch kein Grund- oder Entsprechungsbegriff der Ekklesiologie. Weder im AT noch im NT hat die Familie als Geschlechtskollektiv eine

12 *H.-J. Schmidt*, Theologische Beiträge zur Eltern- und Familienbildung in evangelischer Trägerschaft, in: *H. Exner u. a. (Hrsg.)*, Eltern- und Familienbildung in evangelischer Trägerschaft, 121.

13 *F. D. E. Schleiermacher*, zit. nach *S. Keil*, Art. Familie, in: TRE, Bd. 1, 1977, 4.

14 *S. Keil*, aaO., 4.

besondere theologische Dignität. Sie kann keine besondere Heilszusage aufweisen. Es ist daher konsequent, wenn *Barth* die Eltern-Kind-Beziehung ausschließlich im Sinne einer Beziehung von Älteren zu Jüngeren interpretiert. Diese hat allerdings ein Mandat: Sie soll in das Leben einführen als Vertrautmachen mit Leben ermöglichenden Orientierungen und erlebbaren Sinn-Bildern künftiger Existenz. Die grundsätzlich macht-kritische Funktion des 1. Gebots und die in der Taufe verdeutlichte »Ent-machtung« der Eltern brechen das Verfügungsrecht über Kinder. Sie zerstören es aber auch hinsichtlich manipulativer religiöser Erziehung, die eigene Wege der Kinder versperrt.

»Das eigentliche theologische Thema ist... nicht die Kleinfamilie als soziales System, sondern sind die Beziehungen in je gegebenen Formen von Familien sowie ihre Gefährdungen und Entwicklungen. Bei den Beziehungen knüpfen der theologische Gestaltungsauftrag und alles, was sich über den Sinn und die Verheißung sagen läßt, unmittelbar an.«[15] Barths doppelte Qualifizierung der Familie als Ort der »Einführung in das Leben« und als Ort evangelischer »Freiheit in der Gemeinschaft« ermöglicht Leitlinien einer theologischen »Ortung« der Familie.

3.3 Familialisierung des Glaubens – Gefahr der Instrumentalisierung. Es kann kaum ein Zweifel darüber bestehen, daß in und durch Familie Glauben in der Gefahr einer Instrumentalisierung stand. Auch durch vereinzelt aufgekommene theologische Kritik konnte in der Vergangenheit nicht verhindert werden, daß Gott funktionalisiert wurde als oberste Normeninstanz in der Kindererziehung und als Garant elterlicher Autorität. Im Rahmen neuzeitlicher Geschichte erlebte die christliche Religion eine umfassende Funktionalisierung für die neue Privatheit und Emotionalität bürgerlicher Familie. Dies gilt besonders für das 19. Jahrhundert, blieb aber bis in unsere Zeit wirksam. Taufe und Weihnachtsfest sind markante, aber keineswegs die einzigen Situationen solcher Tendenz zur Familialisierung des Glaubens.

»Der christliche Glaube hat... immer versucht, die religiöse Tragweite der familiären Erfahrung einzuschränken. Als *Grundmodell erfahrener Liebe* gilt ihm nicht so sehr die Familie, sondern die ›Gemeinde‹. Der natürlichen und gewachsenen Gemeinschaft setzt er eine gestiftete und bewußt gestaltete entgegen.«[16] Da die Gemeinde zugleich in einem

15 *P. Musall,* aaO., 45ff.

16 *R. Leuenberger*, Glaube und Liebe als Grundmodelle menschlichen Daseins, in: *E. Feifel u. a. (Hrsg.),* Handbuch der Religionspädagogik, Bd. 1, Zürich/Einsiedeln/Köln 1973, 125–134, bes. 127.

dialektischen Zusammenhang zur Gesamtheit der Schöpfung wie der Menschheit steht (»Reich Gottes«), gewinnt sie einen universalen Horizont. Dann muß es aber auch Folgen haben, wenn dieser Horizont verloren geht: die Gewissensbildung als Domäne bürgerlicher Familienerziehung blieb provinziell, privatistisch, allenfalls zwischenmenschlich am Nahbereich orientiert. Öffentliche (also politische) Tugenden oder gar »mondiale Tugenden«[17] als Ausdruck ökumenisch-menschheitlicher Verbundenheit bleiben solange verdeckt, wie der sozial-hermeneutische Kontext der Familie zum Paradigma der Liebe stilisiert wird. Bereits aus diesen wenigen, eher historischen Hinweisen wird deutlich, daß gemeindepädagogische Überlegungen zum Umkreis Familie – Glaube – Kirche nicht ohne kritisch-theologische Anwaltschaft für die Sache Christi auskommen kann, will man nicht der Gefahr der Instrumentalisierung des Glaubens erliegen.

3.4 Glaube und Identität – Gefahr der Psychologisierung. Es kann nicht ausgeschlossen werden, daß auch gegenwärtig die Gefahr der Funktionalisierung weiter besteht. War in der Vergangenheit die Gefahr einer *Pädagogisierung* gegeben, so muß sich heute Gemeindepädagogik mit Hilfe theologischer Kriterien auch gegen eine Psychologisierung wehren. Die Gefahr besteht, wenn in Aufnahme sozial- und humanwissenschaftlicher Denkmodelle von Identität, Autonomie und Entwicklungsverläufen modellhaft gemeinte Aussagen in Verhaltens- und Gestaltungsnormen umschlagen. Besorgniserregend wird dies, wenn unkritische und simplifizierende Übernahmen zum Raster für Auswahl und zugelassene Reichweite biblischer Traditionsbestände geraten. So ist beispielsweise mit Recht eine »einseitige religionspädagogische Parteinahme zugunsten des Ur-Vertrauens«, obendrein in Verkürzung des *Erikson*'schen Ansatzes, kritisiert worden, wenn damit der Verzicht auf kritische Fragen und auf das Recht zum Mißtrauen der Kinder eingekauft wird.[18] Geht damit noch der Ratschlag an Eltern einher, in dieser Altersphase auf alle Geschichten der Bibel zu verzichten, die Vertrauen in Frage stellen, Angst benennen, wird den biblischen Symbolen gerade das genommen, was sie aussagen wollen: Mutmachen zum Durchhalten der Ambivalenz der Lebens- und Gotteserfahrung als Wagnis des Glaubens in allen Lebensphasen.

17 *E. Lange*, Leben im Wandel, Gelnhausen 1971.

18 Vgl. *R. Tschirch*, Religiöse Erziehung des kleinen Kindes, in: *P. C. Bloth u. a. (Hrsg.)*, Handbuch der Praktischen Theologie, Bd. 2, Gütersloh 1981, 218–229, bes. 221.

4. Gemeindepädagogische Arbeitsbereiche

Die hier angeführte systemische und interaktionistische Sichtweise von religiöser Erziehung läßt zunächst einmal die Möglichkeit handwerklicher Ratschläge und griffiger Rezepte zurücktreten. Es wäre auch nicht sinnvoll, unmittelbar mit der Erarbeitung spezieller Didaktiken für einzelne Arbeitsfelder (z. B. Elternbildung, Kindergarten) zu beginnen. Hilfreicher ist es, zunächst Arbeitsbereiche zu benennen und leitende Gesichtspunkte bereitzustellen.

4.1 Volkskirche als Handlungsrahmen. Die realistische Berücksichtigung der Volkskirche als Handlungsrahmen für religiöses Lernen in und mit Familien erscheint mir unabdingbar:

a) Die lebenszyklisch orientierte Begegnungsform der meisten Mitglieder mit ihrer Volkskirche (Trauung, Taufe, Kindergarten etc.) geschieht an familienbiographischen Knoten- und Übergangspunkten, deren Brisanz nicht kleiner geworden ist. Konzeptüberlegungen zu einem religiösen Lernen mit Familien finden also reale Anknüpfungsbereitschaften vor.

b) Auf diesem Hindergrund[19] gewinnen lebensgeschichtlich akzentuierte Vorstellungen in der neueren Gemeindepädagogik den Charakter eines hilfreichen Korrektivs gegen die unangemessene Fixierung auf die ersten Kindheitsjahre im Familienverband. Vorzuziehen sind differenziertere Vorstellungen, die voraussetzen, daß Neu- und Umlernen zwar auf fundierende Erfahrungen in der (frühen) Kindheit aufbauen, diese aber weder positiv noch negativ fixierende Kraft für spätere religiöse Ansprechbarkeit und Lernen haben.

c) Freilich zeigen Erfahrung wie kirchensoziologische Forschung deutlich, daß die Motivations- und Beteiligungsstruktur der volkskirchlichen Mitglieder außerordentlich differenziert sind. Dies ruft wiederum die Notwendigkeit differenzierter gemeindepädagogischer Handlungsansätze und -akzente hervor. Ein volkskirchlicher Interpretationsrahmen gemeindepädagogischen Handelns im Blick auf die Familie scheint deshalb fruchtbar, weil er derzeit der weiteste ist: Er vermag biographische und lebenslaufmäßige, gemeindetheologische und gesellschaftliche Aspekte zu erfassen. Das verhindert eine unzulässige Verkürzung auf ein Handeln mit der »Kerngemeinde« und ermöglicht vielen Familien, von ihrem jeweiligen Ausgangspunkt her den Zugang zu christlichem Glau-

19 Vgl. die Auswertung kirchensoziologischer Erhebung, in: *J. Matthes (Hrsg.)*, Erneuerung der Kirche, Gelnhausen/Berlin 1975.

ben und Kirche offenzuhalten. Damit werden abgestufte Zugehörigkeit und subjektive Religiosität der Mitglieder respektiert.

4.2 Solidarische Begleitung von Familien. Die solidarische Begleitung von Familien scheint mir die grundlegende Aufgabe zu sein – auch hinsichtlich des religiösen Lernens in Familien. Das soll an zwei knappen Hinweisen und einem längeren Exkurs verdeutlicht werden:

a) Wenn breite menschliche Erfahrungen und Verständigungsmöglichkeiten hilfreiche und wesentliche Momente für die religiöse Erziehung darstellen, dann kann es nicht nebensächlich sein, daß sie persönlich wie gesellschaftlich ungleich verteilt sind. Sie zu fördern ist Ausdruck begleitend-diakonischer Existenzform der Gemeinde. Mit Recht hat *N. Mette* darauf hingewiesen, daß es zur »religionspädagogischen Aufgabe (gehört) zu prüfen, ob die Bedingungen für solche Erfahrungen und eine damit verbundene Praxis im gegenwärtigen sozialen Alltag überhaupt in hinreichendem Maße gegeben sind, und gegebenenfalls zu deren Schaffung bzw. Wiederherstellung beizutragen.«[20]

Es erscheint daher sachgemäß, wenn ein bemerkenswerter Versuch kirchlicher Erwachsenenbildung allgemeine Elternbildung, gottesdienstliche Thematisierung und religiöse Erziehungsproblematik mit Aktionen der Gemeinde für Kinderspielmöglichkeiten verbindet. Das geplante Praxisarrangement löst so die Aufgabe ein, daß Gemeinde auch das Umfeld wahrnimmt.[21]

b) Eine solidarische Begleitung der Familien durch die Gemeinde wird Familien auf der Suche nach ihrer religiösen Grundeinstellung und dem Aufbau eines Orientierungsrahmens auch dann unterstützen, wenn nicht unmittelbar oder überhaupt kein auswertbarer Zusammenhang mit kirchlicher Gemeinde oder christlicher Erziehungsentscheidung dabei erwächst. Sie setzt auf Hoffnung, sie baut auf die Kraft des Evangeliums und respektiert die Entscheidungsfreiheit.

Sie wird damit auch einer Realität gerecht, die oben als differenzierte Mitgliedschaft bereits angesprochen war. Sie soll hier in *vier idealtypischen »Familienbildern«* dargestellt werden, aus denen nicht vier Didaktiken entwickelt werden sollen, sondern unterschiedliche Ansätze und Schwerpunkte skizziert werden, die untereinander wiederum in Beziehung stehen.

20 *N. Mette*, aaO., 331.

21 *G. Sporschill u. a.*, Glückliche Kinder? Gemeindeseminar zu Fragen der Kindererziehung, Freiburg 1973.

4.2.1 Kirchlich distanzierte Mitglieder. Die Begleitung von Familien, deren erwachsene Mitglieder ihre Beziehung zur institutionalisierten christlichen Religion ausschließlich oder vorwiegend biographisch strukturieren, stellt die größte gemeindepädagogische Herausforderung dar.

Der umfassende Wunsch (auch) der kirchlich-distanzierten Mitglieder, im Bereich Identität und Lebenszyklus die Präsenz der Kirche zu erfahren, ist kirchensoziologisch klar erhebbar und theologisch ebenso klar umstritten. Vorrangig wird man darin Interesse an Stabilisierung und Kompensation erkennen können. *E. Lange* machte in diesem Bedürfnis aber auch »ebenso unausweichlich eine(n) Anspruch auf Befreiung« aus und forderte, dies als »eine religiöse Aufgabe…, als eine pädagogische Aufgabe allerhöchster Dringlichkeit, d. h. als eine religiöse Aufgabe im Medium von Bildungsvorgängen« zu akzeptieren. Dieses Bildungsangebot sollte eine Verschränkung von Lebenszyklusproblem und Amtshandlungszyklus leisten und damit eine »umfassende Didaktisierung« kirchlicher Handlungsstruktur in Angriff nehmen. Dabei hatte *Lange* keine Steigerung sittlich-religiösen Sonderwissens vor Augen. Die Amtshandlungen sollten – als Bildungsmöglichkeit ausgeformt – Menschen bewußter machen und sie befähigen, in ihren konkreten Lebenswelten schöpferische und lebensverändernde Verantwortung zu praktizieren.

Damit würden die Amtshandlungen als vorbereitendes Gespräch und liturgische Handlung einer gemeindepädagogischen Reflexion unterzogen. Wenn etwa die Feier der Taufe einen Lernprozeß (der Familie) in Gang setzen soll, so fehlen ihr weitgehend wichtige Voraussetzungen wie aktive Einbeziehung der Beteiligten und symbolische Erfahrbarkeit.

R. Heinrich hat in einem anregenden Beitrag »Taufe mit Symbolen«[22] nach gemeindepädagogischen Möglichkeiten der Taufe gefragt. »Ziel des Taufgesprächs mit Eltern und Paten und der Taufe selbst ist es, eine Gemeinschaft von Erwachsenen und Kindern erleben (oder realistischer: erahnen) zu lassen, in der Ängste beim Namen genannt, Hoffnungen und Befürchtungen ausgesprochen werden können und Eltern sich in ihrem Zusammenleben mit ihren Kindern unterstützt wissen von anderen Menschen (Paten, Gemeinde)… Wenn Eltern, Paten und die Gemeinde in der Taufe Gemeinschaft er-ahnen, werden sie (so hoffe und wünsche ich) ihren Kindern später von der Taufe erzählen. Das wird aber nur dann gelingen, wenn die Eltern sich an die Taufe erinnern. Die Erinnerung wird erleichtert, wenn ein Symbol Worte und Handlung der Taufe begleitet.« Geeignet für die Taufe erscheinen die biblisch verankerten Symbole Wasser, Licht, Baum und Erde; sie werden mit den Eltern im Taufgespräch besprochen. Das von ihnen ausgesuchte Symbol prägt den gesamten Gottesdienst. Die Eltern bekommen es

22 *R. Heinrich*, Taufe mit Symbolen; Anregungen, in: *H. Nitschke (Hrsg.)*, Taufe (Gottesdienstpraxis Serie B), Gütersloh 1984, 15–26.

ausgehändigt: ein Tütchen Erde, an das ein Zettel geheftet ist mit dem Regenbogen und 1.Mose 8,22; ein Fläschchen Wasser, eine kleine Kerze; gemeinsam wird ein Baum auf dem Gelände der Gemeinde gepflanzt. Die Eltern erhalten ein Erinnerungsblatt (Picasso: Kind mit Taube), auf dem zum Schluß des Gottesdienstes am Ausgang alle Gottesdienstbesucher – auch die Kinder – unterschreiben. »Das nimmt zwar einige Zeit in Anspruch, ist aber zugleich Gelegenheit zum Gespräch, wenn eine Tasse Kaffee dazu gereicht wird.« Hier wird Erinnerung als Lernmoment anvisiert und dieser Vorgang mit begleitenden und wechselseitig interpretierenden Symbolen gestützt. Wort und Handlung, Musik und Gesten, Symbole und eigenes Handeln verschmelzen zu einer Einheit des Erlebens und Deutens.

Ein anderer Vorschlag zielt auf eine behutsame Anreicherung des Taufgottesdienstes mit spontanen Elementen: die um den Taufstein versammelte Tauf-Familie und Paten werden umschlossen vom Kreis der Gemeinde. Nach einem ermutigenden und metaphernreichen Segensspruch wird die Gemeinde aufgefordert, ihre Wünsche für die Täuflinge und ihre Familien anzuschließen. »Die Taufe eines Menschenkindes, dessen Lebensgeschichte noch nicht geschrieben ist, sehe ich als einen natürlichen Anlaß, dem Wunschbedürfnis Gelegenheit zu geben. Zugleich wird aber auch eine Spannung aufgebaut: in den Wünschen repräsentieren sich Ängste und Hoffnungen auf Lebens- und Liebeswertes. Sie bilden dann den Raum, in dem die segnende Zuwendung Gottes einen konkreten und geschichtlichen Raum bekommt.«[23]

In diesen Versuchen wird die Einbeziehung des Erfahrungsfeldes der Eltern und des vorhersehbaren Umfeldes des Kindes (Wünsche und Ängste) in seiner gesellschaftlichen Bezogenheit angebahnt. Gerade dieser Zusammenhang von Taufe und gesellschaftlicher Umwelt des Kindes wie der Eltern kann in der herkömmlichen Amtshandlungspraxis nur unzureichend vermittelt werden. *J. Jeziorowski*[24] hat diesen Zusammenhang prägnant formuliert: »Eine Kirche, die tauft, hat sich um die gesellschaftliche Wirklichkeit der getauften Kinder zu kümmern ... Betrachtet man den liturgischen Rahmen der Taufe, so ist man doch immer wieder neu überrascht, wie wenig die gesellschaftliche Umwelt die Kirchen aufregt. Die Theologie der Taufe legt den Gedanken nahe, daß ein Kind vorbehaltlos angenommen ist. Der Annahme bei Gott müßte die Annahme bei den Menschen entsprechen ... Eltern, Paten und die gesamte christliche Gemeinde müssen hier in einer kinderfeindlichen Umwelt beim Wort genommen werden. Die gesellschaftliche Umwelt der Kinder – oft beginnt die Ablehnung schon vor der Geburt – kann die Taufverkündigung zur reinen Vertröstung, zur frommen Phrase, zum Hohn in einer kinderfeindlichen Umgebung machen.«

Der Zusammenhang lebenszyklische Ausgangssituation – gesellschaftliche Wirklichkeit – lernende Erschließung der Taufbotschaft kann, wie die Praxisbeispiele zeigen, aufgegriffen und vermittelt werden.

Die Praxis der Taufgespräche ist von der traditionellen Befragung der Eltern und Paten nach Motiv des Taufwunsches und Bereitschaft zur christlichen Erziehung dahingehend zu erweitern, daß die tiefgreifenden Veränderungen der Erwachsenenrollen (beim ersten Kind in besonderer Weise) eingebracht werden können. Die biographische Veränderung macht im Grunde eine neue oder erwei-

23 Gesammeltes (Materialhefte, Nr. 15), Frankfurt 1974.
24 *J. Jeziorowski*, Kein Platz für Kinder, Freiburg 1977, 83.

terte Lebensperspektive notwendig; die Rolle der Eltern fordert Entwürfe, für die das Taufgeschehen durchaus inhaltliche Beiträge erschließen könnte.

Nur wenn im Prozeß des Taufgeschehens die »doppelte Erstreckung«[25] der Amtshandlung (für das Kind und für die Erwachsenen) didaktisch erschlossen und mit der realen Umwelt vermittelt wird, kann es zu einem bedeutungsvollen Fest für die Familie werden. Aber auch andere Übergangs-Handlungen wie Schulgottesdienst und Kindergarten-Anfang (→ s. u. VIII, 0) könnten als wichtige Momente des »Verlassens« familiärer Räume und auch elterliches »Verlassenwerden«, (also Teilung des Sozialisationsfeldes) mit entsprechenden christlichen Perspektiven konstruktiv so vermittelt werden, daß Deutungsvorgänge und Freigabe entstehen.

4.2.2 Familien vereinskirchlich orientierter Eltern. Sie stehen der Gemeinde als Institution näher und überschreiten die kirchlich-distanzierten Teilnahmeformen, weil sie der Kirche noch eine gemeinschaftsstiftende und erzieherische Bedeutung zumessen. Sie sind bereit, ihre Kinder auf Veranstaltungen der Gemeinde (z. B. Kindergottesdienst) hinzuweisen, übernehmen Brückenfunktionen und verstärken Teilnahmeinteressen auch über Motivationskrisen der Kinder hinweg. Sie sind ansprechbar, wo Gemeinde Unterstützungen pädagogischer Art anbietet, z. B. für Eltern- und Familienbildung, Spielplatz-Aktionen, Kinderfeste. Da sie der Gemeinde vereinsmäßige Attribute beilegen, sind sie besonders ansprechbar für Gemeindefeste, auch für Familiengottesdienste. Eine bestimmte innere Verbundenheit (»Wir gehören dazu«) wird häufig in themen- und funktionsbezogene Mitarbeit umgesetzt. Sie engagieren sich auch als Mentoren/innen für Konfirmanden oder werden Mitarbeiter im Kindergottesdienst. Hier scheinen mir neben der Ausarbeitung einer Feier- und Festkultur (s. u.) Eltern- und Familienbildung besondere Möglichkeiten religiösen Lernens zu sein, sofern der Zusammenhang von Leben, Glauben und Lernen abgebildet werden kann.

In der Elternarbeit sind Möglichkeiten gegeben, im Rahmen des Gesprächs über Alltagsfragen theologische Gesichtspunkte an der jeweils verhandelten Sache zu entwickeln:

- wenn in einem Elternabend »Erziehung der Kinder – Erziehung zur Leistung?« gegen Leistungsreligion und Konkurrenzprinzip Rechtfertigung und geschwisterliche Solidarität als Gegenwerte eingebracht werden;
- wenn Eltern und Jugendliche zusammen ein Seminar tragen »Meine Kinder sollen es besser haben... Verständigung über die Wert- und Zielvorstellungen zwischen Eltern und heranwachsenden Kindern«[26];
- wenn an einem Elternabend »Ängste der Kinder« besprochen werden. Gegen-

25 *J. Matthes*, aaO., 83ff.

26 Vgl. *J. Knoll u. a. (Hrsg.)*, Am Alltag lernen. 22mal Erwachsenenbildung, Bad Heilbrunn 1981.

über Angstmacherei auf der einen und Angstausklammerung auf der anderen Seite kann davon erzählt werden, wie es eine biblische »Kultur der Angst« *(L. Schottroff)* geben kann;
- wenn in einer offenen Abendveranstaltung »Unsere Verantwortung für die Kinder in der ›Einen Welt‹« Aspekte ökumenischen Lernens aufgenommen werden;
- wenn in einem Seminar zu Situation und Rolle des Vaters sich gemeinsam erinnert wird, welche Rolle der eigene Vater hinsichtlich Religion, Kirche und Wertvorstellungen gespielt hat.[27]

Es gibt anregende Beispiele aus der Praxis, wie in offener und behutsamer Weise neue Möglichkeiten der religiösen Erziehung mit Eltern partnerschaftlich erarbeitet werden:
- wenn beispielsweise mit alltäglichen Situationsbeschreibungen gearbeitet wird und Eltern daran experimentell die Möglichkeiten ehrlichen, situationsangemessenen Betens der Erwachsenen mit Kindern erproben[28] oder auf vorgegebene Kinderfragen gemeinsam nach Antwort-Möglichkeiten suchen;
- wenn Eltern durch Elternbücher wie das von *H. May*[29] in offener und solidarischer Weise eingeladen werden, an einem Dialog und einem Experiment teilzunehmen. Zwar bringt der Autor seinen Standpunkt klar ein, aber andere Meinungen werden immer als bedenkenswerte Möglichkeiten authentisch eingebracht. *Mays* Buch zeichnet sich dadurch aus, daß das Elternbuch mit einigen Kinder-Bilderbüchern kombiniert ist. An ihnen können Eltern sich situationsorientiert mit ihren Kindern zusammen auf einen Weg des transzendierenden Suchens machen und Antwortmöglichkeiten markieren.

4.2.3 Geschlossene Familienfrömmigkeit. Die Chance einer geschlossenen Familienfrömmigkeit als feste Konturierung alltäglichen Familienlebens wird keine reale Möglichkeit für alle Familien in der Gemeinde sein (mit regelmäßigem Tischgebet, Gute-Nacht-Ritus mit Gebet und religiöser Geschichte, gemeinsam gesungenem christlichen Liedgut und gemeinsamem Gottesdienstbesuch). Eine solche Gestaltungsform des Christseins ist häufiger in Diaspora-Gebieten und in Gegenden anzutreffen, die von Erweckungsbewegung und Pietismus stark beeinflußt sind.

Die katholischen Autoren *D. Emeis/K. H. Schmitt*[30] gehen davon aus, daß die »katechetische Kompetenz der Familie« in besonderer Weise dadurch gefördert wird, daß »ihre Funktion als Glaubensgemeinschaft gestärkt wird.« Daraus folgern sie: »Dies ist nur möglich durch eine subkulturelle Profilierung der christlichen Familie.« Dabei ist an häusliche Festvorbereitung, eine Kultur des Trauerns und des Umgangs mit Verstorbenen, an Erzählkultur, an kritische Konsumhaltung u. a. gedacht.

Die damit leicht gegebene Gefahr der Überforderung der Familie wie auch

27 *J. Knoll (Hrsg.)*, aaO., 71 ff.
28 *J. Knoll (Hrsg.)*, aaO., 95 f.
29 *H. May*, Religion im Kinderzimmer?, Frankfurt/Aarau 1974.
30 *D. Emeis/K. H. Schmitt*, Grundkurs Gemeindekatechese, Freiburg 1977, 53.

ungünstiger Selbst-Abschließungstendenzen sehen die Autoren und schlagen einen Verbund von mehreren Familien in Familienkreisen vor, deren gemeinsame Vollzüge von Frömmigkeit die eigene Familie sozial abstützen. Außenorientierung durch Einbindung in die Gemeinde und gemeinsame Wahrnehmung sozialer Verantwortung sollen die Familie immer wieder öffnen.

Es muß fraglich bleiben, ob bei den sehr unterschiedlichen Lebensrhythmen heutiger Familien und den vielfältigen Beziehungen eine solche Sub-Kultur wirklich möglich ist.

Für gemeindepädagogisches Handeln ist selbst das Vorhandensein einer solchen christlichen Familienfrömmigkeit keine Entlassung aus der volkskirchlichen Verantwortung für die Begleitung aller Familien. Ansatzpunkt scheint mir weniger die Verstärkung subkultureller Verhaltensweisen zu sein, als vielmehr die Stärkung der außerfamiliären Kommunikation und die begleitende Beratung hinsichtlich der Gefahr innerer Verfestigungen. Für letzteres gibt es Gründe:

- Mit besonderer Sensibilität wird die Gefahr der Verengung als geschlossenes Milieu mit rigiden Sozialisationsformen deshalb beachtet, weil Fixierungen solcher Art Lernwege von Kindern und Jugendlichen entscheidend behindern.
- Die Möglichkeiten identitätshemmender »Gottesvergiftung« *(T. Moser)* ist nicht nur in extrem pathologischen Familienstrukturen denkbar, die vereinzelte Beispiele blieben. Auch heute noch haben wir es in Kinder- und Jugendarbeit wie in der Beratungsarbeit mit entstellter religiöser Erziehung zu tun und mit jungen Menschen, deren biographische Beschädigungen und Hemmungen im Zusammenhang ihrer religiösen Biographie zu sehen sind.
- Es ist auch keine vereinzelte Beobachtung, wenn gerade religiös-kirchlich stark geprägte Eltern Schwierigkeiten haben, sich erzieherischer Reflexion und Selbstkritik zu stellen.

Gemeindepädagogisches Handeln wird Familien mit geschlossener Familienfrömmigkeit schöpferische Anregungen darüber vermitteln, wie die Familienfrömmigkeit lebendig weiterentwickelt werden kann.

Der persönliche Bericht einer (katholischen) Mutter macht deutlich, welche Aufgabe für solche Eltern zu leisten ist:

»Wichtig ist, daß vor allem wir selbst die Verbundenheit zu Jesus nicht verlieren, ganz gleich, ob uns nun gegeben ist, weiter in den von der Kirche institutionalisierten Formen beheimatet zu sein oder nicht. Solange wir innerlich lebendig sind, wird etwas von dem Geist Jesu, den wir bei uns einlassen, auch unsere Kinder erreichen.

Es ist vielleicht nicht mehr möglich, mit den Heranwachsenden wie früher regelmäßig ein Tischgebet zu sprechen, so können wir sie doch im Gespräch bei Tisch teilhaben lassen an unserer Art, als Christen die Tagesereignisse zu verarbeiten. Sind die Jugendlichen nicht dazu zu bewegen, am Sonntag in die Messe zu gehen, so läßt sich vielleicht das Sonntagsfrühstück etwas festlicher begehen und als einen Sammlungspunkt für die ganze Familie festhalten. Dann könnten wir zum Beispiel regelmäßig einen Abschnitt fortlaufend aus einem Evangelium lesen und damit die Möglichkeit schaffen, daß es den jungen Menschen noch erreicht. Wir könnten nach dem Lesen Gelegenheit geben, die vorgelesene Szene innerlich vorzustellen, so daß jeder mit seinem innerlichen Auge ein Bild schaut. Wenn die Familienatmosphäre gut ist, dann ist es auch nicht schwer, die heranwachsenden Kinder anzuregen, aus dem innerlich Geschauten und Erlebten heraus zu sprechen – und schon entsteht eine Art Gebet... In jedem Fall scheint mir von besonderer Wichtigkeit, daß sich in der Eltern-Kind-Beziehung ein Vertrauensverhältnis durchhält.«

4.2.4 Konfessionell oder religiös gemischte Familien. Die Aufgabe einer religiösen Erziehung in konfessionsverschiedenen Familien ist zwar ein altes Problem, kaum aber eines, das gemeindepädagogisch ausreichend bearbeitet wäre. Die Elternbücher klammern es ein oder aus. Erste Versuche der Kirchen[31], Eltern eine klärende Handreichung zu geben, bleiben zu undifferenziert auf kirchliche Interessen bezogen. Die familiäre Realität wird weithin verfehlt, weil entweder Schwierigkeiten allgemein unterstellt werden oder aber die unausweichliche Spannung zwischen notwendigen Konsensbildungen im Alltag der Familien und Kirchenbezug nicht durchgehalten wird. Das Postulat der »Beheimatung« des Kindes in *einer* Kirche verbunden mit einer »klugen Erziehung für die Werte der anderen Kirche« ist sicherlich für einige ein gangbarer Weg. Die Lösungsmöglichkeiten einer »radikal ökumenischen« oder »konfessionslosen« christlichen Erziehung werden verworfen: »Nach den bisherigen Erfahrungen geht eine religiöse Erziehung ohne kirchlich-konfessionelle Beheimatung fast immer zu Lasten des Kindes aus.« In dieser Verallgemeinerung wird man das Problem nicht als gelöst betrachten können. Wenn beispielsweise – wie bei der Mehrheit – beide Partner ein distanziertes Verhältnis zu Christentum und Kirche haben, geht der Ratschlag ins Leere.

Für die Aufgabe wertungsfreier Information über die jeweils andere Konfession liegen inzwischen für Kinder hilfreiche Texte und Bilderbücher vor. So ist es ein guter Versuch, Kindern das Problem bewußt zu machen. Schwieriger erweist sich die Aufgabe, zwischen Eltern vorurteilsbeladene »Sonderformen« und Sonder-meinungen der anderen Konfession zugänglich zu machen, z.B. hinsichtlich der Mariologie. Die feministische Theologie hat Verständnismöglichkeiten der Figur Marias vorgelegt, die es z.B. evangelischen Frauen mit katholisch getauften Kindern ermöglichen könnte, konstruktiver mit dieser Zentralfigur katholischer Volksreligiosität umzugehen.[32]

31 Ich beziehe mich im folgenden auf eine Vorlage der Evangelischen Kirche in Hessen und Nassau und des Bischöflichen Ordinariats Limburg.

32 Maria – (M) Eine Identifikationsfigur, in: *J. Knoll (Hrsg.)*, aaO, 193ff. Der Bericht vermag deutlich zu machen, was jenseits der beiden Positionen (Kirchliche Beheimatung oder radikal-ökumenisches Verständnis) für die *Betroffenen* eine hilfreiche Verständigung über eine biblische Figur sein kann.

Noch schwieriger liegen die Probleme in interkulturellen und/oder religionsverschiedenen Familien. Die Diskussion über religiöse Erziehung in solchen Familien hat hierzulande noch nicht einmal nennenswert begonnen.

Selbst in dem interessanten Dokument der 2. Europäischen Konferenz der Einwandererpfarrer »Multikulturelles Zusammenleben – Theologische Erfahrungen«[33] wird diese Frage nicht angesprochen. Hier bedarf es offenkundig noch vieler Vorarbeiten.

4.3 Familienoffene Gemeindekultur. Gemeindepädagogisch ist zu fragen, ob die Gemeinden für die Begegnung mit der offenen Familie als Interessen- und Handlungsgemeinschaft vorbereitet sind. Gefragt ist eine Gemeindekultur, die der weiteren Parzellierung der Familie und ihres Alltags entgegenwirkt und in ihren Handlungsformen eine doppelte Aufgabenstellung aufgreift: Es fehlt an Orten und Formen, an denen die Familien *gemeinsam* teilnehmen, gemeinsame Erfahrungen machen und doch den *unterschiedlichen* Bedürfnissen und Möglichkeiten von Eltern und Kindern Rechnung getragen wird. Zum anderen: Weil Familienleben eine elementare und ›unspezialisierte‹ Lebensform darstellt, sind in der Gemeinde Inhalte, Symbole und Formen nötig, in denen sich dieses ›Unspezifische‹ vollziehen kann: Spontaneität und Regelung, kurzes Mitteilen und gemeinsames Handeln, Informatives und Spielerisches etc.[34]

An vielen Veranstaltungsformen der Kirchentage und den neuen »sozialen Bewegungen« kann zu einem guten Stück deutlich werden, wie Eltern mit kleinen und größeren Kindern aktiv teilnehmen, sofern Prozesse ganzheitlichen Zusammenseins, generationsübergreifende Gleichzeitigkeit (z. B. Bedrohung durch Atomwaffen oder Umweltzerstörung) und unterschiedliche Beteiligungsweisen gestaltbar werden. Kommunikative Grundstrukturen, sinnenhafte Symbole und Aktionsformen sowie die Familie weit übergreifende Ziele und Inhalte (Frieden, Schöpfungsbewahrung etc.) werden beieinandergehalten.

Wo Gemeindeformen und -strukturen noch stark von speziellen Teilinteressen und separierten Ziel- und Altersgruppen geprägt sind, ist die zentrale Berücksichtigung der wechselseitigen Lern- und Entwicklungsmöglichkeit von Eltern *und* Kindern nicht zu realisieren.

Damit wird deutlich, daß sich gemeindepädagogische Überlegungen notgedrungen mit Überlegungen zu Gemeindeaufbau und -entwicklung

33 *J. Micksch (Hrsg.)*, Multikulturelles Zusammenleben – Theologische Erfahrungen, Frankfurt 1983.

34 Vgl. z. B.: *M. Lienhard*, Mit Kindern Abendmahl feiern, München 1978; *J. Jeziorowski*, aaO., 85f.

verschränken müssen. Entscheidend wird nämlich werden, ob christliche Gemeinden und Gruppen hinreichend einladend und für Familien bereichernd sein werden, ohne den Familien zusätzliche Anstrengungen abzuverlangen. Um dies zu realisieren, sind folgende *Bedingungen* zu beachten:

a) Der Zusammenhang der Familie muß erhalten bleiben und die Formen sollten die Teilnahme der ganzen Familie ermöglichen (z.B. Familiengottesdienst, Feste und Feiern u.a.).

b) Die gemeindlichen Angebote sollten symbolträchtig und erlebnishaltig sein, um Übertragungen in den Bereich der Familie zu erlauben.

c) Sie müßten anschauliche und gelebte Muster handelnden Dialogs zwischen den Generationen sein, indem sie Anlässe und Situationen generationsübergreifender Gespräche schaffen und damit den innerfamiliären Dialog erleichtern.

d) Möglichkeiten und Formen sind anzubieten, wo Familie als Familie »zelebriert« werden kann, wo Familie als Thema aufgenommen wird.

e) Kommunikativer und ganzheitlicher Lebens- und Umgangsstil sollten so mit zielgerichteten Lernprozessen verbunden sein, daß das eine das andere nicht aufhebt.

f) Als Nagelprobe gilt die Prüfung, ob ehrenamtliche, nebenberufliche und hauptberufliche Mitarbeiter/innen nicht häufig in unzumutbare Entscheidungskonflikte zwischen Familie und Gemeinde gebracht werden. Dies könnte Zeichen für einen wenig durchlässigen Gemeindestil sein.

4.4 Unterstützende Fachlichkeit. Sofern Gemeindeglieder die religiöse Erziehungsaufgabe stärker an Fachleute verweisen, ist eine unvoreingenommene Betrachtungsweise hilfreich. Es gilt sich jedenfalls frei zu machen von der häufig spürbaren unterschwelligen Reaktion, als handele es sich dabei im Grunde um ein abzulehnendes »Abschieben« des Problems. In keinem Bereich, auch nicht im menschlich-elementaren, besteht Anlaß und Notwendigkeit, auf Fachlichkeit zu verzichten. Problematisch wird es erst dann, wenn die professionelle, begleitende, unterstützende und teilweise auch stellvertretende Handlungsweise kein Forum findet, wo sie in einen Erlebens- und Gesprächszusammenhang mit Eltern und Familien zurückfließt. Separierte Fachlichkeit in Sachen religiöser Kindererziehung wäre in der Tat verhängnisvoll.

Die Bedeutung der Professionellen wird wahrscheinlich gerade für kirchlich-distanzierte Mitglieder, die keinen Zugang zu Gemeinde-Veranstaltungen und Gruppen haben, besonders hoch zu veranschlagen sein. Sie arbeiten leichter und häufig auf der Grenze zwischen Gemeinde und Familie und haben daher eine kaum zu unterschätzende Verbindungsfunktion. Dies gilt für Erzieher, gemeindepädagogische Mitarbeiter und Pfarrer gleichermaßen. Sofern Fachlichkeit begleitenden Angebotscharakter behält und frei von unmittelbaren kirchlichen Rekrutierungsabsichten ist, kann sie – wie die Erfahrung zeigt – in Erziehungsseminaren, Elternabenden des Kindergartens, Kindergruppen-Arbeit mehr denn je mit Aufgeschlossenheit rechnen.

Sie hätte vor allem zum Ziel, laufende Prozesse religiösen Lernens in Familien bewußt zu machen und für deren Weiterführung Anregung, Beratung und Erprobungsmöglichkeiten anzubieten und deutlich zu machen, wie man sie mit christlichen Symbolen in Beziehung setzen kann.

Die unterstützende Hilfe kann sich konkretisieren

- als Hilfe bei der Artikulation eigener Standpunkte und religiöser Subjektivität – unter Aufnahme der eigenen Kindheits- und Jugenderfahrungen (Zielpunkt: religiöses Lernen mit Eltern als Erwachsene);
- als Angebot der theologischen Perspektive von Hoffnung und des Symbols des Reiches Gottes, um eine Antwort auf die unsicher gewordene Zukunft zu gewinnen. Sofern Erziehung im wesentlichen von konstruktiven Zukunftsvorstellungen getragen wird, liegt hier eine grundlegende Aufgabe;
- als fachliche Hilfe bei der Frage nach den Vorstellungen der Kinder, nach entwicklungsbedingten Grenzen und Möglichkeiten des Verstehens;
- als Hilfestellung bei Sprachvorlagen und Antwortversuchen;
- als Bekannt- und Vertrautmachen mit weiterführenden Medien und als Erschließung gemeindlicher Angebote.

5. Grundlinien für die gemeindepädagogische Arbeit mit Familien

In Arbeitsbereichen sollten folgende *Grundlinien* besonders berücksichtigt werden:

5.1 Förderung einer breiten Wahrnehmungs- und Erfahrungsfähigkeit. Christlicher Glaube ist unabdingbar auf Geschichte und Erfahrung angewiesen. Daher bleibt eine grundlegende Aufgabe die Förderung breiter Wahrnehmungs-, Erfahrungs- und Kommunikationsfähigkeit der Kinder wie der Familienmitglieder untereinander. Erfahrung ist als Verdichtung von Erlebnissen auf sinnenträchtige Anlässe und Geschehnisse sowie vielfältige Medien angewiesen. Die traditionelle homogene Erlebnisstruktur von Gemeinden (Konzentration auf Rede und Hörakt, Bildarmut, hoch formalisierte Veranstaltungen, eingeschränkte musikalische Ausdrucksform, spezielle Sprache und Mangel an Möglichkeiten körperlich-ausdrückenden Handelns im Gottesdienst usw.) ist sicherlich keine sehr anregende Umwelt. Das Überraschende, Verfremdende, Variierte ist in vielen Gemeinden kaum erfahrbar, weil das Gewicht der Routine groß ist.

Dabei geht es sicherlich nicht um Quantität von (außergewöhnlichen) Erlebnissen. Vielmehr geht es um eine Öffnung des Alltags für Transzendenz. Denn auch der familiäre Alltag mit vielen Einzelereignissen kann durch Konventionen, Zeitknappheit, Rituale und Mehrfachbelastungen erfahrungsarm bleiben, wenn keine Verknüpfungen und Deutungen im Gespräch oder symbolischem Handeln entstehen. Beachtlich und fragwürdig wird etwas, wenn eine produktive Unterbrechung des Alltäglich-Konventionellen stattfindet. Hintergründigkeit des Lebens, Fragwürdigkeit der Existenz, Sorgen um das weitere Geschick unserer Welt, Erfahrungen von Glück kommen sonst nicht »hoch«, werden in Gespräch und Auseinandersetzung innerhalb der Familie nicht entdeckt.

»Gerade weil die traditionellen Anknüpfungspunkte für den christlichen Glauben weitgehend nicht mehr gegeben sind, kommt es darauf an, die Menschen in ihrem Alltag für die Tiefendimension des Daseins zu sensibilisieren.« Entsprechend gilt: »Erst wenn die Profanität des Alltags auf Transzendenz hin geöffnet zu werden vermag – und sei es als Verweigerung des Einverständnisses mit dem Bestehenden –, vermag der Lebensbezug des christlichen Glaubens überzeugend zu werden.«[35]

Das aber hat eine Kultur des Erzählens und die Möglichkeit der Darstellung von Situationen zur Voraussetzung. Transzendierungen können sich anbahnen, wenn Weinen keine Ängste auslöst, Klage und Trauer zugelassen und ausgehalten werden, wo Wünsche und Träume als Signale für Grenzen verstanden werden, an denen das Leben nach Entfaltungsmöglichkeiten sucht, wo Utopien nicht belächelt werden u. a. Wenn Familien sich als Ort wachen Fragens, erlebter Spannungen (zwischen Gegebenheiten und Möglichkeiten) und des Staunens ausprägen können, hätten Kinder wie Familien eine wichtige Voraussetzung für religiöses Leben geschaffen: eine Suchbewegung wäre in Gang gekommen. Wenn Eltern einen Stil der Mitteilung finden, in dem sie ihre Kinder teilhaben lassen an ihren Fragen und tastenden Versuchen einer Antwort, erfährt ein Kind viel, erfahren auch Eltern viel über sich und ihr Leben. Die Gemeinde wird daraufhin zu »durchforsten« sein, wo vorschnelle Antworten (auf noch nicht gestellte Fragen) gegeben werden, wo in ihrer Gebetspraxis (siehe Agenden-Gebete) gar keine fragwürdigen Situationen mehr abgebildet, sondern theologisch eingeebnet werden. Sie sollte prüfen, ob sie Klage und Anklage, Lob und Begeisterung nachvollziehbar macht oder ob im konventionellen und eingeschränkten Spannungsbogen von Bitte und Dank eine Fülle tiefer

35 *N. Mette*, aaO., 290.

menschlicher Empfindungen ausgeblendet bleiben. Nicht nur Kinder leben von einer ausdrucksfähigen Emotionalität der Eltern. Auch die Familie erlebt Gemeinde als lebendig, wenn sie diese weit gespannte Ausdruckskraft widerspiegelt. Familie könnte hier eine Sprache wacher Zeitgenossen lernen, Gesten der Betroffenheit von Leben und Zukunft.

Innerhalb der Familie kann eine Vertiefung des Alltäglichen und zugleich seine Öffnung durch den gemeinsamen Abschluß des Tages mit kleinen Kindern (»Richtig gute Nachtsagen«) hilfreich sein.

Der Gute-Nacht-Ritus hat nicht nur die Funktion, die elterliche Nähe abzubilden, um ohne Angst in die Nacht zu kommen. Es war immer auch ein abschließendes Zusammenbringen des Tages, manchmal mit einer Akzentsetzung inhaltlicher Art: Erzählende Vergegenwärtigung, meditative Erinnerung, Aussuchen dessen, was an diesem Tag am schönsten oder am bedrückendsten war, bewußte Auswahl eines bestimmten Bilderbuchs, besonders langes Im-Arm-Halten kann diesem Vorgang dienen. Ein solches Sprechen hat für manche noch nicht die Qualität des Gebets. Aber es verdichtet den Tag, schafft Möglichkeiten für Grenzüberschreitungen, gibt Anlaß, einander »wieder gut zu sein«, macht Versöhnung manchmal zwingend.

In der betend-meditativen Vertiefung des Tages geschieht jenes Transzendieren: durch Bitten für etwas, was noch nicht ist, in vertrauensvoller Darstellung von Sorge und Angst, in formulierender Hoffnung auf Gesund- und Heilwerden, in ich-überschreitender Bitte für andere, durch Identifikationen mit ihnen in behutsamer Darstellung ihrer Situation, möglicherweise auch in weinender Hilflosigkeit angesichts von Trauer und Schicksalsschlägen. Es gibt bisher wenige sprachlich hilfreiche Vorlagen für Eltern. Es fehlen auch praktische Ideen für solche »Gute-Nacht-Riten«, die von Wiederholung *und* Veränderung leben, damit auch von neuen Einfällen.[36]

5.2 Vertrautwerden mit Symbolen. Diese Transzendierung ist gebunden an symbolische Formen und Medien. Sensibilisierung für Symbole (Angebote, Erschließung und Entwicklung eigener Symbole) stellt eine wichtige Aufgabe dar. Symbole können zwischen Realität und Idealität, zwischen innerer und äußerer Wirklichkeit, zwischen eigenen Erwartungen und Träumen der Menschheit vermitteln. Religiöse Symbole sind konzentrierte Verdichtungen grundlegender Erfahrungen und Sinngebung und haben die Funktion, Menschen zu orientieren, Handeln zu motivieren. Sie erinnern vorgängige Sinnerfahrung und entwerfen künftige Möglichkeit bzw. halten sie offen, weil sie unbestimmter und ohne definitorischen Zug sind. Die in vielen menschheitlichen Symbolen (Baum, Weg, Licht, Auszug, Wasser, Rettung des Kindes etc.) ausge-

36 *W. Neidhart*, Psychologische Aspekte der Gebetserziehung, in: *F. W. Bargheer / I. Röbbelen (Hrsg.)*, Gebet und Gebetserziehung (PF Bd. 47), Heidelberg 1971, 75–86.

sprochenen und »aufgehobenen« Erfahrungen tauchen nicht von ungefähr auch in grundlegenden biblischen Texten auf. Sie können also eine wichtige Brückenfunktion zwischen allgemeinmenschlichen und spezifisch-christlichen Erfahrungen bilden, in Annahme und Widerspruch. Denn christlich-biblische Symbole verdoppeln nicht einfach, sondern führen kritisch weiter (z. B. haben Weg-Symbole in Bibel und Märchen durchaus spannungsvolle Nähe, aber auch Unterschiede). Sofern Kindern Symbole erschlossen werden (z. B. im Märchen), können sie einen erfahrungsbezogenen Zugang zu biblischen Texten eröffnen.

Da biblische Texte als grundlegende Dokumente biblischen Glaubens aus einzelnen Symbolen und symbolträchtigen Bildworten zusammengesetzt sind, ist der vertraute Umgang mit Symbolen eine unverzichtbare Voraussetzung angemessenen Verständnisses und hilfreicher Begegnung. Dabei darf die Gefahr nicht übersehen werden, daß Symbole als Ausdruck von ganzheitlichen Grunderfahrungen leicht den Zusammenhang mit den realen Situationen der Alltagserfahrung, der gesellschaftlichen Realität verlieren können. Sie müssen gelegentlich ausdrücklich mit ihnen vermittelt werden.

Es werden daher in der neueren religionspädagogischen Literatur Märchen, Bildsymbole, symbolträchtige Vorlesegeschichten verwendet, weil sich in ihnen die transzendierende Erschließung vollziehen kann. Es werden damit Medien gesucht, in denen die geschlossene Faktenwelt und ihre direkte Abbildung überschritten wird: sei es als Traum, in der Phantasie, in Mythos, Märchen, Legenden, sei es in Bildern oder Metaphern. Malen, symbolische Fotos, Spiele, Musik und Gegenstände werden in ihrer Bedeutung neu entdeckt.

Hilfreich könnte sein, wenn eine *Familie* eine gemeinsame *Bildkultur* aufbaut: beeindruckende Bilder und Symbole, die Bedeutung haben für einzelne Mitglieder oder die ganze Familie. Gleichsam eine »Familien-Ikonenwand« mit Menschen, Situationen und Gegenständen von Bedeutung. Da hängt der gemalte Regenbogen des Jüngsten neben dem Idol des Älteren, eine besonders herausragende Urlaubssituation, die Friedenstaube und ein Foto des gerade gestorbenen Onkels, an dem die Kinder hingen.

Für die *Kinder* selbst kann auf hervorragende Bilderbücher verwiesen werden, in denen menschliche Grundsituationen symbolisch vermittelt und zugänglich gemacht werden, wie z. B. von *L. Lionni*. Hilfreich ist auch die von *D. Steinwede* herausgegebene Reihe (GTB Märchen) thematischer, auf religiöse Grundsymbole bezogener Märchensammlungen.

Der Hinweis *P. Biehls*,[37] mit Hilfe von Symbolen biblische Geschichten untereinander zu vermitteln, ist in einem Kinder-Bilderbuch zur Bibel von *A. von Jüchen* »Brüder« (Konstanz 1973) exemplarisch durchgeführt: Die Geschichte von Kain und Abel wird mit der Erzählung vom heimgekehrten und zuhausegebliebenen Sohn so verbunden, daß beide Geschichten auf Brüderlichkeit hin transparent

37 *P. Biehl*, Zugänge zu christlichen Grunderfahrungen mit Hilfe elementarer Symbole, in: EvErz 35/1983, 255ff.

werden. Ähnliches ließe sich für Weg-Geschichten denken, für Erzählungen von Essen und anderen Topoi.

Besonders problematisch erscheint das Fehlen eines guten Angebotes für ältere Kinder im Übergang zum Jugendalter. *D. Steinwedes* Sach-Bilderbücher zur Bibel und *J. Zinks* Kinderbibel sind hier als weiterführende Ansätze eines differenzierten Literaturangebots zu nennen. Eine geeignete Zusammenstellung für Jugendliche ist das von *K. Seehafer* herausgegebene Taschenbuch »Was hat denn das mit Gott zu tun? Glauben-Geschichten deutschsprachiger Autoren der Gegenwart«, München 1983.[38]

Nur vereinzelt sind gelungene musikalische Angebote erhältlich, die der musikalischen Umwelt der Kinder entsprechen. Überzogen ernsthafte Texte, sterile Melodien und mangelnder Mut zu unkonventionellen-phantasievollen Sprachbildern kennzeichnen die bisherigen Versuche. Schöne Ansätze finden sich bei *J. Jourdan* u. a. »Halleluja mit Händen und Füßen«.

Für *Kindergruppen* hat *R. Heidner*[39] eine dreiteilige Einheit über »Spuren« vorgestellt (Spuren sehen und deuten / Spuren machen / Spuren geben uns zu denken). Sie zeigt, wie Kinder an die Imaginationsfähigkeit herangeführt werden können, ohne die ein eigenständiges Symbolempfinden nicht entstehen kann. Der Entwurf macht zugleich deutlich, wie vielfältig ein Lernprozeß sein kann und muß, um die leib-seelische Verwurzelung von Symbolen zu entdecken und die Sinnenhaftigkeit der Symbole nicht vorschnell spiritualisisierend in »Bedeutsamkeiten« aufzulösen. Symbole haben durch ihre Unschärfe kommunikationsstiftende Kraft, d.h. sie ermöglichen den Austausch unterschiedlicher Sichtweisen und setzen Eindrücke frei. Sie eröffnen einen Kommunikationsrahmen und bieten einen Sprechanlaß für schwer Aussprechbares. Das ist hilfreich für die *Elternarbeit*, etwa wenn sich Eltern über Lebenserwartungen und Ziele verständigen. Wie soll man solche Gespräche führen, eine gemeinsame Ebene finden, bei wirklichen Vorgängen bleiben und nicht in konventionelle Kürzel verfallen (ich möchte, daß mein Kind glücklich wird)? Ein Beispiel aus der Kindergarten-Elternarbeit kann einiges verdeutlichen: Es wurde eine Reihe von Bildern mit Händen ausgewählt. Der Ort bestimmte die Auswahl des Symbols, das als Kristallisationskern des Austausches unter Eltern dienen sollte. Es war Eltern und Erziehern wichtig, was die Kinder mit ihren Händen bereits tun konnten, was ihnen schwerfiel. Leitfragen mit offenem Impulscharakter gaben Hilfestellung zur Verknüpfung und symbolischen Sichtweise der Bilder. Eltern sprachen darüber, was sie sich für ihre Kinder wünschen. Die Erzieherin erzählt den Kindern von diesem Elternabend und die Kinder wählen nun ihrerseits Bilder aus. Die Eltern hören die auf Tonband dokumentierten Äußerungen ihrer Kinder zu ihren Bildern. Gesehene Hände, die eine Verständigung über Gekonntes, über wünschenswerte Fähigkeiten, gefürchtete Fähigkeiten u. a. zulassen.

Zum Umgang mit Symbolen gehört auch die »Wiederbelebung« alter, historisch geronnener Symbole: Kirchengebäude, Rituale, Kasualien usw. So sehr auch eine vertiefte Behandlung den stärker unterrichtlich akzentuierten Formen

38 *J. Rabl*, Religion im Kinderbuch, Hardebek 1980.

39 *R. Heidner*, in: *W. Longardt (Hrsg.)*, Im Kreislauf des Jahres, Gütersloh 1978, 13ff.

der Gemeindearbeit zugehörig ist: Eltern werden gefragt, im Urlaub bei einer Prozession, bei der Teilnahme an einer Kindertaufe, vor einer Marienfigur, im Anblick von Kerzen in der Kirche usw. Viele Eltern wären – unbeschadet ihrer eigenen Einstellung – bereit, ihre Kinder sachlich angemessen zu informieren, frühere Sinnhaftigkeit, aber auch Zeitbedingtes und ihre eigene Distanz zum Gehalt miteinander zu verknüpfen. Es ist auffällig, wie wenig brauchbares Material hierzu vorliegt. Ein längst vergriffenes und heute auch unzureichendes Bändchen von *O. Schlißke.* »Die Sprache unserer Gotteshäuser« wäre als Anregung tauglich, erzählerisch Kindern diese geronnenen Symbole aufzuschließen.[40]

Ein wichtiger Ort symbolischer Kommunikation sind Feste und Feiern. Auch in der Kleinfamilie besteht durchaus ein Bedarf an »Zelebration«, an festlicher »Begehung«. Sensible Eltern spüren es sehr wohl: Es gibt immer wieder Situationen, die man nicht einfach übergehen kann: Es müßte noch etwas gesagt, getan, geschenkt, gesungen werden, die Freude eine Form und die Trauer einen Ausdruck finden, kurz: es gäbe etwas zu feiern. Die religiöse Erziehung in und mit Familien kann auf dieses wichtige Element symbolischer Verdichtung nicht verzichten; denn gerade wegen ihres oft »anarchischen« Alltags bedarf sie einer Rhythmisierung. Zur gewachsenen Offenheit und Spontaneität muß auch wieder die integrative Funktion von Festen hinzukommen. Die familiäre Feier ist aber offensichtlich in eine Krise geraten. Es fehlen die Feste und Feiern tragenden Sozialgemeinschaften (Dorf, Nachbarschaft, größere Familien etc.), von deren Festkultur man einiges lernen und auch übernehmen konnte. »Die familiäre Feier lebt davon, daß der Rahmen der Kleinfamilie gesprengt wird.«[41] Der jahreszeitliche Rhythmus hat an Erfahrungsgehalt verloren, was am Erntedankfest klar ersichtlich ist.

Und nicht zuletzt hat der Protestantismus Schwierigkeiten, die familienzentrierten Bedürfnisse der Familienfeier und die kirchliche Sinngebung (z.B. der Konfirmation) ohne theologisch schlechtes Gewissen miteinander zu verschränken.

Jugendliche wiederum fordern Spontaneität und »Neues«; der Umgang mit den rituellen, wiederkehrenden Momenten in Fest und Feier

40 In *H. Mays* Bilderbüchern zum Elternbuch (Wir sind fünf / In unserem Haus / In unserer Straße, Frankfurt/Aarau 1974) sind weiterführende Vorschläge in erzählender Form gemacht, ebenso bei *R. Schindler*, Florian in der Kirche, Lahr 1979 und *A. Becker/E. Niggemeyer*, meine Religion – deine Religion, Ravensburg 1982; vgl. auch *H. Kirchhoff*, Christliches Brauchtum. Von Advent bis Ostern, München 1984.

41 *H. Siegel*, Die Feier der Konfirmation in der Familie, in: *Comenius-Institut (Hrsg.)*, Handbuch für die Konfirmandenarbeit, Gütersloh [2]1985, 234–244, bes. 236.

fällt ihnen schwer: Spontan und authentisch soll es sein. Diese können aber unter dem Druck des Alltags und der Tradition nicht je neu produziert werden (z.B. Weihnachten). So gehört schon »Mut zum Fest«.[42]

Gemeindepädagogik wird also aktive Beratung und animatorische Impulse entfalten müssen, wenn sie die Familie in dieser Schwierigkeit unterstützen will. Sie wird dabei besonders den Bezug zum Alltag und die Vielfalt der Festelemente herausstellen. Denn zwischen Fest und Alltag besteht keine Verhältnislosigkeit, wohl aber mit gutem Grund eine Distanz. Feste und Feiern versuchen, Heraustreten aus dem Alltag und erneuerte Rückkehr in den Alltag zu verbinden, Zustimmung und Widerspruch zum Alltag gleichermaßen auszuformen. Daher sind auch nicht nur naturwüchsige Festanlässe denkbar (Geburtstag, Frühling etc.), sondern auch andere markante Punkte im Alltag: Urlaub, Wunsch nach Frieden, die Mutter kommt aus dem Krankenhaus zurück, etc.

Feier (mit durchgeformtem Verlauf) und Fest (mit spontanen Elementen) müssen nicht nur ein Thema oder einen Anlaß haben, die in noch erkennbarem inneren Zusammenhang zum Alltag stehen. Sie haben auch vielfältige Elemente, die wiederkehren: Essen und Trinken, Sprechen und Schweigen, Tanzen und Spielen, Musizieren und Singen. *P.M. Clotz* hat mit Recht auf die Tatsache hingewiesen, daß die Kirche wohl Erfahrungen mit Feiern hat, aber weniger mit Festen, »bei denen sich Leben entwickelt, wo Neues entsteht, wo alle Sinne des Menschen angesprochen werden (sehen, riechen, fühlen, schmecken, hören); wo alle Ausdrucksmöglichkeiten angeregt werden (bewegen, gestalten, erzählen, klingen, fühlen). Wenigstens für die Zeit des Festes können übliche Trennungen von Arbeit und Leben, von Denken und Fühlen, von Kopf und Herz spielend überwunden werden; kann Zeit zum Verschnaufen und Befreiung vom Leistungsdruck gewonnen werden; kann eine neue Lebensebene erreicht werden, die meinen Hoffnungen aufs Reich Gottes sehr nahekommt.«[43]

Beispiele begleitender Beratung:

(a) *Sonntagsgestaltung*: *W. Longardt* hat in seiner Einheit »Sonntag kann schön sein« ein Modell für eine thematische Spiel- und Lerneinheit mit integrierter Elternarbeit vorgelegt.[44]
(b) *Konfirmationsgestaltung*: Beispielhaft sei hier auf eine Veranstaltung hingewiesen, die inhaltliche Beratung und Vollzugsform nahe beieinander bringt. Der Elternabend über die Feier gerät selbst zu einer Feier: »Wer feste arbeitet, soll

42 *D. Trautwein*, Mut zum Fest, München 1975.
43 *P.M. Clotz*, Mit Kindern feiern (Materialhefte, Nr. 28), Frankfurt 1980, 6f.
44 *W. Longardt*, aaO., 33ff.

auch feste feiern.« Bei einem »geselligen Empfang der Evangelischen Kirchengemeinde für Konfirmandeneltern und ihre Kinder« werden nicht nur wichtige Feier-Elemente (z. B. ein anderes Begrüßungsritual) durch Miterleben (kennen-) gelernt, sondern auch Formen des »bewußten Essens«, ausgewählte Spiele. Das Gespräch zwischen Eltern und Kindern über die Gestaltung des Familienfestes, in einen größeren Rahmen gestellt, enthält Möglichkeiten der Versachlichung wie der Phantasieanregung.

Einige Gemeinden sind sogar dazu übergegangen, neben dem Gottesdienst eine weitere gemeindliche Festform anzubieten, um die Familie zu entlasten und inhaltlich diesen Tag anzureichern.[45]

(c) Besonders groß ist die Kluft zwischen guten Vorsätzen und schlichter Hilflosigkeit vieler Familien an Nikolaus und *Weihnachten*. Unter dem Druck des Kindes entsteht für viele Erwachsene erstmals wieder ein festlicher Handlungsbedarf. Anleihen werden gemacht, alte Erfahrungen werden kopiert oder modifiziert, Großeltern reden ein Wort mit. Ungute Gefühle bleiben oft gerade bei Nachdenklichen, »um der Kinder willen«. Spätestens in der Jugendphase gerät das Aufgebaute wieder in eine Krise. Gerade an Weihnachten bedarf die Familie der Alternativen, kreativen Anregungen, wohl auch provozierender Gegenvorschläge, um Gestaltungs-Spielräume zurückzugewinnen. Letzteres hat *R. Leudesdorff* vor mehr als 20 Jahren in seinen immer noch anregenden Thesen »Verfremden! Ernüchtern! Auswandern!« versucht.[46]

Er legt einen Gestaltungsvorschlag vor, der den Spannungsbogen von Nikolaus bis Epiphanias zu gestalten sucht: Bescherung am Nikolaustag, Adventszeit als Dienst- und Freudenzeit, Epiphanias als festliche Begrüßung des Erscheinens Jesu. Eine Zeit, die nichts bilderstümerisch verliert, aber einen theologischen Leitfaden zurückzugewinnen sucht.

(d) Es ist aber auch denkbar, *Feste* insofern mit religiösem Lernen zu verbinden, als die eingeordneten religiösen Elemente den Festzusammenhang nicht sprengen. *H. Schemmel* berichtet von einem eindrucksvollen Indianerfest: »Eltern und Kinder in gemeinsamer Aktion.«[47] Einen wichtigen Stellenwert nimmt ein Indianer-Bilderbuch ein, das einen menschlichen Grundkonflikt und eine mögliche Lösung anbietet. Es muß keine Verfälschung oder Überfrachtung sein, wenn Eltern und Kinder bei diesem Fest etwas über die religiöse Deutung der Erde als »Mutter« erfahren. Es ermöglicht auch Nachdenken und Rückfragen an das christliche Schöpfungsverständnis.

(e) Die geeignete Form der Lernmöglichkeit für Familien ist die Teilnahme an gelingenden *Gemeindefesten*, bei der die Balance zwischen Geformtheit und Spontaneität gelingt und die kritische und weiterführende Wiederaneignung alter Feste erfolgt (z. B. Erntedank, Abendmahl etc.).

5.3 Authentische Erwachsene. Wenn in der Kindheit das »Eindrückliche« von Religion und Glauben »weniger von (erlernbaren) Einzelmaßnahmen, als viel stärker von der im Verhalten der Eltern sich

45 *Comenius-Institut (Hrsg.)*, aaO., 45ff.
46 *R. Leudesdorff*, in: Das missionarische Wort 17/1964, 338ff.
47 *E. Goßmann (Red.)*, Eltern als Partner (RPF H. 10), Münster 1982, 44.

äußernden Haltung abhängt, dann kommt es im wesentlichen auf Elternbildung an, genauer: auf die Ingangsetzung elterlicher Selbstreflexion.«[48]

Sie ist verstanden als Vorbereitung zur Verständigung. »Die eigene Lebens- und Glaubensgeschichte im Alltag wahrnehmen und mit den Kindern und Jugendlichen teilen lernen.«[49] Echter, authentischer Glaube der Eltern meint nicht nur Übereinstimmung von Glaube und Handeln, sondern auch zunehmend Stimmigkeit ihrer Lebenslinie und der darauf antwortenden Religiosität. Diese aber muß für die Eltern selbst erkennbar sein, um mitteilbar zu werden. Die damit gegebene Aufgabenstellung hat *K. E. Nipkow* (im Anschluß an *H. C. Simmons*) formuliert:

- Menschen müssen sensibel werden, die ›inneren Botschaften‹ und Entwicklungslinien in ihrem Leben wahrzunehmen.
- Es sind Gemeinschaften zu schaffen, die ermutigen, die eigene Geschichte zu erzählen und mit anderen zu teilen, die eigene religiöse Lebenslinie mitteilbar, kommunikabel zu machen.
- Freilich müssen diese Erfahrungen deutend aufgenommen werden, muß Glaube auf diese Linie neu bezogen werden, um sie nicht nur zu entdecken, sondern möglicherweise auch in einem neuen Licht zu sehen.[50]

Es kann gemeindepädagogischer Arbeit nicht (oder nicht vorrangig) um das gehen, was man leichtfertig »Aufarbeitung der religiösen Sozialisation« nennt, etwa mit (oft) dilettantisch angewandten gruppendynamischen Methoden. Wohl aber muß es zunehmend gelingen, an verschiedenen Orten und Anlässen zu einer Erzählgemeinschaft zu kommen, die das vorbereiten hilft, was in Israel eine elementare Form religiösen Lernens war: »Wenn dein Sohn dich fragt, so sollst du ihm antworten..."

Nach einer Zeit der Tabuisierung von Religion und Glaube in unserer Gesellschaft wird es nicht leicht sein, diesen Mitteilungsprozeß in Gang zu setzen. Und es ist fraglich, ob dieser Vorgang direkt angegangen werden kann. Er setzt nicht nur eine vertrauensvolle Atmosphäre voraus, sondern auch eine Sprache, die bisher kaum ausgebildet ist. Traditionelle Kirchlichkeit kommt ohne Selbstartikulation aus. Viele werden Vor-»Bilder« und »Sprech«-Hilfen brauchen, z. B. in Veranstaltungen, wo einzelne Mitarbeiter einen behutsamen Anfang machen, in Elternabenden der Kindergruppe oder des Kindergartens. An konkreten Situationen ist anzusetzen (Weihnachten bei uns zuhause, wenn Vater

48 *H.-J. Fraas*, Glauben und Lernen, Göttingen 1978, 76.
49 *K.E. Nipkow*, Grundfragen der Religionspädagogik, Bd. 3, 119.
50 *K.E. Nipkow*, aaO., 119f.

über die Kirche schimpfte etc.). Symbolisierende Medien mit bildlicher Kraft, Auszüge aus Autobiographien, skizzierte idealtypische Familienportraits können anregend und gesprächserleichternd sein.

Diese Selbstreflexion wird nicht nur ermöglichen, die Bedingt- und Begrenztheiten der eigenen religiösen Lebenslinie zu erkennen, eigene Vorurteilsgrenzen gegenüber anderen Glaubensweisen wahrzunehmen und verschüttete Situationen neu und produktiv sehen zu lernen. Man kann erwarten, daß dann auch gegenüber heranwachsenden Kindern und Jugendlichen offenere und tolerantere Begegnungen möglich sind. Schließlich könnte deutlich werden, daß auch Eltern religiös weiterlernen müssen, möglicherweise zusammen mit ihren Kindern, manchmal auch von ihnen.

Es fehlt eine Literaturgattung für Christen, in denen ein inneres Gewahrwerden (Meditieren) des Zusammenlebens mit ihren Kindern in bündige Sprache gebracht wird. *U. Schaffers* Buch »Mit Kindern wachsen«[51] ist ein anregender Versuch, ohne untergründige Belehrungsversuche meditierend-betend das Eltern-Kind-Verhältnis auszuschreiten, sich neu anzunähern und es wahrnehmend zu durchdringen. Dabei wird mehr offen gelassen, es bleibt tastend; Situationen werden länger durchgehalten als manches Elternbuch mit gut gemeintem Ratgeber-Charakter. Es kann eine strukturierende Sprach- und Empfindungshilfe für Christen sein. Für einige Eltern möglicherweise auch eine Hilfe, das Beten konkret zurückzugewinnen.

In der Kindheit und besonders im Jugendalter liegt viel an dieser »Transparenz«, weil sie elterliches Verhalten und Empfinden »einsehbar« macht. Dadurch wird die Auseinandersetzung über christliche Lebensweise überhaupt erst ermöglicht; denn ohne diese bleibt das erwachsene Gegenüber unkonturiert und blaß. Diese Echtheit ermöglicht auch, Sprünge, Risse, Rückschritte, Irrwege und Verluste in der eigenen Lebensgeschichte anzudeuten und auszusprechen. Die volkskirchliche Praxis würde es ermöglichen, immer neue Anknüpfungspunkte (Taufe, Kindergarten, Familiengottesdienst, Konfirmandenarbeit etc.) als Möglichkeiten zur Selbstvergewisserung des Glaubens wie des Zweifels zu nutzen. Selbstvergewisserung und Selbstöffnung sind entscheidende Bedingungen innerehelicher wie innerfamiliärer Kommunikation über den Glauben. Generationsübergreifende Gesprächs- und Erzählanlässe in der Gemeinde sind Hilfen zur wechselseitigen, ermutigenden Mitteilung – sofern Toleranz dem anderen ebenso eigene Wege zubilligt, wie man sie selbst gegangen ist.

51 Wuppertal/Kassel 1980. – Ein unangemessenes Beispiel ist *D. Mendt*, Vater hat schlechte Laune, Gebete für Kinder, Stuttgart 1982.

5.4 Grenzüberschreitendes Gewissen. Der christliche Glaube hat eine universale und politische Dimension (Schöpfung, Reich Gottes). Diesen menschheitlichen und schöpfungsmäßigen Horizont der biblischen Botschaft gilt es für Kinder zu erschließen. Dabei werden die Barrieren weniger bei den Kindern als vielmehr bei den Familien liegen. Viele verstehen den intimen Bereich der Klein-Familie als privat, frei von gesellschaftlich-politischen Dimensionen. Kinder selbst werden allerdings durch Medien und Diskussionen unter den Erwachsenen weit früher mit einem erweiterten Horizont versehen als viele Eltern wahrnehmen. Dann wird man Kinder auch stärker mit den Symbolen vertraut machen, in denen diese universale Dimension christlichen Glaubens besonders deutlich herausgearbeitet wird (Urgeschichten, prophetische Botschaft, eschatologische Geschichten).

»Wenn religiöse Erfahrung in dem beruht, ›was uns unbedingt angeht‹, dann besteht sie in der Welt der zwischenmenschlichen Beziehungen im unbedingten Betroffensein. Das Schicksal eines anderen kann mich so betroffen machen, und dieses Schicksal kann zu mir sprechen in den Worten des anderen, aber auch bereits in seiner Stimme, seiner Miene, seiner Haltung, seinen Händen usw. Der Oberflächlichkeit und Ichbezogenheit unseres Durchschnittsempfindens entgegen müssen wir das Kind in diesem Bereich erlebnisfähig machen.«[52] Dabei wird darauf zu achten sein, den zwischenmenschlichen Bereich nicht nur als personalen Nahbereich, sondern auch als politischen zu erschließen.

Inzwischen liegen etliche Materialien für Kinder über Leben und Realität in der Dritten Welt vor. In vielen Gemeinden hat das »Hungertuch« aus Haiti Kindern die »Eine Welt« näher gebracht. *E. Galeanos* Bilderbuch ist ein gelungenes Beispiel, Kinder in angemessener Weise mit der Brutalität der Unterdrückung bekannt zu machen.[53] Aber es fehlen übersetzende Symbolisierungen jener Vision von der Geschwisterlichkeit aller Menschen als Geschöpfe Gottes, die in der Bibel immer wieder durchbricht. Sie schließt Gerechtigkeit für alle und die Bewahrung der Schöpfung ein und vermag nur in Bildern bewahrt zu werden.

52 *H.-J. Fraas*, aaO., 74.

53 Die Geschichte vom brennenden Stein, Wuppertal ²1983. Anregend ist auch: *P.M. Clotz*, Geschickt zum Reich Gottes (Materialhefte, Nr. 32), Frankfurt 1980.

Literaturhinweise

H.-J. Fraas, Religiöse Erziehung und Sozialisation im Kindesalter, Göttingen [3]1978.

M.J. Langeveld, Das Kind und der Glaube, Braunschweig [2]1964.

N. Mette, Voraussetzungen christlicher Elementarerziehung. Vorbereitende Studien zu einer Religionspädagogik des Kleinkindalters, Düsseldorf 1983.

H. Wöller (Hrsg.), Gottes Kindergarten. Elternerfahrungen mit der religiösen Erziehung, Stuttgart 1978.

VIII.
Evangelische Erziehung im Kindergarten

Rainer Lachmann

0. Einführung

Es wird *Kindergarteneingangsfest* gefeiert, das bei uns inzwischen zum nicht mehr wegzudenkenden Festelement des Kindergartenjahres gehört. Im Mittelpunkt stehen die Kinder, die heute zum ersten Mal den Kindergarten besuchen. Das Fest wurde in den letzten Wochen mit den »Großen« des Kindergartens gründlich vorbereitet, wobei sich zusammen mit den Erzieherinnen auch die Religionspädagogin der evangelischen Gemeinde, in deren Trägerschaft der Kindergarten steht, kräftig engagierte. Die einladend offen stehende Tür des Kindergartens ist mit Girlanden und einem Willkommensgruß in der Form eines großen Herzens, in dem eine Person mit einladend ausgebreiteten Armen zu erkennen ist, geschmückt. Sobald ein Kind mit seiner Begleitperson – Eltern, Großeltern, Bekannten oder auch ausgewählten ›Kindergartenpaten‹, die sich vorher mit dem Kind und seiner Familie bekannt und vertraut gemacht haben müssen – im Kindergarten ankommt, wird es von der Erzieherin und einem Kindergartenkind herzlich begrüßt, bekommt ein Blumensträußchen angesteckt und eine kleine Aufmerksamkeit überreicht. Unter der Obhut und Führung des Kindes, das begrüßt hat, werden nun dem Neuankömmling der Kindergarten und seine besonderen Gegebenheiten, wie sie sich den Kindern darstellen, gezeigt, erklärt, vorgeführt.

Ein helles fröhliches Glockenspiel beendet diese Zeit der ersten Tuchfühlung und ruft alle Kinder und Erwachsenen in einen mit Blumen und Kerzen festlich geschmückten Raum. Man setzt sich in einen weiten Kreis; in der Mitte sitzt eine Erzieherin umgeben von Kindern mit Orff-Instrumenten. Sie spielen zunächst einige Male eine bestimmte Melodie variiert nach dem unterschiedlichen Einsatz der Instrumente, textlos, zum Schluß durch rhythmisches Klatschen aller Kinder begleitet. Dann wendet sich die Erzieherin an die Kinder, besonders die Neulinge im Kindergarten. Sie hebt das Herzbild von der Eingangstür hoch und erläutert, was damit gemeint ist: Ihr seid uns *herzlich* lieb und willkommen, wir kommen euch mit offenen Armen entgegen..., keiner hindert euch, zu uns zu kommen. Keiner sagt: Ihr seid noch zu klein, ihr seid noch zu dumm... Eine Geschichte, eine ›Herzlich-willkommen-Geschichte‹, wollen wir heute miteinander hören, spielen, tanzen und singen. Die Erzieherin erzählt die Geschichte von der Kindersegnung (Mk 10,13–16) so, daß die Kindergartenkinder sie mitspielen. Das Spiel und die Szene gipfelt darin, daß die Kindergartenanfänger in den Kreis der Kinder um die Erzieherin hineingeholt werden, umarmt werden und in und mit den Großen tanzen und singen nach dem Lied »Jesus hat die Kinder lieb«...[1]

1 Vgl. *J. Singer*, Gott im Alltag des Kindergartens, Stuttgart 1976, 20.

Während die Erwachsenen den Kindergarten verlassen, setzen sich alle Kinder und Erzieherinnen an eine schön gedeckte Tafel mit Kuchenkostbarkeiten und feiern gemeinsam den Kindergartenanfang, der dann einmündet in eine erste kurze Phase des Kindergartenalltags...

Unabhängig davon, ob man das vorgestellte Modell eines Kindergarteneingangsfestes als religionsdidaktisch akzeptabel und praktikabel bezeichnen mag oder nicht, sind mit ihm so wesentliche Elemente einer Theorie religiöser Erziehung im Kindergarten angedeutet, daß sie für ein entsprechendes gemeindepädagogisches Konzept geradezu konstitutive Bedeutung beanspruchen können:

– Das *Kindergarteneingangsfest*, das unverständlicherweise im Festkalender des Kindergartens so gut wie nirgends vorkommt und dementsprechend kaum irgendwo tatsächlich begangen wird,[2] markiert einen für die Biographie und Sozialisationsgeschichte des Kindes äußerst bedeutsamen Einschnitt und Übergangspunkt: den Schritt aus dem überschaubaren und in der Regel behüteten und geborgenen familiären Bereich der primären Sozialisation hinüber in die »neue«, beängstigend weite und unbekannte Welt und Gesellschaft unserer Zeit, repräsentiert und zugänglich durch die »Welt« des Kindergartens. In gewissem Sinne bekommt damit dieses Kindergartenanfangsfest geradezu Züge eines »rite de passage«, wie er anläßlich entsprechender Gelegenheiten für alle Religionen mit Einschluß des Christentums und seiner Kasualien bekannt ist. Am kritischen Punkt und *Kasus des Übertritts* in die Welt des Kindergartens würde danach das Kindergarteneingangsfest für Kinder und Eltern Geleit, Ermutigung und Begleitung signalisieren und anbieten, wobei etwa Analogien zum Konfirmationskasus durchaus Beachtung verdienen. Begründet in der Absicht Geleit verheißender Ermutigung aus christlichem Geist sollte deshalb diesem Fest ein fester Platz im Reigen der jährlich wiederkehrenden Kindergartenfeste eingeräumt werden. Unbenommen der sinnvollen Maßgabe, gegebenenfalls interessierte Eltern, sicher aber die älteren Kinder an der Festvorbereitung mitzubeteiligen, wäre es wünschenswert und der lebensgeschichtlichen Bedeutsamkeit des Festes angemessen, bei aller Gestaltungsfreiheit im einzelnen ein bestimmtes wohlüberlegtes Maß an ritualisierter Ordnung mit wieder-holbaren Elementen in Ablauf und Inhalten zu entwickeln.

2 Vgl. aber als positive Ausnahme von der Regel das von *W. Longardt* herausgegebene praktische Büchlein »Wenn die Neuen kommen« (Gütersloh 1985); außerdem den Beitrag »Was können Erzieher tun, um Kindern den Anfang im Kindergarten zu erleichtern?« in: Theorie und Praxis der Sozialpädagogik 89/1981, 127.

– Unter dem Aspekt der Lebensräume und Wirkungsbereiche ist entgegen der Gefahr isolierender Versäulung ein *integratives Konzept von Kindergartenarbeit* in der Art durchlässiger Vernetzung und Verschränkung zwischen Kindergarten, Familie, Gemeinde und Schule angestrebt und gepflegt. Im Falle des Kindergarteneingangsfestes würde das über die sichtbare Präsenz von (abkömmlichen) Elternteilen beim Fest hinaus bedeuten, daß zuvor ein Elternabend stattzufinden hätte, der dem gegenseitigen Kennenlernen und der einführenden Vorbereitung und eventuellen Mitbeteiligung an dem Anfangsfest dienen müßte. Auf diesem Wege könnte ein Grund gelegt werden für kontinuierliche Elternarbeit als Kommunikation zwischen Eltern, Erzieherinnen, Kindergarten-engagierten Gemeindegliedern und dem Pfarrer oder Religionspädagogen als theologisch-pädagogischem Fachmann und Repräsentanten des kirchlichen Trägers.

– Integrativ sollte religiöse Erziehung im Kindergarten auch insofern sein, als sie sich gegen alle Versuche und Versuchungen zu wehren hat, sie als isoliertes Zusatzprogramm auf eingegrenzte ›Bibelzeiten‹ und kirchlich traditionelle Festanlässe zu beschränken. Vielmehr sollte sie sich mit ihren verwechselbaren und unverwechselbaren Aktivitäten als integrierter *Bestandteil der komplexen Bildungs- und Erziehungsprozesse* im Kindergarten verstehen und sich zwanglos und kooperativ mitbeteiligen an der Sozialerziehung, Kreativitätsförderung oder Sprachschulung der Kindergartenkinder. Evangelische Erziehung bedarf zu ihrer Rechtfertigung nicht überall und jederzeit des sichtbaren Aushängeschildes biblischer Sentenzen und ausdrücklicher Deutung.

– In einem weiteren Sinne integrativ erweisen sich das Kindergarteneingangsfest und seine Vorbereitungen insofern, als man an ihnen unter dem integrierenden Dach der *Gemeindepädagogik* der diversen Aufgaben- und Handlungsdimensionen kirchlicher Kindergartenarbeit ansichtig werden kann. Im Vollzug des Festes lassen sich unschwer didaktische, kerygmatische und gottesdienstliche Elemente entdecken, und an den ›Kindergartenpaten‹ könnte zeichenhaft auch die diakonische Dimension ins Blickfeld kommen (→ s. o. I, 1.3).

– In einer vierten Hinsicht integrativ signalisiert das Kindergarteneingangsfest schließlich Anspruch und Schwierigkeit didaktischer Integration, wenn unter dem leitenden kirchlichen Anliegen der Kommunikation des Evangeliums mit ansatzweiser symboldidaktischer Hilfestellung um die *Inbeziehungsetzung von Tradition und Situation*, von markinischem Kinderevangelium und Kindergartenanfangssituation gerungen wird – sicher für jede gemeindedidaktisch ambitionierte Kindergartenarbeit eine undispensierbare Herausforderung und Aufgabe, deren Einlösung in der konkreten Kindergartenwirklichkeit sich stets von neuem stellt und stets von neuem schwierig ist.

– Gleichsam programmatisch steht im Mittelpunkt des Kindergarteneingangsfestes das *Kinderevangelium Mk 10,13–16*; es gibt nicht nur den ›evangelischen‹ Grundtenor dieses Festes ab, sondern hat als leitender Fundamentaltext Evangeliums-bestimmter Kindergartenarbeit überhaupt zu gelten, als Generalkriterium, an dem sich die Haltung der Kirchen gegenüber den Kindern messen lassen muß. Jesus holt und stellt die Kinder, die zu seiner Zeit zusammen mit den Frauen, Ausländern, Kranken und Armen zu den ungeachteten, unterprivilegierten Menschengruppen am Rande der Gesellschaft zählen, vom Rande in die Mitte. Sie annehmend, wie sie sind, spricht er ihnen – Kindern, die ohne aufweisbare Verdienste, Werke und Leistungen total auf das Empfangen und ›Sich-beschenken-lassen‹ angewiesen sind – das Reich Gottes zu und besiegelt dieses Wortgeschehen leibhaftig spürbar, indem er die Kinder umarmt und ihnen dadurch Annahme, Vertrauen, Schutz und Geborgenheit zueignet. Solchermaßen verstanden haben wir es beim Kinderevangelium tatsächlich mit der »Magna Charta für das Recht des Kindes in der Gottesherrschaft« *(H.-D. Bastian)* zu tun.[3] Nicht nur für die Kindergartenarbeit verlangt das von den Kirchen ohne Wenn und Aber die »radikale Option für das Kind«[4] im Sinne der Liebe, die Jesus an den Kindern und denen, die sie zu ihm brachten, übte und ereignete. Für die Kinder im Kindergarten muß diese maßgebliche Option nicht als verpflichtendes Gesetz und Moralvorschrift erfahrbar werden, sondern als frohmachendes Evangelium. Daran ist alles gelegen und entsprechend muß alle Kindergartenarbeit im letzten darauf angelegt sein, den Kindern die fundamentale Kurzformel des Evangeliums ›Gott liebt dich‹ als konkrete Erfahrung unbedingten Bejaht-, Erwünscht- und Angenommenseins vieldimensional zu vermitteln. Das wäre im Kindergarten praktizierte Kommunikation des Evangeliums und darin genau hätte man das Proprium evangelischer Kindergartenarbeit zu sehen. Von daher ist es denn auch begründet, die Kindergartenzeit der Kinder mit einem so kräftig intonierten Bibeltext beginnen zu lassen.

3 *H.-D. Bastian/I. Röbbelen*, Kind und Glaube (PF Bd. 25), Heidelberg 1964, 14.

4 *N. Mette*, Voraussetzungen christlicher Elementarerziehung, Düsseldorf 1983, 295.

1. Rechtliche und institutionelle Voraussetzungen

1.1 Rechtliche Rahmenbedingungen. Die heute gültigen Rechtsgrundlagen für die Kindergartenarbeit sind *auf Bundesebene* das *Jugendwohlfahrtsgesetz (JWG)* in der Fassung vom 25. April 1977, auf *Länderebene* die einschlägigen Kindergartengesetze.[5]

Das *Jugendwohlfahrtsgesetz* bestimmt in *§ 3 (1)*: »Die öffentliche Jugendhilfe soll die in der Familie des Kindes begonnene Erziehung unterstützen und ergänzen. Die von den Personensorgeberechtigten bestimmte *Grundrichtung* der Erziehung ist bei allen Maßnahmen der öffentlichen Jugendhilfe zu beachten, sofern hierdurch das Wohl des Kindes nicht gefährdet wird. Ihr Recht, die *religiöse Erziehung* zu bestimmen, ist... stets zu beachten.«

Den institutionellen Bereich ansprechend heißt es dazu ergänzend in *§ 5 (3) JWG*: »Das Jugendamt hat unter Berücksichtigung der verschiedenen *Grundrichtungen der Erziehung* darauf hinzuwirken, daß die für die Wohlfahrt der Jugend erforderlichen Einrichtungen und Veranstaltungen ausreichend zur Verfügung stehen. Soweit geeignete Einrichtungen und Veranstaltungen der Träger der freien Jugendhilfe vorhanden sind, erweitert oder geschaffen werden, ist von eigenen Einrichtungen und Veranstaltungen des Jugendamts abzusehen. Wenn Personensorgeberechtigte unter Berufung auf ihre Rechte nach § 3 die vorhandenen Träger der freien Jugendhilfe nicht in Anspruch nehmen wollen, hat das Jugendamt dafür zu sorgen, daß die insoweit erforderlichen Einrichtungen geschaffen werden. (4) *Träger der freien Jugendhilfe sind*... 4. die Kirchen und die sonstigen Religionsgesellschaften öffentlichen Rechts.«

Das zu einem relativ frühen Zeitpunkt und recht knapp formulierte *Kindergartengesetz von Rheinland-Pfalz*, das wie die entsprechenden Gesetze Nordrhein-Westfalens und Baden-Württembergs ausdrücklich als

5 Im einzelnen sind das: *Rheinland-Pfalz* »Zweites Landesgesetz zur Ausführung des Gesetzes für Jugendwohlfahrt (Kindergartengesetz)« v. 15. 7. 1970 / *Nordrhein-Westfalen* »Zweites Gesetz zur Ausführung des Gesetzes für Jugendwohlfahrt (Kindergartengesetz – KgG –)« v. 21. 12. 1971 / *Baden-Württemberg* »Zweites Gesetz zur Ausführung des Gesetzes für Jugendwohlfahrt (Kindergartengesetz – KGaG)« v. 29. 2. 1972 in der Fassung v. 17. Jan. 1983 / *Bayern* »Bayerisches Kindergartengesetz (BayKiG)« v. 25. 7. 1972 in der Fassung v. 10. Febr. 1975 / *Hessen* »Kindergartengesetz« v. 4. 9. 1974 (mit Gesetz v. 15. Dez. 1975 außer Kraft gesetzt!) / *Bremen* »Kindergarten- und Hortgesetz für das Land Bremen (BremKgHG)« v. 16. 7. 1979. – *Schleswig-Holstein* hat »davon abgesehen, den Kindergartenbereich durch Gesetze und Vorschriften umfassend zu regeln«, um »die Selbstverantwortung und die Entfaltungsmöglichkeiten der Träger nicht in unnötiger Weise einzuschränken« (Schreiben aus dem Sozialministerium v. 19. 7. 85). Das könnte auch für Niedersachsen, Hamburg und Berlin gelten, die keine besonderen Kindergartengesetze erlassen haben. – Vgl. *R. Schmitt-Wenkebach/H. Ulshoefer*, Kindergartenrecht, Neuwied/Berlin 1974; *K.-W. Jans/E. Müller*, Kindergärten, Horte, Kindertagesstätten, Kinderspielplätze, Köln [3]1979.

Ausführungsgesetz zum JWG konzipiert ist und in den Zuständigkeitsbereich des Sozialministers fällt, bestimmt in § 2 die »Aufgabe des Kindergartens« als Ergänzung und Unterstützung der »Erziehung des Kindes in der Familie«. Diese vom JWG vorgegebene Aufgabendefinition findet sich durchgängig in allen nachfolgenden Kindergartengesetzen und wird je verschieden nach dem Grad der Differenzierung, Gewichtung und Auswahl von Zielangaben in den einzelnen Ländergesetzen ergänzt. Rheinland-Pfalz stellt hier z. B. als besondere Aufgabe der Kindergartenarbeit heraus, »die geistige Entwicklung des Kindes anzuregen, seine Gemeinschaftsfähigkeit zu fördern und allen Kindern gleiche Entwicklungschancen zu geben« (§ 2). Bei dieser kurzen konzeptionellen Äußerung beläßt es das rheinland-pfälzische Kindergartengesetz und befaßt sich ansonsten mit der Regelung struktureller und finanzieller Fragen, die ›naturgemäß‹ in allen Kindergartengesetzen den größten Raum für sich beanspruchen.

Unter diese Fragen fallen auch die Bestimmungen über die *»Trägerschaft«*, die besonders unter dem Finanzierungsaspekt für die Kindergartenwirklichkeit von enormer Bedeutung sind. Als »Träger der freien Jugendhilfe« oder, wie es in Bayern heißt, als »freigemeinnützige Träger« (Art. 2, 3), »deren Tätigkeit nicht auf Gewinnerzielung gerichtet ist«, tauchen hier auch »die Kirchen und die sonstigen Religionsgesellschaften öffentlichen Rechts« auf. Sie sollen von den zuständigen Gemeinden zur Errichtung und zum Betrieb von Kindergärten angehalten werden, wobei etwa nach dem Bayerischen Kindergartengesetz bei »Neu-, Um- und Erweiterungsbauten« vom Träger an Baukosten »wenigstens ein Drittel« (Art. 23, 1), an Personalkosten mindestens 20 v. H. (Art. 24, 1 u. 2) aufgebracht werden müssen.

In konzeptioneller Hinsicht vergleichsweise ausführlich äußert sich das *Kindergartengesetz von Nordrhein-Westfalen* zum »Auftrag des Kindergartens« (§ 2). Dabei klingen zugleich neue Töne an, wenn es eingangs heißt »Der Kindergarten hat im Elementarbereich des Bildungssystems einen eigenständigen Bildungsauftrag…“ (§ 2, 1). Hier findet die seit Mitte der sechziger Jahre in der Bundesrepublik geführte Bildungsdiskussion mit dem »Strukturplan für das Bildungswesen« (1970) als ihrem wesentlichsten Dokument ihren gesetzlichen Niederschlag. Diese Proklamation des Kindergartens zum eigenständigen Bildungsbereich führte zwar in der Folgezeit – im Streit um Vorschulkonzept oder Kindergartenkonzept – nicht zu einer schulischen Vereinnahmung und ›Amputation‹ durch vorschulische Lernprogramme und Strukturen, brachte es aber immerhin mit sich, daß von jetzt an die Kindergartengesetze nicht mehr unter die ausschließliche Zuständigkeit der Sozialministerien fielen, sondern im Einvernehmen mit den Kultusministerien realisiert werden sollten. Eine Ausnahme macht hier das bayerische Kindergartengesetz, für dessen Durchführung »das Staatsministerium für Unterricht und Kultus« »im Benehmen mit dem Staatsministerium für Arbeit und Sozialordnung« zuständig ist (Art. 28, 1 – vgl. auch das saarländische Gesetz § 21)! Juristisch durchaus nicht unumstritten, wird hier das Kindergartengesetz gewissermaßen als Bildungsgesetz konzipiert und nicht mehr als Ausführungsgesetz zum JWG. Darin liegt es wohl auch begründet, daß das bayerische Kindergartengesetz dem Kindergarten ausdrücklich die Aufgabe zuweist, »den Kindern entsprechend ihrer Entwicklung den Zugang zur Schule zu erleichtern« und dabei »die besonderen Bedürfnisse der vom Schulbesuch zurückgestellten Kinder zu berücksichtigen« (Art. 7, 2).

Verglichen mit den rechtlichen Vorgaben des JWG fällt in den Kindergartengesetzen der Bundesländer auf, daß mit Ausnahme des nordrhein-westfälischen Gesetzes (vgl. § 8, 5) der mit den Stichworten »Grundrichtung der Erziehung« und »Elternwahlrecht« umschriebene Problemkomplex des JWG mit keinem Wort erwähnt wird. Was die gesetzlich formulierten Aufgaben der Erziehung anlangt, so gewinnt im Fortgang der einschlägigen Gesetzgebung der Länder neben den die Familienerziehung ergänzenden und unterstützenden und die Schule vorbereitenden Aufgaben der kompensatorische Erziehungsauftrag der Kindergärten zunehmend an Bedeutung. Im übrigen gilt es festzuhalten, daß auch bei einer stärkeren Ausdifferenzierung der Kindergartenaufgaben, wie wir sie etwa in den Gesetzen Nordrhein-Westfalens (§ 2), Hessens (§ 2) oder Bremens (§ 2) finden, auf *religiöse Erziehung* nirgends auch nur verwiesen ist. Das trifft auch für das bayerische Kindergartengesetz zu, wenngleich hier in Ausführung seines Art. 9 die »Verordnung über die Rahmenpläne für anerkannte Kindergärten« (v. 25. Sept. 1973 in der Fassung v. 6. Aug. 1979) in § 4 von »Religiöse(r) Erziehung« handelt: Vor den Paragraphen, die sich nacheinander über »Sozialerziehung«, »Elementare Kommunikations- und Kreativitätserziehung«, »Erziehung zu Umwelt- und Naturverständnis« und »Gesundheitserziehung« äußern, heißt es dort:

»(1) Im anerkannten Kindergarten sind die in Art. 131 Abs. 2 der Verfassung des Freistaates Bayern festgelegten Bildungsziele (Ehrfurcht vor Gott und Achtung vor religiöser Überzeugung) zu beachten.

(2) Die religiöse Erziehung im anerkannten Kindergarten steht in der Verantwortung des Trägers. Er achtet die religiöse Überzeugung, die dem Kind im Elternhaus vermittelt wird.«

Der Stellung in der »Verordnung« nach ließe sich hier religiöse Erziehung immerhin noch als integraler Bestandteil von Erziehung ansehen.

Anders in den »Rahmenrichtlinien für die vorschulische Erziehung im Saarland« (²1982), in denen die Empfehlungen »Zur religiösen Erziehung« wider die erklärte Absicht der ›landeskirchlichen‹ Verfasser (»Anliegen integrierter religiöser Erziehung« S. 165) im 7. Abschnitt zusammen mit »Sexualerziehung«, »Gesundheitserziehung« und »Verkehrserziehung« unter den »Einzelempfehlungen« rangieren. Religiöse Erziehung im Kindergarten spielt anders als im Falle des grundgesetzlich und ländergesetzlich verankerten schulischen Religionsunterrichts nur eine sehr marginale, wenn nicht gar ganz verzichtbare Rolle im rechtlichen Bildungsgefüge bundesrepublikanischer Kindergartenarbeit. Das entspricht auf der einen Seite der von *K. E. Nipkow* festgestellten »Ausklammerung von christlicher Religion und Erziehung aus dem allgemeinen erziehungswissenschaftlichen Forschen und Denken«, stellt aber andererseits mindestens in gesetzgeberischer Hinsicht seine Äußerung in Frage, wonach »Gesellschaftspolitiker weiterhin an dem sinngebenden Potential der Kirchen interessiert« seien.[6] Wie dem auch sei, der Befund ›religions-pädagogischer Abstinenz‹ in den Kindergartengesetzen muß zu denken geben angesichts der Tatsache, daß etwa Zweidrittel der Kindergärten in der Bundesrepublik in kirchlicher Trägerschaft geführt werden, und – so könnte man fortfahren – angesichts der begründeten Auffassung, »daß alle Erziehung in einem weiten Sinne Bekenntniserziehung« ist.[7]

1.2 Kindergärten in kirchlicher Trägerschaft. Laut Angaben des Statistischen Bundesamtes vom 31. 12. 1975 verteilte sich die Gesamtzahl der vorhandenen Kindergärten auf 31% kommunale Kindergärten und 69% Kindergärten in freier Trägerschaft. Von diesen 69% waren ca. 34% in katholischer und *ca. 30% in evangelischer Trägerschaft.* Diese beinahe monopolartige Vorherrschaft kirchlicher Kindergärten steht zunächst statistisch gesehen in vollem Einklang mit der Tatsache, daß auch heute noch über 90% der Bevölkerung in der BRD etwa zu gleichen Teilen einer der beiden Großkirchen angehört.[8] Das Angebot kirchlicher Kindergärten käme demnach dem Wahlrecht der Eltern, sich für eine *»bestimmte Grundrichtung der Erziehung«* ihrer Kinder entscheiden zu können, in optimaler Weise entgegen. Doch, wie bekannt, sieht die gesell-

6 *K. E. Nipkow*, Kind – Kindergarten – Gemeinde, in: ZP 26/1980, 1–12, bes. 4.
7 *H.-J. Fraas*, Religiöse Erziehung und Sozialisation im Kindesalter, Göttingen 1973, 38.
8 Vgl. *Stat. Bundesamt Wiesbaden (Hrsg.)*, Statistisches Jahrbuch 1980 für die BRD, Stuttgart/Mainz 1980, 62: evg. 49%/r. kath. 44,6%/andere christl. Gemeinschaften 1,1%/Jüd. 0,1%/sonst. Religionen 1,3%/ohne Angabe 3,9%.

schaftliche Realität gerade in religiöser Hinsicht ganz anders aus: Von einer geschlossenen christlichen Gesellschaft kann bei uns schon lange nicht mehr die Rede sein; wir leben vielmehr in einer säkular-pluralistischen Welt und wie der schulische Religionsunterricht hat sich darauf auch die evangelische Kindergartenarbeit einzustellen. Sie muß zumindest damit rechnen, daß immer mehr Kinder den Kindergarten besuchen, in deren Elternhäusern der christliche Glaube keine Bedeutung mehr hat oder nur noch in einer diffusen Christlichkeit und neutralisierten Religiosität dahinvegetiert. *Unter rechtlich-institutionellem und gesellschaftspolitischem Aspekt* sollte das gerade für Einrichtungen von Trägern, die wie die Kirchen ihre Grundrichtung besonders betonen, ein deutlicher Hinweis sein auf die Grenze ihres Anspruchs, jederzeit kirchliche Kindergärten einrichten zu können. *Das Angebotsrecht der Freien Träger sollte hier durch das Wahlrecht der Eltern berechtigte Einschränkungen erfahren.* Konkret hätte danach das Jugendamt »das Recht und die Pflicht, dann seine Unterstützung eines Trägers der freien Jugendhilfe einzuschränken und ggfs. andere Einrichtungen zu schaffen..., wenn die vorhandene Einrichtung eines Freien Trägers für die örtlichen Bedürfnisse nicht ausreicht, etwa weil nur eine Minderheit der Eltern der betreffenden Gemeinde der konfessionellen Ausformung des kirchlichen Kindergartens – zu dem es ggf. im Umkreis keine Alternative gibt – zustimmt«.[9] Hier sollten die Kirchen auf keinen Fall – etwa unter Hinweis auf den Minderheitenschutz – auf ihr Angebotsrecht pochen; sie sollten sich vielmehr in solchen Fällen, wo sich ihr Engagement im Kindergartenbereich mit dem Elternwillen nach JWG § 3, 1 stößt, ganz bewußt zum Anwalt für die Freiheit der anderen machen und entweder für alternative Angebote anderer Grundrichtungen bzw. kommunale Einrichtungen plädieren oder notfalls auch auf eigene Einrichtungen verzichten. Entsprechend reicht es nicht aus, »wenn von kirchlichen Trägern auf das Recht hingewiesen wird, ihre Einrichtungen nach den Grundsätzen des christlichen Glaubens und der eigenen Konfession ausgestalten zu können. Indem sie öffentliche Aufgaben übernehmen und zugleich öffentliche Gelder in Anspruch nehmen, sind auch konfessionelle Träger gehalten, die jeweils vorgegebenen örtlichen und regionalen Bedingungen und Bedürfnisse zu berücksichtigen. Das heißt nicht« – und hier bekommt diese Auffassung didaktische Relevanz und Brisanz –, »daß sie

9 *H.B. Kaufmann/H. Kratzert*, Zur Auseinandersetzung um kirchliche Trägerschaft im gesellschaftspolitischen Kontext, in: *Comenius-Institut (Hrsg.)*, Bildungsplanung und Erziehungsauftrag im Elementarbereich, Münster 1974, 247–267, bes. 255.

ihre eigene Grundrichtung verleugnen sollen, wohl aber folgt daraus, daß der Umfang des Angebots ggf. eingeschränkt und daß die Ausgestaltung und Ausformung der eigenen Grundrichtung nicht nur an den bildungspolitischen und erziehungswissenschaftlichen Erfordernissen zu messen, sondern auch mit den Betroffenen und Beteiligten gemeinsam zu beraten und zu entwickeln ist«.[10]

Theologisch gründet diese Einstellung im Verständnis der bedingungslos dienenden »Kirche für andere« *(D. Bonhoeffer)*, deren ›Grund-Bewegung‹ man im Falle des Kindergartens in »Jesu Verhältnis zu den Kindern seiner Zeit« vorgezeichnet sehen kann.[11] Danach sind radikale Parteinahme und unbedingte Annahme ohne jegliche Nebenabsicht die kritisch-konstitutiven Maßgaben für einen Umgang mit Kindern im Geiste Jesu; sie gewähren bergende Freigabe und wehren einseitig binnenkirchlicher Vereinnahmung und Verzweckung ebenso wie jeglichem kirchlichen ›Exklusivanspruch‹, der meint, bestimmte Kindergartenkinder ausschließen zu können. »Kirche für andere« bedeutet vorbehaltsloser Dienst an allen Kindern und verlangt einen Kindergarten für alle Kinder! Diese einladende Grundhaltung in ›evangelischer‹ Öffentlichkeit muß nicht einhergehen mit nivellierender Profillosigkeit der Kindergartenarbeit, wiewohl diese Gefahr ständig gegeben ist und erfahren wird. »Offene Repräsentanz« bei konzeptioneller Eindeutigkeit lautet hier die einleuchtende Devise, die *K.E. Nipkow* ausgegeben hat.[12] Ihre Einlösung im Alltag der Kindergartenwirklichkeit gleicht einer Gratwanderung, die, will man nicht nach der einen oder anderen Seite abstürzen, höchsten Einsatzes an Ausbildung, Elternarbeit und didaktisch-methodischer Kompetenz bedarf. Für die didaktische Aufgabenstellung zeitigt das – negativ formuliert – sicher zunächst einmal die Konsequenz, daß »das Angebot von Kindergärten einer bestimmten«, in unserem Falle: ›evangelischen‹ »Grundrichtung aus gesellschaftspolitischen, aber auch aus pädagogischen und theologischen Gründen nicht einfach mit der traditionellen Gestalt« einer kirchlich-konfessionellen Erziehung gleichgesetzt werden kann und darf.[13] Weit schwieriger schaut es aus, wenn man positiv nach der »offenen, nicht bedrängenden Repräsentanz« des Christlichen oder Evangelischen und seiner didaktischen Realisierung im ›kirchlichen‹ Kindergartenalltag fragt. Hier ist –

10 Ebd. – vgl. auch *B. Buschbeck/W.-E. Failing*, Religiöse Elementarerziehung, Gütersloh 1976, 137ff.

11 *K.E. Nipkow*, aaO., 5.

12 *K.E. Nipkow*, aaO., 4ff.

13 *H.B. Kaufmann/H. Kratzert*, aaO., 248.

spezifiziert für den Kindergarten – genuin gemeindedidaktische Reflexion verlangt, die im Ziel- und Voraussetzungshorizont der Kommunikation des Evangeliums elementares Lernen im Kindergartenalltag zu bedenken hat (→ s.o. I, 4).

1.3 Kindergärten in kommunaler oder staatlicher Trägerschaft. Anders herum stellt sich freilich die Frage nach religiöser Erziehung auch für die *Kindergärten in kommunaler oder staatlicher Trägerschaft*, zumal dann, wenn die Alternative eines kirchlichen Kindergartens nicht gegeben ist. Auf sie erstrecken sich die unmittelbare Zuständigkeit und Verantwortlichkeit der Kirchen nicht, und insofern wird hier das gesetzgeberische Vakuum, das wir oben in puncto religiöser Erziehung feststellen mußten, nicht durch kirchliche Programmatik und Initiative ausgefüllt. Eine völlige Ausklammerung der religiösen Dimension aus der staatlich getragenen Kindergartenarbeit dürfte dabei kaum möglich und vertretbar sein. Sie liefe – gleichsam in entgegengesetzter Entsprechung zu einer massiv konfessionalistischen Erziehung in kirchlichen Kindergärten – dem Elternanspruch auf eine »bestimmte Grundrichtung der Erziehung« im Kindergarten zuwider. Eingeschlossen das oben bereits apostrophierte Argument von der unausweichlichen »Konfessionalität« oder »Parteilichkeit« der Erziehung behalten hier bestimmte Begründungen, die in der religionspädagogischen Diskussion für einen evangelischen Religionsunterricht an öffentlichen Schulen vorgebracht zu werden pflegen, auch für die religiöse Erziehung im kommunalen Kindergarten ihre relative Berechtigung: Denken wir z.B. an den Festkreis des Jahres, so gewinnen »situativ-pragmatische« Argumente, die sich an lebensweltlichen Kontaktsituationen mit dem Christentum orientieren, ebenso Begründungsrelevanz wie eine »anthropologische Argumentation«, die von einer grundsätzlichen »Angewiesenheit des Menschen auf Gesamtorientierung« ausgeht.[14] Das könnte für einen Kindergarten in kommunaler Trägerschaft Grund genug sein, um auch bei seiner Erziehungsarbeit der religiösen bzw. christlich-religiösen Dimension Raum zu geben. Freilich darf bei dieser Bezugnahme auf den schulischen Religionsunterricht nicht übersehen werden, daß es sich bei diesem um ein einzelnes eingegrenztes und abgegrenztes Fach im Fächerkanon der Schule handelt, während wir, wie oben angedeutet, für den Kindergarten ein integratives Konzept anstreben, wonach religiöse Erziehung integrier-

14 Vgl. *G. Adam/R. Lachmann*, Begründung des schulischen Religionsunterrichts, in: *Dies. (Hrsg.)*, Religionspädagogisches Kompendium, Göttingen ^{2}1986, 66–71, bes. 68ff.

ter Bestandteil der Bildungs- und Erziehungsprozesse im Elementarbereich zu sein hätte. Dieses Konzept, das gerade auch im Blick auf Einrichtungen, die nicht von den Kirchen getragen werden, entworfen wurde, schien religionspädagogischen Überlegungen entgegenzukommen, die sich unter Verzicht auf die Auseinandersetzung mit konkretgeschichtlichen Ausprägungen von Religion an einer allen Religionen gemeinsamen allgemeinen Religiosität orientieren. In der Praxis des Kindergartenalltags steht freilich ein solcher allgemein religiöser Ansatz ständig in der Gefahr, einerseits die religiöse Dimension spurlos in den anderen Erziehungsaufgaben und -feldern aufgehen zu lassen, andererseits aber bei bestimmten Gelegenheiten wie etwa dem Weihnachtsfest dann wieder konkrete, nämlich christlich-religiöse Flagge zeigen zu müssen.[15] Ernst gemeinte religiöse Erziehung kann in unserer abendländischen Welt offenbar nicht völlig auf die christliche Konkretion in Gehalt und Gestalt von Religion verzichten. Das dürfte auch für die kommunalen und staatlichen Kindergärten gelten und sollte hier nicht zu schnell und unbedacht hinter der pädagogischen Illusion einer als allgemein-religiös firmierten Erziehung versteckt werden. Erst das schafft die Voraussetzung für didaktische Überlegungen, die in bewußter Unterscheidung von kirchlichen Kindergärten und ihrem Gemeindebezug auf die spezifische Situation und religionspädagogische Auftragslage in kommunalen Kindergärten eingehen und entsprechende Vorschläge, Programme und Modelle christlich-religiöser Erziehung für Kindergärten in kommunaler oder staatlicher Trägerschaft erarbeiten. Eingang und Wirksamkeit dürften solche Überlegungen primär über die Erzieherinnen und Erzieher finden, an deren religionspädagogische Ausbildung und Fortbildung deshalb spezifische Mühe gewandt werden müßte.

15 Vgl. die bayerischen Empfehlungen zur »Religiöse(n) Erziehung im Elementarbereich«, denen angesichts der in Kindergartengruppen anzutreffenden »Vielfalt von Weltanschauungen unseres Kulturkreises« ein übergreifendes Verständnis von Religiosität« zugrundeliegt. Dabei belassen sie es jedoch nicht, sondern münden mit ihren Modellen stets ein in christliche Vorstellungen, Auffassungen und Symbolbezüge. Sie genügen damit einer Bedingung, die sie selbst an die »Inhalte der religiösen Erziehung« stellen: sie »müssen in unserem Kulturkreis den christlichen Glaubensaussagen entsprechen«. (*Bayer. Staatsministerium für Unterricht und Kultus (Hrsg.)*, Der Übergang vom Kindergarten zur Grundschule. Empfehlungen für den Elementarbereich, Donauwörth [4]1984, 37–73, bes. 38 u. 37).

2. Konzeptionen kirchlicher Kindergartenarbeit

2.1 Motive und Konzepte. Überblickt man die Diskussion der letzten zwei Jahrzehnte, so lassen sich idealtypisch gesehen vier oder besser: *drei Konzepte und ein ›Antikonzept‹* kirchlicher Kindergartenarbeit unterscheiden, die heute in unterschiedlichster Gestalt und Konkretion begegnen und vertreten werden:

(1.) *Das ›Antikonzept‹.* Danach ist die Kindergartenarbeit im Grunde keine legitime, keine »genuin kirchliche Aufgabe« und müsse deshalb »langfristig anderen Trägern übergeben werden«.[16] Die Gründe solcher mehr oder weniger direkt ausgesprochenen Ablehnung sind komplexer Art und können sich geradezu zu einem »Ablehnungssyndrom« in der Gemeinde verdichten.[17] Theologisch steht dahinter in der Regel die Auffassung, daß das Proprium kirchlicher Arbeit in Verkündigung und Seelsorge gesehen werden müsse; darauf habe sich die Kirche umso mehr zu konzentrieren, je weiter sie in unserer Gesellschaft als Volkskirche an Einfluß verliere. Dieser Auffassung, der meist eine innergemeindlich konzentrierte Sichtweise mit enttäuschten Erwartungen in bezug auf das, was kirchliche Kindergartenarbeit zu sein habe, entspricht, verbindet sich eine Vielzahl scheinbar nur vordergründiger Ablehnungsgründe: Der Kindergarten »koste zuviel Geld – er stehe am Rand der Gemeinde – er gerate immer mehr unter staatlichen Einfluß – er werde zunehmend von Kindern ausländischer Herkunft und nichtchristlicher Religion besucht und damit überfremdet – er beanspruche den Pfarrer und die Mitarbeiter der Gemeinde unverhältnismäßig stark« u. ä. m.[18] Verstärkt wurde solche Rückzugs- und Auszugsstimmung durch das neue Verständnis des Kindergartens als Elementarbereich im öffentlichen Bildungswesen. Das führte dazu, daß man den Kindergarten als Angelegenheit des Staates ansah, der analog der Entwicklung des Schulwesens über kurz oder lang aus der Trägerschaft der Kirchen ganz in die Verantwortung des Staates übergehen werde. Im übrigen ist dieses skeptisch resignative ›Antikonzept‹ symptomatischer Ausdruck für die allgemeine Unsicherheit, die gerade im Elementarbereich über Fragen christlicher Erziehung herrscht. Hier mangelt es besonders den neueren Konzepten integrierter religiöser Erziehung, die an die Stelle der christlich geprägten Formen und Inhalte evangelischer Kindergartenarbeit früherer Jahre getreten sind, an jedermann einsichtiger und sichtbarer Plausibilität, was besonders von traditionell orientierten Kirchengemeinden und -vorständen nicht immer akzeptiert wird.[19]

(2.) *Das missionarisch-gemeindliche Konzept.* Diese traditionelle Konzeption evangelischer Kindergartenarbeit »ist begründet durch den Auftrag der Kirche an ihren

16 *H.B. Kaufmann*, Der Beitrag der evangelischen Kirche zur Entwicklung im Elementarbereich, in: *H. Kratzert (Red.)*, Leben und Erziehen durch Glauben, Gütersloh 1978, 93–110, bes. 107.

17 *K.E. Nipkow*, aaO., 6.

18 *Comenius-Institut (Hrsg.)*, Unser Kindergarten in der Gemeinde (RPF H. 6), Münster 1979, II.

19 Vgl. *Diakonisches Werk in Hessen und Nassau*, Konzeptionen evangelischer Kindergartenarbeit. Sonderdruck o. O. u. J., 1.

getauften Kindern«. Dieser gewinnt Gestalt durch einen christlich bestimmten Tages- und Jahresablauf, durch regelmäßiges Erzählen biblischer Geschichten sowie durch Feste und gottesdienstliche Feiern, die Kinder wie auch Eltern gemeindlich integrieren wollen.[20] Auf diesem Wege eröffnet der Kindergarten der Kirche nicht nur die Möglichkeit, christliche Überlieferung in der frühkindlichen Erziehung wirksam zu vermitteln und die Botschaft des Evangeliums kindgemäß zu verkünden, sondern er bietet darüber hinaus zugleich eine geeignete Gelegenheit zum Gemeindeaufbau, indem die Kinder frühzeitig in Lebensformen der Gemeinde eingeübt werden. Wichtigstes Erfordernis dieses Konzepts ist die Aufgeschlossenheit von Eltern und Erziehern für das Gemeindeleben und ihre Bereitschaft, sich unterstützt durch Elternbildung und Fortbildung kirchlich ›vereinnahmen‹, integrieren und aktivieren zu lassen. Als größtes Problem dieser dem Konzept eigenen gemeindlichen Binnenorientierung erweist sich – besonders wenn der kirchliche Kindergarten einziger am Ort ist – die vom Gesetzgeber verlangte Offenheit für alle, die konzeptionell wie praktisch den Tatbestand einfordern und veranschlagen muß, daß wir heute nicht mehr in einer geschlossenen christlichen Gesellschaft leben.

(3.) *Das (exemplarisch-)diakonische Konzept.* Kindergartenarbeit leitet sich nach diesem Konzept vom diakonischen Auftrag der Kirche her und ist dementsprechend primär diakonisch-karitativ motiviert. Ohne eigennützige Interessen zu verfolgen und ohne Vorbedingungen zu stellen, nimmt sie sich vor allem derer an, die ob ihrer Herkunft und persönlichen Situation besonders dringlich auf Hilfe, Unterstützung und Förderung angewiesen sind. Kindergartenarbeit konzentriert sich danach einmal auf diakonische Maßnahmen im Blick auf die überforderte Familie (besonders die Frau), zum anderen in mehr gesellschaftsdiakonischer Absicht auf »sozial-kompensatorische« Arbeit mit benachteiligten Kindern aus gesellschaftlichen Rand- und Problemgruppen. Besonders in letzterer Hinsicht wird dabei die Arbeit des Kindergartens gerne als exclusive und exemplarische Parteinahme der Kirche für benachteiligte Bevölkerungsgruppen wie Gastarbeiterkinder, Behinderte oder milieugeschädigte Kinder verstanden. Solches vorbildlich-zeichenhafte Verständnis ist in den meisten Fällen verbunden mit der Forderung, die Zahl der Kindergärten in kirchlicher Trägerschaft deutlich zu verringern und stattdessen »wenige qualifizierte Modelleinrichtungen und Sonderkindergärten« einzurichten und zu betreiben.[21] Das würde von der Kirche verlangen, vorhandene Lücken und aktuell neuralgische Defizite im Angebotsprogramm der Kindergärten aufzuspüren und diese, wenn möglich, durch demonstrative Initiativen und ›Schule‹ machende Modelle zu beheben. Um eine derart diakonisch ausgerichtete Kindergartenarbeit in die Tat umsetzen zu können, bedürfte es freilich nicht nur erheblicher Änderungen der Organisationsstrukturen konventioneller Kindergärten, sondern auch einer Revision der Aus- und Weiterbildung von Erzieherinnen dergestalt, daß zusätzliche heil- und sonderpädagogische Qualifikationen und Kompetenzen erworben werden müßten. Das wäre durchaus zu leisten, wenn dieses in sich plausible Konzept kirchlicherseits mit mehrheitlicher Zustimmung rechnen könnte. Die Entscheidung darüber hängt nicht nur davon ab, ob sich die Kirche bei weitgehender Preisgabe der verbalen Vermittlung christlicher Inhalte mit dem latenten christlichen Ansatz

20 *Diakonisches Werk in Hessen und Nassau*, aaO., 2 u. 4.
21 Vgl. *H.B. Kaufmann*, aaO., 107.

dieses Konzepts begnügen kann, sondern insbesondere davon, ob sie es verantworten kann, sich ganz aus der Elementarerziehung der Kindermehrheit zurückzuziehen und sie ersatzlos dem Staate oder anderen freien Trägern zu überlassen.

(4.) *Das gesellschaftspolitisch-religionspädagogische Konzept.* »Mit der Unterhaltung von Kindergärten nimmt die Kirche teil an der *öffentlichen Verantwortung* für die frühkindliche Erziehung« und leistet im Rahmen des pluralistischen Bildungsangebotes für den Elementarbereich in unserer Gesellschaft ihren spezifischen Beitrag zur Sozialisation des Kleinkindes. Bildungspolitisch bildet sie damit ein »Gegengewicht zu einem möglichen staatlichen Bildungsmonopol«, das der Kirche, will sie mit ihrer Kindergartenarbeit wirklich konkurrenzfähig bleiben, vorbildliche pädagogische und religionspädagogische Arbeit abverlangt. Volkskirchlich betrachtet kommt die Kirche mit ihrem Angebot an Kindergartenplätzen unbestrittenen Bedürfnissen der Gesellschaft aufweisbar entgegen und erfüllt einen gesellschaftspolitischen und pädagogischen Auftrag, der als Auftrag an die Kirche auch »theologisch verantwortet und begründet werden muß«.[22] Wird das nicht geleistet, besteht die Gefahr unkritisch nivellierender Anpassung an Elternwünsche und gesellschaftliche Erwartungen und Trends. Hier ist besonders die RP herausgefordert, die bedürfnis- und erfahrungsorientiert arbeiten muß, ohne daß dabei das Spezifikum religiöser Sozialisation spurlos im komplexen Sozialisationsprozeß des Kindergartens auf- und verlorengeht. Ob dieser Gefahr mit dem Programm integrierter religiöser Erziehung, das sich mit diesem gesellschaftspolitisch-religionspädagogischen Konzept für gewöhnlich verbindet, wirksam und angemessen begegnet werden kann, das kristallisiert sich als die entscheidende Frage an diesen Typ kirchlichen Kindergartenengagements heraus.

2.2 Konzeptionelle Konturen evangelischer Kindergartenarbeit. Abgesehen von dem ›Antikonzept‹, das mit seiner ersatzlosen Preisgabe der Elementarerziehung an Staat, Kommunen und freie Träger gemeindepädagogisch nicht akzeptabel ist, können die anderen Konzepte mit ihren spezifischen Motiven und Argumenten alle »ein relatives Recht beanspruchen«. Darin drückt sich zum einen aus, »daß Konzeptionen evangelischer Kindergartenarbeit nicht einfach aus theologischen oder kirchenamtlichen Vorentscheidungen abgeleitet werden können. Vielmehr geht es um eine Vermittlung kirchlich-theologischer, bildungspolitisch-pädagogischer und gesellschaftspolitisch-sozialer Gesichtspunkte.[23] Zugleich verweist die Motivvielfalt in den Konzepten auf die einleitend bereits angedeutete Aufgabe der Integration verschiedener kirchlicher Handlungsdimensionen im gemeindepädagogischen Arbeitsfeld Kindergarten. Zeichneten sich die typisierten Konzepte je durch eine relativ rigide Dominanz einer Dimension aus, so gilt es gemäß der hier verfolgten gemeindepädagogischen Linie ein *integratives Konzept* zu entwickeln,

22 Ebd.; außerdem *Diakonisches Werk in Hessen und Nassau*, aaO., 8 u. 2.
23 *H.B. Kaufmann*, aaO., 107.

das die berechtigten Ansprüche der missionarisch kerygmatischen wie (gemeindlich) gottesdienstlichen, diakonischen und religionspädagogischen Aufgabendimensionen kirchlichen Handelns miteinander verschränkt und vermittelt.[24] Der Gefahr desintegrierten Nebeneinanders oder profilloser Nivellierung im Einerlei oder Allerlei eines alles integrierenden Konzeptes wehrt die gemeindepädagogisch gebotene leitende Ausrichtung an der religions- und sozialpädagogischen Aufgabenbestimmung evangelischer Kindergartenarbeit. Damit gewinnt das gesellschaftspolitisch-religionspädagogische Konzept mit seinen Argumenten und bestimmenden Motiven Priorität gegenüber den diakonischen und missionarisch-gemeindlichen Konzepten, deren Intentionen komplementierend und korrigierend integriert werden bei gleichzeitiger Relativierung ihrer konzeptionellen Ansprüche. Das gilt vor allem in bezug auf das missionarisch-gemeindliche Konzept. Angesichts unserer säkularpluralistischen Gesellschaft, deren getreues Abbild wie die Schule so auch der Kindergarten ist, läßt sich auch eine am ›Evangelischen‹ orientierte Kindergartenarbeit (→ s.o. I, 3.3) nicht mehr »einfach mit der Kindertaufe mit ihrer Verpflichtung zur christlichen Erziehung in Familie und Gemeinde verankern. Das ist zu eng, auch zu wenig vor dem Mißverständnis der Erhaltung des Mitgliederbestandes geschützt«. Fundamental am christlichen Liebeskriterium orientiert und von ihm geleitet, sollte deshalb »das pädagogische und diakonische Handeln der Kirche nicht an Selbsterhaltung und Nachwuchssicherung orientiert« sein, »sondern an Gerechtigkeit und Barmherzigkeit für alle Menschen«! Dies bewahrt die Kirche davor, bei ihrem Kindergartenengagement »die Welt und die Gesellschaft aus dem Blick zu verlieren« und verpflichtet sie zum »selbstlosen Dienst an unserer Gesellschaft« und ihren erziehungsbedürftigen Kindern.[25] »Selbstloser Dienst« bedeutet den erklärten Verzicht der Kirche auf massiv missionarische, an Mitgliedergewinn orientierte Kindergartenarbeit und ermöglicht der Kirche als »Kirche für andere« radikale Parteinahme und bergende Freigabe zugute der ihr im Kindergarten anvertrauten Kinder. Das darf freilich – und hier findet die Selbstlosigkeit ihre Grenzen – nicht zum Verlust und zur Verleugnung der evangelischen Grundrichtung unserer Kindergartenarbeit führen und verlangt konzeptionell und didaktisch

24 Vgl. *J. Hanselmann*, Gemeinsam glauben, leben, lernen, in: Vom erzieherischen Auftrag der Kirche, München (1986), 3–28, bes. 16; hier heißt es vom Kindergarten: er ermögliche »das harmonische Zusammenspiel von diakonischer, katechetischer, missionarischer und gemeinschaftlicher Dimension«.

25 *H.B. Kaufmann*, aaO., 108.

einen Weg, der zwischen den Extremen von hier exklusiver Indoktrination und da indifferenter Orientierungslosigkeit hindurchführt in Richtung auf offene Repräsentanz des Evangelischen in den Kindergärten in kirchlicher Trägerschaft.

Das diakonische Konzept ist mit seiner Motivierung unabdingbar angelegt und mitgegeben in dem unsere Auffassung evangelischer Kindergartenarbeit maßgeblich bestimmenden Grund-Satz der entschiedenen Option für ausnahmslos alle Kinder. Das impliziert zugleich die entscheidende Kritik am exemplarisch-diakonischen Konzept, das die Hilfe des Kindergartens auf Kinder aus Problem- und Randgruppen unserer Gesellschaft beschränken möchte. Demgegenüber gilt für ein pädagogisch argumentierendes Konzept, welches die diakonische Dimension zwar angemessen beachtet, aber nicht absolut setzt, das Kindergartenangebot grundsätzlich für alle, auch die sog. normalen Kinder der Mittelschicht, die erzieherische Hilfe und ganzheitliche Förderung ebenso benötigen wie besonders benachteiligte Kinder. Hier rächt sich die Geringschätzung, die das diakonische Konzept der pädagogischen Motiv- und Aufgabendimension entgegenbringt. In dieser Hinsicht ist eine gewisse Nähe zum ›Antikonzept‹ unverkennbar.

Solchermaßen der inneren Struktur nach komplementär und integrativ angelegt, stellt sich für das hier gemeindepädagogisch perspektivierte Kindergartenkonzept um so dringlicher die *Frage nach der spezifischen Kontur*, die ihm im Unterschied zu anderen kirchlichen Handlungsfeldern wie zu nichtkirchlicher Kindergartenarbeit eigen ist. Sie läßt sich *1.* gegenüber anderen kirchlichen Aktivitäten an der pädagogischen und religionspädagogischen Arbeit mit Kindern der *Altersgruppe der Drei- bis Sechsjährigen* festmachen. Dabei bilden freilich jene kirchlichen Arbeitsfelder eine Ausnahme, die sich wie kirchliche Elternbildung, gemeindliche Kinderarbeit, Kindergottesdienst und religionsunterrichtlicher Anfangsunterricht mit Kindern gleichen Alters beschäftigen. Ihnen gegenüber stellt sich für ein integratives Konzept wie das unsrige, das auch in seinen Außenbeziehungen auf förderliche Integration aus ist, die Aufgabe, sich nach allen Kräften um kooperative Vernetzung zu bemühen. Das allein verheißt – gemessen am Grad der Förderung der Kinder – größtmögliche Effektivität der investierten Arbeit. Verglichen mit allen anderen kirchlichen Handlungsfeldern gewinnt evangelische Kindergartenarbeit ihr unverwechselbares Gepräge *2.* durch ihr besonderes pädagogisches und didaktisches Bedingungsfeld: *den öffentlichen Kindergarten in kirchlicher Trägerschaft*. Seine oben dargestellten rechtlichen und institutionellen Voraussetzungen, strukturellen Gegebenheiten, organisatorischen Maßgaben, räumlichen Verhältnisse und personelle Ausstattung bedingen den Spielraum pädagogischen Wirkens, setzen ihm Grenzen und drücken auch evangelischer Kindergartenarbeit ihren Stempel auf. Ob im Vergleich mit staatlichen oder kommunalen Kindergärten die kirchliche Trägerschaft einem Kindergarten besondere Prägung und Züge verleihen kann, hängt ganz wesentlich davon ab, wie man diese kirchliche Trägerschaft theologisch und religionspädagogisch deutet und füllt. Wenn nach unserem Konzept kirchliche Trägerschaft sich bewußt niederschlägt und ausdrückt in der anspruchsvollen Rede von *evangelischer Kindergartenarbeit*, so hat man darin *3. das entscheidend Unterscheidende* zu aller nichtkirchlichen Kindergartenarbeit zu sehen. *Evangelische Kindergartenarbeit als Kindergartenarbeit in kirchlicher Trägerschaft ist im umgreifenden Zielhorizont gemeinsamen Leben- und Glaubenlernens jene kommunikative Praxis, für die das Evangelische in Menschenbild und Norm- und Wertorientierung das tragende Grundverständnis im Lehr-, Lern- und Erziehungsgeschehen des Kindergartens abgibt.*[26] Konstitutiv für eine derartige Praxis im öffentlichen ›Kindergarten für alle‹ ist die »offene, nicht bedrängende Repräsentanz« des Evangelischen, die mit dessen verpflichtender Norm- und Wertorientierung am christlich fundamentalen Liebesmaßstab unverzichtbar verlangt ist. Insofern wird die Agape in der ihr eigenen »Dialektik von Hingabe und Freigabe« zum wichtigen »kritischen Ferment und Korrektiv aller Festlegungen des Evangelischen im institutionellen und persönlichen Bereich« evangelischer Kindergartenarbeit. Das gilt es besonders zu beachten im erzieherischen Umgang mit dem anderen Inhaltskomplex des Evangelischen, dem Menschenbild. Dies bestimmt sich inhaltlich »von den zentralen christlichen Glaubenssymbolen her« und kann abgekürzt »als verdankte, verfehlte, verantwortliche, erlöste und hoffende Existenz« bezeichnet werden. Die gesetzliche Statik, die diesen Inhalten des Evangelischen in seiner Form als Welt-Anschauung notwendigerweise anhaftet, bedarf in der kommunikativen Praxis des Kindergartens der ständigen Dynamisierung und Aktualisierung durch Verhalten und pädagogisches Handeln der erziehenden Erwachsenen. Davon hängt es entscheidend ab, ob der Kindergarten ein Stück weit Kommunikationsfeld des Evangeliums werden kann. Das wäre dann der Fall, wenn es gelänge, den Kindern im kommunikativ-erzieherischen Vollzug Erfahrungen des Angenommen- und Anerkanntseins, des Vertrauens, der Dankbarkeit, der Vergebung

26 Neben den Ausführungen → o. I, 3.3 vgl. zum folgenden *R. Lachmann*, Evangelische Schule – Evangelische Erziehung? in: *Pädagogische Konferenz d. W.-Löhe-Schule (Hrsg.)*, Aspekte einer evangelischen Schule, Nürnberg 1980, 21–30, bes. 30.

und Lebenshoffnung und nicht zuletzt einer Verantwortlichkeit, die vom anderen her und ihm zugute denkt und handelt, zu eröffnen und zu vermitteln. Damit könnte evangelische Kindergartenarbeit bei den von ihr in erzieherische Obhut genommenen Kindern Haltungen grundlegen und anbahnen, die als unverzichtbare Lernvoraussetzungen für ein Leben und Glauben als Christ gelten. Hier zeichnet sich inhalts- und zielmäßig am deutlichsten etwas von dem ab, was das spezifische Profil evangelischer Kindergartenarbeit ausmacht. Institutionell ist es ausgewiesen und angemahnt durch das verpflichtend ›Evangelische‹, das der kirchlichen Trägerschaft eines Kindergartens weltanschaulich-normative Konturen verleiht und abverlangt. Es gilt hier gewissermaßen als institutionell vorgegebener und vor-geschriebener Orientierungsrahmen für all jene, die es auf irgendeine Weise mit einem so verstandenen evangelischen Kindergarten zu tun haben oder kriegen. Damit wird einer einseitig personalistischen Sicht gewehrt, die ausschließlich auf den »Erzieher als Christ« setzt, und wird dementgegen gleichsam institutioneller ›Flankenschutz‹ gewährt, der nicht nur auf die Kirche als Institution verweist, sondern mit dem ›Evangelischen‹ zugleich das weltanschaulich-normative Maß evangelischer Kindergartenarbeit anweist. Daß damit die Bedeutung der personalen Repräsentanz des Evangelischen im Kindergarten in gar keiner Weise geschmälert werden soll, sondern im Gegenteil um der Freiheit und Dynamik des Evangeliums willen noch zusätzlich an Gewicht gewinnt, ist oben bereits angedeutet und muß hier *4.* als letztes Profilierungselement evangelischer Kindergartenarbeit noch eigens herausgestellt werden. *Evangelische Kindergartenarbeit*, die als kommunikative Praxis zwischen Kindern und Erziehern für ihren Teil mithelfen will am Auftrag der Kommunikation des Evangeliums, *steht und fällt mit dem glaubwürdigen Mensch- und Christsein der erziehenden Erwachsenen*, vorrangig der Erzieherinnen und Erzieher aber auch der mitarbeitenden Eltern und kirchlich Verantwortlichen. Verpflichtend angestoßen und angefragt durch das evangelische Maß der kirchlichen Trägerschaft ihres Kindergartens sind sie unter den Voraussetzungen ihrer je eigenen religiösen Sozialisation aufgerufen zur persönlichen Auseinandersetzung mit Problemen, Fragen und Erfahrungen christlichen Glaubens in der heutigen Welt und Gesellschaft, um darüber fortzuschreiten zum Nachdenken über Möglichkeiten, wie im Alltag des Kindergartens wirksam und gemeinsam leben und glauben gelernt, gestaltet und ereignet werden kann. Durch überzeugendes personales Angebot können sich so im Umgang von Menschen miteinander Wege und Chancen ergeben und eröffnen, durch die das verpflichtend verhärtete Evangelische sich kommunikativ transformiert zur ich-stärkenden, befreienden Erfahrung des Evangeliums von der Menschenfreundlichkeit Gottes. Das ist in einem verfügte Aufgabe am Evangelischen wie unverfügbare Gabe des Evangeliums; beides gehört zur kommunikativen Praxis evangelischer Kindergartenarbeit. Dazu muß eine solide theologische und religionspädagogische Ausbildung an der Fachakademie vorbereiten, eine kontinuierliche Fortbildung kritisch helfend begleiten, Elternbildung zu verläßlicher Mitarbeit und mitverantwortlicher Beteiligung werden und nicht zuletzt vertrauensvolle Zusammenarbeit pädagogischer und theologischer Mitarbeiter praktiziert werden. Ist das trotz und angesichts der Widerständigkeiten der Alltagswirklichkeit gewährleistet, so ist die Frage nach der spezifischen Kontur eines Kindergartens in kirchlicher Trägerschaft nicht mehr nur ein theologisches Theorem oder Desiderat, sondern einladendes Faktum und liebevolles Angebot der Kirche als Dienst an der Gesellschaft und ihren erziehungsbedürftigen Kindern.

2.3 Aufgaben evangelischer Erziehung im Kindergarten. Das eben herausgearbeitete Besondere evangelischer Kindergartenerziehung, das in vieler Hinsicht mit den inhaltlich relativ offen gelassenen übergreifenden Zielsetzungen in den Ländergesetzen zu vereinbaren ist, muß – was Aufgaben und Inhalte betrifft – unter Berücksichtigung der mehrenteils christlich-distanzierten oder säkular-pluralistischen Voraussetzungen auf Seiten der Kinder, Eltern und auch Erzieher in didaktischer Toleranz ins Spiel gebracht werden! Dabei beteiligt sich evangelische Erziehung zu ihrem Teil und nach ihren Möglichkeiten an den *drei großen Aufgaben*, die, wie oben gesehen, der Kindergartenarbeit im allgemeinen abverlangt werden:

- *erstens unterstützt und ergänzt* sie die familiäre Erziehung, was in religiöser Hinsicht n. a. für den kognitiv-inhaltlichen Bereich christlicher Antworten auf entsprechende Kinderfragen und -probleme wirksam werden dürfte. Ein nicht geringer Teil der Elternschaft, auch der scheinbar christlich desinteressierten und distanzierten, begrüßt nachweislich, daß sie der Kindergarten bei dieser schwierigen Aufgabe unterstützt. Hier darf man wohl kaum die Augen verschließen vor der Tatsache, daß der hohe Anteil an mangelhafter oder gar fehlender religiöser Erziehung nicht etwa nur aus dezidierter Ablehnung und Abneigung gegen das Christentum resultiert, sondern häufig einfach aus der Unfähigkeit, dieser Aufgabe zu genügen! Grund genug für evangelische Kindergartenarbeit, hier die nötigen Voraussetzungen zu schaffen und begleitende Maßnahmen zu ergreifen, um in dieser Beziehung wirklich ergänzend und unterstützend (bis hin zum Kompensatorischen) tätig werden zu können.
- *zweitens* ist evangelische Erziehung beteiligt an der sog. *kompensatorischen Aufgabe* des Kindergartens, wonach »durch zusätzliche... Förderung« versucht werden soll, »Entwicklungsmängel, Behinderungen und ungleiche Bildungsvor-

aussetzungen *auszugleichen*«.[27] Neben der unter erstens bereits angesprochenen kompensatorischen Förderung in kognitiv-inhaltlicher Hinsicht sollte sich nach unserem Konzept evangelische Kindergartenerziehung vor allem der Defizite und Schäden in emotional-anthropologischer Hinsicht annehmen: Daß es eben Vertrauen, Anerkennung, Schutz, Rat, Hilfe und Halt auch dann gibt, wenn das Elternhaus sie nicht bietet. Das hat der evangelische Kindergarten zu zeigen; darin liegt sein besonderer Beitrag und Auftrag im Rahmen kompensatorischer Kindergartenerziehung.

– *drittens* partizipiert evangelische Kindergartenarbeit an der Aufgabe, den *Kindern »den Zugang zur Schule zu erleichtern«*. Unabhängig von der Einstellung zum Problem Vorschulerziehung und Eingangsstufe wird diese Aufgabe auch für evangelische Erziehung mehr indirekt wahrgenommen im Zuge der Sozial-, Sprach- und Denkerziehung der Kinder. Ist diese gekoppelt mit der Vermittlung christlicher Inhalte, könnte man im Blick auf den anstehenden schulischen RU bei aller gebotenen Zurückhaltung sogar von direkten schulvorbereitenden Bemühungen evangelischer Kindergartenarbeit sprechen.

Das zusammengefaßt stellt sich evangelische Kindergartenarbeit unter dieser Perspektive dar als *pädagogische Mitbeteiligung an den Aufgaben öffentlicher Kindergärten*. Wichtig für unser integratives Konzept evangelischer Kindergartenarbeit ist dabei das Stichwort *›Mitbeteiligung‹* – verstanden *im Sinne integrierter Partizipation an den allgemeinen Erziehungsaufgaben des Kindergartens*. Daraus folgt zunächst, daß evangelische Erziehung im Kindergarten nicht als ausgegrenzter Sonderbereich auf zeitlich festgesetzte Unterrichtseinheiten beschränkt werden kann, sondern sich hauptsächlich vollzieht in integrierter Teilhabe an der *»Sozialerziehung«* und der *»elementaren Kommunikations- und Kreativitätserziehung«* oder an ähnlichen je nach Länderbestimmungen unterschiedlich bezeichneten »Erfahrungs- und Förderungsbereichen« der Kindergartenerziehung.[28] Religionspädagogisch geht es dabei vor allem um – wie es im »Curricularen Lehrplan für den evangelischen RU an der Grundschule in Bayern« heißt – inhaltlich unspezifizierte *»Vorfeldarbeit«* im Zusammenhang der Gesamterziehung. *Sozialerziehung* läßt »Möglichkeiten des Umgangs mit anderen lernen«, leitet an »zu kooperativem Verhalten, zum Helfen, zum Abnehmen von Hilfe«, zum Vergeben und Vertrauen und Vertrauenschenken. *Kommunikationserziehung* entwickelt und sensibilisiert das Wahrnehmungsvermögen, schult und differenziert die Ausdrucks- und Denkfähigkeit und verhilft mit all dem zur »Verbalisierung von Gesehe-

27 Vgl. § 3 Abs. 3 der bayerischen »Verordnung über die Rahmenpläne für anerkannte Kindergärten« in der Fassung v. 6. Aug. 1979.

28 Vgl. »Verordnung über die Rahmenpläne für anerkannte Kindergärten« § 5 und § 6; außerdem die »Rahmenrichtlinien für die vorschulische Erziehung im Saarland« Saarbrücken ²1982, 3f. und das »Kinder- und Hortgesetz für das Land Bremen« v. 16. Juli 1979, § 2.

nem, von Gehörtem, von Erlebtem und Erfahrenem«. *Kreativitätserziehung* schließlich fördert Ausdrucksvermögen und Ausdrucksgestaltung »in Sprache, Lied, Spiel und bildnerischem Tun«.[29]

3. Inhalte und Methoden evangelischer Erziehung im Kindergarten

So sinnvoll und notwendig die angedeutete Vorfeldarbeit als integrierte Beteiligung an den allgemeinen Erziehungsaufgaben des Kindergartens auch ist, sie reicht in ihrer inhaltlichen Unbestimmtheit und Deutungslosigkeit für unser Programm evangelischer Kindergartenarbeit nicht aus. Vielmehr müßte möglichst bereits im Zuge der Vorfeldarbeit den Kindern bei Gelegenheit die christlich-religiöse Dimension ins Blick- und Erfahrungsfeld gerückt werden. Dazu bedarf es allerdings der ausdrücklichen wertbestimmten Erhellung und Deutung von Situationen, Problemen und Sachverhalten, die andernfalls den Kindern stumm und religiös verschlossen bleiben würden. Damit dieser Ansatz nicht wieder kurzschlüssig und mißverstanden in den hinlänglich bekannten Stoffpositivismus traditionell kirchlicher Kindergartenerziehung einmündet, ist die Gemeindedidaktik auf den Plan gerufen, unter deren Prämissen eine spezielle *Kindergartendidaktik* zu entwickeln wäre (→ s.o. I, 4). Beschreibt und begreift man gemäß unserem Konzept das Geschehen im Kindergarten vorrangig als kommunikative Praxis zwischen Kindern und Erziehern, so leiten sich daraus für uns folgende *didaktisch konstitutive Grundsätze* ab:

1. Kommunikative Praxis im evangelischen Kindergarten ist orientiert am Evangelischen und vollzieht sich maßgeblich im Zielhorizont agapegemäßer Kommunikation und propädeutischer Offenheit für Erfahrungen des Evangeliums.
2. Sie bedarf als pädagogisches Handeln der Sensibilität für den Beziehungsaspekt und die Störmomente im Kommunikationsprozeß und als unerläßliche Bedingung dafür möglichst genauer Kenntnis der psychologisch, lebensgeschichtlich und situativ bedingten Verstehensvoraussetzungen auf Seiten der Kinder und erziehenden Erwachsenen.
3. Umfassend als interaktives Verständigungsgeschehen aufgefaßt, muß es der Praxis evangelischer Kindergartenarbeit darum gehen, daß sich die Kinder akzeptiert und verstanden wissen, sich verständigen lernen und sich selbst, andere und anderes zu verstehen suchen.
4. Hermeneutische und didaktische Qualität und Relevanz gewinnt so verstan-

29 *H. Grothaus*, Thesen zur religiösen Früherziehung in der Eingangsstufe, in: ZRP 28/1973, 242–244, bes. 243.

denes kommunikatives Lernen durch seinen Bezug auf den elementaren Vorstellungs- und Erfahrungsgehalt des christlichen Glaubens.
5. Evangelische Kindergartendidaktik hat im Blick auf die Drei- bis Sechsjährigen über die Auswahl solch elementarer Gehalte zu befinden und sie pädagogisch und theologisch zu verantworten, muß sie unter Berücksichtigung ganzheitlichen Verstehens zielmäßig verankern und kind-, sach- und situationsgerechte Weisen, Wege und Anknüpfungspunkte der Vermittlung finden.

3.1 Kindererfahrungen in ihrer didaktischen Bedeutung. Dem oben geäußerten religionspädagogischen Anliegen, das sich weder mit deutungsloser Partizipation an den allgemeinen Erziehungsaufgaben des Kindergartens begnügen kann noch situationslose Verkündigungsarbeit anstreben darf, entspricht didaktisch am ehesten ein *situativer Ansatz*.[30] Danach wird eine einfache Situation, wie sie der Kindergartengruppe begegnet oder vom Erzieher vermittelt wird, mit einem existentiellen Problem, einem sozialen Konfliktfall, einem besonderen Erlebnis, geäußerten Fragen, Vorstellungen, Mißverständnissen o. ä. m. zum Anlaß und Ausgangspunkt genommen, um gemeinsam darüber zu sprechen und zur Bewußtwerdung, Vertiefung, Deutung und Erfahrungserweiterung beizutragen. Voraussetzung dafür ist eine ständige Sensibilität und Aufgeschlossenheit für derartige Situationen und Äußerungen der Kinder – ein Anspruch, den man freilich genau genommen von jeder ernsthaft am Wohl des Kindes orientierten Erziehung, sei sie nun christlich oder nicht, müßte verlangen können. Die ausdrückliche Thematisierung der wahr-genommenen Fragen, Probleme und bereits vorhandenen Erfahrungen wird besonders auf erste Deutungsversuche der Kinder sehen müssen, um sie gegebenenfalls »durch geeignete Texte und Bilder, durch kreatives Gestalten in Rollenspiel, musisch-bildnerischem Tun und in Fest und Feier« zu ent-decken, bewußt zu machen und schrittweise auszuweiten in Richtung auf neue Erfahrungsbereiche.[31] Das wäre im guten Sinne Kommunikations- und Kreativitätserziehung im Kindergarten, würde aber nach unserem Konzept evangelischer Kindergartenarbeit nicht ausreichen, wenn nicht gleichzeitig schon in, mit und unter der kommunikativen Beschäftigung mit den kindlichen Wahrnehmungen, Bedürfnissen und Erlebnissen auf Spuren und Brückenköpfe christlich verstandener Transzendenz in der situativ erlebten Wirklichkeit geachtet würde. Solche didaktisch anspruchsvolle *›Spurensuche und*

30 Vgl. *H.B. Kaufmann (Red.)*, Situationsansatz und Religionspädagogik (RPF H. 3), Münster 1980.
31 *B. Buschbeck/W.-E. Failing*, Kirchliche Verantwortung im Elementarbereich, in: *E. Feifel u.a. (Hrsg.)*, Handbuch der Religionspädagogik, Bd. 3, Zürich/Einsiedeln/Köln 1975, 215–231, bes. 226.

-*sicherung*‹, bei der die Erzieherinnen ebenso auf die Mithilfe von Theologen wie auf gute Arbeitshilfen, Materialien und Medien angewiesen sind, ist zusammen mit den Kindern darum bemüht, an den thematisierten Alltagssituationen und -erfahrungen religionsdidaktisch geeignete Anknüpfungspunkte, Zündstellen oder Berührungs- und Begegnungsfelder mit christlichen Glaubenserfahrungen zu entdecken. Dabei kann der von *K.E. Nipkow* empfohlene hermeneutisch-didaktische »Dreischritt« von den Alltagserfahrungen über »die in ihnen sich meldenden zentralen Betroffenheiten oder Grunderfahrungen« zur Gotteserfahrung eine wertvolle Hilfe sein, zumal wenn man sich des Vorbehalts bewußt bleibt, daß »keine Alltagserfahrung des Kindes eine erschließende und mitbestimmende Funktion für die Gotteserfahrung haben« muß, jede »sie jedoch haben« kann.[32] Entsprechend besteht die didaktische Aufgabe darin, Lebenssituationen der Kinder aufschlußreich zu machen für Deutungen und Erfahrungen christlichen Gottesglaubens. Dabei können die christlichen Gotteserfahrungen, die mit den situativ motivierten und elementar konzentrierten Kindererfahrungen vermittelt werden sollen, sowohl im Gewand biblischer Geschichten wie auch als Neuerzählungen oder ins Lied oder Bild gesetzte christliche Erfahrungen eingebracht werden. Leider mangelt es noch an Geschichten, in denen zentrale christliche Glaubensvorstellungen verifiziert an menschlichen und kindlichen Grunderfahrungen wie Abhängigkeit, Unverfügbarkeit, Vertrauen, Angst, Scheitern, Liebe narrativ und situativ in aktuelle Erfahrungserzählungen umgesetzt sind. Das erschwert gerade in der Kindergartenarbeit die geforderte Vermittlungsaufgabe und konzentriert sie didaktisch auf die Korrelation von kindlicher Situation und biblischer Tradition. Vermittlungskategorie bleibt dabei die Erfahrung im Sinne gedeuteten Erlebens, wobei die Glaubenserfahrungen der biblischen Geschichten als Deutungshilfen fungieren, die Situationen neu ›belichten‹ und, wenn möglich, noch nicht gemachte Erfahrungen erschließen. So könnten etwa im Kindergarten erlebte Situationen oder Konfliktfälle sozialen Verhaltens über die sozialpädagogische Intention hinaus verbalisiert werden und vertiefend weitergeführt werden bis hinein in das Gleichnis vom barmherzigen Samariter; staunendes Betrachten oder aufmerksames Lauschen können Tiefe erschließen und einmünden in den Lobpreis eines Psalmes; Weihnachtsvorbereitungen können über festliches Gestalten hineinführen in das meditative Hören und den singenden Mitvollzug der Weihnachtsbotschaft. Bewährte und deshalb überlieferte Erfahrungen mit dem Gott des Evangeliums wer-

32 *K.E. Nipkow*, aaO., 10.

den gezündet mit den Erfahrungen unserer Kindergartenkinder. Wo das gelingt, kann auch ein von seiner Primärsozialisation mit den Inhalten des christlichen Glaubens nicht bekannt gewordenes Kind für die Relevanz dieser Überlieferung aufgeschlossen werden, ohne manipulativ indoktriniert worden zu sein. Evangelische Erziehung im Kindergarten verspricht sich von einer solchermaßen mit den biblischen Gotteserfahrungen vermittelten (transzendierenden) Beschäftigung mit relevanten Wahrnehmungen, Bedürfnissen und Erfahrungen der Kinder einen wichtigen Beitrag für ihr Bemühen um die Anbahnung christlicher Haltung im Kommunikationsfeld möglicher Evangeliumsereignung.

Fassen wir das zur religionsdidaktischen Bedeutung von Kindererfahrungen Gesagte abschließend in *sechs Thesen* zusammen:

1. Eine am Wohl des Kindes orientierte christliche Erziehung im Kindergarten bedarf der ständigen Sensibilität und Aufgeschlossenheit für die Situationen und Interessen, Erlebnisse und Äußerungen, Fragen und Probleme der ihr anvertrauten Kinder.
2. Das verlangt für's Leben-Lernen im Kindergarten die ausdrückliche Thematisierung alltäglicher wie grundlegender Wahrnehmungen, Bedürfnisse und Erfahrungen der Kinder.
3. Diese Thematisierung läßt sich verwirklichen über erklärende Bewußtmachung, anschauliches Gespräch, spielerischen Vollzug, meditative Betrachtung oder festlichen Umgang und praktische Gestaltwerdung.
4. Evangelische Erziehung kann nicht darauf verzichten, in, mit und unter der Beschäftigung mit den kindlichen Wahrnehmungen, Bedürfnissen und Erfahrungen aufmerksam zu sein und zu machen auf Spuren und Brückenköpfe christlich verstandener Transzendenz in der uns umgebenden Wirklichkeit.
5. Solche Spurensuche und -sicherung muß zusammen mit den Kindern darum bemüht sein, an den thematisierten Erfahrungen, Wahrnehmungen und Bedürfnissen Anknüpfungspunkte, Zündstellen und Begegnungs- und Berührungsfelder mit christlichen Glaubenserfahrungen biblisch traditioneller oder aktueller Provenienz zu entdecken.
6. Evangelische Erziehung verspricht sich durch eine solchermaßen transzendierende Beschäftigung mit relevanten Wahrnehmungen, Bedürfnissen und Erfahrungen der Kinder einen grundlegenden Beitrag ihres Bemühens um eine christliche Haltung, die – gründend in Vertrauen, Liebe und Hoffnung – Lebensmut schenken, Tiefe signalisieren, Richtung weisen und Grenzen setzen kann.

3.2 Biblische Geschichten in der evangelischen Kindergartenarbeit. Bis Ende der sechziger, Anfang der siebziger Jahre konnte die Anzahl der im Kindergarten behandelten biblischen Geschichten noch relativ unwidersprochen als Indikator für den Grad der Christlichkeit kirchlicher Kindergartenarbeit gelten. Kirchenvorsteher, Pfarrer und Eltern richteten an diesem Maßstab ihr Urteil über den Kindergarten ihrer Gemeinde aus, was nicht ohne Auswirkungen auf die Kindergärtnerinnen selbst bleiben konnte: Die Angst der Erzieherinnen vor den biblischen Geschichten ging um. Ein Erlebnisbericht »Aus dem Alltag einer evangelischen Kindergärtnerin« weiß anschaulich davon zu erzählen:[33]

»...Nach der Pause sollen alle gemeinsam singen. Danach will Fräulein M. eine Adventsgeschichte erzählen. Sie hat lange herumgesucht und überlegt, um nicht zu weit von den Erfahrungen der Kinder abzugleiten und doch ihre ›kirchliche Pflicht‹ zu tun. Im Grunde hält sie nichts von dem Zwang, biblische Geschichten zu erzählen. Aber das sagt man besser nicht so laut. Die jungen Kolleginnen sind da sowieso allergisch. Wenn's hart auf hart geht, behaupten sie, man habe ihnen das auch nicht beigebracht – auch wieder wahr bei den zwei Wochenstunden Religionsunterricht während der Ausbildung. Der Pfarrer müßte ihnen helfen, er hat schließlich sein Theologiestudium hinter sich. Aber auch er behauptet, das habe er nicht gelernt, und es fehle durchaus an einer Religionspädagogik für das Vorschulalter.

Fräulein M. denkt mit Schrecken an die morgige Presbyteriumssitzung, in der sie ›dran‹ ist: Wenn nur die älteren Presbyter nicht wären, die immer so schrecklich genau wissen, wie es in einem evangelischen Kindergarten zuzugehen hat. Sie will ihnen ja gern glauben, daß die mütterliche Diakonisse, von der einige manchmal erzählen, von ihren 50 Kleinen geliebt und verehrt wurde... Wenn sie sich nur sicherer wäre, was die Forderung nach mehr Liedern, Gebeten und biblischen Geschichten anlangt! Nach ihrer Schätzung will die überwiegende Zahl der Eltern, die ihre Kinder in die ›Einrichtung‹ der Gemeinde in der Johanniterstraße schicken, nur einen ordentlichen Kindergarten in erreichbarer Nähe, aber durchaus keine ›evangelische Erziehung‹. Die Vorstellung, ›ihre‹ Kinder peinlichen Widersprüchen auszuliefern, wenn sie mit den Geschichten und Gebetchen aus dem Kindergarten nach Hause kommen, ist ihr zutiefst unangenehm. Sind nicht manche Erwachsene auch dadurch unfromm geworden, daß sie nur einen kindlich-kindischen Glauben kennengelernt haben? Ist sie nicht eigentlich selbst in dieser Lage: weder ganz fertig mit den kirchlichen Forderungen noch innerlich sicher genug, um sie zu erfüllen?...«

In diesem Bericht begegnen wesentliche *Probleme und Schwierigkeiten*, die das Erzählen biblischer Geschichten in evangelischen Kindergärten für die Erzieherinnen mit sich bringen:

- Der vermeintliche Zwang und Anspruch, im evangelischen Kindergarten möglichst viele Lieder, Gebete und biblische Geschichten behandeln zu müssen;
- »Die eigene religiöse Unsicherheit vieler Erzieher, die mit den biblischen Erzählungen selbst« ihre Schwierigkeiten haben;
- Die mangelnde theologische und religionspädagogische Ausbildung und Hilfestellung, »die zur Angst vor falscher Auswahl und Darbietung biblischer Inhalte führt«;
- Die Diskrepanz zwischen Elternerwartungen und religiösem Angebot kirchlicher Kindergartenarbeit;

33 WPKG 61/1972, 145–149, bes. 147.

– »Die Angst vor zu früher« und theologisch mißverständlicher »religiöser Überfütterung der Kinder«, die lebenslang »zu einer Immunisierung« und ›Naivisierung‹ »gegenüber biblischen und religiösen Inhalten führen könnte«.[34]

Diese Befürchtungen und Einwände verhallten nicht ungehört, sondern zeitigten in Theorie und Praxis Wirkung. Die »religionspädagogische Wendung«, die gegen Ende der sechziger Jahre zunächst den schulischen Religionsunterricht erfaßte, ging mit ihren problemorientierten Anstößen auch am evangelischen Kindergarten und seiner spezifischen Religionspädagogik und -didaktik nicht spurlos vorüber. Sichtbarer Ausdruck dafür ist z. B. das »Religionspädagogische Förderprogramm für den Kindergarten«, das seit 1975 unter der Herausgeberschaft und intensiven Mitarbeit des Comenius-Instituts zehn Arbeitshefte zur religiösen Erziehung im Kindergarten und zur religionspädagogischen Fortbildung der Erzieher herausgebracht hat, die in keiner Kindergartenbibliothek fehlen sollten.[35] Eine empirische Untersuchung evangelischer Kindergartenarbeit in Bayern sollte hier im Blick auf einen möglichen religionsdidaktischen Einstellungswandel erste Aufschlüsse erwarten lassen: Auf die Frage »Wie häufig erzählen Sie biblische Geschichten?« antworteten 52% der befragten Erzieherinnen »regelmäßig jede Woche«, 17,8% »regelmäßig jeden Monat«, 29,4% »ab und zu«, 0,7% »nie«.[36] Zumindest von einer ›Überlast‹ mit täglicher oder wöchentlich mehrmaliger Bibelbeschäftigung kann danach keine Rede mehr sein, wiewohl immerhin noch über die Hälfte der Erzieherinnen angeben, regelmäßig jede Woche eine biblische Geschichte zu erzählen. Entsprechend hat sich die Lage an der ›Bibelfront‹ im Kindergartenalltag mindestens insoweit entspannt, als man darum weiß, daß die Qualität evangelischer Kindergartenerziehung sich nicht nach der Quantität behandelter Bibelgeschichten bemißt. Gleichzeitig hält man aber mehr oder weniger dosiert am Erzählen biblischer Geschichten als einem offensichtlich unverzichtbaren Element evangelischer Kindergartenarbeit fest und ist deshalb im kirchlichen Kindergarten nach wie vor angewiesen auf Hilfe im Umgang mit biblischen Geschichten. Zentrales Problem ist dabei nicht, ob überhaupt biblische Geschichten behandelt werden sollen – hier herrscht die vage Meinung oder eher das

34 *B. Buschbeck/W.-E. Failing*, Religiöse Elementarerziehung, 150.

35 Vgl. den Abschlußbericht von *H. B. Kaufmann/H. Niederbremer/W. Salzmann*, Das Religionspädagogische Förderprogramm (RPF), 1975–1980, in: Theorie und Praxis der Sozialpädagogik 89/1981, 45–49.

36 *D. Stoller*, Anspruch und Wirklichkeit kirchlicher Erziehung, München/Mainz 1980, 184.

Gefühl vor, daß die Beschäftigung mit der Bibel evangelische Erziehung irgendwie bei ihrer Sache behafte –, auch nicht die Frage, wie ich denn methodisch mit den biblischen Geschichten umgehen soll. Da hat in der Praxis des Kindergartens das Erzählen anhand und mithilfe von Bibelbilderbüchern weite Verbreitung gefunden! Dringend zur Lösung aufgegeben ist vielmehr das Problem einer didaktisch begründeten Auswahl biblischer Geschichten für den Kindergarten. Interessante Aufschlüsse vermittelt uns auch hier wieder die Untersuchung *Stollers*. Danach rangieren unangefochten an der Spitze die »Weihnachtserzählungen«, die mit 99,3% so gut wie von allen Erzieherinnen vermittelt werden, es folgen in der Rangfolge ihrer Nennungen »Oster-Geschichten« (86,2%), »Schöpfungsgeschichte« (74,9%), »Passionsgeschichten« (65,8%), »andere Erzählungen aus dem Leben Jesu« (62,2%), »Wundergeschichten« (58,9%), »Gleichnisse« (52,6%), »Pfingstgeschichten« (50,2%).[37] Leitendes Auswahlkriterium sind dabei die Feste des Kirchenjahres, die den situativen Anlaß bieten, um relativ zwanglos und begründet biblische Geschichten in die Kindergartenarbeit einzubringen und zugleich den reichen Schatz an Brauchtum und Symbolik, der zumindest das Weihnachts- und Osterfest auszeichnet, didaktisch zu nutzen. Wie dominant und theologisch ausschließlich dieses Festkriterium gehandhabt wird, zeigen die überraschend hohen Nennungen für die schwierigen Passions- und Pfingstgeschichten. Aus der ›Fest-Rolle‹ der ersten Ränge fällt nur die Schöpfungsgeschichte heraus, es sei denn, man wollte sie von ihrem theologischen Gehalt her zur Festgeschichte der Geburtstage machen. Dessen unbenommen zeigt sich, daß bei der Auswahl der biblischen Geschichten die Verstehensvoraussetzungen auf Seiten der Kindergartenkinder so gut wie unberücksichtigt geblieben sind; anders wäre etwa der hohe Prozentsatz an Nennungen kaum zu erklären, welche die Wundergeschichten auf sich vereinigen konnten. In dieser Beziehung muß man wohl *Stollers* Urteil teilen, daß auch Ende der siebziger Jahre biblische Geschichten noch relativ unbesehen und unreflektiert und – so muß, die kirchlichen Festgelegenheiten ausgenommen, hinzugefügt werden – situativ noch weitgehend unvermittelt im evangelischen Kindergarten erzählt wurden.[38]

Der oben propagierte situative Ansatz mit seinem didaktischen Bemühen um die Verschränkung und Vermittlung von kindlichen Lebenssituationen und biblischer Tradition dürfte langfristig ein zwar nicht einfacher, aber bei entsprechender Ausbildung und Fortbildung durch-

37 Ebd.
38 *D. Stoller*, aaO., 138f.

aus gangbarer Weg sein, um der unreflektierten Vermittlung biblischer Geschichten an das Kind mit ihren negativen Begleiterscheinungen und Folgen wirksam zu begegnen. Vor allem bedarf dieser *situativ-korrelative Ansatz* brauchbarer *Kriterien für die Auswahl biblischer Inhalte*, die im Anschluß an *B. Buschbeck* und *W.-E. Failing* in einem kurzen Kriterienkatalog zusammengefaßt seien.[39]

1. *Kriterium*: Es sollen in der Regel nur solche biblische Traditionselemente eingebracht werden, die unter den Verstehensvoraussetzungen der Kinder *»situativ ›angebunden‹« und erfahrungsbezogen* behandelt werden können. Dadurch ergibt sich gegenüber der traditionellen Praxis eine massive Reduktion biblischer Texte.

2. *Kriterium*: »Es sollen *eher weniger als zuviel*« biblische Geschichten erzählt werden. *Exemplarische Konzentration* ist allemal stofflicher Vollständigkeit vorzuziehen! Weil sie Kindergartenkindern in der Regel noch nicht erschlossen werden können, fallen mythologisch geprägte Texte wie die Urgeschichte ebenso aus wie sprachlich zu differenzierte und inhaltlich zu hintergründige Texte wie manche Wundergeschichten und Gleichnisse Jesu.

3. *Kriterium*: Die biblischen Erzählungen im Kindergarten haben ihren Schwerpunkt bei *Jesus von Nazareth* und seiner *Botschaft*. Was er getan hat und wovon er erzählt hat, soll den Kindergartenkindern an exemplarischen Einzelerzählungen bekannt werden. An einen Durchgang durch das Leben Jesu (etwa im Rahmen des Kirchenjahres) ist ebensowenig gedacht wie an eine ausführliche Darstellung seiner Passion.

4. *Kriterium*: Es sollen vor allem biblische Geschichten ausgewählt werden, die *»Evangelium«* enthalten, d.h. die »Kindern gegen ihre Ängste und Einengungen Liebe, Hoffnung, Vertrauen und Mut zum Leben eröffnen« können.

5. *Kriterium*: Es müssen nicht um jeden Preis biblische Geschichten erzählt werden. »Bestimmte Inhalte biblisch-christlicher Tradition lassen sich Kindern im Vorschulalter besser in dem Gespräch über die Erlebnisse ihres Alltags... als in der oft fremden Welt biblischer Texte vermitteln; d.h. neben der biblischen Geschichte stehen gleichberechtigt Erzählen, Spielen und Verhalten *aus dem Geist des Evangeliums*«.

Eine auf solchen Auswahlkriterien basierende Bibeldidaktik für den evangelischen Kindergarten sollte auf den Umgang der Erzieherinnen mit biblischen Geschichten in der kommunikativen Praxis des Kindergartenalltags befreiende und orientierende Wirkung haben. Bereits mit der theologischen und religionspädagogischen Ausbildung an der Fachakademie und ihren Praktika müßte hierfür der Grund gelegt werden, der dann über kontinuierliche Fortbildungsveranstaltungen praxiserfahren ausgebaut werden könnte und im Idealfall durch kooperative Absprache und Zusammenarbeit von pädagogischen und theologischen Mitarbeitern der benachbarten kirchlichen Arbeitsfelder zu ergänzen

39 Vgl. *B. Buschbeck/W.-E. Failing*, Religiöse Elementarerziehung, 151–153 und *dies.*, Kirchliche Verantwortung im Elementarbereich, 227.

wäre. Mit der Entwicklung eines offenen ›Kanons‹ elementar-exemplarischer Bibelgeschichten ist zugleich deren erfahrungsheuristische Auslegung anzustreben, die den Erfahrungsgehalt der Geschichten aufzuspüren und auszuloten sucht, um auf diesem Weg theologisch berechtigte und pädagogisch förderliche Berührungsstellen und -felder mit der kindlichen Lebenswelt zu entdecken. Einige wenige repräsentative Erzählungen der Bibel würden so in modellhafter Konzentration zu ausdrücklichen Deutungs- und Orientierungshilfen im kommunikativen Prozeß evangelischer Kindergartenerziehung.

3.3 Feste und Feiern im evangelischen Kindergarten

Feste und Feiern sind seit jeher wesentliche Gestaltungselemente des ›Kindergarten-Alltags‹, den sie ›festtäglich‹ unterbrechen, akzentuieren und strukturieren. Was gemäß unserem situativen Ansatz in Bezug auf Kindererfahrungen und biblische Geschichten in der Regel erst mühsam zusammengebracht und -gedacht werden muß, bildet hier, besonders was die kirchlichen Feste betrifft, eine gleichsam vorgegebene Einheit.

3.3.1 Das Fest bietet den Anlaß, die christliche Tradition den dazu gehörenden Verstehensgrund, Deutungsrahmen und Gestaltungsimpuls. Dieser didaktische Vorzug, der, wie gesehen, in der evangelischen Kindergartenpraxis beinahe schon wieder in unbedachtem Übermaß genutzt wird, hängt mit einem weiteren Vorteil bewußt gepflegter Festtagspraxis im Kindergarten zusammen, der gerade für ein auf den Haltungsbereich abzielendes Erziehungskonzept von unverzichtbarer Bedeutung ist. Feste und Feiern ermöglichen auf wirksamste Weise ganzheitliche Beteiligung der Kinder; denn über, mit und durch sie und ihre Symbolik lassen sich Handlungsvollzüge, emotionales Betroffensein und kognitive Deutungselemente zu eindrucksvollen Erfahrungseinheiten verbinden und verdichten. Gleichzeitig vermitteln regelmäßig wiederkehrende Feste den Kindern, die dem Zeitablauf zunächst völlig verständnislos ausgesetzt sind, zugleich aber ein starkes Bedürfnis nach Sicherheit und Stabilisierung im Fluß des Geschehens erkennen lassen, ordnende *Orientierung in der Zeit.* Gewöhnlich ist zunächst das kindliche Jahr »durch zwei Akzente gekennzeichnet: den Geburtstag und das Weihnachtsfest. Diese Mindestskala mag sich schon früh erweitern, durch Ostern, durch den gemeinsamen« Sommerurlaub u. ä. m. Damit hat der Ablauf des kindlichen Jahres eine erste orientierende, stabilisierende und auch motivierende Grundstruktur. »Die Feste mit ihrer Vorbereitung, der Erwartung und dem Nachdenken regieren den Zeitablauf«. Ganz deutlich ist hier die Handlungskomponente das Primäre; sie wird gleichsam zum »Medium für die begleitenden Stimmungen und Gefühle und die nachfolgende kognitive Aufarbeitung«.[40]

Die meisten Feste, die im Kindergarten – auch dem kommunalen – gefeiert werden, haben eine *direkte oder indirekte Verbindung zu religiösen Inhalten*, ja, man kann sogar sagen, daß es gerade und vor allem die religiöse *Symbolik* ist, die »das Fest der Oberflächlichkeit entnimmt und zur Feier werden läßt«. Entzünden und Verlöschen der Kerzen, Ausschmücken der Räume mit Tannen- oder Birkengrün sprechen die Kinder direkt an und fördern feiernd ihre religiöse Disposition und Empfänglichkeit: »Die Feier transzendiert die unmittelbaren Gegebenheiten auf das – zunächst, in den Augen des Kindes – ganz allgemein Hintergründige hin, sie signalisiert einen die Erfahrung überschreitenden Sinnzusammenhang, an dem sie durch ihren Vollzugscharakter Anteil vermittelt.«[41] Das gilt im Kindergarten natürlich in erster Linie für die beiden großen Feste *Weihnachten* und *Ostern*, die im Festkalender jeglicher Kindergartenarbeit eine unbestritten dominierende Stellung einnehmen. Trotz aller Probleme und Schwierigkeiten, die sich besonders in theologischer Hinsicht mit den Feierbräuchen dieser Feste verbinden, bieten sie mit ihrer Verankerung im Festkreis des Kirchenjahres den Kindergartenkindern einen situativen Einstieg in die spezifisch christliche Tradition und ihre ›Festgeschichten‹. Dabei vollzieht sich die Begegnung mit dem Festgeschehen wiederum über die Handlungselemente: im Fortschreiten des Adventskalenders, im Auswechseln und Malen von Bildern, im Aufstellen und Umgruppieren der Krippenfiguren im Sinn der einzelnen Szenen der biblischen Geschichte, im Anfertigen und Basteln von Schmuck bis hin zum Osterstrauß und Eiermalen, im singenden und spielenden Ausgestalten von kleinen gottesdienstlichen Feierlichkeiten, Andachten u.ä.m. Solche fest-feierlichen Handlungsvollzüge sind emotional hochbesetzt und schließen in der Regel eine ausgesprochen hohe Ichbeteiligung der Kinder ein. Die kognitive Komponente tritt demgegenüber – noch bei Erwachsenen! – stark zurück: weder ein Grund, sie ganz zu vernachlässigen, noch ein Grund, sie erzwungenermaßen zum Mittelpunkt der Feste machen zu wollen! Es gilt vielmehr, die kognitiven Deutungselemente so den festlichen Hand-

40 *H.-J. Fraas*, Religiöse Erziehung und Sozialisation im Kindesalter, Göttingen 1973, 134.

41 *H.-J. Fraas*, aaO., 136.

lungsvollzügen zu integrieren, daß sie von den Kindern als glaubwürdiger und notwendiger Bestandteil des Festes empfunden werden können. Das kann erfolgen durch Handlungs-provozierte und -verlangte Erzählungen, Einzelerklärungen oder Gespräche, die sich aus Fragen der Kinder ergeben und kognitive Weiterführung ermöglichen. Im Ganzen kommt es vor allem darauf an, die Aussage eines Festes in seinem Vollzug gemeinschaftlich zu leben und ganzheitlich erleben zu lassen. Dabei ist besonders die kognitive Zugänglichkeit hinsichtlich der einzelnen Feste durchaus unterschiedlich.

3.3.2 Das Weihnachtsfest bietet hier zweifellos die besten Chancen, den Kindern auch einen kognitiven Zugang zu seiner Botschaft zu eröffnen. Die Weihnachtserzählung läßt sich als relativ anschauliche Geburtstagsgeschichte Jesu auch den jüngeren Kindern schon ansatzweise vermitteln. Hinzu kommt, daß die Symbolwelt gerade für Weihnachten unendlich vielfältig und reichhaltig ist und viele Weisen und Wege eröffnet, um indirekt-symbolisch wichtige Deutungselemente in das weihnachtliche Festerleben der Kinder hineinzunehmen. Erinnert sei nur an die Lichtsymbolik mit Kerzen, Adventskranz und Lichterbaum: Da, wo es unter Menschen dunkel war, wird es hell! *oder* an die Geschenk- und Gabensymbolik: Weil wir uns freuen, daß Jesus geboren ist, möchten wir anderen Freude machen! – mannigfache symbolische Möglichkeiten, um mit Kindern über Anschauung und Vollzug zur hintergründigen Kernausage des Weihnachtsfestes vorzudringen. Dabei tut es solchem Unterfangen keinen Abbruch, wenn der kindliche Geist nicht bis zum radikal nüchternen Verständnis vor- und durchzudringen vermag. Das vermögen wir im religiösen Bereich, wo Gott immer zu einem guten Teil verborgenes Geheimnis bleibt und bleiben muß, ohnehin nicht. Deshalb ist gerade die Erfahrung des Symbolischen, des Geheimnisvollen, des Nicht-ganz-Aufklärbaren für die Persönlichkeitsentwicklung des Kindes wichtig und unverzichtbar!

Weit mehr als das Weihnachtsfest ist dabei das theologisch zentrale *Osterfest*,[42] was seine kognitive Zugänglichkeit betrifft, auf symbolische Erschließungshilfe angewiesen. Die biblischen Passions- und Ostergeschichten sind in ihrem Aussagegehalt viel zu schwierig und vielschichtig, als daß man sie den Kindern erzählend zumuten könnte. Das Verständnis des Todes wie erst recht des gekreuzigten Christus ist den Kindergartenkindern in der Regel noch nicht möglich, obwohl sie be-

42 Vgl. *J. C. Emmelius/H. B. Kaufmann/H. Niederbremer (Red.)*, Ostern (RPF H. 9), Münster 1980; *B. Cratzius*, Kinder im Kirchenjahr, Gießen/Basel [2]1985.

sonders in Gegenden mit vielen Kruzifixen immer wieder nach deren Bedeutung fragen. Hier müssen mit entschiedener Blickrichtung auf die Auferstehung, auf den Gott, der das Leben will und den Tod besiegt hat, zwar erste Antworten versucht werden; sie können und sollen jedoch im Kindergarten weder zu ausführlichen Passions- und Auferstehungserzählungen veranlassen, noch zu weitschweifigen Erklärungen des Osterfestes führen. Vielmehr wird man sich beim Osternfeiern im Kindergarten vorrangig auf den affektiv besetzten Handlungsaspekt konzentrieren und daran versuchen – gegebenenfalls mit Hilfe symbolischer Vermittlung –, Elemente der Frohbotschaft dieses Festes für Kinder lebendig werden zu lassen. »Deswegen darf Ostern im Kindergarten ohne krampfhafte theologische Interpretationsversuche und Alibis als ein Fest der Freude mit allen brauchtümlichen Formen (Ostereier, Osterhase, Eierstrauß u.ä.) gefeiert und emotional verankert werden«.[43] Hier bestehen auch gegen den Osterhasen keine Bedenken, »wenn er bewußt scherzhaft-spielerisch eingeführt wird... Der Vollzugscharakter steht tatsächlich vor der kognitiven Bedeutung«. Allerdings sollte den Kindern im und am wiederholten Vollzug allmählich deutlich werden, »daß all das Scherzhaft-Fröhliche Ausdruck einer Freude ist, auf deren Ursache sie (Text: es) in zunehmendem Maß neugierig werden« sollen.[44]

Über den beiden großen kirchlichen Festen und Festzeiten sollte die Kindergartenarbeit die vielen *Fest- und Feiermöglichkeiten im Jahr* – religiöse wie profane – nicht aus dem Blickfeld verlieren. Sie müssen als ein unverzichtbarer Bestandteil ganzheitlicher Erziehung und symbolischer Sensibilisierung angesehen werden und dürfen in der pädagogischen wie religionspädagogischen Arbeit des Kindergartens keinesfalls vernachlässigt werden! In religiöser Hinsicht wäre hier etwa noch auf die nicht-biblischen Feste aus der christlichen Legende, auf das *St. Martins- und St. Nikolaus-Fest*, zu verweisen oder auf das *Erntedankfest*, auf Fastnacht, Kirchweih oder ähnliche Festivitäten. Hier käme es weiterführend darauf an, kreativ an der *Gestaltung neuer Feste* zu arbeiten, die dem Erlebnishorizont heutiger Kindergartenkinder entsprechen. *B. Buschbeck* und *W.-E. Failing* schlagen in diesem Zusammenhang etwa Feste vor wie »Urlaubsdank (›die schöne große Welt‹«), »Tummelfest (... ›daß ich laufen und springen kann...‹«) oder »Schalom-Fest (›Frieden feiern – Frieden machen‹«).[45] Hier öffnet sich ein weites Feld für didaktische Phantasie und Erfindungsreichtum, das religionspädago-

43 *B. Buschbeck/W.-E. Failing*, Religiöse Elementarerziehung, 162.
44 *H.-J. Fraas*, Religiöse Erziehung und Sozialisation im Kindesalter, 144.
45 *B. Buschbeck/W.-E. Failing*, aaO., 163.

gisch etwa im Überschneidungsfeld von kindlicher Situation, christlichem Menschenbild und Sozialerziehung auf Feier- und Festmöglichkeiten hin ausgelotet werden könnte und müßte. Auf jeden Fall steht außer Frage, daß gerade der Gestaltungs- und Vollzugsbereich religiöser Feste und religiösen Feierns evangelischer Erziehung die besten Möglichkeiten an die Hand gibt, um die Kinder ein Stück weit mit auf den Weg zu nehmen in Richtung auf das (ganzheitliche) Fernziel evangelischer Haltung im Kommunikationsfeld des gemeinsamen Leben- und Glaubenlernens.

3.3.3 Hier wäre – bei zur Verfügung stehender Seitenzahl – der geeignete Ort, um über Möglichkeiten und Chancen einer bewußt *symboldidaktischen Erziehung* im Kindergarten nachzudenken (→ s. o. IX, 4.2). Denn die Symbolträchtigkeit und -fülle gerade der großen christlichen Feste machen es in der Praxis des Kindergartens unmöglich, diese Feste ›symbollos‹ zu feiern. Das allein ist Grund genug, um sich bereits für den Elementarbereich symboldidaktische Gedanken zu machen und nicht erst zu warten, bis die Kinder zu mehrdimensionalem Denken in der Lage sind. Diese Auffassung verkürzt das Symbol auf seine kognitive Dimension und verkennt damit sein Wesen und seine Macht, die darin bestehen, daß Symbole ganzheitlich erfahren werden wollen. In ihnen »verbinden sich Sinnlichkeit und Sinn« und ist stets ein »sinnlich-anschauliches Element« mitgegeben, als und durch das in ahnendem Überstieg »auf das eigentlich Gemeinte« hingewiesen wird.[46] Diese auf ganzheitliche Erfahrung und Teilhabe angelegte Eigenart der Symbole läßt es angeraten sein, mit bewußter Symbolerziehung von früh auf zu beginnen. Was *H. Halbfas* in vorbildlicher und anregendster Weise mit seinen Religionsbüchern und dazugehörigen Lehrerhandbüchern in symboldidaktischer Hinsicht bereits für den Grundschulbereich geleistet hat,[47] müßte in Richtung Familienerziehung und Kindergartenarbeit seine kongeniale ›Propädeutik‹ finden. Ziel einer solchen symboldi-

46 *P. Biehl*, Die Chancen der Symboldidaktik nicht verspielen, in: Religion heute 1986 H. 3, 168–173, bes. 169; vgl. außerdem *P. Biehl/G. Baudler*, Erfahrung – Symbol – Glaube (Rph 2), Aachen ²1987; *P. Biehl*, Symbol und Metapher, in: JRP 1, Neukirchen 1985, 29–64.

47 *H. Halbfas (Hrsg.)*, Religionsbuch für das 1. Schuljahr (1983) ... für das 2. Schuljahr (1984) ... für das 3. Schuljahr (1985) ... für das 4. Schuljahr (1986) Zürich/Köln/Düsseldorf; dazu die entsprechenden von *H. Halbfas* verfaßten Lehrerhandbücher 1–4, Düsseldorf 1983–1986; vgl. außerdem *ders.*, Auf dem Wege zu einer Symboldidaktik, in: *ders.*, Das dritte Auge, Düsseldorf 1982, 84–141.

daktischen Elementarerziehung sollte es sein, auf Seiten der Kinder eine grundlegende Sensibilisierung für Symbole anzubahnen. Vordringlichste Aufgaben, um dieses Ziel mit Aussicht auf Erfolg angehen zu können, ist dabei die Schaffung symbolsensibler Kompetenz bei Eltern und Erzieherinnen. Hier stehen wir noch ganz am Anfang eines Weges, der zu Beginn dieses Jahrzehnts zunächst für die schulische Religionsdidaktik entdeckt und aufgetan wurde, auf seine religionspädagogische Fruchtbarmachung für die Kindergartenarbeit aber im wesentlichen noch wartet. Gerade für die religiöse Erziehung im Kindergarten dürfte sich damit ein durchaus erfolgversprechender Weg eröffnen, den es sich lohnt weiterzuverfolgen. Die symbolreichen christlichen Feste bieten hier tatsächlich zwanglos vorgegebene Gelegenheiten, um bei hoher emotionaler Ich-Beteiligung in handelndem und feierndem Vollzug über begreifendes Schauen und deutendes Erzählen, Singen oder Spielen Symbole zu ganzheitlichen Erfahrungen mit Verweischarakter werden zu lassen. Dabei begegnen uns in den christlichen Festen nicht nur genuin christliche Symbole, sondern in der Mehrzahl wohl eher »Symbolmischungen«, in denen außerchristliche Traditionen, archetypische Elemente und christliche Deutungen eine Verbindung eingegangen sind. Besonders die archetypisch elementaren Symbole wie etwa Herz und Hand, Vater und Mutter, Licht und Finsternis verweisen dabei die religiöse Kindergartenerziehung auf das beinahe unerschöpfliche Reservoir an symboldidaktischen Möglichkeiten außerhalb der Symbolwelt der traditionellen christlichen Feste.[48] Diesen Schatz sollte sich auch die Kindergartendidaktik erschließen, indem sie sich der elementaren Symbole als Brücke zwischen den Grunderfahrungen ihrer Kinder und zentralen Texten der Bibel bedient. So können – vermittelt über den elementaren Erfahrungsgehalt von Symbolen – auch im festlosen Alltag symboldidaktische Lernwege in Richtung Kommunikation des Evangeliums eingeschlagen und begangen werden. Am Beispiel »Licht, Wärme, Leben und Sprache« hat hier – noch ohne ausdrückliches Abheben auf die Symbolthematik – *J. Hofmeier* bereits in den siebziger Jahren beachtenswerte Vorschläge gemacht,[49] die unter Beachtung der neueren symboldidaktischen Erkenntnisse und Diskussion um *P. Biehl* und

48 *P. Biehl*, Die Chancen der Symboldidaktik nicht verspielen, 170ff.

49 *J. Hofmeier*, Religiöse Erziehung im Elementarbereich, in: *Bayer. Staatsministerium für Unterricht und Kultus (Hrsg.)*, Der Übergang vom Kindergarten zur Grundschule, Donauwörth (1973) [14]1984, 37–73; vgl. dazu *J. Hofmeier (Hrsg.)*, Religiöse Erziehung in Kindergarten und Familie. Teil 1–4, Donauwörth 1978–1984 (insgesamt 7 Hefte; Teil 3: H. 1 Weihnachtsfestkreis H. 2 Osterfestkreis).

H. Halbfas weitergeführt, modifiziert und ausgeweitet werden wollen. Dabei gilt es besonders beim Auftun und Entdecken neuer Fest- und Feiergelegenheiten der großen didaktischen Möglichkeiten und Wirkungen zentraler Symbole eingedenk zu sein und sie – wie etwa das Türsymbol beim oben beschriebenen Kindergarteneingangsfest – situativ und erfahrungsnah zu nutzen und zu deuten. Unbenommen solcher symboldidaktischen Entdeckerfreude in der alltäglichen und festlichen Praxis evangelischer Kindergartenerziehung, die gepflegt und gefördert werden muß, werden indes die beiden großen christlichen Feste Weihnachten und Ostern bevorzugter Ausgangs- und Bezugspunkt für symboldidaktische Bemühungen im Kommunikationsfeld des Kindergartens bleiben.

3.3.4 Was die praktische Inszenierung der Feste anlangt, so kann die Kindergartenarbeit heute auf ein relativ großes Repertoire an *methodischen Vorschlägen und Medien* zurückgreifen.[50] Verschiedenste Gestaltungs- und Handlungselemente werden dabei je nach Anlaß und Situation den Festvollzug bestimmen: Andachtsformen mit wiederkehrenden festen Riten und wechselnden Stücken, gemeinsam geübtes Beten, Mahlgemeinschaften, meditative Elemente als Einübung ins Anschauen, Hinhören und Staunen, Singen und Musizieren, Rhythmik und Malen und nicht zuletzt die breite Palette an Spielmöglichkeiten von Tanzspielen bis zu Puppenspielen und ersten Rollenspielen. Und unserem religionspädagogischem Ansatz entsprechend muß »zu alledem... die Deutung hinzutreten, die das Erleben aus dem bloß Sozialkundlichen und Sachkundlichen heraushebt«[51] und zur verstehenden Erfahrung im Horizont christlicher Welt- und Lebensdeutung werden läßt. Veranlaßt durch ein angeschautes Symbol, einen gesungenen Liedvers oder betrachtete Bilder, Fotos und Dias kann das über kurze deutende und hinweisende Erklärungen oder auch in ersten Ansätzen bereits gesprächsweise geschehen. Fundamentale Methode, um dem religionsdidaktischen Deutungsauftrag evangelischer Kindergartenerziehung nachzukommen, ist und bleibt nach wie vor das *Erzählen von Geschichten*, von Glaubensgeschichten traditioneller und aktueller Provenienz. Das gilt unbenommen des breiten Angebots an Bild- und Tonmedien, die inzwischen auch für die religiöse Erziehung im Kindergarten zur Verfügung stehen, und

50 Vgl. *S. v. d. Steinen (Red.)*, Medien für den Kindergarten (RPF H. 4), Münster 1978; *R. Krenzer*, Glauben erlebbar machen. Spielgeschichten und Lieder zur religiösen Erziehung im Kindergarten, Freiburg/Basel/Wien 1985.

51 *H.-J. Fraas*, Glaube und Identität, Göttingen 1983, 251.

gehört deshalb nicht von ungefähr zum Standardprogramm jeder religionspädagogischen Ausbildung in den Fachakademien für Sozialpädagogik.[52] Konzentriert auf das Erzählen biblischer Geschichten gibt es heute in diesem Bereich eine derart reiche und – gemessen an unseren didaktischen Kriterien – auch qualifizierte Auswahl an Erzähltheorien und -anleitungen, Arbeitshilfen, Modellen und Mustersammlungen, daß sich eine nähere Auseinandersetzung an dieser Stelle erübrigt und ein Verweis auf weiterführende Literatur genügen muß.[53]

4. Religionspädagogische Vernetzung

In einem in vieler Hinsicht als vorbildlich zu bezeichnenden Lehrplan für »Theologie/Religionspädagogik (evangelisch)« an der Fachakademie für Sozialpädagogik (München, Juni 1981) soll unter dem Lernziel »Einblick in die Berufsprobleme des Erziehers im Zusammenhang mit religiöser Erziehung« die »Notwendigkeit und Möglichkeiten der Zusammenarbeit« mit Eltern, Kirchengemeinde und Grundschule thematisiert werden (S. 14f.). Damit ist als curricularer Lerninhalt eine Einsicht formuliert, die sich in einschlägigen Kreisen inzwischen allseitiger Zustimmung erfreut: Religiöse Erziehung kann nur dann gelingen, wenn man der isolierten Versäulung der einzelnen gemeindepädagogischen Arbeitsfelder endgültig den Abschied gibt und stattdessen ernsthaft um kooperative und koordinierte Vernetzung bemüht ist. Dieses Anliegen liegt nicht nur im Interesse einer konziliaren Kirche und ist nicht nur entscheidendes Movens des neuen gemeindepädagogischen Nachdenkens und Handelns, sondern hat darüber hinaus geradezu als Grunderfordernis einer Religionspädagogik zu gelten, die der religiösen Erziehung in unserer heutigen Welt- und Lebenswirklichkeit nicht nur punktuelle Lebensrelevanz beigemessen haben möchte, sondern lebens-

52 Vgl. dazu z. B. als brauchbares »Religionspädagogisches Material für die Fachakademie für Sozialpädagogik« die »Mappe 24 Erzählen« des *Katechetischen Amtes Heilsbronn* »Berufliche Schulen«; außerdem die für Eltern und Erzieher geschriebenen Beiträge von *G. Adam* »Vom Sinn des Erzählens«/»Erzählen und Vorlesen – Wie macht man das?«/»Erzählen im Kirchenjahr: z. B. Weihnachten«, in: Familie aktuell 4/1985 Nr. 1, 1–2 u. 10–12; Nr. 4, 1–6; Nr. 6, 3–10 u. 13–18.

53 *W. Neidhart/H. Eggenberger (Hrsg.)*, Erzählbuch zur Bibel, Zürich/Einsiedeln/Köln/Lahr (1975) [4]1984; *D. Steinwede*, Was ich gesehen habe. Thematische Bibelerzählungen für Kinder, Eltern und Lehrer, Göttingen/München 1976; *H. Niederbremer (Red.)*, Erzählen (RPF H. 8), Münster 1980.

begleitende Bedeutsamkeit und Wirksamkeit. Im Theoriebereich erfordert das so etwas wie eine synoptische Suchbewegung, die über den Zaun des eigenen Arbeitsgebietes hinweg die angrenzenden Arbeitsfelder in den Blick nimmt und nach einem bestimmten heuristischen Raster Koordinations- und Kooperationsmöglichkeiten erkundet, die ohne Verwischung des je spezifischen Profils eines Aufgabenfeldes Chancen zu ›konzertierter Aktion‹ am gemeinsamen Ziel eröffnen: zusammen leben, glauben und lernen zu lernen. Freilich ist die Proklamation eines in diesem vernetzten Sinne integrativen Theoriemodells nur die eine Seite; seine Umsetzung in die Praxis des Kindergartenalltags steht auf einem anderen Blatt. Und da ist es bekanntermaßen so, daß gerade die Erzieherinnen, die sich besonders ernsthaft und tatkräftig in der Kindergartenarbeit engagieren, so von ihren Kindergartenaufgaben und -pflichten gefangen genommen sind, daß ihnen für einen Blick über den Zaun gar keine oder nur mehr sehr wenig Zeit und Kraft übrigbleiben. Deshalb ist der Ruf nach einer vernetzten Gemeindepädagogik nur dann sinnvoll, wenn ihm gleichzeitig strukturelle Maßnahmen korrespondieren. Kooperative Initiativen, Fortbildung, Begegnungen und Arbeits- und Kontaktsitzungen mit Vertretern anderer Arbeitsfelder ebenso wie mit Eltern und Kollegen dürfen danach nicht mehr zusätzliche Arbeitsbelastungen darstellen, sondern müssen anerkanntermaßen als integrativer Bestandteil der ›normalen‹ Arbeit und Arbeitszeit von Erzieherinnen begriffen und dienstrechtlich-vertraglich ausgewiesen werden. Das muß im Kindergartenbereich zwangsläufig zur Vermehrung von Personalstellen bzw. bei weiterhin rückläufiger Kinderzahl zum entschiedenen Stop gegenüber allen Bestrebungen in Richtung Stellenabbau führen – eine Zu-Mutung, der sich kirchliche Träger von Kindergärten, denen an einer umgreifend lebensbegleitenden Religions- und Gemeindepädagogik gelegen sein muß, kaum werden entziehen können. Im Gegenteil: in dieser Beziehung müssen die kirchlichen Träger die Rolle des Vorreiters spielen und ausstrahlungskräftige Vorbildfunktion wahrnehmen!

4.1 Elternarbeit. Die familienergänzende Funktion, die der Kindergartenerziehung zugeschrieben wird, rückt zwangsläufig die Zusammenarbeit mit Eltern und Familien ins Blickfeld (→ s. o. I, 3.4 [4]). Entsprechend begegnet die Elternarbeit als fester und unumstrittener Bestandteil der Kindergartenarbeit und hat deshalb auch ihren ausdrücklichen Niederschlag in so gut wie allen Kindergartengesetzen gefunden. Wie die einschlägigen Befunde zeigen, machen hier auch kirchliche Kindergärten keine Ausnahme: Im Laufe eines Jahres fanden z. B. in bayerischen evangelischen Kindergärten durchschnittlich 9,7 Elternveranstaltungen statt. Davon wurden von 93,8% der Erzieherinnen Veranstaltungen mit Eltern und Kindern zusammen durchgeführt, von 90,5% Elternabende als Vollversammlungen, von 49,4% Gruppenelternabende, von 27,3% Elternseminare zu einem Thema und von 16,4% regelmäßige Eltern-Erzieher-Gesprächskreise.[54] So selbstverständlich auf der einen Seite dieser Kooperationsauftrag des Kindergartens mit dem Elternhaus auch ist, so schwierig gestaltet er sich auf der anderen Seite, wenn es gilt, ihn angesichts der heterogenen Elternvoraussetzungen, familiären Verhältnisse und gesamtgesellschaftlichen Situation effektiv zu realisieren. Hier stehen dem »Lernen mit Eltern« mannigfache »hemmende Faktoren« und »Schwierigkeiten der Kooperation« entgegen,[55] die sich im Bereich religiösen Lernens noch potenzieren. Man tut gut daran, in dieser Beziehung auf Eltern- und Kindergartenseite die Lage ganz nüchtern zu sehen: Ist der Anteil an religiöser Erziehung bereits im Kindergartenalltag recht gering, so gilt das in noch viel höherem Maße für die Arbeit mit den Eltern. Nach *Stoller* werden im Jahresdurchschnitt »nur in 11,8% der Elternversammlungen« Fragen religiöser Erziehung behandelt,[56] und in einem gerade auch für kirchliche Kindergärten beachtenswerten Modellversuch »eltern-integrativer Kindergartenarbeit« taucht die religiöse Dimension gar nicht auf.[57] Bei den wenigen religiös orientierten Aktivitäten im Bereich der Elternarbeit stellte sich zudem immer deutlicher heraus, daß es nicht zuerst oder nur vordergründig die Fragen religiöser Erziehung waren, die auf Behandlung drängten, sondern vorgängig die religiöse Sozialisation der Eltern selbst, die dringend der Aufarbeitung bedurfte. Erst wenn das mitgeleistet würde, könnte man sich mit Aussicht auf Erfolg der religiösen Erziehung der Kinder widmen. In dieser Hinsicht sind freilich die Erzieherinnen überfordert, und ist die Hilfe des Pfarrers oder Religionspädagogen oder noch besser eines kirchlichen Andragogen verlangt. Hier vernetzt sich die Kindergartenarbeit mit der Gemeindearbeit bzw. dem gemeindepädagogischen Arbeitsfeld der Erwachsenenbildung, die den situativen Kairos der Elternarbeit des Kindergartens zum Anlaß nehmen können, um in engster Zusammenarbeit mit den Erzieherinnen Eltern- und Familienbildung zu betreiben.[58] Das dürfte sich nicht nur auf die

54 *D. Stoller*, Anspruch und Wirklichkeit kirchlicher Erziehung, 176.
55 Vgl. *B. Buschbeck/W.-E. Failing*, aaO., 194ff.
56 *D. Stoller*, aaO., 155.
57 *M. Wieber*, Modell Eltern – Kindergarten, Freiburg / Basel / Wien 1985.
58 Vgl. z. B. das Fallbeispiel bei *J. Knoll*, Art. Erwachsenenbildung, in: *W. Böcker/*

›Dienstleistung‹ »unterstützender Fachlichkeit« durch den religiösen oder religionspädagogischen Experten beschränken, sondern müßte für das Gesamt der Interaktionen zwischen Eltern, Erziehern und Kindern begleitende Kontinuität gewinnen. Voraussetzung dafür ist, daß man sich auf die spezifischen Anforderungen der Arbeit mit Kindergarteneltern einläßt und im Zusammenwirken mit den Erzieherinnen den *Maßgaben* folgt, die – bei modifizierter Anwendung auf die Eltern-Erzieher-Kooperation – das gemeinsame Glauben- und Lebenlernen evangelischer Kindergartenarbeit bestimmen:

1. Die Praxis der Kommunikation zwischen Erzieherinnen und Kindergarteneltern sollte von allem Anfang an als symmetrische Kommunikation *partnerschaftlich* angelegt sein.[59] Dem leitenden Interesse am Wohl des Kindes ist am besten gedient durch eine unvoreingenommene Partnerschaft, in der weder die Eltern die Erzieherinnen als untergebene Erziehungsangestellte, noch umgekehrt die Erzieherinnen die Eltern als ihnen ausgelieferte Erziehungsignoranten behandeln. Besonders im Bereich religiöser Erziehung, in der häufig sowohl Eltern wie Erzieherinnen unsicher sind, ist der partnerschaftlich vertrauensvolle Umgang miteinander unerläßliche Voraussetzung, um in der Solidarität gemeinsamen Fragens und Suchens mögliche Antworten und Wege zu finden und zu er-fahren.

2. Partnerschaftliche Interaktion und Kommunikation ist angewiesen auf die *gleichberechtigte Beteiligung* möglichst aller mit der Kindergartenarbeit befaßter Personen. Nicht Betreuung und Belehrung sind primär gefragt, sondern analog der angestrebten Beteiligungskirche die freiwillige Beteiligung eines jeden je nach den Gaben, Erfahrungen und Fragen, die er in den gemeinsamen Lernprozeß einbringen kann. Besonders in bezug auf die Mithilfe der Eltern bei Festen und Feiern, bei Ausflügen, Reparaturen und Materialbeschaffungen ist das heute in der Regel bereits bewährte Praxis;[60] sie sollte bewußt gepflegt werden, um über den pragmatischen Bereich hinaus auch zum selbstverständlichen Ferment und Prinzip in Gesprächsrunden, Erfahrungsaustausch und Informationsveranstaltungen zu werden. Dazu muß allerdings die Erzieherin um ein gründliches Kennenlernen der Eltern bemüht sein; denn nur das schafft ihr die Voraussetzungen für die Sensibilität, die nötig ist, um die vielerlei Gaben auf Elternseite aufspüren und entdecken zu können.

3. Beteiligung in Partnerschaft kann nur freie, *zwang-lose Teilhabe* der Eltern am Kindergartengeschehen heißen. Angesichts der volkskirchlichen Distanz, die ein Großteil der Kindergarteneltern gegenüber der Institution Kirche pflegt, verlangt das einmal den strikten Verzicht auf alles, was als kirchliche Rekrutierungsarbeit verstanden werden könnte, und fordert zum andern *die Offenheit und Attraktivität eines Angebots*, das nicht nur die unterschiedlich bedingten Hemmungen und Vorbehalte gegenüber einer Mitwirkung beachten und, wenn möglich, ausräumen soll, sondern zugleich auch noch einladenden Charakter haben müßte. Hier muß man indes wiederum bescheiden und nüchtern bleiben, um nicht die

H.-G. Heimbrock/E. Kerkhoff (Hrsg.), Handbuch Religiöser Erziehung, Bd. 2, Düsseldorf 1987, 346–353, bes. 346.

59 *E. Goßmann (Red.)*, Eltern als Partner (RPF H. 10), Münster 1982.

60 Vgl. *D. Stoller*, aaO., 156.

Berechtigung solcher Forderung an der Aussichtslosigkeit unrealistischer Ansprüche scheitern zu lassen. Sicher soll sich das Werben des Kindergartens um Mitarbeit an den Voraussetzungen, Bedürfnissen und Erwartungen der Eltern orientieren und darauf aus sein, möglichst bereichernde, anregende und anziehende Perspektiven der Zusammenarbeit zu eröffnen. Das kann jedoch nicht bedeuten, daß den Eltern, gemessen an ihrem Berufsalltag, nun jede »zusätzliche Anstrengung« erspart werde; partnerschaftliche Mitbeteiligung erfordert nun einmal um der Kinder willen von allen Beteiligten engagierten Einsatz und kann und will deshalb im Normalfall nicht mit irgendwelchen Freizeitangeboten konkurrieren.

4. Motivierendes und bewegendes Element wirklich gelingender Kooperation dürften in der Regel *die Kinder selbst* sein. Das gilt nicht zuletzt für den Bereich der ›Glaubensdinge‹, in denen das Kind mit seinen Fragen und Feststellungen zum dynamischen Anstoß für die Mutter oder den Vater werden kann, sich mit anderen Eltern und Erzieherinnen über Fragen der »Grundrichtung« auszutauschen. Ideal wäre es dabei, wenn sich neben dem gemeinsamen Nachdenken, Diskutieren und Agieren gelegentlich eine Teilhabe interessierter Elternteile an der Vorbereitung und Durchführung religionspädagogischer Vorhaben im Kindergartenalltag realisieren ließe. Das wäre dann gleichsam Eltern-integrative Kooperation in Vollendung, weil Eltern auf diese Weise wirklich am *gemeinsamen* Leben- und Glaubenlernen im Kindergarten beteiligt wären. Gemeinsamkeit in diesem Sinne kooperativ buchstabiert, könnte sich hier auswachsen zur echten – die Generationen umspannenden und die Lebensräume von Familie und Kindergarten bruchlos verbindenden – Gemeinschaft aus Erzieherinnen, Eltern und Kindern.

5. Elternarbeit im Kindergarten sollte schließlich auch eine *diakonische Spitze* haben und unter dem Anspruch agapegemäßer Kommunikation des Evangeliums ständig darauf bedacht sein, möglichst keine Eltern aus der Kooperation auszunehmen, auszuschließen oder abzustoßen und bei gemeinsamen Aktionen von Eltern, Kindern und Erzieherinnen möglichst kein Kind ohne elterliche oder elternähnliche Beachtung und Begleitung zu lassen. Hier hat die Kooperation sowohl von Eltern- wie von Erzieherinnenseite her integrative Kraft und Phantasie zu entfalten, um ›Unterprivilegierten‹ und Außenseitern unter den Kindergarteneltern das Kommen und Mitmachen zu erleichtern und zu unverkrampfter Beteiligung zu ermuntern.

4.2 Kooperation mit der Kirchengemeinde. Ebenso selbstverständlich wie das Zusammenwirken mit den Eltern sollte für Kindergärten in kirchlicher Trägerschaft die Zusammenarbeit mit der Kirchengemeinde, ihren exponierten Vertretern, Arbeitsformen und Werken, sein. Die vorangegangenen Ausführungen waren durchgängig von dieser Voraussetzung geleitet und deuteten bereits einige Konvergenzräume und -stellen möglicher Kooperation an. Entsprechend gelten die kooperativen Maßgaben der Elternarbeit auch für die Zusammenarbeit zwischen Erzieherinnen und Kirchengemeinde. Partnerschaftliche Kooperation im Rahmen einer Beteiligungskirche muß es vor allem zwischen den theologischen und pädagogischen Mitarbeitern der Gemeinde geben, wobei die Erzieherinnen des Kindergartens mit den Religionspädagogen zusammen als gleichberechtigte und gleichgewichtige Gruppe unter den pädagogischen Mitarbeitern rangieren. Hier hängt natürlich sehr viel von der Kooperationswilligkeit und -fähigkeit des Pfarrers ab. Nur wenn diese in bewußter Absetzung von einem pfarrherrlichen Amtsverständnis im Dienstalltag geübt und verwirklicht wird, kann es gelingen »unterwegs zur Beteiligungsgemeinde« Gemeinde wirklich zu leben[61] und realiter zu solch idealer Kooperations- und Kommunikationsgemeinschaft zu gelangen, wie sie oben im Blick auf die Mitarbeiter in den gemeindepädagogischen Handlungsfeldern so eindrucksvoll beschrieben ist (→ s. o. VI, 6.4).

Gemeinsam von Kindergarten und Pfarrer in Angriff genommene Projekte, die sowohl der religionspädagogischen Arbeit im Kindergarten wie der Gemeindearbeit des Pfarrers oder anderer theologischer oder pädagogischer Mitarbeiter zugute kommen, sind hier fruchtbarer Kooperation sicher am förderlichsten. Die traditionell geübte Mitwirkung der Kindergartenkinder im Gottesdienst des Erntedankfestes, der ein nicht zu verachtender Symbolgehalt eigen ist, sollte – gleichsam als kooperativer Archetyp – dazu anregen, über gelegentliche Beteiligungsmöglichkeiten des Kindergartens an gottesdienstlichen Arbeitsformen der Gemeinde nachzudenken. Hier haben sich in den letzten Jahren besonders die Familiengottesdienste zu einem gut geeigneten Kooperationsfeld entwickelt, das umso effektiver wird, je stärker und bedachter die Vorbereitung und das Nacharbeiten in die Kindergartenarbeit integriert ist. Dabei können gerade die Familiengottesdienste noch insofern an kooperativer Bedeutung gewinnen, als sich in ihnen nicht nur Gottesdienst und Kindergarten vernetzen, sondern möglicherweise auch noch Kindergottesdienst (→ s. u. IX) und gemeindliche Kinderarbeit. Im Blick auf den Kindergarten liegt das Besondere der beiden letztgenannten gemeindepädagogischen Arbeitsfelder darin, daß es sich bei ihren Teilnehmern mindestens zu einem Teil um dieselben Kinder handelt, die auch den Kindergarten besuchen. Ein Wissen darum, was in Kindergottesdienst und Kinderarbeit in welcher Weise ›läuft‹, muß dabei als Mindestvoraussetzung kooperativer Intentionen und Initiativen verlangt werden. Das verhindert unnötige Doppelungen und langweilende Wiederholungen und gibt die Möglichkeit, das von einigen Kindern bereits in anderen Arbeitsfeldern Gelernte der religiösen Erziehung im Kindergarten didaktisch zunutze kommen zu lassen. Im Sinne echter Kooperation wäre es freilich wünschenswert, wenn sich die für die

61 *K. Foitzik/E. Goßmann*, Gemeinde leben, Gütersloh 1986, 68ff.

einzelnen Arbeitsgebiete Verantwortlichen ab und an zur Vorbereitung und Absprache gemeinsamer Themen und Aktionen verstehen und vereinigen könnten. Das müßte nicht die Verleugnung des je eigenen Profils und Auftrags von Kindergärten, Kindergottesdienst und Kinderarbeit bedeuten, sondern könnte im Gegenteil dazu verhelfen, daß man sich im kooperativen Bedenken und Planen der spezifischen Möglichkeiten, Aufgaben und Grenzen des eigenen Arbeitsfeldes ebenso bewußt wird wie der Gemeinsamkeit des Kommunikationsauftrags, an dem jeder für seinen Teil und alle zusammen arbeiten sollen. Für die religiöse Erziehung im Kindergarten schließt das nicht nur die Möglichkeit ein, im Hinblick auf Andachtsformen und Feierpraxis vom Kindergottesdienst zu lernen, sondern gibt auch Gelegenheit, die Kinder auf das gemeindliche Angebot des Kindergottesdienstes aufmerksam und neugierig zu machen. Als besonders effektiv haben sich hier zeitlich befristete Projekte wie etwa die Kinderbibelwochen erwiesen, wenn sie von Mitarbeitern und Kindern der verschiedenen gemeindepädagogischen Arbeitsfelder gemeinsam vorbereitet und durchgeführt wurden. Im miteinander Feiern, Hören, Spielen und Singen konnte es dabei zu Erlebnissen und Erfahrungen kommen, die sich im kooperativen Vollzug durchaus als geglückte Kommunikation des Evangeliums würden deuten und qualifizieren lassen.

4.3 Kindergarten und Grundschule. Nachdem die 1970 vom Deutschen Bildungsrat in seinem »Strukturplan für das Bildungswesen« vorgeschlagene Vorverlegung des Einschulungsalters aus guten Gründen nicht zum Zuge kam,[62] hätte man eigentlich eine verstärkte Beschäftigung mit der schulvorbereitenden Funktion des Kindergartens erwarten müssen. Tatsächlich erschienen z. B. in Bayern 1973 unter dem Titel »Der Übergang vom Kindergarten zur Grundschule« einschlägige »Empfehlungen für den Elementarbereich«. Doch obwohl dem sogar 1979/80 in sechzehn Grundschulen und ebensovielen Kindergärten ein Modellversuch »Kooperation zwischen Kindergarten und Grundschule« folgte, so muß man doch aufs Ganze gesehen feststellen, daß sich in dieser Beziehung die Erwartungen nicht erfüllten:

Echte Formen der Zusammenarbeit stellen auch heute noch eher die Ausnahme dar. Neben anderen Gründen liegt das wohl vor allem daran, daß nur etwa ein Drittel der Kinder, die eingeschult werden sollen,

62 Vgl. die »Stellungnahme des Rates der EKD zur Bildungsreform im Elementarbereich« vom 15./16. März 1974, in: *Comenius-Institut (Hrsg.)*, Bildungsplanung und Erziehungsauftrag im Elementarbereich, Münster 1974, 109–116.

zuvor einen Kindergarten – nicht immer denselben! – besucht haben, so daß eine gegenseitige Abstimmung von vornherein nur eine sehr partielle Wirkung haben würde. Abhilfe brächte hier der Vorschlag, das Kindergartenangebot für Fünfjährige pädagogisch und didaktisch so attraktiv auszubauen, daß es möglichst von allen Kindern dieser Altersstufe genutzt werden kann. Damit könnte der Kindergarten besonders auf dem Gebiet der Sozialerziehung, aber auch im Blick auf das Anbahnen erster schulischer Lernformen seine schulvorbereitende Aufgabe wirklich so wahrnehmen, daß die Grundschule davon profitiert. Langfristig sollte das angestrebt werden; vorläufig kann man nur hoffen, daß die laufenden Modellversuche diesen Trend fördern und möglichst viele freiwillige Initiativen und Kooperationsformen zwischen Kindergarten und Grundschule erwachsen. Das könnte auf Dauer zu einer »Institutionalisierung« der Modellerfahrungen durch den Staat führen, die aus der Einsicht in die grundsätzliche Notwendigkeit einer Zusammenarbeit zwischen Kindergarten und Grundschule unbedingt zu begrüßen wäre.

Das gilt selbstverständlich auch *in religionspädagogischer Hinsicht*, wobei sich von Kindergärten in kirchlicher Trägerschaft her sicher noch zusätzliche Kooperationsmöglichkeiten mit dem schulischen Religionsunterricht entdecken und eröffnen ließen. Doch ist das noch ein so gut wie ›unbeackertes‹ religionspädagogisches Arbeitsfeld. Hier gilt auch heute noch, was *B. Buschbeck* und *W.-E. Failing* bereits 1976 sagten: »Die Beziehung der religiösen Elementarerziehung zum Religionsunterricht der Grundschule ist bislang noch weithin ungeklärt... Eine Abstimmung der Lernziele und Lerninhalte ist... noch nicht erfolgt, sei es, daß keine curricularen Unterlagen für die religiöse Elementarerziehung vorlagen, sei es, daß die schulische Religionspädagogik die religiöse Elementarerziehung kaum in ihre Überlegungen zu Lernvoraussetzungen und Ausgangslage von Grundschulanfängern einbezogen hat«.[63] So gut wie einzige Rückmeldung von seiten der Grundschule ist die immer wieder zu hörende Klage über die stark »entmotivierende Wirkung zu früher und zu umfangreicher Begegnungen mit biblischen Geschichten«, die vom Kindergarten nicht sachgemäß bearbeitet werden konnten.[64] Ein trauriger Beleg für nicht vorhandene Kooperation! Gemeinsame Treffen

63 *B. Buschbeck/W.-E. Failing*, aaO., 143. – Das bewahrheitet sich sogar an *B. Buschbecks* Arbeitsbuch »Religion von sechs bis zehn« selbst (Gütersloh 1981), in dem das Stichwort Kindergarten ebensowenig vorkommt wie z. B. in den beiden ersten, 1983 und 1985 erschienenen Bänden der von *K. Wegenast* herausgegebenen Reihe »Religionsunterricht in der Grundschule« (Stuttgart u.a.).

64 *B. Buschbeck/W.-E. Failing*, aaO., 143.

und gegenseitige Besuche von Erzieherinnen und Religionslehrern der Grundschule könnten hier – vielleicht durch Initiative und Vermittlung eines religionspädagogisch engagierten Pfarrers – durchaus zu einer gewissen didaktisch-methodischen Abstimmung und zu organisatorischen Absprachen führen, ohne die beteiligten Personen zu stark zusätzlich zu belasten! Würde das erreicht, so könnte der Kindergarten seine propädeutische Aufgabe gegenüber dem schulischen Religionsunterricht wahrnehmen, ohne die Eigenart seines didaktischen Bedingungsfeldes verleugnen zu müssen.

Diese *Eigenart* manifestiert sich für den Kindergarten einmal darin, daß *auf einen zeitlich festgelegten und fachlich ausgegrenzten regelmäßigen Religionsunterricht grundsätzlich verzichtet* wird. Hier bleibt es auch für die Fünfjährigen bei dem oben vorgestellten situativen Ansatz. Damit zusammen hängt die zweite Eigenart evangelischer Erziehung im vorschulischen Kindergarten: Sie kann und darf keinesfalls auf irgendeine Weise *konfessionell getrennt* erfolgen, wie das leider – folgt man der Verfassung – schon für den Religionsunterricht der beiden ersten Schuljahre vorgeschrieben ist. Am »Evangelischen« ausgerichtete Erziehung wäre grundlegend mißverstanden, würde man meinen, damit primär auf konfessionelle Eigenarten und dogmatische Sondermeinungen abheben zu müssen. Sollte derartiges von den Kindern situativ eingebracht und angesprochen werden, dürfte es zwar nicht ausgeklammert werden, müßte aber ohne konfessionelle Trennung *gemeinsam* thematisiert und besprochen werden. Zu frühe konfessionelle Trennung würde die maßgeblich von der Agape geleitete kommunikative Praxis und Zielsetzung evangelischer Kindergartenerziehung gefährden oder verhindern und außerdem dazu führen, daß Religion im Denken der Kinder »als Sonderbereich ohne echten Lebens- und Sozialbezug« verfestigt wird. Damit würde man für die religiöse Elementarerziehung eine »Gettomentalität« schaffen und den »Weg zu einer produktiven Hineinnahme religiöser Aspekte in die Gruppen- und Sozialbeziehungen der Kinder« verbauen.[65] Das aber widerspräche nicht nur der Situationsbezogenheit der von uns intendierten evangelischen Elementarerziehung, sondern auch unserem integrativen Konzept, wonach evangelische Kindergartenarbeit sich vorrangig vollzieht in kooperativer Mitbeteiligung an der Sozialerziehung, Kreativitätsförderung oder Sprachschulung der Kinder. Besonders diese enge Verflochtenheit macht die Schwierigkeit aus bei der Erstellung eigener Curricula für evangelische Vorschulerziehung in Kindergärten. Das sollte die Religionspädagogik aber nicht davon ab-

65 *B. Buschbeck/W.-E. Failing*, aaO., 142.

halten, sich im Interesse der Erzieherinnen und der Kooperation zwischen Kindergarten und Grundschule ernsthaft um die Erstellung einschlägiger Rahmencurricula zu bemühen, die Orientierungshilfe bieten, ohne den didaktischen Frei- und Spielraum übermäßig einzuschränken. Ansonsten muß sich die curriculare Abstimmung zwischen evangelischer Kindergartenerziehung und schulischem Religionsunterricht darauf beschränken, daß die vorschulischen Erzieherinnen wenigstens die Lehrpläne für den Religionsunterricht der ersten Klassen zur Kenntnis nehmen und daraus – möglichst im kooperativen Gespräch mit Pfarrer und Grundschullehrern – ihre didaktisch-propädeutischen Konsequenzen ziehen.

Literaturhinweise

Comenius-Institut (Hrsg.), (Religionspädagogisches) Förderprogramm für den Kindergarten, H. 1–10, Münster 1975–1982.

B. Buschbeck/W.-E. Failing, Religiöse Elementarerziehung, Gütersloh 1976.

H. Mörsberger/E. Moskal/E. Pflug (Hrsg.), Der Kindergarten. Handbuch für die Praxis in drei Bänden, Freiburg/Basel/Wien 1978 (Bd. 3, 158–183: *H.-J. Fraas/H. Grosse-Jäger*, Religiöse Erziehung).

D. Stoller, Anspruch und Wirklichkeit kirchlicher Erziehung, München 1980.

K. E. Nipkow, Kind – Kindergarten – Gemeinde, in: ZP 26/1980, 1–12.

N. Mette, Voraussetzungen christlicher Elementarerziehung, Düsseldorf 1983.

IX.
Kindergottesdienst

Gottfried Adam

Die gegenwärtige Situation des Kindergottesdienstes ist ambivalent. Die Bereitschaft zur Mitarbeit wächst bei Jugendlichen in erstaunlichem Maße, während die Teilnehmerzahlen der Kinder rückläufig sind.

0. Im Spiegel einer Synode

Die Situation läßt sich auf Grund einer Umfrage, die von der Arbeitsstelle für Kindergottesdienst in Hannover Anfang 1985 durchgeführt wurde, noch weiter beschreiben. Eine solche Befragung besagt natürlich nichts über die Situation in der einzelnen Gemeinde, läßt aber doch bestimmte Trends erkennen. Insofern dürften die Ergebnisse und ihre Auswertung nicht nur für den Bereich der Evangelisch-lutherischen Landeskirche Hannovers von Interesse sein.

Es ergab sich, daß in 11,5% aller Gemeinden kein Kindergottesdienst stattfindet. Konkret heißt das: in 140 von 1201 befragten Gemeinden fällt der Kindergottesdienst aus. Die Besucherzahlen des Kindergottesdienstes haben sich von 32048 Kindern im Jahre 1978 auf 26018 im Jahre 1984 vermindert. Es wird darauf verwiesen, daß die Ursache für den Rückgang des Kindergottesdienstbesuches nicht allein in den schwächeren Geburtsjahrgängen gesucht werden könne, weil sich seit 1978 der Geburtenrückgang nur noch unerheblich fortgesetzt habe. Vielmehr sei der Rückgang vor allem auch durch allgemeine gesellschaftliche Entwicklungen verursacht. So sei ein zunehmender Termindruck auch schon bei Kindern zu beobachten. Vielen Eltern fehle eine engere Beziehung zu Gemeinde und Gottesdienst. Gemeinsamen Familienunternehmungen am Sonntagvormittag werde häufig gegenüber dem Kindergottesdienst der Vorzug gegeben. Freilich wird in dem Bericht an die Landessynode auch darauf hingewiesen, daß ein anderer Grund für den Rückgang des Kindergottesdienstes darin liege, daß dieser im Bewußtsein mancher Gemeinden einen zu geringen Stellenwert habe. »Denn es gibt auch zahlreiche positive Erfahrungen aus Kirchengemeinden, die zeigen, daß durch intensive Bemühungen um Kontinuität der Arbeit, der Leiter und der Mitarbeiter die Besucherzahlen auf Dauer steigen.«[1]

1 *Ev.-lutherische Landeskirche Hannovers (Hrsg.)*, 20. Landessynode, 7. Tagung November 1985, Bd. 7, Hannover 1985, 632.

Im Ausschußbericht an die Synode wird weiterhin ausgeführt:

»In der Tat, die Situation des Kindergottesdienstes in unserer Landeskirche ist besorgniserregend. Das steckt als Tatbestand hinter den Anträgen und der Eingabe, die der Gemeindeausschuß beraten hatte... Im Abschnitt II (des Aktenstückes Nr. 86) ist mit Zahlen und Fakten die *rückläufige Entwicklung* in den letzten Jahren belegt; dabei ist noch nicht einmal berücksichtigt, daß in vielen Gemeinden der Kindergottesdienst mit wenigen Kindern dahinkrebst, daß er von vielen Pastoren nur mit der linken Hand bedient wird, daß die Mitarbeiter des Kindergottesdienstes oft den Eindruck haben, Kirchenvorstand und Pfarramt nähmen sie nur am Rande wahr und gäben ihnen nicht die notwendige Unterstützung... Trotzdem... Kindergottesdienst macht Freude, denn er hat Gewicht für den Glauben und das Leben der Kinder. Er bringt ihnen etwas, bringt ihnen Wesentliches. Und er hat darüber hinaus auch Bedeutung für Eltern, Familien und für unsere Gemeinden.

Es ist zuerst von den *Kindern* zu reden. Sie sind ja im Kindergottesdienst in einem Alter, in dem sie voller Fragen sind, aufgeschlossen und aufnahmebereit. Die Botschaft der Bibel findet – kann jedenfalls finden – offene Ohren und Herzen, und die Bereitschaft der Kinder ist groß, singend, spielend, gestaltend das Gehörte aufzunehmen, zu verarbeiten und zu vertiefen. In der Begegnung mit biblischer Geschichte kann es zur Begegnung mit Jesus Christus als lebendigem Gegenüber kommen...

Was könnte es Schöneres geben, als mitzuerleben, wie Kinder ihr Vertrauen gewinnen, neu gewinnen, und Lebensmut dazu, weil sie glauben, daß sie persönlich von Gott gewollt und geliebt sind? Und was könnte es für Kinder Wichtigeres geben, als daß sie sich selbst, ihre Ängste und Freuden Gott im Gebet anvertrauen können. Kindergottesdienst kann dazu beitragen. Und deswegen und in diesem Sinne meine ich: Kindergottesdienst macht Spaß!

Dann ist von den *Eltern* zu sprechen. Ich denke nur an die, die – aus welchen Gründen auch immer – innerlich und äußerlich auf Distanz gegangen sind zu allem, was mit Glauben und Kirche zusammenhängt. Die Fragen der Kinder können bei den Erwachsenen eigenes neues Fragen und Suchen auslösen...

Der Kindergottesdienst ist auch wichtig für unsere *Gemeinden.* Ich sage das einmal so ganz gerade heraus, ohne Einschränkung. Die Zukunft der Gemeinden und des Gottesdienstes steht auf dem Spiel. Es gibt einen unmittelbaren Zusammenhang zwischen dem Kindergottesdienstbesuch und dem regelmäßigen Gottesdienstbesuch als Erwachsener, zwischen dem Heimisch-werden in der Kirche im Kindesalter und der Nähe zur Kirche im späteren Leben...

In vielen Gemeinden wird der *Familiengottesdienst* wesentlich getragen vom Kindergottesdienst und von seinen Mitarbeitern. Es geht dabei nicht nur um ein belebendes Element für den Erwachsenengottesdienst, sondern hier liegt ein wesentlicher Ansatz, daß Erwachsene und Kinder, Junge und Alte ihren Glauben miteinander leben, feiern und in die Tat umzusetzen versuchen.

Und schließlich ist von den *Mitarbeitern* zu sprechen. Sie sind es vor allem ja, die Spaß am Kindergottesdienst haben, und zwar deswegen, weil sie erleben, daß der Kindergottesdienst und ihre Arbeit den Kindern Freude bereitet und Gewicht für ihr Leben hat. Der Leitende Bischof der VELKD hat in seinem Michaelis-Brief durchgängig das Thema behandelt: Weitergabe des Glaubens an die kommende Generation. Er nimmt als Vorbild und Beispiel Erfahrungen aus der römisch-katholischen Schwesterkirche, nämlich die Firmvorbereitung von Kindern durch

Laien. Da heißt es dann wörtlich und kursiv gedruckt – um das zu betonen –: ›Hier treten Gemeindeglieder persönlich für ihren Glauben ein, und sie erfahren gleichzeitig durch die Gespräche an den Vorbereitungsabenden mit ihrem Pastor eine Vertiefung ihres eigenen Glaubens.‹ Das trifft exakt für die Mitarbeiter im Kindergottesdienst zu, die zu Tausenden auch in unserer Landeskirche Woche für Woche Zeit, Kraft, Phantasie und Liebe in den Kindergottesdienst investieren.«[2]

Es ist beachtlich, daß eine Landessynode sich mit der Frage des Kindergottesdienstes intensiv beschäftigt. In dem Votum werden eine Reihe wesentlicher Aspekte erkennbar: rückläufige Teilnehmerentwicklung, die Kinder und ihre Situation, Eltern, Gemeinden, Familiengottesdienst und Mitarbeiterthematik. Das Votum der Synode, daß Kindergottesdienst als ein Schwerpunkt kirchlicher Arbeit anzusehen ist und in seiner Wertigkeit mit dem Gottesdienst für Erwachsene und mit dem KU auf eine Stufe gestellt wird, weist in die richtige Richtung.

Freilich: Worum geht es eigentlich im Blick auf Theorie und Praxis des Kindergottesdienstes? Ein Blick in die Geschichte ist hier hilfreich, weil dadurch Ursprungsmotive und Gestaltungswille sichtbar werden, die dem Kindergottesdienst seine gegenwärtige Gestalt mit ihren Problemen und Chancen gegeben haben.

1. Zur Geschichte des Kindergottesdienstes[3]

1.1 Vorläufer? In der *Reformationszeit* kam es zur Einrichtung von speziellen gottesdienstähnlichen Veranstaltungen für Kinder. Es ist dabei zu denken an die für den Sonntag eingerichteten kirchlichen »Kinderlehren« der Reformationszeit, die sehr stark katechetisches Gepräge hatten, zum Teil aber auch in der Form von Kinderpredigten durchgeführt

2 *Ev.-lutherische Landeskirche Hannovers (Hrsg.)*, aaO., 93–95. – Informative Überblicke zu Situation und Aufgaben bieten ebenfalls: *P. M. Clotz*, Zur Theorie und Praxis des Kindergottesdienstes, in: ThPr 21/1986, 295–307; *K. Meyer*, Kindergottesdienst ohne Kinder, in: Nachrichten der Ev.-Luth. Kirche in Bayern 41/1986, 389–392; *K. Stolzmann*, Kindergottesdienst – Entwicklungen und Chancen, in: DtPfBl 85/1985, 269–271.

3 Zur Geschichte des Kindergottesdienstes können wir auf folgende instruktive Untersuchung zurückgreifen: *C. Berg*, Konzeptionsgeschichte der Sonntagsschul- und Kindergottesdienstarbeit im deutschen Protestantismus seit 1800 unter Berücksichtigung ihrer angloamerikanischen Wurzeln. Theol. Diss. Hamburg 1985. (Erscheint im Druck: Gottesdienst mit Kindern, Gütersloh 1987).

wurden. Ein besonders markantes Beispiel stellt *Veit Dietrich*, der Schüler Luthers dar, der in Nürnberg solche Kinderpredigten gehalten hat. Auch an anderen Orten wurden solche Veranstaltungen, die bezeichnender Weise zwischen Gottesdienst und Unterricht für Kinder angesiedelt waren, durchgeführt. In der Grundintention muß man sie als katechetisch ansprechen. Das wird z. B. auch daran deutlich, wie 1868 in Schlesien die praktizierte Einrichtung einer Kinderlehre seitens der Kirchenleitung explizit mit dem Kindergottesdienst verbunden wird und dabei um den liturgischen Aspekt bereichert werden soll.

Das schlesische Consistorium äußert sich in einem Erlaß vom 31. Januar 1868 positiv zur Frage des Kindergottesdienstes. Es wird als Orientierungsrahmen für angestrebte Neugründungen nachdrücklich auf die Schrift von *E. Quandt*, Die christliche Sonntagsschule, 1867, hingewiesen. »Besonders erwähnt wird der von Quandt vorgelegte Entwurf einer liturgischen Ordnung für die Sonntagsschule, der eine siebengliedrige Struktur aufweist: 1. Gesang, 2. Liturgie, 3. Kinderlehre durch die Sonntagsschul-Lehrer, 4. Gesang, 5. Katechisation des Geistlichen, 6. Schlußliturgie und 7. Schlußgesang. Für das Consistorium war dieser Vorschlag so exemplarisch und überzeugend, daß seine Übernahme empfohlen wird. Hervorzuheben ist aber vor allem eine 2. Anregung der Kirchenbehörde: In Schlesien muß es um 1865 noch eine ganze Reihe der in der Reformationszeit entstandenen Kinderlehren gegeben haben, speziell auf dem Lande. Das Consistorium schlägt den Gemeinden in Schlesien vor, diese Kinderlehren mit Hilfe der von Quandt vorgeschlagenen liturgischen Elemente in Sonntagsschulen umzuwandeln. Konstitutiv und wichtig erscheint der Kirchenbehörde die Tatsache, daß die Sonntagsschule zwei wichtige Dimensionen konzeptionell vereint: die katechetische und die liturgische. Das liturgische Element kommt in der religiösen Unterweisung der Kinder bislang weitgehend nicht vor, weshalb die Gemeinden sich die in der Konzeption und Arbeitsform der Sonntagsschule liegende Chance einer auch liturgischen Erziehung nicht entgehen lassen sollten. Außerdem erscheint es dem Consistorium wichtig, daß die Kirchengemeinden die Frage einer Mitbeteiligung von Laienhilfskräften ›für die Zwecke solcher Sonntagsschulen oder liturgisch-katechetischen Gottesdienste‹ eingehend erörtern.«[4]

Dies ist ein interessanter Vorgang, der aber deutlich macht, daß von den durch die Reformation initiierten Kinderlehren keine unmittelbare Linie zum Kindergottesdienst führt in dem Sinne, daß die Kinderlehren der »Mutterschoß« des Kindergottesdienstes geworden wären.

Im Bereich der *katholischen Kirche* begegnen Spurenelemente von Kindergottesdienst und Kinderpredigt bereits ab dem späten Mittelalter. Sie bleiben aber aufs Ganze gesehen bis zum Ende des 2. Weltkrieges

4 *C. Berg*, aaO., 93 f. – Am 21. 12. 1867 äußerte sich bereits der Ev. Oberkirchenrat in Berlin sehr positiv zu diesem »katechetischen Gottesdienst«.

Ausnahmeerscheinungen und haben eine begrenzte Bedeutung.[5] Besonders bemerkenswert ist dabei die in Mailand von K. Borromeo im 16. Jahrhundert begründete Praxis von speziellen Veranstaltungen für Kinder, die sich lange gehalten hat.[6] Gleichwohl führt auch von diesen Vorläufern im Bereich der katholischen Kirche keine unmittelbare Linie zum Kindergottesdienst im evangelischen Bereich.

Schließlich sind noch zwei Einrichtungen zu nennen, die bereits vor 1780 bestanden haben, wobei die eine nach Form und Inhalt strukturelle Ähnlichkeiten mit der Sonntagsschule aufweist, während die andere den gleichen Namen trägt.

Im Jahre 1767 kam *Friedrich Oberlin* als Pfarrer ins Steintal, eine gebirgige, überwiegend von der Landwirtschaft geprägte Gegend im Grenzgebiet zwischen Elsaß und Lothringen, deren Bewohner sehr arm waren. Oberlin fing an, sich auf der einen Seite um eine Veränderung der wirtschaftlichen Verhältnisse und Lebensgrundlagen und auf der anderen Seite um die Bildung der Menschen in seiner Gemeinde zu bemühen.

Seit 1770 sammelte er sonntags die Kinder und ließ sie von Laien in der biblischen Geschichte unterweisen. »Aus diesen kleinen Anfängen entwickelten sich im Laufe der kommenden Jahre die ›Christlichen Kleinkinderschulen‹. In ihren Strukturen präfigurieren sie ansatzweise die etwa 50 Jahre später entstehenden und sich ausbreitenden Kindergärten. Über den Erfolg sowie die Verbreitung der Kleinkinderschulen lassen sich allenfalls Vermutungen anstellen. Allerdings gibt es Indizien dafür, daß sie zumindest im südwestdeutschen Raum recht erfolgreich gewesen sein müssen, wie eine entsprechende Notiz von 1900 aus der Pfalz belegt.«[7] Mit der Sonntagsschule ist hier die Beteiligung von engagierten Gemeindemitgliedern und die Mittelpunktstellung der biblischen Geschichten gemeinsam. Der Ursprung dieser christlichen Kleinkinderschulen ist aber letztlich in den gesellschaftlichen Verhältnissen sowie einem elementar-pädagogischen Interesse – Oberlin war offensichtlich von Gedanken Pestalozzis beeinflußt – zu suchen.

Einen weiteren indirekten Vorläufer der Sonntagsschule stellt eine Einrichtung in Württemberg, Baden und Bayern dar, die explizit den Namen *»Sonntagsschule«* trug. Hierbei handelt es sich um eine Einrichtung, die der Fortbildung und Wiederholung dessen diente, was in der Volksschule gelernt wurde.

5 Vgl. dazu *W. Nastainczyk*, Kinderliturgie und Kinderpredigt in Deutschland, in: Christlich-pädagogische Blätter 93/1980, 102–111.

6 Dazu: *E. C. Achelis*, Lehrbuch der Praktischen Theologie, Bd. 2, Leipzig ³1911, 340.

7 *C. Berg*, aaO., 47.

In einer Verordnung vom 13. 1. 1739 heißt es: »Die Sonntagsschulen sollen eine gute Schulanstalt und Continuation der in der Schule gefaßten Lehre seyn, damit die jungen Leute das in der Schule Gelernte nicht so leicht wieder vergessen, noch die übrige Zeit an Sonn- und Feiertagen sonsten liederlich oder gar sündlich zubringen.«[8]

Dabei handelt es sich um eine der Schulpflicht unterliegende, nicht eine freiwillige Einrichtung! In der ersten Unterrichtshälfte geht es um religiöse Thematiken (Bibel, ausgewählte Memorierstoffe), in der zweiten Unterrichtshälfte stehen ›weltliche‹ Lernstoffe (Geschichte, Geographie, Geschäftsbriefe und -aufsätze sowie Rechnen) im Mittelpunkt. Bemerkenswert ist, daß es offensichtlich so etwas wie einen »liturgischen Rahmen« mit Gebet und Lied gegeben hat.

A. Woodruff und *W. Bröckelmann* hatten auf ihren Werbereisen für die Sonntagsschule amerikanischer Prägung ab 1865 mit diesem Namensvetter gewisse Schwierigkeiten. Deswegen haben sie sich umso deutlicher für das Prinzip der Freiwilligkeit ihrer Sonntagsschule ausgesprochen. »Die Namensgleichheit dieser vom Konzept her doch verschiedenen, besonders durch die verschiedenen jeweils angesprochenen Altersgruppen differierenden Einrichtungen hat die Ausbreitung der Sonntagsschule, die sich dann schließlich zum Kindergottesdienst weiterentwickelt hat, zumindest im süddeutschen Raum ziemlich erschwert.«[9]

Als *Fazit* ist im Blick auf die Frage nach direkten Vorläufern der Sonntagsschule/des Kindergottesdienstes festzuhalten, daß zwar die ›Christlichen Kleinkinderschulen‹ ebenso wie die ›Fortbildungs-Sonntagsschulen‹ Züge aufweisen, die in der späteren Sonntagsschule wiederzufinden sind, daß aber die Sonntagsschule anglo-amerikanischer Prägung, wie sie nach 1865 in Deutschland weitestgehende Verbreitung gefunden hat, in der Tat etwas Neues darstellt, das so nicht auf Vorläufer zurückführbar ist.

1.2 Die englische Sonntagsschule und ihre Wirkung in Deutschland. Die Entstehung der Sonntagsschule in England ist auf dem sozialgeschichtlichen Hintergrund zu sehen. Im Zusammenhang der industriellen Revolution, der wirtschaftlichen Entwicklung sowie der Folgen einer Agrarreform drängte die arme Landbevölkerung immer stärker in die Städte. Deren Kinder mußten sechs Tage in der Woche arbeiten und hatten keine Chance, Lesen und Schreiben zu lernen. Eine allgemeine Schulpflicht existiert in England erst seit 1870. Auskunft über den konkreten Anlaß, der zur Gründung der ersten Sonntagsschule führte, gibt der folgende Bericht:

»Eines Morgens im Jahre 1780 führte ihn (sc. Robert Raikes) ein Geschäft in eine der niedrig gelegenen Vorstädte, wo die ärmste Bevölkerung dicht zusammengedrängt ihr kärgliches Dasein fristete. Da fiel sein Blick auf eine Gruppe halbnack-

8 Zit. n. *C. Berg*, aaO., 48f.
9 *C. Berg*, aaO., 52.

ter Kinder, die sich in den Gassen herumbalgten, und als er mitleidig gegen eine Frau, die unter der Thüre eines der Häuser stand, sich darüber aussprach, erwiderte sie ihm: ›Ach, Herr, da sollten sie einmal am Sonntag herkommen! Heute sind ja die meisten Kinder in der Fabrik – am Sonntag aber sind sie frei, und da bringen sie die ganze Zeit zu in dem wüstesten Treiben, fluchen und schwören, daß einem angst und bange wird, und verüben die schändlichsten Dinge. In die Kirche kommen sie niemals, ebenso wenig wie ihre Eltern!‹«[10]

Dieses Erlebnis veranlaßte den Buchdrucker und Verleger *Robert Raikes*, der zuvor schon Erfahrungen in sozialer Arbeit in Gefängnissen gemacht hatte, den Gedanken einer vorbeugenden Arbeit mit den Kindern in die Tat umzusetzen. Er brachte im Juli 1780 eine Reihe solcherart verwahrloster Kinder zu Frau King und zahlte ihr und weiteren Frauen einen Schilling pro Sonntag und ließ sie die Kinder nach einem gemeinsamen Besuch des Gemeindegottesdienstes im Lesen, vor allem anhand von Bibel und Katechismus, unterrichten. Hier wird deutlich, daß die Gründung dieser Sonntagsschule eine gesellschaftsdiakonische Angelegenheit war. Die Not der Kinder wurde ernst genommen, und es geht darum, eine sinnvolle Alternative zum Müßiggang am Sonntag zu bieten. Damit verbunden ist ein elementar-pädagogischer Impuls: das Analphabetentum soll durch die Vermittlung von Lese- und Schreibkenntnissen bekämpft, und so die Chancen der Kinder verbessert werden. Nachdem Raikes zunächst drei Jahre lang in aller Stille eine Erprobungsphase durchgeführt hatte, trat er im Jahre 1783 an die Öffentlichkeit und publizierte in seiner Zeitung »Gloucester Journal« einen Artikel über die Sonntagsschule. »Schon der erste Artikel vom November 1783 erregte in ganz England Aufsehen, da er auch im populären Gentlemans' Magazine erschien. Raikes beschrieb darin die positive Wirkung der Sonntagsschule auf das öffentliche Leben, wie sie sich in den ersten drei Jahren gezeigt hatte. Nicht nur die Verwahrlosung der Kinder in den Arbeitervorstädten, einer der wesentlichen Beweggründe für die Gründung der Sonntagsschule, hatte spürbar abgenommen, auch das Klima in den Arbeiterfamilien und den Fabriken hatte davon profitiert, daß die Kinder durch die Sonntagsschule gefördert wurden. Eben diese positiven Resultate, die darzustellen und herauszuheben einer Zeitung leicht möglich war, sind dafür verantwortlich, daß diese neue Form christlich motivierter Kinderbetreuung im Unterschied zu den Vorformen so ungeheuere Breitenwirkung entfalten konnte.«[11]

Nun ging die Entwicklung rasch, der Londoner Kaufmann *William Fox* gründete 1785 die »Gesellschaft zur Gründung und Unterhaltung von Sonntagsschulen in Großbritanien«. Bereits 1789 wurden 300000 Kinder in Sonntagsschulen unterrichtet. 1785 wurde die Sonntagsschule in Wales, 1786 in Irland und 1799 in Schottland eingeführt.

Raikes schuf so eine *diakonisch-elementarpädagogisch* orientierte und strukturierte Institution, die auf dem Hintergrund der damaligen Situation zu sehen ist: fehlendes allgemeines Volksschulwesen, Kinderarbeit, Proletarisierung, Slums in den Industriemetropolen und keinerlei Hilfe

10 *C. Berg*, aaO., 57.
11 *C. Berg*, aaO., 59.

durch soziale Einrichtungen. Zugleich ist für Raikes, der dem Methodismus nahestand, sicherlich auch die religiöse Motivation wichtig gewesen.

Im Jahre 1790 kam es in Hamburg als Ergänzung zum bisherigen Armenschulwesen zur Errichtung einer Sonntagsschule nach englischem Vorbild.[12] Der Zweck dieser Sonntagsschule bestand darin, zum einen die Elementarunterweisung der arbeitenden Kinder zu verbessern und zum andern es den Kindern zu ermöglichen, dem Gebot der Sonntagsheiligung nachzukommen. Dementsprechend war auch der Aufbau: Man versammelte sich zunächst zu einer katechetisch strukturierten Wiederholung der Inhalte des unter der Woche in den Abendschulen abgehaltenen Religionsunterrichtes, dann schloß sich der Unterricht im Lesen und Schreiben an. Doch nach 1811 wurde diese Sonntagsschule wieder eingestellt.

Johann Georg Oncken, der spätere Begründer der ersten deutschen Baptistengemeinde, hatte während eines Englandaufenthaltes den positiven Einfluß der Sonntagsschulen auf verwahrloste Kinder kennengelernt. Er tat sich mit *Johann Wilhelm Rautenberg*, einem lutherischen Pfarrer in der Hamburger Vorstadtgemeinde St. Georg, zusammen, und so kam es 1825 zur Gründung der ersten deutschen Sonntagsschule, die Bestand hatte.

In der Satzung des Sonntagsschulvereins wird bestimmt, daß es um Kinder beiderlei Geschlechts ab dem sechsten Lebensjahre gehe und daß der Unterricht sich auf Lesekunst und die Erkenntnis der Schrift beschränke. Für den Religionsunterricht werden Bibel, Katechismus und Gesangbuch benutzt. Zwei oder drei Stunden sind sonntäglich für den eigentlichen Unterricht bestimmt. Dazu sollen die Kinder zum Besuch des öffentlichen Gottesdienstes angehalten werden. Als 1832 Oncken zum Baptismus übertrat und seine Tätigkeit als Sekretär der Sonntagsschule niederlegte, gewann Rautenberg den damaligen Kandidaten der Theologie *Johann Hinrich Wichern* dafür, das Amt eines Oberlehrers der Sonntagsschule zu übernehmen. Unter seiner Leitung kam es zu einer Blütezeit der Sonntagsschule. Eineinviertel Jahr später übernahm Wichern allerdings den Aufbau des Rettungshauses für verwahrloste Kinder und Jugendliche: Das »Rauhe Haus«.

Gleichwohl war die Zeit seiner Beteiligung an der Sonntagsschularbeit sowohl für die Schule wie auch für Wichern selbst von erheblicher Bedeutung.

In den folgenden Jahren kam es zu weiteren Gründungen von Sonntagsschulen in Bremen, Berlin, Erlangen und Elberfeld. Alle diese Versuche sind aber zeitlich oder räumlich begrenzt. Die Gründungen unter dem Einfluß des englischen Konzeptes haben sich strenggenommen auf Dau-

12 Ausführliche Darstellung der ersten Sonntagsschulen in Deutschland bei *C. Berg*, aaO., 62–77.

er in Deutschland nicht durchsetzen können. In der Folgezeit taucht bei den Mitarbeitern der Sonntagsschule immer wieder der Gedanke auf, den Charakter derselben im Hinblick auf einen Gottesdienst für Kinder zu verändern. 1838 spricht Wicherns Freund *Johann Hartwig Bauer* zum ersten Male in Hamburg von »Kinderkirche«. Im Jahre 1847 taucht bei *Eduard Gleiß*, ebenfalls Mitarbeiter in der Sonntagsschule in Hamburg, der Begriff »Kindergottesdienst« auf. 1855 werden dann die noch bestehenden Sonntagsschulen in Hamburg in Kindergottesdienste überführt, ohne daß man den Niedergang verhindern konnte.

1.3 Die Sonntagsschule in den USA. Die Entwicklung des Sonntagsschulwesens in den Vereinigten Staaten ist verknüpft mit dem Namen von *Francis Ashbury*. Er ging 1771 von England nach Philadelphia, um als Bischof der Methodist Episcopal Church tätig zu werden. 1786 brachte er von einer Englandreise die Idee der Sonntagsschule mit zurück. Auf Grund der strikten Trennung von Staat und Kirche findet in den amerikanischen öffentlichen Schulen kein Religionsunterricht statt. Dies führt dazu, daß sich das englische Konzept in der Weise verändert, daß die Sonntagsschule zum Ersatz für den fehlenden Religionsunterricht an der öffentlichen Schule wird. So bildet sich eine ausschließlich biblisch-religiöse Orientierung des Unterrichts heraus. Die Entwicklung geht dann rasch voran. 1791 wird die erste amerikanische Sonntagsschulvereinigung gegründet, der sich gleich mehrere Denominationen anschlossen. Zielgruppe sind nun nicht mehr nur die armen Kinder, sondern die gesamte Jugend der Gemeinde. Zur Charakterisierung dieser veränderten Konzeption ist sicher das Stichwort vom gemeindemissionarischen Konzept angemessen. Die Sonntagsschule entwickelte sich allmählich zu einer zentralen Einrichtung der Gemeindearbeit, die heute in den USA alle Altersstufen bis ins Erwachsenenalter umfaßt.

1.4 Sonntagsschule als Kindergottesdienst in Deutschland.[13] Die Sonntagsschulbewegung wurde anfänglich vor allem von den Freikirchen gefördert. Daß sie auch in den evangelischen Landeskirchen Fuß fassen konnte, ist vornehmlich das Verdienst des amerikanischen Kaufmanns *Albert Woodruff* sowie seines Dolmetschers *Wilhelm Bröckelmann*. Seit 1863 warben beide in deutschen Städten für die Einrichtung von Sonntagsschulen nach amerikanischem Vorbild. Zunächst war dem kein großer Erfolg beschieden. Doch im Frühjahr 1864 kam es zu einer Begegnung mit *Johannes Dettloff Prochnow*, dem Vorsteher der Goßner Mission, und

13 Zum ganzen Abschnitt siehe *C. Berg*, aaO., 82 ff.

dies brachte den Durchbruch. Über ihn kamen Woodruff und Bröckelmann in Kontakt zu Menschen, die sich für die Sonntagsschule einsetzten. Prochnow gab noch im selben Jahr (1864) das erste Blatt für Kinder »Die Sonntagsschule« heraus. 1865 kam es zur Gründung einer Sonntagsschule in Stuttgart. Andere Orte folgten. 1869 forderte der Kirchentag in Stuttgart bereits programmatisch die »Sonntagsschule als Kindergottesdienst«. Die Gemeinden öffneten sich nach und nach für die Sonntagsschule. Die Kirche wird Versammlungsort, der Pfarrer weithin zum Leiter. Die Sonntagsschule vereinigt nun konzeptionell zwei wichtige Dimensionen: die katechetische und die liturgische.

In dieser Phase der Geschichte der Sonntagsschule hat sich die von *Albert Woodruff* tradierte amerikanische Konzeption in Deutschland durchsetzen können. Wir haben es jetzt also nicht mehr mit einer primär elementar-pädagogischen Orientierung, sondern einer religions-pädagogischen Ausrichtung zu tun. Die gemeindemissionarische Konzeption amerikanischer Prägung war im Ganzen leichter übertragbar auf deutsche, landeskirchlich geprägte Verhältnisse. Als besonderer Aspekt ist festzuhalten, daß es sich hier um eine Laieninitiative handelt, die aber im Laufe der Zeit von den kirchlichen Behörden akzeptiert wurde. Der Bremer Sonntagsschulkongreß von 1882 hat die endgültige Namensumwandlung in »Kindergottesdienst« beschlossen. Damit wird auch äußerlich sichtbar, daß der Kindergottesdienst ein fester Bestandteil der Gemeindearbeit geworden ist.

Für gemeindepädagogische Theorie und Praxis stellt es einen höchst bemerkenswerten Vorgang dar, daß hier eine von Laien begründete und getragene Einrichtung innerhalb der Gemeinden zum Zuge gekommen ist. Dies Erbe darf nicht aufgegeben werden. Es wäre fatal, würde man – im Sinne eines enggefaßten Amtsverständnisses – die Mitverantwortung und -beteiligung der Laien an der Verkündigungsaufgabe des Kindergottesdiensts gegen ihre Mitarbeit ausspielen wollen.

Daß es sich im Ganzen um einen bemerkenswerten Vorgang handelt, hat auch in organisatorischer Hinsicht seinen Ausdruck darin gefunden, daß es zu regionalen und überregionalen Zusammenschlüssen im Blick auf die Kindergottesdienstarbeit gekommen ist, wie sie sich auch heute noch im Gesamtverband für die Kindergottesdienstarbeit auf der Ebene der EKD und in den Landesverbänden für den Bereich der einzelnen Landeskirchen manifestieren.

C. Berg hat im Blick auf die Organisationsstruktur der Kindergottesdienstarbeit mit Recht festgestellt: »Der Kindergottesdienst-Arbeit ist es also zumindest teilweise gelungen, die ursprüngliche Eigenständigkeit gegenüber der Amtskirche zu wahren. In den heute noch existierenden Landesverbänden ebenso wie im

Gesamtverband ist noch die Tatsache präsent, daß diese Arbeit auf Privatinitiative von Laien zurückgeführt werden muß. Diese verbandsmäßige Organisationsstruktur kann also als *das Erbe der Sonntagsschule*, wie sie nach 1863/64 in Deutschland eingeführt worden ist, bezeichnet werden. In ihr wird aber zugleich auch deutlich, welche Möglichkeiten und Entwicklungschancen sich eröffnen, wenn der lutherische Grundsatz vom Allgemeinen Priestertum der Christen konsequent und kontinuierlich in die Tat umgesetzt wird.«[14]

1.4 Weitere Stadien. Der aus der Anfangsgeschichte sichtbar gewordene Spannungsbogen zwischen homiletisch-liturgischem und katechetischem Aspekt der Kindergottesdienstarbeit spielt fortan eine wichtige Rolle. Im Gegensatz zur gegenwärtigen Situation, wo der Kindergottesdienst im Rahmen der praktischen Theologie an den Universitäten weitestgehend unberücksichtigt bleibt,[15] finden sich in den Handbüchern dieser Disziplin bis ca. 1930 jeweils eigene Abschnitte über dieses Arbeitsfeld.

Ernst Christian Achelis behandelt in seinem »Lehrbuch der Praktischen Theologie« sowohl die Sonntagsschule wie auch den Kindergottesdienst. Die Sonntagsschule weist er der Evangelisationsarbeit der Inneren Mission zu und bestimmt ihre Aufgabe dahingehend, daß sie für die Armen und sittlich gefährdeten Kinder gedacht ist. Wiewohl sie der Idee nach vom Kindergottesdienst zu unterscheiden sei, sei dies praktisch doch kaum möglich. Der eigentliche Kindergottesdienst wird im Bereich der Katechetik erörtert und als die zweite Katechumenatsstufe zwischen der häuslichen Erziehung und dem Konfirmandenunterricht angesiedelt. Dabei wird dem Kindergottesdienst im Zuge der »Normalität der christlichen und kirchlichen Erziehung der Jugend durch Haus und Schule« folgende Aufgabenstellung zugewiesen: »1. Die Einpflanzung des Bewusstseins um den Segen *kirchlicher Gemeinschaft*. 2. die Erziehung zur freien und freudigen *Heiligung der Sonntage* und Festtage in der kirchlichen Gemeinschaft.«[16]

Demgegenüber ordnet *Friedrich Niebergall* den Kindergottesdienst bei der Liturgik ein. Unter § 61 Predigtgottesdienst führt er aus: »*Der Kindergottesdienst* tritt immer mehr an die Stelle der Sonntagsschule. Denn

14 *C. Berg*, aaO., 133.

15 Wie die Literaturhinweise auf S. 313 belegen, erfolgt die Reflexion der anstehenden Fragen vor allem im Rahmen der Arbeit der Kindergottesdienstverbände.

16 *E. C. Achelis*, Lehrbuch der Praktischen Theologie, Bd. 2, Freiburg 1891 (= Leipzig ^{2}1898), 400–403 (§ 309: Evangelisation) bzw. 53–59, Zitat: 54 (§ 203: Die beiden ersten Katechumenatsstufen. Häusliche Erziehung und Kindergottesdienst).

die Kinder wollen nicht nur unterrichtet werden, sondern sie wollen vor allem feiern und sie sollen feiern lernen. Lange hat es freilich gedauert, bis man eingesehen hat, daß die Liturgie der Erwachsenen für sie eine viel zu starke Speise bedeutet... So beginnt sich denn ein ganz einfacher Gang durchzusetzen: Der vorbereitende Teil umfaßt Eingang, Gebet, Lied mit einigen liturgischen, für Kinder bestimmten Gesängen; dann kommt die Gruppenbesprechung oder die Kinderpredigt; darauf die Schlußansprache oder Katechese des Leiters; dann Gebet, Lied, Segen. Je kürzer die Gebete sind und je mehr gesungen wird, desto besser und schöner ist es. Kinder wollen nicht lange stille sein, sondern etwas tun und die Lieder der Kinderkirche tragen sie alle mit nach Hause.«[17]

Den m.E. angemessenen Weg beschreitet *M. Schian*, der in seinem »Grundriß der Praktischen Theologie«[18] den Kindergottesdienst in zwei Paragraphen behandelt und ihn sowohl der Liturgik wie der Katechetik zuordnet. Seit 1930 wird der gottesdienstliche Charakter des Kindergottesdienstes immer stärker betont und als sein Ziel die Einführung der Kinder in den Gottesdienst als die Feier der Gemeinde herausgestellt.

Am »reinsten« hat diese Linie noch einmal *G. Otto* im Jahre 1961/62 vertreten, indem er alle katechetischen Bemühungen in das Vorfeld des Kindergottesdienstes verwiesen hat.[19]

Quer zu dieser Entwicklung liegt eine andere Tendenz, die auf dem Hintergrund zu sehen ist, daß der Religionsunterricht an den öffentlichen Schulen in der Zeit des Dritten Reiches faktisch zum Erliegen kam. Als Antwort darauf wurde der Kindergottesdienst in seinem lehrhaften Aspekt betont. *Oskar Hammelsbeck* hat diese Überlegungen im Zusammenhang mit der Arbeit der Kammer für kirchlichen Unterricht der Bekennenden Kirche im Jahre 1939 prägnant formuliert. Er begründet den Kindergottesdienst vom Lehrauftrag Christi her und sieht in diesem einen dreifachen Auftrag erteilt: 1. zu missionieren; 2. zu taufen; 3. die Getauften fähig zu machen, evangelisch zu leben (Heiligung).[20]

Der Kindergottesdienst wird dabei dem missionierenden Unterricht zugeordnet. Hammelsbeck will dem Lehrhaften eine neue Betonung zukommen lassen, ohne in Schulmäßiges zurückzufallen.

17 *F. Niebergall*, Praktische Theologie, Bd. II, Tübingen 1919, 237.

18 *M. Schian*, Grundriß der Praktischen Theologie, Gießen 1922, § 41 und § 88.

19 *G. Otto*, Der Kindergottesdienst, Gütersloh 1962. – Zuvor »Zur Theologie des Kindergottesdienstes«, in: *W. Wiese (Hrsg.)*, Der Kindergottesdienst, Stuttgart 1961, 119–134.

20 *O. Hammelsbeck*, Der kirchliche Unterricht, München 1939, 33.

Der Kindergottesdienst ist genauso »unmittelbar zu Gott« wie der Gemeindegottesdienst, er stellt keine pädagogische Vorstufe dar. »Der Unterschied betrifft nicht das Maß des Lehrhaften, sondern nur die Art, nämlich die Art des missionierenden Unterrichts.«[21] Darum tritt anstelle der Predigt vornehmlich die Katechese. Im Mittelpunkt des rechten Kindergottesdienstes steht die »Gruppenbesprechung« und »Gesamtbesprechung«. Statt der Gruppenkatechese und Gesamtkatechese ist für Hammelsbeck auch eine Kinderpredigt durchaus denkbar. Der Helferkreis ist wichtig, nicht als pädagogisch interessierte Personen oder besondere Kinderliebhaber, sondern als Glieder der Gemeinde, die zu einem Dienst in der Gemeinde verbunden sind. In einem eigenen Abschnitt hebt Hammelsbeck die tätige Verantwortung der Gemeinde für den Kindergottesdienst hervor. Es stellt heraus, daß die Gemeinde als ganze den Kindergottesdienst in ihre Verantwortung zu nehmen hat. Fazit: »Der Kindergottesdienst gehört als Feier und als Lehre in die Einheit des kirchlichen Unterrichts; er darf darum nicht nebenher und, wie es den einzelnen Pfarrern und Helfern nach ihrer persönlichen Einsicht gefällt, so oder so gehandhabt werden, sondern ist ein Teil der Dienste in der Gesamtkirche. Darum ist die Gemeinde für ihn verantwortlich.«[22]

Dementsprechend heißt es im diesbezüglichen Altersstufen-Lehrplan: »Liegt die sonstige evangelische Unterweisung sehr im argen, so wird der Kindergottesdienst tunlichst wieder zur schlichten Sonntagsschule werden, welche die Kenntnis eines Mindestmaßes alt- und neutestamentlicher Geschichten vermittelt. Man greife dann auf die für die Altersstufen 6–10 Jahre vorgesehenen Geschichten zurück.«[23]

Nach 1945 erlebt der Kindergottesdienst eine neue Blüte. Die Reorganisation der Landesverbände sowie die Neubildung des Gesamtverbandes vollziehen sich ohne größere Probleme. Die Frage der Liturgie wird ausführlich diskutiert. Die Ergebnisse werden in Kindergottesdienst-Agenden[24] umgesetzt, die freilich keineswegs überall rezipiert werden.

1.5 Thematischer Kindergottesdienst seit ca. 1970. Der Prozeß der gesellschaftlichen Entwicklung, der zu einer kritischen Distanzierung im Verhältnis von Gesellschaft und Kirche führt, bleibt auch im Blick auf den Kindergottesdienst nicht ohne Folgen. Zudem sieht sich diese Einrichtung wachsenden Herausforderungen durch Konkurrenzangebote wie Sportvereine und das Fernsehen ausgesetzt. Die Veränderung der Familienstrukturen, vor allem die wachsende Mobilität der Familien,

21 *O. Hammelsbeck*, aaO., 76.
22 *O. Hammelsbeck*, aaO., 86f.
23 *M. Albertz/B. H. Forck*, Evangelische Christenlehre. Ein Altersstufen-Lehrplan, Wuppertal-Barmen, Nachdruck o.J., 153.
24 *O. Söhngen/W. Thiel (Hrsg.)*, Agende für den Kindergottesdienst, Berlin 1952. – Kindergottesdienstagende. Agende für evangelisch-lutherische Gemeinden. 2. Sonderband, Berlin 1964.

bleibt nicht folgenlos für den Kindergottesdienst. Als Antwort auf die sich daraus ergebenden Herausforderungen wird die themenorientierte Kindergottesdienstarbeit entwickelt. Der thematische Ansatz bemüht sich, die Kinder mit ihren Fragen, Problemen und Bedürfnissen in den Blick zu nehmen. Schließlich kommt es mit der Einführung eines neuen einheitlichen Text-Themenplanes zu einem integrativen Gesamtkonzept. Diese Phase ist zweifellos schwerpunktmäßig religionspädagogisch orientiert. Unter dem Fest- und Feiertagscharakter des Kindergottesdienstes, der in den letzten Jahren ebenfalls zunehmend Aufmerksamkeit auf sich gezogen hat, hat sich zugleich wieder die liturgische Aufgabe in neuem Gewande gemeldet.

Halten wir noch einmal den Ertrag des Durchgangs durch die Geschichte des Kindergottesdienstes fest: (1) Die Entstehung in England: ein diakonisch-elementarpädagogisches Konzept; (2) die Entfaltung der amerikanischen Sonntagsschule: ein gemeinde-missionarisches Konzept; (3) die Sonntagsschule als Kindergottesdienst in Deutschland; (4) das liturgische Konzept seit den dreißiger Jahren; (5) der religionspädagogisch-themenorientierte Ansatz seit 1970. Unsere heutige Aufgabe besteht m. E. darin, ein integratives Gesamtkonzept zu entwickeln, das auch realistisch ist.

2. Kindergottesdienst im Feld der Gemeindepädagogik

2.1 Eigenständiges Profil des Kindergottesdienstes? Was soll man nun angesichts der Geschichte des Kindergottesdienstes sagen? Wir wurden liturgischer, pädagogischer, missionarischer und gottesdienstlicher Motive ansichtig. Insbesondere ist die Geschichte des Kindergottesdienstes gekennzeichnet durch ein Pendeln zwischen einer stärker gottesdienstlichen und einer stärker pädagogischen Akzentuierung. Offensichtlich hat der Kindergottesdienst jeweils einen starken Bezug zur gegenwärtigen Situation gehabt und hat sehr sensibel auf neue Herausforderungen und Entwicklungen reagiert. In dieser Flexibilität liegt ein erstes Spezifikum.

Nun mag man beklagen, daß der Kindergottesdienst nicht einfach einem einzigen praktisch-theologischem Arbeitsfeld zuzuordnen ist. Muß das aber eine Schwäche sein? Könnte es nicht seine Stärke sein, daß er eine *Mischform* darstellt, wie etwa auch *P. M. Clotz*[25] herausstellt:

25 *P. M. Clotz*, Zur Theorie und Praxis des Kindergottesdienstes, 295 f.

»Wie überall, ist auch hier große Artenvielfalt nur zu begrüßen ... ›Artenvielfalt‹ ist Zeichen von Leben. Im Kindergottesdienst scheint sie mir den beruhigenden Hinweis zu geben, daß da vielerorts sich Menschen für Menschen interessieren und engagieren, daß sich da Menschen um eine persönliche Auseinandersetzung mit Bibel und Glaube bemühen. Klischierte Antworten und überkommene oder vorgefertigte Veranstaltungsformen genügen ihnen dabei nicht, und unbekümmert wie Kinder formulieren sie – oft dilettantisch genug – eigene Fragen und Antworten; singen, beten, erzählen, verkünden mit eigenen stimmigen Worten, Bewegungen, Liedern und Bildern. Insofern ist die Kindergottesdienstbewegung ihren Anfängen treu geblieben, wo zupackende Laien und Praktiker sagten: ›Es muß etwas geschehen‹... Dabei werden immer ›merkwürdige Mischformen‹ entstehen ... Wer will denn im einzelnen entscheiden, was mehr pädagogisch und was mehr gottesdienstlich ist.«

Die theologische Begründung des Kindergottesdienstes kann keine andere sein als diejenige, die für den (Erwachsenen-)Gottesdienst zu geben ist. Der *Auftrag zur Kommunikation des Evangeliums* ist der gemeinsame Horizont und die verbindliche Aufgabe auch für dieses Arbeitsfeld. Eine Kirche, die Kinder tauft, muß dafür Sorge tragen, daß Kindern die Gabe ihrer Taufe zugänglich ist. Die Kinder brauchen einen eigenen Gottesdienst, der auf ihre Verstehensmöglichkeiten bezogen ist und sich an ihrem Lebensrhythmus orientiert. Der Kindergottesdienst ist deshalb auch bedeutsam, weil dadurch das Kind als glaubender Mensch ernst genommen wird, weil seine Formen von Religiosität und Glauben angemessen berücksichtigt werden können und weil das Evangelium mit seiner Verheißung konkret auf seine gegenwärtige Lebenssituation bezogen werden kann. D.h.: Der Kindergottesdienst erfüllt letztlich seine Aufgabe nur dann, wenn er nicht eine Vorübung für den Erwachsenen-Gottesdienst darstellt, sondern Gottesdienst für und zugleich *Gottesdienst der Kinder* ist, der ganz auf die Lebenswirklichkeit und die Erfahrungs- und Erlebnismöglichkeiten der Kinder zugeschnitten ist. Zudem ist zu bedenken: »Psychologisch gesehen sind die Chancen für den Aufbau religiöser Einstellungen hier günstig, wenn der Helfer ein Vertrauensverhältnis zu den Kindern hat, wenn die Kinder unter sich eine Gruppe bilden, in der sich die einzelnen wohlfühlen und wenn die dem Sinn des Gottesdienstes entsprechenden Gefühle gepflegt werden. Sogar altersspezifisches ästhetisches Erleben ist dabei möglich, wenn bei der Gestaltung des Raumes, bei der Wahl von Medien und Methoden die besonderen Zugänge des Kindes für das Schöne beachtet werden.«[26]

Die *Kindergottesdienstkinder* – wer sind sie eigentlich? Aufs Ganze gesehen umschließen sie das Alter von 3 bis ca. 13 Jahren, d.h. bis zum

26 *W. Neidhart*, Art. Gottesdienst, in: *W. Böcker/H.-G. Heimbrock/ E. Kerkhoff (Hrsg.)*, Handbuch Religiöser Erziehung, Bd. 1, Düsseldorf 1987, 366.

Vorkonfirmandenalter. In manchen Gemeinden ist der Kindergottesdienst der verbindliche Gottesdienst für die Vorkonfirmanden, während die Hauptkonfirmanden in den Gemeindegottesdienst gehen. Aber die Altersstruktur hat sich in den letzten Jahren immer mehr in Richtung nach unten verändert. Die Großen über 10 Jahre bleiben gegenwärtig zunehmend fort. Es entsteht so ein ›Loch‹ bis zur Konfirmandenzeit für das Alter von 11–13 Jahren. Dagegen kommen die Vorschulkinder in verstärktem Maße. In manchen Gemeinden stellen die Drei- bis Fünfjährigen bereits einen Anteil von 20 bis 30 Prozent.

So wird man zunächst festhalten dürfen, daß die Kinder für ein eigenständiges Profil des Kindergottesdienstes stehen. Ihnen soll nahegebracht werden, daß Gott die Menschen, einen jeden Menschen liebt und annimmt. Kindergottesdienst ist kindgemäßes, nicht kindertümliches Feiern, das sich an der biblischen Überlieferung orientiert und die Fragen und Freuden, Sorgen und Hoffnungen der Kinder miteinbezieht, wobei bei der Aneignung und Vertiefung alle Sinne angesprochen werden, alle Ausdrucksmöglichkeiten einbezogen werden. Noch einmal: Kindergottesdienst ist »Hauptgottesdienst der Kinder«.

Nähern wir uns der Fragestellung nach dem Profil des Kindergottesdienstes noch von einer anderen Seite, indem wir danach fragen, was der Lernort Gemeinde bedeutet. Während der Religionsunterricht am Lernort Schule durch Regelmäßigkeit, Schulpflicht, altersgleiche Gruppen, hauptamtliche, durch ein Studium ausgebildete Religionslehrer und die Möglichkeit, in längerfristigen Lehrgängen zu unterrichten, sowie die Notengebung gekennzeichnet ist, zeigt sich beim Kindergottesdienst am *Lernort Gemeinde* eine andere Struktur. Hier gibt es die Möglichkeit zu offener Gestaltung in Fest und Feier, Möglichkeiten zu Aktionen, wechselnde Gruppierungen, was durchaus anregend sein kann, sowie die Freiwilligkeit bei Kindern und Mitarbeitern. Zudem unterscheidet sich der Kindergottesdienst durch eine andere Grundatmosphäre (gottesdienstlicher Raum, Glocken, Orgelspiel, Kerzen). Vor allem: »Kinder feiern ihre Erfahrungen, ihr Leben, ihren Glauben. Sie *antworten* auf das verkündigende Wort (liturgisch) in Bekenntnis, Gebet und Lobgesang. Sie werden angeleitet zum tätigen Handeln christlicher Nächstenliebe – im Geiste Gottes, im Geiste Jesu Christi (Nachfolge). Sie werden als glaubende oder aber zum christlichen Glauben heranwachsende junge Menschen angesprochen und ernstgenommen.«[27]

27 Vgl. *D. Steinwede*, Religionsunterricht und Kindergottesdienst – Ein Vergleich, in: *Comenius-Institut (Hrsg.)*, Kindergottesdienst und Kindergruppen (Kindergottesdienst heute, H. 9), Münster 1976, 113–124, bes. 119.

Der Religionsunterricht in der Schule ist schwerpunktmäßig gefordert im Blick auf die Frage der Information und der Interpretation der biblischen Überlieferung, wobei dies im Blick auf die Erfahrungen allgemeiner Art geschieht, sowie unter Bezug auf solche Erfahrungen, wie sie z. B. auch im Kindergottesdienst gemacht werden können. Demgegenüber liegt der Schwerpunkt des Kindergottesdienstes stärker bei der Kategorie des gemeinsamen Feierns, der Erfahrung von Gemeinschaft.[28]

2.2 Mitarbeiter/innen des Kindergottesdienstes. Ein weiteres hervorstechendes Merkmal, das dem Kindergottesdienst sein eigenes Profil gibt, sind die Mitarbeiterinnen und Mitarbeiter, die beim Kindergottesdienst tätig werden. Bereits vom Beginn seiner Geschichte an stellt der Kindergottesdienst eine Einrichtung dar, die wesentlich von »Laien« getragen wurde. Kindergottesdienst ist eigentlich gar nicht vorstellbar und möglich ohne die Initiative und Beteiligung engagierter Christen. Unter den ehrenamtlichen Mitarbeitern in den evangelischen Gemeinden stellen die Mitarbeiter im Kindergottesdienst eine überaus beachtliche Gruppe dar, nicht nur zahlenmäßig, sondern auch in ihrer Wirksamkeit und Bedeutung als Modelle des Christseins für die Kinder im Kindergottesdienstalter. Sonntag für Sonntag beteiligen sich in der Bundesrepublik ca. 60000 Mitarbeiter am evangelischen Kindergottesdienst. Es ist ein Kennzeichen der gegenwärtigen Situation, daß bei rückläufigen Teilnehmerzahlen gerade das Interesse an der Mitarbeit im Kindergottesdienst, die Bereitschaft, sich für den Kindergottesdienst in der Gemeinde zu engagieren, weiterhin zunimmt. Auch die Gesamttagungen für Kindergottesdienstmitarbeiter, die vom Gesamtverband für Kindergottesdienst in der EKD veranstaltet werden, sind mit ihren Teilnehmerzahlen ein eindrucksvoller Beleg für die Breite der Mitarbeit in diesem Bereich.

Freilich ist damit die Gemeinde vor die Aufgabe gestellt, hier auch für eine angemessene Begleitung Sorge zu tragen, sei es, daß sie der Pfarrer wahrnimmt, sei es, daß dies jemand anderes tut. Jedenfalls ist es wichtig, hier auf theologische und pädagogische Kompetenz zu achten. Es ist gewiß nicht einfach, das Bündel von Motivationen aufzuschlüsseln und zu erhellen, das die verschiedenen Mitarbeiter dazu motiviert, sich in der Kindergottesdienstarbeit zu engagieren. Sicher werden da auch die unterschiedlichen Akzentsetzungen, wie sie sich auf der konzeptionellen

28 Ebenso: *F. W. Bargheer*, Kindergottesdienst im Feld der Gemeindepädagogik, in: WPKG 65/1976, 95–112, bes. 107.

Ebene niedergeschlagen haben, widerspiegeln, jedenfalls wollen sie mit Kindern arbeiten und das Evangelium weitergeben.

Die Mitarbeiter stellen eine große, ja vielleicht sogar *die* große Chance dieses Arbeitsfeldes dar. In der Geschichte des Kindergottesdienstes wurde die Tatsache, daß die Laien-Lehrer die entscheidende tragende Kraft der Sonntagsschul-/Kindergottesdienstbewegung waren, nicht nur nie bestritten, sondern immer als ein ganz wesentliches und grundlegendes Merkmal herausgestellt. Die aktive und selbständige Mitarbeit in diesem Arbeitsfeld der Kirche ist offenbar auch heute noch so attraktiv, daß das Ansteigen der Mitarbeiterzahlen nicht zuletzt auch von dort her zu erklären ist. Die Mitarbeiter ermöglichen es, daß sich die Kommunikation des Evangeliums im Zusammenhang persönlicher Beziehungen vollzieht. Es ist ein nicht zu unterschätzender Vorteil, daß bei jugendlichen Mitarbeitern der Altersabstand zu den Kindern nicht zu groß ist, zugleich aber sind die Jugendlichen den Kindern im Kindergottesdienst ein Stück weit »voraus« und können durch ihr Beispiel und ihre Authentizität viel dazu beitragen, daß hier ein Stück gemeinsamen Leben- und Glaubenlernens bei unterschiedlichen Altersstufen Wirklichkeit wird.

Zudem ist die Beteiligung von Mitarbeitern Ausdruck dessen, daß Kindergottesdienst eine Sache der ganzen Gemeinde ist. Hier wurde immer schon ein Stück »Beteiligungskirche« praktiziert. Hier wird etwas deutlich von dem Zusammenhang von Gemeindepädagogik und *Gemeindeaufbau*. Darum verdient der ehrenamtliche Mitarbeiterkreis einerseits eine überlegte und kontinuierliche theologische und pädagogische Fortbildung, indem an den Fragen, die jeweils für die nächste Zeit anstehen, gearbeitet wird (das ist auch ein Stück theologischer Erwachsenenbildung in der Gemeinde) und andererseits bedarf er des notwendigen Raumes für die Entfaltung eigener Aktivitäten und eigenverantwortlicher Entscheidungen im Blick auf den Kindergottesdienst. Dies schließt auch ein, daß die Mitarbeiter beteiligt sind an der Verkündigungsaufgabe des Kindergottesdienstes und nicht nur eine Zubringerfunktion für den Pfarrer ausüben.

2.3 Aufgaben des Kindergottesdienstes. Vor einiger Zeit hatte *Ingrid Adam*[29] ein Konzept ausgearbeitet, demzufolge der Kindergottesdienst »wie alle Kinderarbeit« eine »sozialtherapeutische Funktion« haben soll. Es sol-

29 *I. Adam*, Aufgaben und Ziele des Kindergottesdienstes, in: *Comenius-Institut (Hrsg.)*, Aufgaben und Ziele des Kindergottesdienstes (Kindergottesdienst heute, H. 1), Münster 1972, 68ff.

len die Probleme der Kinder aufgearbeitet, Sprachhilfen bereitgestellt und Verhaltensmuster geprägt werden. Biblische Geschichten sind ungeeignet, sofern sie diesen Zielen nicht dienen. Sie interessieren nur als Lösungsmöglichkeit für ein Problem der Kinder. Liturgische Formen und Räume werden nur als erschwerend empfunden. Dies ist jedenfalls kein Konzept im Sinne von Kinder*gottesdienst*, vielmehr dessen Überführung in Kinder*arbeit*, mithin das Ende eines selbständigen Kindergottesdienstes.

Von einem rein liturgischen Ansatz her hat *H.-C. Schmidt-Lauber* ebenfalls den selbständigen Kindergottesdienst als Dauereinrichtung für problematisch erklärt. Er versteht ihn als Ausdruck von Kinderfeindlichkeit und warnt vor einer gemeindepädagogischen Vereinnahmung sowie vor der »Überfremdung des gottesdienstlichen Lebens durch die Vorherrschaft der Pädagogik«.[30] Er plädiert für einen »Gemeindegottesdienst der ganzen familia Dei«, bei dem auch die Kinder dabei sind. Freilich wüßte man gerne genauer, wie ein solcher Gesamt-Gottesdienst gestaltet werden soll. Der Autor stellt am Ende seines Beitrages thetisch heraus: »Die Kirche hat in ihrem Gottesdienst, in dem sie die Auferstehung ihres Herrn feiert, die Kraftquelle, alle Schranken zu überwinden.« Und er schließt mit dem Satz: »Es gilt zu erkennen, das Erkannte zu lehren und dann behutsam in kleinen Schritten überzuleiten: es gibt kaum einen kirchlichen Bereich mit einer größeren Emotionalität als den der Liturgik.«[31]

Beide Wege sind problematisch. Ich halte in unserer Situation den eigenständigen Kindergottesdienst nach wie vor für den richtigen Weg. Dabei ist zu bedenken, daß einerseits der religionspädagogische Impuls der thematischen Ausrichtung des Kindergottesdienstes seit 1970 weiterhin wirksam ist und daß andererseits der Fest- und Feiercharakter des Kindergottesdienstes wesentlich ist. In der Grundsatzdiskussion wie bei der Ausarbeitung konkreter Einheiten für den Kindergottesdienst wird sichtbar, daß die Frage nach den Kindern, ihren Erfahrungen und ihrer Lebenswelt einen gemeinsamen Bezugspunkt bei unterschiedlichen Ansätzen darstellt. Dabei kann der Weg vom biblischen Text zu den Kindern oder der umgekehrte Weg beschritten werden. In jedem Falle geht es darum, das Kind und das Evangelium miteinander in eine Beziehung zu bringen im Rahmen des Kindergottesdienstes, der am Lernort Gemeinde in der gegenwärtigen Gesellschaft stattfindet. Ge-

30 *H.-C. Schmidt-Lauber*, Der Kindergottesdienst im evangelischen Deutschland, in: Liturgisches Jahrbuch 29/1979, 94–111.

31 *H.-C. Schmidt-Lauber*, aaO., 111.

meinsam ist auch den unterschiedlichen Ansätzen, daß man wegkommen möchte von traditionellen Vermittlungsformen, wodurch die Kinder vorwiegend in die Situation rezeptiven Hörens versetzt werden. Stattdessen werden kreative Wege und Methoden und die Selbsttätigkeit der Kinder als wesentlich herausgestellt. Für die Gestaltung des Kindergottesdienstes werden so in erster Linie die Kriterien der Verständlichkeit, der Nachvollziehbarkeit und der Partizipation der Kinder wichtig.

Der Kindergottesdienst will zu einer Begegnung zwischen Evangelium und Kind führen, damit es zum Glauben kommen kann. Dies beinhaltet, daß die biblischen Texte im Kindergottesdienst eine wesentliche Rolle spielen. Der Fest- und Feiercharakter des Kindergottesdienstes hat einerseits seinen Sinn in sich selber und andererseits hat er zu tun mit der Aufgabe einer liturgischen Bildung und Erziehung, die im Kindergottesdienst einen wesentlichen Platz haben sollte. Schließlich ist es wichtig, daß der Kindergottesdienst einerseits der Gottesdienst der Kinder ist, andererseits aber nicht isoliert dasteht, sondern eingebunden wird in eine kinderfreundliche Gemeindearbeit und in das Gespräch und die Begegnung mit Menschen anderer Altersstufen in der Gemeinde. Hierfür sind z.B. Familiengottesdienste von großer Bedeutung. Auf Grund der bisherigen Ausführungen ergeben sich folgende Aufgabenbereiche für den Kindergottesdienst:

- Bekanntwerden und Vertrautwerden mit biblischen Texten und der in ihnen aufbewahrten Verheißung.
- Aufbau von Beziehungen in der Kindergruppe und Einübung eines christlichen Umgangs miteinander.
- Hinführen zu den Festen des Kirchenjahres.
- Zugänge finden zu und Einüben von Liedern und Gebeten.
- Modelle von Christsein kennenlernen an biblischen Gestalten und gegenwärtig lebenden Menschen.
- Bemühung um Verstehen von liturgischen Elementen und Anleitung »zum persönlichen Gebrauch«.
- Anleitung zum sachgemäßen Umgang mit Symbolen, Einübung in Symbolverstehen.
- Im Blick auf die liturgische Bildung und Erziehung hat der Kindergottesdienst *auch* die Aufgabe, zum Erwachsenen-Gottesdienst hinzuführen.

Für viele Kinder wird der Kindergottesdienst der Ort sein, wo sie Ersterfahrungen mit dem christlichen Gott und christlichen Glauben machen können bzw. werden.

Die Zusammenstellung der Aufgabenbereiche zeigt in der Tat, daß der Kindergottesdienst eine »Mischform« darstellt. In dem einleitenden Beitrag dieses Bandes (→ s.o. I, 1.3) war darauf verwiesen worden, daß in den einzelnen gemeindepädagogischen Handlungsfeldern verschiedene Handlungsdimensionen miteinander verknüpft sein können und so das jeweils spezifische Profil des einzelnen Handlungsfeldes ausmachen. Wenn in den letzten Jahren der Fest- und Feiertagscharakter des Kindergottesdienstes wieder stärker betont wurde, so signalisiert dies, was schon immer galt, daß die kerygmatische und die gottesdienstlich-liturgische Handlungsdimension das Handlungsfeld Kindergottesdienst immer mitbestimmt haben. Gleichwohl zeigt die minimale Beschäftigung der praktisch-theologischen Disziplinen Homiletik (Stichwort: Kinderpredigt) wie Liturgik mit dem Kindergottesdienst, daß man sich hier offenbar doch nicht für ganz zuständig hält.

Neben diesem mehr äußeren Grund scheint es mir aber auch einen inneren Grund dafür zu geben, daß die religionspädagogische Handlungsdimension im Blick auf den Kindergottesdienst besonderes Gewicht besitzt. Hinsichtlich der kerygmatischen Dimension geht es darum, daß die besonderen Erlebnismöglichkeiten, die spezifische Situation und die besonderen Ausformungen und Gestaltungen des christlichen Glaubens und seiner Vollzugsformen der Kinder, die sich im Kindergottesdienstalter befinden, beachtet werden. Der Ansatz eines »verkündigenden Erzählens« wird dem gerecht, insofern sich die Kindergottesdienstkinder schwerpunktmäßig in einer narrativen Phase befinden – im Blick auf die Wege der Übernahme des Glaubens. Hinsichtlich der gottesdienstlich-liturgischen Handlungsdimension ist zu beachten, daß es im Kindergottesdienst gewiß einerseits um den Vollzug, das Erleben von Fest und Feier geht, daß andererseits aber der Kindergottesdienst auch die Aufgabe einer gottesdienstlich-liturgischen Bildung und Erziehung wahrzunehmen hat. Ich kann mich darum zustimmend auf *K. Frör* beziehen:

»Auch die liturgische Ordnung des Kindergottesdienstes hat eine didaktische Aufgabe zu erfüllen. Das ist nicht möglich, wenn sie der Willkür oder Verwahrlosung überlassen wird... Es ist ein Grundgesetz liturgischer Gestaltung, daß Wiederkehr des Bekannten und erfrischende Abwechslung in einem abgewogenen Verhältnis zueinander stehen sollen. Die Kinder sollen sich in ihrem Gottesdienst beheimatet und geborgen fühlen... Der Kindergottesdienst kann liturgisch weder eine Dublette des Erwachsenengottesdienstes noch eine Vorübung für ihn sein. Er kann aber ebensowenig auf die liturgische Ordnung verzichten, sondern muß imstande sein, seine eigene Form zu entwickeln.«[32]

Somit gilt es festzuhalten: Die religionspädagogische Handlungsdimension besitzt im Blick auf den Kindergottesdienst besonderes Gewicht.

32 *K. Frör*, Grundriß der Religionspädagogik, Konstanz [2]1983, 217f.

Sie hat den Primatanspruch, aber keineswegs den Ausschließlichkeitsanspruch, vielmehr geht es um ein integratives Gesamtkonzept, das die berechtigten Anliegen der genannten Aufgabendimensionen kirchlichen Handelns miteinander vermittelt und verschränkt.[33]

3. Zur Didaktik des Kindergottesdienstes

3.1 Die Lebenssituation der Kinder und die biblischen Texte. Die Kindergottesdienstplanung weiß sich zwei Polen verpflichtet, dem biblischen Evangelium von der Menschenfreundlichkeit Gottes und den Kindern in ihrer konkreten Lebenssituation heute.[34] 3- bis 6jährige lernen zunächst einmal durch das Beispiel. Auch Glauben wird zunächst durch Imitation gelernt. Konkret: Wenn ein Kind mit seinen Eltern die Erfahrung von Vergebung macht, wenn es sieht, wie die Eltern sich zu einer christlichen Gemeinde halten, wenn es erfährt, daß die Menschen seiner nächsten Umgebung die Fragen ihres Lebens, ihre Freuden und ihre Sorgen mit ihrem Gott besprechen, dann wird das Kind zunächst dies auch einmal für sich übernehmen. Dieselbe Nachahmung geschieht natürlich auch im negativen Fall. Es schließt sich dann eine Phase einer mehr oder weniger starken Identifikation mit bestimmten Vorbildern an. Man will dann so sein wie Elia oder David, wie Paulus oder Petrus, wie Maria oder Martha. Auch die Kindergottesdienstmitarbeiterin kann eine solche Identifikations-Figur sein. Ab 10 Jahren setzt dann eine Zeit aktiveren Problematisierens jener religiösen Vorstellungen ein, die im bisherigen Leben ausgebildet wurden und eine Rolle gespielt haben.

Es ist nun aber keineswegs so, daß man sich zunächst in religiöse Formen eingewöhnt und erst in der Zeit der Pubertät beginnt, sich selbständig mit diesen Formen und den Inhalten auseinanderzusetzen.

33 Zum Ansatz einer komplexen Konzeption vgl. auch *K. E. Nipkow*, Mit Kindern auf dem Weg zu einer Kirche von morgen, in: *E. Dieterich/V. Horstmeier (Hrsg.)*, Arbeitsfeld Kinderkirche – heute und morgen, Stuttgart 1986, 16: »Vor 25 Jahren wurden Konzeptionen des Kindergottesdienstes entwickelt, die sich sehr voneinander unterschieden, aber dadurch jeweils auf ihre Weise einseitig waren. Seitdem hat sich eher eine eklektisch, d.h. durch Auswahl und Verbindung entstandene *gottesdienstliche-liturgische-katechetische-erziehliche Mischform* entwickelt.«

34 Eine allgemeine Charakterisierung der Kindheit bietet *H.-J. Fraas* (→ s.o. V, 4.2.1), auf »Kindererfahrungen in ihrer didaktischen Bedeutung« geht *R. Lachmann* (→ s.o. VIII, 3.1) ein.

Im Gegenteil: Bereits im Alter von 3 bis 4 Jahren setzt der Prozeß selbständiger Bemühung, religiöse Fragen zu begreifen und zu verarbeiten, ein. *Hildegard Hetzer* hat in einem Aufsatz »Selbständige Bemühungen kleiner Kinder, Gott zu begreifen«[35] gezeigt, daß schon kleine Kinder religiöse Fragen und Probleme selbständig bearbeiten. Am Beispiel eines dreijährigen Kindes zeigt sie, daß bereits in diesem Alter ein Kind die Frage der Allmacht Gottes für sich selbst zu verarbeiten unternimmt. In der frühen Kindheit, d.h. im Alter von 3 bis 7 Jahren, sind Kinder noch sehr phantasievoll und sie werden angeregt durch Geschichten, Symbole und Gesten. Im Zusammenspiel mit Wahrnehmungen und Gefühlen ist die Phantasie ausgesprochen produktiv in der Ausbildung langfristig wirksamer Bilder und Gefühle. Freilich ist das Weltbild im Ganzen egozentrisch, soweit es die Perspektiven anderer betrifft. Im Grundschulalter bis etwa 12 Jahre wird die Erzählung zum wichtigsten Mittel, um Erfahrungen zu verarbeiten und zuordnen zu können. Die Fähigkeit, sich in andere hineinversetzen zu können, ermöglicht es, eine Welt zu entwerfen, die auf gegenseitiger Fairneß beruht. Kinder fangen an, für sich selbst Geschichten, Glaubensvorstellungen und Gebräuche zu übernehmen. Symbole werden jedoch noch eindimensional aufgenommen. Gegen Ende dieser Zeit schreitet die Fähigkeit zum logischen Denken voran.

Jedenfalls ist dies im Ganzen eine Zeit, wo es um das Heimisch-Werden in christlicher Religiosität geht. Dabei haben wir zunächst ein narratives Stadium, das gegen Ende dieser Zeit langsam in ein systematisches Stadium übergeht, in dem stärker die Fragen der Verknüpfung und der Glaubenslehre in den Mittelpunkt treten. Von daher ergibt sich auch die Notwendigkeit einer altersgemäßen Gruppenbildung im Kindergottesdienst. Zugleich wird deutlich, daß biblische Texte mit ihren Aussagen gerade auf dem Weg des Erzählens eine angemessene Form der Vermittlung finden. Am Beispiel der *Geschichte von David und Goliath* sei verdeutlicht, wie die eigene Lebenssituation und ein biblischer Text miteinander vermittelt werden können. Ein Vater erzählt:

»Mein älterer Sohn Michel ist in diesen Tagen in die Schule gekommen. Wie in den meisten Familien hatte das große Ereignis schon in den Wochen und Monaten zuvor seine Schatten vorausgeworfen. Der Kindergarten machte seinen traditionellen und nur für die betroffenen und deren Eltern arrangierten Schulkinderausflug. Der Schulranzen mitsamt Anfängerutensilien wurde nach sorgfältigem Studium der Prospekte und Schaufensterauslagen von der ganzen Familie eingekauft und im Triumphzug vom künftigen ABC-Schützen nach Hause getragen, um in der Folgezeit bei allerlei Paraden stolz vorgezeigt zu werden.

35 In: EvErz 32/1971, 137ff.

... Hinter diesem ganzen Ritual, das den Status- und Rollenwechsel begleitet, baut sich aus mehr oder minder bewußten Trennungsängsten des Kindes und der keimenden Verlustdepression der Eltern eine zwiespältige Erwartungsspannung in der Familie auf, ein untergründiges Schwanken vor allem des Kindes zwischen der diffusen Angst vor dem Neuen und der zuversichtlichen Hoffnung auf neue Möglichkeiten, auf Zuwachs an Wissen und Sinn, auf größere soziale Ästimation... Erst in der Kirche, beim Gottesdienst für die neuen ABC-Schützen, als zwei Kindergärtnerinnen in einfachen Worten und durch Flanellbilder unterstützt die Geschichte von David und Goliath erzählen, beginnt Michel von innen her zuversichtlich und froh zu werden – die Eltern übrigens auch. Die diffuse Angst vor dem Unbekannten weicht unter dem Einfluß der Abwehr- und Hoffnungsphantasie, die plötzlich im Bild des kleinen David, der nur mit seiner Schleuder bewaffnet dem furchterregend gepanzerten und gewappneten, den Gott Israels lästernden Riesen Goliath entgegentritt, von Michels Kümmernis Besitz ergreift. Buchstäblich mit dem Stein aus Davids Schleuder, der dem übermächtigen Philister in die Stirn fährt, daß er ›tot zur Erde auf sein Angesicht‹ fällt, weichen Unsicherheit und innere Unruhe und verwandeln sich in nach vorn gerichtete Sicherheit und freudige Erwartung.«[36]

3.2 Verkündigendes Erzählen. Es gilt auch heute noch, was *S. Rabus* in seiner Untersuchung über »Die Kinderpredigt«[37] vor zwanzig Jahren feststellen mußte, daß die Frage der Kinderpredigt ein kaum in Angriff genommener Problemkreis ist. Aus Raumgründen müssen wir es uns leider versagen, diese Thematik hier ausführlich zu diskutieren. Es sei lediglich darauf hingewiesen, daß sich in der Geschichte des Kindergottesdienstes als Grundtendenz herausgestellt hat, daß man eine Mischform propagiert hat. Das kann sich zum einen so darstellen, daß man für die Sechs- bis Zehnjährigen eine Gruppenkatechese vorsieht und für die Zehn- bis Dreizehnjährigen eine Kinderpredigt *(G. Merz*[38]). Die Formulierung von *H. Bardtke* von der »katechetischen Kinderpredigt«[39] zeigt die Tendenz sehr deutlich, die auf eine vermittelnde Position hingeht. Eine Reihe von Autoren siedeln sich mit ihrer Argumentation und ihrer Konzeption unmittelbar auf der Mitte zwischen Predigt und Erzählung an. Andere versuchen durch die Aufteilung in Gruppenunterweisung und Gesamtunterweisung eine Zuordnung von Mitarbeiter*erzählung*

36 *F. Maurer*, Vom pädagogischen Sinn des Erzählens, in: WzM 33/1981, 136f.

37 Hamburg, 1967, Vorwort. – Vgl. auch die Bearbeitung der Frage bei *G. Otto*, Der Kindergottesdienst, Gütersloh 1962, 35–44. Äußerst lehrreich ist nach wie vor der von *R. Sauer* hrsg. Beispielband »Verkündigung an Kinder« (Zürich u.a. 1972), der zugleich eine kleine Homiletik »Predigt für Kinder« von *W. Blasig* enthält.

38 *S. Rabus*, aaO., 115 Anm. 18.

39 *S. Rabus*, aaO., 115.

und zusammenfassender *Kinderpredigt* durch den Pfarrer. Im Ganzen dürfte die Formel *D. Steinwedes* vom »verkündigenden Erzählen« nach wie vor eine sinnvolle Lösung des Problems sein, wobei dabei ja nicht ausgeschlossen sein muß, daß es durchaus auch Kinderpredigten, z. B. in einem Familiengottesdienst, geben kann, die durch den Pfarrer gehalten werden.

Zweifellos muß über diese Fragen die Diskussion noch weitergeführt werden. In unserem Zusammenhang möchte ich wesentliche Gesichtspunkte für die Frage des verkündigenden Erzählens herausstellen. Dabei kann ich auf eine Zusammenstellung von *Dietrich Steinwede* zurückgreifen:[40]

»– Eine Nacherzählung wird angestrebt, um den biblischen Erzähltext für Kinder von vornherein einsichtiger (Klarheit und Konsequenz der ›Bilder‹), sprechender und damit eindringlicher zu machen. Das geschieht bei möglichster Texttreue
 a) *sprachlich*: durch sprachliche Vereinfachung (kindgemäße Ausdrücke, kurze Sätze, Verbalstil, Indikativ statt Konjunktiv, Verzicht auf schmückende Beiwörter),
 b) *sachlich*: durch Einarbeiten von notwendigen sachkundigen Erläuterungen (im Erzählstil!).
– Eine *verkündigende* Nacherzählung wird angestrebt, um den Kindern die theologische Aussage des biblischen Erzähltextes einsichtiger und eindringlicher zu machen. Erkenntnisse, die die Auslegung (Exegese) über zentrale theologische Aussagen des Textes erbracht hat, werden durch Erweiterung (Entfaltung) an den betreffenden Stellen in Erzählung umgesetzt.
– Es legt sich nahe, sowohl für die sprachliche wie für die theologische Arbeit verschiedene Übersetzungen (Lutherbibel, Zürcher Bibel, NT-Wilckens, NT 68, Kommentarübersetzungen) heranzuziehen. Der Vergleich ergibt zumeist sehr positive Erzählhilfen.
– Formal lassen sich gegenüber jedem Text, den man (schriftlich) nacherzählen will, folgende Fragen stellen:
 a) Was muß bleiben (u. U. im Hinblick auf Kinder leicht modifiziert),
 b) was ist stärker zu verändern (warum?),
 c) was ist (als Auslegung, als Sacherläuterung, als Sprachhilfe) hinzuzufügen?
– *Grundregel*
Nicht die erzählerische Breite, sondern die erzählerische Dichte gewährleistet es, daß Kinder einer (gut vorgetragenen) Nacherzählung hingegeben zuhören.«

Im Zusammenhang der Bemühungen um das Erzählen haben sich im letzten Jahrzehnt neben der unmittelbaren Nacherzählung noch einige neue *Formen des Erzählens* herausgebildet, die dem Verständnis der biblischen Geschichten dienen wollen: Umweltgeschichten, Erzählungen

40 *D. Steinwede*, Anhang: Regeln, in: ChL 39/1986, 75f.

zur Entstehung biblischer Texte, Rahmengeschichten und Verlaufsgeschichten.

Für das Erzählen biblischer Geschichten gibt es einige wesentliche *Gestaltungsideen*:[41]

»– *Biographische Motive erzählen:* Biographische Episoden; z.B. aus dem Leben des Propheten Amos/Jeremias, Pauluserzählungen, Petrus erzählt.
– *Perspektivische Erzählungen:* Um eine Geschichte herum erzählen: die Hauptpersonen erzählen ihre Erfahrungen: z.B. eine beteiligte Person erzählt, eine beobachtende Person erzählt, eine »nicht wissende« Person kommt ins Geschehen hinein und versucht Klärung zu bekommen.
– *Auserzählen:* Angedeutete Motive, Geschichten werden auserzählt; z.B. der bittende Freund, das Haus, das auf Sand gebaut wird, Kranke, die eines Arztes bedürfen, der Balken und der Splitter.
– *Weitererzählen:* Wie geht die Geschichte weiter? Wie geht es mit den Personen der Geschichte weiter: z.B. Nachfolge des Bartimäus, der Kranke am Teich Bethesda.
– *Motivkombinationen:* Biblische Geschichten legen sich gegenseitig aus, ergänzen und vertiefen sich, z.B.: Fußwaschung und Jüngerfrage.
– *Wirkungsgeschichtliche Motive:* Biblische Geschichten haben ihren Ort im Gemeindeleben und in der Auseinandersetzung der Gemeinde, sie begründen Glauben, Handeln und Denken.«

Die Diskussion um die Frage des Erzählens, um Nacherzählen und Neuerzählen hat eine gewisse Annäherung der Standpunkte der beiden großen Erzählpositionen, wie sie von *D. Steinwede* und *W. Neidhart* repräsentiert werden, gebracht. Man kann schwerlich noch die einfache Aufteilung vornehmen, daß Steinwede der bibelorientierte Vertreter des Erzählens sei, während Neidhart das phantasie-orientierte Erzählen vertrete. Wesentlich dürfte allerdings sein, daß in der Frage der Erstbegegnung mit biblischen Texten, d.h. vor allem im Blick auf die jüngeren Gottesdienstteilnehmer, die Nähe zum biblischen Text wesentlich ist und der Phantasiearbeit hier doch deutliche Grenzen gesetzt sind, während für ältere Kinder und Jugendliche sicher das Fruchtbarmachen von Gestaltungsideen, wie sie eben aufgeführt wurden, möglich sein und sich nahelegen dürfte.

3.3 Feste feiern – das Kirchenjahr. Es war verschiedentlich schon darauf hingewiesen worden, daß der Fest- und Feiercharakter des Kindergottesdienstes im letzten Jahrzehnt zunehmend entdeckt worden ist. Was

41 *D. Steinwede*, aaO., 76. – Zum Erzählen biblischer Geschichten: *W. Neidhart/ H. Eggenberger (Hrsg.)*, Erzählbuch zur Bibel, Zürich u.a. [4]1984; *D. Steinwede*, Werkstatt Erzählen (Kindergottesdienst heute, H. 5), Münster 1974 u.ö.; *G. Urbach (Hrsg.)*, Biblische Geschichten Kindern erzählen, Gütersloh [2]1982.

für Feste können wir eigentlich im Kindergottesdienst feiern? Dazu eine Übersicht.[42]

(1) *Feste im Kreislauf des Kirchenjahres*
Große Feste (Weihnachten / Ostern / Himmelfahrt / Pfingsten / Erntedankfest...)
Kleinere Feste (Bibel-Sonntag / Missions-Sonntag / Kirchweih-Gemeindefest)
Hier bleibt im Einzelfall zu fragen, inwieweit die traditionellen ›großen‹ Feste der Christenheit sich, abgesehen von einem festlichen Familiengottesdienst, einer Gestaltung in der traditionellen Gemeinde entziehen.
(2) *Feste aus privatem Anlaß*
Z.B. Geburtstag, Taufe, Schulanfang können als ständiges festliches Element in den normalen Kindergottesdienst integriert werden. Als eigenständiges Kindergottesdienst-Fest sind derartige Anlässe nur ausnahmsweise vorstellbar.
(3) *Personenorientierte Feste*
In diesem Rahmen lassen sich Feste der Namenspatronen der Gemeinde oder der Kirche feiern (z.B. Matthäus-Kirche oder Dietrich-Bonhoeffer-Gemeinde), d.h. auch einzelner biblischer Gestalten (z.B. Petrus-Fest).
(4) *Themen-/Bibel-/Problem-orientierte Feste*
In diesen Bereich gehören besonders geplante und gestaltete Feste, die zusammenfassend ein Thema (Miteinander leben – Behinderte und wir) einen biblischen Zusammenhang (Mit Mose ziehen wir voran) oder ein Problem (Hallo Nachbarn – ein Fest mit den ausländischen Kindern in unserem Stadtteil) usw. aufgreifen.

An erster Stelle sind die Feste im Kreislauf des Kirchenjahres genannt. Im Kirchenjahr und seinen Festen hat sich die religiöse Lebensgestaltung von Generationen niedergeschlagen. Die Wiederholung und der jährliche Rhythmus wurden in der Vergangenheit teilweise als geistlos und abstumpfend begriffen. Dabei leben die Feste des Kirchenjahres nicht zuletzt auch davon, daß sie sich Jahr für Jahr wiederholen. Der Gesichtspunkt der Wiederholung ist wesentlich. In der Wiederholung liegt eine Bestätigung und Vertiefung des zentralen Grundthemas, das ein jedes Fest hat. Überlieferung ist auf Wiederholung angewiesen – im Sinne einer notwendigen Vergewisserung. Darum ist die Wiederholung und damit zugleich auch Ritualisierung ein wichtiger Weg, die Feste mit ihrer Bedeutung lebendig zu erhalten, den Sinn von Festen der kommenden Generation weiterzugeben. In den großen Festen des Kirchenjahres sind zugleich die großen inhaltlichen Themen des christlichen Glaubens enthalten. Das Kirchenjahr ist kein Zwangskorsett, sondern umgreift einen Reichtum, der zum kreativen Umgang ›verführen‹ will. Der

42 *G. Ruddat*, Feste im Kindergottesdienst, in: *J. Koerver u.a. (Hrsg.)*, Kindergottesdienst-Helferhandbuch, Stuttgart 1981, 479–493, bes. 486. – Vgl. auch *W. Deresch*, Der Festzyklus des Kirchenjahres als didaktisches Prinzip im Kindergottesdienst, in: Lernort Gemeinde 1985, H. 1, 37–42.

Grundbestand eines Festes, sein ursprünglicher Sinn, seine feststehenden und wiederkehrenden Rituale sind immer verbunden gewesen mit Möglichkeiten, das Fest mit eigenen Einfällen und Ideen zu gestalten und durch die Beteiligung von Kopf, Herz und Hand zu verlebendigen. Es ist wichtig, daß die eigene, schöpferisch-kreative Phantasie mit hinzukommt, in den Festverlauf einbezogen wird. Das gilt dann auch vor allem im Blick auf die Art und Weise, wie wir unseren Kindern helfen, einen Zugang zum Kirchenjahr zu finden. Es ist wichtig, daß Kinder beides erleben: »Den Grundbestand eines Festes, seinen ursprünglichen Sinn, seine feststehenden und wiederkehrenden Rituale – und die Möglichkeiten, das Fest jeweils mit eigenen Einfällen und Ideen zu gestalten, es zu verlebendigen durch die aktive Beteiligung mit Kopf, Herz und Hand.«[43]

Die einzelnen Feste erfahren ihre Zuspitzung zum Teil in *Symbolen*. Diese können ein geeigneter Einsatzpunkt sein, um zur grundlegenden Bedeutung eines Festes vorzustoßen. Von daher ist ein Achten auf und ein Arbeiten an der Symbolsprache wichtig. Symbolzeichen (Kerze, Licht usw.) gewinnen von daher eine tiefere Dimension.[44]

Schließlich sind die Kirchenjahresfeste auf ein Lernen angelegt, das *generationenübergreifend* ist. Ich erinnere nur an Erntedank und Weihnachten. Hier ist mit Händen zu greifen, daß diese Feste von jung und alt gemeinsam begangen werden können. Dies wäre auch im Blick auf die anderen Feste zu überlegen und auszubauen, weil es ja um gemeinsames Leben und Glauben geht. Das Gebot der Stunde aus gemeindepädagogischer Sicht ist nicht die Differenzierung in unserer Gemeindearbeit, sondern die Integration.

Vom *theologischen Gesichtspunkt* her ist festzuhalten, daß die Feste des Kirchenjahres mit ihren Themen und ihren Ritualen ja nicht einfach Tage der Ruhe im modernen Sinne sind, Tage des Feierns, sondern, daß sie selbst Symbole der Erlösung und der Freiheit und der Nähe Gottes sind. Darum bietet sich das Kirchenjahr für den Kindergottesdienst als didaktisches Prinzip an. Die Orientierung am Kirchenjahr vermag auch ein organisierendes Prinzip für die Wiederholung sein. Wiederholung bedeutet ja nicht Einfallslosigkeit, sondern Vertiefung. Wiederholung ermöglicht ein wachsendes Verständnis. Die Kinder können auf unterschiedliche Weise dabei beteiligt sein: durch ihr Dabeisein, durch aktives Mit-Handeln, sowie durch verstehenden Mitvollzug.

43 *T. Klocke/J. Thiele*, Mit Kindern durch das Kirchenjahr, München 1982, 157.

44 Für die Frage der Symboldidaktik kann ich verweisen auf *W.-E. Failing* (→ s. o. VII, 5.2.) und *R. Lachmann* (→ s. o. VIII, 3.3.3) sowie die dort angegebene Literatur.

Schließlich bietet sich auch noch von einer anderen Seite her das Kirchenjahr als ein grundlegendes didaktisches Prinzip an. Durch die Orientierung am Kirchenjahr wird ein ganzheitlicher Zugang zum christlichen Glauben und seinen Lebensformen ermöglicht. Jedes Fest des Kirchenjahres hat bestimmte Formen des Ablaufes, ist dadurch charakterisiert, daß Sehen, Hören, Sprechen, Singen und weitere Tätigkeiten dazugehören. Die Bräuche, die Geschichte, die Lieder, die Gebete, die Bilder und Symbole sind eindeutig zugeordnet und bilden eine innere Ganzheit.

Darum eignen sich Kirchenjahresfeste dazu, bestimmte Phasen der Kindergottesdienstarbeit intensiver am Kirchenjahr zu orientieren und dies bei der Planung entsprechend zu berücksichtigen.

3.4 Liturgische Bildung und Erziehung. Dem *Kindergottesdienst* fällt eine wichtige Aufgabe zu, was die liturgische Bildung und Erziehung betrifft. Das Begehen des Gottesdienstes, in dem durch das Hören auf das Wort Glaube entsteht, gehört wesentlich zum christlichen Glauben dazu. Der gelebte Glaube lebt ja auch davon, daß er seine Kraft immer wieder neu aus dem Gottesdienst erfährt und immer wieder so seine Vergewisserung gewinnen kann. So wahr es ist, daß der Kindergottesdienst gemäß dem Prinzip des »Lernens durch Tun« an liturgischen Vollzügen partizipieren läßt, so sehr ist es doch auch notwendig, daß bedacht und besprochen wird, was im Gottesdienst begangen und gefeiert wird. Insofern besteht ein Ziel des Kindergottesdienstes darin, in den Gottesdienst und die Art und Weise, wie er begangen wird, einzuführen und Hilfen dazu zu geben. Inhaltlich geht es z. B. um Elemente und Abfolge des Gottesdienstverlaufes, Hinführung und Einübung von Liedern (einschließlich neuer geistlicher Lieder), Gebetserziehung, Vertrautmachen mit Elementen des Kirchenjahres.

Dabei ist zu bedenken, daß liturgische Bildung und Erziehung meist im *Elternhaus* einsetzen, weil hier notwendige Voraussetzungen auch für den Gottesdienst und für seinen Mitvollzug geschaffen werden. Es ist zu denken an Feste in der Familie, die Sonntagskultur, den Umgang miteinander, Gebetskultur sowie den Umgang mit Symbolen (→ s. o. VII).

Dies setzt sich fort im *Kindergarten*, wenn Zugänge zu christlichen Symbolen eröffnet und christliche Feste begangen werden. Hier gilt es, sozusagen ein Curriculum für die liturgische Bildung zu entwickeln. In der Frage der Liturgie wurden in den letzten Jahren ja erfreuliche Fortschritte gemacht,[45] sie stellt sich zunächst als Gestaltungsaufgabe

45 Zur Liturgiefrage insgesamt sind hilfreich: *D. Trautwein*, Die liturgische Ge-

für den Verlauf des Kindergottesdienstes, führt aber, wie diese Überlegungen zeigen, weit darüber hinaus.

3.5 Gemeinsam Glaubenlernen

Wenn man sich für den Kindergottesdienst als eine selbständige Einrichtung ausspricht, so bedeutet das nicht, daß er isoliert dasteht, sondern er ist auf die Ergänzung durch gemeinsame Veranstaltungen, in denen es um die Kommunikation des Evangeliums geht, angewiesen.

3.5.1 Familiengottesdienst. Hier kommt dem Familiengottesdienst, der eine recht junge Entwicklung darstellt, eine wichtige Bedeutung zu, zumal hier ein wesentlicher Grundzug der neueren Entwicklung im Bereich der Gemeindepädagogik besonders zum Tragen kommt: Das gemeinsame, Generationen übergreifende Lernen von Jung und Alt. Von daher ist sicher der Vorschlag berechtigt, daß in jeder Gemeinde mindestens viermal jährlich ein Familiengottesdienst stattfinden sollte. Gemeindepädagogisch wesentliche Funktionen des Familiengottesdienstes bestehen darin, daß Kinder und Erwachsene sich in der gleichen Situation, als Feiernde und Lernende erleben, ein gemeinsames Thema haben und auch selbst zum Thema werden. Familiengottesdienste haben sich auch als Abschluß einer themenorientierten Kindergottesdienstreihe herauskristallisiert. Neben den Familiengottesdiensten, die der agendarischen Form folgen, haben sich »neue Liturgien« herausgebildet:

a) *Der problemorientierte Gottesdienst:* Er folgt der »Liturgie des Lernens (Problemstellung, Eingrenzung, Lösungsversuche, biblische Deutung des Problems, Verarbeitung von Problem und biblischer Tradition, Versuch neuer Schritte). Kennzeichen ist die gemeinsame Suchbewegung in einem offenen Prozeß. Es besteht die Gefahr einer Verschulung des Gottesdienstes und daß andererseits zu viele Problembereiche nur oberflächlich angeschnitten werden.

b) *Festorientierter Gottesdienst:* Auch das Fest hat seine Struktur (Motivation, festlicher Auftakt, Erinnerung an den Grund des Festes, neue Kommunikation,

staltung des Kindergottesdienstes, in: *E. Dieterich/V. Horstmeier (Hrsg.)*, Arbeitsfeld Kinderkirche – heute und morgen, 34–47; *Comenius-Institut (Hrsg.)*, Liturgie mit Lied, Spiel, Tanz, Trommel (Kindergottesdienst heute, H. 8), Münster 1975; *Rheinischer Verband für Kindergottesdienst (Hrsg.)*, Lob sei Dir: sich freuen und traurig sein, Saarbrücken 1973; *Württembergischer Ev. Landesverband für Kindergottesdienst (Hrsg.)*, Er gebe uns ein fröhlich Herz. Überlegungen, Vorschläger Texte für die Liturgie im Kindergottesdienst, Stuttgart 1985; *P. M. Clotz*, Liturgie im Kindergottesdienst (Materialhefte, Nr. 45), Frankfurt 1985.

Festfreude und Ausblick). Kennzeichen stellen eher dar die Fülle, das »Außer-Mir-sein«, sich ungezwungen benehmen, vorwegnehmendes Handeln und Feiern. Gefahren: Zeitdruck, zu vieles wollen. Die Verbindung mit dem Abendmahl liegt hier besonders nahe.

c) *Betrachtender (meditativer) Gottesdienst:* Hier geht es um die um einen Mittelpunkt kreisende Betrachtung. Kennzeichen sind die Konzentration und die kreisende Anerkennung. Gefahren bestehen im Steckenbleiben in Wortassoziationen, Mangel an vertiefter eigener Vorbereitung.[46]

3.5.2 Kinderbibelwoche. Die Kinder, die im Kindergottesdienstalter sind, werden in vielen Gemeinden inzwischen auch durch sog. Kinderbibelwochen angesprochen. In der Zeit der Schulferien treffen sich über mehrere Tage die Kinder zwischen 6 und 12 Jahren in der Gemeinde zu gemeinsamer Andacht und zur Beschäftigung mit biblischen Texten, wobei jeweils ein thematischer Schwerpunkt ausgewählt wird. Hier haben wir ein komplexes Programm von gottesdienstlicher Feier und unterrichtlichen Elementen, wobei die Erfahrung von Gemeinschaft und das Zusammensein eine wesentliche Rolle spielen.

Das Haus der Kirche in Berlin hat sich früh um diese Arbeitsform bemüht. Grundelemente des »Berliner Modells«, die sich bewährt haben und auch zu einer kinderfreundlichen Gemeindearbeit beitragen, sind: »Die ausgearbeiteten Vorschläge für Ablauf und Gestaltung der Andachten, einschließlich der Einführung einer auf das Thema bezogenen Hauptfigur als Identifikationsobjekt, die vielschichtigen Vorschläge zur Gruppenarbeit, das attraktive Kindermaterial in einer Erinnerungsmappe, die selbstgemachten oder auch nur neu getexteten und mit Bewegung verbundenen Lieder, die Tips zur organisatorischen Vorbereitung, das Angebot von Werbe- und Zusatzmaterialien, die kontinuierliche Entfaltung eines Themas an mehreren Tagen, die Ausrichtung auf ehrenamtliche Mitarbeiter und schließlich die missionarische Zielsetzung.«[47] Der Berichtsband enthält z.B. Modelle zum Thema Schöpfung / Zur Frage nach Gott / Zum Thema Nachfolge / Zum Thema Diakonie / Zum Thema »Einer trage des anderen Last«.

Auch an anderen Orten zeigt sich, daß solche Modelle ganzheitlichen Erlebens biblischer Geschichten, wie sie für die Kinderbibelwochen charakteristisch sind, eine wichtige Bereicherung für das gemeindliche Leben darstellen. Mehrjährige Erfahrungen in der Großstadt Hamburg zeigen, daß solche Kinderbibelwochen mehr Kinder, zumal auch kirchenfernere, eher »vernachlässigte«, alleingelassene Kinder abholen, zu

46 *G. Kugler*, Familiengottesdienste, in: *P. C. Bloth u.a. (Hrsg.)*, Handbuch der Praktischen Theologie, Bd. 3, Gütersloh 1983, 79–88, bes. 86 (weitere Lit.!).

47 *H. Harbig/W.-R. Marsen/T. Petersmann*, Die Kinderbibelwoche. München 1978, 15. – Ferner: *W. Longardt/W. Gerts*, Kinderbibeltage – Kinderbibelwochen, Gütersloh 1985.

intensiven einprägsamen (oft Erst-)Erfahrungen mit christlichem Glauben und Kirche führen und auch die Chance bieten, ehrenamtliche Mitarbeiterinnen und Mitarbeiter projektbezogen zu gewinnen.[48]

3.5.3 Kinderkirchentage. Auch hierbei handelt es sich um eine neuere Entwicklung, die für den Kindergottesdienst einerseits und das miteinander Glaubenlernen von Kindern, Eltern und Gemeinde bedeutungsvoll ist. *W. Longardt*[49] berichtet darüber, wie solche Kinderkirchentage für Kinder und ihre Eltern zugleich Lernchancen für die Gemeinde sind, wenn etwa nach dem Kinderkirchentag in der Gemeinde in Familiengottesdiensten Kernszenen des Paulus-Spieles, das im Mittelpunkt des Kinderkirchentages stand, nachgespielt und auch zum Gegenstand eines Predigtnachgesprächs werden.

4. Planen und Gestalten

4.1 Text – Themen – Plan. Die klassische Form des Kindergottesdienstes bestand darin, jeweils für einen Sonntag einen biblischen Text auszuwählen, so daß ein Perikopenplan zustande kam.

Die Bemühungen um eine Neugestaltung des Kindergottesdienstes schlugen sich 1974 erstmals in einem *Themen*plan für die Kindergottesdienstarbeit nieder, der als Ergänzung zum damaligen rein textorientierten Plan 37 Themen aus der Lebenswelt der Kinder anbot. Die weitere Entwicklung führte sinnvollerweise zu kombinierten Text – Themen – Plänen für die Jahre 1979–1981 sowie 1982–1984 und zum vierjährigen Plan für die Jahre 1985–1988.[50] Da die Pläne zugleich die Basis für die Ausarbeitungen in den Zeitschriften für Kindergottesdienstmitarbeiter sind, haben sie einen erheblichen Einfluß auf die Entwicklung des Kindergottesdienstes.

Es ist durchaus sinnvoll, diesen Plan als Kristallisationspunkt zugrunde zu legen und entsprechend den Gegebenheiten vor Ort den eigenen Jahresplan zu erarbeiten.

48 *C. Störker*, Be-greifbarer und durchschaubarer Glaube. Zwei Beispiele für den Gebrauch von Symbolen in Kinderbibelwochen (Kinderkirchen), in: Lernort Gemeinde 1987, H. 1, 27–33, bes. 27.

49 *W. Longardt*, Hamburger Kirchentage – gemeindepädagogisch betrachtet, in: Lernort Gemeinde 1987, H. 1, 20–26.

50 *Gesamtverband für den Kindergottesdienst in der EKD (Hrsg.)*, Vierjähriger Text – Themenplan für den Kindergottesdienst 1985–1988, Bühl 1984.

Die Pläne spiegeln in ihrer Struktur deutlich den religionspädagogischen Aufbruch seit 1970, wenn sie alle Themen und Texte sowohl theologisch wie pädagogisch reflektieren und begründen. Bei der Ziel-/Inhaltsreflexion ergibt sich

– für den *thematischen* Zugang die Abfolge: Situation, theologischer Bezug, Ziel, Teilschritte;
– für den Einsatz beim *biblischen* Text die Abfolge: theologische Überlegungen, pädagogische Begründung, Ziel, Einzeltexte.

Die *Arbeitshilfen* erstrecken sich auf biblische Texte (zum Thema und zur Liturgie), außerbiblische Texte, Lieder, audiovisuelle Medien, kreative Methoden, Gestaltungsvorschläge, Aktionen und weitere Materialien.

Im Text – Themenplan von 1985–1988 taucht eine neue Sparte auf: Stichwortreihen. Hier geht es um wichtige Symbole und Grundbegriffe. Damit werden behutsam Einsichten der Symboldidaktik aufgenommen, die zweifellos auch für den Kindergottesdienst von Bedeutung sind.

Bei der Vorbereitung des Kindergottesdienstes ist es zudem wichtig, die spezifische Aufgabe der liturgischen Bildung zu beachten und von daher die liturgischen Elemente der Zusammenkunft sorgfältig zu reflektieren und zu planen.

4.2 Der Mitarbeiterkreis. Ebenso sorgfältig wie der Kindergottesdienst sind auch der Mitarbeiterkreis und seine Treffen zur Vorbereitung im Auge zu behalten. Hier ist eine gute Begleitung nötig. *H.-H. Jantzen* hat auf Grund seiner Erfahrung und Beobachtung folgende 10 Aspekte herausgestellt, die für ihn kennzeichnend sind als Erwartungen der Mitarbeiter an den Vorbereitungskreis für den Kindergottesdienst.[51]

(1) Geborgenheit/»Nestwärme« in der Gruppe finden;
(2) mit Gleichaltrigen und Gleichgesinnten über persönliche Fragen und Erfahrungen sprechen;
(3) eigene Glaubensfragen klären;
(4) Enttäuschungen mit der Kirche/Gemeinde loswerden;
(5) den eigenen Glauben »glaubwürdig« (vor den Kindern) vertreten lernen;
(6) Hilfestellung für den Umgang mit Kindern bekommen/Schwierigkeiten besprechen;
(7) Umgang mit biblischen Geschichten/kreative Methoden kennenlernen und selber ausprobieren;
(8) eine eigene Position gegenüber dem Pfarrer/Diakon/Erwachsenen finden;
(9) seinen Platz in der Gemeinde finden, als Mitarbeiter anerkannt sein;

51 *H.-H. Jantzen*, Jugendliche Mitarbeiter im Kindergottesdienst – Herausforderung und Chance, in: werkstatt gemeinde 2/1984, 265–275, bes. 271f.

(10) einen fertigen Kindergottesdienstentwurf für den nächsten Sonntag erstellen.

Gewiß stellt sich die Frage: Kann der Vorbereitungskreis das alles leisten? Jedenfalls wird hier deutlich: »Jugendliche Mitarbeiter wollen im Vorbereitungskreis nicht nur für den nächsten Sonntag ›produzieren‹, sondern auch – und oft ist das ihr vorrangiges Interesse – ein Stück Jugendgruppe erleben, über ihre eigenen Glaubensfragen reden und sich mit biblischen und theologischen Fragen auseinandersetzen.« Jantzen hat auf Grund seiner Erfahrung für die Zusammenkunft des Vorbereitungskreises eine Struktur erarbeitet, die sich über Jahre bewährt hat. Sie sieht folgendermaßen aus:[52]

(1) Lockere »Klönphase«: persönlicher Austausch, Festigung des Gruppengefühls, Auffangen des Problems ›Unpünktlichkeit‹;
(2) als Überleitung: Rückblick auf den letzten Sonntag, »Erfolgserlebnisse«, Schwierigkeiten, Information derer, die nicht dabei waren;
(3) Einbringen des Textes/Themas für den nächsten Sonntag: eigene Betroffenheit aussprechen, eigene Fragen klären, theologische Informationen geben;
(4) Übertragung auf die Situation der Kinder unter Berücksichtigung der Altersstufen;
(5) Erzählentwurf (im Ansatz) anfertigen, Gestaltungsideen sammeln, neue Methoden/unbekannte Lieder ausprobieren;
(6) organisatorische Absprachen/klare Aufgabenteilung: wer übernimmt den Anfangsteil/die Gebete/die Zusammenfassung? Wer besorgt welches Material?

Zusätzlich wurden dann auch noch die Mitarbeiter etwa zwei bis viermal jährlich zu einem Samstag oder Wochenende eingeladen, um in Ruhe die Langzeitplanung für ein viertel oder ein halbes Jahr vorzunehmen.

4.3 Lernwege der Kinder. Hier gilt zunächst das Stichwort: methodische Vielfalt! Aber es geht um mehr: es geht um die den Kindern gemäßen Lernwege des Glaubens.

Der ›Eindruck‹, den eine biblische Geschichte bei Kindern hinterläßt, verlangt danach, durch verschiedene Gestaltungsformen seinen ›Ausdruck‹ zu finden. Was zunächst wie eine methodische Erweiterung aussah, die Übernahme vielfältiger Gestaltungsformen aus dem Bereich von Kindergarten und Grundschule in den Kindergottesdienst, führte bei konsequenter Anwendung auf einen weiterführenden Weg. Der Einsatz von verschiedenen Methoden, Aktions- und Gestaltungsformen zielt nicht einfach auf die Wiedergabe der erzählten Geschichte, sondern

52 *H.-H. Jantzen,* aaO., 272.

sehr viel stärker darauf, ein persönliches Betroffensein durch die ›Sache‹ des Textes zu ermöglichen. Es geht darum, daß aus Zuhörern Mitbeteiligte werden. Es geht um ein ganzheitliches Erleben und Erfahren mit Kopf, Herz und Hand.

So erhält die Selbsttätigkeit, die Kreativität einen wichtigen Stellenwert: »Wenn wir den Kindern kindgemäß begegnen wollen, müssen wir davon ausgehen, daß es mit dem Erzählen einer biblischen Geschichte allein nicht getan ist. Dem Eindruck, den ein Kind durch gutes Erzählen empfangen hat, muß immer auch der Ausdruck folgen. Kinder der Altersstufen, die wir im Kindergottesdienst vor uns haben, drücken sich nicht vornehmlich durch Gespräch und vertiefende Reflexion aus, sondern sie haben ganz andere primäre Ausdrucksformen, wie Gestik, Mimik, kreative Gestaltung durch Malen, Formen in Plastilin, aus dem Stehgreif spielen usw. Sie wollen selbst etwas tun. Das ist keine Beschäftigungstherapie, sondern die Art und Weise, wie Kinder ihr Verstehen und auch ihren Glauben artikulieren. Deshalb sind alle die kreativen Methoden, durch die sich Kinder selbsttätig ausdrücken, so wichtig.«[53]

Hier ist in den letzten Jahren vieles erarbeitet worden und die Freude am und die Freiheit zum Experiment dürfte an diesem Punkt auch in Zukunft zu dem besonderen Profil des Kindergottesdienstes gehören.[54]

Literaturhinweise

Comenius-Institut (Hrsg.), Kindergottesdienst heute, H. 1–10, Münster 1972–1978.

E. Dieterich/V. Horstmeier (Hrsg.), Arbeitsfeld Kinderkirche – heute und morgen, Stuttgart 1986.

E. Dieterich/K. Stolzmann (Hrsg.), Wachsen wie ein Baum, Stuttgart 1982.

J. Koerver u. a. (Hrsg.), Kindergottesdienst-Helferhandbuch, Stuttgart 1981. (Auf S. 503–549 ist ein umfangreiches Verzeichnis über »Literatur und sonstige Hilfen«, d.h. für alle Fragen, die den Gottesdienst mit Kindern betreffen, enthalten.)

53 *K. Stolzmann*, Kindergottesdienst – Entwicklung und Chancen, aaO., 271.

54 Aus Raumgründen konnte die Frage des Abendmahls mit Kindern nicht behandelt werden. Zum Einstieg in die Thematik eignen sich: *E. Kenntner*, Abendmahl mit Kindern, Gütersloh ²1981 (Grundlagenanalyse) und *H. Eggenberger (Hrsg.)*, Abendmahl – auch für Kinder?, Zürich 1979 (theoretische und praktische Beiträge).

X.
Konfirmandenunterricht und Konfirmation

Klaus Wegenast

1. Zur gegenwärtigen Situation

Konfirmation (= K) und Konfirmandenunterricht bzw. Konfirmandenarbeit (= KU) unterliegen immer schon gesellschaftlichen, pädagogischen und theologischen Einflüssen. Deshalb kann es nur kontextuelle Formen von K und KU geben, die einer bestimmten Theologie und Kirche im Rahmen einer bestimmten Gesellschaft entsprechen.

Dies ist der Grund dafür, daß wir, da wir am heutigen KU und an einer religionspädagogischen Wegleitung für Pfarrer und kirchliche Mitarbeiter interessiert sind, unseren ersten Abschnitt dem Kontext konfirmierenden Handelns in Gesellschaft und Kirche und entsprechenden Erfahrungen von Beteiligten widmen. Erst dann fragen wir nach der Herkunftsgeschichte dieser wichtigen kirchlichen Institution, nach heutigen theologisch-pädagogischen Konzeptionen, Organisationsformen, Inhalten und Methoden.

1.1 Voraussetzungen: gesellschaftiche, christentums- und lebensgeschichtliche. Nicht erst seit heute, sondern im Grunde schon seit dem 18. Jahrhundert führt unsere durchaus säkulare Kultur des Abendlandes dazu, daß der Mensch seinen Alltag und seine Welt nur noch in einer Weise erfährt, die zunehmend in Spannung steht zur Überlieferung des christlichen Glaubens von Gott dem Schöpfer, Erlöser und Herrn der Geschichte. Infolgedessen stoßen die kirchliche Verkündigung und in der Folge auch der KU selbst bei gutwilligen Zeitgenossen nicht selten auf Unverständnis und Kopfschütteln. Als Reaktion darauf ergeht in Kirche und Theologie entweder der Ruf nach einer verbindlichen Ordnung oder nach Erfahrungen, die ermöglicht werden sollen. Dabei ist der Begriff der Ordnung belastet; der der Erfahrung aber einer der am wenigsten aufgeklärten Begriffe, die wir besitzen. Dennoch verdichten sich rund um die »Erfahrung« seit einiger Zeit die Sehnsüchte vieler Pfarrer nach einem ursprünglicheren, vitaleren Glaubensvollzug und nach lebbaren Modellen des Christ-Seins, ohne die alle Praxis der Kirche der Gefahr von Irrelevanz und Leere anheimzufallen droht. Oder sind die weitgehende Abstinenz vieler Eltern in Sachen christliche Erziehung ihrer Kinder und die »kümmerliche« Religiosität der Mehrheit der volkskirchlichen Mitglieder etwa keine angstmachenden Warnzeichen?

Andere Warnsignale sehe ich in dem, was wir uns angewöhnt haben,»Bürgerreligion«[1] zu nennen. Das Bemerkenswerte an dieser Form des Christseins ist es, daß sie sich für eine Vollgestalt christlicher Existenz hält und großen Teilen auch der sog. Kerngemeinde eigentümlich ist. Für sie gehört der Glaube nicht oder nicht mehr zur gesellschaftlichen Konstitution der Identität des Subjekts. Die beschafft man sich im Beruf, in der Politik und anderswo. Der Glaube tritt zu ihr dann nur noch hinzu: als kirchliche Einstellung etwa oder als persönliches Empfinden, in jedem Fall aber als mehr oder weniger wichtige Privatsache ohne notwendige Folgen für den Alltag. Der »Kanon des Christlichen« definiert sich so »nach Maßgabe der bürgerlichen Plausibilitäten« und Religion dient vornehmlich »als Ornament und Kulisse für bürgerliche Lebensfeiern«, die privatissime und gratis zur Verfügung stehen. Am Sonntag »der Geschmack für das Unendliche«, am Werktag das gnadenlose Prinzip der Konkurrenzgesellschaft mit dem Recht des Stärkeren, das nicht mehr »moralisch« in Frage gestellt wird; der Besitzindividualismus, die Konsumorientierung und ein auffälliges Streben nach persönlicher Sicherung. Ergebnis ist die säuberliche Scheidung zweier sich gegenseitig in Frieden lassenden »Reiche«. Hier ein möglicherweise gnadenloses Menschentum und dort das Reich des Erbarmens und der alles überwölbenden Gnade. Solche Religion wird niemand enttäuschen, da sie nichts verspricht. Aber sie vermag auch keine große Hoffnung zu begründen oder produktiv zu sein, z.B. für alternative Modelle des Lebens in der Gesellschaft.

Wenn es aber wahr ist, daß nur ein handelndes und im Alltag anschaubares Christentum, das überzeugende Modelle gemeinschaftlichen Lebens bei sich hat, für Jugendliche fragwürdig ist und bedeutsam werden kann, wird ein KU, der nicht auf solche anschaubaren Modelle im Umfeld der Jugendlichen verweisen kann, trotz aller Bemühungen der für ihn Verantwortlichen immer wieder akute Krisen erleben. Erst dann, wenn die Inhalte des KU kulturell und sozial plausibel sind und

1 Zum Problem vgl. *J.B. Metz*, Glaube in Geschichte und Gesellschaft. Studien zu einer praktischen Fundamentaltheologie, Mainz ²1978 – *ders.*, Messianismus oder bürgerliche Religion?, in: Concilium 15/1979, 308–315 – *ders.*, Jenseits bürgerlicher Religion: Reden über die Zukunft des Christentums, München/Mainz 1980. Aus diesen Publikationen die folgenden Zitate.

wirksame Motive für die Teilnahme an den sozialen Formen der Kirche sichtbar werden, wird sich Entscheidendes ändern können. Solange diese Voraussetzungen nicht erfüllt sind, hilft es deshalb nicht viel weiter, wenn viele sich Mühe geben, den Lehrbestand des Glaubens je neu intellektuell aufzuarbeiten und pädagogisch angemessen zu vermitteln. Der Glaube wird so im günstigsten Falle zu einer Bewußtseinsstelle werden können, die intellektuell behauptet zu werden vermag, nicht aber zur Grundkraft und Gewißheit eines Lebens in der Gesellschaft.

Vor uns liegen die Folgen einer Trennung von Glauben und Leben, Kirche und Gesellschaft seit dem 17. Jahrhundert. Dazu zählt auch die Sinnarmut der modernen Welt mit ihrem Industrialismus und Bürokratismus.[2]

In unserem Zusammenhang ist auch auf die individualgeschichtlichen Bedingungen der Arbeit mit Konfirmanden hinzuweisen, die nach wie vor viel zu wenig bedacht werden. Dabei denke ich nicht nur an die individuelle religiöse Sozialisation in einem christlichen oder unchristlichen Elternhaus, sondern auch an die Entwicklung des kognitiven Bewußtseins und des moralischen wie religiösen Urteils, die seit einigen Jahren im Rahmen psychoanalytischer, kognitiv-struktureller und vornehmlich auf soziokulturelle Einflüsse abhebender Theorien erforscht wird.[3] Es ist hier nicht der Ort für eine ausführliche Darstellung und kritische Würdigung dieser Theorien. Hier harrt eine Fülle von Aufgaben einer Lösung. Ich nenne nur die Überwindung der weit verbreiteten »Unpünktlichkeit« religiöser Erziehung, die mit ein Grund ist für das Auseinanderfallen von Glauben und Wirklichkeit.[4]

1.2 Eindrücke von Beteiligten. Die volkskirchliche Arbeit ist ambivalent. Was den KU anbetrifft, ist er für viele Pfarrer unattraktiv und beschwerlich. Nahezu 100% der Population eines Jahrgangs erscheint zwar zum Unterricht, aber die Einstellung der Schüler ist sehr verschieden. Teils sind die Jugendlichen interessiert, teils gelangweilt, teils kommen sie

2 Vgl. *W. Pannenberg*, Gottebenbildlichkeit und Bildung des Menschen in: ThPr 12/1977, bes. 260f.

3 Ich nenne als Beispiele: für den psychoanalytischen Ansatz *E.H. Erikson*, Identität und Lebenszyklus, Frankfurt [4]1977 – für den struktural-genetischen Ansatz: *F. Oser/P. Gmünder*, Der Mensch. Stufen seiner religiösen Entwicklung, Zürich 1984 und für einen soziologischen Ansatz den Sammelband von *M. Kohli (Hrsg.)*, Soziologie des Lebenslaufs, Darmstadt 1978. Gute Darstellungen und kritische Würdigungen aller genannten Ansätze finden sich bei *R. Englert*, Glaubensgeschichte und Bildungsprozeß, München 1985, 219–307 und *F. Schweitzer*, Lebensgeschichte und Religion, München 1987.

4 Siehe dazu vor allem die Ausführungen bei *R. Englert*, aaO., bes. 2ff.

freiwillig, teils genötigt, teils sind sie aufsäßig, teils wohlanständig. Sie alle wollen und sollen konfirmiert werden, doch die meisten von ihnen werden danach für lange oder auch gar nicht mehr in der Kirche zu sehen sein.

Gesellschaftliche, psychologische, biographische und politische Kräfte sind am Werk. Und dennoch, so zeigen empirische Untersuchungen der letzten Jahre, geschieht gerade im KU Entscheidendes für oder gegen eine »erworbene« Mitgliedschaft in der Kirche. Man spricht in diesem Zusammenhang sogar von einer »Schaltstelle« für das System der kirchlichen Sozialisation.[5]

Pfarrer und kirchliche Mitarbeiter, die oft für eine unterrichtliche oder jugendarbeitliche Tätigkeit nur unzureichend ausgebildet sind, leiden am Fehlen einer vorunterrichtlichen Motivation der Jugendlichen, an einer zu Störungen Anlaß gebenden Konzentrationsschwäche, an der zuweilen laschen Arbeitshaltung, vor allem aber an dem Gedanken, daß diese Konfirmanden ja »nachher« doch nicht zur Gemeinde gehören werden. Wofür dann die großen Anstrengungen und Opfer? Über solche Eindrücke helfen gewöhnlich auch »Sternstunden« nicht hinweg, die trotz aller Widerstände und Mißerfolge auch immer wieder vorkommen, vor allem dann, wenn der Jugendliche im Rahmen eines Themas wirklich »getroffen« scheint oder ihm selbstverantwortliches Denken und Handeln ermöglicht wird.

Konfirmanden leiden an dem Tatbestand, daß im KU häufig Fragen bearbeitet werden, die niemand gestellt hat, daß eine vorbehaltlose kritische Auseinandersetzung mit der Tradition eher selten ist und daß der Glaube oft nur als unverständliches Lehrgebäude, nicht aber als Grundlage eines sinnvollen Lebens in der Gesellschaft erscheint. Positiv wird die personale Zuwendung vieler Pfarrer zu ihren Konfirmanden, die gegenüber der Schule oft weniger repressive Atmosphäre sowie Erlebnisse in und mit der Gruppe bei Festen, Lagern, etc. empfunden. Gibt es dann in einer Gemeinde noch so etwas wie eine sichtbare und spürbare Gemeinschaft von Erwachsenen, die für etwas denkt und handelt, kann es sogar zu einem echten Fragen nach Möglichkeiten sinnvollen Christ-Seins in der Gesellschaft kommen. Auf jeden Fall sind Jugendliche in der Beurteilung des im KU und bei der K Erlebten in der Lage, Echtes und Unechtes zu scheiden und, wenn es sein muß, unbarmherzig zu richten. Vergessen wir dabei nicht, daß die Konfirman-

5 *J. Matthes*, Volkskirchliche Amtshandlungen, Lebenszyklus und Lebensgeschichte, in: *ders. (Hrsg.)*, Erneuerung der Kirche. Stabilität als Chance?, Gelnhausen/Berlin 1975, 90ff., vor allem 94.

den in der Regel in der Pubertät stehen, d.h. aber in einem eminent konfliktgeladenen und vielschichtigen Ablöse- und Transformationsprozeß und auf einem langwierigen Weg der Identitätssuche.

Eltern, seien sie nun Glieder der Kerngemeinde oder Vertreter distanzierter Volkskirchlichkeit, erfahren sich zuerst etwas hilflos gegenüber einem KU, der anders geworden ist als zu ihrer Zeit. Sie reagieren mit diffusen Erwartungen. Das ist anders bei der K. Da erfahren sich Eltern in einem sichtbaren und stützenden sozialen Kontext der sich versammelnden Großfamilie und auch der in großer Zahl erschienenen Gemeinde. Sie erleben und bejahen den rituellen Akt der K, in welchem ihr Sohn oder ihre Tochter vor Gott und der Gemeinde einen neuen Status zugeschrieben bekommen. Der dem einzelnen zugesprochene Bibelspruch ist für sie darüber hinaus ein Signal für ein persönliches Ernstgenommenwerden der jetzt dem Kind-Sein entwachsenen Söhne oder Töchter. Der Segensspruch, der über den Konfirmanden gesprochen wird, läßt auch die kirchenfernsten Eltern etwas davon ahnen, daß das Leben im Grunde unverfügbar ist und es gut erscheint, »Spuren der Transzendenz« erahnen zu dürfen. Die Kinder sollen bewahrt werden, auch wenn sie als Eltern nicht mehr zur Verfügung stehen. Positiv wird von Eltern immer auch wieder die Erinnerung an das eigene große Fest der K vermerkt.

2. Geschichtlicher Rückblick[6]

2.1 Von der Taufe zur Firmung. Geschichtlich gesehen knüpft die K in den protestantischen Kirchen an die mittelalterliche »confirmatio« an, die ihrerseits aus der altkirchlichen Taufordnung des Westens herausgewachsen ist. In deren Zeichen ist sie dann auch für Jahrhunderte geblieben. Die Taufe, ursprünglich ein einfaches Tauchbad, wurde schon im Urchristentum reicher ausgestattet. Zum Tauchbad kam die Handauflegung und bald auch die Salbung. Dabei wurde die Handauflegung als besonderer Akt der Geistmitteilung, die Salbung mit dem Kreuzeszeichen auf der Stirn als Zeichen der Unterstellung unter die Herrschaft des himmlischen Herrn verstanden.

Es ist festzustellen, daß sich der Ritus der Salbung schon früh immer stärker vom Taufakt löste. Bei *Cyprian* (†258) und vollends bei *Augustin* (†430) hatte sich die Trennung durchgesetzt. Sie wurde gewöhnlich mit

6 Zum Folgenden siehe die unter 6.1 genannte Literatur.

einem Hinweis auf Apg. 8, 14ff. begründet. Im Zusammenhang mit dieser Trennung erhielt die Taufe aber mehr und mehr nur noch einen »negativen« Sinn als Reinigungssakrament, während die Salbung eher »positiv« als Akt der Geistmitteilung, ja sogar als eine notwendige Vervollkommnung der Taufe und des dort offensichtlich nur »anfänglich« verliehenen Gottesgeistes begriffen wurde. Zu dieser eher theoretischen Differenzierung zwischen Taufe und Salbung trat im frühen Mittelalter eine rituelle. Die Salbung wurde dem Bischof vorbehalten. Der Presbyter vollzog nur noch die Taufe. Taufe und Salbung wurden aber noch in engem zeitlichen Zusammenhang vollzogen. In dieser Zeit (5. Jhdt.) begegnete immer häufiger der Begriff confirmatio (= Bestätigung der Taufgnade) als Bezeichnung für den Akt der Salbung. Das ist ein Zeichen für die Verselbständigung der »Firmung« als Sakrament *neben* der Taufe. Seine Bedeutung ist die Stärkung des schon Getauften für den Kampf im Leben.

Pseudisidor (zwischen 847 und 852) stellt sogar die Überlegenheit der Firmung über die Taufe ausdrücklich fest. In dieser Welt genügt die Taufgnade eben nicht zum Sieg im Lebenskampf und zur Bewährung des Bekenntnisses. Ein größerer zeitlicher Abstand zwischen Taufe und Firmung ist zu Beginn des 13. Jahrhunderts festzustellen. Damals wurde das 7. Lebensjahr als angemessener Termin für die Firmung genannt. Hier ist ein Grund für eine selbständige Weiterentwicklung des neuen Sakraments zu entdecken. Bonaventura und Thomas von Aquin haben dann im 13. Jahrhundert die Form der Firmung definiert, die auch noch in der Reformationszeit gültig gewesen ist. Für *Thomas von Aquin* eröffnete die Firmung den Weg zur Vervollkommnung des geistlichen Lebens. Die Taufe schenkt zwar das Leben, damit es aber erhalten bleiben kann, bedarf es der Stärkung durch ein neues Sakrament: die confirmatio. »In der Firmung empfängt der Mensch die Kraft, das zu tun, was zum geistlichen Kampf gegen die Feinde des Glaubens gehört.«[7]

Kritik blieb nicht aus. Es waren die Katharer und die Waldenser, die dieses »neue Sakrament« zuerst in Frage stellten. Die *Katharer* ersetzten es durch einen rituell an die confirmatio erinnernden Handauflegungsakt (consolamentum), der an Eintrittswilligen vollzogen wurde und das Heil des Gläubigen garantierte. Bei den *Waldensern* wurde eine ähnliche, ebenfalls sakramentale Handlung nach Abschluß eines Lernverfahrens vorgenommen. Die Waldenser sind damit die Begründer der sog. »katechetischen K«.

Bei den *Böhmischen Brüdern* des 15. Jahrhunderts führte die Auffassung,

7 *Thomas von Aquin*, Summa Theologiae III, 72.

daß die Taufe nur dann wirksam sei, wenn einer sie im eigenen Bekenntnis bejahe, ebenfalls zu einer Form des Katechumenats, in dessen Rahmen das Kind von einem Paten im Taufglauben unterwiesen wurde. Erst nach einer Prüfung und dem Bekenntnis zum Gelernten wurde der Katechumene durch Handauflegung in seinem Glauben bestätigt. Die Gemeinde erflehte in der Folge für den »Konfirmierten« Beharrlichkeit im Glauben. Diese Form der »Konfirmation« galt gleichzeitig als Zulassung (admissio) zum Abendmahl der Gemeinde. Nicht ohne Einfluß der Böhmen betonte *Erasmus* im 16. Jahrhundert, daß Taufe und späteres Bekenntnis des Täuflings zum Taufglauben zusammengehören, dieses Bekenntnis aber die Kenntnis des Glaubens voraussetze. Deshalb konnte seiner Auffassung nach nur der zum Bekenntnis und dann zur Firmung zugelassen werden, welcher vom Pfarrer vorgängig unterwiesen und geprüft worden ist. Erst nach dem intellektuell ausgelegten Bewußtseinsakt folgte der Willensakt des Bekenntnisses und diesem endlich die Firmung als Sakrament und Gefühlsakt. Die ursprünglich rein sakramental verstandene Firmung wurde hier pädagogisch und psychologisch weiterentwickelt. Dahinter steht die Hoffnung des Humanisten Erasmus, die Kirche u.a. durch die Hebung des Niveaus religiöser Bildung erneuern und der Ketzerei Einhalt gebieten zu können. Wie immer, die schon früh einsetzende Geringschätzung der Taufe ist ebenso Wurzel für die confirmatio des Mittelalters wie die Taufe selbst. Die Firmung ist nacheinander den verschiedensten gesellschaftlich-geschichtlichen Einflüssen ausgesetzt gewesen: dem magischen Sakramentalismus aus den Mysterienreligionen, hierarchischen Machtansprüchen der Bischöfe, volkspädagogischen Bemühungen im Zusammenhang der Christianisierung West- und Mitteleuropas, Abwehrbedürfnissen der Kirche gegenüber bedrohlicher Ausbreitung der Häresie und nicht zuletzt der Individualisierung und Intellektualisierung des Christentums am Ausgang des Mittelalters (Erasmus). Sie führten zu einer Analogiebildung zwischen geistlicher, biologischer, psychischer und geistiger Entwicklung. Damit war die Firmung unversehens auch zu einer Art Jugendweihe geworden.

2.2 Von der Firmung zur evangelischen Konfirmation. Die Böhmischen Brüder und Erasmus hatten den sakramentalen Charakter der Firmung trotz auffallender Modifikationen nicht beseitigt, sondern nur psychologisch überformt und lehrhaft ausgestaltet. Der Reformator *M. Luther* schloß jedoch seit 1523 ein sakramentales Verständnis der K aus Gründen der fehlenden biblischen Begründung und der offensichtlichen Entwertung der Taufe durch das mittelalterliche Verständnis der Firmung grundsätzlich aus. Gegen eine K im Sinne einer »sakramentalen Zeremonie« mit dem neuerlichen Zuspruch der Taufgnade, mit Absolution, Handauflegung und Fürbitte der Gemeinde im Nachgang zu einem Unterricht im rechten Glauben hatte Luther jedoch nichts einzuwenden. Das Wesen dieser Zeremonie war aber nicht das eines Sakraments, sondern das des Wirkens Gottes im Zuspruch der Vergebung und der Fürbitte der Gemeinde. Die Handauflegung im Rahmen dieser Zeremonie verstand der Reformator als Zeichen der Absolution und nur insofern als Form der Geistmitteilung, als und soweit sie dem an die Vergebung Glaubenden Absolution »zusprach«. Bei dem mit der K verbundenen Glaubensverhör lag der Akzent auch nicht, wie bei Erasmus, auf dem subjektiven Bekenntnis des Firmlings, sondern auf der Anwesenheit des objektiven Taufglaubens, der in der Handauflegung nur bestätigt und vergewissert wurde. Nichts wurde so der Taufe hinzugefügt oder abgesprochen.

Neu und wichtig beim lutherischen Verständnis der K ist die ausdrückliche Betonung der K als Voraussetzung für den Abendmahlsempfang.

Luther hat in der Folge die K nicht im Sinne seines Verständnisses liturgisch ausgebaut und auch nicht in die gottesdienstliche Praxis überführt. Solches geschah im Jahre 1529 im hessischen Waldeck, wo *J. Hefenträger* eine evangelische Abendmahlsgemeinde als Bekenntnisgemeinde konstituieren wollte und deshalb eine K als Zulassungsakt für das Abendmahl einführte, in dem neben dem Bekenntnis zum reformatorischen Glauben eine Segenshandlung und die Fürbitte der Gemeinde Platz fanden. Dazu kam die Verpflichtung zur Belehrung aller Hausgenossen im Glauben und eine willentliche Unterwerfung unter die Abendmahlszucht.

Für *Zwingli* machte die Kindertaufe, wie schon für Erasmus, ein späteres persönliches Bekenntnis des Täuflings zum Taufglauben notwendig. Dieses Bekenntnis setzte aber einen Unterricht voraus, der mit einem Katechismusverhör und einem sich daran anschließenden Taufbekenntnis, das jedes halbe Jahr fällig war, schloß. Ob man hier noch von K reden kann, ist mir fraglich, obwohl Zwingli Verhör und Taufbekenntnis so nannte.

Bei *Calvin* ist die K in erster Linie Lehrbefragung der Kinder und jungen Leute ab dem 10. Lebensjahr. Nicht wie bei Erasmus als Ergänzung der Taufe durch Lehre und Bekenntnis verstand Calvin jedoch die K, sondern wie Hefenträger als Mittel zur Herstellung einer evangelischen Abendmahlsgemeinde, darin aber als Wiederherstellung des gebrochenen Taufbundes. Wichtig sind das Fehlen, ja die radikale Ablehnung der Handauflegung und dann die grundsätzliche Wiederholbarkeit der K.

Erst *Martin Bucer*, der Einflüsse von Erasmus und Luther integrierte, repräsentierte dann eine Form und ein Verständnis von K, die mit unserer Praxis vergleichbar sind. Das rein katechetische Verständnis der Oberdeutschen wurde hier gesprengt. Über eine Erneuerung des Taufbekenntnisses hinaus betonte Bucer ausdrücklich die Handauflegung als Form der Geistmitteilung an den Täufling und die Fürbitte der Gemeinde als Segensakt. War damit nicht wieder eine Re-sakramentalisierung der K Wirklichkeit geworden? Wie bei Luther ist die K für Bucer Voraussetzung für den Abendmahlsbesuch und zugleich Akt der Eingliederung in die Gemeinde. Sechs Elemente sind für die K bei Bucer konstitutiv:

- die Wiederholung des Taufbekenntnisses nach absolviertem Unterricht,
- die Verpflichtung zu sittlichem Wandel,
- das Gebet der Gemeinde,
- die Handauflegung,
- die Zulassung zum Abendmahl
- die Unterwerfung unter die Zucht der Abendmahlsgemeinde.

Im Rückblick auf die Reformation kann gesagt werden, daß es zwar ein einheitliches Verständnis der K nicht gegeben hat, wohl aber *Gemeinsamkeiten*: Die Ablehnung eines sakramentalen Verständnisses der K. Niemand sollte mehr die Taufe entwerten, und ein dingliches Verständnis der Geistmitteilung sollte ausgeschlossen bleiben. Darüber hinaus dominierte bei allen Reformatoren, wie schon bei Erasmus, ein katechetisches Interesse, und das nicht zuletzt auch im Blick auf das Abendmahl, zu dem die K den Zugang eröffnete.

2.3 Von der Reformation bis ins 19. Jahrhundert. Pietismus und Aufklärung betonten in der Folge, wie die Reformation, das katechetische Interesse, doch lassen sich zugleich spezifische Unterschiede nicht übersehen. Hatte die Reformation Katechese und Vermittlung des rechten Glaubens miteinander identifiziert, so gewannen für *Spener* und andere *Pietisten* Buße und Bekehrung als Hauptziele von KU und K Bedeutung. Nicht der Buchstabe der Lehre sollte auswendig gelernt werden, sondern die Inhalte sollten zu Herzen gehen und für das eigene Leben umgesetzt und angewendet werden. Dabei trat auch die Bibel ins Blickfeld. Die K selbst ist für die Pietisten nichts Unabdingbares, aber doch eine »nützliche ceremonie«, der man sich in christlicher Freiheit bedienen konnte. Sie ist für die ganze Gemeinde und nicht nur für die erstmals Kommunizierenden von Bedeutung.

Spielten in den bisher skizzierten Formen und Deutungen der K stets gesellschaftliche Situationen und entsprechende Einflüsse auf Kirche und Gemeinde auch eine Rolle, so wurde für das aufklärerische Verständnis der K diese Komponente dominant. Die Gesellschaft, in welche die Jugendlichen hineinkonfirmiert werden sollten, verstand die Kirche vor allem als Erziehungsinstitution. Sie sollte den Gebrauch der Vernunft fördern und die Tugend einüben. Die K war deshalb in der Aufklärung nicht nur ein Akt der Eingliederung in die Kirche, sondern ebenso in die Gesellschaft. Erstmals wurde auch ausdrücklich auf das Kind und seine Eigenart hingewiesen. Im Hintergrund stand eine erste vorsichtige Kenntnisnahme von der damals viel Aufmerksamkeit erregenden »neuen« Pädagogik. Theologisch zentral wurde, wie schon bei Erasmus, die Tendenz, die K als Bestätigung und Erneuerung der Taufe und als Übergang in einen neuen Status des verantwortlichen Mensch- und Christseins zu feiern. Die Zulassung zum Abendmahl trat dagegen wieder in den Hintergrund. Rationalisierung der Unterweisung, Moralisierung der Inhalte in Unterricht und K und damit verbunden eine Verstärkung der ans Herz gehenden Feierlichkeit werden wichtige Zeichen für Neues.

Pietismus und Aufklärung sorgten für eine »flächendeckende« Einführung der K in allen protestantischen Kirchen Europas und festigten die Bedeutung der K für das allgemeine Bewußtsein.

Alle Probleme, die zwischen Reformation und Aufklärung im Zusammenhang mit KU und K entstanden sind und zu Reformversuchen geführt haben, sind noch einmal in ihrer Gesamtheit im 19. Jahrhundert sichtbar (Beziehung zur Taufe, Verhältnis zum Bekenntnis, zum Taufglauben und zur Taufgnade, gesellschaftliche Bedeutung der K etc.).[8]

Die Erlanger *J. C. K. v. Hofmann, C. A. G. v. Zezschwitz, T. Harnack* und *J. F. W. Höfling*[9] sahen in der K alle Probleme der Kirche versammelt

8 Vgl. z. B. *K. Hauschildt*, Zur Geschichte und Diskussion der Konfirmationsfrage vom Pietismus bis zum 20. Jahrhundert, in: *K. Frör (Hrsg.)*, Confirmato, München 1959, 43–73, bes. 51 ff.

9 *J. C. K. v. Hofmann*, Die rechte Verwaltung der Konfirmation, eine Grundvoraussetzung rechter Kirchenverfassung, in: Zeitschrift für Protestantismus und Kirche NF 18/1849, 1–18; *C. A. G. v. Zezschwitz*, System der christlich-kirchlichen Katechetik, Bd. 1, Erlangen 1863, 534–731; *T. Harnack*, Katechetik, Bd. 1, Erlangen 1882, 177–196; *J. F. W. Höfling*, Das Sakrament der Taufe nebst den anderen damit zusammenhängenden Akten der Initiation. Dogmatisch, historisch, liturgisch dargestellt, 2 Bde., Erlangen 1846 und 1848.

und waren sich darin einig, daß nur eine Reform der Praxis der K Abhilfe schaffen könnte.

Ihre Vorschläge für eine Reform der K betrafen sowohl den Akt der K als auch das auf die K vorbereitende Katechumenat. Die K wollten die Erlanger in zwei Akte aufteilen, deren einer als Erneuerung des Taufbundes allen, deren zweiter aber als Aufnahme in die volle Kirchengemeinschaft nur den zu aktiver Vollbürgerschaft bereiten Jugendlichen offen stehen sollte. Uneinig war man sich darin, ob das Abendmahlsrecht nur der Kerngemeinde verliehen werden sollte, oder auch den nur zur ersten Konfirmation Antretenden. Das Katechumenat wollten die Erlanger über eine Erörterung der Konfirmationsfragen zu den Hauptstücken des Glaubens, Taufe und Abendmahl hinaus ausweiten auf einen Unterricht »für Confirmanden, die wirklich zum Reifeziel christlicher Mündigkeit und bewußter Gliedschaft an der Cultusgemeinde erzogen werden sollten« *(v. Zezschwitz)*.

Uneins war man sich auch darin, ob dieser erweiterte Unterricht obligatorisch oder fakultativ sein sollte. Es ist deutlich, daß es den Erlangern in erster Linie um die Verfassung der Kirche ging, die sie mit Hilfe einer angemessenen Verwaltung der K verbessern wollten.

J.H. Wichern dagegen war viel mehr vom Auseinanderklaffen von Möglichkeit und Wirklichkeit der K bedrängt. Ihn und die Männer der Inneren Mission trieb die Sehnsucht nach einer lebendigen Gemeinde um. Half da vielleicht die Freiwilligkeit des KU weiter? Oder eine bessere Pädagogik und die Beachtung der Reifevoraussetzungen der Konfirmanden? Mußten dann aber nicht Bekenntnis und Gelübde ausgeklammert werden, wenn man die Konfirmanden nicht überfordern wollte?

2.4 Das 20. Jahrhundert bis 1960. Die seit dem 18. Jahrhundert immer deutlicher werdende Säkularisierung und Verbürgerlichung der K wollten die Reformer des 19. Jahrhunderts, wie wir gesehen haben, sowohl durch eine Zweiteilung der K als auch durch eine Reform der Inhalte und der Unterrichtsstruktur bekämpfen. Dabei waren sie offensichtlich von dem Willen beseelt, Bekenntniskirche und Volkskirche nicht auseinander zu dividieren, sondern beieinander zu lassen. Der Erfolg dieser Reformen war jedoch aufs Ganze gesehen begrenzt.

Die jetzt in den Blick zu nehmende Problemgeschichte von K und KU spiegelt noch einmal die gleichen Probleme wider, wie die von den Erlangern im 19. Jahrhundert entdeckten. *C. Bäumler* und *H. Luther* haben sie auf eine bemerkenswerte Weise im Lichte einer durchaus modernen Fragestellung dargestellt.[10] Sie fragen, inwiefern und ob überhaupt Jugendliche im KU bisher als Subjekte ernstgenommen wurden, ob sich Kirche im Rahmen ihrer Arbeit mit Konfirmanden als *flexible und für Jugendliche offene Institution* erwies und ob die Begegnung der Jugendlichen mit dem Kirche bedingenden gesellschaftlichen Kontext angemessen beachtet wurde.

Das Ergebnis ist ambivalent:

Trotz verschieden hergeleiteter und begründeter Aussagen zur Subjektivität der Konfirmanden bei F. Niebergall (1866–1932) und dann bei D. Bonhoeffer gebe es, aufs Ganze gesehen, ein deutliches Defizit zu verzeichnen, was die Ernstnahme der Jugendlichen im KU betrifft. Trotz der gleichzeitigen Reformpädagogik, die das Schulwesen, vor allem aber die Grund- und Volksschule überall stark beeinflußte, sei im Bereich des KU nirgends so etwas wie eine begründete Didaktik des kirchlichen Unterrichts sichtbar, die gleichursprünglich nach den Jugendlichen und nach den Inhalten des Unterrichts frage.

Was die Offenheit der Kirche als Institution für Jugendliche betreffe, zeugten die meisten theologischen und kirchlichen Stimmen nicht von einem Versuch, Jugend und Kirche angemessen miteinander in Beziehung zu bringen, sondern eher von einer kritischen Distanz zur bestehenden Volkskirche, und von dem Versuch, die sichtbare Kirche der geglaubten unsichtbaren anzunähern. Die an dieser Stelle eigentlich notwendige und auch naheliegende Öffnung der Kirche für Jugendliche und ihre Fragen und Möglichkeiten werde nur selten gesehen, weil eben die geschichtlich-gesellschaftlichen Bedingungen der Volkskirche, obwohl nicht ganz ausgeblendet, im Grunde doch nicht beachtet werden. So bleibe es bei einer normativen Zielsetzung einer Wiedergewinnung des Volkes für die Kirche, ohne daß der gesellschaftliche Kontext ernst genommen werde.

Reformvorschläge aus der in Frage stehenden Zeit beziehen sich vor allem auf die Zielvorstellungen von K und KU und auf förderliche Organisationsformen.

So bestimmt *F. Niebergall* ein »selbständiges und sicheres religiöses Eigenleben« des Jugendlichen als Ziel des KU, und *D. Bonhoeffer* sieht im KU, den er als Dienst der Kirche an den Jugendlichen versteht, die Möglichkeit einer Anleitung zum Leben als verantwortliche Person, während *M. Doerne* mit Hilfe einer neu zu ordnenden Praxis von K und KU die Kirche erneuern und die Jugendlichen in diese erneuerte Kirche einordnen möchte. Dazu dient für ihn auch eine Verlängerung des Katechumenats bis an die Schwelle des Erwachsenenalters.

Außer einer Verlängerung des Katechumenats wird auch wieder

10 *C. Bäumler/H. Luther (Hrsg.)*, Konfirmandenunterricht und Konfirmation, München 1982, bes. 30ff.

eine strenge Unterscheidung zwischen einer Feier zum Abschluß des Elementarunterrichts und einer in die Rechte eines Gemeindeglieds einsetzenden eigentlichen K vorgeschlagen.

3. Die Konzeptionen der letzten 20 Jahre

Vergegenwärtigen wir uns die Situation Ende der 50er Jahre, so läßt sich etwas vereinfacht feststellen:

Die *Inhalte* des KU standen nach wie vor fest: Der Katechismus (der »Kleine Katechismus« M. Luthers oder der Heidelberger Katechismus) wurde ergänzt durch einen Kanon biblischer Texte und das Gesangbuch (einschließlich Gottesdienstverlauf). Die *Organisationsform* war gewöhnlich die schulähnliche Lektion, die Ziele die Eingliederung in die Erwachsenengemeinde und eine elementare Vermittlung des objektiven Lehrbestandes der Kirche gepaart mit einer Befähigung des Jugendlichen, den Gefahren einer »permissiven« Gesellschaft in christlicher Verantwortung zu widerstehen.

Eine Realitätskontrolle dieser Zielperspektiven war nicht vorgesehen. Deshalb waren die Reformen oft lediglich Kosmetik, ohne daß die eigentlichen Probleme angefaßt worden wären.

Zu Beginn der 60er Jahre änderte sich einiges schlagartig. Signalwirkung hatte dabei das 1964 erschienene Buch von *W. Neidhart* »KU in der Volkskirche«. Von nun an konnte man sich nicht mehr mit organisatorischen Schönheitskorrekturen, der Proklamation realitätsferner Wunschvorstellungen und mit Ordnungsrufen an die Adresse der Konfirmanden, die gefälligst Kernchristen werden sollten, begnügen. Angesichts des bedrohlichen und ins allgemeine Bewußtsein geratenden Auseinanderfallens von Glaube und Alltagserfahrung, aber auch unter dem Eindruck gleichzeitiger gesellschafts- und bildungspolitischer Reformen begann man damit, die bisherige Praxis des KU und der K kritisch zu befragen und einer empirischen Realitätskontrolle zu unterziehen. Dabei kam die Volkskirche als Institution der säkularen Gesellschaft in den Blick, und man begann zu entdecken, daß es Kirche abgesehen von Gesellschaft nicht gibt und daß eine Emigration aus der Gesellschaft nicht möglich ist. Die Konsequenz war unter anderem die Indienstnahme pädagogischer, psychologischer und soziologischer Erkenntnisse für die Planung und Durchführung des kirchlichen Unterrichts. Das gilt nicht nur für innovatorische Versuche, sondern auch für die Praxis, die sich in traditionellen Geleisen weiter bewegte. Fast allen war deutlich geworden, daß es nicht genügte, die Grunddaten des reformatorischen Verständnisses von K zu erinnern, wenn es darum ging, eine innerkirchliche Sozialisation der nachwachsenden Generation zu sichern und den Weg von einer zugeschriebenen in eine erworbene Mitgliedschaft in der Kirche zu ermöglichen.

Als vordringlich erwiesen sich nun in der Diskussion folgende Themenkreise:

- Der Konfirmand als Subjekt im KU
- Die Didaktik des KU als Tradition und Situation, Schüler und Gesellschaft gleichursprünglich bedenkende Wissenschaft
- Das Kirchenverständnis
- Die K im Kontext der Lebensgeschichte des Jugendlichen

Wir gehen im Folgenden so vor, daß wir zunächst die wesentlichen Konzeptionen der letzten 20 Jahre skizzieren, um dann im vierten und fünften Kapitel die durch die eben genannten Themenkreise angesprochenen Probleme einer Didaktik des KU im Zusammenhang zu erörtern.

Aufs Ganze gesehen lassen sich – neben hier nicht weiter zu erörternden Vorschlägen, die K und den KU überhaupt abzuschaffen – *drei theoretische Grundtypen* unterscheiden:

- ein eher traditioneller Typ mit den herkömmlichen Zielperspektiven, Inhalten und Organisationsformen
- ein die Subjektivität der Jugendlichen, die gesellschaftlichen Bedingungen und kirchlichen Voraussetzungen beachtender und theologisch und pädagogisch bedenkender Typ und
- ein kirchen- und gesellschaftskritischer Typ, in dem Veränderungsintentionen eine wichtige Rolle spielen.

3.1 Der traditionelle Typ.[11] Ausgehend von der Auffassung, daß sich das Volk Gottes ausschließlich Gottes Ruf verdankt, wie er im Evangelium ergeht, wird Kirche hier als eine immer schon von der Gesellschaft unterschiedene Größe verstanden, deren innerer Zusammenhalt auf keinen Fall durch soziale Faktoren gewährleistet erscheint. Diese Auffassung bildet auch den Grund dafür, die bestehende Volkskirche zwar nicht zu verdammen, sich aber auch nicht auf sie zu fixieren.

Die Hauptziele für einen auf dem Hintergrund des skizzierten Kirchenverständnisses verstandenen KU bestehen darin, die Konfirmanden mit dem Evangelium als Ruf Gottes bekannt zu machen, den

11 Besonders charakteristisch für eine traditionelle Auffassung von Konfirmation und Konfirmandenunterricht ist das *Gutachten A des Schweizerischen Kirchenbundes* aus dem Jahre 1973. Es ist abgedruckt in: ThPr 9/1974, 218–221.

Glauben zu wecken resp. zu bilden und die Konfirmanden »zur Versammlung der Gläubigen in Gottesdienst und Abendmahl« hinzuführen.

Gewarnt wird vor einer Auflösung der Institution K und KU in Psychologie und Soziologie bei gleichzeitiger Ermahnung zu einer eindeutigen Vorordnung des Rufs zu Christus vor jeglicher »Selbstfindung«. Inhaltlich orientiert sich ein so verstandener KU schwerpunktmäßig am Katechismus als Laiendogmatik, oder an einer Einführung in ein selbständiges Lesen der Bibel und dann an einer singenden Erschließung des Gesangbuchs und an der Vermittlung einer elementaren christlichen Ethik an Hand der Gebote. Die Inhalte sollen zu einer Bejahung der schon vollzogenen oder noch zu vollziehenden Taufe führen, zur Eingliederung in die Abendmahlsgemeinde und zu einem Leben in christlicher Verantwortung. Gegenüber früheren Jahrzehnten ist der Lernstoff reduziert worden. Der Pfarrer versteht sich gemäß diesem Konzept vor allem als bevollmächtigter Vermittler der christlichen Lehre, der zu persönlich verantworteter Entscheidung aufruft. Der Jugendliche wird in erster Linie als Adressat des göttlichen Wortes gesehen, zuweilen auch als Angehöriger einer bestimmten Altersgruppe, der einen bestimmten Grad von Verstehensfähigkeit repräsentiert. Kaum aber kommt er in seiner möglicherweise gesellschafts- oder milieubedingten Distanziertheit oder Aversion gegen Kirche, Glaube und Bibel in den Blick.

Das Ausgeführte läßt vermuten, daß es in erster Linie deduktive Unterrichtsverfahren (Lehrervortrag, Memorieren, fragend-erörternder Unterricht...) sein werden, die im Unterricht vorherrschen. Nach meiner Erfahrung sind aber auch Vergleiche des Glaubens mit anderen Weisen des Lebens und Denkens nicht ausgeschlossen, ebensowenig wie Formen der Konfrontation mit persönlicher und gesellschaftlicher Erfahrung. Dennoch gilt bei genauerer Betrachtung, daß da, wo die Wahrheit bekannt ist, es im Grunde keiner schöpferisch-kritischen Vermittlungsformen bedarf.

Die Mehrheit der Kerngemeinde, viele Eltern und auch ein Teil der Konfirmanden akzeptieren diese Form von KU, deren Erfolg am abrufbaren Wissen des einzelnen und am späteren kirchlichen Teilnahmeverhalten meßbar erscheint. Daß ein so verstandener und durchgeführter Unterricht im Rahmen einer säkularen Gesellschaft zu erheblichen Spannungen mit den Konfirmanden führen kann, die sich und ihr konkretes Leben da nicht unterbringen können, ist bekannt. Pfarrer, die das Auseinanderklaffen des von ihnen selbst bezeugten universalen Anspruchs des Evangeliums und der Realität indifferenter Volkskirchlichkeit bei Konfirmanden und deren Eltern spüren, kommen dann entweder zu einer Haltung der Resignation oder werden zu Eiferern. Letzteres äußert sich häufig in starken Forderungen nach Kirchenzucht, verbindlichen Rahmenplänen und eindeutig konzipierten Unterrichtshilfen für Pfarrer und Schüler. Die gesellschaftlichen Verhältnisse, die hinter den beschriebenen Phänomenen stehen, werden dabei meist übersehen. Und dann kommt die K. Sie soll noch einmal daran erinnern, »daß nach Auffassung der Kirche das Ziel des Konfirmandenunterrichts die Glaubenserweckung ist« und »die persönliche und freie Entscheidung« für die christliche Gemeinde.[12]

Die beschriebene Konzeption hat zweifellos ihre Zeit gehabt, solange Kirche und Gesellschaft deckungsgleich erschienen; sie wurde aber je länger je mehr unrealistisch und im Grund kontraproduktiv. In einer Gesellschaft, die vom Argumentieren und vom Verweis auf gemachte Erfahrungen lebt, bedarf es offensichtlich einer anderen Konzeption als der beschriebenen, die im Grunde dazu veranlaßt, vornehmlich in der Form der Behauptung zu unterrichten.

3.2 Der reformorientierte Typ.[13] Ausgangspunkt dieser Konzeption ist die Intention, den Schüler und seine entwicklungs- und gesellschaftsbedingten Bedürfnisse und Möglichkeiten ernstzunehmen und einen Unterricht zu entwickeln, der gleichursprünglich nach dem christlichen Glauben und nach dem Jugendlichen fragt. Dabei werden Pfarrer und andere für die Gemeinde verantwortliche Erwachsene entdecken, daß die Jugendlichen zu einem Großteil in unseren mitteleuropäischen Gesellschaften in ihren Entfaltungsmöglichkeiten zumindest eingeschränkt sind und sich in den für sie von Erwachsenen zur Verfügung gestellten Institutionen, auch der Kirche, oft nur als Konsumenten, als Lernende, die auf die Lernziele keinen Einfluß haben, als Befehlsempfänger oder als Objekte der Werbung erleben. Dennoch haben viele Eltern, aber auch Jugendliche, an die Kirche, an KU und K, bestimmte Erwartungen, die vor allem im Bereich der Wertorientierung und im Feld der Erziehung, oder doch Ermunterung zur Übernahme gesellschaftlicher, wirtschaftlicher und menschlicher Verantwortung liegen.

Angesichts der beschriebenen gesellschaftlichen Verhältnisse gilt es nach der Meinung der Vertreter der hier zu skizzierenden Position, den KU als einen Ort zu entdecken, an dem in Überwindung der bisherigen

12 *Gutachten A des Schweizerischen Kirchenbundes*, aaO., 221.

13 »Klassisch« für diesen Typ ist das Buch von *W. Neidhart*, Konfirmandenunterricht in der Volkskirche, Zürich 1964.

»Pastorenkirche« mit ihrem Einmannbetrieb Kirche als Gemeinschaft mündiger Christen erprobt und praktiziert werden kann. Zu denken ist dabei z.B. an die Mitarbeit der Konfirmanden bei der Planung und Durchführung des Unterrichts, an die Mitverantwortung für Fahrten und Konfirmandenfreizeiten, an Mitarbeit in Kinderkreisen der Gemeinde und in der Jungschar, an verantwortliche Mitgestaltung von Kinder- und Jugendgottesdiensten oder an die Einübung sozialen Verhaltens im Rahmen von Praktika in Krankenhaus, Altersheim, Kindertagesstätte... Zu erwähnen ist auch die hier geforderte Mitarbeit von Eltern und anderen erwachsenen Gliedern der Gemeinde im Unterricht,[14] die ihre Erfahrungen als Christen in Wirtschaft und Politik und im persönlichen Leben einbringen und zur Diskussion stellen.

Der Glaube ist nicht immer schon feststehende und verbindlich ausformulierte Lehre, die normativ-deduktiv in den Unterricht eingebracht werden müßte, sondern ein Prozeß, in dem es je neue Aspekte zu entdecken gilt, andere wieder verschwinden. Der so je neu zu bedenkende Glaube, seine Sprache und die in ihm aufgehobene Lebensorientierung stehen mit der persönlichen Entwicklung des Jugendlichen und der Kirche und KU umgebenen Gesellschaft in einem funktionalen Zusammenhang. Kirche ist nicht Heilsanstalt oder geschlossene Kerngemeinde, in die man integriert werden soll, sondern wird darin erfahren, daß Gott mit und unter geschichtlichen Erfahrungen mit Menschen auf dem Wege ist, auch in der sichtbaren volkskirchlichen Gemeinde mit ihren Problemen und Spannungen. Funktional wird Kirche begriffen als Stätte der Darstellung eines orientierenden Wertsystems, des Angebots eines sich dem Glauben verdankenden Verständnisses von Mensch und Welt als von Gott geschaffene und geliebte und als Trägerin helfender Begleitung des Jugendlichen in einer schwierigen Phase seiner Entwicklung. Der Pfarrer als kirchlicher Mitarbeiter versteht sich als erwachsener Begleiter des Jugendlichen im Namen Jesu und seiner »Kirche für andere«, der sich um eine vielbahnige Kommunikation müht.

Auf dem Hintergrund des genannten Kirchen- und Pfarrerverständnisses sind dem KU spezifische Aufgaben gestellt:

- Den Jugendlichen auf dem in einer pluralistischen Gesellschaft gefährdeten Weg zu eigener Identität zu begleiten und ihm dabei eine Gemeinschaft anzubieten in einer Gruppe, die trägt;
- ihm im Rahmen seiner Lebenswirklichkeit Zuwendung und Interesse entgegenzubringen und dabei seine Beziehungslosigkeit zu Bibel und Glaube ebenso

14 Vgl. dazu neuerdings *H. Reller/R. Grohmann,* Lernen um zu lehren. Eltern geben Vorkonfirmandenunterricht, Gütersloh 1985.

ernstzunehmen wie seine Erlebnisse des Scheiterns, seine Angst und seine gerade jetzt in Angriff zu nehmenden Aufgaben der Ablösung vom Elternhaus, der Abklärung eines eigenen Normenverständnisses und einer entsprechenden Wertfindung, der Klärung des Berufswunsches und der vielleicht diesem nicht entsprechenden Möglichkeiten;
- die oft negative Einstellung zur Kirche und zur christlichen Tradition abzubauen durch Bewährung des christlichen Glaubens und seiner Tradition auf dem Feld der konkreten Probleme des Jugendlichen.

Dabei erscheint es wichtig, daß der Pfarrer die Aussagen des Glaubens kritisch und erhellend mit anderen möglichen Problemlösungen konfrontiert. Erst dann wird deutlich werden können, daß der Glaube nicht irgendeine Ideologie ist, aber auch nicht immer schon Lösungen für alle Lebenslagen zur Verfügung hält, sondern erst nach einer Analyse des Problems und im Verbund mit dem Einsatz aller zur Verfügung stehenden Sachkenntnis dazu instandsetzt, mit den »Augen der Liebe« und entsprechendem Einfühlungsvermögen nach Wegen für eine angemessene Problemlösung zu suchen.

Inhaltlich wird sich ein diesen Aufgaben verpflichteter Unterricht vom herkömmlichen Katechismusunterricht abwenden und eher Formen des Projektunterrichts oder aber des Wahlkursunterrichts wählen, die jeweils eine bestimmte Thematik aus dem persönlichen, gesellschaftlichen oder kirchlichen Leben bearbeiten und aus verschiedenen Perspektiven zu bedenken erlauben. So wird es möglich sein, daß der Jugendliche für eine selbständige und altersgemäße Beschäftigung mit sich selbst und mit dem Glauben angeleitet wird. Das Memorieren oder Einsprechen bestimmter Texte und Lieder wird zwar nicht ganz verschwinden, aber keineswegs mehr im Mittelpunkt stehen oder gar Maßstab für gelungenen oder gescheiterten Unterricht sein. Eher wird die Bereitschaft der Jugendlichen zu einem situationsbezogenen Handeln in christlicher Verantwortung ein Kriterium für ein Urteil über diesen Unterricht sein können. Die Einführung ins Abendmahl geschieht zuerst als Einübung in die Feier und dann als nachgängige Reflexion des Erlebten im Verbund mit der Erschließung biblischer Quellen und reformatorischer Texte.

Der Unterricht ist offen für jugendarbeitliche Angebote im Rahmen oder im Anschluß an die Konfirmandenarbeit.

Die Familie als primäre Sozialisationsagentur wird im Rahmen einer vielgestaltigen Elternarbeit (Elterngespräche, Glaubenskurse für Erwachsene, gemeinsame Wochenenden und Feste von Eltern und Konfirmanden...) ins konfirmierende Handeln der Kirche einbezogen.[15]

15 Vgl. dazu u. a. *P. Hennig*, Konfirmandenelternarbeit, Stuttgart 1982 sowie das

Daß ein so verstandener KU methodisch vielgestaltig sein muß, braucht nicht eigens gesagt zu werden.[16]

Die Konfirmanden nehmen an solchem Unterricht in der Regel interessiert und engagiert teil. Das bedeutet, daß die Disziplinschwierigkeiten nach einer Eingewöhnungszeit rasch abnehmen. Wenn verschiedene Kursangebote zur Verfügung stehen, wählen die Jugendlichen mit achtbaren Gründen, zu denen auch solche der Sympathie zum Leiter oder zu anderen potentiellen Mitgliedern einer Gruppe gehören, aus. Die Interaktionen sind nach meinen Erfahrungen vielfältig.

Die Eltern der Konfirmanden reagieren auf Neuerungen der beschriebenen Art meist interessiert und lassen sich auch für Formen der Mitarbeit motivieren. Die Reaktionen der Kerngemeinde sind unterschiedlich. Einerseits ist manchen die Beschränkung der kognitiven Vermittlung der Glaubenslehre verdächtig, andererseits wird die neue Lebendigkeit des Unterrichts gesehen und von ihm ein Beitrag zum Gemeindeaufbau erwartet.

Probleme gibt es bei Pfarrern und kirchlichen Mitarbeitern, die für einen solchen Unterricht nicht ausgebildet sind und den Vorbereitungsaufwand und die zeitliche Belastung durch Unterricht angesichts anderer Verpflichtungen für zu groß halten. Dazu kommt das schwierige theologische Problem, heutige Lebensfragen Jugendlicher angemessen mit den Angeboten des Glaubens und seiner Tradition zu vermitteln. *H. Frickel* hat dieses Problem auf folgenden Nenner gebracht:[17]

»Die Vermittlung christlicher Tradition mit gegenwärtigen Lebenserfahrungen ist eine ständig neu zu bewältigende Aufgabe, die nur in permanenter Interdependenz von Theoriebildung und Praxiserfahrung lösbar ist.«

Es erscheint mir einiger Anstrengung wert, das Ziel dieses Unterrichts, das *W. Neidhart* überzeugend beschrieben hat, in Angriff zu nehmen:[18]

Themenheft von KU – Praxis 12/13: Konfirmanden – Elternarbeit, Gütersloh 1980.

16 Neben schulischen Methoden, wie sie in einschlägigen Arbeiten (z. B. *K. Stökker*, Neuzeitliche Unterrichtsgestaltung, München 1970 u. ö.) dargestellt werden, finden im Konfirmandenunterricht immer mehr auch sog. kreative Methoden und Methoden aus der Gruppenarbeit Verbreitung (siehe z. B. *C. v. Lowtzow/J. W. Kremer*, Neue Formen des Kirchlichen Unterrichts, Gütersloh 1980).

17 *H. Frickel*, Art. Präparanden- und KU, in: *P. C. Bloth u. a. (Hrsg.)*, Handbuch der Praktischen Theologie, Bd. 3, Gütersloh 1983, 353.

18 *W. Neidhart*, Konfirmandenunterricht – heute: Ziele und Unterrichtsformen, in: *Katechetisches Amt (Hrsg.)*, Beiträge für den Konfirmandenunterricht, Kiel o. J. Teil I/10.8.

»Junge Menschen... sollen auf eine ihrer Altersstufe gemäße und sie interessierende Weise lernen, ihre eigenen Lebensfragen zu verstehen und sich mit möglichen Antworten darauf auseinandersetzen. Sie sollen auch Auswirkungen des christlichen Glaubens auf heutige Menschen und auf deren Antworten auf Lebensfragen kennenlernen. Der Konfirmandenunterricht soll ihnen helfen, verantwortungsvoller, toleranter und mit mehr innerem Gleichgewicht zu leben, auch wenn sie später eine distanzierte Volkskirchlichkeit praktizieren werden.«

Die einen solchen Unterricht abschließende K mündet nicht in ein Gelübde oder ein öffentliches Bekenntnis zur Kirche, sie wird jedoch die Sicht des christlichen Glaubens von verantwortlichem Erwachsensein in der Gesellschaft mit gebotenem Ernst darstellen und das Angebot der Kirche zu Gemeinschaft und Feier, zu Mitarbeit und Engagement überzeugend präsentieren.

Der Vorwurf, eine solche Kirche habe sich der gesellschaftlichen Zumutung, eben eine feierliche Form eines »rite de passage« zu sein, gebeugt und den eigentlichen Sinn der Tauferneuerung verraten, muß bedacht werden, doch scheint mir, daß es einer Kirche Jesu Christi wohl ansteht, einen Dienst an der Jugend im Namen Jesu an der Schwelle zur Adoleszenz feierlich abzuschließen und die Tür des Angebotes an alle offenzuhalten.

3.3 Der gesellschafts- und kirchenkritische Typ.[19] Die Vertreter dieses Typs sehen den Schwerpunkt unterrichtlicher Arbeit in der Kirche in deren kritischem Gesellschaftsbezug und einem darin begründeten Aufbruch zur Veränderung bestehender krankmachender Verhältnisse.

Die *Ziele* sind dabei folgende:

- Die Erkenntnis sozial, psychologisch oder ökonomisch bedingter Defizite im Leben der Konfirmanden und der sie umgebenden Gesellschaft zu ermöglichen,
- ein gesellschaftskritisches Bewußtsein zu wecken, das die gegenwärtigen Verhältnisse am Maßstab biblisch verstandener Gerechtigkeit und gelungenen Lebens mißt,
- ein Engagement von Konfirmanden und im Nachgang dazu der ganzen Gemeinde für eine Veränderung der Gesellschaft im Lichte des Reiches Gottes zu motivieren.

Die Kirche ist hier als Avantgarde der Gesellschaft, als Pressure-Group für alle Benachteiligungen und als Dienstgruppe zur Verwirklichung einer neuen Menschheit verstanden.

Der Pfarrer versteht seinen Dienst als Dienstmann Gottes, der die

19 Siehe z.B. *H.G. Berg u.a.*, Konfirmandenunterricht als Jugendarbeit, in: WPKG 61/1972, 245–258.

Methoden gesellschaftlicher Analyse ebenso beherrscht, wie er die Möglichkeiten kennt, die prophetische Botschaft von einer gerechten Welt im Alten und Neuen Testament mit heutiger Wirklichkeit und vor dem Forum Jugendlicher zu vermitteln. Die *Inhalte* entsprechen den Zielen: Es sind spezifische Lebenssituationen in Familie, Schule, Kirche, Politik, Freizeit, Arbeitswelt und Verwaltung, die mit Hilfe verschiedener Methoden (Soziodrama, Rollenspiel, Aktionen, begleitete Praktika im Bereich sozialer Arbeit...) analysiert, bearbeitet und in Richtung auf eine Veränderung bedacht werden. Biblische Texte und Begriffe haben die Funktion, die noch uneingelösten Verheißungen bewußt machen zu helfen und die heutige Kirche für eine Veränderung in Richtung auf das Reich Gottes in die Verantwortung zu rufen.

Die durchschnittliche volkskirchliche Gemeinde sieht in dieser Form des KU in der Regel eine Korrumpierung der Aufgabe kirchlicher Arbeit, anerkennt aber gelegentlich auch das große Engagement der Jugendlichen und ihrer Pfarrer.

Bei genauerer Betrachtung ist deutlich, daß die Vertreter dieser Form des KU bei allen ihren gesellschaftlichen Kenntnissen übersehen haben, wie die Volkskirche unserer Tage aktiv und passiv in die Gesellschaft verwoben ist und deshalb im Grunde ungeeignet sein dürfte für politische Aktivitäten ganz bestimmten Zuschnitts. Dennoch ist m. E. etwas Wichtiges und Richtiges gesehen, das traditionell als das »prophetische Amt« der Kirche bezeichnet wurde. Es fragt sich nur, ob der KU das richtige Forum für ein solches Amt ist. Im übrigen muß auch gefragt werden, ob in diesem KU die Kirche als Glaubensgemeinschaft und als Stätte intensiver Kommunikation über Glaube und Bibel genügend in den Blick kommt.

3.4 Kritische Würdigung. Wir stehen am Ende unseres Überblicks über die hauptsächlichen Konzeptionen des kirchlichen Unterrichts und sehen, daß in den vergangenen 20 Jahren etwas in Bewegung gekommen ist. Die skizzierten Konzeptionen zeugen von Neuerungen, welche die Organisationsform, die Inhalte, die Ziele, die Arbeitsmethoden, das Kirchenverständnis und nicht zuletzt das Verhältnis von Pfarrer und Jugendlichen betreffen. Auffällig auch die Indienstnahme bisher eher gering geschätzter Bezugsdisziplinen für den KU wie Psychologie und Soziologie.

Dennoch gibt es noch eine Reihe ungelöster Probleme:

- Welche Funktion kann in Zukunft die K noch haben, wenn, wie in der Reformation, alles Gewicht auf dem Unterricht liegt und dazuhin die in der Reformation enge Beziehung zu Taufe und Abendmahl in den Hintergrund tritt?

- Wie kann die Vermittlung zwischen Glaube und Erfahrung im KU angemessener als bisher gewährleistet werden, ohne daß entweder allein die »Erfahrung« die Aufmerksamkeit der Jugendlichen zu gewinnen vermag oder aber die Bibel unangemessen steil und ohne Reflexion der bestehenden gesellschaftlichen Verhältnisse und deshalb im Grunde »unverständlich« als unbefragbare Autorität ins Spiel kommt?
- Wie wird es möglich, Pfarrer und kirchliche Mitarbeiter besser als bisher für die unterrichtliche Arbeit vorzubereiten und/oder weiterzubilden?

In diesem Zusammenhang muß von Entwicklungen geredet werden, die auf ein Rückgängigmachen der beschriebenen Reformen hindeuten: Aus Berührungsangst wird wieder gegen eine Indienstnahme von Erkenntnissen der Humanwissenschaften (einschließlich der Erziehungswissenschaften!) Stellung bezogen bzw. vor einer einseitig aus der Situation der Jugendlichen entwickelten Themenwahl oder einem sog. emanzipatorischen Zielspektrum gewarnt. Das ist solange angemessen, als es in der Tat wichtig ist, die vorwissenschaftlichen Voraussetzungen von Humanwissenschaften zu reflektieren und nicht-theologische Wissenschaften auf dem Arbeitsfeld der Kirche *kritisch* zu rezipieren. Aber es ist gefährlich, wenn hinter der Infragestellung der Humanwissenschaften nur die Angst von Ignoranten steht, jetzt noch mehr lernen und erarbeiten zu müssen. Bei der Durchsicht der Geschichte des KU ist zu entdekken, daß die Institution KU gerade dadurch in die Krise geraten ist, daß man es versäumte, sich humanwissenschaftlich zu informieren. Das bedeutet allerdings nicht, daß wir auf eine theologische Klärung der anstehenden Probleme verzichten sollten. Ganz im Gegenteil: die Theologie und *alle ihre Disziplinen* sollten sich in Zukunft dazu engagieren lassen, als »andere« Gruppe der Hilfswissenschaften für die unterrichtliche Arbeit den Dialog zwischen Lebenserfahrung und Glaube auch im Horizont Jugendlicher zu institutionalisieren, um den Praktiker zu befähigen, ein Gespräch mit der nachwachsenden Generation zu führen.

Dann wird es möglich sein, die folgenden Ziele des KU sinnvoll in Angriff zu nehmen:

- dem Jugendlichen dabei zu helfen, in eigener Entscheidung und mit Gründen über seine *Zugehörigkeit zur Kirche* und christlichen Gemeinde zu befinden;
- ihn einzuführen in die *Kirche als Lebens- und Dienstgemeinschaft* mit mannigfachen Problemen, Spannungen, Konflikten, aber auch mit großen Chancen und einer Verheißung, die Mut macht;
- den Jugendlichen einzuführen in die *Tradition des Glaubens*, ihre spezifische Sprache und ihre Eigenschaft, bestimmte Erfahrungen von wirklichen Menschen widerzuspiegeln – hier geht es um die sprachliche Kompetenz des Jugendlichen;

- ihm *Gemeinschaft in der Gruppe* zu ermöglichen, in der viele sich daheim fühlen können;
- ihn dazu zu befähigen, seine *Fragen und Anfragen, Ängste und Hoffnungen* in der Auseinandersetzung mit dem Glauben und seinen Traditionen zu bedenken.

Diesen Zielen entsprechen drei Hauptinhalte:
- Die *Kirche als Ort christlicher Lebensgestaltung* in Fest und Feier, in Taufe und Abendmahl, in Diakonie und sozialer Arbeit, im Einsatz für den nahen und fernen Nächsten und in der Begleitung in schwierigen Lebenslagen, kurzum, in Verkündigung, Diakonie und Gemeinschaft,
- der *Erfahrungsbereich des Konfirmanden* im individuellen, interpersonalen und sozialen Leben im Lichte sowohl des Evangeliums als auch analytischer Bemühungen,
- *christliche Überlieferung* aus Bibel und reformatorischer Lehre; hierher gehören auch die kritischen Anfragen des Jugendlichen und der Versuch, dem Glauben heute neu Ausdruck zu verleihen.

Diese Ziele und die entsprechenden Inhalte werden nur dann ernstgenommen, wenn der Pfarrer mehr ist als nur Theologe oder Lehrer, nämlich personaler Repräsentant des Evangeliums, bei dem ein Stück weit Lehre und Person eins sind. Das zeigt sich unter anderem in der Übereinstimmung von Sach- und Beziehungsebene im Unterricht.

4. Zur Didaktik des Konfirmandenunterrichts

4.1 Grundsätzliche Überlegungen. Wir haben gesehen, daß in Theorie und Praxis des KU seit Mitte der sechziger Jahre neben den kirchlich-theologischen Gesichtspunkten zunehmend humanwissenschaftliche und dabei in besonderer Weise erziehungswissenschaftliche Perspektiven eine Rolle zu spielen begannen.

Die bisher vorrangig vom »Wesen der Kirche« her argumentierende Erörterung der Probleme, in welcher die betroffenen Jugendlichen nahezu ausschließlich als Objekte von Integrationsversuchen verstanden wurden, wich jetzt einem »didaktischen« Zugriff, der von der Fragestellung bestimmt war, wie die Kirche ihren Aufgaben einer angemessenen Begegnung mit der nachwachsenden Generation und einer für eben diese junge Generation hilfreichen und vor allem verstehbaren Vermittlung der christlichen Botschaft und Lehre gerecht werden kann. Wegweisend war hierfür ein Aufsatz von *H. B. Kaufmann* »Didaktische Überlegungen zu einer Theorie des KU« aus dem Jahre 1969.[20] Ausgehend von der Forderung, endlich eine Theorie zu entwickeln, welche die theologischen und kirchlichen Norm- und Zielvorstellungen mit den tatsächlichen Gegebenheiten vermittelt, verweist Kaufmann in diesem Aufsatz auf die pädagogische Grundeinsicht, daß der Mensch immer zugleich durch biologisch-genetische, sozialkulturelle und lebensgeschichtliche Vorgaben bestimmt ist, sich aber auch immer wieder selbst bestimmt. Das verlangt »die je gegebene Ausgangslage und die je entworfene oder überlieferte Zielvorstellung« ständig miteinander zu vermitteln. Zu denken ist z. B. an die volkskirchliche Zugehörigkeit vieler Familien bei gleichzeitiger geistiger Entfremdung von der Kirche einerseits und die kirchliche Wunschvorstellung einer Eingliederung der Konfirmanden in die Kerngemeinde andererseits. Eine solche gegenseitige Vermittlung als kritische Infragestellung nach beiden Seiten ist nur auf Grund einer ständigen Realitätskontrolle der je aktuellen Arbeit mit Konfirmanden möglich. Hilfreich kann dabei die Kooperation mit der *Allgemeinen Didaktik* sein, die – als Gesamttheorie von Lehren und Lernen, welche unterrichtsrelevante Aussagen und Erkenntnisse aus den an unterrichtlichen Vollzügen und ihrer Vorbereitung beteiligten Wissenschaften für die Analyse und Konstruktion von Unterricht bedenkt – am ehesten dazu befähigt, die »Szene« ideologiefrei in den Blick zu nehmen. Auf jeden Fall hilft sie, Ziele und inhaltliches Angebot, Umgangsstil und Methoden, Schüler und Gegenstände des KU unter Beachtung der vielfältigen Faktoren und ihrer gegenseitigen Bedingtheit zu würdigen und in einen ganzheitlichen Lernprozeß zu integrieren.

Nach Kaufmann muß zuerst die vorunterrichtliche Motivation oder De-Motivation der Jugendlichen in den Blick genommen werden. Dann erst besteht die Möglichkeit, nach Wegen zu suchen, die zu einer »Fühlung mit der Sache« führen und die es erlauben könnten, die mit einer solchen »Fühlung« ins Auge gefaßten Ziele zu bestimmen, d. h. »Einsichten und Grunderfahrungen elementarer und zugleich allgemeiner Art« zu definieren. Erst von daher kann der konkrete Stoff des KU bestimmt werden. Eine elementare Grunderfahrung ist z. B. die Transzendenzerfahrung als *Gotteserfahrung des Jugendlichen.* Um beim Versuch einer Erschließung einer solchen Erfahrung nicht alles falsch zu machen, muß der theologisch und pädagogisch informierte Pfarrer/Mitarbeiter nicht nur mit Hilfe eines wissenschaftlichen Instrumentariums

20 *H. B. Kaufmann*, Didaktische Überlegungen zu einer Theorie des Konfirmandenunterrichts, in: *K. Wegenast (Hrsg.)*, Theologie und Unterricht, Gütersloh 1969, 229–242.

nach dem Gottesverständnis, z.B. eines biblischen Autors oder eines Reformators, fragen, sondern auch danach, in welcher Form die Frage nach Gott und entsprechende Erfahrungen im Jugendalter vorkommen, in welcher Stufe der Entwicklung des religiösen Urteils sich eine bestimmte Gruppe befindet... – und das im Kontext des Selbst- und Weltverständnisses und vor allem der Welterfahrung der Jugendlichen. Dabei ist allerdings vor der Meinung zu warnen, man könne eine Gotteserfahrung bei Beachtung aller Gesichtspunkte gleichsam herbeiführen. Eine angemessene unterrichtliche Verantwortung der Gottesproblematik bleibt »indirekte Mitarbeit«, die erst dann zum »Ruf« wird, wenn Gott es will. Aber auch eine indirekte Mitteilung muß *verständlich* sein; nur so repräsentiert sie eine Möglichkeit für den Jugendlichen. Das ist der Unterschied im Vergleich zu einer normativ-deduktiven Vermittlung von Lehre, die nicht selten der Zitation türkischer Fabeln vor Menschen gleicht, die dieser Sprache unkundig sind. Um die hier anstehenden Vermittlungs-Probleme einer Lösung näher zu bringen, gibt *H. B. Kaufmann* folgende nützliche *Leitfrage* an die Hand:

»Wodurch werden junge Menschen eines bestimmten Alters und unter bestimmten volkskirchlichen Gegebenheiten mit einer gewissen Wahrscheinlichkeit vom Auftrag der Kirche und von der Frage nach Gott so berührt oder bewegt, daß sie sich selbst zu fragen anfangen und – mit der notwendigen Unterstützung – bei der Sache bleiben?«[21]

M.a.W., es gibt bestimmte Situationen, Begegnungen mit Menschen und »Sachen«, Erfahrungen mit sich selbst, mit anderen und mit gesellschaftlichen oder geschichtlichen Gegebenheiten und Ereignissen, Aspekte von Texten, christlichen und anderen, damalige und heutige Themen oder Fragehinsichten, die vom Auftrag der Kirche oder von der Frage nach Gott her in einer besonderen Weise erschlossen, bedacht, verstanden werden können, die Fragen stellen an Pfarrer und Jugendliche, ja diese selbst zur Frage werden lassen. Wenn das der Fall ist, werden wir im Unterricht daran arbeiten, den Jugendlichen, die z.B. in einem Text oder in einer Situation »sichtbare« Fraglichkeit des Menschen bewußt zu machen, um dann in einer vielbahnigen Kommunikation (Argumentation, Disput, Dialog, fragend-erörterndes Gespräch, Formen der Visualisierung...) das Angebot des christlichen Glaubens zu repräsentieren: kurzum, wir werden den ›Stoff‹ suchen und so einbringen, daß er eine »vermittelnde Funktion zwischen der gegebenen

21 *H. B. Kaufmann*, aaO., 245.

Ausgangslage und der zu gewinnenden grundlegenden Einsicht einnimmt«.[22]

4.2 Unterrichtsprozeß und beeinflussende Faktoren. Für die Identifikation aller wichtigen Faktoren, die unterrichtliche Vollzüge beeinflussen, scheint mir die graphische Darstellung auf S. 340 nützlich zu sein.[23]
In diesem Zusammenhang sei auch noch ausdrücklich auf die Faktoren Schicht- und Bildungszugehörigkeit der Schüler hingewiesen. Bei ihrer Nichtbeachtung im Zusammenhang mit der Planung und Durchführung von Unterricht sind Disziplin- und Motivationsschwierigkeiten vorprogrammiert. Hier gilt es, die eigene Mittelschichtsprache zu überprüfen, sorgfältig nach der Lebenswirklichkeit der Schüler zu fragen und die eigene Lebenssituation im Blick auf die der Schüler zu überprüfen.

Daß die Schichten- und Bildungsspezifik in der einschlägigen Literatur kaum genannt wird, macht nachdenklich. Wichtige Informationen zu diesen Faktoren können alle, die im KU mitarbeiten, im »Handbuch für die Konfirmandenarbeit«[24] erhalten. Das gilt sowohl für die Pfarrerrolle im kirchlichen Unterricht, in die auch der nicht ordinierte Mitarbeiter rasch »hineinwächst«, als auch für die Konfirmanden. Was das *Pfarrerbild* betrifft, so gilt es z. B. zu entscheiden, wie dieser sich in einer Gruppe verstehen möchte: als Dozent für die Vermittlung theologischer Wissensbestände, als älterer Begleiter der Jugendlichen in einer schwierigen Phase ihrer Entwicklung, als »überzeugter« Prediger des Evangeliums, als Freund, als Gestalter erfreulicher Stunden und Tage im Rahmen des Alltagslebens des Jugendlichen... Im Rahmen einer solchen Entscheidung muß er auch wählen, welcher Bezugsgruppe und welchen Erwartungen er den Zuschlag geben soll: Den Eltern, einer bestimmten Gruppe der Konfirmanden, kirchlichen Leitvorstellungen aus den entsprechenden Ordnungen... Hier drohen mannigfache Konflikte, die es zu verarbeiten gilt und die Ichstärke und Fähigkeit zur Rollendistanz verlangen, ganz zu schweigen von einer einigermaßen realitätsnahen Selbsteinschätzung. Und: Wo ist der Pfarrer in erster Linie Vertreter eines Amtes und einer Institution, wo ganz einfach Person? Diese Unterscheidung als unsachgemäß abzulehnen hilft nicht

22 Ebd.

23 Die graphische Dartellung findet sich in: *G. R. Schmidt*, Einführung in Begriffe und Problemstellungen der Didaktik, in: *E. Feifel u. a. (Hrsg.)*, Handbuch der Religionspädagogik, Bd. 2, Gütersloh/Zürich 1974, 23–33, bes. 27.

24 *Comenius-Institut (Hrsg.)*, Handbuch für die Konfirmandenarbeit, Gütersloh ²1985, 41-269.

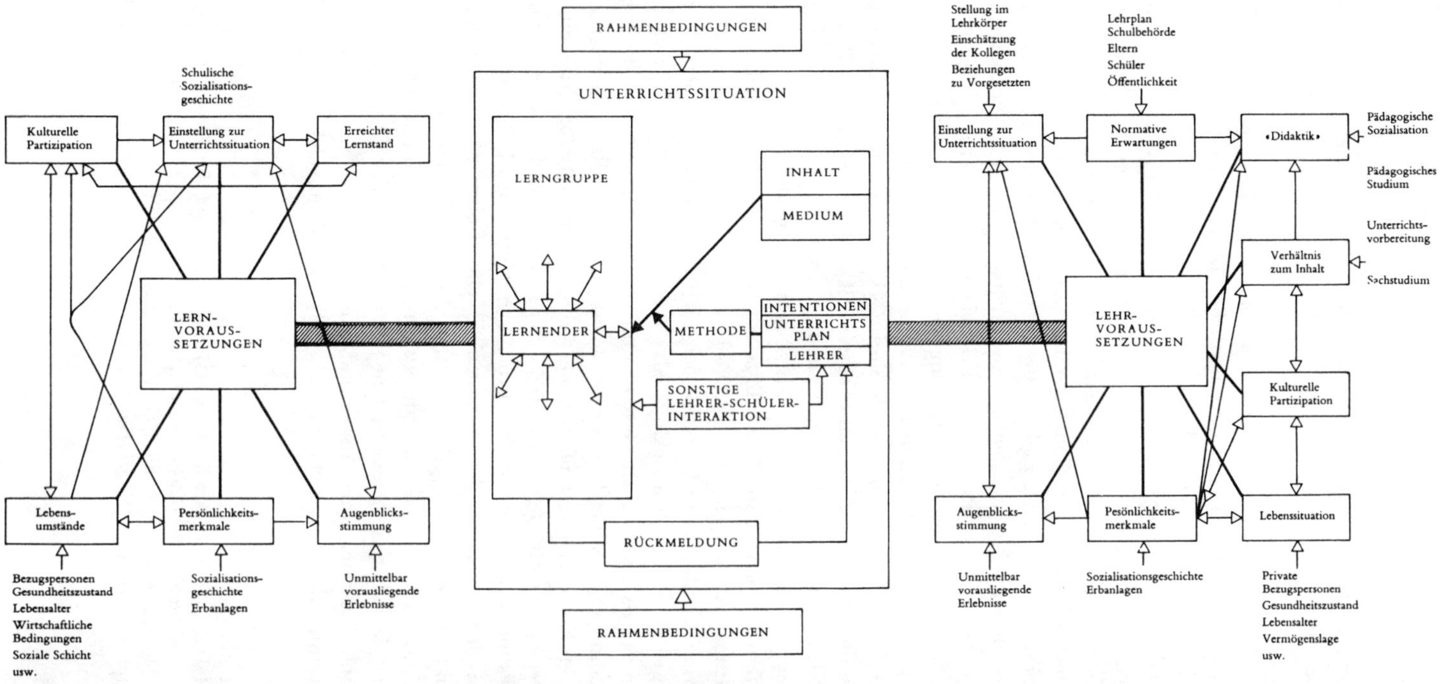
Schulische Sozialisationsgeschichte
Kulturelle Partizipation
Einstellung zur Unterrichtssituation
Erreichter Lernstand
LERN-VORAUS-SETZUNGEN
Lebensumstände
Persönlichkeitsmerkmale
Augenblicksstimmung
Bezugspersonen
Gesundheitszustand
Lebensalter
Wirtschaftliche Bedingungen
Soziale Schicht
usw.
Sozialisationsgeschichte
Erbanlagen
Unmittelbar vorausliegende Erlebnisse
RAHMENBEDINGUNGEN
UNTERRICHTSSITUATION
LERNGRUPPE
LERNENDER
INHALT
MEDIUM
METHODE
INTENTIONEN
UNTERRICHTSPLAN
LEHRER
SONSTIGE LEHRER-SCHÜLER-INTERAKTION
RÜCKMELDUNG
RAHMENBEDINGUNGEN
Stellung im Lehrkörper
Einschätzung der Kollegen
Beziehungen zu Vorgesetzten
Lehrplan
Schulbehörde
Eltern
Schüler
Öffentlichkeit
Einstellung zur Unterrichtssituation
Normative Erwartungen
«Didaktik»
Pädagogische Sozialisation
Pädagogisches Studium
Unterrichtsvorbereitung
Sachstudium
Verhältnis zum Inhalt
LEHR-VORAUS-SETZUNGEN
Kulturelle Partizipation
Augenblicksstimmung
Pesönlichkeitsmerkmale
Lebenssituation
Unmittelbar vorausliegende Erlebnisse
Sozialisationsgeschichte
Erbanlagen
Private Bezugspersonen
Gesundheitszustand
Lebensalter
Vermögenslage
usw.

weiter, da Konfirmanden sie in vielen Fällen einfach treffen, indem sie z.B. den Pfarrer als Mensch für ganz passabel halten, seine Tätigkeiten im KU aber für überflüssig erachten. Ist es in diesem Falle möglich, das Personale auf dem »Haben-Konto« zu verbuchen und die Botschaft eben vorerst »einzufrieren«?

Zu bedenken ist in diesem Zusammenhang auch die *Lage der Jugendlichen in der Ablösungsphase*, die nach Identifikationsfiguren überzeugender Erwachsener Ausschau halten, weil sie gerade dabei sind, sich in der Primärgruppe Familie abzumelden. Und was ist es mit der Konkurrenzrolle, die der Pfarrer hier u.U. gegenüber den Eltern der Konfirmanden innehat?

In diesem Zusammenhang stellt sich eine Reihe wichtiger Fragen:

- Wie helfe ich als »Lehrer« den mir anvertrauten Jugendlichen bei ihrer Ablösung vom Elternhaus?
- Wie helfe ich den Eltern, die oft ohne Kenntnisse und ohne Möglichkeiten zu einem sinnvollen Umgang mit den Problemen der Ablösungsphase ihrer Kinder gegenüberstehen?
- Wie habe ich selbst die Ablösungsphase bewältigt oder nicht bewältigt?

Weitere Problemkreise, die ich hier nicht erörtern kann, die aber in vielen Fällen zu Schwierigkeiten führen können, sind:

- Wie gehe ich mit dem offensichtlichen Scheitern im KU um (Disziplinschwierigkeiten, Unfähigkeit, einen Lernprozeß in Gang zu bringen, »dröhnende« Langeweile aller Teilnehmer...)?
- Wie bearbeite ich als Pfarrer akute Identitätsprobleme, die sich etwa darin zeitigen, daß ich im Grunde der »Kirchenferne« meiner Schüler viel näher stehe als den von meiner Kirche für wünschbar gehaltenen Zielen des KU?
- Wie schaffe ich es, die Glaubensbotschaft mit heutiger Wirklichkeit so zu vermitteln, daß es wirklich zu einer Begegnung kommen kann?

4.3 Zur Frage der Inhalte. Zwischen den Stoffvorstellungen der einzelnen Landeskirchen und denen der Theorie des KU gibt es bemerkenswerte Unterschiede, ja auch Spannungen. Bis 1960 umfaßten die Lehrpläne aller Kirchen im deutschen Sprachgebiet neben dem Kleinen Katechismus Luthers oder dem Heidelberger Katechismus nur noch verdeutlichende Bibeltexte und kirchenkundliche Themen, das Gesangbuch und einige Anschlußstoffe. Zwischen 1960 und 1970 trat anstelle des Katechismus die Bibel in den Mittelpunkt, ergänzt durch Lebensfragen der Schüler und einige Katechismusthemen (Taufe, Abendmahl, Bekenntnis). Zwischen 1970 und 1980 dominierten dann sog. »Themen«, die sich der Schülerorientierung verdankten, ergänzt durch Biblisches und Kirchenkunde. Aber was ist von den möglichen Inhalten unabdingbar, was *auch* wichtig und was im Grunde überflüssig? Z.B.: »Träume sind

Schäume – Zu Fragen der Traumdeutung Jugendlicher« oder »Die Heilige Taufe«? »Einführung in die Bibel« oder »Die Frage nach möglichen Werten für Jugendliche in einer pluralistischen Gesellschaft«?... Helfen bei einer Beantwortung dieser und ähnlicher Fragen in erster Linie pädagogische und soziologische Kriterien weiter oder aber nur theologische? – oder deutlicher: Gibt es unumstößliche und unabdingbare Vorgaben, welche jede Lehrplangestaltung im KU präjudizieren oder sind hier nur fachdidaktische, theologisch und pädagogisch reflektierte Entscheidungen verantwortbar, Entscheidungen, die nach der Funktion eines Inhalts für den Jugendlichen in seiner besonderen Situation ebenso fragen wie nach den Grundaussagen des Glaubens und den diesen zugrundeliegenden Erfahrungen?

Die *Württembergische Landessynode* hat sich offenbar für die »theologische Version« entschieden, als sie im Jahre 1975 den KU wieder vornehmlich als Katechismusunterricht definierte und in diesem Zusammenhang erklärte, daß in den Hauptstücken des Kleinen Katechismus M. Luthers »fundamentale Aussagen der Bibel« vorliegen, die im KU als elementare Sinneinheiten der christlichen Verkündigung in unserer heutigen Welt- und Selbsterfahrung zu konkretisieren seien.[25].

Richtig bei dieser Entscheidung scheint mir der Wille zu »elementaren Sinneinheiten« zu sein, zu fragen ist aber danach, ob solche für das Jahr 1987 im Kleinen Katechismus zu finden sind, der doch ohne Zweifel im Blick auf gesellschaftliche und religiöse Verhältnisse ausformuliert worden ist, die den unsrigen durchaus unähnlich sind. Die Gefahr ist da kaum zu vermeiden, daß wir einmal mehr Antworten auf Fragen geben, die niemand gestellt hat. Oder ermöglicht der Katechismus Luthers jungen Menschen wirklich, »jeden anderen auf den gemeinsamen Glauben hin anzureden, miteinander und füreinander zu sprechen«?

Das sind m. E. wieder unrealistische Wunschvorstellungen, die uns weit hinter den schon erreichten Diskussionsstand zurückwerfen. Es fehlt hier nicht nur eine jugendkundlich aufgeklärte Verifikation der Vermittlungsmöglichkeiten zwischen Glauben und Lebenswirklichkeit der Jugendlichen, sondern auch eine angemessene Reflexion des Verhältnisses von Bibel und Katechismus im Lichte exegetischer und systematisch-theologischer Überlegungen.

25 Siehe *F. Schmitthenner*, Neue Rahmenordnungen, Leitlinien und Rahmenpläne zum Konfirmandenunterricht, Münster 1977, 301–343. Daraus die folgenden Zitate.

Ähnlich fragwürdig erscheint mir der Versuch der *Evangelischen Kirche von Westfalen*, die Bibel in den Mittelpunkt des KU zu stellen. Die Autoren dieses Versuchs aus dem Jahre 1982[26] sehen die Bibel »als Quelle und Fundament des persönlichen Glaubens« und als »Grundlage der christlichen Gemeinschaft«. Das ist historisch gesehen bestimmt richtig, aber haben die Autoren bedacht, welche Schwierigkeiten sich heute der Stiftung von Beziehungen zwischen Bibel und Jugendlichen in den Weg stellen, welche ungelösten didaktischen und methodischen Probleme den Weg versperren? Problematisch ist ja nicht nur das Auseinanderklaffen des Wahrheits- und Wirklichkeitsbewußtseins der Spätantike und der Gegenwart, sondern vor allem auch der durchaus verschiedene Fragehorizont von Jugendlichen heute und der Mehrzahl der biblischen Autoren. Was führt an dieser Stelle weiter? Eine elementare Bibelkunde etwa oder die exemplarische Erschließung einiger wichtig erscheinender Texte oder ein problemorientierter, an bestimmten biblischen Sachverhalten und Begriffen ausgerichteter Unterricht, oder?

Alle diese Fragen werden nicht beantwortet. Das ist auch verständlich angesichts des Tatbestandes, daß es die Bibel als Inhalt des Glaubens so ja auch nicht gibt, sondern nur als Niederschlag verschiedener Situationen und Menschen, der je neuer Interpretation bedarf.

Aus dem skizzierten Dilemma führt nur ein konsequent fachdidaktischer Weg heraus, m. a. W. der Versuch, Grunddaten jugendlichen Lebens und jugendlicher Erfahrung und solche des christlichen Glaubens in Tradition und Gegenwart für eine doppelseitige Erschließung zu reflektieren.

4.4 Modelle zur Planung. Besonders nützlich für einen solchen Weg hat sich für mich die sog. »Spinne« erwiesen im Verbund mit einer »Didaktischen Analyse«, dann aber auch der Entwurf eines Minimallehrplans, ergänzt durch eine Reihe weiterer Themen und Perspektiven aus der Erfahrungswelt des Jugendlichen oder der Glaubenstradition und ihrer Wirkungsgeschichte.

4.4.1 Die Spinne. Gemäß diesem Konzept sollen bei der Ausarbeitung von Unterrichtseinheiten folgende »Sektoren« berücksichtigt und keiner grob vernachlässigt werden:

1. Die Urkunden des Glaubens
2. Die Praxis der Kirche

26 Lehrplan für den Kirchlichen Unterricht in der Ev. Kirche von Westfalen, Bielefeld 1982. Daraus die folgenden Zitate.

3. Das verantwortete Leben
   Im persönlichen Bereich
   Im Blick auf die Welt
4. Die Gemeinschaft

Die nachfolgend wiedergegebene Abbildung verdeutlicht das Konzept am Beispiel der Taufe.[27]

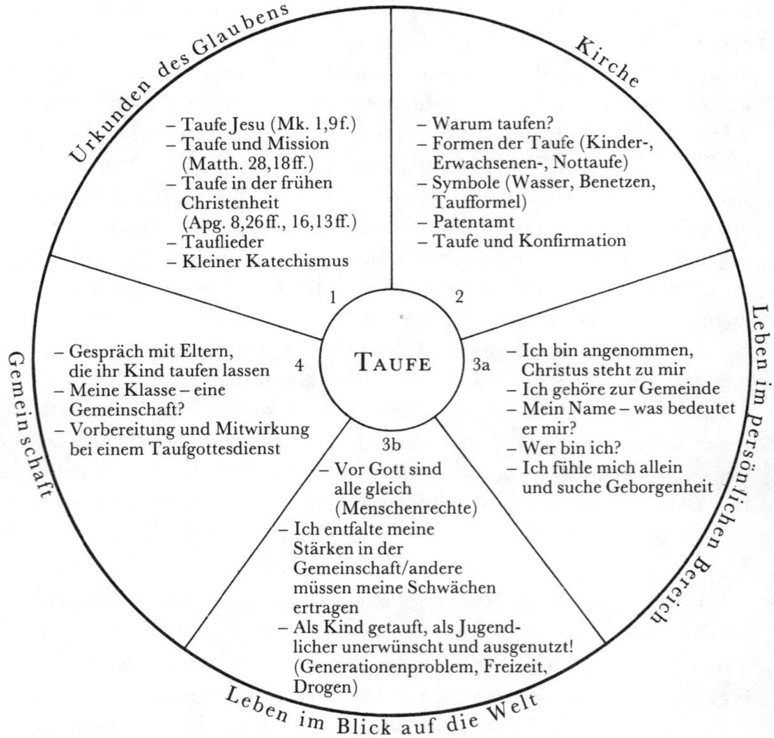

Diese Spinne läßt ein Thema von verschiedenen »Anfängen« her erschließen und bietet auf dem Hintergrund theologischer und pädagogisch-psychologischer Informiertheit des Unterrichtenden eine Fülle von Möglichkeiten der Strukturierung einer Einheit.

Wichtige Fragen, die im Zusammenhang mit der Spinne zu stellen sind, lauten:

27 *Evangelisch-reformierte Kirche des Katons Bern (Hrsg.)*, Kirchlicher Unterricht, Bern 1984, bes. 18.

1. Welche Ziele möchte ich mit diesem Thema in meiner Gruppe erreichen?
2. Wie kann ich meine Gruppe für dieses Thema motivieren?
3. Welchen Lehrgang, Lernprozeß sehe ich vor?
4. Welche Unterrichtshilfen zum Thema und welche andere Literatur stehen mir zur Verfügung?

4.4.2 Die didaktische Analyse.[28] Nach wie vor hilfreich sind die Einsichten und Fragestellungen der didaktischen Analyse:

1. Schritt: Wahl des Themas aus dem Angebot des *Lehrplans* unter den Leitfragen:
- Stehen mir Vorarbeiten für das gewählte Thema zur Verfügung?
- Welches sind meine wichtigsten Motive zur Wahl des Themas?
- Liegt das Thema im Erfahrungs- und Verstehenshorizont der Lerngruppe?

2. Schritt: Welche Bedeutung hat das gewählte Thema im privaten und öffentlichen Leben des einzelnen, der verschiedenen gesellschaftlichen Gruppen und der konkreten Lerngruppe?
- Ist das Thema Gegenstand öffentlicher Diskussionen?
- Gibt es im Blick auf das Thema Konflikte in der Gesellschaft?
- Ist das Thema wirklich aktuell und impliziert es grundlegende Fragen und Bedürfnisse des Schülers?

3. Schritt: Erhebung der Schülerinteressen und -einstellungen:
- Welche Aspekte des gewählten Themas sind für den Schüler interessant?
- Für welche konkreten Lebenssituationen der Schüler in Gesellschaft und Kirche hat das Thema eine Bedeutung?
- Welche emotionalen Einstellungen sind zu erwarten?
- Welche Motivationsmöglichkeit ist zu sichern?
- Welche Fähigkeiten und Fertigkeiten sind für eine Inangriffnahme des Themas vorauszusetzen?

4. Schritt: Bestimmung der inhaltlichen Struktur des Themas:
- Hat das Thema einen unmittelbaren Bezug zu Situationen, Problemen und Konflikten in den verschiedenen Lebensbereichen der Lerngruppe?
- Ist das Thema schwerpunktmäßig in der christlichen Tradition oder im Leben der christlichen Gemeinde zu orten? Müßte es deshalb vor allem anderen mit entsprechenden Erfahrungen »besetzt« werden, die eine Erschließung erst sinnvoll machen könnten?
- Handelt es sich bei dem gewählten Thema um einen Bereich des Lernens, der bestimmte individuelle Einstellungen und soziale Bedürfnisse in besonderem Maße betrifft (Anpassung, Protest etc.: Freiheit, Liebe, Frieden)?
  Hier geht es vor allem darum, das Thema für den Unterricht zu strukturieren, indem dieses einem bestimmten Lebensbereich des Schülers zugeordnet wird.

5. Schritt: Bestimmung und Abgrenzung der einzelnen Teile des Unterrichts:
Hier geht es um eine erste Gliederung eines möglichen Lernprozesses vom Einfacheren zum Schwereren, vom Nahen zum Fernen etc. und um eine

28 *K. Wegenast*, Der Religionsunterricht in der Sekundarstufe I, Gütersloh 1981, 48f. in Anlehnung an *H.K. Berg/F. Doedens*, Unterrichtsplanung als Didaktische Analyse (RPP 18), Stuttgart/München 1976, 9ff.

Abgrenzung des Gewollten vom zu Vermeidenden.
6. *Schritt:* Besteimmung der Rahmenziele der Unterrichtseinheit:
– Welche Kenntnisse sollen die Schüler am Ende des Unterrichts besitzen?
– Welche Einstellungen sollen die Schüler erwerben?
– Welche Fähigkeiten und Fertigkeiten sollen die Schüler erlernen?
Dieser Schritt geht über die »klassische« Didaktische Analyse hinaus, widerspricht ihr aber in keiner Weise.
7. *Schritt:* Entwurf der einzelnen Unterrichtsteile nach einem der üblichen Schemata: z. B.

Lernstufe	Unterrichtsform	Kommunikationstypen	Gegenstandsstruktur (Unterrichtsweisen)
(Hinführung, Erarbeitung, Auswertung)	(Klassenunterricht, Partnerarbeit, Gruppenarbeit)	(Lehrervortrag mit fragend-erörterndem Gespräch, Diskussion, Gruppengespräch, Gruppenbericht etc.)	(Text, Bild, Symbol = verschiedene Arten der Repräsentanz des Unterrichtsgegenstandes)

8. *Schritt:* Evaluierungsformen im Horizont der intendierten Ziele festlegen.

4.4.3 Minimallehrplan. Für die Ausarbeitung des eigenen Lehrplans sei der folgende Minimallehrplan für einen zweijährigen KU empfohlen. Die Themen dieses Minimallehrplans berücksichtigen folgende vier Gesichtspunkte: Urkunden des Glaubens / Praxis der Kirche / Verantwortetes Leben im persönlichen und gesellschaftlichen Bereich / Gemeinschaft. Wir achten darauf, daß alle Gesichtspunkte berücksichtigt werden und keiner grob vernachlässigt wird.

Urkunden des Glaubens:	Einführung in die Bibel Schöpfung / Bild des Menschen Die Frage nach Gott Jesus Christus Schuld und Vergebung Glauben / Vertrauen / Bekennen
Praxis der Kirche:	Gottesdienst Taufe / Abendmahl Diakonie in der Nähe und weltweit Gebet / Lied / Musik Meine Kirchengemeinde Das Kirchenjahr
Verantwortetes Leben:	Lebenssinn Krankheit / Leiden

	Leben / Sterben / ewiges Leben Liebe / Partnerschaft / Ehe Frieden
Gemeinschaft:	miteinander leben an einem »Wochenende« miteinander feiern miteinander meditieren und beten miteinander planen

Diese Liste ist kein nacheinander abzuhandelndes Programm, sondern ein Überblick. Folgende Fragen können bei der Auswahl und beim Aufbau eines eigenen Lehrplans helfen:

- Welche Themen sind für mich theologisch grundlegend und didaktisch vordringlich?
- Inwiefern ist ein Thema für meine Konfirmanden wichtig?
- In welcher Weise hängen die Themen zusammen, setzt das eine ein anderes voraus?
- Welche Themen sind dem Entwicklungsstand und dem Wissen meiner Konfirmanden angemessen? – Was kann ich aus dem Religionsunterricht voraussetzen?
- Welche Themen eignen sich für eine Motivation der Gruppe besonders gut?

4.5 Formen der Organisation. In den deutschsprachigen Kirchen Mitteleuropas wird der KU gewöhnlich zweijährig durchgeführt: entweder im 7. und 8. Schuljahr (Bundesrepublik) oder im 7./8. und 9. Schuljahr (Schweiz). In den Kirchen der DDR ist der KU in die Christenlehre eingebunden, die bereits im Vorschulalter beginnt. Dort ist er im sog. Kurs V für Zwölf-Fünfzehnjährige/Konfirmanden untergebracht.[29]

Die *Veranstaltungsformen* sind vielfältig:

– Die wöchentliche *Lektion- oder Doppellektion* ist die am weitesten verbreitete Organisationsform. Sie ist der schulischen Lektion zu vergleichen und zeitigt deshalb auch ein ähnliches Teilnahmeverhalten. Viele Pfarrer versuchen das »Schulische« durch den Einsatz von Spielelementen, von Methoden aus der Jugendarbeit und von kreativen Sequenzen innerhalb eher kognitiver Lernprozesse wenigstens aufzulockern. Hierher gehören auch gemeinsames Kaffeetrinken zu Beginn des Unterrichts und »offene« Schlußphasen.

– Das *Wochenende* versucht den Akzent auf die Gemeinschaft in der Gruppe zu legen. Nicht die Inhalte, etwa das Abendmahl oder die Taufe, sind das Wichtige bei dieser Organisationsform, sondern das

29 *Comenius-Institut (Hrsg.)*, Rahmenplan für die Kirchliche Arbeit mit Kindern und Jugendlichen in der DDR, Münster 1978, 86–113 (Kurs V für Zwölf- bis Fünfzehnjährige/Konfirmanden).

Zusammenleben in der Gruppe, die Gestaltung des Abends, das gemeinsame Kochen und Essen, das Singen und Spielen, die Abendwanderung, das Miteinander-Sprechen und -Beten, kurzum das Klima. Hier entsteht eine Gruppe, die auch Konflikte zu ertragen und zu bearbeiten vermag. Die Jugendlichen und die Mitarbeiter beginnen einander zu spüren. Ähnliches gilt auch für die Wochenfreizeit. Wichtig sind die gemeinsame Planung, die geregelte Verantwortlichkeit von vielen für vieles, die Qualität der Kommunikation und der Stil des Umgangs miteinander.

– Der *Kursunterricht* empfiehlt sich vor allem in größeren Gemeinden mit mehreren Konfirmandenklassen und vielen Mitarbeitern. Der dieser Veranstaltungsform zugrundeliegende Leitgedanke ist die Förderung der eigenverantwortlichen Planung des Lernprozesses durch den einzelnen Konfirmanden und die Wahlfähigkeit im Blick auf verschiedenartige Angebote. Besonders geglückt scheint mir das sog. »Bieler Modell« (Zu beziehen bei: Katechetisches Zentrum, Kontrollstr. 22 CH 2503 Biel). Im Rahmen dieses Modells gibt es verbindliche Grundkurse, die als Veranstaltungsform die Doppellektion bevorzugen, Wahlkurse, von denen eine bestimmte Anzahl gewählt werden müssen, Wochenende, freiwillige Wochenfreizeiten und Praktika, von denen nur eines verbindlich ist. Im Blick auf die Grundkurse (Schöpfung und Gottesglauben / Jesus Christus / Kirche) ist die Wahl des Konfirmanden nur im Blick auf den Kursleiter möglich. Das ist anders bei den Wahlkursen (Mehr leben, länger leben, überleben / Behinderte unter uns / Ökumene / Meditation – besser als Drogen / Du und ich – Frage von Liebe und Freundschaft / Gruppenspielkurs (Bibliodrama) / Komm, sing mit: / Leben und Sterben / Kirche und Politik / Das Buch der Bücher / Krieg und Frieden / Ich habe Probleme). Alle genannten Wahlkursthemen werden mit Hilfe der »Spinne« präpariert und enthalten so »Stoff« aus verschiedenen Bereichen.

Alle Kurse werden in einem Programmheft vorgestellt. Der vom Schüler zusammengestellte Lehrplan eines Jahres wird in ein Formular eingetragen und an das Katechetische Zentrum gesandt. Dort werden die Gruppen zusammengestellt. »Häufungen« werden entweder durch mehrfach angebotene Kurse verarbeitet oder durch Indienstnahme von Zweitwahlen.

– *Praktika.* Sie sind dazu da, um die Einsicht zu ermöglichen, daß Glaube und Kirche mehr sind als Lehre, nämlich Handeln für andere. Ein Praktikum umfaßt gewöhnlich eine Vorbereitungsphase (ein oder zwei Abendveranstaltungen), eine Arbeitsphase von ca. 15 Stunden und eine Phase der Auswertung. Inhalte der Praktika sind unter anderen:

Geburtstagsbesuche bei alten Menschen / Spielnachmittage in einem Seniorenheim / Basteln und Spielen mit Kindern im Kinderkreis / Gestaltung von zwei Spitalgottesdiensten / Einsatz bei Behinderten / Aktionen im Rahmen der Aktion »Brot für die Welt« / Aufgabenhilfe für ausländische Kinder / Einsatz im Jugendtreff etc.

– *Der Konfirmandengottesdienst.* Mit diesem Begriff kann ein Gottesdienst gemeint sein, den Konfirmanden für die Gemeinde gestalten, in dem sie z. B. davon berichten, wie sie die Gemeinde erleben, was ihnen fehlt, was ihnen Mühe macht, was sie gut finden etc., oder indem sie singen und spielen, beten und lesen, Collagen erläutern etc. Ein Konfirmandengottesdienst kann aber auch eine Veranstaltung von Konfirmanden für Konfirmanden sein.

Bei der Planung der Konfirmandenzeit gilt es, sich die verschiedenen Organisationsformen zunutze zu machen. Am Beispiel der zeitlichen Planung eines 2. Konfirmandenjahres aus der Kirchengemeinde Biel (s. S. 350) seien die sich eröffnenden Möglichkeiten der Strukturierung demonstriert.

Wichtig für alle beschriebenen Formen des KU ist es, daß sie stets auch im Blick auf andere Angebote christlicher Erziehung und Bildung (Religionsunterricht, Jugendarbeit) bedacht werden. Das bedeutet eine geplante Kooperation des Pfarrers mit Jugendleitern und Religionslehrern, aber auch eine Beachtung eines spezifischen Schwerpunktes der Konfirmandenarbeit. Geht es im Religionsunterricht der Schule zumindest schwerpunktmäßig um Sachkompetenz auf dem Feld von christlicher Tradition und Theologie, in der Jugendarbeit um ein eher gemeinschaftsbezogenes Zielspektrum mit dem Schwerpunkt »soziales Lernen«, so nimmt der KU beide Zielperspektiven ernst, Lehre und Gemeinschaft, hat aber seinen eigentlichen Schwerpunkt im Emotionalen.

5. Die Konfirmation[30]

K und KU gehören zusammen. So wenigstens denken die meisten Eltern, Jugendlichen und auch Pfarrer. KU ist die Vorbereitung, K das Ziel. Bei genauerer Betrachtung entdeckt man jedoch Probleme: Zielt der landläufige KU wirklich auf die K? Können KU und K nicht ohne

30 Zum Folgenden vgl. die wichtige Erörterung von *H. Schröer*, Konfirmandenarbeit und Konfirmation, in: *Comenius-Institut (Hrsg.)*, Handbuch für die Konfirmandenarbeit, 220–233.

Dein Unterweisungs-Jahr

1. Grundkurs A	6 Wochen je zweistündig (oder in einem Wochenende)	vom 17. April bis 27. Mai Beginn der ersten *Praktika*
Kurse nach freier Wahl	*vor den Sommerferien* 5 Wochen	vom 29. Mai bis 1. Juli
KURSLAGER	*in den Sommerferien* freiwillig Kurslager »Anders leben, anderes erleben« Laienspiellager	 7.–12. August 6.–12. August
2. Grundkurs B	7 Wochen je zweistündig (oder in zwei Wochenenden)	vom 14. August bis 30. Sept. Beginn der restlichen *Praktika*
KURSLAGER	*in den Herbstferien* freiwillig Kurslager	 2.–7. Oktober
Kurse nach freier Wahl	*nach den Herbstferien* 5 Wochen	vom 16. Oktober bis 18. November
Kurse nach freier Wahl	*vor Weihnachten* 5 Wochen	vom 20. November bis 23. Dezember
3. Grundkurs C	6 Wochen je zweistündig (oder in einem Wochenende)	vom 15. Januar bis 24. Februar
Abschluß der Unterweisung, Vorbereitung der Konfirmation	3–4 Wochen	vom 26. Februar bis zur Konfirmation

Schaden auch isoliert voneinander einen Sinn haben? Und was ist eigentlich von der herkömmlichen K geblieben, wenn wir bedenken, daß das frühere Gelübde ebenso weggefallen ist wie die Funktion der erstmaligen Zulassung zum Abendmahl der Gemeinde? Ist unter den gegebenen Umständen K nicht nur noch das Familienfest, das schon Sören Kierkegaard karikierte und das im Grunde auch ohne Kirche möglich wäre? Die Ordnungen der verschiedenen Kirchen bedenken das Verhältnis von KU und K vornehmlich vom Unterricht her und bezeichnen die K etwa als Abschluß des KU oder versuchen, sie in den Prozeß des konfirmierenden Handelns der Kirche zu integrieren, oder vermeiden den Begriff K und ersetzen ihn durch den Begriff Konfirmationsgottesdienst. Damit sind aber die anstehenden Probleme nicht gelöst, sondern höchstens verdrängt. Und verleitet ein »Abschlußgottesdienst« nicht auch noch zu dem ohnehin naheliegenden Mißverständnis, daß jetzt eigentlich genügend Kirche gewesen sei in einem Jugendleben? Auf den Nenner gebracht lautet *das Problem*:

In welchem Verhältnis steht ein KU, der sich als Sozialisationsbegleitung, Einführung in ein teilnehmendes Verstehen des Glaubens und als Einübung in eine Gemeinschaft versteht, zur K als feierlichem Gottesdienst, der durchaus verschiedenen Interpretationen offen steht: Seelsorgerliche Vergewisserungsfeier, quasisakramentaler Akt der Segnung, feierlich begangener rite de passage, Freudenfest der Gemeinde über einen neuen Jahrgang der Gemeinde, »Punkt im Leben des einzelnen in der Gemeinde unter dem Segen des Wortes Gottes« *(Bloth)*, Gemeindefest...?

Und denken wir bei der K zuerst an die Jugendlichen oder an die Kirche, in die eingegliedert werden soll, oder an die anwesenden Familien, seien sie nun kirchlich oder auch unkirchlich?

M.E. müssen wir im Blick auf die K an alle genannten Gruppen und Institutionen denken, zuerst aber an die Gruppe der Konfirmanden. Deshalb legen wir nach den zwei Jahren Erkundungsfahrt ins Land der Kirche und des Glaubens in der K einen Hauptakzent auf einen Rückblick auf Erfahrenes, Bedachtes und Gescheitertes und einen anderen auf einen Ausblick auf Kommendes, in dem sich Gelerntes und Erfahrenes bewähren soll, und das nicht nur im Rahmen der Gemeinde, sondern in einer christlichen Alltagspraxis. Weitere wesentliche Momente eines Konfirmationsgottesdienstes sind die Fürbitte von Konfirmanden und Gemeinde, die Erinnerung an die Taufe, das Abendmahl als Fest gelebter Gemeinschaft mit Gott und untereinander. Einen Platz sollten auch Äußerungen der Konfirmanden zur Gemeinde haben. Und dann der möglichst selbst gewählte Konfirmandenspruch als Wort, das in die Zukunft begleitet.

Bei einer Beachtung dieser Momente, in denen Pfarrer, Konfirmanden und Gemeinde aktiv und passiv vorkommen, hat die K die Chance, nicht zu einer bloßen Abschlußfeier zu verkommen, sondern ein symbolisches Handeln mit integrierender Kraft zu repräsentieren. Nicht Endstation, sondern Zwischenhalt auf einem Weg, der weitergeht. Von einem solchen Festgottesdienst können auch Impulse ausgehen für die

Familienfeier. Hier wäre jetzt von der Konfirmandenelternarbeit zu reden, die den KU begleitet.[31]

6. Ausgewählte Literatur

6.1 *Zur Geschichte von Konfirmation und Konfirmandenunterricht*

Eine ausführliche Bibliographie findet sich bei: *C. Bäumler/H. Luther (Hrsg.)*, Konfirmandenunterricht und Konfirmation. Texte zu einer Praxistheorie im 20. Jhdt. (ThB 71), München 1982.

W. Caspari, Die evangelische Konfirmation, vornehmlich in der lutherischen Kirche, Leipzig 1890.

K. Frör (Hrsg.), Confirmatio. Forschungen zur Geschichte und Praxis der Konfirmation, München 1959.

Ders. (Hrsg.), Zur Geschichte und Ordnung der Konfirmation in den lutherischen Kirchen, München 1962.

B. Hareide, Die Konfirmation in der Reformationszeit. Eine Untersuchung der lutherischen Konfirmation in Deutschland, Göttingen 1971.

L. Vischer, Die Geschichte der Konfirmation, Zollikon 1958.

6.2 Zur Diskussion seit Mitte der sechziger Jahre (Konzeptionen)

G. Adam, Der Unterricht der Kirche. Studien zur Konfirmandenarbeit (GTA 15), Göttingen ³1984.

C. Bäumler, Der Nachwuchs der Volkskirche. Zur gegenwärtigen Problematik des Konfirmandenunterrichts, in: ThPr 8/1973, 230–242.

C. Bäumler/H. Luther (Hrsg.), Konfirmandenunterricht und Konfirmation. Texte zu einer Praxistheorie im 20. Jahrhundert (ThB 71), München 1982.

Chr. Bizer, Unterricht und Predigt, Gütersloh 1972.

P. C. Bloth (Hrsg.), Christenlehre und Katechumenat in der DDR. Grundlagen – Versuche – Modelle, Gütersloh 1975.

Comenius-Institut (Hrsg.), Handbuch für die Konfirmandenarbeit, Gütersloh ²1985.

K. Dienst, Moderne Formen des Konfirmandenunterrichts, Gütersloh 1973.

H. Eggenberger (Hrsg.), Neue Modelle für den Konfirmandenunterricht, Zürich 1970.

H. Frickel, Communio – Communicatio – Communitas im Konfirmandenunterricht, Diss. Berlin 1974.

O. Kammer, Erneuerung der Konfirmation nach dem Scheitern der großen Reformpläne, in: MPTh 55/1966, 447–459.

K. Meyer zu Uptrup, Konfirmandenunterricht – aber wie?, Gütersloh 1978.

W. Neidhart, Konfirmandenunterricht in der Volkskirche, Zürich 1964.

G. Otto, Konfirmation und Konfirmandenunterricht, in: ThPr 2/1967, 133–142.

J. Schildmann/B. Wolf, Konfirmandenarbeit, Stuttgart 1979.

31 Vgl. o. Anm. 15.

H. Schultze, Konfirmation heute und morgen, Stuttgart 1969.
Schweizerischer Evangelischer Kirchenbund (Theologische Kommission), Zum Problem von Konfirmandenunterricht und Konfirmation, in: ThPr 9/1974, 194–211.
D. Stoodt, Kirchliche Begleitung Jugendlicher in der puberalen Ablösungsphase durch den Konfirmandenunterricht, in: WPKG 62/1973, 373–389.
K. Wegenast, Kirche auf dem Prüfstand. Konzeptionen für den Konfirmandenunterricht, in: EvKomm 10/1977, 288, 293–295.

6.3 Zur Didaktik des Konfirmandenunterrichts

H. Albrecht, Elementarisierung im Konfirmandenunterricht, in: PTh 70/1981, 367–380.
D. Baacke, Die 13- bis 18jährigen, Weinheim [3]1983.
H. G. Berg u. a., Konfirmandenunterricht als Jugendarbeit, in: WPKG 61/1972, 245–258.
R. Bleistein, Die Kirche von gestern und die Jugend von heute, Würzburg 1972.
J. Bode u. a. (Hrsg.), Konfirmandenzeit von 11–15?, Gütersloh 1985.
A. Butenuth u. a., Lernen mit Konfirmanden, Gelnhausen 1974.
H.N. Caspary, Konfirmandenarbeit zwischen schulischem Religionsunterricht und kirchlicher Jugendarbeit, in: EvErz 26/1974, 11–25.
Comenius-Institut (Hrsg.), Rahmenplan für die kirchliche Arbeit mit Kindern und Konfirmanden, Münster 1978.
K. Dienst u. a. (Hrsg.), KU-Praxis, Gütersloh 1973ff.
Evangelisch-reformierte Kirche des Kantons Bern (Hrsg.), Kirchlicher Unterricht, Bern 1984.
U. Früchtel, Auf dem Weg, Göttingen [2]1986.
H. B. Kaufmann, Didaktische Überlegungen zur Theorie des Konfirmandenunterrichts, in: *K. Wegenast (Hrsg.)*, Theologie und Unterricht, Gütersloh 1969, 229–242.
C. v. Lowtzow/J. W. Kremer, Neue Formen des Kirchlichen Unterrichts, Gütersloh 1980.
J. Matthes (Hrsg.), Erneuerung der Kirche. Stabilität als Chance?, Gelnhausen/Berlin 1975.
F. Oser/P. Gmünder, Der Mensch. Stufen seiner religiösen Entwicklung, Zürich 1984.
R. Preul, Religion – Bildung – Sozialisation, Gütersloh 1980.
H. Reller/R. Grohmann, Lernen um zu lehren, Gütersloh 1985.
F. Schmitthenner (Red.), Neue Rahmenordnungen. Leitlinien und Rahmenpläne zum Konfirmandenunterricht. Konfirmandenunterricht in der Volkskirche (Bd. 1: Dokumentation, Bd. 2: Kommentare), Münster 1977/1978.
S. Schmutzler, Zur Frage eines thematisch-problemorientierten kirchlichen Unterrichts, in: *H. B. Kaufmann (Hrsg.)*, Streit um den problemorientierten Unterricht, Frankfurt 1973, 105–115.

6.4 Wichtige Handbuch- und Lexikonartikel

P. C. Bloth, Die Konfirmation, in: ders. u. a. (Hrsg.), Handbuch der Praktischen Theologie, Bd. 3, Gütersloh 1983, 169–182.
K. Dienst, Art. Konfirmandenunterricht, in: *D. O. Heymann (Hrsg.)*, Handwörter-

buch des Pfarramts, 3. Aktualisierung, Landsberg a. L. 1981, (Sonderdruck) 1–45.
H. Frickel, Art. Präparanden- und Konfirmandenunterricht, in: *P. C. Bloth u. a. (Hrsg.)*, Handbuch der Praktischen Theologie, Bd. 3, Gütersloh 1983, 349–360.
J. Henkys/G. Kehnscherper, Die Unterweisung, in: *H. Ammer u. a.*, Handbuch der Praktischen Theologie, Bd. 3, Berlin (Ost), 1978, 7–139.
O. Kammer, Art. Konfirmation, in: TRT Bd. 2, ^{4}1983, 126–128.
R. Leuenberger, Konfirmation und Konfirmandenunterricht, in: *E. Feifel u. a. (Hrsg.)*, Handbuch der Religionspädagogik, Bd. 3, Gütersloh/Zürich 1975, 153–159.
M. Mezger, Art. Konfirmation, in: Pädagogisches Lexikon, Stuttgart ^{5}1961, 506–509.
G. Otto, Art. Konfirmation und Konfirmandenunterricht, in: *ders. (Hrsg.)*, Praktisch-Theologisches Handbuch, Hamburg ^{2}1975, 418–427.
K. Wegenast, Art. Konfirmation und Konfirmandenunterricht, in: *E. Feifel u. a. (Hrsg.)*, Handbuch der Religionspädagogik, Bd. 3, Gütersloh/Zürich 1975, 159–168.

XI.
Kirchliche Jugendarbeit

Martin Affolderbach

0. Vorbemerkung

Die Herausgeber dieses Bandes haben in der Einleitung dargelegt, welche Erwartungen, Befürchtungen und Interessen sich bei verschiedenen Personengruppen mit dem Begriff Gemeindepädagogik verbinden. Die hauptamtlichen Mitarbeiter in der Jugendarbeit wurden bei der Aufzählung nicht genannt (→ s. o. I, 0), obwohl sie zweifellos in der Reihe der kirchlichen Mitarbeiter eine zahlenmäßig beachtenswerte Gruppe bilden.[1] Ihre Ausbildung und fachliche Qualifikation ist jedoch sehr verschieden und bildet in der Tat kein einheitliches Bild, aus dem sich ein typisches Interessen- oder Erwartungsprofil der Jugendarbeit gewinnen ließe.

Diejenigen, die eine pädagogische Qualifikation mitbringen und in einer Kirchengemeinde arbeiten, werden das Stichwort »Gemeindepädagogik« als einen anregenden Impuls verstehen, der ihr Aufgabengebiet neu strukturieren und konzipieren hilft. Ein anderer, der eine sozialpädagogische Ausbildung hat und bei einem Träger ohne unmittelbaren ortsgemeindlichen Bezug arbeitet, könnte »Gemeindepädagogik« als ein Konzept ansehen, das ihn eigentlich gar nicht betrifft oder das seine Arbeit an der Elle der Ortsgemeinde messen will. Ein Mitarbeiter, der an einer missionarisch-biblisch orientierten Ausbildungsstätte studiert hat und einem freien Jugendverband nahesteht, wird möglicherweise »Gemeinde« in einem prononcierten Sinne unterstreichen, gegenüber »Pädagogik« jedoch Fragen anmelden.

Es scheint also, daß die Herausgeber vielleicht nicht zufällig die Jugendarbeiter ausgespart haben, weil sie nicht ohne weiteres ein typisches Profil erkennen lassen.

Jedoch läßt sich zumindest soviel sagen, daß Begriff und Sache der

1 Über die Zahl der hauptamtlichen Mitarbeiter im Bereich Jugendarbeit liegt keine EKD-weite Statistik vor. Man kann jedoch von einer Zahl von ca. 2400 Mitarbeitern ausgehen. Dies dürfte nach den Mitarbeitern in der Diakonie und der Gruppe der Pfarrer die größte Gruppe sein.

»Gemeindepädagogik« nicht im Bereich der Jugendarbeit entstanden sind. Erst im Zuge der Verbreitung dieser Idee stellt sich für viele Arbeitsfelder die Frage, ob »Gemeindepädagogik« ein hilfreiches Leitmotiv sein kann. Soweit ich Diskussionen und Literatur überblicke, waren es nicht nur die Jugendarbeiter, sondern die Religionspädagogen, die sich darum bemühen, den Bereich der Jugendarbeit in ein Konzept Gemeindepädagogik einzubeziehen.[2] Die Jugendarbeit selbst hat sich bislang nicht oder wenig um dieses Konzept gekümmert bzw. es ihrerseits noch nicht zu durchdenken versucht. Dies dürfte nicht zufällig sein. Deshalb scheint es mir wichtig, nach den Gründen zu fragen und dieses mit in die Überlegungen einzubeziehen.

Ein Grund könnte darin liegen, daß die Jugendarbeit im Gegensatz zur Religionspädagogik wenig Theoretiker und Wissenschaftler hat, die sich um die Weiterentwicklung konzeptioneller Fragen bemühen. Die Diskussionsstränge sind deshalb oft etwas dünner und nicht jeder neue Faden kann sogleich eingesponnen oder aussortiert werden. Doch das ist sicherlich nur ein Seitenargument.

Ein wichtigerer Grund dürfte in der historisch gewachsenen Struktur der Jugendarbeit liegen. Die evangelische Jugendarbeit ist nicht als Kind der Kirche, sondern der freien evangelischen Initiativen entstanden und hat erst später den Weg in den Schoß der Kirche gefunden. Gemeindliche Jugendarbeit ist deshalb heute *eine* Form der Jugendarbeit unter anderen Angeboten und Arbeitsbereichen. Der Begriff »Gemeinde« bietet sich deshalb nicht unmittelbar als integrierender Begriff für evangelische Jugendarbeit in ihrer Gesamtheit an.

Wenn hier also über Jugendarbeit im Kontext der Gemeindepädagogik gehandelt werden soll, wird es zunächst einmal um Annäherungen gehen, bei denen schrittweise zu beschreiben ist, wie beides sich zueinander verhält, welche Probleme zu beachten sind und an welchen Punkten sich neue Perspektiven eröffnen. Eine vorschnelle Integration der Jugendarbeit als »Teilbereich der Gemeindepädagogik«[3] dürfte um den Preis eines konzeptionell einheitlichen Denkmo-

2 Vgl. dazu die Empfehlungen der Bildungskammer der EKD »Zusammenhang von Leben, Glauben und Lernen«, Gütersloh 1982, das Projekt Gemeindepädagogik des Comenius-Instituts, Münster, sowie Beiträge von *K. Dienst, K. Foitzik, K. E. Nipkow und anderen.*

3 Der Titel des Beitrags von *K. Foitzik* »Jugendarbeit – ein Teilbereich der Gemeindepädagogik« für Festschrift *Christof Bäumler* (München 1987) könnte diesen Eindruck erwecken.

dells eine Reihe von Schwierigkeiten und Problemen zu leichtfertig außer acht lassen. Mir scheint es deshalb sinnvoll, vor allem folgende *Fragen* hier mitzubedenken:

- »Gemeindepädagogik« lenkt den Blick auf den Zusammenhang der verschiedenen kirchlichen Arbeitsfelder und versucht Gemeinsamkeiten und wechselseitigen Austausch zu beschreiben. Jugendarbeit spielt dabei eine besondere Rolle im Hinblick auf Bindung und Selbständigkeit. Ebenso wird der auch von der Jugendarbeit wiederentdeckte Dialog der Generationen von seiten der Gemeindepädagogik betont.
- Wie ist das Verhältnis von Gemeinde und Jugendarbeit zu beschreiben? Geht es um die Ortsgemeinde als Lernort oder um eine theologische Qualität bzw. eine bestimmte Zielvorstellung von Gemeinde? Wie sind andere Formen (z. B. verbandliche Arbeit, zielgruppenorientierte Angebote) einzuschätzen?
- Die Gemeindepädagogik zielt auf den Zusammenhang von Leben, Glauben und Lernen und damit auf eine neue Ortsbestimmung eines mündigen Christseins im Kontext von Kirche und gesellschaftlichen Herausforderungen. Diese Anliegen sind von weiten Bereichen der Jugendarbeit in den letzten Jahrzehnten mit besonderem Nachdruck bedacht und in praktische Schritte umzusetzen versucht worden.
- Das Stichwort »Pädagogik« wird zu befragen sein, auf welche Situationen es sich sinnvollerweise anwenden läßt. Die pädagogische Dimension ist für Jugendarbeit sehr grundlegend, aber nicht allumfassend. Solche Bereiche wie Interessenvertretung, Selbstorganisation, Beratung, eigenständige jugendkulturelle Ausdrucksformen dürfen nicht nur unter pädagogischen Aspekten betrachtet werden.

1. Jugend in Gesellschaft und Gemeinde

1.1 Begriffe, Strukturen und Daten zur kirchlichen Jugendarbeit. Mit dem *Begriff* »kirchliche Jugendarbeit« beschreibt man in der Regel nicht alle kirchliche Arbeit mit Jugendlichen, sondern solche Angebote, die außerhalb von Religionsunterricht an den Schulen und kirchlichem Unterricht der Gemeinden in sehr unterschiedlichen Veranstaltungsformen stattfinden und von Jugendlichen prinzipiell freiwillig wahrgenommen werden. Dabei haben sich jedoch zwischen Jugendarbeit, Religions- und kirchlichem Unterricht vielfache Kooperationen und Verflechtungen entwickelt: Freizeiten, einst alleinige Domäne der Jugendarbeit, gehören heute weitgehend zum Bestandteil des kirchlichen Unterrichts; Schülerarbeit bemüht sich um eine Verflechtung von schulischen und außerschulischen Angeboten; Projektmethoden finden nicht nur in der Jugendarbeit, sondern auch im Unterricht Verwendung – um nur einige Beispiele zu nennen.

Kirchliche Jugendarbeit wird in sehr unterschiedlichen *Strukturen* wahrgenommen. Sie kann als gemeindliche Arbeit durch den Pfarrer/in oder haupt- und ehrenamtliche Mitarbeiter durchgeführt werden. Hauptamtliche Mitarbeiter mit verschiedenen Qualifikationen können sowohl von der Ortsgemeinde, dem Kirchenkreis/Dekanat oder von freien Trägern angestellt sein. Die Zusammenarbeit von Gemeinde und freien evangelischen Jugendverbänden (CVJM, Jugendbund für Entschiedenes Christentum [EC], Christliche Pfadfinder [VCP], Schülerarbeit [AES] u.a.) ist regional sehr unterschiedlich. In der württembergischen Landeskirche ist diese Verflechtung beispielsweise in der Satzung des Evangelischen Jugendwerkes so formuliert, daß dieses »selbständig im Auftrag der Kirche« arbeitet. Neben den genannten Veranstaltern gibt es Stadt- und Landesjugendpfarrämter, Verbandszentralen auf Landes- und Bundesebenen, Jugendbildungsstätten, Jugendakademien und andere Einrichtungen. In den einzelnen Landeskirchen sind in der Regel »Landesjugendkammern« die obersten Gremien, in denen Vertreter aus der gemeindlichen Jugendarbeit, aus den freien Verbänden, aus Ämtern und Einrichtungen der Jugendarbeit sowie Vertreter der Kirchenleitung zusammenarbeiten. In einer Reihe von Landeskirchen gibt es eine Vertretung der ehrenamtlichen Mitarbeiter, die teils selbständig, teils in die Strukturen der verfaßten Jugendarbeit integriert ist. Über personelle Kontakte als auch über gemeinsame Arbeitsvorhaben und Kooperationen gibt es vielfache Verbindungen zu anderen Jugendverbänden (besonders zur katholischen und freikirchlichen Jugendarbeit) als auch zu Initiativen, Projektgruppen und Netzwerken in und außerhalb der Kirchen (z.B. ökumenische Gruppen, Dritte-Welt-Arbeit, Friedensgruppen, missionarische Initiativen). Auf Bundesebene wird die evangelische Jugendarbeit durch die Arbeitsgemeinschaft der Evangelischen Jugend (aej) vertreten, in der auch die freikirchlichen Jugendwerke Mitglied sind.

In den Haushalten der Kirchengemeinden, Kirchenkreise und Landeskirchen sind entsprechende *Mittel für Jugendarbeit* zur Verfügung gestellt. Jedoch wäre die Arbeit im gegenwärtigen Umfang nicht möglich, wenn nicht von seiten der öffentlichen Hand in vielfacher Weise Zuschüsse gewährt würden. Das betrifft sowohl die Bezuschussung von Personalstellen als auch von Maßnahmen und Bauten. In vielen Bereichen der Jugendarbeit besteht deshalb eine starke finanzielle Abhängigkeit von öffentlichen Mitteln.

Die Arbeitsgemeinschaft der Evangelischen Jugend (aej) gibt offiziell eine Zahl von 950000 Jugendlichen an, die durch sie vertreten werden. In der jüngsten Statistik der EKD werden 554000 Teilnehmer an den sog. ständigen Kinder- und Jugendkreisen in den Gliedkirchen der EKD angegeben,[4] bei denen natürlich offene und zeitlich begrenzte Angebote nicht einbezogen sind, jedoch ein Großteil der Arbeit der freien Verbände mit erfaßt sein dürfte (z.B. wenn der CVJM im Auftrage der Kirchengemeinde die Jugendarbeit durchführt).

Was die *zahlenmäßige Entwicklung* betrifft, werden derzeit aus verschiedenen Bereichen recht unterschiedliche Tendenzen signalisiert. Einerseits ist ein deutlicher Einbruch bei den Teilnehmerzahlen zu verzeichnen, der im wesentlichen auf die Entwicklung der Geburtenraten zurückzuführen ist. Auf der anderen Seite wird in einigen Bereichen von deutlich steigenden Teilnehmerzahlen berichtet. Die im letzten Jahrzehnt kontinuierlich angewachsene Zahl von Jugendlichen bei den Kirchen- (und Katholiken-)Tagen[5] lassen erkennen, daß sich hier sehr differenzierte Entwicklungen vollziehen, die bislang noch nicht näher untersucht wurden. Jedoch dürfte eine Tendenz in der Abwanderung von längerfristiger, verbindlicher Gruppenarbeit hin zu zeitlich begrenzteren, themen- und aktionsorientierten Angeboten zu beobachten sein.

Vergleicht man die *kirchliche Jugendarbeit* mit dem *Konfirmandenunterricht*, so ist auffällig, daß diese beiden Arbeitsfelder sehr unterschiedliche Verankerungen im Bewußtsein der Kirchenmitglieder zeigen. Der Konfirmandenunterricht und die damit verbundene Konfirmation werden mit einer erstaunlichen Selbstverständlichkeit von nahezu allen evangelischen Jugendlichen wahrgenommen. Die kirchliche Jugendarbeit besuchen aber nur zwischen 10 und 20% der konfirmierten Jugendlichen, wobei die Beteiligung je nach Region (Gefälle zwischen Nord- und Süddeutschland, Gefälle zwischen Stadt und Land) sehr schwankt und mit steigendem Alter der Jugendlichen steil absinkt. Diese auffällige Differenz beruht auf unterschiedlichen Motivationen, die wohl noch so etwas wie eine »kollektive Erinnerung« an die unterschiedlichen histori-

4 In der Statistischen Beilage Nr. 78 zum Amtsblatt der EKD (Heft 2, 15.02. 1986, 34 Tabelle 8) wird die Anzahl der Kinder- und Jugendkreise in den Gliedkirchen der EKD mit 41657 angegeben. Damit nimmt die Jugendarbeit mit deutlichem Abstand (gefolgt von der Frauenarbeit mit 17354 Kreisen) den ersten Platz ein.

5 Beim Kirchentag 1973 (Düsseldorf) hatten sich 8000 Dauerteilnehmer angemeldet. Diese Zahl stieg nach diesem Tiefpunkt kontinuierlich an bis auf 120000 bis 130000 bei den vergangenen Kirchentagen in Hannover (1983) und Düsseldorf (1985). Dabei stellte die Altersgruppe bis 24 Jahre beim Kirchentag in Hamburg 1981 55%, 1983 in Hannover 62% der Teilnehmer. Vgl. dazu auch *T. Schmieder/K. Schuhmacher (Hrsg.)*, Jugend auf dem Kirchentag, Stuttgart 1984, 18 und 156.

schen Voraussetzungen beider Arbeitsfelder widerspiegeln. Der Konfirmandenunterricht ist im volkskirchlichen Bewußtsein verankert und spiegelt noch die Einheit von Kirche und Gesellschaft sowie eine christlich-kirchliche Tradition, die von der Breite der Bevölkerung mitgetragen wird.

1.2 Die Jugendlichen. In der breiten Zustimmung zur Konfirmation findet eine Vielzahl von Motiven – seien es theologische und glaubensmäßige Überlegungen, religiöses Empfinden, soziale Verpflichtungen oder Konventionen – ein einigendes Band.

Bei den Angeboten kirchlicher Jugendarbeit zeigt sich dagegen ein ganz anderes Bild von Kirche bzw. von Erwartungen und Bindungen an Kirche und Christentum. Die sehr unterschiedlichen Motive möchte ich – natürlich vereinfacht – in *drei Typen* zu beschreiben versuchen.

(1) Für den *sogenannten Durchschnittsjugendlichen*, der recht selbstverständlich formales Mitglied der Kirche ist, spielen Glaube und Religion im Alltag keine entscheidende Rolle. Schulische Anforderungen, Freundeskreis und Freizeitgestaltung beanspruchen seine Aufmerksamkeit vornehmlich. Dennoch versteht er sich als christlich geprägt und empfindet eine »Übereinstimmung im Grundsätzlichen«.[6] Er weist dem Glauben innerhalb der Alltagsprioritäten seinen spezifischen Platz zu, ist kritisch, aber offen gegenüber kirchlichen Angeboten, macht davon aber wenig Gebrauch. Bei Problemen um Krankheit und Tod, um Gerechtigkeit, um den Sinn des Lebens spielen religiöse Fragen eine Rolle, und kirchliche Angebote werden als hilfreiche Möglichkeit verstanden, hierin Vergewisserung zu finden.[7] Biblisches Wissen und die Vertrautheit mit kirchlich-christlicher Tradition sind nicht sehr groß und scheinen noch eher abzunehmen. Die Eltern, die ein wesentlicher Träger in der Weitergabe des christlichen Glaubens an die nächste Generation waren, fühlen sich selbst in ihren Überzeugungen verunsichert und weniger als zuvor imstande, Orientierungen anzubieten. Sie überlassen den Kindern weitgehend Entscheidungen in diesem Feld selbst. So finden sich bei den Jugendlichen keine spezifischen, jedoch latente Erwartungen an kirchliche Jugendarbeit in einem mehr volkskirchlichen Sinne.

(2) Daneben gibt es *Jugendliche*, die *aus einem betont christlichen Elternhaus* kommen und durch Familie oder Freundeskreis unmittelbaren Kontakt zu Gemeinde oder anderen christlichen Kreisen und Gruppen haben. Sie sind interessiert an religiösen Fragen und bereit, sich in der Jugendarbeit, Gemeinden oder Gruppen zu engagieren. Sie tun dies aus einer offeneren christlichen Position, die nach einer Verbindung von christlichem Glauben und gesellschaftlichen Herausforderungen sucht. Ob man sich mit Gleichgesinnten in gemeindlichen Gruppen, in verbandlichen Formen oder in freien Projekt- oder Initiativgruppen zusammenfindet, ist eine sekundäre Frage. Das im Hintergrund stehende Leitmotiv ist

6 *A. Feige*, Erfahrungen mit Kirche, Hannover 1982, 153ff.
7 Vgl. dazu auch die Analyse von *K.E. Nipkow*, Erwachsenwerden ohne Gott? Gotteserfahrung im Lebenslauf, in: Birkacher Beiträge 3, Stuttgart 1986, 1–31.

ein deutliches inhaltliches Engagement, das nach einer Gruppe mit gemeinsamen Überzeugungen und Zielen sucht.

(3) Es gibt daneben *Jugendliche*, die *kirchliche Angebote im Bereich von Freizeitgestaltung*, Gruppenerlebnis, Bildungsveranstaltungen, Beratungsangeboten oder bestimmten Initiativen (z. B. für arbeitslose Jugendliche) annehmen. Von seiten der Jugendlichen ist meist keine spezifische religiöse Motivation oder eine christlich-kirchliche Bindung ausschlaggebend. Auch wird dies nicht direkt oder indirekt zur Voraussetzung einer Mitarbeit gemacht.

Man sucht in erster Linie die angebotenen Möglichkeiten und schätzt die Sachkompetenz oder den persönlichen Kontakt, den man bei Mitarbeitern oder der Kirche als Institution findet. Man würde aber der Forderung nach bestimmten Überzeugungen, die man teilen soll, aus dem Wege gehen oder diese abweisen. Ein diakonischer, seelsorgerlicher oder gesellschaftspolitischer Auftrag der Kirche wird anerkannt, unterstützt oder ausdrücklich gewünscht und gutgeheißen, ohne daß man ein bestimmtes Profil an Frömmigkeit oder Kirchlichkeit für sich übernehmen kann oder will.

Die Jugendarbeit ist also anders als der Konfirmandenunterricht mit diesen hier angedeuteten unterschiedlichen Erwartungen konfrontiert. Es ist deshalb konsequent, daß sich sehr unterschiedliche Angebote und Arbeitsformen innerhalb der Jugendarbeit herausgebildet haben, die auf diese differenzierte Situation angemessen zu reagieren versuchen. So stehen gemeindeorientierte Gruppen neben Bibelgruppen, Aktionsgruppen zur Friedensarbeit, Seminaren, offener Jugendarbeit, Beratungsstellen usw. Viele Angebote lassen sich jedoch weder auf bestimmte Zielgruppen noch auf bestimmte Voraussetzungen verrechnen.

Das Leitmotiv »Gemeinde« wird man vorsichtig verwenden müssen, will man nicht Gefahr laufen, vorschnell einen bestimmten Bereich und eine bestimmte Vorstellung von Jugendarbeit zur Norm zu machen und anderes auszuklammern.[8]

1.3 Rahmenbedingungen kirchlicher Jugendarbeit. Auf einige *Rahmenbedingungen*, die für kirchliche Jugendarbeit konstitutiv sind und in die Überlegungen einbezogen werden müssen, sei noch hingewiesen:

1. Seit den 60er Jahren hat sich eine starke *Ausweitung des gesamten Bildungsbereichs* vollzogen. Dies hat zur Folge, daß Jugendliche wesentlich länger in den verschiedenen Einrichtungen von Schul- und Bildungssystemen verbleiben als früher. Die Zahl der Realschüler hat sich zwischen 1960 und 1980 verdreifacht, die der Gymnasiasten ist sogar um das 10½fache gestiegen. Die Zahl der Hauptschüler sank stark. Jugendlicher sein wurde immer mehr identisch mit Schülersein. Gleichzeitig vollzog sich eine Verlängerung der Bildungs- und Ausbildungsphase

8 Siehe u. 3. Kapitel.

und ein damit verbundener späterer Einstieg in das sogenannte Erwerbsleben, soweit man eine Arbeitsstelle finden konnte. Dieses hat in vielfacher Hinsicht Bedeutung für die Jugendarbeit. Gestiegene schulische Anforderungen ließen Jugendlichen oft wenig Zeit für Engagement in der Jugendarbeit. Arbeitsformen der Jugendarbeit wurden von den Schulen übernommen und teilweise professioneller durchgeführt als es viele Ehrenamtliche in der Jugendarbeit tun können. Jugendarbeit versuchte darauf mit verbesserten Angeboten, Mitarbeiterfortbildung und neuen Aktionsformen zu »antworten«. Die für viele verlängerte Jugendzeit wirkte sich aber auf die Jugendarbeit erstaunlicherweise nicht aus. Im Gegenteil ließ sich eine starke Verjüngung der Teilnehmer beobachten.

2. Das vergangene Jahrzehnt hat eine nachhaltige Veränderung des Verhältnisses von *Arbeit und Freizeit* mit sich gebracht. Auf der einen Seite verursachen die gestiegene Arbeitslosigkeit und die gesunkenen Chancen für Jugendliche, den gewünschten Beruf ergreifen zu können, einen Leistungsdruck auf die schulischen Anforderungen bei gleichzeitiger relativer Entwertung der erreichten Qualifikationen. Auf der anderen Seite expandiert der Freizeitbereich und wird in zunehmendem Maße durch eine Freizeitindustrie und kommerzielle Angebote besetzt. »Der Normallebensentwurf, der auf Lohnarbeit aufgebaut ist, durch Arbeit seinen gesellschaftlichen Sinn und seine soziale Sicherheit erfährt und die Freizeit als Sphäre des privaten Lebens, aber auch als Raum zu gesellschaftlicher und öffentlicher Partizipation nutzt, ist verunsichert.«[9] Jugendarbeit sieht sich nicht nur mit den Verhaltensmustern einer kommerzialisierten Freizeitkultur konfrontiert, sondern auch mit der diffusen Angst und Unsicherheit Jugendlicher im Hinblick auf ihre persönliche Lebensplanung und ihre nahe und ferne Zukunft.

3. Eine innere *Akzeptanz der demokratischen Gesellschaftsordnung* scheint in den letzten Jahrzehnten deutlich gestiegen zu sein. Untersuchungen zeigen, daß das Interesse Jugendlicher an Politik und die Bereitschaft zum Engagement im gesellschaftlichen Bereich, insbesondere im Nahbereich, deutlich angewachsen sind.[10] Auch bei den Glaubensüberzeugungen der evangelischen Christen läßt sich beobachten, daß in den letzten Jahren mehr Kirchenmitglieder eine gesellschaftliche Verantwortung der Kirche wollen oder gutheißen. Auch die von der aej durchgeführte Befragung von Jugendlichen beim Kirchentag 1983 ergab, daß

9 *R. Münchmeier*, Was heißt Jungsein heute? in: *Landesjugendring Niedersachsen (Hrsg.)*, Wozu noch Jugendarbeit? Hannover 1986, 15.
10 Ebd.

christlicher Glaube von fast allen Jugendlichen nicht als eine Privatsache verstanden wird, sondern gerade der Zusammenhang zwischen persönlichen Überzeugungen und gesellschaftlicher Verantwortung neu und bewußter gesehen wird. Nicht nur sozialethische Fragen, das Eintreten für Benachteiligte, weltweite Gerechtigkeit, Positionen zum Frieden und zur Bewahrung der Schöpfung werden als zentrale Glaubensfragen angesehen, sondern man nimmt auch seine Rolle als mitverantwortlicher Christ bewußt wahr. Auch wenn sich dies als verstärkende Tendenz, nicht als dominierendes Motiv beschreiben läßt, deutet es doch auf eine wachsende Mündigkeit von Jugendlichen als Bürger und Christen hin.

4. Trotz dieser Entwicklung ist bei einer beachtlichen Zahl besonders von jungen Erwachsenen die *Zustimmung zur Kirche* und zu Grundüberzeugungen des christlichen Glaubens wie die Bereitschaft, Mitglied der Kirche zu bleiben, merklich geschwunden. Kirche und christliche Werte scheinen Einfluß auf Politik, Alltag und Öffentlichkeit einzubüßen. Neuere EKD-Studien[11] versuchen diese Entwicklungen zu beschreiben. Es scheint, daß einem Schwund an gesamtgesellschaftlichen Gemeinsamkeiten auf breiter Front eine gleichzeitige binnenkirchliche Verdichtung und Intensivierung parallel geht. Diese Intensivierung, die sich in einigen Bereichen zeigt (Interesse an Kirchentagen, steigende Abendmahlsbeteiligung u.a.), ist jedoch nicht zu verstehen als eine Zustimmung zu überkommenen Lebensformen der Gemeinde. Vielmehr zeigt sich auch hier ein Wandel in den Erwartungen. Die erwähnte Kirchentagsuntersuchung läßt den Schluß zu, daß diejenigen, die sich verstärkt für den christlichen Glauben engagieren, nicht die traditionell Zustimmenden sind, sondern die, die gerade kritisch fragen und ihre Zweifel offen aussprechen. Die »fragende Grundbefindlichkeit« ist deshalb kein Charakteristikum des sog. Fernstehenden, sondern ein Merkmal eines mündigen und engagierten christlichen Glaubensverständnisses besonders unter Jugendlichen, die sich in Jugendarbeit und Kirche engagieren.

11 *EKD-Kirchenamt*, Strukturbedingungen der Kirche auf längere Sicht, Hannover 1986 und *EKD-Kirchenamt (Hrsg.)*, Christsein gestalten. Eine Studie zum Weg der Kirche, Gütersloh 1986.

2. Geschichtliche Hintergründe

Der Zusammenhang von Jugendarbeit und Gemeinde ist geschichtlich gesehen keineswegs selbstverständlich. *In vergangenen Jahrhunderten* war die Familie bzw. der Hausvater der zentrale Ort der Weitergabe des Glaubens von einer Generation zur anderen und der Sitz im Leben persönlicher Frömmigkeit und kirchlich-christlicher Überzeugungen. Unter diesen Voraussetzungen war eine gesonderte Jugendarbeit im heutigen Sinne nicht angezeigt.

Erst die Ausgliederung Jugendlicher aus der Familie schuf die Jugend als besondere soziale Gruppe mit eigenen Lebensformen und eigenen Problemen: zunächst unter den Jugendlichen, die durch Studium und Ausbildung sich gegenüber der Familie verselbständigten; sodann im *19. Jahrhundert* bei den Jugendlichen, die im Zuge der Industrialisierung durch die Arbeitsmarktsituation in die Städte zogen und somit von ihren Familien getrennt wurden. Es waren in dieser Zeit nicht die Kirchen, die sich als Ortsgemeinden um diese Jugendlichen kümmerten, sondern einzelne Christen, sowohl Laien als auch Pfarrer. Jünglings- und Jungfrauenvereine wurden als freie christliche Initiativen gegründet und hatten zumeist Vereinscharakter. Nicht anders war es mit den Verbänden, die sich in volksmissionarischer Absicht um Jugendliche bemühten. Man sammelte sich in Kreisen, die oft durch pietistische oder erweckliche Traditionen geprägt waren. Evangelische Jugendarbeit kam also als eine Bewegung freier christlicher Initiativen in Gang, was zu Beginn dieses Jahrhunderts durch die Jugendbewegung mit ihrer Kritik an der bürgerlichen Kultur und der Distanz zu allen Institutionen noch einmal einen besonderen Akzent erhielt. Die Kirchen selbst erkannten diesen Aufgabenbereich erst allmählich. Das erste Stadtjugendpfarramt wurde 1863 in Stuttgart eingerichtet, 1920 in Preußen der erste Landesjugendpfarrer berufen.

Die Auflösung nahezu aller freien Jugendverbände durch das *nationalsozialistische Regime* 1933 zwang die evangelischen Verbände und Kirchen dazu, Jugendarbeit im Rahmen der Gemeinde und beschränkt auf Verkündigung und Gottesdienst zu organisieren. Damit wurde ein für evangelische Jugendarbeit historisches Datum gesetzt, das zur Folge hatte, daß über das Verhältnis von Jugendarbeit und Gemeinde sehr grundsätzlich nachgedacht wurde. Zwar hatte *Dietrich Bonhoeffer* bereits im August 1933 in seinen prägnanten »Acht Thesen über die Jugendarbeit der Kirche« eine Ortsbestimmung versucht, indem er jegliches Vorrecht der Jugend bestritt und ihr einen Ort in der Gemeinde und im Hören auf das Wort Gottes zuwies; jedoch war dies in Abgrenzung gegen die Jugendbewegung geschrieben worden. 1936 versuchte *Otto Riethmüller*, seinerzeit Vorsitzender der Jugendkammer, in seinem bislang wenig beachteten Buch »Evangelische Jugendführung heute«[12] evangelische Jugendarbeit im Kontext der Bekennenden Kirche theologisch und praktisch zu entwerfen. Er sieht die Notwendigkeit eines einheitlichen und eigenständigen Jugendwerkes der Kirche, das in der Gemeinde als congregatio seinen Ort hat; denn »Jugendarbeit ist ja nur ein Teil der Gemeindearbeit, aber vielleicht der wichtigste und eigentlich entscheidende Teil«.[13] Daran anknüpfend wird in den »Grundsätzen für die seelsorgerliche Jugendarbeit der Kirche« in Bayern von 1940 »die Jugendarbeit nicht als zusätzliche, sondern als wesentliche Teilaufgabe eines lebendigen Gemeindeaufbaus« beschrieben.[14]

Die *Dialektische Theologie* ermöglichte mit ihrem Denkansatz ein Verständnis von Gemeinde, in dem die Jugendarbeit ohne weiteres ihren Platz finden, ja sogar eine zentrale Rolle einnehmen konnte. Die Gemeinde ist der Ort, von dem aus die Verkündigung als befreiendes und richtendes Wort an alle ergeht. Katechese, Bibelarbeit und Seelsorge sind von daher nur unterschiedliche Gestalten der Weitergabe des Wortes Gottes. Eine Einbeziehung der Jugendarbeit war von daher theologisch möglich, sinnvoll und konsequent, wobei jedoch die Frage der Eigenständigkeit und des besonderen Profils eine sehr nachgeordnete oder gar keine Rolle spielte.

Nach dem Zweiten Weltkrieg entstanden neben der Gemeindejugend auch die (meisten der) alten Verbände wieder, so daß sich ein Miteinander und teilweise auch ein Nebeneinander von gemeindlich orientierter Jugendarbeit und der Jugendarbeit der freien Verbände ergab. Je nach regionalen Traditionen findet man entweder ausschließlich Jugendarbeit der Kirchengemeinden vor oder nur verbandliche Jugendarbeit, die teilweise im Auftrag der Gemeinde arbeitet, oder verschiedene Angebote von gemeindlicher, verbandlicher oder übergemeindlicher Jugendarbeit. Der in den 50er Jahren gemachte Versuch, eine »Arbeitsgemeinschaft der Gemeindejugend« als eigenständige »Säule« zu etablieren, hat sich nicht durchsetzen können.

Die Expansion aller kirchlichen Arbeitsfelder in der *Nachkriegszeit* hat auch in der Jugendarbeit dazu geführt, daß neben den genannten Feldern auf Kirchenkreis-, Landeskirchen- oder EKD-Ebene problem- und

12 *O. Riethmüller*, Evangelische Jugendführung heute, Berlin-Dahlem 1936.

13 *O. Riethmüller*, aaO., 3.

14 Abgedruckt in: *M. Affolderbach (Hrsg.)*, Grundsatztexte zur evangelischen Jugendarbeit, Stuttgart/Gelnhausen 1982, 33.

zielgruppenspezifische Arbeitsstellen, Dienste oder Referate eingerichtet wurden. Dies betrifft besonders solche Bereiche, die von einzelnen Gemeinden nicht alleine wahrgenommen werden können. Hier entstand eine Ebene funktionaler kirchlicher Angebote, die die vorhandenen Strukturen ausbaute und ergänzte, jedoch auch neue Schwerpunkte und Einrichtungen schuf.

Seit Beginn der 70er Jahre sind eine Reihe von Gruppen und Initiativen entstanden, die sich zwar nicht in erster Linie als Jugendarbeit im engeren Sinne verstehen, jedoch zu einem großen Teil von Jugendlichen mitgetragen werden. Projektgruppen zu Dritte-Welt-Fragen, Friedensgruppen, Ausländergruppen u.a. bildeten sich neben den genannten Strukturen oder mit deren Unterstützung, verzichteten aber meist auf eine organisatorische Festlegung im gemeindlichen oder verbandlichen Rahmen. Man versteht sich in erster Linie als eine einem bestimmten Anliegen oder Ziel verpflichtete Arbeit, die durch Netzwerke möglichst viele Personen an der Basis erreichen und mobilisieren möchte.

Auf der anderen Seite entstanden zahlreiche Gruppen mit missionarischer und evangelistischer Ausrichtung, die mit der Absicht der Erwekkung und Belebung der Volkskirche tätig sind. Teilweise arbeiten sie bewußt in Kirche und Gemeinde. Andere sammeln sich in betonter Distanz oder kritischer Abgrenzung gegen die Kirche.

3. Theoriebildung

Eine Theoriebildung kirchlicher Jugendarbeit setzte erst zu dem Zeitpunkt ein, als sich das Feld Jugendarbeit als »Dritte Erziehungsinstitution« Mitte der 60er Jahre etablierte. Alle früheren Überlegungen versuchten zwar wie oben angedeutet theologische Aspekte der Jugendarbeit zu reflektieren, zielten aber nicht auf eine eigenständige Theorie im Sinne eines Dialoges von Theologie mit anderen Wissenschaften wie Pädagogik und Sozialwissenschaften.

3.1 Begleitung und Dialog. Nach den Erfahrungen der Kirche im Dritten Reich und der prägenden Bedeutung des Konzeptes der »Evangelischen Unterweisung« wurde die Frage aktuell, wie sich Jugendarbeit als relativ selbständiger Bereich den pädagogischen und gesellschaftlichen Anforderungen stellen könnte. Es wurde unterstrichen, daß es Aufgabe der Jugendarbeit sei, »das Evangelium von Jesus Christus dem jungen Menschen in seiner jeweiligen Lebensentwicklung zu bezeugen und ihn in der Gemeinde des auferstandenen Jesus Christus zu beheimaten«,[15] jedoch könne dies sowohl durch den Ansatz bei der Ortsgemeinde als auch durch den Ansatz bei der Lebenssituation des jungen Menschen geschehen. Der Grundgedanke des gemeindlichen »Gesamtkatechumenats«, in dem die kirchliche Jugendarbeit ihren Ort habe, wird hier in der Weise erweitert, daß es nicht allein um eine Einführung und Hinführung des Jugendlichen in die bzw. zur Ortsgemeinde gehe, sondern um »eine befreiende und verbindliche Begleitung der jungen Generation durch die im Glauben Erwachsenen..., nicht aus der Sorge um möglichst zahlreichen Nachwuchs für die Organisation der Kirche, sondern als Anleitung und Ermutigung zu selbständigem Zeugnis und Dienst der jungen Menschen in der Nachfolge Jesu Christi«.[16] Mit dem Stichwort *»Begleitung«* wollte man sich bewußt vom überkommenen direktiven Erziehungsmodell distanzieren. Konsequenterweise wurde der *Dialog* als Grundform evangelischer Jugendarbeit gefordert. Jüngere und Ältere sind sich in der Gemeinde zum gegenseitigen Dienst verpflichtet. Die Älteren sollen in Gespräch und Beispiel weitergeben, was ihnen ihr Glaube bedeutet und was es heißt, als Christ in der gegenwärtigen Zeit zu leben; und die Jugendlichen sollen ihre Fragen einbringen und ihren Beitrag zum Wachstum der Gemeinde leisten.

Mit dieser Beschreibung war es nicht nur gelungen, der Jugendarbeit eine eigenständige Funktion innerhalb der Gemeinde zuzugestehen, sondern gleichzeitig wurde damit auch die Vorstellung der Jugendarbeit als einlinige Integration Jugendlicher in die Gemeinde überwunden. Es konnten neue pädagogische Überlegungen eines partnerschaftlicheren und demokratischeren Leitungsstils übernommen werden und das Ziel des »mündigen Christseins« theologisch für die Jugendarbeit überdacht werden.

3.2 Jugendarbeit als »Kirche für andere«. Die von diesem Konzept noch offengelassene oder zumindest noch unbefriedigend beantwortete Frage, wie denn das Verhältnis von Gemeinde und Alltag oder von Kirche und Gesellschaft zu bestimmen sei, wurde der Ansatzpunkt weiterführender Überlegungen.[17] Im Anschluß an Gedanken von *D. Bonhoeffer* wurde das Wesen der Kirche als ein Dasein für andere verstanden.

15 *Vereinigte Evangelisch-Lutherische Kirche,* Studiendokument zum Thema »Kirche und Jugend«, abgedruckt in: *M. Affolderbach (Hrsg.)*, aaO., 47.

16 *M. Affolderbach (Hrsg.)*, aaO., 48.

17 Vgl. dazu unter anderem *C. Bäumler*, Jugendarbeit als Experimentierfeld der Gemeinde, in: ThPr 2/1967, 208–229.

Kirche ist nicht um ihrer selbst willen da, sondern sie steht dann in der Nachfolge Christi, wenn sie wie er selbstlos der Welt dient. Mit dieser Formel wurde gleichzeitig ein Schlüssel gefunden, um das Verhältnis von Kirche und Gesellschaft neu zu bestimmen. Kirche darf nicht Hüterin ewiger Wahrheiten und unverrückbarer Traditionen sein, sondern sie ist Vorbote des Reiches Gottes, das sich in dieser Welt als deren Transzendenz zur Geltung bringen will. Jugendarbeit hat aufgrund ihrer Möglichkeiten die Chance, zeichenhaft diese Herausforderung der Nachfolge einzulösen und an Brennpunkten der Gesellschaft *»Kirche für andere«* zu sein im Eintreten für Gerechtigkeit und Frieden, für Benachteiligte, für Freiheit und Liebe. Indem sich Jugendarbeit diesem Verständnis von Kirche verpflichtet fühlt, ist sie zugleich theologisch kritisch gegenüber einer Gestalt von Kirche, die sich mit den herrschenden Werten einer autoritär orientierten Gesellschaft verbunden weiß. Jugendarbeit versteht sich hier als Mitarbeiterin am Reich Gottes und kann sich daher kritisch mit der vorfindlichen Kirche und der gesellschaftlichen Situation auseinandersetzen.

Der Zusammenhang von Jugendarbeit und Gemeinde wird hier also theologisch bestimmt. Jugendarbeit orientiert sich an einem biblischen Verständnis des Reiches Gottes und an einer Einlösung des Rufes in die Nachfolge. Gemeinde als Sammlung von Menschen in der Nachfolge ist relativ unabhängig von dem sozialen Ort der Parochialgemeinde, nach diesem Ansatz eher in Distanz zu dieser. Die Fragen des Zusammenhanges von Gemeinde und Alltag werden durch diesen Ansatz nicht zu nachrangigen Fragen von Gesellschaftsdiakonie, sondern zu den Kernpunkten einer am Reich Gottes orientierten Jugendarbeit. In den Überlegungen von *C. Bäumler* spielt deshalb nicht der Begriff der Gemeinde, jedoch der der Kirche theologisch eine sehr zentrale Rolle. »An der Bezeichnung ›kirchliche‹ Jugendarbeit halte ich fest, weil in theologischer Perspektive die empirisch faßbare Institution Kirche als Hinweis auf das Reich Gottes zu interpretieren ist. Daraus lassen sich Kriterien für die theologische Praxis kirchlicher Jugendarbeit gewinnen.«[18]

3.3 Grenzüberschreitende Jugendarbeit. Einige Linien dieses Ansatzes werden weitergeführt in den Überlegungen zu einem Konzept grenzüberschreitender Jugendarbeit,[19] das nicht von pädagogischen Leitmotiven her Ziele evangelischer Jugendarbeit entwickeln will, sondern an der

18 *C. Bäumler*, Unterwegs zu einer Praxistheorie. Gesammelte Aufsätze zur kirchlichen Jugendarbeit, München 1977, 12.

19 Vgl. *R. Hanusch*, Grenzüberschreitungen. Perspektiven evangelischer Jugend-

Wahrnehmung der eigenen Grenzerfahrungen und den Widerstandsformen Jugendlicher gegen gesellschaftliche Entfremdung ansetzt. Die Aussendung der Jünger in den Berichten der ersten drei Evangelien wird zum Grundmodell der Verwirklichung christlicher Freiheit. »Zunächst erfolgt die Aussendung und Bevollmächtigung, dann die Regelung der Ausrüstung, dann Hinweise zum Verhalten in Häusern und Ortschaften und schließlich der Bericht ganzheitlichen Gehens, das Reden und Handeln umfaßt. Dazu kommen, meist zeitlich versetzt, Berichte über die Rückkehr.«[20]

Grenzüberschreitung ist vollmächtiges Handeln in der Sendung Jesu und zielt auf individuelle und kollektive Befreiungsprozesse. »Sie können als geglückte oder gescheiterte Erfahrungen weitergegeben werden in Festen, Ritualen, Gottesdiensten, in Trauer, in Gedichten und anderen Produktionen. Diese Jugendarbeit wird so vor allem in erfahrungsoffenen Projekten im Zusammenhang der Lebenssituation von Jugendlichen im Stadtteil, auf dem Dorf, im Betrieb usw. stattfinden.«[21] Diese Arbeit vollzieht sich konkret in der Grenzüberschreitung zwischen verschiedenen Kulturen, verschiedenen Konfessionen und Religionen, vergangenen und gegenwärtigen Erfahrungen, gesellschaftlichen Gruppen und anderem.

Interessant ist bei diesen Überlegungen, die zweifellos einige Fragen offen lassen, daß das theologische Motiv der Sendung aufgenommen wird als ein den Rahmen einer Gemeinde sprengendes Motiv, um den nahen und fernen Lebensraum in seiner Vielgestaltigkeit als das Aktionsfeld der Jugendarbeit einzubeziehen. Pädagogische Zielvorstellungen treten sehr zurück gegenüber der umfassenden Bewegung der Sendung über bestehende Grenzen hinweg als einem Prozeß umfassender Erfahrung und wechselseitigen Austausches.

3.4 Missionarische Jugendarbeit. In anderer Weise wird das Stichwort »Sendung« in der Konzeption missionarischer Jugendarbeit aufgenommen.[22] »Die Gemeinde Jesu Christi, in welcher Form sie sich auch darstellt, ist missionarische Gemeinde. Ihre Hauptaufgabe ist der Zeugendienst, eben der Hinweis auf Jesus Christus ...«[23] Von diesem Ansatz

arbeit zwischen solidarischer Teilnahme und pädagogischer Versorgung, in: aej-Studientext 20, Stuttgart 1982, 22–40.

20 *R. Hanusch*, aaO., 30.

21 *R. Hanusch*, aaO., 36.

22 Vgl. dazu *H. Bärend*, Grundsätze missionarischer Jugendarbeit, in: aej-Studientext 19, Stuttgart 1981, 109–126.

23 *H. Bärend*, aaO., 110.

her hat Jugendarbeit keine besondere Rolle, sondern ist in ihren vielfältigen Gestaltungsformen dem missionarischen Dienst verpflichtet. Der Ruf zum persönlichen Glauben an Jesus Christus ist die sachliche Priorität, der zur persönlichen Bekehrung und zur Gemeinde führen soll. Verbindliche Lebensformen und glaubwürdiger Lebensvollzug im Eintreten für andere und im Teilen und Teilhaben-lassen[24] sind die selbstverständlichen Folgen eines überzeugten Christseins.

Diese Konzeption erinnert an Grundgedanken der »Evangelischen Unterweisung«, die darauf zielte, die wesentlichen Kernpunkte christlichen Glaubens an Jugendliche zu vermitteln und sie in der Gemeinde zu beheimaten. Die pädagogischen Überlegungen zu einer dialogischen Kommunikationsstruktur finden sich im Konzept missionarischer Jugendarbeit ebensowenig wie die Versuche einer Positionsbestimmung der Kirche in der Gesellschaft wieder. So verengt sich die Kernfrage auf die persönliche Bekehrung und die individuelle Entscheidung, obwohl gerade *H. Bärend* in besonderer Weise die Notwendigkeit eines glaubwürdigen und den gesellschaftlichen Herausforderungen gerecht werdenden christlichen Handelns betont.

3.5 Jugendarbeit und Gemeindepädagogik. Stellt man neben diese Ansätze das Konzept der Gemeindepädagogik, insbesondere die Frage, welchen Ort die Jugendarbeit innerhalb dieses Konzeptes einnimmt, wird man feststellen können, daß dort eine Reihe von Aspekten wiederkehrt, die auch in den oben genannten Theorieversuchen zur Jugendarbeit eine Rolle spielt.

3.5.1 In den verschiedenen Darlegungen zur Gemeindepädagogik spielt der Begriff *Lernen* eine zentrale Rolle. In Abgrenzung zu einer einlinigen Vermittlung von Wissen, Überzeugungen und Verhalten soll die Weitergabe des Glaubens auf eine dialogische Basis gestellt werden. Diese Überlegungen waren bereits in dem VELKD-Dokument von 1963 »Kirche und Jugend« ausgearbeitet worden. Gegenüber dem Verständnis von missionarischer Jugendarbeit, die diesen Begriff offensichtlich eher meidet, wird auf das Subjekt-Sein des Jugendlichen hingewiesen. Darüber hinaus soll durch den Lernbegriff festgehalten werden, daß die Gemeinde oder die Kirche das rechte Verständnis des Evangeliums nie für sich beanspruchen kann, sondern daß es ihr stets voraus ist. Kirche ist deshalb nicht im Sein, sondern im Werden. Mir scheinen hier gute

24 *H. Bärend*, aaO., 116f.

Anknüpfungsmöglichkeiten an den Begriff des »konziliaren Prozesses«[25] zu sein, der in der gegenwärtigen Diskussion um eine Verständigung zwischen verschiedenen Konfessionen und unterschiedlichen Glaubensüberzeugungen eine zentrale Rolle spielt.

3.5.2 Der immer wieder betonte *Zusammenhang von Glauben, Leben und Lernen* will bewußt die Verbindung von Glauben und Welt betonen und als eine theologische Schlüsselfrage in Erinnerung halten. Doch die Begriffe entbehren in dieser Allgemeinheit der präzisierenden Schärfe. Was ist mit »Leben« gemeint? Geht es mehr um persönliche Lebensüberzeugungen, geht es um gesellschaftliche Verantwortung und wenn ja, in welcher Form? Die beispielsweise in den EKD-Empfehlungen zur Gemeindepädagogik gegebenen Beispiele[26] deuten sehr verschiedene Richtungen an. Systematisch-theologische Überlegungen zum Beispiel zum Verhältnis Kirche und Staat oder Kirche und Gesellschaft werden fast gänzlich ausgespart. In den oben skizzierten Konzeptionen zur Jugendarbeit finden sich dazu präzisere Beschreibungen, auch wenn an manchen Stellen eine Situationsanalyse noch klarer erarbeitet werden müßte.

Gleichzeitig soll mit dem Begriffspaar »Glauben und Lernen« dem Mißverständnis vorgebeugt werden, als ginge es um eine Vereinnahmung Jugendlicher für die parochiale Gemeinde aus Sorge um den Nachwuchs der Kirche. Glauben und Leben durchdringen sich wechselseitig, und die Gemeinde ist der Ort, an dem zentrale Fragen des persönlichen Lebens als auch geschichtliche und gesellschaftliche Herausforderungen ihren Ort haben.

3.5.3 Es ist auffällig, daß in den Darlegungen zur Gemeindepädagogik sehr wenig theologisch über Gemeinde nachgedacht ist. Gemeinde wird in der Regel als der »Lernort« (→ s.o. I,3.4) und als das vorfindbare »Beziehungsfeld« kirchlicher Angebote im Nahbereich bestimmt. Die EKD-Empfehlungen widmen der Frage nach dem theologischen Bild von Gemeinde nur eine Seite,[27] wobei die neutestamentliche Metapher von der Gemeinde als Leib Christi und der Bezug auf 1Kor 12 die Möglichkeit eröffnen, Einheit und Vielfalt zusammenzudenken. Die

25 Dieser aus der ökumenischen Diskussion um die Einheit der Kirche stammende Begriff ist auch in der EKD-Studie »Christsein gestalten« aufgenommen (s. 46f. u. ö.).

26 *EKD-Kirchenkanzlei (Hrsg.)*, Zusammenhang von Leben, Glauben und Lernen, 65ff.

27 *EKD-Kirchenkanzlei (Hrsg.)*, aaO., 19f.

Frage des Verhältnisses von Kirchengemeinde und Bürgergemeinde wie auch das Verhältnis von Kirche und Gesellschaft werden nicht grundsätzlich bedacht. Die Konzeptionsversuche zur Jugendarbeit haben versucht, sich diesem Problem zu stellen, auch wenn eine Verständigung zwischen sehr unterschiedlichen Positionen in der Tat noch aussteht.

Innerhalb der Diskussion um die Gemeindepädagogik scheint diese Frage weiterbedacht werden zu müssen. *K. Foitzik* nimmt zur Beschreibung des Beziehungsfeldes Gemeinde das Stichwort »Netzwerk« auf, kann aber den Eindruck auch nicht vermeiden, daß Felder wie die offene Jugendarbeit als zweitrangig erscheinen, nämlich als Angebote »außerhalb des direkten pädagogischen Feldes«.[28]

In einem Arbeitspapier von Mitarbeitern des Comenius-Instituts sieht man die Gefahr eines allumfassenden Konzeptes, das auf eine kirchenamtlich gewünschte Strukturierung und Konzentrierung gemeindlicher Arbeit hinauslaufen könnte. Deshalb wird unterschieden zwischen einer »Gemeindepädagogik von oben« und einer »Gemeindepädagogik von unten«. Kirchenamtlichen Überlegungen sollen die Impulse von sich selbst bildenden und organisierenden Gruppen von Gemeindegliedern zur Seite oder entgegengestellt werden. Nach Meinung der Autoren, kann eigentlich nur eine »Gemeindepädagogik von unten« gewollt werden, die Gemeinde als eine Bewegung versteht und nicht als zentral organisiertes Feld.

3.5.4 Ein interessanter Gedanke, der in der Jugendarbeit bislang wenig oder gar nicht aufgenommen wurde, ist die Entfaltung der *Glaubensentwicklung im Prozeß der Lebensgeschichte*, wie sie in der Aufnahme verschiedener Autoren vor allem durch *K.E. Nipkow* ausgearbeitet wurde. *Nipkow* versucht, die spezifischen Charakteristika der Lebensaltersstufen zu beschreiben, ohne dabei in überholte Vorstellungen der Entwicklungspsychologie zurückzufallen, und gewinnt damit den Gedanken, daß von keinem Lebensalter her die volle Erkenntnis oder Deutungskompetenz beansprucht werden kann, sondern der Dialog und die wechselseitige Ergänzung aller Generationen notwendig ist.

In der Studie der Jugendkammer der EKD zum »Gespräch zwischen den Generationen in Kirche und Gesellschaft«[29] wird zu Recht darauf hingewiesen, daß die Spannungen zwischen den Generationen nicht nur

28 *K. Foitzik*, Jugendarbeit – ein Teilbereich der Gemeindepädagogik, 242.

29 Abgedruckt in: *M. Affolderbach/H.-U. Kirchhoff (Hrsg.)*, Miteinander leben lernen. Zum Gespräch der Generationen in der christlichen Gemeinde, Gütersloh 1985, 15–30.

als verschiedene Akzentuierungen einer gemeinsamen und im Prinzip einheitlichen Lebenslinie verstanden werden können, sondern daß sie auch Ausdruck eines Konfliktes sind zwischen historisch und zeitgeschichtlich verschiedenen Wertvorstellungen und Überzeugungen, bei denen die Grenzlinien teils zwischen den Generationen, teils unabhängig vom Alter verlaufen.

4. Modelle kirchlicher Jugendarbeit

Wenn im folgenden auf einige Modelle kirchlicher Jugendarbeit hingewiesen werden soll, so ist damit keine vollständige Liste von Aktionsfeldern angestrebt, auch keine Beschreibung der Bereiche, die derzeit besonders wichtig oder förderungswert sind. Vielmehr will ich versuchen, einige Felder zu nennen, die aufgrund der Anregungen und Impulse der gemeindepädagogischen Überlegungen besonders herausgehoben werden können.

1. Einer der Kernpunkte der Gemeindepädagogik ist die *Zusammenarbeit zwischen verschiedenen Gruppen und Generationen in der Gemeinde*. Modelle der Mitarbeit von Eltern und Erwachsenen in der Jugendarbeit, wie sie in den 60er Jahren im Zusammenhang von Vorschlägen von Jugendarbeit im Gemeindeaufbau[30] empfohlen wurden, haben sich nur bedingt bewährt. Neu entdeckt wurde dagegen die Zusammenarbeit verschiedener Altersgruppen an gemeinsamen Projekten:

- In Aktionsgruppen, Gottesdienstvorbereitung und Friedensinitiativen arbeiten Gemeindeglieder verschiedenen Alters zusammen.
- Fragen der Geschichte, besonders der Zeit des Dritten Reiches, können Jugendliche mit solchen Älteren ins Gespräch bringen, die diese Zeit selbst erlebt haben und bereit und in der Lage sind, über ihre persönlichen Erfahrungen mit anderen zu sprechen. Anknüpfungspunkte bieten die Geschichte der Jugendarbeit in jener Zeit oder die Geschichte der Kirche bzw. der Kommunalgemeinde vor Ort.
- Fragen der Zukunft und zentrale Themen des Überlebens der Menschheit und der Natur betreffen alle Generationen, wenn vielleicht auch in unterschiedlicher Weise. Aktuelle Fragen können den Einstieg in ein generationsübergreifendes Gespräch bilden.

2. Sowohl in der Jugendarbeit als auch in der Gemeindepädagogik wurde die Bedeutung des Lernortes neu entdeckt. Zahlreiche *Spurensiche-*

30 Vgl. z. B. *C. Bäumler (Hrsg.)*, Treffpunkt Gemeinde. Jugend im Gemeindeaufbau, München 1965.

rungsprojekte wurden in der Jugendarbeit erprobt, um zum Beispiel historischen Spuren im eigenen Stadtteil oder der Dorfregion nachzugehen. Daraus sind z. B. gemeinde- oder stadtteilbezogene Ausstellungen entstanden, Diskussionsforen mit Bürgern, Politikern und Kirchenvertretern oder alternative Stadtrundfahrten (wie z. B. in Berlin).

3. Einige Ausführungen oben haben angedeutet, daß die Schnittstelle zwischen *Konfirmandenunterricht und kirchlicher Jugendarbeit* ein entscheidender Angelpunkt ist. Eine verstärkte Zusammenarbeit zwischen Konfirmandenunterricht und Jugendarbeit könnte für die Jugendlichen weiterführende Angebote nach der Konfirmation bieten. Insbesondere Wochenendfreizeiten während der Konfirmandenzeit sind bei einem sehr hohen Prozentsatz von Jugendlichen in recht positiver Erinnerung und geben die Möglichkeit, persönliche Kontakte zu knüpfen und Jugendliche für Fragen zu interessieren, die in der Jugendarbeit aufgenommen werden können.

4. Die Förderung der eigenständigen Mitarbeit und der wachsenden *Mündigkeit der Gemeindeglieder* ist ein Grundelement der Gemeindepädagogik. Evangelische Jugendarbeit war und ist ein Feld, in dem zahlreiche Initiativen »von unten« entstanden sind. Dennoch mußte – zumindest in jüngster Vergangenheit – noch festgestellt werden, daß vielen Jugendlichen höchstens eine »taktische Beteiligung« in Planung, Durchführung und Leitung zugestanden wurde. Deshalb muß verstärkt in der Gemeinde das Bewußtsein dafür wachsen, daß Jugendliche zur Eigenständigkeit und Mündigkeit ermutigt und befähigt werden und ihnen dazu Möglichkeiten und Räume eröffnet werden müssen. Mitarbeit darf sich nicht nur auf Hilfsdienste beschränken, sondern muß Jugendliche in Verantwortung und Entscheidungen schrittweise einbeziehen. Dies betrifft sowohl den Bereich der Jugendarbeit selbst als auch die Arbeit und Entscheidungen der Gemeinde und die Vertretung der jungen Generation in ihr.

5. Die biblische Botschaft macht sensibel für Situationen von Unrecht, Unterdrückung, Benachteiligung, Unfrieden, Haß und Zerstörung. Christliche *Spiritualität und Weltverantwortung* gehören zusammen. Jugendliche sollten die Möglichkeit finden, in exemplarischen Bereichen mitzuarbeiten, in denen konkretes Handeln möglich ist:

- Mitarbeit in einer Friedensgruppe, die sich über Friedensfragen informiert, innerhalb der Gemeinde und mit Politikern und Fachleuten Gespräche anregt, Gottesdienste gestaltet, Friedenswochen oder Aktionen vorbereitet oder im Rahmen christlicher Versöhnungsarbeit tätig ist;
- Mitarbeit in Fragen der Dritten Welt, von Rassismus und Problemen der Weltwirtschaft. Konkret kann dies vor allem dort werden, wo Kontakte zu

Gemeinden in Dritte-Welt-Ländern existieren oder mit konkreten Aktionen (z. B. »Jute statt Plastik«) sichtbare Schritte getan werden können;
- Solidarische Arbeit im eigenen Umfeld, z. B. in Kontakten zu ausländischen Bevölkerungsgruppen, in Projekten für arbeitslose Jugendliche;
- Aufklärungsarbeit zur Zerstörung der Umwelt, die die Frage nach dem eigenen Lebensstil einschließt und sichtbare Zeichen eines christlich verantworteten Handelns setzen will.

6. Christsein muß heute in einem *ökumenischen Horizont* gesehen werden. Das betrifft die Zusammenarbeit verschiedener Konfessionen am Ort, wo an vielen Stellen Barrieren abgebaut und Kooperationen ausgebaut werden können (z. B. gemeinsamer Jugendkreuzweg). Dies betrifft auch das Lernen von und mit Christen in anderen Ländern und Erdteilen, sei es durch Berichte, Lektüre oder durch Texte von Konferenzen (z. B. des Weltkirchenrates), sei es durch Jugendaustausch, Besuche und internationale Begegnungen.

5. Zusammenfassung und Ausblick

Die bisherigen Ausführungen dürften deutlich gemacht haben, daß Jugendarbeit von ihrer historisch gewachsenen Gestalt her nicht ohne weiteres als integrierter Bestandteil einer Gemeindepädagogik verstanden werden kann. Es dürfte ebenso deutlich geworden sein, daß in den bisherigen konzeptionellen Überlegungen zur Jugendarbeit eine Reihe von Aspekten entfaltet worden ist, die auch in der Gemeindepädagogik aufgenommen ist und von daher noch einmal neu bestätigt und unterstützt wird. Darüber hinaus sind einige Punkte genannt worden, die von seiten der Jugendarbeit als kritische oder vertiefende Fragen an das Konzept der Gemeindepädagogik zu richten sind. Es wurden aber auch Aspekte genannt, die die Jugendarbeit aus den Überlegungen zur Gemeindepädagogik als interessante und weiterführende Impulse aufnehmen kann.

Man wird natürlich auch nicht übersehen können, daß das Konzept der Gemeindepädagogik und die intensive Förderung dieses Konzeptes besonders durch die EKD einen kirchenpolitischen Stellenwert haben. Die Frage des Gemeindeaufbaus, die vor allem in den 50er und 60er Jahren durch Impulse aus der Ökumene eine wichtige Rolle spielte und sich vor allem mit der Frage der Säkularisierung und Urbanisierung auseinandersetzte, erhält durch den neuen Begriff eine Renaissance, zweifellos mit veränderten Akzenten. Hatte jene Beschäftigung zu einer

Hinwendung der Kirche zur Welt und zur Einrichtung zahlreicher spezialisierter Dienste und Angebote geführt, so scheint die Absicht zumindest einiger Vertreter der »Gemeindepädagogik« das Ziel zu haben, »die Spezialisierung und Professionalisierung der Einrichtungen und Mitarbeitergruppen zurückzunehmen und die ›Kernangebote‹ der Ortsgemeinde zu verstärken«.[31] Die jüngsten Untersuchungen der EKD über die kirchliche Zukunft unterstreichen noch einmal die Dringlichkeit dieser Fragen, und machen eine Verständigung über die Vorstellungen einer Kirche von morgen notwendig. Gemeindepädagogik könnte in diesem aktuellen Umfeld zu einem Zielbegriff werden, der im Spannungsfeld zwischen weithin ungeliebter Volkskirche und der oft erträumten Gemeindekirche bzw. zwischen Versorgungskirche und Beteiligungskirche als Option für eine »Gemeindekirche« verstanden werden könnte,[32] obwohl er von den meisten der Religionspädagogen, die sich um die Ausarbeitung eines Konzeptes von Gemeindepädagogik bemüht haben, nicht in diesem Sinne gemeint war.

Von daher dürfte es notwendig sein, einige *Aspekte* deutlicher zu betonen:

(1) Wenn es zutrifft, was ich oben nur kurz andeuten konnte, daß mit schwindendem christlich-kirchlichem Grundkonsens in der Gesellschaft[33] gleichzeitig eine Belebung und Intensivierung des kirchlichen Lebens im Binnenbereich einhergeht, dann ist darauf zu achten, daß *nicht* einer irgendwie gearteten *Gettoisierung* Vorschub geleistet wird, die zur Ausbreitung eines bestimmten »Milieuchristentums«[34] führen könnte. Welche Sozialgestalt die Kirche hat, ist dann zweifellos eine zweite Frage gegenüber dem Auftrag, daß das Evangelium und der Ruf zur Umkehr an alle Menschen ergehen soll. Es ist zu unterstreichen, daß der »Kommunikationsauftrag« »sich nicht nur auf die Interpretation innerhalb der Gemeinde bezieht, sondern auch auf die Interpretation gegenüber der Welt abzielt«.[35]

(2) Das Ziel einer *Verlebendigung der Gemeinde* mit der Absicht, alle Mitglieder der Gemeinde zur Mitarbeit aufzurufen (→ s..o. I, 3.4 (4)), ist zu unterstützen. Aus der Geschichte der Jugendarbeit – aber nicht nur dieser – dürfte deutlich gewor-

31 *EKD-Kirchenkanzlei (Hrsg.)*, Zusammenhang von Leben, Glauben und Lernen, 18.

32 Vgl. dazu auch das Kapitel »Unterwegs zur Beteiligungsgemeinde« in: *K. Foitzik/E. Goßmann*, Gemeinde leben, Gütersloh 1986, 68ff.

33 *H.-O. Wölber* spricht in seiner Bewertung der Ergebnisse der zweiten EKD-Mitgliedschaftsstudie von dem »Austritt der Gesellschaft aus der Kirche« (EvKomm 11/1984, 615).

34 *K. Engelhardt*, Wie findet die evangelische Jugendarbeit zur geistlichen Dimension ihrer Arbeit und wie kann sie von daher die Kirche beleben?, in: *M. Affolderbach/H.-U. Kirchhoff*, Miteinander leben lernen, 118.

35 So *G. Adam/R. Lachmann* in Aufnahme von *E. Lange* (→ s..o. I, 2.2).

den sein, in welchem Maße die Kirche auf Ideen und Initiativen von Laien um ihrer selbst willen angewiesen ist. Auf der anderen Seite ist eine Verlebendigung nicht gleichzusetzen mit einer Reduzierung oder Konzentration auf die Kernangebote der Ortsgemeinde. Gerade im Bereich der Jugendarbeit kann man sehr anschaulich demonstrieren, daß sich eine Verlebendigung selten aus einer kirchenamtlich für gut befundenen Konzentration ergeben hat, sondern daß in der Regel Impulse, die nicht unmittelbar im Kern der Ortsgemeinde entstanden sind, gerade auf diesen belebend zurückwirken. In der jüngsten Zeit hat sich erneut gezeigt, daß sich in der Jugendarbeit eine neue Spiritualität ausgebreitet hat, die nicht im Gottesdienst oder in der herkömmlichen Liturgie ihre Quelle hatte, sondern in der ökumenischen Bewegung, in christlichen Bruderschaften und Kommunitäten und in der Kirchentagsbewegung, jedoch von da aus auch auf das Gemeindeleben zurückwirkte.

(3) Ein weiteres positives Anliegen der Gemeindepädagogik dürfte sein, eine bessere *Zusammenarbeit* und einen besseren *Austausch* zwischen verschiedenen Arbeitsbereichen und Angeboten in der Kirche zu erreichen. Wie oben beschrieben, überschneiden sich die Ebenen von Parochie, funktionalen und zielgruppenorientierten Diensten sowie die Angebote von freien Verbänden sehr häufig oder treten sogar in Konkurrenz zueinander. Hier könnte eine wechselseitige Abstimmung und Entlastung verbessert werden, ohne daß damit in jedem Fall die Ortsgemeinde als allein maßgebende Ebene verstanden werden muß. Die organisatorischen Fragen sind jedoch nur eine Ebene neben dem notwendigen Austausch über gemeinsame Inhalte und Ziele.

(4) Die Jugendarbeit ist eines der Felder, in dem am deutlichsten *Probleme und Chancen der Professionalisierung* studiert werden können. Die gewachsenen Bildungsanforderungen an Jugendliche, die Angebote der Freizeitindustrie und die kulturellen Angebote von Schulen, Medien und anderen Institutionen haben auch in der Jugendarbeit zu höheren Anforderungen an pädagogische Mitarbeiter geführt. Damit hat sich jedoch auch die Gefahr verstärkt, daß einerseits Jugendliche diese Angebote lediglich »konsumieren« und ihre Eigeninitiative erlahmen lassen und daß andererseits immer mehr Lebensbereiche »verpädagogisiert« werden. Den hauptberuflichen Mitarbeitern kommt deshalb die wichtige Aufgabe zu, sich zwar als Fachmann und Helfer zu verstehen, aber die Mündigkeit und Selbständigkeit der Jugendlichen nicht zu blockieren, sondern gerade zu fördern. Mitarbeiter sind deshalb neben ihren fachlichen Qualifikationen vor allem als Personen gefordert.[36] Ihnen könnte ebenfalls die Aufgabe zukommen, Brückenfunktionen zwischen verschiedenen Gruppen und Arbeitsformen in, am Rande oder außerhalb der Gemeinde herzustellen und Anliegen zu vermitteln.

Unklar scheint zu sein, ob sich mit dem Konzept der Gemeindepädagogik auch ein neues Berufsbild, nämlich des Gemeindepädagogen, verbindet. Die zum Beispiel im Bereich der Evangelischen Kirchen in der DDR begonnene

36 Im Gefolge des Beschlusses der Gemeinsamen Synode der Bistümer in der Bundesrepublik Deutschland zu »Ziele und Aufgaben kirchlicher Jugendarbeit« von 1975 (*M. Affolderbach (Hrsg.)*, Grundsatztexte zur evangelischen Jugendarbeit, 489–515) ist das Stichwort vom »personalen Angebot« mehrfach aufgenommen worden.

Ausbildung zum Gemeindepädagogen steht in Spannung zu den herkömmlichen Ausbildungswegen.

(5) Als letzter Aspekt sei genannt, daß die Gemeindepädagoik die *Gemeinde als Lernort* betont. Damit werden Überlegungen verstärkt, die auch in der Jugendarbeit im Hinblick auf die Wiederentdeckung des Nahbereichs als Lebensraum in den letzten Jahren diskutiert wurden. *D. Baacke* hatte mit seinem Konzept der sozialökologischen Zonen ein Konzept von Lebensräumen zu entwickeln versucht, in denen sich Jugendliche bewegen. Die Entwicklung von Bürgerinitiativen und Basisgruppen hat ebenfalls dazu geführt, daß Stadtteil oder nahes Lebensumfeld als Handlungsfeld neu entdeckt wurden und eine neue Identifikation mit den sozialen Bindungen vor Ort ermöglicht wurde. »Fast alle Jugendstudien der letzten Jahre haben übereinstimmend festgestellt, daß Jugendliche eher auf das ihnen Nahe und Vertraute setzen und Institutionen, gesellschaftlichen Organisationen, den alltagsfernen Ritualen der Politik indifferent bis mißtrauisch gegenüberstehen. Sie suchen die Problemlösung eher im sozialen Umfeld, engagieren sich eher für überschaubare Aktionen und Projekte in ihrem lokalen Lebensbereich als in überregionalen oder bundeszentralen Gremien.«[37] Kirchengemeinden könnten diese Möglichkeit mehr nutzen, um zusammen mit der Bürgergemeinde Perspektiven zu entwickeln, die dem Nahraum wieder Lebensfunktionen zurückgeben und eine Dezentralisierung schaffen, die besonders Jugendlichen eine soziale Verwurzelung ermöglicht und Lebensperspektiven in materieller, sozialer und geistiger Hinsicht.

Literaturhinweise

C. Bäumler, Treffpunkt Gemeinde. Jugend im Gemeindeaufbau, München 1965.

Ders., Unterwegs zu einer Praxistheorie, München 1977.

M. Affolderbach/H. Steinkamp (Hrsg.), Kirchliche Jugendarbeit in Grundbegriffen. Stichworte zu einer ökumenischen Bilanz, Düsseldorf/München 1985.

M Affolderbach/H.-U. Kirchhoff (Hrsg.), Miteinander leben lernen. Zum Gespräch der Generationen in der christlichen Gemeinde, Gütersloh 1985.

K. Foitzik, Jugendarbeit – ein Teilbereich der Gemeindepädagogik, in: *R. Hanusch/G. Lämmermann (Hrsg.)*, Jugend in der Kirche zur Sprache bringen, München 1987, 236–244.

37 *R. Münchmeier*, Was heißt Jungsein heute?, 13.

XII.
Evangelische Erwachsenenbildung

Klaus Wegenast

1. Begriffliche Klärungen und Voraussetzungen

Christliche Erwachsenenbildung (= EB) ist so alt wie die Kirche selbst. So hören wir schon im Neuen Testament von Lehre, die der Taufe Erwachsener vorausgeht. Ich denke z. B. an die Erzählung von der Taufe des Kämmerers durch Philippus in Apg 8,26–40. Das rechte Verstehen der Schrift wird da als Voraussetzung der Taufe herausgestellt. Besonders anschaulich wird uns frühkirchliche EB in Augustins Schrift »De catechizandis rudibus« vom Beginn des 5. Jahrhunderts. Interessant sind hier nicht nur die Inhalte (Heilsgeschichte vom Anbeginn der Welt), sondern vor allem auch die differenzierte Reflexion auf den Bildungsstand, die Sprache und die Motivation der Taufwilligen. Hinzuweisen ist in unserem Zusammenhang auch auf die Beichterziehung des Mittelalters, auf die Katechismen der Reformation und der Orthodoxie, die sich bekanntlich zuerst an Erwachsene richteten, und dann vor allem auf die sich um die Bibel versammelnden Collegia Pietatis im Zeitalter des Pietismus des 17.–19. Jahrhunderts.

Das jedoch, was wir uns heute als EB zu benennen angewöhnt haben, ist kein ›Kind‹ der Kirche, sondern wurzelt in den eher kirchenkritischen Umwälzungen der westlichen Gesellschaften des 19. Jahrhunderts, näherhin in der Industrialisierung und der mit ihr einhergehenden technischen Revolution, in dem wachsenden Bedürfnis von Wirtschaft und Gesellschaft nach gut ausgebildeten Arbeitskräften, in der »Aufklärung« des Volkes im Gegenüber zur christlichen Tradition und endlich im Nachholbedarf an Bildung und Ausbildung in Kreisen der Unterschicht.

Angesichts des mit diesen wenigen Stichworten Angedeuteten ist es erstaunlich, daß die Kirchen des 19. Jahrhunderts auf diese Herausforderungen nicht oder doch nur sehr zögernd reagierten und so die Auseinandersetzung mit dem Gesellschaftswandel eher verschliefen. Eine Ausnahme bildete der dänische Theologe *N. Grundtvig* (1783–1872), der Vater des Volkshochschulgedankens, mit seinem Versuch, ungebildete

Erwachsene neben Arbeit und Beruf mit der Kultur bekannt zu machen und so die Bildungsdefizite der unteren Klassen zu kompensieren. Dabei ist gerade bei Grundtvig die Gefahr nicht zu übersehen, Bildung in erster Linie nur als das zum Lebensnotwendigen hinzukommende »höhere« Wissen mißzuverstehen und gesellschaftlich im Grunde nichts zu verändern.

Seit Grundtvig haben sich in Europa weitere Veränderungen zugetragen, die nicht nur die politischen und ökonomischen Verhältnisse wesentlich beeinflußt haben, sondern die auch das Bildungsverständnis und darin die EB grundlegend veränderten. Zu nennen sind vor allem die fortschreitende Verkürzung der Arbeitszeit, die steigende Lebenserwartung, die Notwendigkeit beruflicher Weiterbildung, die Demokratisierung auch im Rahmen der Wirtschaft und der Institutionen etc.

1.1 Zum Begriff der Erwachsenenbildung. Aus der feudalen, aber auch aus der bürgerlich-ständischen Gesellschaft unserer Herkunftsgeschichte stammt das durchaus politische Prinzip einer unterschiedlichen Zuteilung von Lernmöglichkeiten an verschiedene Gruppen der Bevölkerung. Noch verschärft wurde dieses Prinzip durch die Einschränkung organisierten Lernens auf das Kindes- und Jugendalter. Daran hat sich, was das allgemeine Bewußtsein betrifft, auch heute noch nicht allzu viel geändert. »Dabei läßt sich sehr wohl ein Zustand denken, in dem das systematische, organisierte, permanente Lernen bei Erwachsenen so selbstverständlich ist wie bei Kindern und Jugendlichen« *(W. Schulenberg)*.

Aber was ist eigentlich EB? Eine Antwort auf diese Frage kann nur im Horizont bestimmter gesellschaftlicher Verhältnisse gegeben werden, weil die Notwendigkeit einer gesonderten EB stets historisch-gesellschaftlich bedingt erscheint. In der Zeit seit der Reformation des 16. Jahrhunderts ergaben sich so verschiedene Grundformen von EB, die heute nebeneinander vorkommen:[1]

Eine sog. *»Transitorische EB«*, welche religiöse, politische, aber auch ökonomische Umwälzungen begleitet und gewöhnlich die Funktion besitzt, die noch anders erzogenen Erwachsenengenerationen in einer Übergangszeit an die stattgehabten Veränderungen anzupassen. Ist solches nach einem gewissen Zeitraum gelungen, pflegt diese EB gewöhnlich einzuschlafen. Die Gesellschaft verlagert ihre Bemühungen wieder ausschließlich auf die nachwachsende Generation. Beispiele aus

1 *W. Schulenberg*, Art. Erwachsenenbildung, in: *H.-H. Groothoff (Hrsg.)*, Pädagogik, Frankfurt a. M. 1973, 64–72.

unserer Geschichte für eine solche transitorische EB finden sich z. B. in der Reformation, bei der Einführung neuer Landbaumethoden im 18. Jahrhundert und in neuerer Zeit im Rahmen der Alphabetisierungsbemühungen in den Ländern der Dritten Welt und im Rahmen politischer Umerziehung.

»Kompensatorische EB« nennen wir die Bemühungen bestimmter unterprivilegierter Bevölkerungsgruppen um einen Ausgleich für in der Jugend erfahrene Bildungsbeeinträchtigungen. Ein wichtiges Beispiel dafür ist die Arbeit der »Arbeiterbildungsvereine« des 19. Jahrhunderts. Werden entsprechende Bemühungen für Benachteiligte vor allem für eine Optimierung ihres Bildungsstandes von privilegierten Schichten in Angriff genommen, kann man davon ausgehen, daß zumindest auch die Angst vor einer Bedrohung des geltenden Systems als Motiv für solche Aktivitäten eine Rolle spielt. Aber auch dann sind emanzipative Auswirkungen nicht auszuschließen.

Die sog. *»Komplementäre EB«* endlich erwächst gewöhnlich differenzierten und in einer raschen Entwicklung aller Bereiche des Lebens befindlichen Gesellschaften, in denen sich die Verantwortlichkeit des einzelnen stark ausgeweitet hat. Hier bedarf es einer permanenten Weiterbildung als notwendige Ergänzung der in Kindheit und Jugendzeit erhaltenen Bildung und Ausbildung. Auch die verschiedenen Formen der sog. Umschulung gehören hierher.

Als vierten Typ nenne ich die EB als *»politische Bildung«*. Alle demokratischen Forderungen nach politischer Gleichberechtigung bleiben Makulatur, wenn nicht dafür gesorgt ist, daß im Rahmen des Bildungswesens auch für Erwachsene Möglichkeiten zur Verfügung stehen, sich grundständig über die sozialen, ökonomischen, ideologischen und kulturellen Entwicklungen zu informieren, sich eine eigene Meinung zu bilden und Strategien für Mitwirkung und Mitbestimmung zu entwikkeln.

Wichtige Gesamtdefinitionen für die EB finden sich in neuerer Zeit z. B. im Gutachten des Deutschen Ausschusses für das Erziehungs- und Bildungswesen »Zur Situation und Aufgabe der deutschen EB« aus dem Jahre 1960:

»Gebildet im Sinne der EB wird jeder, der in der ständigen Bemühung lebt, sich selbst, die Gesellschaft und die Welt zu verstehen und diesem Verständnis gemäß zu handeln.«

und im »Strukturplan für das Bildungswesen« des Deutschen Bildungsrates aus dem Jahre 1970:

»EB ist Fortsetzung oder Wiederaufnahme früheren organisierten Lernens.«

1.2 Erwachsen-Sein. Es gibt keine Bildung, vornehmlich aber keine EB, die von einem Nullpunkt ausgehen könnte. Bildung trifft immer schon auf ganz bestimmte Voraussetzungen, d. h. auf bestimmte anthropogene und soziokulturelle Bedingungen, auf einen bestimmten Entwicklungsstand, auf frühere Lernprozesse und spezifische Erfahrungen, die beachtet sein wollen, wenn EB und Weiterbildung Erfolg haben sollen.

Was die EB anbetrifft, erscheint es wichtig, daß nicht nur der Leiter diese Voraussetzungen kennt, sondern daß er sie zusammen mit den Teilnehmern bewußt macht. Zu denken ist etwa an bestimmte Erfahrungen im Verlauf der Lebensgeschichte, an Lernerfahrungen, die entweder ermutigt oder aber frustriert haben, an Erfahrungen mit bestimmten Lehrpersonen und Lerngruppen und nicht zuletzt an Erfahrungen mit spezifischen Lehr- und Lernstilen. Wurde in meiner Vergangenheit Lernen immer schon mit Wissensanhäufung gleichgesetzt oder verstand man darunter auch die Ermöglichung von Problemlösungsverhalten? Und wie steht es mit dem Sprachumfang, dem Differenzierungsvermögen, dem Wissensstand und dem Glaubensverständnis der Teilnehmer in eine Veranstaltung der EB? Welche Erwartungen bringen die Teilnehmer an einer Veranstaltung mit? Welche Persönlichkeitsstrukturen und welche Art von Motivationen repräsentiert die Gruppe? Welche Bereitschaft zeitigen die Teilnehmer für das Erbringen von Leistungen und wie sieht ihre Arbeitshaltung aus...?

Alle diese Fragen stellen wir nicht zuerst an Kinder oder Jugendliche, sondern an *Erwachsene*, die eine Veranstaltung der *EB* besuchen. Aber was heißt Erwachsen-Sein?
Als *»erwachsen«* bezeichnen wir im Rahmen dieses Beitrages den, der nach den geltenden gesellschaftlichen Normen aus den spezifischen Fürsorge- und Schonungsmaßnahmen, die eine Gesellschaft ihrem Nachwuchs widmet, entlassen ist und für sich und für seinen Anteil an den gesellschaftichen Verpflichtungen selbst aufkommt.

Es ist deutlich, daß wir damit einen soziologischen Begriff von Erwachsen-Sein dem biologischen vorziehen und auch nicht von bestimmten Phasen des Erwachsenenalters reden. Ansonsten müßten wir das frühe Erwachsenenalter bis hin zur Familiengründung und zu einer ersten beruflichen Konsolidierung, die verschiedenen Abschnitte des sog. reifen Erwachsenenalters und dann das Greisenalter voneinander unterscheiden. Das würde aber in unserem Zusammenhang zu weit führen.[2]

Wir erörtern hier auch nicht den uns in jüngster Zeit immer mehr bedrängenden Tatbestand der Fremdbestimmung von Jugendlichen und Erwachsenen durch Apparate, Systeme, Ideologien und Bürokra-

2 Was den Glauben im Erwachsenenalter anbetrifft, finden sich wichtige Erörterungen bei *K.E. Nipkow*, Grundfragen der Religionspädagogik, Bd. 3, Gütersloh 1982, 99–118.

tien, die uns im Grunde nicht erwachsen sein oder werden lassen, fordern aber im Gegenüber zu diesem Tatbestand nachdrücklich die Selbstbestimmung und Autonomie des Menschen als Grund der Freiheit zur Verantwortung. Dabei sind unsere Gegner nicht nur Ideologen und Bürokraten, sondern zuweilen auch Vertreter von Theologie und Kirche, welche ein tiefes Mißtrauen gegen Begriffe wie »Selbstverwirklichung« oder »Autonomie« hegen und dazuhin Laien gegenüber auch noch das Selbstbewußtsein von Experten pflegen. Hier scheint neben dem Grundsatz des allgemeinen Priestertums auch die Einsicht in das Wesen des Glaubens als Bestimmung der Freiheit zur Verantwortung im Gegensatz zu aller Fremdbestimmung in Vergessenheit geraten zu sein (Röm 12.1 f.).[3]

1.3 Erwachsenenbildung in kirchlicher Trägerschaft. Evangelische EB ist nicht zuerst Arbeit für und mit Erwachsenen zum Nutzen der Institution Kirche, sondern gehört zur allgemeinen Bildungsarbeit der Gesellschaft, die als gesamte einen Beitrag leisten möchte für Gegenwart und Zukunft der Erwachsenen. Das schließt nicht aus, daß in Veranstaltungen der evangelischen EB auch etwas für die Kirche geleistet wird, z. B. eine Ermöglichung des allgemeinen Priestertums ihrer Glieder und darin mündiges Christ-Sein als Verstehen des Glaubens und eigene Entscheidungsfähigkeit im Handeln. Das gilt unbeschadet missionarischer Glaubensverkündigung an Erwachsene. Aber was will *evangelische EB* neben anderen gruppenspezifischen Formen (Gewerkschaften, Verbände) und vor allem neben der öffentlichen EB?

Wer auf diese Frage Antwort geben will, muß nicht nur der Rahmenbedingungen (Bestimmungen staatlicher Bildungspolitik, Strukturen der evangelischen EB, Konkurrenzsituation zwischen verschiedenen Trägern) eingedenk sein, sondern er muß auch für eine bestimmte Konzeption erwachsenenbildnerischer Arbeit in evangelischer Trägerschaft optiert haben.

Seit 1970 gibt es einen staatlichen Gestaltungsauftrag für die Rahmenbedingungen weiterer Entwicklungen der EB in der Bundesrepublik und seit 1975 ordnen Ländergesetze Zuständigkeiten und Finanzierung. Das hat Konsequenzen:

– Will evangelische EB an den Zuschüssen des Staates für erwachsenbildnerische Aktivitäten partizipieren, muß sie ihre Veranstaltungen allen Bürgern zugänglich machen und

3 Zum Problem vgl. *E. Lange*, Sprachschule für die Freiheit, München/Gelnhausen 1980, 23ff. und 126ff.

- muß so organisiert sein, daß rechtlich selbständige Träger, die ausschließlich Erwachsenenbildung betreiben, als Partner der staatlichen Behörden auftreten können.

Die kaum übersehbare Fülle verschiedenster evangelischer Institutionen, die EB betreiben, muß deshalb durch sinnvolle Formen der Kooperation und Koordination übersichtlicher werden, ohne daß eine langweilige Konformität an die Stelle der bisherigen Beliebigkeit tritt.

Vorstellbar wäre z. B., daß auf den Ebenen der Region, der Landeskirche und der Gesamtkirche vornehmlich Aufgaben der Beratung, der Fortbildung, der konzeptionellen Klärung und der bildungspolitischen Vertretung in Angriff genommen werden, auf der Ebene der Ortsgemeinde aber in enger Zusammenarbeit mit den Adressaten und in Absprache mit anderen Trägern von EB die Planung und Durchführung konkreter Veranstaltungen. Dabei muß den Fragen, die »dran« sind in den verschiedenen Gruppen einer Gemeinde ebenso große Aufmerksamkeit gewidmet werden wie den Traditionen unseres Glauben. Nur so kommt es zu wirklichen Begegnungen zwischen Tradition und Situation, in denen eine doppelseitige Erschließung als gegenseitige Infragestellung und Erhellung möglich werden kann.

Die im Theoriebereich in diesem Zusammenhang hier und da ausgetragenen Kontroversen zwischen einer Position vorrangiger *Lebensweltorientierung* von EB und einer solchen vorrangigen Traditionsorientierung werden überflüssig, wenn entdeckt wird, daß der Glaube und seine Überlieferung nur dann für das Leben und Handeln der Menschen relevant werden können, wenn sie in verstandenen und geklärten Situationen verantwortet werden, und daß eine evangelische Bearbeitung anstehender Probleme und Nöte nur in Aufnahme und Reflexion inhaltlicher Aussagen der Überlieferung sinnvoll geleistet werden kann.

2. Konzeptionen evangelischer Erwachsenenbildung

Allen Konzeptionen evangelischer EB ist es gemeinsam, daß sie einer *Verengung* der EB auf *Beruf und Politik* widerstehen und deshalb Wissenschaft und Technik nicht so zum Inhalt machen, daß sie wie einschlägige Ausbildungsinstitutionen eben auch noch einmal die Phänomene von *Technik und Wissenschaft* erklären und zu bedenken helfen, sondern so, daß sie zumindest auch danach fragen, *warum* der Mensch das Weltall erobert und die Erde ausbeutet, *wo* seine Grenzen zu ziehen sind und *welche* Verantwortung er trägt... *Dichtung und Kunst* werden auch nicht nur so zu Wort kommen, daß sie ein weiteres Mal zur Kenntnis gebracht und erläutert werden, sondern auch so, daß die da zur Sprache kommende Problematik, etwa der erschütterten menschlichen Gemeinschaft, bedacht und in der Auseinandersetzung mit der Überlieferung des Glaubens erörtert wird.

Unterhalb dieser Gemeinsamkeiten gibt es aber bemerkenswerte Unterschiede in der evangelischen EB.

2.1 Herkömmliche Begründungen und Konzeptionen. Herkömmliche Begründungen kirchlicher EB verdanken sich zuerst dem Bedürfnis kirchlicher Kreise des 19. Jahrhunderts, gegenüber der aufklärerisch-emanzipatorisch-antikirchlichen Bildungsbewegung der Zeit Zeichen zu setzen und gegen die Tendenzen des Modernismus anzugehen. Weltanschauliche Gebundenheit, Vermittlung christlicher Werte und Normen und kirchliche Sozialisation bzw. Nachsozialisation waren die Grundkategorien dieser meist in Vereinen organisierten Versuche.[4]

Im evangelischen Bereich ist in diesem Zusammenhang für die Zeit nach 1945 auf Versuche hinzuweisen, traditionell-kirchliche Aktivitäten wie die Bibelstunde oder die »Frauenhilfe« mit der neuen Etikette EB zu versehen, dann aber auch auf Anstrengungen der Kirche, neue Formen der Erwachsenenkatechese zu entwickeln, die EB zum Instrument missionarischer Verbreitung des Christlichen zu machen und die Arbeit mit Erwachsenen als Chance für die Pflege christlich-theologischer Kultur zu empfehlen. Was den letzten Punkt anbetrifft, denke ich z. B. an Arbeiten *W. Bienerts,*[5] der die EB der Kirche als eine Form von Bildungsdiakonie verstehen wollte, deren Aufgabe es sei, den Erwachsenen zu einem Menschsein anzuleiten, das Gottes Willen entspricht, und darüber hinaus das Evangelium als Bildungsinhalt zu erschließen.

Einzelziele dieser sich grundsätzlich an alle richtenden Form der EB sind:

- Die Eingliederung in die christliche Gemeinde durch eine Hilfe zu sachgemäßem Verstehen des Evangeliums im Horizont eines gehobenen Bildungsstandes;
- die Vermittlung von Grundsätzen einer evangelischen Sozialethik als Hilfe für das Christ-Sein im Alltag der Welt;
- Hilfe zur Orientierung des Erwachsenen im Geistesleben der Gesellschaft;

4 Zur Geschichte der evangelischen Erwachsenenbildung vgl. vor allem *H. P. Veraguth,* EB zwischen Religion und Politik, Stuttgart 1976 und *K. Ahlheim,* Zwischen Arbeiterbildung und Mission, Stuttgart 1982.

5 *W. Bienert,* Evangelische Erwachsenenbildung als Bildungsdiakonie. Theologische Grundlegung (Arbeiten der Melanchthonakademie Köln 2), Weiden 1967, 9–57.

- die Neugestaltung der Kirche als Heimat auch für den Gebildeten;
- Berufsförderung in Notfällen;
- die Realisierung einer christlichen Gemeinde im Glauben durch die Eröffnung geistigen Lebens in der Freizeit.

Der Schwerpunkt dieser und der bereits genannten Konzeptionen lag eindeutig auf den Inhalten. Der erwachsene Christ sollte dazu instandgesetzt werden, seinen Glauben verantwortlich darstellen zu können. Weniger die Alltags- und Lebensfragen des Erwachsenen und die gesellschaftlichen Folgen des Glaubens standen im Vordergrund des Interesses der Organisatoren evangelischer EB, sondern eher die »Richtigkeit« des in Veranstaltungen der EB vermittelten Glaubensverständnisses. *Erich Feifel* hat im Blick auf diese Konzeptionen von einer unreflektierten Abhängigkeit von einem Denkmodell dogmatisch-argumentierender Theologie geredet;[6] von einer Theologie, die sich im katholischen Bereich als Auslegung eines Kanons feststehender normativer Aussagen durch Lehre begreift, im evangelischen aber als Auslegung biblischer Texte in der Konfrontation mit dem jeweiligen Zeitgeist. In beiden Bereichen bleibt aber der Adressat mehr oder weniger nur das Objekt der lehrenden Kirche, welche die Wahrheit immer schon kennt und deshalb aus dem Schatz ihres Wissens oder ihrer Tradition Antworten für fast alle Situationen abrufen kann. Intendiert ist dabei nicht so etwas wie eine schöpferische Vermittlung im Rahmen eines Dialogs, sondern eher eine Überführung des Zeitgeistes und ein autoritatives Kenntlich-Machen der Wahrheit. Da aber liegen für *Feifel* Hauptgründe für den akuten Wirklichkeitsverlust theologischer Arbeit. Wer es eben nicht vermag, Glauben in Welt, und d. h. im Gespräch mit ihr zur Erfahrung zu bringen, hat den Streit um die Wirklichkeit angesichts unserer geistigen Gesamtverfassung bereits verloren. Wenn EB aber wirklich auf die Fragen und Nöte der Gegenwart antworten möchte, muß sie zuerst die jeweilige Frage bewußt machen. Dann erst wird es an der Zeit sein, den Weg zu einer hilfreichen Antwort freizulegen. Dabei wird der Theologe niemals ohne die Thematisierung anthropologischer, gesellschaftlicher und didaktisch-methodischer Bedingungsfaktoren auskommen können.

Zu den traditionellen Konzeptionen evangelischer EB zähle ich auch das ursprüngliche *Zürcher Modell evangelischer EB*, das im Rahmen der Arbeitsgemeinschaft für Kirchliche Schulung (AKS) zu Beginn der siebziger Jahre entstanden ist.[7] Zwar werden da »Dialogisches Verste-

6 *E. Feifel*, Die Bedeutung theologischer Denkmodelle für ein Konzept theologischer Erwachsenenbildung, in: KatBl 98/1973, 463f.

7 Vgl. etwa *T. Vogt*, Herausforderung zum Gespräch, Zürich 1970.

hen« und eine »gegenseitige Vermittlung von Wirklichkeit und Glaube« als wesentliche Zielhorizonte betont, aber es läuft dann doch alles auf eine Berufung auf die wahrheitsverbürgenden Instanzen von Bibel und Glaube hinaus.[8] Das kann aber in unserer geistigen Situation durchaus noch nicht genügen, um den Glauben in seiner Relevanz für konkrete Fragen angemessen zu repräsentieren, zumal wenn wir bedenken, daß auch Glaube und Bibel, wie jede andere Instanz ihrerseits einem Legitimationszwang unterliegen. Diesem ist aber erst dann Genüge getan, wenn es sich im Verlauf eines Dialogs oder einer Diskussion herausstellen sollte, daß ihre Argumente »gestochen« haben. Auch wenn der einzelne Leiter einer Veranstaltung evangelischer EB davon überzeugt sein mag, in der Bibel Offenbarung vor sich zu haben, kann er diese Überzeugung erst dann für andere plausibel machen, wenn er über Argumente verfügt, denen grundsätzlich auch außerhalb seiner Glaubensgemeinschaft ein gewisses Maß an Vernünftigkeit eingeräumt wird. Hier tritt eine leider noch viel zu wenig gesehene Aufgabe in den Blick: Die Beantwortung der Frage nach Bedingungen, unter denen bei der Erörterung aktueller Lebensfragen Glaube und christliche Tradition sinnvoll in einen Kommunikationsprozeß einkommen können. Aber immerhin ist im Zürcher Modell der Adressat nicht mehr bloßes Objekt von Bildungsbemühungen, sondern Zeitgenosse, welcher in seiner Situation ernstgenommen wird und der die in dieser Situation für ihn wesentlichen Fragen in einen Dialog einbringen kann und soll. Dieser Dialog hat dann die Aufgabe, Lebenssituationen und Traditionen des Glaubens in Korrelation zueinander zu diskutieren mit dem Ziel eines reflektierten und in den Entscheidungen der eigenen Lebenspraxis selbst verantworteten Glaubens. Im Vergleich zu den erstgenannten Modellen veränderte sich in Zürich also trotz aller Verwandtschaft Entscheidendes. An die Stelle einer normativen Theologie der Schriftauslegung, aus der alles deduziert wurde, ist eine anthropologisch orientierte Theologie getreten, der die Erfahrungen der Teilnehmer nicht gleichgültig sind.

2.2 Erwachsenenbildung als »Sprachschule für die Freiheit«. An Stelle einer einseitigen Inhaltsbezogenheit oder einer nur strategischen Ernstnahme der Adressaten in Form einer Klärung der Vorerfahrungen und Probleme potentieller Teilnehmer werden in diesem Ansatz der Adressat und seine Welt Mittelpunkt aller konzeptionellen Überlegungen und

8 So auch noch trotz aller Betonung induktiver Prozeßorientierung *V. Weymann*, Evangelische Erwachsenenbildung, Stuttgart 1984.

praktischen Bemühungen. An die Stelle von Postulaten idealer Bildungsziele und Wunschvorstellungen, was Evangelium alles bewirken sollte, tritt jetzt eine vorgängige Analyse der Gesellschaft, in der evangelische EB geschehen soll. Ziel solcher Analysen ist dabei die Auslotung der anstehenden Problematik als Grundlage für eine Erkundung von Möglichkeit und Notwendigkeit eines kirchlichen Engagements.

»Denn EB soll nicht überzeitlichen Normen folgen, sondern ausgehen von den Nöten der bestehenden Gesellschaft.«[9]

Not aber ist z. B. die Fremdbestimmung eines Großteils der Bevölkerung im Arbeitsprozeß, ohne die Möglichkeit einer qualifizierten Mitbestimmung. Damit sich da etwas ändern kann, bedarf es nach der Meinung der Vertreter der hier zur Debatte stehenden Konzeption einer emanzipatorischen evangelischen EB, die im Gegensatz zur herkömmlichen und auf's Ganze gesehen eher unpolitischen EB der Kirche eine Veränderung der Gesellschaft zum Ziel hat. »Emanzipation bedeutet dann nicht, die Freiheit zu individuellem Aufstieg in der vorgegebenen Gesellschaft zu erhalten, sondern vielmehr den Willen zu solidarischer Veränderung der Gesellschaft.«[10]

Das bekannteste Beispiel für dieses auf Gesellschaftsveränderung zielende Modell evangelischer EB stammt von *E. Lange*.[11] Er sieht den Menschen in der modernen Industrie- und Freizeitgesellschaft in der Lage des Sisyphus *und* des Tantalus der griechischen Sage, d. h. in der Not sinnloser Arbeit und der Unmöglichkeit, sich in der Glück verheißenden Freizeit zu erquicken, von der er endlich Sinn und Heil erwartete. Auf die Frage, wie Tantalus geholfen werden kann, antwortete *Lange* mit der Forderung nach einer »EB als Einübung christlicher Freiheit«, die vor allem *drei Zielen* verpflichtet sein soll:

- Der Herstellung von Transparenz als Schaffung von Möglichkeiten, die ökonomischen und politischen Zusammenhänge zu verstehen und in der Folge aktiv an einer Veränderung mitarbeiten zu können;
- der Ausbildung von Freisinn und
- der Erprobung der Freiheit.

Konkret und griffig wird das Modell in dem Aufsatz »Sprachschule für die Freiheit«,[12] in dem *Lange* seine Vorstellung von evangelischer EB als Modell einer »konfliktorientierten« Arbeit für und mit Erwachsenen beschreibt. Diese Form der EB sei »ein Instrument zur Erhaltung und

9 *W. Deresch*, Handbuch für kirchliche Erwachsenenbildung, Hamburg 1973, 56.
10 *W. Deresch*, aaO., 66f.
11 *E. Lange*, Sprachschule für die Freiheit, München/Gelnhausen 1980.
12 *E. Lange*, aaO., 117ff. Daraus auch die folgenden Zitate.

Steigerung der Funktionsfähigkeit der Gesellschaft und ihrer Glieder«. Am Anfang einer solchen EB gelte es, die stagnierende Lernfähigkeit der Menschen, die ihren Interessen entgegensteht, bewußt zu machen, in ihren Gründen aufzudecken, diese Gründe zu thematisieren und zum eigentlichen Lernfeld zu machen. Dabei kämen bisher unterdrückte Konflikte zum Vorschein, Konflikte mit Unterdrückern, mit den eigenen Ängsten und mit bestimmten Verhältnissen, die es zu bearbeiten gelte. »Eingeschüchterte Menschen lernen nur *im* Konflikt und *am* Konflikt. Das gilt vor allem für die, die scheinbar ›ausgelernt‹ haben: Die Erwachsenen.«[13]

Damit sind die wichtigsten Aspekte des Modells beschrieben, das von *E. Lange* im Anschluß an *Paolo Freire*[14] entfaltet wird. Eine EB, die im und am Konflikt mit Eingeschüchterten arbeiten möchte, muß für diese Eingeschüchterten und gegen die Unterdrücker Partei ergreifen. Das bedeutet konkret, daß sie ihre Aktivitäten nicht immer schon und immer wieder den bildungsmäßig Privilegierten widmen darf, sondern geradezu auf die Lernunfähigen zugehen muß.

Aber ist es wirklich die Aufgabe der Kirchen, im Rahmen ihrer EB stellvertretend für Eingeschüchterte Konflikte aufzudecken und dazu aufzurufen, die eigenen Interessen wahrzunehmen? *Lange* bejaht diese Frage und zeigt darüber hinaus auf, daß die Kirche selbst ein Herrschaftssystem repräsentiert, das durch Konflikte aufgebrochen gehört, damit Kirche wieder »Kirche für andere« werden kann. Eine konfliktorientierte EB kann deshalb für Lange nicht umhin, auch die religiöse Dimension des Problems zu bearbeiten.

Und wie sieht die theologische Legitimation dieses Ansatzes aus? Überraschenderweise findet sich bei *Lange* kaum so etwas wie eine ausgeführte theologische Argumentation, ja man kann bei ihm im Grunde nur einige Behauptungen entdecken: Emanzipation sei in der Kirche schon deshalb legitim, weil Diakonie, welche der Kirche aufgetragen ist, Dienst zur Freiheit des anderen sei; und die Verheißung des Reiches Gottes beinhalte nichts anderes als Freiheit, für die es jetzt einzutreten gelte. Stichworte, die sich anschließen, sind »Liebe durch Aufklärung«, »Ruf nach vorwärts«, »Bestimmung zur Freiheit der Kinder Gottes« und ähnliche. So ergibt sich für *Lange* auch aus theologischen Gründen die Aufgabe für die Kirche, das »Erwachsenwerden des Menschen im religiösen und gesellschaftlichen Sinne« zu bedenken und zu besorgen. Wer Selbständigkeit des Denkens und Handelns fördern

13 *E. Lange*, aaO., 123.
14 *P. Freire*, Pädagogik der Unterdrückten, Stuttgart 1971.

möchte, muß auch Spannungen zwischen Anpassung und Widerstand in der Gesellschaft kenntlich und erkennbar machen und zu Wegen verhelfen, die ins Freie führen. Das war so schon ein Ziel der religiösen Sozialisten der zwanziger Jahre unseres Jahrhunderts. Auch sie wußten etwas vom Lernen als Wahrnehmen der eigenen gesellschaftlichen Lebenssituation in ihren Widersprüchen. Auch für sie konnte nicht Wissen allein das Ziel von EB sein, sondern auch der Freiheitsgewinn durch Erwerb von Verhaltenssicherheit, Selbst- und Seinsvertrauen. Bei der hier intendierten Praxis der Befreiung durch Glauben, Hoffnung und Liebe treten in der Regel die traditionellen Inhalte der christlichen Tradition in den Hintergrund. Wichtiger sind Intentionen des Glaubens, wie Gerechtigkeit und Freiheit, die auf gesellschaftlichem Hintergrund zu buchstabieren versucht werden.

Theologie gerät hier unversehens zum integrierenden Bestandteil einer Gesellschaftstheorie und darin zur Vollstreckerin der bisher eher erfolglosen Aufklärung mit den Mitteln der christlichen Religion und ihren uneingelösten Verheißungen.

Ist damit die kränkende Kluft zwischen Dogma und menschlicher Erfahrung, die wir bei der Besprechung eher traditioneller evangelischer EB entdeckt haben, geschlossen? Meines Erachtens sind da Zweifel am Platze. Natürlich ist es richtig, daß Kirche und Christentum immer schon gesellschaftlich geprägt sind und deshalb auch im Kontext konkreter gesellschaftlicher Verhältnisse arbeiten und argumentieren müssen, dennoch scheint mir christliche Welterfahrung und kirchliches Tun nicht zureichend gekennzeichnet zu sein, wenn unversehens die Gesellschaft zum alles umfassenden Horizont der Wirklichkeit auch von Kirche erklärt wird, und Gott z.B. vor allem in Mitmenschlichkeit und gesellschaftliche Befreiung hinein verrechnet wird. Abgesehen davon sollten wir nicht übersehen, daß Freiheit im christlichen Zusammenhang nur als von Gott geschenkte angemessen verstanden ist, nicht aber als die, welche ich mir nehme. Darüber hinaus steht alle gesellschaftliche Freiheit stets unter einem eschatologischen Vorbehalt. Damit ist keinem politischen Quietismus das Wort geredet. In der Tat kann der Glaube nur im Verbund mit gesellschaftlicher Praxis für Gerechtigkeit und Freiheit wirksam werden, wenn anders er nicht eine Form von Selbtbefriedigung sein möchte. Aber bessere Verhältnisse sind noch nicht Freiheit im Sinne des Evangeliums, möglicherweise aber Früchte des Glaubens. Und gibt konfliktorientierte Bildungsarbeit etwa eine Antwort auf die eigentlichen Wurzeln kränkenden Unrechts?

Kurzum, konfliktorientierte EB ist ein unveräußerlicher Teil evangelischer Erwachsenenarbeit, aber isoliert genommen verleugnet sie wesentliche Komponenten des Christlichen: die Freiheit als allein Gott anheimgestellte und das Verständnis vom Gefallensein des Menschen als Wurzel von Unmenschlichkeit und Unterdrückung.

2.3 Erwachsenenbildung als Dialog zwischen Kirche und Welt. Hierbei handelt es sich um Versuche zu einem Dialog ohne Sicherungen. Den traditionellen Konzeptionen der EB und *Langes* Sprachschule für die Freiheit ist wenigstens das gemeinsam, daß sie sich je an einem Leitbild vom Handeln der Kirche orientieren, an einem missionarischen die einen, an einem diakonischen *Ernst Lange*. Gemeinsam ist ihnen auch, daß die Adressaten zwar in je verschiedener Absicht, aber im Grunde doch in erster Linie als Objekte kirchlichen Handelns gesehen werden, mag bei Ernst Lange auch die Grundintention darin bestehen, den Menschen aus einem bedrückten Status zu befreien, bei den konventionellen Entwürfen aber, ihn zu belehren und dadurch zu gewinnen. Das ist anders im Rahmen der jetzt zu besprechenden Konzeptionen. In ihnen spiegelt sich zum ersten Mal eine unvoreingenommene Ernstnahme unserer säkularen Welt wider und damit eine Kirche, die sich ihrer autoritären Selbstgenügsamkeit entkleidet hat.

Zuerst ist hier von den Bemühungen *Erich Feifels* für eine neue Form christlicher EB zu handeln. EB versteht er als ein Werkzeug der Wiederbegegnung von Kirche und Welt in der Lebensform einer Lerngemeinschaft. Glaube ist nicht mehr ein geschlossenes System, das deduktiv in die Niederungen der Welt gebracht wird, auch nicht der bloße Aufruf zur Freiheit, sondern Glaube manifestiert sich in dialogisch strukturierten Lernprozessen im Horizont heutigen Lebens in wechselnden Situationen. »Solches Lernen ist nicht schon gewährleistet durch das Vorhandensein manifest kirchlicher Inhalte, vielmehr erst durch einen didaktischen Prozeß der Integration von Erfahrungen in den Glauben, bei dem die Aufarbeitung der sich mit Tradition, Sozialisation, Sprache, Institution verbindenden Fragen zu je neuen Erfahrungen führt.«[15] Kirchlich ist diese EB deshalb, weil es zur Kommunikation der Glaubenden als Kirche gehört, gemeinsam darüber nachzudenken, »was Engagement für den Menschen und seine Welt und Verantwortung für die Zukunft des Glaubens bedeutet.« Kirchliche EB, wie sie *E. Feifel* versteht, gewinnt dabei jene Form von Ökumene, die sie zum Anwalt des säkularen Zeitgenossen macht.

Hinter dieser Form von EB steht das theologisch-didaktische *Prinzip*

15 *E. Feifel*, Konzeptionen kirchlicher Erwachsenenbildung, in: *E. Feifel u. a. (Hrsg.)*, Handbuch der Religionspädagogik, Bd. 3, 355.

der Korrelation, wie wir es aus dem Werk *Paul Tillichs* kennen. Es zielt auf eine dialektische Bewegung zwischen der Frage, die der Mensch ist, und der Antwort, die Gott ist. Dabei liegen die Dinge durchaus nicht so, wie zuweilen behauptet wird, daß die menschliche Frage bei Tillich die göttliche Antwort determinierte, sondern so, daß der Glaube im Erfahrungshorizont des Zeitgenossen so zur Sprache kommt, daß ein Dialog entsteht, in dem eine doppelseitige Erschließung möglich werden kann. EB hat also die zentrale Aufgabe, den Zusammenhang zwischen den durch eine säkulare Welterfahrung keineswegs verstummten Fragen nach dem Sinn einerseits und den rettenden Antworten des Glaubens andererseits aufzudecken. Das bedeutet für eine diese EB begleitende und sie legitimierende Theologie, daß sie bei jedem Glaubensinhalt, den sie in eine Problemstellung einbringt, gleichursprünglich die Heilsbedeutsamkeit dieses Inhalts und die geschichtlich-konkrete Erfahrungswirklichkeit des Adressaten bedenkt. Erst dann kann es möglich erscheinen, daß nicht nur heutige Erfahrungen vom Glauben her eine neue Deutung erfahren und deshalb neu verstanden werden können, sondern auch, daß im Lichte heutiger Erfahrungen neue Erkenntnisse des Glaubens aufkeimen. Solche neuen Erkenntnisse und solche neue Sprache, wie sie uns etwa in Bekenntnissen oder in engagierten Deutungen von Wirklichkeit begegnen, sind Zeichen eines erwachsenen Glaubens, der nicht durch schon immer vorgegebene christliche Inhalte gesichert ist, sondern in der Situation neu gewagt worden ist und zu neuer Sprache entband.

2.4. Theologische Erwachsenenbildung als Information. Es war *R. Leuenberger*, der zu Beginn der siebziger Jahre davor gewarnt hat, evangelische EB als einen popularisierten theologischen Fachbetrieb zu organisieren.[16] Teilnehmer an solchen Kursen erhielten zwar Kenntnis von den verschiedenen Disziplinen der Universitätstheologie, die Frage sei aber, ob damit evangelische Bildungsarbeit zu betreiben oder aber doch nur der »Grund zu einem theologischen Bildungsphilisterium« gelegt werde. In der Folge forderte *Leuenberger* die Theologie und ihre verschiedenen Fachrichtungen dazu auf, selbst danach zu fragen, was ihr Geschäft nicht nur zu einem akademischen, sondern zu einem sach- und lebensnotwendigen macht. Eine Antwort auf diese Frage erwartete *Leuenberger* nur in dem Fall, daß der Theologe sich als Partner des Nichtfachmanns erweist und ihn auf den Weg seines Denkens mitnimmt.

16 *R. Leuenberger*, Der evangelische Beitrag zur Erwachsenenbildung, in: *F. Ziegel (Hrsg.)*, Chancen des Lernens. Evangelische Beiträge zur Erwachsenenbildung, München 1972, 13ff.

Er denkt da z. B. an die theologische Streitfrage der sog. »Entmythologisierung« biblischer Texte, bei der es sich um eine notwendige Frage handle, weil es in ihr um die Verstehbarkeit und damit die Möglichkeit des Glaubens überhaupt gehe. Genau an diesem Punkt setzen dann konzeptionelle Überlegungen an, die davon ausgehen, daß eine EB, die auf einen Dialog zwischen Kirche und Welt abzielt, vor allem anderen eine Bekanntschaft mit den grundlegenden Traditionen dieser Kirche herstellen muß. Das ist zwar bei genauerer Betrachtung nur eine Teilaufgabe der EB, aber eine unabdingbare.

Bei der Erfüllung dieser Teilaufgabe wird ein Glaubensvollzug des Adressaten weder vorausgesetzt noch angestrebt. Vorausgesetzt ist nur ein intellektuelles Interesse an theologischen Fragen, das vor einigen Jahren z. B. F. J. Hungs in unserer Gesellschaft in hohem Maße konstatieren konnte.[17] EB ist hier keine Missionsveranstaltung und auch kein seelsorgerliches Unternehmen anderer Art, sondern strebt wissenschaftliche Objektivität an. »Als theologische EB sollte man nur diejenige Bildungsbemühung anerkennen, die danach strebt, dem aufgeschlossenen theologischen Laien, d. h. demjenigen, der selbst nicht Theologie studiert hat, die Probleme und Erkenntnisse der modernen Theologie nahezubringen.«[18] Aber ist das nicht gerade das, wovor *Leuenberger* gewarnt hat? *F. Pöggeler*, ein anderer Vertreter einer solchen theologischen EB, weist das weit von sich, indem er nicht nur darauf hinweist, daß so verstandene theologische EB mit allem Ernst auch auf Menschen eingeht, die der christlichen Lehre widersprechen, sondern auch darauf, daß in Zukunft nur noch auf Grund einer angemessenen theologischen Information die Chance bestehe, »auf die wirklichen Lebensfragen einzugehen, die im innerkirchlichen Bereich entweder zu wenig beachtet oder unterdrückt werden.«[19]

Also doch nicht nur theologische Information für Neugierige, sondern echter Dialog, in dem Theologie und Glaube bereit sind, sich aufs Spiel zu setzen.

Damit wird diese Konzeption nicht nur grundlegenden Anforderungen an die EB überhaupt gerecht, sondern auch dem theologischen Grundgedanken, daß Wahrheit nicht immer schon feststeht, sondern sich im Prozeß konstituiert, in dem Glaube und Erfahrung miteinandner

17 *F. J. Hungs*, Erwägungen zum gegenwärtigen Problemfeld einer theologischen Weiterbildung. Erwachsenenbildung in freier kirchlicher Trägerschaft, in: Lebendige Seelsorge 34/1975, 65 ff.

18 So *H. Pöggeler*, Die Kirche und das ›Politikum‹ der Erwachsenenbildung, in: Erwachsenenbildung 17/1971, 224 f.

19 *H. Pöggeler*, aaO., 226 f.

kommunizieren. Damit stehen Evangelium und Glaube nicht zur Disposition, aber sie fungieren nicht als vorgegebene Wahrheit, sondern sind hinterfragbar.

Ich stimme *Christoph Meier* zu, daß hier eine christliche EB vorliegt, in deren Richtung »weitergedacht werden muß, wenn die EB der Kirchen in der Kontinuität ihrer Geschichte und auf der Grundlage des Bestehenden auch für die Gegenwart theologisch wie gesellschaftstheoretisch überzeugend begründet werden soll.«[20]

2.5 Zwischenreflexion. Wir stehen am Ende unserer Skizze ausgewählter Konzeptionen christlicher EB und können abschließend feststellen, daß allen dargestellten Modellen Fragen und Entscheidungen vorausliegen, die aus einer je bestimmten Praxis stammen, aber auch vorwissenschaftliche Grundannahmen enthalten, die sich politischen oder weltanschaulichen Einstellungen verdanken. Das gilt für die Konfliktorientierung *E. Langes* u. a., bei der gesellschaftspolitische Normen und Ziele zu Voraussetzungen einer angestrebten sozialen Identität erklärt werden ebenso, wie für eine EB, die sich eine sinnvolle Arbeit in diesem Bereich nur unter dem Horizont feststehender dogmatischer Aussagen und moralischer Normen vorstellen kann und deshalb die Verbindung von theologischen mit anthropologischen Elementen, die eine christliche EB erst wirklich ermöglicht, fahrlässig verkennt.

Es wird darum gehen, die verschiedenen Faktoren und Elemente, die in jeder christlichen EB ineinandergreifen, zuerst zu klären und dann didaktisch so miteinander zu vermitteln, daß es wirklich der erwachsene mündige Zeitgenosse ist, der gemeint erscheint, und der Glaube als diskutables Angebot im Horizont heutiger Anfragen und Grundfragen des Lebens.

Das Positionspapier der Deutschen Evangelischen Arbeitsgemeinschaft für EB (DEAE) aus dem Jahr 1983 »Evangelische EB – ein Auftrag der Kirche« ist m. E. ein Zeichen, daß in der Zentrale der evangelischen EB in Deutschland ähnlich gedacht wird, wenn man da etwa liest: »Im Dienst persönlicher Lebensgestaltung und gemeinsamer Weltverantwortung sucht evangelische EB die Verbindung von Glauben und Wissen, ausgehend von dem Alltag, der Lebenswelt und Lebensgeschichte ihrer Teilnehmer.«[21]

20 *C. Meier*, Kirchliche Erwachsenenbildung, Stuttgart 1979.

21 Die Denkschrift der Kammer der EKD für Bildung und Erziehung »Erwachsenenbildung als Aufgabe der Evangelischen Kirche. Grundsätze«, Gütersloh 1984 signalisiert m. E. einen Rückschritt, indem sie wieder eher deduktiv

3. Aktionsfelder und Organisationsformen evangelischer Erwachsenenbildung

Evangelische EB repräsentiert nicht nur sehr verschiedene Theorieansätze und eine Vielfalt von Angeboten und von Trägern (Werke, Verbände, Kirchenkreise, Gemeinden ...), sondern auch sehr verschiedene Aktionsfelder (theologische und religiöse Bildung / Eltern- und Familienarbeit / Gemeinwesenarbeit / Gesellschaft und Politik / berufliche Qualifizierung und Weiterbildung an Heimvolkshochschulen oder Kollegs / Akademiearbeit / Arbeit mit Randgruppen und nicht zuletzt Mitarbeit in den Volkshochschulen). Diese verschiedenen Aktionsfelder bedingen nicht nur wegen der unterschiedlichen Zielgruppen, sondern auch wegen der kaum vergleichbaren Inhalte eine hohe Differenzierung in den Arbeitsformen, die uns in Kapitel 3 beschäftigen werden.

3.1 Theologische und religiöse Bildung. In diesem von allen evangelischen Trägern und in allen Aktionsfeldern zumindest *auch* bedachten Bereich erwachsenenbildnerischer Arbeit der evangelischen Kirche geht es zuerst um ein Kennen- und Verstehenlernen christlicher Tradition und um heutige Reflexion des Glaubens.

Dabei konkurrieren nach wie vor normativ-deduktive Formen der Vermittlung und Erschließung mit solchen, die sich einem Interdependenz- und Dialogmodell zwischen heutiger Welterfahrung und darin sich zeitigender Glaubenserkenntnis einerseits und christlicher Tradition andererseits verdanken.

Werden Bibel und christliche Lehre im Rahmen deduktiv arbeitender EB als sich in Sätzen repräsentierende Offenbarung verstanden, mit welcher der Mensch »von außen« konfrontiert wird und die er zu akzeptieren hat, so beachtet das angedeutete Interdependenzmodell ein Offenbarungsverständnis, das neben der Tradition auch heutige Glaubenserkenntnis und Glaubenserfahrung als Quelle der Offenbarung versteht und außerdem die heutige geschichtliche Situation für ein Neuverstehen der Tradition ernst nimmt. Deduktiven Theologieentwürfen wird da vorgeworfen, durch ihr statisches Verständnis von Offenbarung, Glauben und Lehre in einem unbilligen Positivismus, der niemandem hilft, erstarren und im Grunde zur Ideologie ohne Lebensrelevanz verkommen zu lassen.

und weniger partnerschaftlich argumentiert. Die Kirche ist wieder lehrende und Erwachsenenbildung im Grunde nur noch auf spezifisch Christliches zentriert. Mir scheint da ein Konflikt programmiert.

EB im Horizont eines solchen den kritischen Dialog zwischen Tradition und Situation beachtenden Modelles sieht ihre Hauptaufgabe also nicht in einer »richtigen« Darstellung von Lehre in der Form von Referat, Vortrag oder fragend-erörterndem Lehrgespräch traditionell-schulischen Zuschnitts, sondern in der Eröffnung eines offenen Dialogs zwischen einem von einer Gruppe für wichtig gehaltenen Traditionsbestand und bestimmten Erwachsenen, in dem es ein lebendiges Hin und Her von Fragen und Antworten in beiden Richtungen gibt. Der in deduktiv angelegten Veranstaltungen im Grunde bedeutungslose Leser oder Hörer wird hier als Fragender und Verstehender, als Gefragter und In-Frage-Gestellter zu einem, der wesentliche Verantwortung für die heutige konkrete Bedeutung und Verwendung des in Frage stehenden Textes trägt. Das ist deshalb so, weil er seine Erfahrungen mit seiner Welt und mit Gott, sein Wahrheits- und Wirklichkeitsverständnis bewußt und gezielt einbringt. Der aktiv interpretierende Erwachsene ist so kein Unmündiger mehr, sondern »eine Größe eigener Art, unauswechselbar und unentbehrlich«.[22] Er bringt seine Probleme, seine Hoffnungen und Befürchtungen mit hinein in den Dialog, und das sowohl als Hörender als auch als kritisch Fragender, Protestierender und um Klärung Ringender.

Themen und Texte gewinnen so in »dialogischer EB« im Aktionsfeld theologischer und religiöser Bildung ihre Bedeutung nicht aus einer immer schon feststehenden, gleichsam ›heiligen‹ Systematik heraus, sondern müssen sich angesichts einer konkreten Situation und darin gründender Probleme in einem offenen Gespräch erst bewähren. Das bedeutet, daß ein Text oder Thema sowohl einen Sitz in der Situation heutiger Menschen besitzen muß, als auch im Rahmen des christlichen Glaubens, seiner Tradition und aktuellen Reflexion. Damit ist über die Methoden der Vermittlung noch nichts gesagt.

Neben biblischen Texten im Horizont von Lebensfragen spielt in dem hier zu bearbeitenden Aktionsfeld auch Theologie aus allen Bereichen der Forschung eine Rolle, wie sie etwa in Kursen »für Nichttheologen«, in Glaubenskursen und Fragekreisen Mittelpunkt der Erörterung ist. Niemals können Lehre und Bibel dabei, folgen wir dem dialogischen Prinzip, so etwas wie Selbstzweck sein, sondern eher Bestimmungsgrößen eines Dialogs.

3.2 Gesellschaft und Politik – Gemeinwesenarbeit. Gesellschaftliche Verhältnisse und politische Tagesprobleme sind ein Feld evangelischer EB nicht

22 *T. Vogt*, Bibelarbeit, Stuttgart 1985, 26.

nur deshalb, weil auch die Kirche eine gesellschaftlich-politische Dimension besitzt, sondern vor allem deshalb, weil der christliche Glaube sich nicht zuletzt im Politischen und in der Gesellschaft bewähren will und muß. Ort politischer und sozialer Erwachsenenarbeit ist dabei nicht allein das eine oder andere Industriepfarramt, welches z.B. in der Zusammenarbeit mit Gewerkschaften oder auch mit Arbeitgeberinstitutionen versucht, vom christlichen Glauben und einer darin gründenden sozialethischen Reflexion her Kriterien und Perspektiven für Menschen unserer Gesellschaft zu entwickeln, auch nicht nur die kirchliche Sozialakademie oder die Lehrlingsarbeit im Rahmen einer evangelischen Akademie, sondern im Grunde jede Kirchengemeinde, die in einem bestimmten Stadtteil oder einem bestimmten Dorf im Rahmen bestimmter Bevölkerungsgruppen mit bestimmten Problemen sozialer und politischer Art ihren Dienst tut.

Ausgangspunkt für entsprechende Lernangebote sind dabei nicht politische Ideologien und Parteiprogramme, sondern soziale und politische Alltagserfahrungen, »die als problematisch erlebt werden und deshalb manifeste oder latente, artikulierte oder verschwiegene Klärungsbedürfnisse erzeugen.«[23]

Zu denken ist unter anderem

- an das Bedürfnis nach Orientierung angesichts der üblichen Informationsflut bei mangelnder Transparenz der Ereignisse und unzureichender Fähigkeit der Informationsverarbeitung;
- an das Bedürfnis nach selbstverantwortlichem und bewußtem Handeln angesichts vielfältiger Erfahrungen mit Entmündigung und offensichtlicher Ohnmacht;
- an das Bedürfnis nach authentischen Erfahrungen von Gemeinschaft angesichts von Isolation und Vereinsamung;
- an Konflikte im individuellen und gesellschaftlichen Lebenszusammenhang, die nicht oder aber ohne die Möglichkeit, die eigenen Interessen wahrnehmen zu können, »gelöst« worden sind. Solche Konflikte signalisieren einen weiteren Anlaß für »politische EB« in der Kirche.

Ziele, die hier angestrebt werden können, sind:

- Erwerb von politischen und sozialen Kenntnissen und deren Verarbeitung;
- Erwerb von Haltungen, Einstellungen und Verhaltensmustern in der Auseinandersetzung mit bestimmten Situationen und sozial-ethischen Reflexionen;

23 *G. Buttler*, Teilnehmer- und Problemorientierung. Didaktische Kriterien einer prozeßorientierten Erwachsenenbildung evangelischer Kirchen, in: *DEAE (Hrsg.)*, Lernen und Handeln. Bausteine zu einer Konzeption Evangelischer Erwachsenenbildung, Gelnhausen 1980, 13. Vgl. auch *J. Lott*, Handbuch Religion II. Erwachsenenbildung, Stuttgart 1984, 49ff. Daraus auch die folgende Zusammenstellung der Bedürfnisse Erwachsener.

– Gewinn kommunikativer Kompetenz;
– Kennenlernen und Erproben von Handlungsformen.

Es ist ausdrücklich darauf hinzuweisen, daß Handlungsanweisungen in diesem Feld nicht durch so etwas wie einen »Kurzschluß« zwischen Tradition (biblische Texte) und Situation gewonnen werden können. Hier bedarf es einer Bewußtmachung bestimmter Situationen mit Hilfe mehrschichtiger Analyse des in Frage stehenden Tatbestandes und dann der theologischen Reflexion mit Hilfe sozialethischer Kategorien und endlich solidarischen Handelns einer Gruppe.

Wichtige Beispiele für eine neue Form der Arbeit im politisch-gesellschaftlichen Feld haben *H.E. Bahr* und *R. Gronemeyer* in einem Band »Konfliktorientierte Gemeinwesenarbeit« (Darmstadt 1974) zusammengestellt, wobei die theologische Verarbeitung der Problematik klein geschrieben ist.

In dieser Hinsicht ist *Ingo Baldermann* mit seinen Ausführungen zur Friedensfrage angesichts atomarer Bedrohung weiter (Der Gott des Friedens und die Götter der Macht, Neukirchen 1983).

Hauptlernziel im Bereich Gesellschaft – Politik ist die Fähigkeit, zu erkennen und zu verwirklichen, was christliche Verantwortung im Kontext gesellschaftlich-politischer Wirklichkeit beinhaltet.

3.3 Evangelische Akademien. Nach dem 2. Weltkrieg entstanden in kurzer Zeit in allen größeren Landeskirchen Tagungsstätten in kirchlicher Trägerschaft, die es als ihre Aufgabe sahen, Begegnungen zwischen Gruppen der Gesellschaft zu ermöglichen, die sich entweder fremd gegenüberstanden oder aber keine Notiz voneinander nahmen. Darüber hinaus sahen die Promotoren dieser neuen Form kirchlicher EB in der Akademiearbeit auch eine Möglichkeit, Kirche und Gesellschaft auf einem gleichsam »neutralen« Boden miteinander ins Gespräch zu bringen. Der Stil solcher Begegnungen war nicht der von Belehrung oder Bekehrung, sondern der eines gemeinsamen Suchens nach Maßstäben und Perspektiven für Gegenwart und Zukunft. Dazu kamen die Möglichkeiten mehrtägigen Zusammenseins unter einem Dach; das persönliche Gespräch der Teilnehmer, die Auseinandersetzung mit gegensätzlichen Voraussetzungen im Klima gemeinsamen Gast-Seins und unter dem Eindruck von engagierter Verkündigung im Rahmen von Andacht und Gottesdienst, und in allem das persönliche Sich-Kennen-Lernen von Menschen verschiedener Herkunft und unterschiedlicher Interessen. Wichtige Gegenstände der Akademiearbeit waren und sind gesellschaftliche Probleme (Die Solidarität zwischen Besitzenden und Besitzlosen; das Verhältnis der Generationen; die ökologische Frage; das Verhältnis von Kapital und Arbeit; Demokratie zwischen Anspruch und Wirklichkeit; Medienpolitik; das Verhältnis von Staat und Kirche...), Fragen berufsständischer Herkunft, Konflikte zwischen gesellschaftlichen Gruppen, Schwierigkeiten bestimmter Problemgruppen der Gesellschaft, etc.

Stets haben sich die Akademien darum bemüht, ihren Gästen nicht nur mit gediegener Information durch Fachleute aller Art zu dienen, sondern auch mit einer klaren Analyse bestehender Konflikte und der Aufforderung zu offener Diskussion bei jeweiliger Ernstnahme aller Kontrahenten. All das geschah und geschieht in der Überzeugung, daß der christliche Glaube für die jeweils anstehende Problematik einen hilfreichen Beistand zu leisten vermag, d.h. in ganz bestimmten Situationen Gesellschafts-Diakonie anbieten kann.

Kritikern der Akademiearbeit erschien die von den Akademien stets beachtete Neutralität fragwürdig, weil sie es für ausgeschlossen halten, daß es für Menschen, die dem Evangelium verpflichtet sind, erlaubt ist, in bestimmten Situationen Neutralität zu pflegen statt Stellung zu beziehen. Diese Kritik mindert jedoch die Verdienste der Akademien um die Lösung gesellschaftlicher Probleme solange nicht, als Kirche sich nicht nur als Besserwisserin versteht, sondern solidarischer Partner im Ringen um die Lösung spezifischer Konflikte bleibt.

Aus der Arbeit der Akademien entstanden schon in den sechziger Jahren auch Aktivitäten außerhalb ihrer Mauern: Hauskreise, Akademiearbeit in Kirchenkreisen zur Vertiefung von in Tagungen erarbeiteten Ergebnissen und Perspektiven sowie Freundeskreise der Akademie, die bei der Ausarbeitung der Jahresplanungen behilflich sind.

Mit Hilfe der Akademiearbeit beschaffte sich die evangelische Kirche nicht nur einen Zugang zu Kreisen, die der Kirche oft schon lange entfremdet erschienen, sondern sie gewann auch Anschluß an gesellschaftliche Probleme und Schwierigkeiten, die ihr in der langen Geschichte gesellschaftlicher Entfremdung der Kirche und ihrer Verkündigung fremd geworden waren. So ist es nicht verwunderlich, daß die theologische Sozialethik in vieler Hinsicht durch die Arbeit der Akademie neue Impulse gewonnen hat.

3.4 Mitarbeit an örtlichen Volkshochschulen. Die Volkshochschulen sind ihrem Selbstverständnis nach politisch und religiös neutral. Dies ist der Grund dafür, daß Mitarbeit der Kirchen im Rahmen der Volkshochschule auf keinen Fall so etwas wie Volksmission sein kann.

Theologische und religiöse, aber auch religionspädagogische Themen werden von Volkshochschulen deshalb angeboten, weil Glaube und Religion zum gegenwärtigen Bild der Gesellschaft gehören. Ziel solcher Angebote ist nicht Glaubensbildung, sondern Mündigkeit in diesem Bereich als Voraussetzung zur Wahrnehmung des Grundrechts der Religionsfreiheit. Pfarrer oder Theologen werden von Volkshochschulen immer dann um Mitarbeit gebeten, wenn konkrete Fragen bestehen, die von Nicht-Theologen schwer zu beantworten sind. Zu denken ist an Themen wie »Kirche und moderne Gesellschaft« oder »Reformation unserer Stadt« oder »Religionsunterricht in öffentlichen Schulen?« und ähnliches.[24]

3.5 Heimvolkshochschulen in kirchlicher Trägerschaft. Die Heimvolkshochschulen wenden sich in der Regel an Menschen, die sich für bestimmte berufliche Aufgaben in Kirche und Gesellschaft die erforderlichen Kenntnisse und Fähigkeiten erwerben wollen oder die ihre Schul- und Berufsbildung erweitern bzw. ergänzen möchten. Auch Umschulungshilfen für Angehörige bestimmter Berufe, die durch die technische Entwicklung überflüssig geworden sind, gehören zum Programm.

Das Christliche in den Heimvolkshochschulen ist dabei nicht unbedingt der Inhalt der Angebote, sondern eher das Leben im Internat, die Gestaltung der Freizeit, der angebotene Gottesdienst am Abend, die Gesprächs-, Aktions- und Mitarbeitsimpulse im Verlauf der halbjährigen, oder auch kürzeren oder längeren Kurse.

Weiterbildungsangebote gibt es in Heimvolkshochschulen auch für kirchliche Mitarbeiter in den Gemeinden oder in bestimmten Werken.

3.6 Familienbildungsstätten. Die Familie hat in der modernen Gesellschaft seit der Industrialisierung im 19. Jahrhundert eine Funktion nach der anderen verloren. Man denke etwa an die Berufsausbildung, die Partnerwahl, die Einführung in die christliche Lehre,etc.; geblieben ist ihr aber die Ausbildung der soziokulturellen Persönlichkeit der nachwachsenden Generation.

An dieser Stelle gibt es aber mancherlei Probleme, die nicht nur aus der Ahnungslosigkeit und Unsicherheit vieler junger Eltern in Fragen der Erziehung resultieren, sondern vor allem auch aus dem nicht seltenen Tatbestand der Berufstätigkeit beider Elternteile. Angebote zu Fra-

24 Listen von Themen verschiedener örtlicher Volkshochschulen im Bereich Glaube – Kirche – Religion finden sich bei *G. Iber*, (Örtliche) Volkshochschularbeit, in: *P. C. Bloth u. a. (Hrsg.)*, Handbuch der Praktischen Theologie, Bd. 3, Gütersloh 1983, 418ff.

gen frühkindlicher Erziehung und ihrer psychologischen und sozialen Voraussetzungen, zu Fragen der religiösen Kindererziehung und der sozialen und pädagogischen Situation der Familie in der Industriegesellschaft gehören deshalb ebenso zum Programm dieser Einrichtungen wie eher praktisch-handwerkliche, pflegerische, hauswirtschaftliche und hygienische Lehr-Lernangebote. Die meisten Teilnehmer bei solchen Kursen sind nach wie vor Frauen. Das gilt auch für Angebote theologischen Inhaltes für Konfirmanden-Eltern.

3.7 Altenarbeit. Traditionell leistet die Kirche für ältere Menschen »Betreuung«, »Unterhaltung« und hier und da auch »Beschäftigung«. Es sind vor allem Frauen und da Angehörige der unteren Mittelschicht, die entsprechende Veranstaltungen besuchen. Die Qualifikation der Mitarbeiter für diesen Zweig der Erwachsenenbildung ist in der Regel wenig differenziert.

Es gibt also viel zu tun auf diesem Feld, um die z.B. von *H. Liebl* genannten Ziele einer angemessenen Altenarbeit zu verwirklichen:[25]
– Lebensräume erhalten und wiedergewinnen;
– Eigenständigkeit und Selbstbestimmung alter Menschen stärken;
– Gesellschaftliche Bedingungen für alte Menschen (materiell, psychisch, medizinisch, sozial) bewußtmachen;
– Solidarische Bemühung um eine Verbesserung der sozialen Bedingungen;
– Förderung der Eigeninitiative alter Menschen;
– Aufbau neuer Kontakte für alte Menschen;
– Stützung und Weckung noch vorhandener Kräfte.

In allem ist die Ernstnahme des alten Menschen als Partner Voraussetzung. Nur so wird es möglich sein, Hilfen zum Leben und zum Sterben anzubieten.

Im Hintergrund steht hier die Forderung an die Kirche, alte Menschen nicht zu Objekten einer christlichen Fürsorgepflicht zu machen, sondern ihre Lebenskräfte durch ein vielfältiges Angebot zu stärken. »Befähigungsdiakonie«, nicht »Betreuungsdiakonie« heißt die Devise.

Was bedeutet das für die Einrichtung von Altenclubs, für die Finanzplanung einer Gemeinde, für die Bemühung um eine Integration von alten und jungen Menschen? (→ s. u. XIII).

Erwachsenenarbeit als Arbeit mit und für Randgruppen (Arbeitslose,

25 *H. Liebl*, Wandlungen in der Evangelischen Altenhilfe, in: Diakonie 1/1975, 19; vgl. auch *U. Koch-Straube*, Gemeindearbeit mit alten Menschen, Zürich/Gelnhausen 1979, 18–26.

Menschen in einer besonderen Lebenslage, Kranke etc.) kann hier nur noch genannt werden. Für alle genannten Aktivitäten in den verschiedenen Handlungsfeldern bedarf es besonderer Qualifikationen, die ein/e Pfarrer/in oder Sozialarbeiter/in oder Gemeindehelfer/in nicht immer schon besitzen, sondern die in einer engen Verbindung von Theorie und Praxis erworben werden müssen.

4. Zur Didaktik und Methodik evangelischer Erwachsenenbildung

4.1 Didaktische Grundstruktur. Wie in der EB überhaupt, so war es auch in der evangelischen EB für lange Zeit allein die *Praxis*, welche das Bild hin und her im Lande prägte. Das mag auch der Grund dafür sein, daß es bis in die siebziger Jahre hinein kein stimmiges und für alle Aktivitäten wegweisendes Konzept einer Didaktik evangelischer EB gegeben hat. Dazu fehlte es nicht nur an einer allseits anerkannten christlichen Bildungstheorie, sondern sogar an einigermaßen einprägsamen Leitideen. Das besagt jedoch nicht, daß die einzelnen Mitarbeiter nicht bestimmte Vorstellungen von dem gehabt hätten, was zu tun notwendig war. Allerdings unterschieden sich diese Vorstellungen, wie wir schon bei der Durchsicht einiger Theoriesätze gesehen haben, erheblich voneinander: Eher konservative, kultur- und gesellschaftskritische Konzeptionen standen unvermittelt neben progressiv-sozialistischen.

Theologisch und an der Erziehungswissenschaft orientierte didaktisch reflektierte Bemühungen gibt es im Grunde erst seit die EB im Zuge der staatlichen Bildungspolitik nach und nach zu einer Aufgabe staatlicher Daseinsfürsorge wurde und auch die evangelischen Träger sich dazu gezwungen sahen, Maßstäben und Standards zu genügen, die Zuschüsse des Staates erst in den Bereich der Möglichkeit gelangen ließen. Jetzt war man gezwungen, sich nicht nur über Themenauswahl und Themenschwerpunkte, wie sie einer Kerngemeinde wichtig erscheinen konnten, zu unterhalten, sondern auch über Themen für größere Adressatenkreise. Problematisch wurden auch der Arbeitsstil, die Organisationsformen und die durchaus verschiedenen bildungsmäßigen Voraussetzungen und Interessen potentieller Interessenten. Dabei wurde deutlich, daß der Bildungsbedarf und das Bildungsinteresse der Bürger andere Veranstaltungen notwendig machte als der herkömmliche Verkündigungsauftrag der Kirche, um die Aufgabe, den in der Kindheit begonnenen religiösen Lernprozeß unter den Bedingungen des Erwachsenenalters fortzusetzen, sachgerecht wahrzunehmen.

Hier liegt der Grund des in Theorie und Praxis seit einiger Zeit schwelenden Konfliktes zwischen einer »EB« in der Tradition volksmissionarischer Aktivitäten der Kirche und einer gesellschaftsbezogenen evangelischen EB in kirchlicher Trägerschaft, die sich als Beitrag der Kirche zu einer offenen Weiterbildung für alle und damit zu einer gesellschaftlichen Aufgabe hohen Ranges verstehen will.

Wie ist das Verhältnis zwischen diesen beiden Zweigen evangelischer EB, genauer zwischen der Arbeit einer offenen Weiterbildung im Horizont gesellschaftlicher Probleme und einer Arbeit im Rahmen des Gesamtkatechumenats der Gemeinde zu bestimmen?

Dieses Problem stellt sich auch für die Ausbildung der Mitarbeiter, die seit 1971 von der Evangelischen Arbeitsstelle Fernstudium für kirchliche Dienste entwickelt worden ist und von den Trägern der EB ins Werk gesetzt wird.[26]

Beim Versuch, dieses Problem zu lösen, haben sich, wie *G. Strunk* gezeigt hat, und wie das Papier der DEAE aus dem Jahre 1983 »EB – ein Auftrag der Kirche« beweist, bei allen vielleicht sogar sachgemäßen Unterschieden *vier Prinzipien* herauskritallisiert, die m. E. für alle Formen der EB in evangelischer Trägerschaft verpflichtend werden sollten:[27]

1. »Gewinnung der inhaltlich-thematischen *Fragestellungen aus der alltäglichen Lebenswelt* der jeweils angesprochenen Adressatengruppen.«
2. »Verwirklichung eines *mehrdimensionalen Lernbegriffs*, in dem orientierende Aufklärung und befreiende Erfahrungsverarbeitung, Gemeinschaftserfahrung und kritische Handlungsbefähigung eine unlösliche Verbindung eingehen.«
3. »Aufbau eines *differenzierten Systems der EB in evangelischer Trägerschaft* in systematischer Weiterentwicklung der bisherigen Strukturen ...“
4. »Entscheidung für die Beteiligung an einem plural verfaßten System der EB unter öffentlicher Verantwortung, ohne auf eine *kritische Mitgestaltung* dieses Systems zu verzichten, die darauf ausgerichtet ist, humanes, befreiendes und sinnstiftendes Lernen nicht nur zu ermöglichen, sondern herauszufordern.«

Eine didaktische Struktur evangelischer EB muß, folgt sie diesen Prinzipien, von dem Interesse bestimmt sein, »das Evangelium als helfende und befreiende Botschaft in die Bearbeitung alltäglicher Problemstellungen einzubringen.« Das ist kein Affront gegen traditionelle Glau-

26 Besonders interessant für unseren Zusammenhang sind die Studienbriefe 1 »Erwachsenenbildnerische Praxis und erziehungswissenschaftliche Theorie«, 2 »Lernbedingungen im Erwachsenenalter«, 5 »Planung von Veranstaltungen. Situationen – Ziele – Inhalte« und 6 »Das Problem der Methode in der EB«.

27 Zum Folgenden s. *G. Strunk*, Art. Erwachsenenbildung, in: TRE, Bd. 10, 1982, 180.

bensunterweisung und theologische Information, wie sie etwa auch vom »Evangelischen Erwachsenenkatechismus« intendiert werden, aber eine Option dafür, auch in diesen Zweigen der EB darauf zu achten, daß die bisherigen Erfahrungen der Adressaten mit Gott und dem Glauben wirklich ernst genommen werden und das so, daß sich die Inhalte solcher Veranstaltungen im Grunde erst durch die Teilnehmer und ihre Stellung zu einem vorausgewählten »Stoff« konstituieren. Erst dann kann es ja sinnvoll erscheinen, diese ›Stellung‹ mit anderen Deutungen von Welt, Mensch und Gott zu konfrontieren und damit ein Angebot zu machen für eine Neuklärung von vermeintlich immer schon Gewußtem, und das im Horizont von Problemen, die wirklich in Frage stehen.

4.2 Lebensweltorientierung und Zielgruppen. Lebensweltorientierung, wie wir sie hier verstehen wollen, bedingt eine Didaktik, die sich gleich intensiv um Inhalte, Ziele und Methoden bemüht und das alles im Blick auf konkrete Adressaten, ihre speziellen Erfahrungen und Erwartungen und vor allem ihre Motivation. Eine lebensweltorientierte Didaktik wird also Abschied nehmen von herkömmlichen Modellen kirchlicher Arbeit, für welche Inhalte immer schon feststanden und nur noch die Lehr-Lernverfahren problematisch waren: »Wie sag' ich's meinem Kinde?«

Erstes Thema didaktischer Arbeit ist die *Zielgruppe* mit ihren bildungsrelevanten Merkmalen (Lebens- und Lerngeschichte, Bedürfnisse, Motivation; kognitive und kommunikative Kompetenz; Glaubensverständnis ...).

Mögliche *Zielgruppen* evangelischer EB sind z. B.

- Gruppen mit religiösen Bedürfnissen, die in Glaubens- und Bibelseminare kommen oder theologische Information anstreben.
- Gruppen, die an berufs- und gesellschaftspolitischen Problemen arbeiten wollen.
- Gruppen, die Fragen haben, die einer spezifischen Lebensphase oder einer bestimmten Geschlechtsrolle zuzuordnen sind.
- Soziale Randgruppen aller Art.[28]

In jedem Fall gilt es, das jeweilige Arbeitsfeld unter Beachtung der lebensgeschichtlichen Wirklichkeit der Interessenten und der in ihr gründenden Bedürfnisse genau abzustecken und zu strukturieren. Dann erst wird es möglich sein, zusammen mit einer konkreten Gruppe Inhalte, Ziele und Lehr-Lernverfahren auszuhandeln.

28 Vgl. zum vorstehenden Abschnitt *T. Vogt*, Zielgruppen in der evangelischen Erwachsenenbildung, in: *P. C. Bloth u. a. (Hrsg.)*, Handbuch der Praktischen Theologie, Bd. 3, Gütersloh 1983, 413f.

Hinter dieser Abfolge steht nicht nur die theologische Erkenntnis, daß Glaubensaussagen aus bestimmten Lebenserfahrungen heraus entstanden sind und am besten auf entsprechende Lebenssituationen hin neu zur Sprache gebracht werden können, sondern auch die pädagogische Erkenntnis, daß ein Lehr-Lernerfolg in der Regel am ehesten da möglich erscheint, wo eine Lernmotivation und die Bereitschaft zur Mitarbeit von vornherein gegeben sind. Das wird aber am ehesten dann der Fall sein, wenn wir »jene Erfahrungen, Anforderungen und Schwierigkeiten der Erwachsenen zum Gegenstand des Lernens... machen, mit denen sie auf Grund ihrer propädeutischen Bildung und Lebenserfahrung nicht oder nur unzulänglich fertig wurden.«[29] Die *Grundsätze didaktischer Planung und Durchführung* sind deshalb kurz gefaßt folgende:

- Beachtung der Lebenswelt einschließlich der Lebens- und Lerngeschichte;
- Übersetzung erfahrener Probleme, Schwierigkeiten, Begrenzungen im Rahmen konkreter Alltagssituationen in Lernimpulse, Lernaufgaben und Problemstellungen im Rahmen eines Reduktions- und eines auf Lernen bezogenen Rekonstruktionsprozesses;
- Schaffung einer Lernsituation unter Beachtung der institutionellen und strukturellen (Teilnehmerzusammensetzung, Lerndauer, Ziele des Veranstalters und der sie tragenden Gruppen) Bedingungen sowie der individuellen Lernmöglichkeiten und -hemmnisse;
- Vermittlung von Verwendungssituationen im Prozeß der Abgrenzung von Lernzielen und Inhalten durch Teilnehmer und Leiter.
- Eine aktive Beteiligung aller an allen Teilprozessen ist wünschenswert.

Es wäre nun notwendig, diese Grundsätze an einem Beispiel zu verdeutlichen und z.B. ein mögliches Zielspektrum zu entwerfen, das erstrebtem Orientierungswissen, Problemverständnis,Problemlösungsverhalten und erwünschten Einstellungen etc. entsprechen müßte, doch fehlt uns hier der Platz dazu. Ich verweise jedoch mit Nachdruck auf die beiden wichtigen Publikationen zum Problem von *G. Strunk* »Lebensweltorientierung« und *G. Buttler* »Teilnehmer- und Problemorientierung«, die beide in dem von der DEAE herausgegebenen Sammelband »Lernen und Handeln«, Gelnhausen 1980, erschienen sind.

4.3 Stile und Methoden evangelischer Erwachsenenbildung. Methoden, Lehr-Lernstile und auch Organisationsstrukturen sind integrierende Faktoren didaktischer Arbeit, mögen sie nun als durchaus sekundäre Formen der Vermittlung von immer schon feststehenden Inhalten und Zielen

29 *G. Strunk*, Lebensweltorientierung, in: *DEAE (Hrsg.)*, Lernen und Handeln, Gelnhausen 1980, 35f. Aus diesem Aufsatz stammen auch die folgenden Zitate.

verstanden werden, oder aber, und das wird in den im wesentlichen Unsicherheit repräsentierenden religiösen Lehr- und Lernfeldern immer mehr die Regel sein müssen, als Teil eines ausgearbeiteten didaktischen Konzeptes, das sich um methodische Fragen nicht drückt und um die Interdependenz zwischen Methoden, Zielen und Inhalten weiß. Es sind nicht selten die Methoden unter Einschluß von Lehr-Lernstilen und Organisationsstrukturen, die über Erfolg oder Mißerfolg auch einer EB-Veranstaltung wesentlich entscheiden.

Es läßt sich nicht leugnen, daß *methodische Vorschläge*, sieht man einmal von dem neuen Buch von *Th. Vogt* »Bibelarbeit« ab, in der evangelischen EB häufig als eher einfallslos und abstrakt, zumindest aber als nicht bewährt zu bezeichnen sind. Hier gilt es für die Zukunft mehr als bisher bei Pädagogen und Lernpsychologen in die Schule zu gehen, aber auch bei manchem Praktiker, dem etwas eingefallen ist.[30]

Es kann nun nicht unsere Aufgabe sein, alle oder auch nur manche Möglichkeiten methodischer Gestaltung Revue passieren zu lassen, aber hinweisen möchte ich doch darauf, daß wir uns vor allem solche Verfahren genauer ansehen sollten, die Teilnehmer aktivieren und ihnen faktisch Selbstbestimmung ermöglichen. In diesem Zusammenhang sind gewisse Gesprächsmodelle aus dem Bereich der »Themenzentrierten Interaktion« (TZI),[31] aber auch Formen des Interaktionsspiels, des kreativen Gestaltens und der Konfliktbearbeitung besonders hervorzuheben, auch Methoden aus der Beratung und sogar aus der Schulpädagogik.

Stets werden wir bei der Wahl von Methoden darauf achten müssen, daß sie stimmig sind und zwar nicht nur im Blick auf die Teilnehmer, sondern auch auf die gewählten Ziele und Inhalte und nicht zuletzt auf bestimmte Situationen im Rahmen einer bestimmten Veranstaltung.

Ein m. E. *gelungenes Beispiel* für eine angemessene Methodenwahl im Verbund mit einem Seminar über das Verhältnis von »Normen und Glauben« hat *Jörg Knoll* in

30 Zum Methodenproblem vgl. den in Anm. 26 genannten Studienbrief 6, *J. Knoll*, Zum Methodenverständnis in der evangelischen-Erwachsenenbildung, in: *DEAE (Hrsg.)*, Lernen und Handeln, Gelnhausen 1980, 68–82, und die bekannten Bücher zu Methoden in religionspädagogisch verantworteten Handlungsfeldern, z. B. *B. Grom*, Methoden für Religionsunterricht, Jugendarbeit und Erwachsenenbildung, Düsseldorf/Göttingen 1976 und neuere Auflagen sowie *X. Fiederle*, Kursbuch zur Arbeit mit Erwachsenen, Gelnhausen/Freiburg 1975.

31 Vgl. z.B. *J. W. Pfeiffer/J. E. Jones*, Arbeitsmaterial zur Gruppendynamik, 2 Bde., Gelnhausen u.a. 1974 und 1976 und *I. Ammann u.a.*, Erfahrungen lebendigen Lernens, Mainz 1985.

dem Sammelband »Lernen und Handeln«[32] vorgelegt. In der Planung reflektiert *Knoll* neben der Situation des Teams (Wo gibt es da Normen? Wie gehen wir mit ihnen um? Wo liegen Fragen und Bedürfnisse? ...) auch die Zielgruppe, bestimmt dann in einem Vorentwurf zusammen mit seinen Mitarbeitern Ziele und Inhalte als hypothetische und fragt endlich nach den angemessenen Methoden (Fallbeispiele, Arbeitspapiere für Gruppenarbeit, Textarbeitsauszüge, mögliche Impulse...). Das Arrangement ist dann so gestaltet, daß die Teilnehmer stets sich selbst und ihre Erfahrungen und Probleme einbringen können und das Team je neu gefragt ist, wie es intervenieren könnte.

Einige Bemerkungen zum *Lehrstil von Leitern und zu Organisationsstrukturen* sollen diesen Abschnitt abrunden:[33] Traditionellen Formen kirchlicher Arbeit für und mit Erwachsenen entsprach mehrheitlich ein sog. *»Patronales Verhältnis«* zwischen Leiter und Gemeindeglied, welches das Verhältnis zwischen wissendem Lehrer und unwissendem Kind einfach fortsetzte. Dieses Verhältnis kann durchaus auch jovial gestaltet sein. Der Wissende lehrt, die Unwissenden lernen, was angeboten wird. Ganz in der Nähe liegt das sog. *»Missionarische Verhältnis«*. Ihm entspricht eine geschlossene Lehre, die dem Erwachsenen als gültige übermittelt wird. Bei erfolgreicher Unterweisung nimmt der Unterschied zwischen Lehrenden und Lernendem ab. Das sog. *»Sachkompetenzverhältnis«* wird durch Kenntnisse und Fähigkeiten besonderer Art auf der Seite des Lehrenden und bestimmte Interessen auf der Seite des Lernenden konstituiert. Wenn bei einem solchen Verhältnis Lehrenden und Lernenden bewußt ist, daß Überlegenheit und Unterlegenheit nur partiell sind, gibt es zwischen den beiden Gruppen keine grundsätzlichen Unterschiede und deshalb auch keine Abhängigkeitsverhältnisse.

Moderne Formen der EB bevorzugen das sog. *»Gruppenpartner-Verhältnis«*, gemäß dem eine Gruppe von Erwachsenen ohne besondere Lehrperson gemeinsam daran arbeitet, bestimmte Erfahrungen und Erkenntnisse zu gewinnen, auszutauschen und zu überprüfen. Ziel ist dabei nicht nur die Lösung ganz bestimmter Probleme mit Hilfe von verschiedensten Arbeitsmaterialien, sondern vor allem auch die Kommunikation, zuweilen auch die Selbsterfahrung der Teilnehmer im Gruppenprozeß.

Selbstredend sind die skizzierten Typen in der Praxis der EB nie rein anzutreffen, sondern in z. T. merkwürdigen Konstellationen. So kann

32 *DEAE (Hrsg.)*, Lernen und Handeln, Gelnhausen 1980, 77ff.

33 Zur Unterscheidung der vier Typen vgl. *W. Schulenberg*, Art. Erwachsenenbildung, in: *H.-H. Groothoff (Hrsg.)*, Pädagogik, Frankfurt 1973, 65ff. und die Literatur zur Person des Religionslehrers, z. B. *H.-G. Heimbrock (Hrsg.)*, Religionslehrer – Person und Beruf, Göttingen 1982.

z.B. in einem Sachkompetenz-Verhältnis (Theologie-Kurs) durchaus ein patronaler oder gar missionarischer Stil begegnen und in einem Gruppenpartner-Verhältnis das Bedürfnis nach einem »Leiter« dazu führen, daß einer sich diesen »Schuh anzieht«. Wir müßten nun noch mit anderen Unterscheidungen bekanntmachen (autoritär, sozialintegrativ, etc.) und auch das Ganze an Beispielen veranschaulichen, doch auch dafür fehlt der Platz.[34]

Was die *Organisation des Lernens* in der evangelischen EB anbetrifft, finden wir nach wie vor den Vortrag als Form der Informationsvermittlung mit einer anschließenden Befragung des Referenten. Daneben stehen Bildungsveranstaltungen, die zwar von einem Team vorstrukturiert werden (Inhalte, Ziele), ohne aber auf eine gemeinsame Zieldiskussion und selbststrukturierte Prozesse des Lernens zu verzichten. Vorbildlich hier die sog. AKS-Kurse des Zürcher Instituts für EB.

Wo sachbezogene Weiterbildung von Mitarbeitern angestrebt wird oder aber auch altersspezifische Probleme im Mittelpunkt des Interesses stehen, werden die Probleme und Bedürfnisse zwar in der Gruppe erarbeitet werden können, aber es wird auch immer wieder ein Informationsteil belehrende Sequenzen erforderlich machen, die jedoch durch kritische Sachdiskussionen aus schulischer Atmosphäre herausgehalten werden können.

Ist soziales Lernen oder Konfliktbearbeitung Ziel eines Kurses und das in heterogenen Gruppen ohne vorgängigen Konsens, sind hohe Anforderungen an gemeinsames Lernen gestellt. Hier können Methoden der TZI weiterhelfen.

5. Zum Verhältnis von Theologie und Andragogik im Handlungsfeld evangelischer Erwachsenenbildung

Für das Bewußtsein vieler Pfarrer, die unter anderem auch Veranstaltungen im Rahmen der EB planen und durchführen, ist das Verhältnis der Theologie zu ihrer Praxis zuerst das von zielbestimmender Theorie – die sich vornehmlich der Interpretation von Texten verdankt, aber nur in Ausnahmefällen ihre Voraussetzungen in der Praxis und der sie umgebenden Gesellschaft bedenkt – und einem fremdbestimmten Anwendungshandeln. Die Religionspädagogik ist in diesem Denkmodell so

34 *R. Tausch/A. Tausch*, Erziehungspsychologie. Psychologische Prozesse in Erziehung und Unterricht, Stuttgart [7]1973.

etwas wie eine Brücke zwischen obersten Glaubens-, Denk- und Verhaltensnormen der Theologie und der kirchlich-gesellschaftlichen Praxis des Evangeliums.

Seit einiger Zeit gibt es da Zwischenrufe, die das Ende dieses Deduktionsmodells fordern und eine längst fällige sorgfältige Beachtung der Sachgesetzlichkeiten der verschiedenen Handlungsfelder, etwa auch des pädagogischen Feldes der evangelischen EB, verlangen. Das aber bedeutet für Theorie und Praxis der Theologie die Pflicht zur Kenntnisnahme und Indienstnahme humanwissenschaftlicher Instrumentarien. Erst sie ermöglichen die Inangriffnahme einer adressaten- und sachkonformen Praxis. Doch wie müßte eine Theologie aussehen, welche die sozial- und humanwissenschaftlichen Analysen integrieren und in Richtung auf eine Veränderung der theologisch zu verantwortenden Praxis bedenken kann?

Mit *P. Biehl* und anderen bin ich der Ansicht, daß eine solche Theologie für eine zu verändernde Praxis[35]

- einen vorgängigen Bezug auf Wirklichkeit repräsentieren muß: auf die gesellschaftliche Entwicklung, auf das allgemeine religiöse Bewußtsein in der heutigen Lebenswelt, auf die drängenden Fragen des Alltags...
- produktiv sein muß für Weltverstehen und gesellschaftliches Handeln in möglichst vielen Bereichen;
- ihren Einsatz gleichursprünglich bei der Tradition und heutiger gesellschaftlicher Praxis nehmen muß, um so die Möglichkeit zu haben, überhaupt erst nach einer möglichen Bedeutung des Glaubens für Gegenwart und Zukunft sinnvoll zu fragen und nach Antworten zu suchen;
- achten muß auf eine strikte Unterscheidung zwischen ihrem Entdeckungszusammenhang (Tradition und gegenwärtige Praxis des Glaubens in Kirche und Gesellschaft) und ihrem Begründungszusammenhang, in dem es um die Erarbeitung durchaus hypothetischer Aussagen zur Bedeutung dieses Glaubens für Alltag und Problematik heutiger Welt geht;
- endlich auf jeglichen vorgängigen Wahrheitsanspruch verzichten und es wagen muß, Wahrheit im Vertrauen auf die Kraft des Evangeliums argumentativ im Ringen um einen Consens und im Beweis der Tat zu erweisen.

Dieser durchaus ergänzungsfähige Katalog von Forderungen zeigt, daß eine Theologie für die Praxis sich nicht damit begnügen kann, Tradition mit den Instrumentarien moderner Hermeneutik verständlich zu machen, sondern daß sie darüber hinaus im Rahmen eines Arrangements anderer wissenschaftlicher Fragehinsichten (psychologischen, soziologischen...) Bemühungen anstellen sollte, wichtige Elemente der Tradi-

35 *P. Biehl*, Zur Funktion der Theologie in einem themen-orientierten Religionsunterricht, in: *H.B. Kaufmann (Hrsg.)*, Streit um den problemorientierten Unterricht, Frankfurt 1973, 66f.

tion im »Gespräch« mit heutigen Grundfragen menschlich-gesellschaftlichen Daseins zu verantworten und zu bewähren.

Ich denke dabei vor allem an

- den Gedanken der Freiheit, die als geschenkte in Anspruch genommen und weitergegeben werden will;
- an den in der *Gottebenbildlichkeit des Menschen* gründenden Gedanken von der unveräußerlichen Würde, die stets größer ist als die vom einzelnen erreichbaren Möglichkeiten;
- an den Gedanken der *Selbstbegrenzung* des einzelnen als Zeichen seiner Freiheit zur Liebe;
- an das mitleidende Annehmen von Situationen des *Leidens* und deren Umgestaltung in der Kraft der Hoffnung;
- an die *Hoffnung* als Kraft des Vorgriffs auf die Verheißung;
- an den Gedanken der *Rechtfertigung* des Ungenügenden und
- an die Gebrochenheit und Entfremdung des Menschen, die nur durch Gottes Barmherzigkeit durchbrochen zu werden vermögen.

Diese sich der christlichen Tradition verdankenden »Grund-Sätze des Glaubens« sind keine zu wiederholenden und zu lernenden Lehrsätze, sondern je neu in Anspruch zu nehmende und auch je neu wieder zu befragende Hilfen, um den gesellschaftlich bedingten Ort des Menschen zu erkennen und Wege zu finden, die Gottes Wege werden können.

Ich breche ab und plädiere für die Entwicklung einer solchen Theologie, die eine evangelische EB dazu instandsetzen könnte,

- Teilnehmer an der EB der Kirche zur Sprache und zu *eigenem* Sprechen in Fragen des Glaubens und des Lebens zu verhelfen;
- Glauben im Horizont heutigen Lebens und seiner Probleme zu bedenken;
- Anwalt zu sein für die Befreiung von Menschen in eingeengten Lebensumständen und d.h. Helfer bei der Verteidigung der Würde des Menschen in den Bereichen des Wohnens, der Bildung, der Mitbestimmung und des Zusammenlebens in der Kirche.

Überall wird es der Glaube sein, der fragt und antwortet, der befragt und getestet wird; überall werden es aber auch die Menschen sein, die heute leben und die Mut brauchen und Ermutigung und Hilfe nötig haben. Vielleicht steht dann am Ende, wie im Gottesdienst der Gemeinde, der Lobpreis.

6. Ausgewählte Literatur

6.1 Zur Theorie und Theologie evangelischer Erwachsenenbildung

K. Ahlheim, Zwischen Arbeiterbildung und Mission, Stuttgart 1982.

W. Bienert (Hrsg.), Evangelische Erwachsenenbildung (Arbeiten der Melanchthonakademie Köln 2), Weiden 1967.

H. Bolewski, Erwachsenenbildung im deutschen Protestantismus, in: *W. Dirks (Hrsg.)*, Konkurrenz der Bildungsangebote. Erwachsenenbildung in der pluralen Gesellschaft, Mainz 1968.

G. Buttler u. a., Mitarbeiterfortbildung in der evangelischen Erwachsenenbildung. Probleme – Materialien – Modelle, Karlsruhe 1977.

G. Buttler u. a. (Hrsg.), Lernen und Handeln. Bausteine zu einer Konzeption evangelischer Erwachsenenbildung, Gelnhausen 1980.

Ders. u. a. (Hrsg.), Einrichtungen der evangelischen Erwachsenenbildung. Werke, Verbände, Landesarbeitsgemeinschaften, Münster 1982.

DEAE (Hrsg.), Der evangelische Beitrag zur Erwachsenenbildung. 10 Jahre DEAE, Karlsruhe 1971.

DEAE (Hrsg.), Die Erwachsenenbildung als evangelische Aufgabe, Karlsruhe 1978, Gelnhausen ²1979.

Dies. (Hrsg.), Bestand und Perspektiven der Erwachsenenbildung in kirchlicher Trägerschaft, Gelnhausen 1980.

Dies. (Hrsg.), Lernort Gemeinde, Gelnhausen 1981.

Dies. (Hrsg.), Evangelische Erwachsenenbildung – ein Auftrag der Kirche, Karlsruhe 1983.

W. Deresch, Handbuch für kirchliche Erwachsenenbildung, Hamburg 1973.

H. Exner u. a. (Hrsg.), Eltern- und Familienbildung in evangelischer Trägerschaft. Begründungen – Ansätze – Perspektiven, Gelnhausen/Berlin/Stein 1979.

Erwachsenenbildung in Kirche und Gesellschaft. Themenheft der Zeitschrift Theologia Practica 1981 Heft 1/2.

E. Feifel (Hrsg.), Erwachsenenbildung. Glaubenssinn und theologischer Lernprozeß (Unterweisen und Verkünden. Religionspädagogik Theorie und Praxis 21), Zürich 1972.

X. Fiederle, Kursbuch zur Arbeit mit Erwachsenen, Gelnhausen/Freiburg 1975.

H. G. Jung (Hrsg.), Gemeinden im Bildungsprozeß. Konzepte und Modelle kirchlicher Erwachsenenbildung, München 1977.

Kirchenamt der EKD (Hrsg.), Erwachsenenbildung als Aufgabe der Evangelischen Kirche. Grundsätze, Gütersloh 1983.

K. Kurzdörfer, Kirche und Erwachsenenbildung. Modelle und Grundprobleme im evangelischen Raum, Bad Heilbrunn 1976.

E. Lange, Sprachschule für die Freiheit, München/Gelnhausen 1980.

Leben und Erziehen durch Glauben (Redaktion H. Kratzert), Gütersloh 1978, v. a. 157ff.

Lernen mit Erwachsenen. Themenheft der Zeitschrift Theologia Practica 1986, Heft 1.

J. Lott (Hrsg.), Kirchliche Erwachsenenarbeit, Stuttgart 1977.

Ders., Handbuch Religion II. Erwachsenenbildung, Stuttgart 1984.

C. Meier, Kirchliche Erwachsenenbildung. Ein Beitrag zu ihrer Begründung, Stuttgart 1979.

E. Meueler, Erwachsene lernen. Beschreibung, Erfahrungen, Anstöße, Stuttgart 1982.
F. Pöggeler, Handbuch der Erwachsenenbildung, 8 Bde., Stuttgart 1974 ff.
H. G. Pöhlmann, Entwurf eines Rahmenplans zur Altenbildung, Karlsruhe 1975.
T. Vogt, Herausforderung zum Gespräch, Zürich 1970.
Ders., Bibelarbeit, Stuttgart 1985.
H.P. Veraguth, Erwachsenenbildung zwischen Religion und Politik, Stuttgart 1976.
V. Weymann, Evangelische Erwachsenenbildung, Stuttgart 1984.
F. Ziegel (Hrsg.), Chancen des Lebens. Evangelische Beiträge zur Erwachsenenbildung, München 1972.

6.2 Wichtige Überblicksartikel in Lexika und Handbüchern

J. Lott, Art. Erwachsenenbildung, in: *G. Otto (Hrsg.)*, Praktisch-theologisches Handbuch, Hamburg [2]1975, 196–233.
F. Messerschmid/E. Feifel/D. Emeis/T. Vogt/G. Iber, Artikel zum Handlungsfeld Erwachsenenbildung, in: *E. Feifel u. a. (Hrsg.)*, Handbuch der Religionspädagogik Bd. 3, Gütersloh und Zürich 1975, 337–387.
F. Pöggeler, Art. Erwachsenenbildung, in: LThK, Bd. 3, Freiburg [2]1959, 385–388.
W. Schulenberg, Art. Erwachsenenbildung, in: *H.-H. Groothoff/M. Stallmann (Hrsg.)*, Pädagogisches Lexikon Bd. 1, Stuttgart [2]1968, 227–231.
G. Strunk/T. Vogt/G. Iber/K. Schaefer u. a., Artikel zum Handlungsfeld »Kirchliche Erwachsenenbildung«, in: *P. C. Bloth u. a. (Hrsg.)*, Handbuch der Praktischen Theologie, Bd. 3 Gütersloh 1983, 393–452.
G. Strunk, Art. Erwachsenenbildung, in: TRE, Bd. 10, Berlin 1982, 175–181.

6.3 Arbeitsmittel (Beispiele)

a) *Bibelarbeit*

A. Steiner/V. Weymann (Hrsg.), Jesusbegegnungen, Basel/Zürich 1977.
Dies. (Hrsg.), Wunder Jesu, Basel u. Zürich 1978.
Dies. (Hrsg.), Gleichnisse Jesu, Basel u. Zürich 1979.
Ökumenischer Arbeitskreis für Bibelarbeit (Hrsg.), Psalmen, Basel u. Zürich 1982.
Ders. (Hrsg.), Urgeschichten, Basel u. Zürich 1985.
T. Vogt, Bibelseminar für die Gemeinde, Zürich 1982.
Ders. (Hrsg.), Bibelseminar für die Gemeinde. Teilnehmerheft, Zürich 1982.

b) *Materialien*

Grünewald – Materialbücher (Grünewald Verlag)
A. Grabner-Haider, Gott, Mainz 1970.
H.J. Türk (Hrsg.), Glaube und Unglaube, Mainz 1971.
F.J. Schierse (Hrsg.), Jesus von Nazareth, Mainz 1972.
A. Hertz (Hrsg.), Moral, Mainz 1972.
H.J. Türk (Hrsg.), Autorität, Mainz 1973.
H. Rolfes (Hrsg.), Marxismus und Christentum, Mainz 1974.

Materialien für Erwachsenenbildung (Gütersloher Verlagshaus)
H. G. Pöhlmann, Der Atheismus oder der Streit um Gott, Gütersloh 1977.

H. G. Pöhlmann u. a., Tod und Sterben, Gütersloh 1978.
U. Gerber u. a., Was ist der Mensch?, Gütersloh 1979.
G. Strunk u. a., Liebe – Ehe – Sexualität, Gütersloh 1974.
G. Iber, Gesellschaft – Politik – Kirche, Gütersloh 1975.
J. Hübner, Biologie und christlicher Glaube, Gütersloh 1975.
H. G. Pöhlmann, Wer war Jesus von Nazareth?, Gütersloh 1976.

Beiträge zur Gemeindepädagogik (Benziger Zürich – Burckhardthaus Gelnhausen – Laetare Stein)
G. Buttler/W.-E. Failing, Didaktik der Mitarbeiterbildung, Gelnhausen u. a. 1978.
U. Koch-Straube, Gemeindearbeit mit alten Menschen, Gelnhausen u. a. 1979.
B. Suin de Boutemard, Projektarbeit in Gemeinden, Gelnhausen u. a. 1979.
H. Kirchgäßner, Freizeitpädagogik oder Die Ermutigung der Gemeinde, Gelnhausen u. a. 1980.

XIII.
Altenarbeit

Peter Hennig

0. Ausgangssituation: Ein ›Seniorennachmittag‹

Ich bin Pfarrer in zwei Dorfgemeinden, die direkt an der Zonengrenze liegen. Der Ort Lengde, in dem ich mit meiner Familie lebe, hat 700 Einwohner und ist stark durch die Landwirtschaft geprägt. Die Bevölkerungszahl geht stetig zurück. Pro Jahr werden drei bis fünf Kinder geboren, während ca. fünfzehn Einwohner sterben. Der Anteil der alten Menschen im Ort nimmt zu.

Am ersten Montag im Monat trifft sich um 15 Uhr der Seniorenkreis. Eine halbe Stunde vor Beginn: die Tische sind gedeckt, der Kaffee wird gekocht, die ersten kommen. Sie werden von Frau T., in deren Händen die Organisation liegt, begrüßt. Fast alle haben Stammplätze. Viele reden mit ihren Nachbarn, einige schweigen. Zehn Minuten vor Beginn sind alle anwesend. In der Regel kommen knapp dreißig Personen, überwiegend Frauen. Frau T. begrüßt die Anwesenden, dann wird Kaffee ausgeschenkt. Kaffee und Kuchen gehören dazu. Sie unterstreichen das Nicht-Alltägliche dieses Treffens. Zwar sind die Besucher großenteils nicht arm, aber Kuchen leistet man sich nicht unbedingt alle Tage (s. u. 1.2).

Nach dem Kaffeetrinken werden die Geburtstagskinder des vergangenen Monats geehrt. Sie werden aufgerufen, bekommen eine brennende Kerze an ihren Platz und dürfen sich ein Lied wünschen. Besonders beliebt sind Lieder, die die Schönheit der Jugend und die Vergänglichkeit des Lebens besingen (z. B. »Schön ist die Jugend bei frohen Zeiten, ...").

Erinnerungen an früher, Neuigkeiten aus dem Dorf und Anteilnahme am Geschick der Gleichaltrigen bestimmen das Gespräch. Das Leben ist in seine letzte Phase getreten. Die Stimmung bewegt sich zwischen Resignation, Dankbarkeit und Vertrauen (s. u. 2 und 3).

Im Mittelpunkt des Nachmittags steht heute ein Dia-Vortrag. Der Referent erzählt lebendig (und laut!), so daß alle zufrieden sind. Mir geht durch den Kopf, daß wir nächstes Mal etwas Aktivierendes machen werden (z. B. Basteln). Das läuft zwar manchmal etwas zäher an, macht aber auch Spaß. Es muß immer wieder der Mittelweg gefunden werden zwischen vorgesetztem Programm und der Aktivierung der Teilnehmer. Zwischen dieser Spannung bewegt sich jede Veranstaltung (s. u. 4.). Nach 17 Uhr werden die ersten Anwesenden unruhig, eine halbe Stunde später ist Schluß. Bei der Verabschiedung rede ich noch mit einigen. Manche bedanken sich, andere fragen nach der Familie...

1. Die Lebensumstände alter Menschen

1.1 Zur Altersentwicklung unserer Gesellschaft. Die Altersstruktur der bundesdeutschen Gesellschaft befindet sich im Umbruch: Die Gesamtbevölkerung nimmt ab, der Anteil der alten Menschen steigt. In fünfzig Jahren wird jeder dritte Bürger älter als sechzig sein (heute: jeder fünfte). Es gibt mehrere Gründe für diesen Wandel: die Zahl der Geburten ist gesunken, die Lebenserwartung gestiegen, mehr Menschen erreichen das Rentenalter. Dadurch verändert sich bereits jetzt die Altersstruktur der Bevölkerung: Im gegenwärtigen Jahrzehnt geht die Zahl der Kinder zurück (um 4 Mill.), ebenfalls die Zahl der Gesamtbevölkerung (bis 1990 um ca. 3 Mill.). Die starken Jahrgänge der jungen Erwachsenen bewirken, daß die Zahl der Rentner bis zur Jahrhundertwende im wesentlichen konstant bleibt; erst danach steigt sie wieder an. Das Verhältnis der aktiven zur nicht-aktiven Bevölkerung wird sich dann ungünstig entwickeln. Zum Problem der Rentenfinanzierung wird aller Voraussicht nach ein verstärktes Regionalgefälle kommen: Der Zug in die Ballungsgebiete wird anhalten, die Ausdünnung der Provinz sich fortsetzen. Es liegt auf der Hand, daß es dann noch schwerer sein wird, für alte Menschen in diesen Regionen ein Kultur- und Freizeitangebot aufrechtzuerhalten.

Wird Lengde in dreißig Jahren bei einer Bevölkerungszahl von dann vielleicht fünfhundert Einwohnern noch einen eigenen Pfarrer haben? Wenn ja, wird er dann wahrscheinlich drei Dörfer zu betreuen haben. Wenn nein – wird das Auswirkungen auf das Gemeinschaftsleben haben? Wird die Eigeninitiative gestärkt oder wird sich Resignation breitmachen? Wird die Vereinzelung der alten Menschen voranschreiten oder werden sich neue Gemeinschaftsformen entwikkeln?

1.2 Zur Lebens- und Wohnsituation älterer Menschen. Das Armutsproblem alter Menschen läßt sich verstehen aus einer lebenslangen Unterprivilegierung hinsichtlich der drei Faktoren Bildung, Beruf, Einkommen. Der Wegfall des Verdienstes kann die Armut im Alter unverhüllt hervortreten lassen.

Für ca. zwei Drittel der männlichen Rentenempfänger ist die Rente in etwa mit dem Lohn vergleichbar; ca. zwanzig Prozent erhält eine Rente, die die Hälfte des Nettolohnes ausmacht, zehn bis fünfzehn Prozent liegen noch darunter.

Einen ungefähren Lohnausgleich bedeutet die Rente für nur ein Drittel der weiblichen Rentenempfänger. Dabei muß berücksichtigt werden, daß das Lohnniveau bei Frauen niedriger liegt als bei Männern.

Das Armutsproblem läßt sich zuspitzen auf das Problem älterer Frauen, die nicht berufstätig waren; etwa zwölf Prozent von ihnen leben an der Armutsgrenze. Knapp drei Prozent der über Sechzigjährigen müssen eine Hilfe zum Lebensunterhalt bekommen. Dabei gilt: mit steigendem Alter steigt die Hilfsbedürftigkeit, Frauen sind stärker betroffen als Männer. Wer sein ganzes Leben wenig verdient und auch nicht durchgehend gearbeitet hat, ist am schlechtesten dran. Dieses Problem wird nicht automatisch dadurch gelöst, daß mehr Frauen arbeiten. Im Lohnniveau liegen Frauen auch heute niedriger als Männer. Außerdem wird die wachsende Schwierigkeit der Rentenfinanzierung den Verteilungskampf eher verschärfen.

Es gibt in Lengde kaum alte Menschen, die als arm zu bezeichnen wären. In einfachen Verhältnissen aber leben viele. Das wird im Dorf nicht so sichtbar, weil viele Alte bei ihren Kindern leben. Der eigene Garten macht nicht nur vom einzigen Geschäft (frisches Gemüse gibt es nur donnerstags) unabhängig, sondern senkt auch die Lebenshaltungskosten. Etwas größere Ausgaben wie z.B. eine mehrtägige Busreise können aber nur wenige ohne Vorplanung angehen.

In Lengde lebt noch ein großer Teil der Älteren bei den Kindern. Insgesamt freilich läßt sich eine zunehmende Isolierung älterer Menschen nachweisen. Die Zahl der Einpersonenhaushalte ist in den letzten zwei Jahrzehnten deutlich angestiegen. Häufig leben Frauen allein: Zwei Drittel der über fünfundsechzigjährigen Frauen leben allein, aber nur ein Drittel der Männer dieser Altersgruppe. Diese Entwicklung ist nicht nur negativ zu bewerten. *L. Rosenmayr* und *R. Tartler* haben mit der These von der »Intimität auf Abstand« darauf hingewiesen, daß getrennte Wohnungen die Beziehung zwischen Eltern und Kindern verbessern können.[1] Indes ist das Zusammenleben häufig durch Notwendigkeiten bestimmt (Krankheit und Pflegebedürftigkeit, finanzielle Vorteile). Daraus können Konflikte entstehen, die sich um Macht und Abhängigkeit, Ablehnung und Anhänglichkeit drehen. Familientherapeutische Erkenntnisse haben auf die »Tyrannei der Ohnmacht und Gebrechlichkeit« hingewiesen, die Großeltern ausüben können: »Unter festgesetzten Hinweisen auf die eigene Kränklichkeit und Schwäche suggerieren sie ihren Kindern laufend Selbstvorwürfe als Strafe für deren Verselbständigungs- und Distanzierungswünsche« *(H.E. Richter)*.[2] Auch wenn diese Konflikte zwischen

1 Vgl. *Deutsches Zentrum für Altersfragen e.V. (Hrsg.)*, Altwerden in der Bundesrepublik Deutschland: Geschichte – Situationen – Perspektiven, Bd. I, Berlin 1982, 367.

2 *Deutsches Zentrum für Altersfragen e.V. (Hrsg.)*, aaO., 383.

den Generationen nicht zu neurotischen Erstarrungen führen, werden sie in vielen Familien erhebliche Spannungen und Enttäuschungen mit sich bringen.

Es ist zu erwarten, daß sich diese Probleme in Zukunft verschärfen. Die verlängerte Phase der »nachelterlichen Gefährtenschaft«[3] zwingt die Senioren dazu, ein befriedigendes Leben aufzubauen, ohne den Lebenssinn allein von den Kindern oder der Berufstätigkeit zu erwarten. Wichtig werden zunehmend die Aktivierung der alten Menschen, die Förderung von Beschäftigungsmöglichkeiten sowie die Unterstützung der Selbsthilfe. Das Schwergewicht der Altenarbeit wird sich *von der Betreuung zur Aktivierung* verlagern müssen.

2. Biologische und psychologische Aspekte des Alterns

2.1 Altern aus biologischer Sicht. »Alle Menschen müssen sterben, alles Fleisch ist gleich wie Heu...“ (EKG 329): Jedes Lebewesen unterliegt einem natürlichen Verfallsprozeß. Wissenschaftlich ausgedrückt: »Altern bedeutet jede irreversible Veränderung der lebenden Substanz als Funktion der Zeit.«[4] Das Altern äußert sich in der Verkleinerung einzelner Organe, der Verfestigung von Gewebestrukturen und der Verminderung bestimmter Organfunktionen. Knorpel verdichten sich, die Bandscheiben verdünnen sich, die Leistung von Herz, Lunge und Nieren geht zurück, Knochen werden brüchiger. Die organischen Veränderungen geschehen verschieden und ungleichmäßig; bei gleichem Alter bestehen große individuelle Unterschiede. Im Alter steigt die Anfälligkeit für Krankheiten. Es gibt Krankheiten, die bei alten Menschen gehäuft auftreten (z. B. Diabetes, Krebs) oder eine besondere Verlaufsform haben. Andere Krankheiten hängen mit dem Prozeß des Alterns zusammen (z. B. Arthrose, Arteriosklerose). Häufig treffen mehrere Krankheiten zusammen, die unter Umständen den Tod herbeiführen können (Multimorbidität).

Zur Erklärung des Alterns gibt es verschiedene Theorien. Wenn auch vieles offen ist, kann als grundlegend der Alternsprozeß der Zellen angenommen werden. Sein Verlauf ist genetisch verankert: Jeder Mensch hat eine angeborene Lebensspanne, die seinen Alternsprozeß

3 *Deutsches Zentrum für Altersfragen e. V. (Hrsg.)*, aaO., 391.

4 *M. Bürger*, Biomorphose, in: *H. Thomae/U. Lehr (Hrsg.)*, Altern. Probleme und Tatsachen, Wiesbaden ²1977, 109.

gleich einer ›biologischen Uhr‹ bestimmt. Der Ablauf dieser Uhr wird aber durch verschiedene Einflüsse modifiziert: Krankheiten, Ernährungsgewohnheiten, Beruf, Freizeitaktivitäten, seelische Momente beeinflussen Dauer und Intensität des Lebens. Das Altern der Zellen führt zu einer Störung der Eiweißsynthese. Die Menge des Aufbaueiweißes geht zurück, die Zellen werden kleiner, ihre Gesamtzahl verringert sich. Die Anpassungsfähigkeit des Organismus geht zurück. Dabei gilt: Dieser Prozeß verläuft ungleichmäßig und wird unterschiedlich verarbeitet: ›Man ist so alt wie man sich fühlt‹.

2.2 Das Alter als Lebensphase. Das Altern ist ein Prozeß und das Ergebnis eines Prozesses. Das haben vor allem Forscher betont, die das Leben als fortlaufende Entwicklung begreifen. Bekannt geworden ist besonders der psycho-soziale Ansatz Eriksons. *E. H. Erikson* beschreibt die Persönlichkeitsentwicklung von der Geburt an, indem er sie in acht Phasen einteilt. In jeder Phase muß sich der Mensch dem Konflikt zwischen inneren Antrieben und äußeren Anforderungen stellen. Nur so kann er seine Identität aufbauen. Dieser Prozeß ist langwierig, kompliziert und störanfällig. Auf jeder Entwicklungsstufe ist ein Scheitern möglich. Erikson nennt drei Grunderfahrungen, die für eine gesunde Entwicklung unerläßlich sind: Urvertrauen, Autonomie und Initiative. Diese Erfahrungen bilden die Voraussetzung, um der ›Identitätskrise‹ in der Pubertät gewachsen zu sein. Der Erwachsene muß lernen, eine reife Partnerschaft zu leben und die Elternrolle zu übernehmen. Die letzte Lebensphase verläuft zwischen den Polen »Integrität gegen Verzweiflung und Ekel«.[5] Der alte Mensch bringt bei geglückter Entwicklung seine Lebenserfahrungen in reifer Abgeklärtheit zusammen, ohne ein Gefühl der Sinnlosigkeit zu bekommen. Trotz aller Begrenztheit erlebt er sich als Glied der universalen Gattung; mit ihr hat er Anteil an einem umfassenden Sinn. Als Grundtugend des Alters benennt Erikson die Weisheit als »distanziertes Befaßtsein mit dem Leben selbst, angesichts des Todes selbst«.[6]

Hier verschwimmen bei Erikson freilich Ideal und Wirklichkeit. Es ist zu fragen, ob viele Menschen diese abgeklärte Altersweisheit erlangen. Wahrscheinlich bleiben mehr Menschen in früheren Entwicklungsphasen gefangen: »Viele Menschen vollenden einfach nicht den Lebenslauf. Sie sterben unbegleitet, unentschlossen und enttäuscht, ohne jemals die Stufe erreicht zu haben, auf der sie voll ihre angehäufte Erfahrung und

5 *E. H. Erikson*, Identität und Lebenszyklus, Franfurt a. M. [6]1980, 118.
6 *E. H. Erikson*, Einsicht und Verantwortung, Stuttgart 1966, 122.

ihre Kenntnisse integrieren und nutzbar machen könnten.«[7] Vielleicht gilt das generell und die Reife des Menschen bestünde darin, auf allen Entwicklungsstufen mit unvollkommenen und kompromißhaften Konfliktlösungen leben zu lernen.

2.3 Zur Leistungsfähigkeit alter Menschen

»Das sechste Alter macht den besockten, hagern Pantalon, Brill' auf der Nase, ... Der letzte Akt ... ist zweite Kindheit, gänzliches Vergessen, ohn' Augen, ohne Zahn, Geschmack und alles.«

So beschreibt *W. Shakespeare* in der 7. Szene des 2. Aktes seiner Komödie »Wie es euch gefällt« das Alter als Abbau und Verfall. Die Persönlichkeit des Alten verfällt, seine geistigen Fähigkeiten lassen nach. Der alte Mensch als Karikatur wahren Menschseins und möglicher Selbstentfaltung?

Daß Altsein dagegen eine Steigerung geistiger Fähigkeiten bedeuten könne, behauptet *Cicero*: »Nicht mit körperlicher Kraft, Gewandtheit und Schnelligkeit wird Großes ausgeführt, sondern mit den Gedanken, mit geistiger Überlegenheit und Geltendmachen der Ansicht, – Eigenschaften, deren das Alter nicht nur nicht beraubt zu werden, sondern die es in noch höherem Maße als zuvor zu gewinnen pflegt ...“ (Cato Maior de Senectute).

Welche Sicht ist richtig? Die neuere Entwicklungspsychologie hat die Meinung widerlegt, die Intelligenzleistung steige bis zum frühen Erwachsenenalter an, um dann abzufallen. Untersuchungen belegen vielmehr die Konstanz vieler Intelligenzleistungen. Wenn bei älteren Menschen geringere Fähigkeiten festgestellt werden, hat das häufig andere Gründe: Krankheit, eine geringere Schulbildung, Leistungsdruck durch die Testsituation, Angst vor Versagen. Auch hier gilt: das Alter ist nur ein Bedingungsfaktor. Wer sein ganzes Leben Interessen pflegt, wird im Alter davon profitieren. Eine anregende Umgebung stabilisiert das Intelligenzniveau, eine monotone mindert es: ›Wer rastet, der rostet!‹.

Das Alter allein führt nicht zu einem völligen Umbruch, sondern zu Umstrukturierungen und Vertiefungen. Merkmale und Eigenschaften, die schon vorher vorhanden waren, prägen sich tiefer aus. Es werden eher vertraute Verhaltensweisen aktiviert als neue ausprobiert. Zwischen Starrheit und Freiheit muß der alte Mensch seinen Weg finden: »Als ich siebzig war, konnte ich meines Herzens Regungen folgen« *(Konfuzius)*.

7 *V. Clayton,* Erikson's Theory of Human Development as it Applies to the Aged: Wisdom as Contradictive Cognition, in: Human Development 18/1975, 123 (Übersetzung v. Vf.).

2.4 Das Selbst- und Fremdbild alter Menschen. Das Bild, das alte Menschen von sich haben, unterscheidet sich positiv vom gesellschaftlichen Klischee. Alte Menschen halten sich für aktiv, zielgerichtet und psychisch stabil. Die Intention, sich diesem Selbstbild entsprechend zu verhalten, stößt allerdings leicht auf Unverständnis oder Abwehr. So stellt die Fernseh- und Zeitschriftenwerbung ältere Menschen oft als altmodische ›Opas‹ und ›Omis‹ dar, die den erwünschten Vorstellungen von Attraktivität und Dynamik nicht entsprechen. Eine Auswertung von Schulbüchern erbrachte: »Die Alten sind hilfs- und ruhebedürftig, einsam, kränklich, kindisch, vergeßlich und verzichten gern.«[8]

Diese untergründige Wertung spiegelt sich auch in den soziologischen Alternstheorien wider. Zwei Theorien haben die Diskussion der letzten Zeit beherrscht:

Die *Disengagementtheorie* behauptet den freiwilligen und gewollten Rückzug der Alten aus gesellschaftlichen Bezügen. Der Verlust von Fähigkeiten und der herannahende Tod verengten den Lebensraum alternder Menschen. Bei Männern führe vor allem die Pensionierung zum ›disengagement‹. Je bewußter nun die Eingrenzung der Aktivität bejaht werde, umso zufriedener sei der alte Mensch. Die Kritik wirft der Disengagementtheorie freilich gerade dieses Zusammenfallen von gesellschaftlicher Notwendigkeit und individuellem Wunsch vor: Die Alten müßten das wollen, was gesellschaftlich erwünscht sei.

Die *Aktivitätstheorie* erklärt den Rückzug der Alten als gesellschaftlich bedingt, nicht selbst erwünscht. Zufrieden seien die alten Menschen, die aktiv seien, etwas leisten könnten und gebraucht würden. Es liegt auf der Hand, daß diese Theorie der praktischen Altenarbeit wichtige Impulse gegeben hat. Die Kritik bemängelt freilich die Ausrichtung der Aktivitätstheorie am Leistungsprinzip: Zufrieden könne nur der sein, der etwas leiste und aktiv sei. Es ist auch zu fragen, ob eine aktive und kreative Lebensgestaltung viele Alte nicht überfordert. Wer sein ganzes Leben monotone Arbeit geleistet hat, wird im Alter kaum Eigeninitiative entwickeln.

Beide Theorieansätze werden einseitig verabsolutiert zur ideologischen Verklärung bestimmter Interessen. Beide enthalten aber richtige Einsichten. Nur: Die Menschen sind verschieden, und auch die Lebensphasen unterscheiden sich. Der eine ist zufrieden, wenn er aktiv ist, der andere genießt Passivität. Auf eine Phase der Aktivität

8 *M. Blasberg-Kuhnke*, Gerontologie und Praktische Theologie, Düsseldorf 1985, 99.

kann eine Zeit der Zurückgezogenheit folgen. Mit beiden Möglichkeiten und Lebensformen muß kirchliche Altenarbeit rechnen.

Es mag sein, daß das Bild vom ›hilflosen Alten‹ gezeichnet wurde, um junge Menschen zur Hilfsbereitschaft zu motivieren. Insgesamt aber hat es fatale Folgen: Es schafft die Eingrenzungen, die alte Menschen nicht anders sein lassen als man von ihnen erwartet. Hinzu kommt der gefährliche Trend in unserer Gesellschaft, menschliche Fähigkeiten und Eigenschaften unter dem Gesichtspunkt ihrer Funktionalität und Verwertbarkeit zu betrachten. Wer nicht mobil, leistungsstark und anpassungsfähig ist, gerät ins Hintertreffen. Werte, die alte Menschen leben könnten (Traditionsbewußtsein, Bodenständigkeit, Reife) liegen quer zum gesellschaftlich Erwünschten. Die Verfestigung auch gutgemeinter Klischees – »ganz nett, aber nicht ernstzunehmen« – erleichtert die Abwehr eigener Hinfälligkeit und Begrenztheit. Je stärker eine Gesellschaft Jugend und Leistung propagiert, umso mehr muß sie den Alten eine offene und solidarische Beziehung verweigern.

3. Zwischen Resignation und Hoffnung: Religiosität im Alter

3.1 Erkenntnisse der Religionspsychologie. Alte Menschen machen einen großen Teil der Gottesdienstbesucher aus. Bissige Volksmeinung hat Hinfälligkeit, Todesnähe und Realitätsverlust schon immer gern mit Frömmigkeit in Beziehung gesetzt: ›Mit dem Alter kommt der Psalter.‹ Religionspsychologische Erkenntnis bestätigt diese Meinung nicht. *Theophil Thun*[9] hat nachgezeichnet, wie sehr die Religiosität im Alter mit dem gesamten Lebenslauf zusammenhängt. Es macht einen großen Unterschied, ob ein Mensch sein Leben lang eine Beziehung zur Kirche hatte oder in Distanz zu religiösen Gemeinschaften lebte. Das Alter verstärkt zumeist nur die Züge, die das ganze Leben geprägt haben. Die jetzt noch lebenden alten Menschen gehören zur letzten Generation, die in einer selbstverständlichen Christlichkeit aufgewachsen ist. Mit dem Besuch des Gottesdienstes begeben sie sich in eine Welt, die ihnen vertraut und wichtig ist. Das wird sich in Zukunft ändern. Die nachwachsende Generation ist mit Formen gelebter Frömmigkeit sehr viel weniger vertraut. Außerdem ist die Bereitschaft gesunken, der Institution Kirche einen selbstverständlichen Vertrauensvorschuß entgegenzubringen.

Die These, mit dem herannahenden Tod werde die Frömmigkeit

9 *T. Thun*, Das religiöse Schicksal des alten Menschen, Stuttgart 1969.

gleichsam automatisch stärker, stimmt nicht. Untersuchungen zeigen, daß im Alter die Einstellung zum Tod sich zumeist nicht ändert. Was das ganze Leben bestimmt hat – Verdrängung oder Annahme – verstärkt sich in der Regel: »Das entscheidende psychologische Moment für den Tod ist... die Hoffnungslosigkeit «oder:» noch einmal die Möglichkeit zu einem erfüllten Leben, zu einer Lebensentfaltung zu finden.«[10] Untersuchungen scheinen darauf hinzudeuten, daß knapp die Hälfte der alten Menschen den Tod bejaht und akzeptiert. Der Rest verdrängt mit mehr oder weniger Angstgefühlen das Ende. Religiöse Überzeugungen finden sich vor allem bei jenen Menschen, die das Lebensende bewußt bejahen. Es sind »die Betagten mit Lebensmut, die sich auch im Alter engagieren und Kontakte pflegen, die ein gewisses Maß an Erfahrung mit dem Tod haben (durch den Tod von Bekannten) und ihr eigenes Sterben positiv auffassen, weil sie in ihrem Leben einen Sinn erfahren, bei denen mit Vertrautheit und Annahme der eigenen Endlichkeit gerechnet werden kann.«[11]

3.2 Biblische Aspekte. Aussagen über das Alter finden sich in der Bibel nur spärlich. Das ist verständlich für eine Zeit, in der nur wenige Menschen alt wurden. Die Alten konnten Achtung erwarten, ihre soziale Stellung war klar: Als Tradenten religiösen Wissens und menschlicher Erfahrung kam ihnen großes Gewicht zu.

Das *Alte Testament* kennt beides: die Fülle des Lebens und die Hinfälligkeit des Menschen. Die Beschwernisse des Alters werden realistisch beschrieben. Wunsch ist es daher, ›alt und lebenssatt‹ zu sterben, ist ein langes und erfülltes Leben doch auch Ausdruck göttlichen Segens: »Ein langes Leben ist die Frucht und der Lohn der Gerechtigkeit und der Gottesfurcht.«[12]

Der biblische Realismus verschweigt die Schattenseiten des Alters nicht. Das Nachlassen der Kräfte wird ebenso benannt wie die Angst vor Einsamkeit, die Geschwätzigkeit ebenso wie der Altersneid.[13]

Den alten Menschen soll ehrfürchtig begegnet werden! Immer wieder

10 *A. Jores*, Leitsymptom: Angst, in: *C. Zwingmann (Hrsg.)*, Zur Psychologie der Lebenskrisen, Frankfurt a. M. 1962, 251–261, bes. 254.

11 *M. Blasberg-Kuhnke*, aaO., 177.

12 *N. Füglister*, Furcht und Ehrfurcht vor dem Alter. Die Bibel zum Problem des Alterns, in: *W. Zauner/H. Erharter (Hrsg.)*, Alter – Altern – Altenpastoral, Wien 1973, 64–81.

13 Ein Text wie Koh 12.1–7 kann ein Gegengewicht zur heute gängigen Verleugnung und Verniedlichung dieser Seite des Alters werden.

wird diese Aufforderung laut. Die Nichtachtung der Alten gilt als Zeichen gesellschaftlicher Anarchie (Jes 3,5). Zur Erhaltung der Lebensordnung wird auch das 4. Gebot eingeschärft: »Du sollst deinen Vater und deine Mutter ehren, auf daß du lange lebest in dem Lande, das dir der Herr, dein Gott, geben wird« (Ex 20.12). Im Hintergrund steht zum einen die Pflicht der Kinder, die alten Angehörigen zu versorgen. Das war natürlich notwendig in einer Zeit, die keine Sozial- und Rentenansprüche kannte. Zum anderen ging es aber auch um die Anerkennung der Traditionsweitergabe von Generation zu Generation. Die Eltern hatten den Kindern ihren Glauben und ihr Wissen weitergegeben und sie damit in den Lebensraum Jahwes einbezogen. Indem die nachwachsende Generation die Alten ehrt, erkennt sie diese Überlieferung an.

Das alte Israel hatte eine feste Möglichkeit geschaffen, den Rat und die Weisheit der Alten zu Gehör zu bringen: das Ältestenamt. Die Ältesten hatten das Recht, öffentlich (»im Tor«) zu sprechen und Entscheidungen zu treffen. Die Achtung, die ihnen entgegengebracht werden sollte, hatte eine reale Basis. In unserer Gesellschaft gibt es keine institutionalisierte Form, in der Alte ihre Einsicht und Erfahrung weitergeben können. Dadurch fällt es schwerer, das Gebot der Ehrfurcht plausibel zu machen. Leicht entsteht die Gefahr, daß das vierte Gebot zu einem moralischen Appell oder zum Schnörkel unverbindlicher Sonntagsreden verkommt.

Im *Neuen Testament* finden sich nur vereinzelt Aussagen zum Alter und Altwerden. In der Kindheitsgeschichte Jesu nach Lukas treten vier namentlich genannte alte Menschen auf: Zacharias und Elisabeth (Kap. 1) sowie Simeon und Hanna (Kap. 2). Sie bezeugen die langersehnte Ankunft der messianischen Zeit, des Retters Israels. In zwei Hymnen (1,67 ff.; 2,29 ff.), die stark von der Sprache des Alten Testaments geprägt sind, drücken Zacharias und Simeon die Spannung zwischen Erwartung und Erfüllung aus: alte Menschen an der Schwelle des Todes, die den Beginn der neuen Heilszeit bekennen.

Jesus, der durch sein Verhalten die Stellung der Frau aufwertet, wendet sich in erster Linie den Armen und Entrechteten zu. Besonders Lukas hebt in diesem Zusammenhang die Gruppe der armen Witwen hervor. So werden Witwen als Vorbild hartnäckigen Gebets (Lk 18,1 ff.) oder völligen Vertrauens auf Gottes Fürsorge (Lk 21,1 ff.) hingestellt. Die Zuwendung Jesu zu den durch Armut und Alter Benachteiligten hat in den christlichen Gemeinden fortgewirkt. Fürsorge und Integration der älteren Witwen: dieses Programm ist am deutlichsten im 1. Thimotheusbrief (5,3 ff.) ausgedrückt. Dabei steht die sog. Witwenordnung im Kontext von Weisungen zum humanen Umgang mit den verschiedenen

(Alters-)Gruppen in der Gemeinde. Die Unterscheidung in drei Gruppen von Witwen will Mißbräuche ausschließen. Die ›rechten Witwen‹ – über sechzig Jahre alt und alleinstehend – können Aufgaben in der Gemeinde übernehmen (Fürbitte und diakonische Dienste). Damit haben die frühen Gemeinden eine Gruppe mehrfach Benachteiligter (alt, arm und weiblich) versorgt und integriert. Als vorbildlich muß gelten, daß die Witwen nicht Almosen bekamen, sondern eine sinnvolle Aufgabe. Von daher erhebt sich noch einmal die Frage: Was tut eine Gesellschaft, die alte Menschen zwar materiell versorgt, ihnen aber keine sinnvolle, sozial anerkannte Tätigkeit zuweist? Welche seelischen Folgen hat das für die Betroffenen, deren Kraft und Engagement, Erfahrung und Ideenreichtum kaum noch gefragt sind?

4. Kirchliche Altenarbeit als Glaubens- und Lebenshilfe

4.1 Das Dilemma kirchlicher Altenarbeit. ›Die Kirche soll sich um die Alten kümmern‹ – diese Erwartung hat ein Großteil der Protestanten. Die Befragung »Wie stabil ist die Kirche?« hat ergeben, daß die Altenarbeit für wichtiger gehalten wird als andere zentrale Aufgaben (z.B. die Bemühung um zeitnahe und verständliche Verkündigung).[14] Diese Einschätzung spiegelt zum Teil die kirchliche Wirklichkeit wider.

– Altenarbeit gehört zum ›Normalprogramm‹ fast aller Kirchengemeinden. Die veränderte Lebenssituation älterer Menschen hat in den letzten Jahrzehnten überall zu eigenen Angeboten geführt. Waren die ersten nach angelsächsischem Vorbild eingerichteten ›Altenclubs‹ in den 50er Jahren noch vereinzelt, so hat heute jede Dorfgemeinde ihren ›Seniorenkreis‹.

– Am kirchlichen Leben nehmen überwiegend ältere Menschen teil. Diese Gruppe bringt der Kirche auch ein großes Vertrauen entgegen. Die erwähnte Studie zur Stabilität der Volkskirche erbrachte, daß sich 81 Prozent der über 65jährigen mit der Kirche verbunden fühlten; nur jeder fünfte aus dieser Altersgruppe bezeichnete sich als »stark distanziert«.

Altenarbeit gehört demnach zum Angebot der Kirchengemeinde und zum Aufgabenbereich des Pfarrers. Die Frage ist nur: Sind die Angebote so angelegt, daß sie alte Menschen ernstnehmen und zu Selbständigkeit anregen oder sind sie ›Brosamen‹ entmündigender Zuwendung zu den

14 *H. Hild (Hrsg.)*, Wie stabil ist die Kirche?, Gelnhausen/Berlin 1974, 210ff.

›lieben Alten‹? Auf diese Spannung zwischen »Betreuungsdiakonie« und »Befähigungsdiakonie« hat *Ursula Koch-Straube*[15] hingewiesen. Ihre Analyse kirchlicher Altenarbeit hat ergeben, daß diese oft ›mittelschichtorientiert‹ ist. Die ›Aktiven‹ stellen ein Programm zusammen, das den Alltag und die Lebensprobleme der Alten ausspart.

Die Folge ist leicht – wie in der gesamten Erwachsenenbildung – die Ausgrenzung bestimmter Gruppen: »Arbeiter und deren Ehefrauen bzw. Witwen bewältigen aus diesen Gründen die Schwelle eines Altenklubs kaum. Für andere, durch günstige finanzielle Verhältnisse und höheren Sozialstatus Privilegierte und die damit verbundenen größeren Chancen für eine abwechslungsreichere Gestaltung der freien Zeit, ist das Niveau der Altenklubangebote wiederum zu niedrig.«[16]

Die Kirche soll sich um die Alten kümmern und sie tut das auch. Dieser Tatbestand ist zwiespältig. Einerseits finden alte Menschen in der Kirche Gemeinschaft, Aufgaben und das Gefühl, gebraucht zu werden und wichtig zu sein. Andererseits besteht die Gefahr, daß die Gemeinden in guter Absicht ein böses Spiel mitspielen: die Abschiebung der Alten und die Verdrängung des Alters. Unterschwellig scheint in weiten Kreisen die Meinung vorzuherrschen: Die Kirche paßt am besten zu den Alten, und die Alten passen am besten zur Kirche. Alter und Kirche werden vorwiegend defizitär gesehen; beide stehen am Rande des Lebens und der Gesellschaft. Von beiden erwartet man nicht viel Klärung und Hilfestellung für die eigenen Fragen und Probleme. Die Betreuung der Alten ist dann Ausdruck ihrer gesellschaftlichen Abschreibung. Dagegen ist schon von der biblischen Überlieferung her Protest einzulegen. Die Bibel kennt die Alten nicht als defizitäre Sondergruppe, sondern sieht alle Menschen als Geschöpfe Gottes, gleichermaßen wertvoll, schuldig und der Gnade bedürftig. Für die Altenarbeit folgt daraus: Wichig ist alles, was die Selbstbestimmung und Selbständigkeit der Teilnehmer fördert. Darüber hinaus gilt es, das Bild vom alten Menschen zu verändern. Das ist eine Aufgabe für Religions- und Konfirmandenunterricht, Predigt und Gespräche. Hier werden Einstellungen geprägt, die den Umgang mit alten Menschen sowie das Älterwerden bestimmen.

4.2 Gemeindeverständnis und Altenarbeit. Altenarbeit wird häufig rein pragmatisch betrieben. Ungeklärt bleiben Intentionen und Ziele. Dabei läßt

15 *U. Koch-Straube*, Gemeindearbeit mit alten Menschen, Gelnhausen/Berlin ²1983, 19ff.

16 *U. Koch-Straube*, aaO., 12.

sich zeigen, daß das Kirchen- und Selbstverständnis des Pfarrers die Arbeit wesentlich prägt.

Idealtypisch lassen sich *drei Grundmodelle* unterscheiden:

– Das *›betreuungskirchliche Modell‹* sieht die in einer Gemeinde versammelten Einzelnen als Aufgabenfeld des Pfarrers. Die Gemeindeglieder können sich an den Aufgaben beteiligen; die Art und Weise, in der das geschieht, wird ihnen aber angetragen. Der Pfarrer bestimmt die Richtung und sucht sich Helfer, die umgrenzte und zugeteilte Aufgaben übernehmen. Die Masse der Gemeindeglieder ist Objekt der Betreuung. Ziel der Gemeindemitarbeit ist »die Integration der Gemeindemitglieder in die vorhandene Struktur der Ortsgemeinde, insbesondere in den Gemeindegottesdienst«.[17]

Die Altenarbeit im Rahmen dieses Gemeindemodells versteht sich vorwiegend als individuell-religiöse Begleitung der alten Menschen. Ihnen soll Hilfe in Glaubens- und Lebenskrisen zukommen; Annahme des Alters und Stärkung des Glaubens sind wichtige Ziele. Der gesellschaftliche Aspekt vieler Altersprobleme wird ausgeblendet. Darin liegt auch die Kritik an diesem Modell begründet: die alten Menschen werden undifferenziert als pflege- und hilfsbedürftig gesehen. »Alles geschieht für Alte, nichts mit ihnen oder gar durch sie.«[18] Die Alten werden zu Objekten degradiert, die keine Chance haben, sich entgegen der Erwartung zu verhalten. Je stärker die Betreuten ihre eigene Persönlichkeit einbringen, umso mehr könnte der reibungslose Ablauf der Betreuung gestört werden. Es könnte ja sein, daß statt der erwünschten ›Zufriedenheit‹ der Alten – »Gib dich zufrieden und sei stille« (EKG 295) – Anklage und Proteste laut würden.

– Mit dem gesellschaftlichen Wandel hat sich seit den 70er Jahren ein Gemeindeverständnis durchgesetzt, das die *Gemeinde als Organisation mit zielgruppenspezifischen Angeboten* versteht. Dieses Modell ist gleichsam marktwirtschaftlich: Angebot und Nachfrage bestimmen das Geschäft, Marktlücken müssen entdeckt werden, eine große Resonanz beweist die Güte des Angebots.

Die Gemeinde sieht ihre Aufgabe »in der Organisation von Diensten, Angeboten und Aktivitäten religiöser und sozialintegrativer Art«,[19] die – um attraktiv zu bleiben – zielgruppenspezifisch sein müssen. Je mehr

17 *C. Bäumler*, Gemeindeaufbau, in: *F. Klostermann/R. Zerfaß (Hrsg.)*, Praktische Theologie heute, München/Mainz 1974, 417–429, bes. 427.

18 *M. Blasberg-Kuhnke*, aaO., 333.

19 *H. Steinkamp*, Gemeindestruktur und Gemeindeprozeß, in: *N. Greinacher/N. Mette/W. Möhler (Hrsg.)*, Gemeindepraxis, München/Mainz 1979, 77–89, bes. 81.

Gemeindeglieder mitmachen, desto erfolgreicher und ›besser‹ ist die Arbeit. Um ein flächendeckendes Angebot zu machen, entwickeln die Aktiven Initiativen und Angebote. Die Grundform angebotsorientierter Altenarbeit ist der ›Altenclub‹ oder ›Seniorenkreis‹: einmal wöchentlich oder monatlich trifft man sich zu Geselligkeit und Programm. Ziel des Programms, das von den Aktiven vorbereitet wurde, kann durchaus die Aktivierung der Teilnehmer sein. Dabei gilt: Attraktivität des Angebots und Aktivierung der Alten sind häufig ein Wert an sich. Das kann durchaus positiv sein, wird doch die Passivität einer bloßen Betreuung überwunden. Kritisch anzufragen ist freilich, ob ein breites Angebotssortiment nicht Ausdruck einer fehlenden Kalkulation ist. Sicher gilt: »Wer vieles bringt, wird manchem etwas bringen.« Aber: Wer allzuviel bringt, zeigt vielleicht, daß ihm keine Ware besonders am Herzen liegt. Außerdem kann ein umfassender Service dazu dienen, die persönliche Begegnung mit den Ängsten und Fragen alter Menschen zu vermeiden.

– Um diese Begegnung zwischen gleichwertigen Subjekten geht es dem *basisgemeindlich orientierten Gemeindemodell*. Unter dem Stichwort ›Basisgemeinde‹ werden Ansätze von Gemeindearbeit verstanden, die von den Problemen der betroffenen Menschen ausgehen. In der Annahme dieser Herausforderung ereignet sich konkret Nachfolge Jesu Christi. Es geht nicht mehr um das optimale Angebot für bestimmte Gruppen, die sich nach Alter, Geschlecht oder Interessenausrichtung bilden ließen. Ausgang der Gruppenbildung sind vielmehr gemeinsame Probleme und Bedürfnisse. Die Gemeinde versteht sich als Summe dieser Basisgruppen; wo sie miteinander arbeiten, feiern und leben, verwirklicht sich Gemeinde Jesu Christi.

Basisgemeinden suchen nach einem »Modell von Beteiligung aller, in denen die unterschiedlichen politischen und religiösen Bedürfnisse artikuliert und miteinander ausgehandelt werden können, um auf diese Weise ein verändertes Handeln der Gesamtgemeinde zu erreichen«.[20] Für die Altenarbeit bedeutet das: Die Alten sind nicht Adressat, sondern Subjekt der Arbeit, ihre Lebensbedingungen und Alltagserfahrungen sind Ansatz und Gegenstand der Gemeindearbeit. Wohnprobleme, negative Folgen der Stadtsanierung, Abschiebung ins Altenheim: Die Betroffenen sollen ermutigt werden, ihre Probleme zu besprechen und anzugehen. In dieser Ermutigung kann auch ein Moment der Betreuung stecken, freilich eines, das sich überflüssig macht, sobald es geht. Das Motto lautet: ›Hilfe zur Selbsthilfe‹. Dieses Modell nimmt Erfahrungen

20 *G. Schneider*, Grundbedürfnisse und Gemeindebildung, München/Mainz 1982, 192.

aus der Dritten Welt und Arbeitsformen der Gemeinwesenarbeit auf. Ziel ist es, über altershomogene Gruppen hinauszukommen und die alten Leute zur Teilnahme an anderen Gruppen und Aktivitäten zu ermutigen. Die beste Altenarbeit im basisgemeindlichen Modell wäre die, die eine eigenständige Altenarbeit überflüssig machte: Alte, die das Altersghetto überschreiten, und Junge, die persönliche Begegnung mit Alten nicht vermeiden. »Christliche Gemeinde müßte ein Ort der Freiheit sein, die sonst so oft in unserer Gesellschaft vergessen oder verschwiegen« wird, »die Freiheit etwa alt zu werden,... die Freiheit von Zwecken und Zielen und Leistungen,... die Freiheit, sich die eigene Endlichkeit und Fragwürdigkeit einzugestehen...«[21]

Der basisgemeindliche Ansatz stellt ein Ideal dar, das sich in den meisten Gemeinden nur ansatzweise verwirklichen lassen wird. Wichtig ist es aber, dieses Ideal anzustreben. Zum einen, weil hier am ehesten der alte Mensch in seiner konkreten Situation ernstgenommen wird, zum anderen, weil es in einer Zeit des Schwindens christlicher Traditionen wichtig ist, jede Art von Selbstverantwortung in den Gemeinden zu stärken.

4.3 Leitlinien kirchlicher Altenarbeit. Altenarbeit geschieht mit konkreten Menschen in einem konkreten Umfeld. Was in der einen Gemeinde möglich ist, geht in der anderen nicht. Ein Seniorennachmittag wird in Recklinghausen anders verlaufen als in Sonthofen. Ich möchte im folgenden daher keinen umfassenden Zielkatalog aufstellen, sondern einige Leitlinien skizzieren, die für mich wichtig geworden sind.

– *Alte Menschen sollen befähigt werden auszudrücken, was sie bewegt, um sich so anzunehmen, wie sie sind.* Alte Menschen sind vor die Aufgabe gestellt, die Bilanz ihres Lebens zu ziehen. Sie können sich dieser Aufgabe stellen oder sie verdrängen. In jedem Fall müssen sie damit fertigwerden, daß ihr Leben ein Fragment geblieben ist: Nicht alle Erwartungen haben sich erfüllt, Hoffnungen sind enttäuscht worden, Krankheit und Tod werden hautnah. Der christliche Glaube geht davon aus, daß jeder Mensch sich mit den Narben und Verletzungen seiner Vergangenheit annehmen kann. Nicht aus Resignation, die nur die Übermacht der negativen Erfahrungen sieht oder Bequemlichkeit, die sich willig in das Vorhandene schickt. Rechte Annahme schließt die Klage und den Protest ein. Die Klage – beispielhaft dafür sind die alttestamentlichen Klagepsalmen – macht den

21 *N. Greinacher,* Zielvorstellungen einer kirchlichen Gemeinde von morgen, in: *N. Greinacher/N. Mette, W. Möhler (Hrsg.),* aaO., 126–141, bes. 135.

unterdrückten Gefühlen und Ängsten Luft und gibt ihnen Sprache und Ausdruck.

Kirchliche Altenarbeit sollte dazu beitragen, daß alte Menschen Mut gewinnen, ›Ich‹ zu sagen. Dabei muß der Gefahr begegnet werden, nur konfliktfreie Themen zu behandeln. Gegenstand der Altenarbeit ist die Realität in ihrer Widersprüchlichkeit. Menschen werden dort befreit, wo Konflikte ausgesprochen, ausgehalten und angegangen werden. Das bedeutet weiter: Die Arbeit mit alten Menschen muß ganzheitlich sein, also Denken, Fühlen und Tun umgreifen. Eine Bastelarbeit herzustellen, die man sich nicht zugetraut hatte, kann das Selbstbewußtsein stärker fördern als ein Vortrag: ›Wie werde ich selbstbewußt?‹.

– *Alten Menschen soll geholfen werden, die Vereinzelung zu überwinden und Gemeinschaft zu finden.* Kennzeichen der Teilnahme am Leben ist die Beziehung zu anderen Menschen. Rückzug führt zur Erstarrung, Vereinzelung zur Einsamkeit. Die Gefahr, daß alte Menschen sich resigniert zurückziehen, ist besonders groß in einer Gesellschaft, die erfolgs- und leistungsorientiert ist. Wenn alte Menschen miteinander reden und feiern, lernen und leben, ist schon viel gewonnen. Kirchliche Altenarbeit sollte daher nicht den einzelnen Teilnehmer als Objekt pastoraler Bemühung ansehen, sondern die Selbständigkeit der Gruppe stärken. Wenn die christliche Gemeinde wirklich versucht, ihren Glauben zu leben, wird sie auch die Gruppen- und Altersgrenzen überwinden. *Hans Christoph von Hase* fordert eine »Ethik der Einbeziehung« gegenüber alten Menschen: »Daß der Starke den Schwachen ebenso wesensnotwendig braucht wie der Schwache den Starken, ist Voraussetzung aller Humanität. Das stolze Ideal, sich in allem selbst helfen zu können, die Philosophie der Präriesiedler des amerikanischen Westens ist eine der gefährlichsten Utopien und Illusionen unserer Zeit – und katastrophal für die Selbstachtung der Alten. Es ist nicht zuletzt durch die Schuld einer irrelaufenden Christenheit geschehen, daß Barmherzigkeit und Nächstenliebe einen Akzent der Herablassung bekommen haben und daß Nichtbedürftigkeit zum ethischen Wert geworden ist.«[22]

Der christliche Glaube grenzt keine Sondergruppen aus, sondern ruft jeden Menschen zu »Einsicht und Umkehr«.[23]

– *Alte Menschen sollen den christlichen Glauben als Hilfe zur Annahme und Veränderung des Lebens erfahren.* Der Realismus des christlichen Glaubens hilft den Menschen so zu sehen, wie er ist, und nicht, wie er sein sollte. Das Paradox dieses Glaubens ist die Annahme des Menschen in der

22 *H. C. v. Hase*, Gibt es eine Theologie des Alters?, in: Diakonie 1/1975, 25.
23 *H. C. v. Hase*, aaO., 26.

Realität seiner Schwachheit und seines ›Schattens‹. Die christliche Hoffnung schließt das Leid und die Sinnlosigkeit ein. Sie protestiert und kämpft dagegen, weiß aber um beides – die »Güte der Schöpfung und die Entfremdung der Existenz«.[24]

Die Hoffnung weist auf einen umfassenden Sinn, der Welt und Einzelschicksal umgreift. Beides umfaßt das zentrale Symbol christlicher Hoffnung – das ›Reich Gottes‹, um dessen Kommen die Christen seit Jesu Tagen beten. Mit ihm wird die universale Herrschaft Gottes ausgedrückt, das Aufhören von Leid und Sinnlosigkeit, die Überwindung der Entfremdung.

Der christliche Glaube bewegt sich auf einem schmalen Grat zwischen ideologischer Vertröstung und lebendiger Hoffnung. Oft genug wird dieser Glaube durch die Realität des Lebens bedrängt. Aber immer wieder hofft er auf die Verheißung Gottes, denn: »Wer sind wir, daß wir entscheiden könnten, es gebe keine Hoffnung mehr?«[25]

Literaturhinweise

Deutsches Zentrum für Altersfragen e. V. (Hrsg.), Altwerden in der Bundesrepublik Deutschland: Geschichte – Situationen – Perspektiven, Bd. I–III, Berlin 1982.

H. Merkel/H. Seibert, Perspektiven des Alters. Alte Menschen in der Kirchengemeinde, Gütersloh 1983.

U. Lehr, Psychologie des Alterns, Heidelberg ^{5}1984.

M. Blasberg-Kuhnke, Gerontologie und Praktische Theologie. Studien zu einer Neuorientierung der Altenpastoral, Düsseldorf 1985.

H.J. Schultz (Hrsg.), Die neuen Alten. Erfahrungen aus dem Unruhestand, Stuttgart 1985.

24 *P. Tillich*, Die christliche Hoffnung und ihre Wirkung in der Welt, in: *ders.*, Gesammelte Werke, Bd. 8, Stuttgart 1970, 260.

25 *R. D. Laing*, Phänomenologie der Erfahrung, Frankfurt a. M. ^{6}1973, 24.

XIV.
Anhang

GOTTFRIED ADAM / RAINER LACHMANN

1. Abkürzungsverzeichnis

1.1 Biblische Bücher (nach den Loccumer Richtlinien)

Altes Testament

Gen	Genesis (1 Mose = Das 1. Buch Mose)*
Ex	Exodus (2 Mose = Das 2. Buch Mose)
Lev	Levitikus (3 Mose = Das 3. Buch Mose)
Num	Numeri (4 Mose = Das 4. Buch Mose)
Dtn	Deuteronomium (5 Mose = Das 5. Buch Mose)
Jos	Das Buch Josua
Ri	Das Buch der Richter
Rut	Das Buch Rut
1Sam	Das 1. Buch Samuel
2Sam	Das 2. Buch Samuel
1Kön	Das 1. Buch der Könige
2Kön	Das 2. Buch der Könige
1Chr	Das 1. Buch der Chronik
2Chr	Das 2. Buch der Chronik
Esra	Das Buch Esra
Neh	Das Buch Nehemia
Tob	Das Buch Tobit (= Das Buch Tobias) [griechisch]
Jdt	Das Buch Judit [griechisch]
Est	Das Buch Ester [mit griechischen Zusätzen]
1Makk	Das 1. Buch der Makkabäer [griechisch]
2Makk	Das 2. Buch der Makkabäer [griechisch]
Ijob	Das Buch Ijob (Hiob = Das Buch Hiob)
Ps	Die Psalmen
Spr	Das Buch der Sprichwörter (= Die Sprüche Salomos)
Koh	Das Buch Kohelet (Pred = Der Prediger Salomo)
Hld	Das Hohelied (= Das Hohelied Salomos)
Weish	Das Buch der Weisheit (= Die Weisheit Salomos) [griechisch]
Sir	Das Buch Jesus Sirach [griechisch]
Jes	Das Buch Jesaja
Jer	Das Buch Jeremia
Klgl	Die Klagelieder des Jeremia
Bar	Das Buch Baruch [griechisch]
Ez	Das Buch Ezechiel (Hes = Das Buch Hesekiel)
Dan	Das Buch Daniel [mit griechischen Zusätzen]
Hos	Das Buch Hosea
Joël	Das Buch Joël
Am	Das Buch Amos
Obd	Das Buch Obadja
Jona	Das Buch Jona
Mi	Das Buch Micha

* In der Tradition der Lutherbibel werden die in runden Klammern angegebenen Bezeichnungen und Abkürzungen gebraucht.

Nah	Das Buch Nahum
Hab	Das Buch Habakuk
Zef	Das Buch Zefanja
Hag	Das Buch Haggai
Sach	Das Buch Sacharja
Mal	Das Buch Maleachie

Neues Testament

Mt	Das Evangelium nach Matt(h)äus
Mk	Das Evangelium nach Markus
Lk	Das Evangelium nach Lukas
Joh	Das Evangelium nach Johannes
Apg	Die Apostelgeschichte
Röm	Der Brief an die Römer
1Kor	Der 1.Brief an die Korinther
2Kor	Der 2.Brief an die Korinther
Gal	Der Brief an die Galater
Eph	Der Brief an die Epheser
Phil	Der Brief an die Philipper
Kol	Der Briefe an die Kolosser
1Thess	Der 1.Brief an die Thessalonicher
2Thess	Der 2.Brief an die Thessalonicher
1Tim	Der 1.Brief an Timotheus
2Tim	Der 2.Brief an Timotheus
Tit	Der Brief an Titus
Phlm	Der Brief an Philemon
Hebr	Der Brief an die Hebräer
Jak	Der Brief des Jakobus
1Petr	Der 1.Brief des Petrus
2Petr	Der 2.Brief des Petrus
1Joh	Der 1.Brief des Johannes
2Joh	Der 2.Brief des Johannes
3Joh	Der 3.Brief des Johannes
Jud	Der Brief des Judas
Offb	Die Offenbarung des Johannes

1.2 Lexika/Reihen/Zeitschriften

ATD	Das Alte Testament Deutsch, Göttingen.
ChL	Die Christenlehre, Berlin 1947ff.
DtPfBl	Deutsches Pfarrerblatt, Stuttgart u.a. 1897ff.
EB	Erwachsenenbildung, Osnabrück 1954ff.
EKL	Evangelisches Kirchenlexikon. Kirchlich-theologisches Handwörterbuch, *hrsg. v. H. Brunotte u. O. Weber*, 4 Bde., Göttingen ^{2}1962.
EKL^{3}	Evangelisches Kirchenlexikon. Internationale theologische Enzyklopädie, *hrsg. v. E. Fahlbusch u.a.*, Göttingen ^{3}1985ff.
ESL	Evangelisches Soziallexikon, *hrsg. v. Th. Schober u.a.*, Stuttgart/Berlin ^{7}1980.
EvErz	Der Evangelische Erzieher, Frankfurt a.M. 1948ff.
EvKomm	Evangelische Kommentare, Stuttgart 1968ff.
GTA	Göttinger Theologische Arbeiten, Göttingen 1975ff.
HRU	Handbücherei für den Religionsunterricht, Gütersloh 1965–1977.
JRP	Jahrbuch der Religionspädagogik, *hrsg. v. P. Biehl u.a.*, Neukirchen-Vluyn 1984ff.
KatBl	Katechetische Blätter, München 1875ff.
LThK	Lexikon für Theologie und Kirche, *hrsg. v. J. Höfer u. K. Rahner*, 10 Bde., Registerbd. u. 3 Ergänzungsbde. z. Zweiten Vatikanischen Konzil, Freiburg u.a. ^{2}1957–1968.
MPTh	Monatsschrift für Pastoraltheologie, Göttingen 1904ff.
MRU	Modelle für den Religionsunterricht. Stuttgart/München 1972ff.
PF	Pädagogische Forschungen, Heidelberg 1957ff.

PTh	Pastoraltheologie, Göttingen 1981 ff.
RGG^3	Die Religion in Geschichte und Gegenwart. Handwörterbuch für Theologie und Religionswissenschaft, *hrsg. v. K. Galling*, 6 Bde. u. Registerbd., Tübingen ^{3}1956–1965.
rhs	Religionsunterricht an höheren Schulen, Düsseldorf 1958 ff.
Rph	Religionspädagogik heute, Frankfurt, jetzt: Aachen 1979 ff.
RPF	(Religionspädagogisches) Förderprogramm für den Kindergarten, Münster 1975 ff.
RPP	Religionspädagogische Praxis, Stuttgart/München 1971 ff.
ru	ru. Zeitschrift für die Praxis des Religionsunterrichts, Stuttgart/München 1971 ff.
SPT	Studien zur Praktischen Theologie, Zürich u. a.
ThExhNF	Theologische Existenz heute, Neue Folge, München 1946 ff.
ThPr	Theologia Practica, Hamburg, jetzt: München 1966 ff.
ThQ	Theologische Quartalschrift, Tübingen 1819 ff.
TRE	Theologische Realenzyklopädie, *hrsg. v. G. Krause u. G. Müller*, Berlin/New York 1976 ff.
TRT	Taschenlexikon Religion und Theologie, *hrsg. v. E. Fahlbusch*, 4 Bde., Göttingen ^{4}1983.
WdF	Wege der Forschung, Darmstadt.
WMANT	Wissenschaftliche Monographien zum Alten und Neuen Testament, Neukirchen-Vluyn.
WPKG	Wissenschaft und Praxis in Kirche und Gesellschaft, Göttingen 1970–1980.
WzM	Wege zum Menschen, Göttingen 1948 ff.
zB	zum Beispiel, Berlin 1966 ff.
ZdZ	Zeichen der Zeit, Berlin 1947 ff.
ZEE	Zeitschrift für Evangelische Ethik, Gütersloh 1947 ff.
ZP	Zeitschrift für Pädagogik, Weinheim 1954 ff.
ZRP	Zeitschrift für Religionspädagogik, Dortmund 1970–1981.
ZThK	Zeitschrift für Theologie und Kirche, Tübingen 1903 ff.

1.3 Sonstiges

DEAE	Deutsche Ev. Arbeitsgemeinschaft für Erwachsenenbildung
EKD	Evangelische Kirche in Deutschland
EKU	Evangelische Kirche der Union
EZW	Evangelische Zentralstelle für Weltanschauungsfragen, Stuttgart
K	Konfirmation
KU	Konfirmandenunterricht
ÖRK	Ökumenischer Rat der Kirchen, Genf
VELKD	Vereinigte Evangelisch-Lutherische Kirche Deutschlands

2. Auswahlbibliographie zur Gemeindepädagogik

2.1 Bibliographische Hilfen

Comenius-Institut (Hrsg.), Religionspädagogische Jahresbibliographie (RJB), Münster 1987ff. (= Jährlich erscheinende Bibliographie für den Gesamtbereich aller religionspädagogischen Handlungsfelder in Schule, Gemeinde und Gesellschaft. Das dokumentierte religionspädagogische/gemeindepädagogische Schrifttum umfaßt Zeitschriftenaufsätze, Monographien, Sammelwerke, Rezensionen, Stellungnahmen, Gesetzestexte und Lehrpläne aus dem evangelischen wie katholischen Bereich sowie eine Zusammenstellung der Themenhefte religionspädagogischer Zeitschriften. Die Bibliographie ist alphabetisch geordnet und wird durch einen Registerteil inhaltlich erschlossen. Unterrichtsmodelle sind nicht dokumentiert.)

Comenius-Institut (Hrsg.), Unterrichtsmodelle für den Religionsunterricht und Materialien für die Gemeindearbeit. Birkacher Modelldatei. Jahres-Bibliographie, Münster 1986ff. (= Diese Bibliographie enthält ausschließlich Unterrichtsmodelle. Sie beginnt mit dem Jahr 1985 und wird in inhaltlicher Hinsicht vom Pädagogisch-Theologischen Zentrum-Haus Birkach in Stuttgart verantwortet. Sie hat eigene Sparten für den »Elementarbereich«, den »Konfirmandenunterricht« und die »Gottesdienstgestaltung«. Am Jahresende wird der jeweilige Jg. gebunden ausgeliefert.)

Beim *Comenius-Institut, Abt. Dokumentation*, Schreiberstr. 12, D-48149 Münster, Tel. 0251-98101-0, können im übrigen jederzeit individuelle Literatur-Recherchen zu allen gemeindepädagogisch relevanten Fragen und Themen in Auftrag gegeben werden.

P. Biehl u. a. (Hrsg.), Jahrbuch der Religionspädagogik (JRP), Neukirchen-Vluyn 1984ff. (= Enthält in Bd. 1/1984 bis Bd. 7/1990 jeweils eine jährliche religionspädagogische Bibliographie für den deutschsprachigen Raum in systematischer Ordnung. Rezensionen und Unterrichtsmaterialien sind nicht aufgenommen. Ab Bd. 8/1991 ist man zu einem jährlichen »Literaturbericht« übergegangen, in dem ausgewählte religions- und gemeindepädagogische Veröffentlichungen eines Jahres besprochen werden.

Pädagogisches Institut der Ev. Kirche von Westfalen (Hrsg.), Medien-Kartei, Villigst 1981ff. (= Eine umfassende Sammlung von Medien für die pädagogische Arbeit in Schule und Gemeinde.)

Verlagsring Religionsunterricht (Hrsg.), Religionspädagogik. Lehr- und Arbeitsmittel für Schule und Gemeinde, o. O. (= Jährlich erscheinendes, im Fachbuchhandel ausliegendes Verzeichnis, das einen Überblick über die wichtigsten religionspädagogischen Veröffentlichungen von über 50 evangelischen und katholischen Verlagen bietet. Die Handlungsfelder »Religiöse Früherziehung« und »Gemeindepädagogik« sind durch eigene Sparten ausgewiesen.

2.2 Bibelausgaben/Kinderbibeln/Bibellexika

(Bibel: Gesamtausgaben)

Die Bibel oder die ganze Heilige Schrift des Alten und Neuen Testaments nach der deutschen Übersetzung D. Martin Luthers, 3. Revision: AT 1964/NT 1956, 4. Revision AT 1964/NT 1975, derzeitiger Revisionsstand: AT 1964/Apokryphen 1970/NT 1984.

Luther Evangelien-Synopse, *hrsg. v. C. H. Peisker,* Wuppertal [7]1984.
Luther Neue Evangelien-Synopse, *hrsg. v. C. H. Peisker,* Wuppertal 1985.
Die Heilige Schrift des Alten und Neuen Testaments. Zürcher Bibel, Zürich 1931 u. ö.
(Der Text dieser sog. Zürcher Bibel geht auf die letzte Revision 1907–1931 zurück.)
Zürcher Evangelien-Synopse, *hrsg. v. C. H. Peisker,* Wuppertal [20]1982.
Das Neue Testament, *übersetzt und kommentiert v. U. Wilckens,* Zürich/Einsiedeln/Köln [7]1984.
Die Bibel. Die Heilige Schrift des Alten und Neuen Bundes (AT u. NT) mit den Erläuterungen der Jerusalemer Bibel. Dt. Ausgabe *hrsg. v. D. Arenhoevel/A. Deissler/A. Vögtle,* Freiburg [16]1981.
Die Bibel. Altes und Neues Testament. Einheitsübersetzung, Freiburg/Basel/Wien 1980.
Die Bibel in heutigem Deutsch. Die Gute Nachricht des Alten und Neuen Testaments. Stuttgart [2]1982.

(Kinderbibeln: Kritische Besprechung)

R. Schindler/F. Jehle, Neuere Kinderbibeln. Beschreibung – Kritik – Empfehlungen. 4. erweiterte und stark veränderte Aufl. 1987. (Bezug über: Schweizerisches Jugendbuchinstitut, Zeltweg 13, CH-8032 Zürich).
R. Schindler, Erziehung zur Hoffnung, Zürich/Lahr [3]1986.
(Auf. S. 194–205 werden 59 Kinderbibeln bzw. Reihen mit biblischen Erzählungen besprochen).
R. Lohse, Kinderbibeln auf dem Prüfstand. Ein Überblick für Eltern und Erzieher (Wissenswertes zur Bibel Nr. 6), Stuttgart: Deutsche Bibelgesellschaft [2]1987.

(Kinderbibeln: Auswahl)

Was uns die Bibel erzählt. Bilder: *Kees de Kort,* 24 Bde., Stuttgart: Deutsche Bibelstiftung 1967ff. (Seit 1983 erscheint die Reihe auch im Kleinformat von 13×13 cm).
Bibelbilderbuch. Bilder: *Kees de Kort,* Bd. 1–5, Stuttgart 1985–1987. (Sammelbände der Reihe »Was uns die Bibel erzählt«. Der Text ist ausführlicher als in den zuvor angeführten Einzelbänden).
Elementarbibel. Ausgewählt und in einfache Sprache gefaßt von *A. Pokrandt,* illustriert von *R. Herrmann,* Lahr/München 1973ff. (Teile 1–6 umfassen alttestamentliche, Teile 7 und 8 neutestamentliche Texte).
J. Weiger/A. und M. Provensen, Ravensburger Bilderbibel, Ravensburg 1957.
A.-M. Cocagnac/H. Hoffmann/J. Le Scanff, Patmos Bibel, Düsseldorf 1967/68.
F. Hoffmann/E. de Saussure, Bilderbibel (»Taizé-Bibel«), Lahr 1986.
W. Beneker/J. Dalenoord, Gott und sein Volk und: Die Jesusgeschichte, Hamburg/Würzburg/Innsbruck 1974 und 1972.
Kinderbibel (illustriert von *H. Deiniger*). Aus dem Niederländischen von *H. Schmidt,* Wuppertal 1973.
D. Steinwede, Zu erzählen deine Herrlichkeit, Göttingen [9]1981.
Ders., Was ich gesehen habe, Göttingen/München [2]1980.
Ders., Kommt und schaut die Taten Gottes, Göttingen/Lahr/Freiburg 1982.
E. Beck/P. König, Meine Bilderbibel, Konstanz/Kevelaer 1983.
H. Ossowski/B. Smith, Die Bibel für Kinder, Recklinghausen/Basel 1984.

P. Alexander/L. Evans, Meine kleine Kinderbibel. Aus dem Englischen, Gießen/Basel 1985.
G. Otto, Die Bibel der Kinder, Hamburg 1965/Stuttgart 1980.
Anne de Vries, Die Kinderbibel. Aus dem Niederländischen, Konstanz 1955. (Im Verlag Katholisches Bibelwerk Stuttgart unter dem Titel: Die Bibel unserer Kinder, Stuttgart 1962).

(Bibellexika)

Bibel von A–Z. Wortkonkonkordanz zur Lutherbibel nach der revidierten Fassung von 1984, Stuttgart 1986.
Große Konkordanz zur Lutherbibel, Stuttgart 1979.
Zürcher Bibelkonkordanz, *hrsg. v. K. Huber u. H. H. Schmid,* 3 Bde., Zürich 1969–1973.
O. Odelain/R. Séguineau, Lexikon der biblischen Eigennamen, Neukirchen-Vluyn u.a. 1981.
H.-D. Hoffmann u.a., Von Aaron bis Zypern. Lexikon biblischer Eigennamen, Gütersloh 1983.
B. Reicke/L. Rost (Hrsg.), Biblisch-Historisches Handwörterbuch, 3 Bde. u. Registerbd., Göttingen 1962ff.
H. Haag (Hrsg.), Bibel-Lexikon, Köln u.a. 1982.
K. Koch/E. Otto/J. Roloff/H. Schmoldt, Reclams Bibellexikon, Stuttgart 1978.
L. H. Grollenberg, Kleiner Bildatlas zur Bibel, Gütersloh [2]1982.

2.3 Zur Gemeindepädagogik

2.3.1 Kirche und Bildung

EKD-Kirchenkanzlei (Hrsg.), Evangelische Beiträge zur Bildungspolitik, Gütersloh 1976.
H. Kratzert (Red.), Leben und Erziehen durch Glauben, Gütersloh 1978.
EKD-Kirchenkanzlei (Hrsg.), Leben und Erziehen – wozu? Eine Dokumentation über Entschließungen der Synode der EKD vom 9./10. November 1978, Gütersloh 1979.
Ders. (Hrsg.), Zusammenhang von Leben, Glauben und Lernen. Empfehlungen zur Gemeindepädagogik. Vorgelegt von der Kammer der EKD für Bildung und Erziehung, Gütersloh 1982.
EKD-Kirchenamt (Hrsg.), Ökumenisches Lernen. Grundlagen und Impulse. Eine Arbeitshilfe der Kammer der EKD für Bildung und Erziehung, Gütersloh 1985.
Ders. (Hrsg.), Die Denkschriften der EKD. Bd. 4/1. Bildung und Erziehung, Gütersloh 1987.
EKU-Religionspädagogische Studiengruppe, Leitlinien für das pädagogische Handeln der Kirche, in: Ev Erz 35/1983, 169–181 = ChL 30/1983, 100–110.
Sekretariat des Bundes der Evangelischen Kirchen in der DDR (Hrsg.), Kirche als Lerngemeinschaft, Berlin 1981.
Gemeinsame Synode der Bistümer in der Bundesrepublik Deutschland, Arbeitspapier: Das katechetische Wirken der Kirche, in: *L. Bertsch u.a. (Hrsg.),* Offizielle Gesamtausgabe, Bd. 2, Freiburg u.a. 1977, 37–97.

Bischöfliches Ordinariat Rottenburg (Hrsg.), Beschlüsse der Diözesansynode Rottenburg-Stuttgart, Ostfildern 1986.

2.3.2 *Einführungen, Gesamtdarstellungen, Grundlegendes*

H. Ammer u. a., Handbuch der Praktischen Theologie, Bd. 3, Berlin 1978.
W. Bartholomäus, Einführung in die Religionspädagogik, München 1983.
C. Bäumler, Kommunikative Gemeindepraxis, München 1984.
G. Bitter/G. Miller (Hrsg.), Handbuch religionspädagogischer Grundbegriffe, Bd. 1 und 2, München 1986.
P. C. Bloth (Hrsg.), Christenlehre und Katechumenat in der DDR, Gütersloh 1975.
P. C. Bloth u. a. (Hrsg.), Handbuch der Praktischen Theologie, Bd. 2 und 3, Gütersloh 1981/1983.
W. Böcker/H.-G. Heimbrock/E. Kerkhoff (Hrsg.), Handbuch Religiöser Erziehung, Bd. 1 und 2, Düsseldorf 1987.
G. Buttler/K. Dienst (Hrsg.), Pädagogisches Handeln in der Ev. Kirche in Hessen und Nassau, Gelnhausen u. a. 1979.
D. Emeis/K. H. Schmitt, Handbuch der Gemeindekatechese, Freiburg 1986.
E. Feifel u. a. (Hrsg.), Handbuch der Religionspädagogik, Bd. III. Religionspädagogische Handlungsfelder in kirchlicher Verantwortung, Gütersloh u. a. (1975) 21977.
K. Frör, Grundriß der Religionspädagogik, Konstanz 21983.
O. Hammelsbeck, Der kirchliche Unterricht. Aufgabe – Umfang – Einheit, München 1947.
U. Hemel, Religionspädagogik im Kontext von Theologie und Kirche, Düsseldorf 1986.
H. Kittel, Evangelische Religionspädagogik, Berlin 1970.
E. Lange , Sprachschule für die Freiheit. Bildung als Problem und Funktion der Kirche (Edition E. Lange, Bd. 1), München/Gelnhausen 1980.
K. E. Nipkow, Grundfragen der Religionspädagogik,
Bd. 1 Gesellschaftliche Herausforderungen und theoretische Ausgangspunkte, Gütersloh (1975) 31984.
Bd. 2. Das pädagogische Handeln der Kirche, Gütersloh (1978) 31984.
Bd. 3. Gemeinsam leben und glauben lernen, Gütersloh 1982.
G. Otto (Hrsg.), Praktisch-Theologisches Handbuch, Hamburg 21975.
H. Reller/K. Lorenz (Hrsg.), Alternative: Glauben. Missionarische Arbeitsformen in der Volkskirche heute, Gütersloh 1985.
D. Rössler, Grundriß der Praktischen Theologie, Berlin 1986.
H. Schultze/H. Kirchhoff (Hrsg.), Christliche Erziehung in Europa, Bd. 1–5, Stuttgart/München 1975–1977.
E. Schwerin (Hrsg.), Christliche Unterweisung und Gemeinde, Berlin 1978.

2.4 *Zeitschriften*

Die Christenlehre. Zeitschrift für den katechetischen Dienst, Berlin 1947 ff.
Diakonia. Internationale Zeitschrift für die Praxis der Kirche, Mainz 1970 ff.

Birkacher Beiträge zu einer evangelischen Pädagogik, Birkach 1980ff.
Erwachsenenbildung, Osnabrück 1954ff.
Evangelische Kinderkirche, Stuttgart 1925ff.
Katechetische Blätter. Zeitschrift für Religionsunterricht, Gemeindekatechese, kirchliche Jugendarbeit, München 1875ff.
Der Kindergottesdienst / Laß mich hören. Arbeitshilfe für Mitarbeiter im Kindergottesdienst. Bremen 1890ff. bzw. Gütersloh 1937ff.
KU-Praxis, Gütersloh 1974ff.
Lebendige Katechese, Würzburg 1979ff. (2 Hefte jährlich im Rahmen der Zeitschrift »Lebendige Seelsorge«).
Lernort Gemeinde, Hamburg-Rissen 1983ff.
Pastoraltheologie. Monatsschrift für Wissenschaft und Praxis in Kirche und Gesellschaft, Göttingen 1981ff. (erscheint monatlich, davon 4 Hefte jährlich mit Predigtmeditationen).
Sozialpädagogik. Zeitschrift für Mitarbeiter, Gütersloh 1958ff.
Theologia Practica. Zeitschrift für Praktische Theologie und Religionspädagogik, Stuttgart 1966ff. bzw. München 1981ff.
Theorie und Praxis der Sozialpädagogik. Evangelische Fachzeitschrift, Witten 1892ff.
Welt des Kindes, München 1922ff.
was + wie? Arbeitshilfen zur religiösen Erziehung der 3–7jährigen, Gütersloh 1972ff.

Andere Zeitschriften mit dem Schwerpunkt der schulischen Religionspädagogik, wie z. B. Der Evangelische Erzieher, bringen gelegentlich gemeindepädagogisch ausgerichtete Themenhefte.

3. Namenregister

4. Sachregister

Vorbemerkung: Da dieses Sachregister nach inhaltlichen Gesichtspunkten erarbeitet ist, muß nicht in jedem Fall auch der jeweilige Begriff im Text der angegebenen Seite explizit auftauchen.

5. Autorenverzeichnis

Adam Dr., Gottfried; geb. 1939 – Professor an der Evangelisch-Theologischen Fakultät der Universität Wien, Lehrstuhl für Religionspädagogik.
Rooseveltplatz 10, A-1090 Wien.
Der Unterricht der Kirche. Studien zur Konfirmandenarbeit (GTA 15), Göttingen [3]1984.
Glaube und Bildung. Beiträge zur Religionspädagogik I, Würzburg [2]1994.
Religiöse Bildung und Lebensgeschichte. Beiträge zur Religionspädagogik II, Würzburg 1994.
Herausgeber v. Religionspädagogisches Kompendium, Göttingen [4]1993 und: Methodisches Kompendium für den Religionsunterricht, Göttingen 1993 (beide zus. mit R. Lachmann).

Affolderbach Dr., Martin, geb. 1947 – Leiter der Evangelischen Jugendakademie Radevormwald.
Telegrafenstraße 59, D-42477 Radevormwald.
Kirchliche Jugendarbeit im Wandel, München/Mainz 1977.
Grundsatztexte zur evangelischen Jugendarbeit, Stuttgart/Gelnhausen/München [2]1982.
Herausgeber v. Praxisfeld: Kirchliche Jugendarbeit, Gütersloh 1978.
Herausgeber v. Neue Zugänge zur Bibel. Berichte aus der Jugendarbeit (aej – Studienband 2), Stuttgart 1981.
Herausgeber v. Miteinander leben lernen (zus. mit H.-U. Kirchhoff), Gütersloh 1985.
Herausgeber v. Kirchliche Jugendarbeit in Grundbegriffen (zus. mit H. Steinkamp), Düsseldorf/München 1985.

Bartholomäus Dr., Wolfgang; geb. 1934 – Professor an der Universität Tübingen, Institut für Erziehungswissenschaft I, Arbeitsstelle Religionspädagogik.
Brunnenstr. 6, D-72074 Tübingen.
Christsein lernen, Zürich 1981.
Einführung in die Religionspädagogik, Darmstadt/München 1983.
Glut der Begierde – Sprache der Liebe. Unterwegs zur ganzen Sexualität, München 1987.
Unterwegs zum Lieben. Erfahrungsfelder der Sexualität, München 1988.
Lust aus Liebe. Die Vielfalt sexuellen Erlebens, München 1993.

Failing Dr. Dr., Wolf-Eckart; geb. 1944 – Professor am Fachbereich Evangelische Theologie der Johann Wolfgang Universität Frankfurt, Lehrstuhl Evangelische Theologie/Praktische Theologie.
Rathausstraße 7, D-64291 Darmstadt.
Mit audiovisuellen Medien arbeiten (zus. mit M. May), Frankfurt/Zürich 1975.
Religiöse Elementarerziehung (zus. mit B. Buschbeck), Gütersloh [2]1978.
Situationsansatz und Religionspädagogik (zus. mit H. B. Kaufmann und E. Sturm), Münster [4]1980.
Didaktik der Mitarbeiterbildung (zus. mit G. Buttler), Gelnhausen/Zürich 1979.
Herausgeber der Reihe: Beiträge zur Gemeindepädagogik (zus. mit G. Buttler), Gelnhausen/Zürich 1979ff.
Herausgeber v. Mitten in der Lebenswelt (zus. mit R. Degen und K. Foitzik), Münster 1992.

Foitzig Dr., Karl; geb. 1937 – Professor i. K. am Fachhochschulstudiengang für Religionspädagogik und Kirchliche Bildungsarbeit an der Augustana-Hochschule Neuendettelsau, Abteilung München; Schwerpunkte Gemeindepädagogik und Religionspädagogik.
Kreuzlach 20 a, D-91564 Neuendettelsau.
Spiegelbilder. Begegnungen mit Gestalten des Alten Testaments, München 1980.
Herausgeber v. Plädoyer für theologisch-kirchliche Mitarbeiter in der Kirche (zus. mit D. Aschenbrenner), München 1981.
Religionsunterricht vorbereiten (zus. mit F. Harz), München ^{2}1990.
Gemeinde leben. Zusammenarbeit pädagogischer und theologischer Mitarbeiter, Gütersloh ^{2}1987 und: Arbeitsplatz Gemeinde, Gütersloh 1989 (beide zus. mit E. Goßmann).
Gemeindepädagogik. Problemgeschichte eines umstrittenen Begriffs, Gütersloh 1992.

Fraas Dr., Hans-Jürgen; geb. 1934 – Professor an der Evangelisch-Theologischen Fakultät der Universität München, Lehrstuhl für Religionspädagogik und Didaktik des Religionsunterrichts.
Adelgundenstr. 13, D-80538 München.
Katechismustradition, Göttingen 1971.
Religiöse Erziehung und Sozialisation im Kindesalter, Göttingen ^{3}1978.
Glaube und Identität. Grundlegung einer Didaktik religiöser Lernprozesse, Göttingen 1983.
Die Religiosität des Menschen. Ein Grundriß der Religionspsychologie, Göttingen ^{2}1993.

Henkys Dr., Jürgen; geb. 1929 – Professor an der Theologischen Fakultät der Humboldt-Universität zu Berlin, Lehrstuhl für Praktische Theologie.
Dorotheenstr. 22, D-15370 Petershagen.
Bibelarbeit. Der Umgang mit der Heiligen Schrift in den evangelischen Jugendverbänden nach dem ersten Weltkrieg, Hamburg 1966.
Das Kirchenlied in seiner Zeit, Stuttgart 1980.
Dietrich Bonhoeffers Gefängnisgedichte. Beiträge zu ihrer Interpretation, München 1986.
Mitherausgeber v. und Autor in: Aufschlüsse. Ein Glaubensbuch, Berlin (Ost) 1977; Handbuch der Praktischen Theologie I–III, Berlin (Ost) 1974–78; Handbuch der Seelsorge, Berlin (Ost) 1983; Handbuch der Predigt, Berlin (Ost) 1990.

Hennig Dr., Peter; geb. 1947 – Studienleiter im Amt für Religionspädagogik, Diplompsychologe, Pädagoge.
Klostergang 66, D-38107 Braunschweig.
Konfirmandenelternarbeit, Stuttgart 1982.
Dogmatismus in theologischen Schriften und Predigten (zus. mit R. Sell), in: K.-F. Daiber/M. Josuttis (Hrsg.), Dogmatismus.
Studien über den Umgang des Theologen mit Theologie, München 1985.
Mitherausgeber v. und Autor in: Treffpunkt KU. Konfirmandenunterricht in der Volkskirche vor neuen Herausforderungen, Hannover 1992.

Lachmann Dr. Dr. habil., Rainer; geb. 1940 – Professor an der Universität Bamberg, Lehrstuhl für Evangelische Theologie mit Schwerpunkt Religionspädagogik und Didaktik des Religionsunterrichts.
Hetzerstraße 3, D-96049 Bamberg.
Der Religionsunterricht Christian Gotthilf Salzmanns, Bern/Frankfurt a.M. 1974.
Ethische Kriterien im Religionsunterricht, Gütersloh 1980.
Grundsymbole christlichen Glaubens. Eine Annäherung, Göttingen 1992.
Herausgeber v. Religionspädagogisches Kompendium, Göttingen [4]1993 und: Methodisches Kompendium für den Religionsunterricht, Göttingen 1993 (beide zus. mit G. Adam).

Schultze Dr., Herbert; geb. 1928 – Direktor i.R. am Comenius-Institut Münster/W., Lehrauftrag für Religionspädagogik an der Universität Essen (Gesamthochschule).
Tangstedter Landstr. 32 B, D-22415 Hamburg.
Ethische Fragen im Unterricht, Hamburg 1966.
Konfirmation heute und morgen, Stuttgart 1969.
Analyse der Lehrpläne und Richtlinien der Bundesländer zum Thema Islam, Braunschweig 1988.
Anti-Holocaust-Kampagne. Text- und Bilddokumente, Analysen und Vorschläge für den Unterricht in weiterführenden Schulen (zus. mit J. Ohlemacher), Loccum [2]1994.
Herausgeber v. Bildungsinhalt: Weltreligionen (zus. mit M. Kwiran), Münster 1988.

Wegenast Dr., Klaus; geb. 1929 – Professor an der Universität Bern, Lehrstuhl für Praktische Theologie mit Schwerpunkt Religionspädagogik und Erziehungswissenschaft.
Hohstalenweg 30, CH-3047 Bremgarten/BE.
Orientierungsrahmen Religion, Gütersloh 1979.
Der Religionsunterricht in der Sekundarstufe I, Gütersloh 1980.
Religionspädagogik I. Der Evangelische Weg, Darmstadt 1981.
Religionspädagogik II. Der Katholische Weg, Darmstadt 1983.
Religionsdidaktik Grundschule, Stuttgart 1983.
Religionsdidaktik Sekundarstufe I, Stuttgart 1993.
Herausgeber des Handbuchs der Religionspädagogik, des Handbuchs der Praktischen Theologie und der Zeitschrift »Der Evangelische Erzieher«.